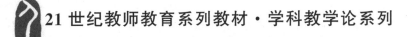
21世纪教师教育系列教材·学科教学论系列

新理念
化学教学论
（第三版）

主　编：王后雄
副主编：邓　阳　王世存　杨季冬　孙　妍
编　委：（按姓氏笔画排序）
　　　　丁　瑜　马善恒　王世存　王后雄　王　伟
　　　　王禹超　邓　阳　孙建明　孙　妍　刘玉荣
　　　　李　佳　李　娟　杨一思　余　静　杨季冬
　　　　沈久明　张小菊　张文华　张顺清　夏振洋
　　　　姚如富　胡　杨　皇甫倩　袁振东　曾　艳
　　　　童金强　满苏尔·那斯尔

图书在版编目(CIP)数据

新理念化学教学论/王后雄主编. —3版. —北京：北京大学出版社，2024.7
21世纪教师教育系列教材.学科教学论系列
ISBN 978-7-301-35041-6

Ⅰ.①新…　Ⅱ.①王…　Ⅲ.①中学化学课－教学研究－师范大学－教材　Ⅳ.①G633.82

中国国家版本馆CIP数据核字（2024）第095315号

书　　名	新理念化学教学论（第三版） XINLINIAN HUAXUE JIAOXUELUN（DI-SAN BAN）
著作责任者	王后雄　主编
责任编辑	陈　静
标准书号	ISBN 978-7-301-35041-6
出版发行	北京大学出版社
地　　址	北京市海淀区成府路205号　100871
网　　址	http://www.pup.cn　新浪微博：@北京大学出版社
微信公众号	通识书苑（微信号：sartspku）　科学元典（微信号：kexueyuandian）
电子邮箱	编辑部 jyzx@pup.cn　总编室 zpup@pup.cn
电　　话	邮购部 010-62752015　发行部 010-62750672　编辑部 010-62707542
印刷者	河北文福旺印刷有限公司
经销者	新华书店
	787毫米×1092毫米　16开本　26.25印张　760千字
	2009年2月第1版　2015年3月第2版 2024年7月第3版　2024年7月第1次印刷
定　　价	79.00元

未经许可，不得以任何方式复制或抄袭本书之部分或全部内容。
版权所有，侵权必究
举报电话：010-62752024　电子邮箱：fd@pup.cn
图书如有印装质量问题，请与出版部联系，电话：010-62756370

内 容 简 介

本书是为了适应基础教育改革和培养合格的中学化学教师而编写的师范专业职前教师教育课程教材。

化学教学论是高等师范院校化学教育专业学生学习化学教学理论、研究化学教学规律和训练化学教学技能的一门教育学科。

全书共由四篇构成。**理论篇**包括化学教学论概述、化学课程改革与课程标准、化学新课程教材与教科书、化学教学的一般原理、现代化学学习理论;**技能篇**包括化学教学设计、化学教学方法与教学模式、化学教学实施技能;**实践篇**包括化学实验及化学实验教学、化学教育测量与评价、信息技术在化学教学中的应用;**教师篇**包括化学教师的专业化发展、中学化学教学研究、中学化学教师资格考试。

本书以课程思政为先导,以落实立德树人为根本任务,为培养具有先进教学理念、优良教学能力、"学会反思,学会合作"的化学教师构建合理的知识结构和能力结构,为师范生实现教师专业化发展奠定坚实的基础。

本书可作为高等师范院校化学教育专业教材,也可用作中学在职教师与教学研究人员的继续教育教材或参考书,同时还可作为高等学校学生参加中学化学教师资格考试备考和应考指导用书。

主编简介

王后雄，男，1962年生，现任华中师范大学考试研究院学术委员会主任，化学教育研究所所长，教授，博士生导师；兼任湖北长江传媒教育资源总策划。主要从事化学课程与教学论、化学教学诊断学、化学奥林匹克竞赛研究、化学学习心理与学法指导、教育考试理论与方法等课程教学和研究。近年来主持国家及省部级科研项目十多项，著有《新理念化学教学论》《新理念化学教学技能训练》《化学教育测量与评价》《中学化学实验教学研究》《新理念化学教学诊断学》《中学化学课程标准与教材分析》《化学方法论》等专著及教材三十多部。先后在 Chemistry Education Research and Practice，Chinese Education and Society，Frontiers of Education in China，《教育研究》《课程·教材·教法》《中国教育学刊》《教育发展研究》《华东师范大学学报(教育科学版)》《高等教育研究》《全球教育展望》《教师教育研究》《化学教育》等期刊发表教育教学论文五百余篇。

先后获"全国劳动模范""人民教师奖章""全国教改'十佳'教师""全国十大杰出中青年教师提名奖""湖北省优秀教师""湖北省教育科研学术带头人""湖北省优秀博士论文指导教师""全国优秀教育硕士指导教师"等称号，三次获得国家级教学成果奖，是享受国务院政府特殊津贴的教育专家。

第三版前言

化学教学论是高等师范院校化学教育专业学生学习化学课程与教学理论、研究化学教学规律和训练化学教学技能的一门必修课,是为了培养未来教师从事化学教学工作和教学研究的初步能力,使师范生达到在教学理论和观念方面"入门"、教学技能实践方面"上路"、教育教学研究方面"领悟"的要求而设置的师范专业课程。《基础教育课程改革纲要(试行)》和《义务教育化学课程标准(2022年版)》《普通高中化学课程标准(2017年版2020年修订)》的修订与实施,标志着我国基础化学教育将进入一个崭新的课程改革时代。化学教学论理应为培养适应化学课程改革的化学教师而与时俱进。为了更好地培养未来教师从事化学教学和教学研究的初步能力,我们在参考兄弟院校课程教材的基础上,结合多年课程教学实践和研究,将国内外鲜活的化学课程改革和教学改革的经验与趋向引入到化学教学论课程教材中,调整和优化课程结构体系,引领师范生在专业知识基础上学好"化学教学论"和教育课程并保证教育实习等教育专业训练,培养教育兴趣和技能,提高教学能力,从而保证师范生在毕业时能成为一个合格的化学教师。

在第三版修订中,课题组高度重视课程思政在化学教育中立德树人的育人作用,以新课程标准及中国高考评价体系作为重要的理论支撑和实践指南,充实了学习进阶理论、深度教学理论、SOLO分类理论、STEM教育、HPS教育、SSI教学、PBL教学、UbD模式、学科大概念、学科理解等新理论、新理念,更新了案例素材,增加了融媒体资源。力图适应课程改革的要求,在内容和体系上有所创新,注重理论与新鲜经验的结合,努力反映课程改革的时代特色;注重吸收现代教学理论研究成果和课程改革、教材改革、教学模式改革、教学方法和手段改革、学习方式改革、教学评价改革等方面所取得的成果,为培养具有先进教学理念、优良教学能力、"学会反思,学会合作"的化学教师构建合理的知识结构和能力结构。

教师专业化是社会变革与教师角色转变的要求,因为掌握学习者的特点和学习规律及教学理论知识、驾驭各学科领域的知识经验,都已构成一种非常专业化的学问和技能。当今,中国教师教育发展正在从数量增加转向质量提高的方向,未来教师将在新课程实施中实现自身专业化的发展,世界各国都在努力提升教师的学历水平、基准与资格。教师的专业能力包括教育能力、教学能力、研究能力和反思能力,是教师完成教育、教学任务所必须具备的能力。教师的先进教学理念和先进的教学行为必须通过教师的专业素质来体现,教师的专业素质是以一种结构形态而存在的,即专业知识、专业技能和专业情意。化学教学论的教学方法必须注重教学技能训练和见习、实习等实践环节,才能保证师范生执教能力的培养。为此,在课程教学中要充分利用情境教学、案例教学、模拟教学、微格教学、现场教学等途径,让师范生在内化中使理性认识与实践体验融合统一,要力争通过实践环节(活动)来带动师范生进行有关理论知识的学习,同时要引导他们在理论指导下进行执教技能训练和教育科研能力的培养。

根据教育部《教师教育课程标准(试行)》精神,为编写出精品教材,课题组对化学教学论教材的定位、创新与特色等众多问题进行了充分研讨,并达到了基本的共识。本课程教材力图体现如下特色:

（一）根据基础教育化学课程改革的目标与内容，调整本课程设置和课程结构，更新教学内容，体现了化学学科内容与教育学学科的整合，力求使化学教学论学习与实践成为师范生教师专业化的"看家本领"。

（二）课程目标明确，突出了教师教育职前培养阶段的特点，以教师专业化作为课程改革的价值取向，注重与教学内容、教学方法和手段的改进相衔接，切实加强师范生教学实践技能的培养和训练。

（三）突出"学材"的定位，从学生的角度来选择、组织和呈现内容，用建构主义思想来帮助学生达到对化学课程与教学理论的"意义建构"，用新理论、新视角阐释化学课程与教学改革的典型案例，力图实现课程观念、内容、形式与实施策略的统一。

（四）在栏目设计上重视教学理论与教学实践的融合。教材中创设了大量的真实的案例情景，利用"随堂讨论""案例研讨"等栏目进行互动式、问题式教学，转变传统的学与教的方式，有利于师范生领悟相关的理论，有利于师范生运用所学理论解决教学实际问题，实现全面加强师范生综合素质和能力培养的目标。

（五）重视凸显先进教育理念，突出教师专业化发展的教学实践能力、教学研究能力和教学反思能力三个目标，将师范教育转型、教师专业化发展纳入教学体系中，增强了课程内容的时代感。

本书的主编单位是华中师范大学化学学院，参编单位有湖北大学、河南师范大学、湖南师范大学、新疆师范大学、湖北师范大学、湖北第二师范学院、合肥师范学院、信阳师范大学、黄冈师范学院、长江大学、韶关学院、孝感学院等单位。由王后雄任主编，邓阳、王世存、杨季冬、孙妍任副主编。各章执笔人员如下：第1章，王后雄；第2章，满苏尔·那斯尔、王后雄；第3章，王后雄、胡杨、马善恒；第4章，袁振东、刘玉荣；第5章，张小菊、王伟；第6章，李娟、姚娟娟、余静；第7章，杨一思、王禹超、张顺清；第8章，沈久明、刘玉荣；第9章，李佳、孙妍、童金强；第10章，张文华、邓阳；第11章，曾艳、孙妍、夏振洋；第12章，丁瑜、杨季冬；第13章，姚如富、皇甫倩；第14章，王后雄、王世存、孙建明。全书由王后雄统稿、审稿和定稿。

本书的出版得到北京大学出版社、华中师范大学本科生院、华中师范大学化学学院的大力支持，化学学院部分博士为书稿的校对付出了辛勤劳动。在第三版修订中，邓阳、王世存、杨季冬、孙妍、王禹超等做了大量的工作，特此致谢。编写中，我们参考引用大量文献资料，在此对文献作者表示诚挚的谢意。

由于编者水平所限，本书肯定存在不妥之处，敬请使用本书的教师、学生和专家批评指正。

王后雄

2024年3月于华中师范大学

目 录

理 论 篇

第1章 化学教学论概述 (2)
    1.1 化学教学论的学科简介 (2)
    1.2 化学教学论的课程目标 (5)
    1.3 化学教学论的形成和发展 (10)

第2章 化学课程改革与课程标准 (21)
    2.1 现代化学课程改革趋势 (21)
    2.2 基础教育化学课程标准 (29)

第3章 化学新课程教材与教科书 (49)
    3.1 化学教科书设计的基础 (49)
    3.2 化学教科书单元内容的结构 (58)
    3.3 化学教科书栏目的设计 (63)

第4章 化学教学的一般原理 (69)
    4.1 现代化学教学理念 (69)
    4.2 化学教学的理论基础 (74)
    4.3 现代化学教学原则 (84)
    4.4 化学教学过程的优化 (90)

第5章 现代化学学习理论 (100)
    5.1 学习的基本原理 (100)
    5.2 化学学习活动 (106)
    5.3 化学学习方式 (114)
    5.4 化学学习策略 (121)

技 能 篇

第6章 化学教学设计 (142)
    6.1 化学教学设计的理论基础 (142)
    6.2 化学课时教学设计 (149)
    6.3 化学课时教学设计案例 (184)

第7章 化学教学方法与教学模式 (209)
    7.1 化学教学方法 (209)

  7.2 化学教学方式 ·· (222)
  7.3 化学教学模式 ·· (224)
  7.4 化学探究式教学 ··· (239)

第8章 化学教学实施技能 ·· (249)
  8.1 化学课堂教学的类型及结构 ··· (249)
  8.2 化学教学活动及教学行为 ·· (253)
  8.3 指导化学学习活动的方法 ·· (256)
  8.4 化学课堂教学提问活动 ·· (263)
  8.5 化学课堂教学调控的方法 ·· (270)

实 践 篇

第9章 化学实验及化学实验教学 ·· (282)
  9.1 化学实验教学的内容分析 ·· (282)
  9.2 化学实验教学的基本理论 ·· (291)
  9.3 化学实验的教学要求 ··· (298)

第10章 化学教育测量与评价 ··· (306)
  10.1 化学学习测量 ·· (306)
  10.2 化学学习评价 ·· (313)
  10.3 化学教学评价 ·· (329)

第11章 信息技术在化学教学中的应用 ··· (340)
  11.1 信息技术与化学教学的整合 ·· (340)
  11.2 信息技术在化学教学中的应用 ·· (344)

教 师 篇

第12章 化学教师的专业化发展 ·· (352)
  12.1 现代化学教师的基本素质 ·· (352)
  12.2 化学教师专业发展的路径 ·· (355)

第13章 中学化学教学研究 ··· (361)
  13.1 中学化学教学研究的过程 ·· (361)
  13.2 中学化学教学研究的方法 ·· (366)
  13.3 中学化学教学研究论文的撰写 ·· (373)

第14章 中学化学教师资格考试(笔试) ·· (378)
  14.1 中学化学教师资格考试简介 ·· (378)
  14.2 中学化学教师资格考试笔试 ·· (379)
  14.3 化学学科知识与教学能力试题例析 ··· (392)

附录 2019年上半年中小学教师资格考试 ··· (399)

理 论 篇

第1章 化学教学论概述

> 学科教学论要研究分析一门科学的发展历史和现状,以及其发展的内在逻辑,结合学生的认知特点,遵循教育规律,把它组织成一门学科,是一次理论上的飞跃。
>
> ——顾明远

本章学习目标

通过本章学习,你应该:

1. 知道化学教学论课程研究的设课目的和基本内容;
2. 了解化学教学论的教学和实践的"三性"的内涵;
3. 了解化学教学论的研究对象、研究方法和学习方法;
4. 了解化学教育、化学教学论学科的形成和发展过程;
5. 调查"中学生最喜欢的化学教师和化学课",感受当好一名化学教师肩负的重任和学好化学教学论的必要性。

1.1 化学教学论的学科简介

核心术语

- ◆ 化学
- ◆ 教学论
- ◆ 教育学科
- ◆ 教育心理学
- ◆ 化学教学论
- ◆ 课程"三性"
- ◆ 研究方法

在中学阶段,相信你已经熟悉了不止一位化学教师的教学。还记得吗,对于你所拥戴的老师,化学课成了一种期盼;对于你"讨厌"的老师,化学课成了一种"煎熬"。有些化学教师的言行,可能成为你一生美好的回忆,有些可能成为你不愿回忆的"痛"。看来,一位化学教师是否被学生喜爱,是影响学生是否喜欢学习化学课的一个重要因素。

随堂讨论

- 你喜欢什么样的化学老师?你喜欢什么样的化学课?
- 你理想中的化学教师与化学课应该具备怎样的范式?

在讨论中,你是以一名学生(听课者)的身份来评价老师和化学课的。如果将角色互换,你作为一位化学教师,准备一节课,试着讲一次,让听课的同学对你和你的化学课进行公正的评价,你就会发现:"上好化学课,蕴含着非常深奥的学问!"。

而化学教学论就是帮助你学习、体会和感受"怎样上好化学课"这一门学问的一门课程。

1.1.1 化学教学论的学科含义

化学教学论的学科含义,就是回答"化学教学论是一门什么样的学科"这一问题。

化学作为自然科学的一个分支,从近代和现代化学开始形成至今,已发展成为一门与人类社会、国计民生有着紧密关系,又与整个科学技术密切相关的科学。正如美国化学家布里斯罗(R. Breslow)所概括的"化学是一门中心的、实用的和创造性的科学。"[①]因为,现代化学已成为生命科学、材料科学、能源科学、环境科学、大气科学等领域的重要基础;化学对农业、生物学、电子学、药学、工程学、计算机科学、地质学、物理学、冶金学以及其他诸多领域都有重大的贡献。化学研究的对象不仅包括自然界里存在的物质,而且包括人类创造的新物质。化学中最有创造性的工作是设计和创造新的分子。[②]

教学论是属于教育心理学的范畴,主要任务是研究化学课程的学与教。在开始一节化学课之前,每一位化学教师都要对这节课学生学什么、怎么学,教什么、怎么教等具体问题进行思考和规划,也就是说要进行化学教学设计。化学教学设计的结果,是教师形成化学教学方案,简称"教案"。在依据教案的基础上,教师在课堂上灵活地开展各种化学学与教活动,并对学生的化学学习情况作出评价,对自身的化学教学设计及实施进行反思。

资料卡片

1-1 教育心理学

教育心理学是一门研究学校情境中学与教的基本心理规律的科学。它是应用心理学的一种,是心理学与教育学的交叉学科……拥有自身独特的研究课题,那就是如何学、如何教以及学与教之间的相互作用……根据这些理解创设有效的教学情境。

(刘冬梅,高全胜.教育心理学[M].北京:北京师范大学出版社,2016:3.)

通过上面的分析可知,化学教学论是研究化学课程和教学理论及其应用的一门教育学科。理解这一表述,应把握以下几点:从学科分类讲,化学教学论属于教育学科;从学科特点讲,化学教学论是化学科学与教育科学相结合的综合交叉学科;从学科内容讲,化学教学论中的教育教学理论与教学实践并重。

在此研究领域颇具影响力的学者舒尔曼(L. S. Shulman)认为教师必备的知识应包括:学科内容知识;一般教学知识;课程知识;学科教学知识;有关教育管理的知识;有关教育的目的、价值、哲学与历史渊源的知识。其中学科教学知识(Pedagogical Content Knowledge,简称PCK)特别重要,PCK是教师个人教学经验、教师学科内容知识和教育学的特殊整合。教师的专业知识如同金字塔分布,PCK处于金字塔的塔尖,它最能区分学科专家与教学专家、高成效教师与低成效教师间的不同,因此成为教师资格认证和教师培养制度的核心。所以,化学教学论的学习和实践是化学教师专业化的核心知能和"看家本领"。

[①] [美]R.布里斯罗.化学的今天和明天——一门中心的、实用的和创造性的科学[M].华彤文,宋心琦,张德和,吴国庆,译.北京:科学出版社,1998:1-4.

[②] 同上.

2020年5月教育部印发的《高等学校课程思政建设指导纲要》提出:"全面推进课程思政建设,就是要寓价值观引导于知识传授和能力培养之中,帮助学生塑造正确的世界观、人生观、价值观"①。化学教学论是化学专业的教师教育类的专业核心课程,不仅含有教育类的师德师风、爱国主义、法治意识等元素,而且蕴含了绿色化学观;化学家的科学精神、责任感等化学专业的元素。它将课程目标与思想政治教育育人目标相统一,形成协同育人效应,从理论和实践两个方面缩短师范生向中学化学教师的过渡时间。这门课学习质量的高低,将直接影响到中学化学师资的水平。即便如此,对这门课的学习,大家也有不同的认识和想法。就大多数师范生而言,从报考师范院校起,就立志做一名优秀的中学教师,对本课程的学习可以说是期望很高。也有少数同学认为,将来能否成为一名优秀的中学化学教师与本课程的学习关系不大。如何来看待这些想法和认识呢?

 随堂讨论

- 学生甲:曾经教过我的一位中学化学教师毕业于非师范院校,化学课教得特别好,可见,不学化学教学论课程,一样能成为一名合格的化学教师。
- 学生乙:有一位刚从师范院校毕业的青年教师,大学阶段化学教学论学得非常好,从近几年中学化学教学实践来看,他并未成为一名优秀的化学教师。
- 学生丙:只要在师范院校阶段学好了化学教学论,将来就一定能成为一名优秀的化学教师。

请就上述3种观点和想法发表自己的意见。

学习和掌握化学教学论的基础理论和基本技能,只是为将来从事中学化学教学奠定一个基础。所以,忽视或放弃化学教学论的学习当然不对,但也不要认为学好了化学教学论,将来就一定能胜任中学化学教学的工作。化学教学论的学习,能使师范生在"准备阶段"接受最基本教育专业理论和实践知识教育,大大缩短了"求生阶段"和"成熟阶段"的任职时间。师范生在专业知识基础上学好化学教学论和教育课程并完成教育实习等教育专业训练,涵养教育兴趣和技能,培养教学能力,从而保证毕业时成为一名合格的化学教师。毕业后通过增强自身解决和处理学生行为问题的能力,提高教师的教育策略,调整、更新、充实和锻炼提高自己的能力,就会逐渐成为"学会反思,学会合作"的专家型教师。

1.1.2 化学教学论的学科特点

高等师范院校化学教育专业开设化学教学论课程的目的,是使师范生掌握化学教学论的基础知识和化学教学的基本技能,培养他们从事中学化学教学工作和进行教学研究的初步能力,培养具备专业化水准的化学教师。

化学教学论的教学和实践应以教育学、心理学和化学专业基础课为先修课程,并结合教学见习和本科生生应完成的规定的实践作业为基础而逐步展开教学。本课程具有很强的思想性、师范性和实践性,即所谓化学教学论的"三性"。

(1)"思想性"。是指化学教学论的最终目标是培养人、教育人。我们以什么样的教育理念、教学内容、教学方法去培养、教育人,这是作为教师首先应该明确的问题。随着科技的发展和社会的进步,对人才培养的要求越来越高。必须为现代化建设服务,必须培养富有实践能力和创新精神、全面发展的高素质人才。要做到这一点,必须对未来的教师从教育思想、教学目标、科学方法、科学态度、品德

---

① 教育部关于印发《高等学校课程思政建设指导纲要》的通知[EB/OL].(2020-06-01)[2022-02-27]. http://www.moe.gov.cn/srcsite/A08/s7056/202006/t20200603_462437.html

习惯等各方面加以熏陶,为其将来从事教育工作打下良好的思想基础。

(2)"师范性"。是指化学教学论作为教师教育的一门专业课,要对学生进行职业定向的培养和教育。教师的职业定向培养和教育,实质是教导师范生既做"人师"又做"经师"。"人师"之质,在于胜理行义,将教书与育人真正融为一体,在于经明行修,不仅通晓理论而且德行端正,言教与身教真正合一,在于德行道艺,不但自己明道还要有传道善教的艺术,由此才能真正做到立德树人。①

(3)"实践性"。是指化学教学论的教与学,一方面要紧密结合中学化学教学实践,另一方面要给师范生必需的、基础的实践训练。说它"实践性"很强,是因为缺少了实践(学习者亲身实践、体验,包括试误)仅靠理性去"感悟"是不能内化(建构)为自己的理念和解决教学实际问题的本领的。因此,在组织实施本课程时,一定要采取通过实践环节(活动)来带动有关理论学习的策略,为师范生提供探究、体验和反省的情境和机会。也就是说,尽可能利用本届同学和往届同学的典型教例及优秀教师的示范(亲授或录像),对师范生进行生动的榜样教育,或让他们结合实例相互诘问、探讨,同时或随后辅以理论分析和讲授,促使师范生真正懂得典型教例的含义,从中受到启发,学到一些执教本领,提高教育实践能力水平。

在本课程学习中,可以通过哪些实践环节来促进理论学习?

明确化学教学论的"三性",就是让大家学习化学教学论的基础知识和基本技能要与"三性"很好地融合在一起,努力做到以思想性为先导、以师范性为核心和以实践性为根基。②

本门课程的基本要求是,从理论和观念上引导师范生"入门",从教学技能培养训练上教师范生"上路""上手",从教科研思路上使师范生"开点儿眼界"。总之,要为即将步入中学教师行列的师范生在教师专业的"应知""应会"的基本功上打好扎实的基础,这利于他们在"职后定向教育"的研修和提高上不断攀登。

1.1.3 化学教学论的研究方法

化学教学论的研究方法主要有理论方法、文献方法、调查方法、实验方法、比较方法、历史方法和统计分析方法等。具体内容参考本书第13章。随着教育的发展,教育理论越来越丰富,其研究方法也在不断地发生变化。不论是从事化学教学论的教学和研究人员,还是将来从事中学化学教学或研究的工作者,懂得和掌握化学教学论的研究方法,对教学或教学研究工作都是大有裨益的。

1.2 化学教学论的课程目标

核心术语

- ◆ 课程目标
- ◆ 主体与客体
- ◆ 教学过程
- ◆ 研究对象
- ◆ 教学过程的效率
- ◆ 教师专业化
- ◆ 学科课程内容

---

① 王飞,张升峰.从"经师"到"人师"——立德树人之时代呼求[J].教育理论与实践,2023,43(16):37-44.
② 刘知新.化学教学论(第二版)[M].北京:高等教育出版社,1997:2.

化学教学论作为高等师范院校化学教育专业的一门必修课,其设置要符合高等师范院校人才培养的总目标——为基础教育培养师资。具体讲,课程目标概括如下:使师范生树立现代教育理念,掌握化学课程和教学的基础理论和化学教学的基本技能,具备从事化学教学和进行教学研究的初步能力,即培养师范生具备毕业后作为一名中学化学教师的基本素质。

1.2.1　化学教学论课程的基本内容

下面是一个化学教学片段,通过这个具体的教学片段,可以帮助你了解化学教学论课程学习和研究的基本内容。

案例研讨

"问题解决"教学法——"水的电离"教学片段

师:科学探究的基本过程是什么?
生1:提出问题⇒建立猜测与假设⇒制订计划⇒获取事实与证据⇒检验与评价⇒合作与交流
师:根据书本对"水的电离"的叙述,请你提出问题。
生2:怎样设计精确实验才能证明水是微弱电解质?
生3:水(H—O—H)电离为何是生成 H^+ 和 OH^-,而不是生成 O^{2-} 和 H^+?
师:根据上述两个问题,请你作出假设。
生4:假设水是电解质,那么水能导电。
生5:假设水电离生成 H^+ 和 O^{2-},那么水呈酸性。
师:用什么实验可证明水导电?用什么实验可证明水的酸碱性?
生6:用导电实验中灯泡发亮证明水导电。
生7:用石蕊试液显红色,证明水呈酸性。
生8:用灵敏电流计指针会偏转证明水导电。
生9:用 pH 试纸测出 pH<7,证明水呈酸性。
师:根据上述四位同学的方案进行实验,并汇报结果。
生10:灯泡不亮,但灵敏电流计指针发生偏转。
生11:石蕊试液不变色,测出 pH 为 7。
师:上述实验结果可得出什么结论?
生12:纯水是极弱电解质。
生13:纯水不呈酸性,而呈中性,因而推导出水电离不生成 H^+ 和 O^{2-},而生成 H^+ 和 OH^-。
师:下面我们走进微观世界,认识水是怎样电离的。(以多媒体演示的方式演示水的电离过程,引导学生通过纯水的导电性实验得出水是一种极弱的电解质。)
师:上述探索过程中,同学们有何感想?
生14:读书要多质疑,不能照教材死记硬背。
生15:解决问题要遵循科学探究的基本过程。
生16:思考过程中要相互交流,实验过程中要相互合作,这样考虑问题更周到,实验操作更顺利,大家也提高得更快。
生17:……

对于"案例研讨"中所提供的教学片段,设想你是一位化学教师,你该如何对"水的电离"进行教学设计和实施呢?

随堂讨论

请结合你对"优秀化学教师"和"优质的化学课"的看法,对上述"案例研讨"教学设计及实施进行简要评价。

在这个教学片段中,"水是如何电离的"是化学学习任务,它是教学内容"水的电离"的具体化。为了落实这一内容,完成这一任务,教师通过"实验""提问"和"评价"等来开展化学教学活动;学生通过"假设""证据""回答""解释"和"交流"等来进行化学学习活动。化学教学是化学教学活动和化学学习活动的统称,正是通过这些活动,来实现使学生"理解水的电离本质"的化学教学目标。该片段概括了中学化学教与学的理论和实践的最基本内容,从理论和实践两个层面涉及以下几个方面的问题:

一是"为什么教"和"为什么学"的问题,这就是中学化学的教学目的和任务,即中学化学的课程价值。

二是"教什么"和"学什么"的问题,这就是中学化学的教学内容和教材的知识体系。

三是"怎么教"和"怎么学"的问题,这就是中学化学教与学的一般原理、方法和规律。

四是"教得怎样"和"学得怎样"的问题,这就是中学化学教与学的测量与评价。

 资料卡片

1-2 化学教学论研究的对象

化学教学论是研究化学教学规律及其应用的一门学科。它的研究对象是化学教学系统,即研究化学教学中教与学的联系、相互作用及其统一。

(刘知新.化学教学论(第4版)[M].北京:高等教育出版社,2009:10-11.)

从系统论的观点来看,化学教学论就是研究构成中学化学教学的诸要素——教师、学生、教学内容和教学手段的各自作用、相互联系及其统一,其关系如图1-1所示。

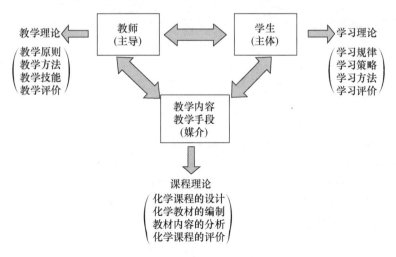

图1-1 中学化学教学中诸要素的相互关系

1.2.2 化学教学论体系的理论基础

研究化学教学的主体活动,就是研究教师和学生在这个结构中对自己的客体对象的作用过程。教师作为主体,学生和教材都成为他的认识客体,而且学生和教材并不是各自孤立的,而是以一个"学生-教材"的主-客子系统共同作用于认识主体——教师。学生作为主体,其认识客体教师和教材之间也形成一层主客体认识关系,即其客体对象是一个"教师-教材"主-客子系统。[①] 教学过程中教师的主体状态和学生的主体状态以及两者之间的相互作用,决定着教学过程。用一般教学模式表示,教学过程的效率是教师主体状态和学生的主体状态的函数,即

$$H = f(T_{a,b,c} \cdot S_{m,n,o})$$

式中:H 为教学效率,T 为教师主体状态,S 为学生主体状态。

教学过程这种主客体关系的系统整体性特征,以及其中活跃着复杂的辩证转化运动的观点,揭示了"教与学统一"等教育规律的认识论依据,深化了人们对"教学主导,学生主体"等教育原则的认识,构成了化学教学论体系的理论基础。

1.2.3 化学教学论的课程目标

为了落实化学教学论的课程目标,应将课程目标的内容要求具体化。具体来讲包括以下几个方面的内容:

(一)学科知识运用

1. 化学专业知识

(1)掌握与中学化学密切相关的大学无机化学、有机化学、分析化学、结构化学的基础知识和基本技能。

(2)掌握中学化学知识和技能,具备化学学科的实验技能和方法,能够运用化学基本原理和基本方法分析和解决有关问题。

(3)了解化学科学研究的一般方法和化学研究的专门性方法,理解化学学科认识世界的视角及思维方法;了解化学发展史及化学发展动态。

2. 化学课程知识

(1)理解中学化学课程性质、基本理念、设计思路和课程目标。

(2)熟悉《义务教育化学课程标准(2022年版)》《普通高中化学课程标准(2017年版2020年修订)》所规定主题内容的标准和要求。

(3)理解中学化学教材的编写理念、编排特点及知识呈现形式,能够根据学生学习的需要使用教材。

3. 化学教学知识

(1)了解化学教学理念、教学原则、教学策略及教学方法等一般知识。

(2)认识化学教学过程的基本特点及其规律,掌握中学元素化合物、基本概念和基础理论等核心知识教学的基本要求及教学方法。

(3)知道化学教学活动包括教学设计、课堂教学、作业批改与考试、课外活动、教学评价等基本环节,能根据学生身心发展规律组织化学教学活动。

---

① 阎立泽等.化学教学论[M].北京:科学出版社,2004:13.

(二) 教学设计

1. 化学教材分析能力

(1) 根据《义务教育化学课程标准(2022年版)》《普通高中化学课程标准(2017年版2020年修订)》及教材的编写思路和特点,理解中学化学教材编写的指导思想,确定课时内容在教材体系中的地位和作用。

(2) 了解化学教学内容与化学课程内容、化学教材内容和化学教学目标之间的关系,能对化学教学内容进行合理的选择和组织。

(3) 通过对教材内容和学生已有知识基础的分析确立教学重点与难点,并阐述相应的教学解决方案。

2. 确定化学教学目标

(1) 领会化学学科核心素养的含义。

(2) 能够根据《义务教育化学课程标准(2022年版)》《普通高中化学课程标准(2017年版2020年修订)》教材和学生的认知特征,确定具体课程内容的教学目标并准确表述。

3. 选择教学策略和方法

(1) 根据化学学科的特点和中学学生认知特点,分析学生的学习需要,确定学生的学习起点,选择合适的教学策略和教学方法。

(2) 能够根据学生的学习起点,明确教学内容与学生已有知识之间的关系,确定教学内容的相互关系和呈现顺序。

(3) 了解化学资源的多样性,能根据所选教学内容合理开发、选择和利用教学资源。

4. 设计化学教学程序

(1) 理解化学教学内容组织的基本形式和策略,能够设计合理的教学流程。

(2) 通过研究典型的化学教学设计案例,掌握教学设计的方法,评价教学案例的合理性。

(3) 能够在规定时间内应用化学课时教学设计的一般步骤,完成所选教学内容的教案设计。

(三) 教学实施

1. 课堂学习指导能力

(1) 了解化学情境创设、学习兴趣的激发与培养的方法,掌握指导学生学习的方法和策略,帮助学生有效学习。

(2) 掌握中学生化学学习的基本特点,能够根据化学学科特点和学生认知特征引导学生进行自主学习、探究学习和合作学习。

2. 课堂组织调控能力

(1) 掌握化学教学组织的形式和策略,具有初步解决化学教学过程中各种冲突的能力。

(2) 了解对化学教学目标、教学任务、教学内容和教学方法等教学活动因素进行调控的方法。

3. 实施有效教学能力

(1) 能依据化学学科特点和学生的认知特征,恰当地运用教学方法和手段,有效地进行化学课堂教学。

(2) 掌握化学实验教学的功能、特点和方法,强化科学探究意识,培养学生的创新精神和实践能力。

(3) 能恰当选用教学媒体辅助化学教学,整合多种教学资源,提高化学教学效率。

(四) 教学评价

1. 化学学习评价

(1) 了解化学教学评价的知识和方法,具有正确的评价观,能够对学生的学习活动进行正确评价,促进学生的全面发展。

(2) 能够结合学生自我评价、学生相互评价、教师评价,帮助学生了解自身化学学习的状况,调整学习策略和方法。

2. 化学教学评价

(1) 能够依据《义务教育化学课程标准(2022年版)》《普通高中化学课程标准(2017年版2020年修订)》倡导的评价理念,发挥教学评价的检查、诊断、反馈、激励、甄别等功能。

(2) 了解教学反思的基本方法和策略,针对教学中存在的问题,能够对教学过程进行反思和评价,提出改进的思路。

(五) 教师专业发展

(1) 了解化学教学研究的一般程序和基本方法,能够调查、收集、处理、分析教学信息和资料,体验行动研究的一般过程,具备化学教学研究的初步能力。

(2) 了解现代教师的角色,理解现代化学教师的素质结构,明确自我教育的内容和方法。

(3) 明确教师专业化发展的要求和努力方向,不断激励自己向研究型、学者型、专家型教师的方向发展。

资料卡片

1-3 教师专业化

教师专业化是指教师在整个专业生活中,通过专业理论学习,习得教育专业的知识技能、实施专业自主、表现专业道德,并逐步提高自身从教素质,成为一个良好的学科专业工作者的成长过程。

(教育部师范教育司.教师专业化的理论与实践[M].北京:人民教育出版社,2001:50.)

2011年,教育部颁布了《关于开展中小学和幼儿园教师资格考试改革试点的指导意见》,2014年在全国实行统考和推广,并形成常态化国家教师资格考试制度。新的教师资格考试分为笔试和面试两部分。申请初中、高中化学教师资格的笔试科目有《综合素质》《教育知识与能力》和《学科知识与教学能力》。笔试各科成绩合格者,方可参加面试。面试通过结构化面试和情景模拟相结合的方式进行。《中学教师专业标准(试行)》和《中小学和幼儿园教师资格考试大纲(试行)》是中学化学教师培养、准入、培训、考核等工作的重要依据。化学教学论是师范生和非师范生参加《化学学科知识与教学能力》科目笔试和中学化学(初中、高中)面试需要学习的主要课程。

随堂讨论

请你根据课程目标的具体内容及要求,结合国家教师资格考试制度的要求,试讨论化学教学论课程的学习方法。

1.3 化学教学论的形成和发展

核心术语

- ◆ 化学教育　　◆ 化学教材教法　　◆ 化学教学法　　◆ 化学教学论
- ◆ 化学教育学　　◆ 基础教育课程改革　　◆ 国际化学教育会议

化学教学论以化学教育教学规律及其应用作为研究对象,它与化学教育的历史基本同步。作为一门学科,它的形成和发展与师范教育的形成和发展基本同步,以课程和教材为其物化形式。

1.3.1 化学教育的形成和发展

伴随着化学科学的形成和发展,化学教育自然孕育其中。化学作为一门学科在学校教育体制中设置,标志着系统的、规范的化学教育的诞生。

从19世纪中叶起,发达国家的高等和中等教育中相继设置了化学课程。我国于1865年开始在学校里开设化学课程,至今已经150多年。反思我国150多年的化学教育,可大致分为四个时期。①

(一)化学教育的成型期(19世纪末至20世纪20年代)

1904年,清政府颁布了《奏定学堂章程》,史称癸卯学制,这是我国教育史上第一次正式颁布实行学校系统的章程。该章程对化学课程的设置作了明确规定:中学阶段在第五年教授化学,每周4学时。内容规定:先讲无机化学中重要的元素(元质)及其化合物,而后讲解有机化学初步知识及有关实用的有机物,其目的在于了解物质的自然现象,并运用变化的法则及其与人生的关系等,以备他日在农工商实业活动中加以应用。② 这标志着化学课程在我国教育制度中正式确定了自己的位置,化学教育体系进入成型期。

 资料卡片

1-4 中国近代化学教学
表1-1 中国近代化学的教学安排表

年 级		教学内容
高小		寻常化学之形象,原质(即单质)及化合物
中学堂第五年		先讲无机化学中重要的元素及其化合物,然后讲有机化学的初步知识和有关实用的有机物
高等学堂	第二年	化学总论和无机化学
	第三年	有机化学
大学堂	格致(物理)科大学化学门(系)	无机化学、有机化学、分析化学、应用化学、理论及物理化学、化学平衡论、化学实验
	工科大学应用化学门(系)	无机化学、有机化学、化学史、制造化学、化学分析实验、电气化学、工业分析实验、制造化学实验
	农科大学农艺化学门(系)	(略)

(二)化学教育的发展期(20世纪30年代至50年代中期)

随着时代的进步和社会的变革,这一时期我国化学教育进入充实发展期。化学课程的设置目的、课程内容的选择逐步趋向具体化,课程实施更重视方式、方法,课程评价更侧重于知识与技能的掌握,其主要标志是:① 化学教育目的的扩大,不仅限于化学基本知识,还关注培养学习兴趣,养成学生的观察力和思考力及良好习惯;② 化学课程统一程度的提高,各类大学新生入学考试科目中均有化学;

---
① 刘知新.化学教学论(第三版)[M].北京:高等教育出版社,2004:2-4.
② 张家治等.化学教育史[M].南宁:广西教育出版社,1996:419-424.

③大学实科的注重,专科以上的学校,1928年共有25198人,其中习文科者占1/4;④化学师资的改进,特别是化学教师业务水平的提高及开办暑期讲习会;⑤化学设备的充实,譬如,城市高中使用滴定管和精确天平较为普遍,初中学校多为教师演示,由此推进了化学教学方法的改进,即实验法较为普遍地进入课堂教学。①总括来说,从19世纪末到20世纪50年代,化学教育改革的动力主要来自高等学校。高校为了适应专业人才培养的需要,致力于使化学成为一门学术性的学科。

(三)化学教育的变革期(20世纪50年代末至70年代末)

在这一时期,随着现代科学技术的迅猛发展,当代化学也发生了重大变革,这种变革的主要特点是从描述性的过渡到推理性的,从主要是定性的过渡到定量的,从主要是宏观的过渡到微观的。这种变革是多年来化学科学发展的总的趋势。这种趋势必定在化学学科的发展和变革中得到反映。在大学低年级和中学化学课程中提高理论,提高学习起点,删削某些描述性(元素化学)的内容,成为一种潮流。②

(四)化学教育的新时期(20世纪80年代至今)

从20世纪80年代开始,化学教育进入了一个新的关键时期。③ 人们对科学、技术与社会,特别是人文科学与自然科学关系的认识进一步深化,化学科学各分支学科及化学与相关学科相互交叉渗透并相互促进,以及人们对人才素质规格的新认识,都需要对化学教育进行别开生面的改革与创新。化学教育作为教育的一个子系统,其教育目标和培养模式也面临着重新定位的问题。美国学者肯巴(Kempa)对此作了精辟的概括:化学教育已从"化学中的教育"(Education in Chemistry)和其后的"通过化学进行教育"(Education through Chemistry)的观念或教育模式演进为"有关化学的教育"(Education about Chemistry)。④"化学为大众""国民的化学要解决国民的问题"已成为当代化学教育的根本目的,同时在教育过程中要切实体现"以学生的发展为本""促进学生主动地自主学习"以及"为学生终身学习打好基础"。当今化学教育的改革观念正从强调学科中心转向关心人的充分发展,从提高理论水平转向加强化学与社会生活的联系。

我国从1999年开始启动了新一轮基础教育课程改革。2001年化学课程以提高学生的科学素养为主旨,从"知识与技能""过程与方法""情感态度与价值观"三个方面制订了新的化学课程标准,课程内容充分体现"从生活走进化学,从化学走向社会"的新理念,明确提出要转变学生的学习方式,发展学生的科学探究能力。2001年《义务教育化学课程标准(实验稿)》在全国公开发行,2003年《普通高中化学课程标准(实验)》正式出版,2012年《义务教育化学课程标准(2011年版)》出版。2014年教育部下发《教育部关于全面深化课程改革落实立德树人根本任务的意见》,提出中国学生发展核心素养,意味着课程改革进一步深化。以核心素养为导向,2018年颁布《普通高中化学课程标准(2017年版)》,并于2020年修订。2022年《义务教育化学课程标准(2022年版)》出版。在深化课程改革过程中,调整和改革了化学教育的课程体系结构、内容,凝练了化学学科核心素养,构建了符合立德树人要求的化学教育课程体系。

1-5 基础教育化学课程改革

基础教育课程标准及其配套实验教科书的出版和实施,它昭示着新课程理念的生成。课程和

---

① 蒋明谦.当代化学的发展趋势[J].化学通报,1979(3):1.
② 同上.
③ 梁英豪.世界中学化学课程和教材发展的一些趋向[J].课程·教材·教法,1988(3):37.
④ 王积涛.第七届国际化学教育会议[J].化学教育,1985(1):59.

教材的多样化与综合化逐渐凸现,并且逐步形成了国家、地方和学校三级课程管理模式,围绕化学主题的校本课程开发方兴未艾。进一步联系社会需要和不同学生的兴趣和个性差异,化学课程开始涉及生动性、探究性和必要的弹性,关注学生智慧潜能的开发和创新能力的培养。课程评价的方式更加多样化,开始关注质性的评价方法、形成性评价,关注曾经被一度遗忘的评价价值主体——学生,关注学生的反思性自评与互评。

对于[资料卡片1-5]中所述的化学课程改革的理念,大多数一线教师对新课改不适应。他们的困惑是:教了这么多年书,现在不知道这书该怎么教了。

随堂讨论

中学一线教师对新课改不适应的原因有哪些?作为教师教育的职前培养的课程,你准备从现在起如何给自己打下坚实的基础?

学习化学教学论应结合新的化学课程标准的理论和实践而开展,化学教学论也必然在与新课程标准实施的相互作用之中发展和创新。

1.3.2 化学教学论的形成和发展

化学教学论是植根于化学与教学之中发生、发展的,是化学学科建构与教学发展及其理论研究和实践检验、完善的结果。化学教学论是以师范生未来从教问题为主线、中学化学教学基本问题为副线建构层层递进、首尾呼应的整体结构设计。同时,化学教学论以师范生课程学习问题为线索,通过丰富的栏目建构基于案例载体的"学程式"教材体例结构。①

早期的化学教学论研究,是由一些化学家在自己科学研究和进行化学教学的实践中无意识地进行的。比如,被誉为近代化学教育奠基人的李比希(J. V. Liebig),既是一位有着丰富研究成果的化学家,又是世界上第一个化学教学实验室——吉森实验室的创始人。他创造了一种新的化学教学方法,即让学生在学习讲义的同时进行实验,如定性分析、定量分析、无机合成及有机合成等,完成这一课程后给学生研究课题,在教授指导下让学生进行研究实验,独创了使学生学会如何进行研究的指导方法。当时的吉森实验室云集了来自世界各国学化学的学生,形成了以李比希为核心的"吉森"学派,在李比希指导下出现了许多著名的化学家,有霍夫曼(A. W. Hofmann)、费林(H. Fehling)、武慈(C. Wurtz)、凯库勒(F. A. Kekule)等,他们后来在各国大学里推广和普及了李比希的化学教学方法。李比希和他的学生培养出了很多诺贝尔化学奖获得者,人数之多,在世界上首屈一指,在最早的10位诺贝尔化学奖获得者中有7位是来自"吉森"学派。

凯库勒的教学也非常有特色,他不赞成学生盲目听从教授指导进行实验的方法,而始终把重点放在培养学生的独立思考能力上。另外,本生(Bunesn)、门捷列夫、霍夫曼、韦勒(Wohler)、武慈等也都曾是化学教育的热情实践者。

在我国早期化学教育中,徐寿是我国化学教育的先驱,他1847年在上海成立"格致书院",常就

---

① 杨玉琴,葛超,王彦卿.《化学教学论》教材内容逻辑体系的建构——基于教与学基本问题的视角[J].化学教育(中英文),2024,45(10):65-70.

科学问题举办讨论会、讲演会,并在中国最早向听讲人做 H_2、O_2 性质之类的讲演实验。徐寿一生共翻译了 13 部书籍,其中包括《化学鉴原》《化学鉴原续编》《化学鉴原补编》《化学质考》《化学求数》等,这些书是中国最早系统介绍西方近代无机化学、有机化学和分析化学方面知识的书籍。徐寿确定的化学元素中文命名原则在我国一直沿用至今。

近代的化学教育研究在我国仍以化学家与化学教师为主,而在西方则因教育学家及心理学家的参与而声势浩大。20 世纪 50 年代末,在美国兴起了轰轰烈烈的科学教育改革运动,其代表人物是哈佛大学心理学家布鲁纳(J.S.Bruner)。在其代表作《教育过程》一书中,他提出了"教什么"和"如何教"的问题。他认为,让学生有继续学习的能力,应该教给学生各学科的基本结构,而教的方法应该用发现法、探究法。首先将能力培养和科学方法训练作为中学教育的教学目标。在化学学科中,其改革运动的物化成果即 CBA① 和 CHEM Study② 两套新化学教材。20 世纪 60 年代美国的科学教育改革运动波及西方各国和日本,其核心思想是从传授化学基础知识、基本技能为中心的化学教育,逐渐在"双基"的基础上向培养能力转化。这一转化在我国虽然晚了 15~20 年,但这并不妨碍一些有远见的化学教育家的早期实践。如著名无机化学家戴安邦先生,毕生活跃在化学教育战线上。他主编的《无机化学教程》是几代化学教育工作者的基础教材。他早在 20 世纪 40 年代就写了《近代中学化学教育之进展》,到了 80 年代末,又发表了《基础化学教学启发式八则》《全面的化学教育和实验室教学》等论文,强调教学用启发式,强调全面的化学教育要求化学教学既能传授化学知识与技术,又能训练科学方法和思维,还能培养科学精神和品德。化学实验课是实施全面化学教育的一种最有效的教学形式。著名的物理化学家傅鹰先生也十分强调教学要在传授知识的同时启迪思维。他讲课时注意跟踪科学的发展,常以新颖的科学事例和理论充实教学内容。他很善于从人类认识自然的过程、从科学发展的历史角度,深入浅出地阐述科学概念和讲授科学知识。他认为,一门科学的历史是这门科学最宝贵的部分。科学只给我们知识,而历史却给我们智慧。1957 年前后,北京市化学教师刘景昆先生创造了"启发学生思维,培养学生独立工作能力"的先进化学教学经验,反映了广大中学化学教师在教学一线结合实际进行的化学教学研究。

从 1970 年开始,国际纯粹与应用化学联合会(International Union of Pure and Applied Chemistry,IUPAC)与联合国教科文组织(United Nations Educational,Scientific and Cultural Organization,UNESCO)致力于开展国际化学教育研究的交流与合作,并于 1971 年在意大利召开了首届国际化学教育会议(ICCE),此后每两年举行一次,在一定程度上推动了世界各国的化学教学论研究。

资料卡片

1-6　国际化学教育会议

国际化学教育会议(International Conference on Chemical Education,ICCE),是国际上最有影响的化学教育会议。一般是由国际纯粹与应用化学联合会(IUPAC)、联合国教科文组织(UNESCO)和主办国的化学会共同组织。ICCE 会议的首届会议是 1971 年在意大利的弗拉斯卡蒂召开的,到 2022 年为止已举办了 26 届。从表 1-2 可以看出近二十届召开的国际化学教育会议的主题和内容,可以看出当今国际化学教育研究发展的一些新趋势。对近年来国际化学教育会议的回顾和反思,寻求人们探索化学教育规律的思维范式,获得对化学教育理论以及理论背后深层次意义的理解,对于促进我国化学教育理论研究与实践的新发展具有十分重要的价值。

---

① 美国化学教法教材设计会(Chemical Bond Approach Project)所编的化学教材(1957 年出版)。
② 美国化学教材研究会(Chemical Education Material Study)所编的化学教材(1960 年出版)。

表1-2　历届国际化学教育会议主题

届次	时间,地点	主题	专题
7	1983年,法国	化学教育和社会	教学中的视听教具,计算机辅助学习,化学与环境,化学与能量,课程设计,中等学校教师训练
8	1985年,日本	扩展化学的视野	计算机时代的化学,培养未来优秀化学家的化学教育,化学教育为了生命科学,化学教育和工业
9	1987年,巴西	化学与新时代	改善化学教育的各种环境,向公民普及化学教育,化学教学的研究
10	1989年,加拿大	化学教育最优化	展望2000年的大学化学,国际奥林匹克竞赛,科学、技术与社会,非化学家的化学教育,实验教学的改进,教学评估,课程结构内容,计算机辅助教学
11	1991年,英国	把化学带到生活中去	使所有学生容易接近化学,初等、中等和中等后教育阶段的新课程,教学策略,远距离教与学,化学教育研究
12	1992年,泰国	化学在演变中	化学课程的演变,教育方法的演变,辅助教学的演变
13	1994年,波多黎各	化学——通向未来的钥匙	21世纪的化学教育,化学在科学发展中的作用,技术在化学发展中的作用,化学教学中成功的教学计划,化学安全问题,仪器和低价品,化学与环境,空间化学,化学与生物工程
14	1996年,澳大利亚	化学——扩充边缘	2000年后教育研究成果在化学教育中的应用,化学的中心目的是发展多样性训练和解决科学问题,理解公众领域中的化学,技术对化学及化学教育的影响,环境化学在中学和大学课程中的角色,化学及生物技术向何处去,设计新的分子和有用材料,评价学生的学习——国家标准的影响,通过与工业联系的节目扩大学习背景
15	1998年,埃及	化学与全球环境变化	环境问题的综合教学,环境污染与环境监测,化学教学中的技术作用,21世纪的化学教育,现代教学技术,大学与工业在化学中的相互作用,开放和远距离化学教学,大学与中学化学课程,微型与小型实验仪器,低成本仪器,化学评定与评价,国际化学教育标准,新产品和新材料化学
16	2000年,匈牙利	健康人类和应用化学	环境保护,农业化学——食物化学,药物化学,草本植物和药物,理论化学,应用化学教学方法,化学课堂实验,学生实验,竞赛,高等教育前的化学预备课,改革——学生与年轻的研究人员
17	2002年,中国北京	新世纪的化学教育新战略	公众教育和化学素养教育,化学和社会,环境导向的化学教育,绿色化学和环境友好化学,微型化学和低价化学仪器,化学教育和化学研究界限,在化学教育中运用网络计算机和化学现代技术,中学和大学化学教学,中学化学教与学,国际奥林匹克化学,化学教育的理论基础
18	2004年,土耳其	服务于现代世界的化学教育	公众对化学的理解,化学和社会,绿色化学和环境友好化学实验,微型化学,高分子化学教育,对化学和化学工程教育信赖,化学教育的现代科技,化学教师教育,初级水平的科学教育,中学化学教与学,继续教育,国际奥林匹克化学,化学教育研究的理论和方法基础,化学教育发展

续表

届次	时间,地点	主 题	专 题
19	2006年,韩国	服务于全人类的化学和化学教育	公众对化学的理解,社会对化学的需要,化学家的角色,妇女与化学,环境与化学,绿色化学,历史哲学和认识论,学生如何学化学,化学教育中多媒体与可视化手段的运用,微型实验技术,化学示范,基于网络的学习和教学,将艺术融合于化学教育中,同伴教育,化学教师教育,初级阶段的科学教育,中学化学,化学课本的未来,化学课程改革,评价与评估,学生的概念和概念的改变,学习者的特征与化学教育,化学教学中的教室背景,化学教育中的指导策略,对天才学生的教学,教室里的口头交流,化学实验的改进等
20	2008年,海地	信息时代的化学	公众对化学的理解,为确保适切性与质量而进行化学教育改革的挑战,化学教学的新方法,为改革作准备的教师,介绍化学新内容,教与学等
21	2010年,中国台湾	全球化时代下的化学教育与可持续发展	环境保护教育以及可持续发展教育;促进化学教育的全球化;大众对化学的理解;数字化学习和创新教学;化学中的学习、理解和概念转变;学前~12年级的化学教学;大众化和终身学习的化学教育;化学的课程、评价和测量;微型化学实验;促进女学生学习科学的兴趣和自信心;2011年国际化学年等
22	2012年,意大利罗马	化学教育不断经历重大变化和发展;化学在社会中所扮演的角色正在发生变化	化学教育对社会、经济的巨大贡献;化学课堂探究式教学研究;现代语言学的异构性对化学教育挑战;非化学专业学生的化学教学研究;化学教学中如何培养学生的逻辑思维能力;使用适当的教学语言来增强学生对物理化学的理解;新手型教师与专家型教师在化学特定问题教学上的差异
23	2014年,加拿大多伦多	发展化学教育学习共同体	跨层次教育交流;外延至社区;国际学生学习共同体;技术支持下的化学学习与学习共同体;提高对化学教育的意识;以及跨学科合作
24	2016年,马来西亚古晋	化学教育支持社会经济转型	公众对化学认知;国际化学奥林匹克;中学化学的教与学;化学教育的方法、技术与创新;化学职业教育和专业教育;普通化学教学;化学武器公约与化学安全;化学实验教学;化学教育研究;高等化学教育与终身学习;绿色环境化学教育;化学教师教育等
25	2018年,澳大利亚悉尼	弥合差距	通过提供多样化的教学和学习空间以及教师角色的范例来应对学习环境的变化;从可以发展为国际网络和合作的种子中产生新的想法,教学方法和实践;在澳大利亚化学教育社区和全球化学教育社区之间建立纽带,加强对学生学习化学的共同愿景
26	2022年,南非开普敦	21世纪化学教育的必要性	课程及评价改革措施;在线环境中的有效教学;化学教与学、教学法与认知;化学促进可持续发展;化学教育的情境性与多样性;Covid-19后实验室培训的再思考;教师教育、教师知识与持续专业发展

许多国家都成立了化学教育研究的组织,如美国有美国化学会(American Chemical Society,ACS)及其化学教育分会(Division of Chemical Education)、美国理科教师协会等;我国也有中国化学教育委员会,还有中国教育学会化学教学专业委员会及各省、市的分会。这些组织出版刊物和举办各种学术交流、研讨,对促进化学教育教学研究起到了组织保证的作用。

目前世界上涉及化学教育教学研究影响相对较大的期刊主要有:JCE(*Journal of Chemical Education*,《化学教育》),由美国化学会主办;CE(*Education in Chemistry*,《化学教育》),由英国化学会主办。以上两种刊物中虽有涉及中学化学教育的文章,但相对较少。JRST(*Journal of Research in Science Teaching*,《科学教育研究》),由美国理科教师协会主办;IJSE(*International Journal of Science Education*)《国际科学教育杂志》和 EJSE(*European Journal of Science Education*,《欧洲科学教育》)杂志,均由英国泰勒和弗朗西斯科有限公司主办;SE(*Science Education*,《科学教育》),由美国约翰·威利公司主办;ASTJ(*Australian Science Teaching Journal*,《澳大利亚科学》)杂志,由澳大利亚科学教师学会主办。以上五种期刊发表的文章虽均是围绕中学教育的,但科目涉及物理、化学、生物、地理等,化学仅是其中之一。我国化学教育类的期刊也不少,比较有影响的有:《化学教育》,由中国化学会和北京师范大学主办;《化学教学》,由华东师范大学主办;《中学化学教学参考》,由陕西师范大学主办。这些期刊为广大化学教育研究者提供了新鲜的知识、观点、方法,同时还提供了发表和交流研究成果的园地。

随堂讨论

参看《化学教育》《化学教学》《中学化学教学参考》等化学教育类的期刊目录、文章内容,请你对这三种期刊主要栏目特点和稿件要求作一综述。你计划写一篇哪个方向的论文?适合于投寄到哪一种期刊上?为什么?

1.3.3 化学教学论学科的发展

在我国,化学教学论作为一门学科,最早正式开始于1932年的北京高等师范学校(北京师范大学前身)化学系,当时的名称为"中等学校化学教材教法",其主要内容为:① 化学之新发展(约占25%);② 化学教学法及教材研究(主要根据中学化学教材内容,介绍如何进行讲解,约占50%);③ 化学实验及设备之研究(约占25%)。[①]

中华人民共和国成立初期,在全盘照搬苏联教育模式的情况下,引进了苏联的几套化学教学法教材和讲义,其主要内容为:① 化学课的任务;② 化学教学过程的一般原则;③ 化学教学方式方法;④ 化学教学工作的组织;⑤ 化学教学工作计划;⑥ 学生成绩的检查与评价;⑦ 化学课外作业;⑧ 化学设备;⑨ 各种内容的教法研究和化学总复习。

1957年人民教育出版社出版了第一本高等师范院校教材《化学教学法讲义》,该书比较系统地介绍了化学教学法的原理、专题研究和实验等内容。20世纪60年代以后,北京师范大学和华东师范大学等高等师范院校各自编写了化学教学法讲义和教材,体系大都与以前的一致,而内容上则有较大变化,整个课程除课堂讲授外,还配合大量的实习活动,包括实验、讨论、见习、试讲、参观、制作教具等。直到80年代初,化学教学法一直是师范院校化学系学生的必修课。但正如其名称所示,这门课比较

---
① 张家治等.化学教育史[M].南宁:广西教育出版社,1996:492.

重视"方法"而不够重视"理论"。

1983年北京师范大学顾明远教授在国务院学位委员会召开的第二届博士、硕士授权点学科评议组会议期间,建议将学科教材教法更名为学科教学论,以提高对它的学术要求,从而提高它的学术地位。从那时起,在硕士培养层次上的专业名称变"化学教学法"为"化学教学论"。

 资料卡片

1-7 学科教学论的缘起

师范院校曾有一门必修课,叫作"教材教法"。它是一门培养教师技能的专业课程,但是历来不受人们所重视。在一些专业学科教师、专家们的眼里,似乎教材教法不过是剖析中小学的教学大纲和教科书,教会师范生如何去上好一堂课,没有什么学术性。他们认为,上好一堂课,保证教学质量的关键是有高的学术水平。这是一种误解,但这种误解不是没有原因的。原因之一是,这些专家们不懂得,教育既是一门科学,又是一门艺术,只有高深的学问,不懂教育规律,没有掌握教育教学的艺术,课就上不好,或者事倍功半。原因之二是,过去的教材教法课确实存在着不少问题,它只分析现有教材,不对学科、课程及教育教学规律进行研究。因此,要解决这个问题,除了改变专家们的误解之外,更重要的是研究这门学科的发展,提高学科的理论水平。我认为,师范院校的教材教法不能只分析一门课如何讲授,更重要的是要研究、分析一门科学的发展历史和现状,以及其发展的内在逻辑,结合学生的认知特点,遵循教育规律,把它组织成一门学科。学科并不等于科学。一门科学要变成学校里的学科,要经过一番改造。改造的理论就是一门学问,本身也应是一门学科。这门学科是跨学科的,它既要研究某门学科的科学规律,又要研究教育规律,要把两者有机地结合起来,从这个意义上来讲,教材教法的名称显得落后了。因此,把它改为学科教学论或学科教育学是适宜的。

(顾明远.现代教育理论书系·总序[M].南宁:广西教育出版社,1996.)

1988年11月,参加我国"高等师范院校本科化学专业化学学科基本要求审定会"的化学教育组专家、学者一致同意用"化学教学论"这一名称代替过去曾经用过的"化学教学法""中学化学教学法""中学化学教材教法"等名称。1989年1月,高等教育出版社出版了刘知新先生主编的教科书《化学教学论》。此书分别于1995年、2004年、2009年、2018年四次修订,一直沿用至今。

 随堂讨论

参看[资料卡片1-7],请就"化学教学法""化学教材教法"更名为"化学教学论"发表你的看法。

近几十年来,教学论、课程论、教育学、心理学、教育测量学、教育评价学、教育技术学等学科有了新的发展,这为化学教学论的发展提供了理论基础。改革开放引进了国外各种教学理论、课程理论、学习理论,开阔了我们的视野,启迪了我们的思想。大量的专业人员和广大一线教师在化学教学研究领域辛勤耕耘,不断探索,获得了大量研究成果和一些关键性的突破,孕育着化学教学论新的飞跃。[①]

[①] 马宏佳.化学教学论[M].南京:南京师范大学出版社,2000:10-14.

资料卡片

1-8 教学论的基本类型

在三百多年的发展历程中,教学论形成了众多的流派与分支。就教学论演化与发展过程中先后关注的知识与发展问题来看,可以把花样繁多的教学论流派和分支归纳为两种基本类型:知识主导型教学论和发展主导型教学论。知识主导型教学论主张教学内容的选择、教学过程的调控、教学方法的运用以及教学形式和教学评价等都要以知识的传授和掌握为中心来安排。发展主导型教学论则相反,坚持教学内容、教学过程、教学方法、教学形式和教学评价等各个要素和各个环节都要以促进学生的发展为旨归。知识主导型教学论长于教学使儿童有效掌握知识的研究,短于有效掌握知识的教学如何促进儿童发展的研究。正是在知识主导型教学论基础上,发展主导型教学论进一步研究:掌握什么样的知识才具有促进儿童发展的可能性;什么样的教学才能把这种可能性转化为儿童发展的现实;怎样才能确切地知道儿童通过掌握这些知识的教学获得了预期的发展。

(李森.论教学论的基本类型[J].教育理论与实践,2007(23):45-48.)

近十几年来,把学科教学论提高到学科教育学的高度来研究,不仅研究学科的教学理论问题,而且从教育学的基本原理出发,从培养人的高度来讨论学科教育的问题,不仅要揭示学科教学的规律,还要揭示学科教学培养人的规律。20世纪90年代,华东师范大学范杰教授、华中师范大学杨先昌教授等先后主编了教科书《化学教育学》,这是化学教学论的发展方向,化学教育学的探讨和研究方兴未艾。我国新一轮基础教育课程改革的实施,从教育理念、课程内容、教学策略、学习方式、教学评价等多方面为化学教学论的发展提供了广阔的空间。随着我国基础教育课程改革的逐步实施,化学教学论从"学科"和"科学"两个层面都会得到新的发展。

本章小结

1. 化学教学论的含义具有多维性,不同的学者从不同视角来加以表述可能形成定义上的差异。本章将化学教学论界定为研究化学课程和教学理论及其应用的一门教育学科,是化学科学与教育科学相结合的综合交叉学科。其学科具有思想性、师范性和实践性"三性"特征。

2. 化学教学论的研究对象是化学教学系统,即化学教学中教师的教与学生的学、教学主体与媒体,以及化学教学自身与教学环境的联系、相互作用及其统一。化学教学论是培养合格中学化学教师的重要课程之一。

3. 化学教学论采用的研究方法主要有:理论方法、文献方法、调查方法、实验方法、比较方法、历史方法和统计分析方法等。要学好本课程,应该做到提高认识、端正态度、讲究方法、善于积累、勇于实践、提高素质。

4. 化学教学论设课的目的包括:树立"以人为本""以学生为中心"和"促进学生全面发展"的现代教育理念,掌握化学课程、课程标准、化学教材的形式、结构和内容,掌握中学化学教与学的一般原理和主要方法,掌握化学教学设计和教学实施的基本技能,具备教学研究的初步能力,明确教师专业化发展的要求,不断激励自己向研究型、学者型、专家型教师的方向发展。

5. 我国于1865年开始在学校里开设化学课程,至今已经150多年。我国化学教育的形成与发展大致可分为成型期、发展期、变革期、新时期等四个时期。把传统的教材教法改造成学科教学论,提高了学科的理论水平。

本章思考题

1. 如何理解化学教学论的含义和课程设课的目的？
2. 化学教学论的教学和实践的"三性"指的是什么？
3. 化学教学论的课程目标细化为哪些层次要求？
4. 通过学习化学教育和化学教学论的形成和发展历程，你得到了什么启示？
5. 结合自己在中学时代化学学习的经历和感受，谈谈你对学习化学教学论必要性的认识。
6. 结合表1-2的内容，总结国际化学教育发展的趋势，举例说明化学教育视野的拓展。

参 考 文 献

[1] 联合国教科文组织国际教育发展委员会.学会生存——教育世界的今天和明天[M].华东师范大学比较教育研究所,译.北京：教育科学出版社,1996.

[2] 国家教育发展研究中心.发达国家教育改革的动向和趋势（第四集）[M].北京：人民教育出版社,1992.

[3] 联合国教科文组织.教育——财富蕴藏其中[M].联合国教科文组织总部中文科,译.北京：教育科学出版社,1996.

[4] 刘知新,王祖浩.化学教学系统论[M].南宁：广西教育出版社,1996.

[5] 刘知新.化学教学论（第五版）[M].北京：高等教育出版社,2018.

[6] 阎立泽等.化学教学论[M].北京：科学出版社,2004.

[7] 王克勤.化学教学论[M].北京：科学出版社,2006.

[8] 王克勤.关于高等师范院校"学科教学论"发展的若干思考[J].教育研究,2004(2)：25-27.

[9] 毕华林.化学教学论课程改革的理论探索与实践[J].山东师范大学学报（自然科学版）,2000(3)：326-328.

[10] 王后雄,万坚.化学教师教育人才培养模式改革与实践教学创新[J].中国大学教学,2008(9)：28-30.

[11] 王世存,王后雄.专家型教师学科教学认知结构探析[J].中国教育学刊,2011(4)：56-58.

[12] 邓阳,王后雄.基于FCL模型的师范生教学实践性知识学习共同体研究[J].教师教育研究,2013(6)：53-59.

[13] 王伟,王后雄.国外近三十年科学教师学科知识（SMK）的研究进展及启示[J].教师教育研究,2019(6)：114-122.

第 2 章　化学课程改革与课程标准

> 一门课程不但要反映知识本身的性质,还要反映求知者的素质和知识获得过程的性质。
> ——布鲁纳(J. S. Bruner)

本章学习目标

通过本章学习,你应该:
1. 了解基础教育化学课程的含义及其基本类型,认识中学化学课程设计理念;
2. 分析义务教育阶段和普通高中阶段的化学课程中科学素养的内涵;
3. 认识义务教育化学课程标准和普通高中化学课程标准的含义及结构;
4. 理解化学课程标准的内容标准、活动与探究要求及实施建议;
5. 调查基础教育化学课程与教学的现状,感受化学课程与教学改革的必要性。

2.1　现代化学课程改革趋势

核心术语

- ◆ 课程　　　◆ 化学课程　　　◆ 学科课程　　　◆ 分科课程
- ◆ 活动课程　◆ 综合课程　　　◆ 科学素养　　　◆ 科学探究

我国基础教育的课程改革是一次全面而深刻的教育改革,它涉及三个层面:课程内涵的丰富、课程理念的演进和课程制度的变迁。其中,课程理念的演进是课程变迁的深层动因,在教学改革中起关键和先导作用的是课程和教材。我国新一轮基础教育课程改革,在提高课程的适应性、促进课程管理的民主化、重建课程结构、倡导和谐发展的教育、提升学生的主动性、注重学生的经验等方面,对传统的课程模式有了实质性突破。"为了中华民族的复兴,为了每位学生的发展",这是本次课程改革所追求的目标。义务教育化学课程和普通高中化学课程都属于基础教育课程,它对提高学生的科学知识、科学技能、科学思维、科学方法,促进学生全面发展,有着非常重要的作用。

2.1.1　中学化学课程的设置

现代课程理论认为,课程是为学生有目的地学习而设计的内容,它与教学的起点(课程目标)、教学的过程(课程观念、课程内容、教科书)和教学的结果(课程评价)密切相连。课程实施就是将预期的课程方案付诸实践的过程。课程在任何一个国家的教育和教学中都处于中心地位,是培养人才的蓝图。

2-1 广义的课程

广义的课程不仅包括课程表中所规定的显性学习内容,也包括学生的课外活动以及学校中潜在的各种文化教育因素;它不仅指书本知识,也包括学生个人所获得的感性知识,经过了个人系统地整理、由实践反复检验的科学知识,以及个人经历产生的情感体验。

化学课程是对教学的目标、内容、活动方式和方法的规划和设计,亦即课程方案(或教学计划)、课程标准(或教学大纲)和教科书(或教材)中预定的教学内容、教学目标和教学活动。因此,可以说,化学课程是为实现化学教育目标所设计的全部内容。

中学化学课程的设置是与社会的政治、经济、生产以及文化科学技术发展的需要密切相关的。因此,化学课程设置的目的、任务要受到其所处时代教育宗旨(方针)的制约;同时,化学课程的设置也是公民个体的需要;确定课程设置,还应该遵循学生的生理、心理的发展规律。化学课程中包含着许多抽象的概念和理论,只有在学生具备了一定的智力水平,特别是具备了抽象思维能力时,才能达到比较好的学习效果。根据我国的一些心理学实验研究得知,十一二岁至十七八岁是逻辑思维逐步成熟的阶段。我国的九年级学生,年龄一般在十四岁至十五岁,这正是抽象逻辑思维开始占有相对优势的年龄。从这时起学习化学课程,也是符合学生心理发展特征的。① 我国中学化学课程分为义务教育段和普通高中段两个学段。

2.1.2 中学化学课程的形式

课程结构是指按一定标准选择和组织起来的课程内容所具有的各种内部关系,是国家教育意志、教育目的和课程目标的载体,课程结构的变革与实施是实现课程目标的基础和前提。因此,课程结构以其在课程体系中的特殊地位,成为课程改革的关键。

为了便于认识化学课程的本质、特点和规律,根据化学课程的功能特点及具体的表现形式,我们可以将化学课程按课程结构的层次不同,划分为不同的基本组织形式。

(一)学科课程与活动课程

学科课程是指由一系列不同类别的学科或学术领域以及与之相应的各种间接经验所组成的课程。② 学校课程表中的化学课就属于学科课程。学科课程的优点是它的逻辑性、系统性和简约性,这三个特点有助于学生学习和巩固基础知识。重视学科的系统性,重视间接经验的学习是学科课程的重要特征。学科课程的缺点是造成和加深学科分隔,不利于联系学生的生活实际和社会实践,妨碍课程内容的更新和综合素质的形成。

活动课程是指打破学科逻辑组织的界限,以学生的兴趣、需要和能力为基础,通过学生自己组织的一系列活动而实施的课程。③ 目前中学化学教学中开展的"研究性学习活动"就属于活动课程。重视学生直接经验的主动获得,重视学生在活动过程中的各种经历、体验、感受和感悟,是活动课程的重要特征。

---

① 王克勤.化学教学论[M].北京:科学出版社,2006:22-23.
② 廖哲勋,田慧生.课程新论[M].北京:教育科学出版社,2003:47.
③ 施良方.课程理论:课程的基础、原理与方法[M].北京:教育科学出版社,1996:275.

在现行的高中课程体系中,活动课程(如研究性学习、社区服务、社会实践等)被正式纳入课程结构,但学科课程在总课时中占90.1%,活动课程仅占9.9%。从课时比重看,学科课程仍然是高中课程的主体部分,活动课程在课程结构中只处于辅助地位,是学科课程的补充。高中化学课程中的研究性学习活动主要通过活动课程来完成。

随堂讨论

传统的学科课程与现代的学科课程有何差异?为什么我国现行的初中、高中化学课程结构主要是学科课程?

(二) 分科课程与综合课程

分科课程是指由一系列自成体系的科目组成的学科课程。[①] 例如学校课程表中的数学课、物理课、化学课、生物课等,都属于分科课程。分科课程的优点是:重视知识的系统性和严谨性,重视思维的逻辑性,但弱化了生活实际和社会发展;学科之间的渗透、联系较少,理论化的倾向较重。

综合课程是指由若干不同学科领域组成的、具有独特育人功能的学科课程。[②] 我国义务教育课程计划中设置的《科学》(7～9年级)课程就属于综合课程,它是由"物质的结构与性质""物质的变化与化学反应""物质的运动与相互运动""能的转化与能量守恒""生命系统的构成层次""生物体的稳态与调节""生物与环境的相互关系""生命的延续与净化""宇宙的地球""地球系统""人类活动与环境""技术、工程与社会""工程设计与物化"等学科核心概念及学习内容组成的。从国际范围来看,以环境、能源、资源为线索的化学课程或以化学为主的综合理科课程不断问世,分科课程内部的综合化趋势日益明显。

(三) 必修课程、选择性必修课程与选修课程

必修课程是指每一位学生为达到规定的学业要求必须学习的课程。必修课程是工具性基础课程,是学习其他知识和能力发展不可缺少的基础。我国的必修课程一般是国家课程,又大多具有学科课程的特点。普通高中化学课程的必修课程设置"化学科学与实验探究""常见的无机物及其应用""物质结构基础与化学反应规律""简单的有机化合物及其应用""化学与社会发展"5个主题。

选择性必修课程是学生根据个人需求与升学考试要求选择修习的课程。如普通高中化学课程的选择性必修课程包括《化学反应原理》《物质结构与性质》《有机化学基础》3个模块。选择化学作为高考科目的同学必须修习。

选修课程是学生根据自己的兴趣、爱好和需要自主选择修习的课程。如普通高中化学课程的选修课程包括"实验化学""化学与社会""发展中的化学科学"3个系列。

随堂讨论

结合实际说明:普通高中必修课程与选择性必修课程设计思路和主要功能是什么?如何指导高中生选择高考科目?

---

① 廖哲勋,田慧生.课程新论[M].北京:教育科学出版社,2003:47.
② 同上。

资料卡片

2-2　普通高中化学课程结构

　　普通高中化学课程由必修课程、选择性必修课程和选修课程构成。必修课程不分模块,选择性必修课程有 3 个模块,选修课程有 3 个系列。通过学分来描述学生的课程学习情况:18 个课时为 1 学分,学生高中毕业必须修满必修课程 4 个学分,若选择化学作为高考科目,则还应修满选择性必修课程的 6 个学分。选修课程与高中毕业不直接挂钩,每修 9 个课时,可获得 0.5 学分。(见图 2-1)

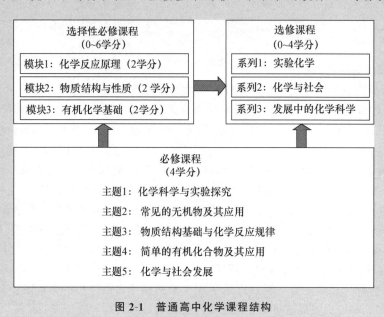

图 2-1　普通高中化学课程结构

2.1.3　现代化学课程发展的趋势

　　现代化学科学已进入人类社会生活的各个方面,是现代社会发展中不可缺少的基础自然科学。在基础教育中如何反映现代化学科学的最新研究成果,如何根据人的认识发展规律和学生的心理特征,培养适应社会发展需要的高素质人才,是世界各国化学教育改革所共同关心的问题。教育改革的灵魂是教育理念的变革,而教育理念的实现最终要具体落实到课程的实施上,所以化学教育改革的关键是化学课程改革。纵观 20 世纪 80 年代以来世界中学化学课程的改革与发展,主要表现出以下趋势。

(一)当代化学教育目的革新的趋向

　　重要的趋向有三大方面。第一,人才培养理念发生了深刻的变化,从注重少数人转向面向全体学生,从注重培养科技精英转向注重培养具有基本科技素养的合格公民和建设者。第二,以科学素养的优异程度作为衡量化学教育成效的尺度。第三,高度重视培养探究素养、创新精神和科学思维的习惯。从培养精英人才转向面向全体学生、培养具有科学素养的公民和社会建设者,集中反映了当代科学教育既重视基本学力培养,也重视人的科学素养发展的新特点。

　　随着科学技术与社会的关系越来越密切,公众科学素养水平的高低已成为经济能否发展、国家竞争力能否增强的决定性因素。因此,近年来世界上很多国家都把培养和提高公众的科学素养作为科学教育改革的根本目标。

从现代意义上的科学素养的含义或构成要素来看,国内外学术界的看法不尽相同。英美两国学者的观点,对于从基础教育层面了解国外对科学素养含义的认识,具有一定的代表性。如果将这两种观点作进一步的梳理,见表2-1,可以发现一些规律。

表 2-1　科学素养的含义[①]

	科学知识	科学过程和方法	科学的本质和价值
美国	• 统一的科学概念 • 物质科学 • 生命科学 • 地球和空间科学	• 统一的科学过程 • 作为探究的科学	• 科学和技术 • 个人和社会视角中的科学 • 科学的历史和本质
英国	• 理解科学观念 • 建立国际联系	• 训练科学方法	• 理解科学对社会的贡献 • 理解科学对个人发展的贡献 • 认识科学的本质

从表 2-1 可以看出,英美两国的理科课程是从"科学知识""科学过程和方法""科学的本质和价值"等三个方面,来理解科学素养的含义。我国之前基础教育化学课中是从"知识与技能""过程与方法""情感态度与价值观"三方面来阐述科学素养的含义。

关注学生科学素养的形成与发展,展示了新的内涵。世界各国十分重视培养中学生可持续的学习能力和未来的职业发展,将"科学、技术与社会"的相互关系纳入课程范畴,"科学为大众"的理念日益深入人心,教育的视野从培养少数人成为科学家转向面对所有的学生。20 世纪 80 年代后,一些发达国家如美国开发的"社会中的化学"、英国开发的"索尔特化学"等课程都反映了旨在培养和提高学生科学素养的教育理念,并一直延续。

我国 2022 年制订的《义务教育化学课程标准(2022 年版)》和 2020 年颁布的《普通高中化学课程标准(2017 年版 2020 年修订)》把发展学生的化学学科核心素养作为化学课程改革的重要目标。化学学科核心素养是具有化学学科特质的科学素养,"是学生必备的科学素养"。化学学科核心素养是在化学学科层面来落实科学素养,因而,它是科学素养的深化和发展;同时,它又要反映和体现化学学科特质,因而,它是科学素养的具体化和化学学科化。正是在这个意义上说,化学学科核心素养理论是科学素养理论的发展和深化。[②] 核心素养、科学素养、化学学科核心素养之间的关系如图 2-2 所示。

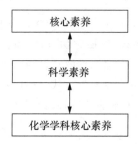

图 2-2　核心素养、科学素养、化学学科核心素养之间的关系

[①] 郝琦蕾,万雅馨,杨小微. 国内外科学素养研究的进展与反思[J]. 中国教育科学(中英文),2023,6(06):122-137.
[②] 郑长龙.2017 年版普通高中化学课程标准的重大变化及解析[J]. 化学教育(中英文),2018,39(9):41-47.

(二) 化学课程改革的新趋势

1. 突出化学核心观念的引领

当今世界科学教育的一个主要问题是科学课程的内容超负荷,有限的科学课程容量和"无限"的自然科学知识这一矛盾凸显。化学学科所包含的最重要、最核心的内容有哪些?加拿大化学教育家罗纳德(Ronald)教授指出"要回答'普通化学中包含什么内容'这个问题,我们就需要知道对于理解和正确评述现代化学,哪些是最重要的基本的化学观念"。这段话强调了化学核心观念在化学学科中的重要地位,也对上述问题作出了很好的回答。近些年,在"少而精"和"更少,更清晰,更高要求"等课程设计新理念的统领下,利用化学核心观念来引领化学课程能够有效整合化学知识,化繁为简,同时又能体现知识之间的内在联系,促进学生对知识的深入理解,这已成为当今国际化学课程改革的核心理念。

2. 重视化学学科思维方式的形成

过去的三百多年,化学学科积累了大量知识,面对纷繁庞杂的化学知识,围绕化学核心观念组织课程,人们需要有效整合和精简课程,从而使学生更好地进行化学学习。但化学科学在漫长的发展过程中,所积累的不仅仅是化学知识,更积淀了一种强有力的认识和思考世界的方式,即化学思维方式。化学思维方式作为化学学科特有的思维方法和形式,具有较强的可迁移性,同时具有强大的解释力量,能够使学生从化学的视角去认识和解决不同情境下的问题,这对学生的未来生活和职业发展有很大帮助。因此,引导学生从"掌握作为一种知识的化学"转移到"理解作为一种思维方式的化学",已成为当今国际化学课程改革的重要方向。

3. 增进对科学本质的理解

当前很多学生学习了若干年的科学课程,掌握了相当数量的科学知识,但头脑中依然"没有"科学,缺乏对科学及科学研究的正确认识。这种状况指向了学校科学教育的又一个重要主题——科学本质教育。科学本质是科学素养的核心要素之一,也是科学教育的一个永恒话题。在过去半个多世纪里,随着科学教育的发展和科学教育研究的深入,国际科学教育界越来越重视对学生进行科学本质的教育,世界各国纷纷将科学本质作为重要课程目标纳入到科学教育标准中。例如,美国《国家科学教育标准》和《下一代科学教育标准》,以及英国《国家科学课程标准》中均要求学生理解科学的本质,并且对不同学段的学生对科学本质的理解提出了明确要求。可以看出,增进教师和学生对科学本质的理解,形成正确合理的科学本质观已经成为当今国际科学课程改革的重要目标和共同愿景。[①]

(三) 化学教学方法改革的新趋势

新课程改革重视培养学生的创新精神和探究能力,倡导"问题解决教学",要求把"探究"融于经常性的教学过程之中,注意用探究的方法教,教探究的方法,由此带来了教学观念、教学模式的深刻变化,从掌握学习迈向探究学习和体验学习,强调理解知识的本质、注重实证和参与探究性的实践活动。

在中学化学教育中,科学探究作为一种教学方式,既体现了科学作为人类探究自然的活动的本质,又反映了人类与生俱来所具有的探究本能的特征,同时也是学生发展终身学习能力的最佳途径。所以,在我国面向未来的新课程改革中,实施以科学探究为核心的化学教学方式已成为决定改革成败的关键因素。

(四) 化学学习方式改革的新趋势

知识经济时代的社会是一个学习化的社会,在学习化的社会里,学习能力和创新能力是一个人所

---

① 毕华林,万延岚.当前国际化学课程改革的发展动向及启示[J].比较教育研究,2015,37(9):79-84.

应具备的基本能力。传统的学习方式以教师和书本为中心,重视教师的教和学生对知识的被动接受,忽视学生在学习过程中的主动性和独立性,不利于学生学习能力的形成和创造性的发挥。面向21世纪,世界各国的基础教育课程改革都把改变学生的学习方式作为重要内容,以有利于培养学生的学习能力和创新能力。在近年来世界范围内的中学化学课程改革中,为了使学生形成以科学探究为主的学习方式,很多国家都很重视设置探究性的内容,把对科学探究过程的体验和方法的掌握作为课程目标。

(五) 强调与人文教育结合的新趋势

化学教育作为科学教育的重要组成部分,在21世纪的中学化学课程改革中应重视与人文教育的结合,以人为本、以学生的发展为宗旨,体现科学研究的严谨求实的作风、坚强的意志、独立与合作相结合的意识、勇于批判的精神、强烈的社会责任感、大胆创新以及献身精神等;要从化学不仅是一门有特定研究对象的科学知识而且是一种人类文化的角度去理解化学科学,把化学知识作为21世纪的公民所必需的科学素养来掌握;并使学生正确认识应用化学研究成果的利与弊,从文明、道德、伦理、法律的角度对化学品及技术的消费进行反思。这样就可以使化学科学的发展达到与人的发展、与自然的发展、与人和自然的发展的和谐统一,完整地体现化学教育的真谛。

资料卡片

> **2-3 科学与人文的关系**
>
> 艺术和科学,从表面上看是两个不同的知识范畴,但是进一步思考,就会发现两者是有联系的:它们都是人类的创造,都在寻求真理的普遍性,而且都是跨时间、跨空间的。只要有人类,就会去探究自然的奥秘,就会有科学;同样的,只要有人类,就会有情感,也就一定会产生艺术。所以,我把艺术和科学看成是一枚硬币的两面,两者是相通的。
>
> 〔姚诗皇.李政道谈科学和艺术[N].文摘周报.2000-11-13(4).〕

《普通高中化学课程标准(2017年版2020年修订)》在"教材编写指导原则"中要求"体现基础性、时代性和人文性。化学教材在内容选择、编排思路和呈现方式上,应处理好知识基础、能力发展和品格修养三者的辩证关系;帮助学生了解化学科学发展前沿,体会化学对科技发展和社会进步的重要作用;增强文化自信,提升人文素养"。在"化学教材内容选择"中要求"体现科学与人文的融合。利用科学技术发展进程中的优秀案例,引导学生认识科学本质,体会科学事业的特征,自觉传承科学文化,弘扬科学精神。化学教材内容的选择应注重挖掘中华优秀传统文化蕴含的思想观念、人文精神,传承和弘扬工匠精神和技术创新思想,应培养学生的国际视野,关注人类命运共同体的建设,具有共同创造人类美好未来的情怀"。

(六) 强调跨学科整合的新趋势

化学作为一门在原子、分子水平上研究物质的基础学科,其认识物质和创造物质的特征,决定了化学与其他学科密不可分。中学化学课程改革应认识到单一学科知识和思维无法解决真实复杂问题,21世纪学习需要培养学生综合运用两个或多个学科知识和思维分析情境和解决问题的能力来应对生活中的复杂议题和日后的非常规工作。目前,很多国家倡导的STEM教育和项目式教学,本质上都体现着跨学科思想,强调通过学科联系解决问题,既能够促进学生对各学科基础知识的理解,又能够加强学科间的横向联系。跨学科教学有助于打破学科壁垒、培养学生解决复杂问题的综合能力,有助于学生适应未来复杂情境下的学习、工作和生活,成为适应社会需求的应用型、复合型、创新型人才。在基础教育阶段开展跨学科教学具有重要意义。[1]

 资料卡片

2-4 STEM 教育

STEM 是科学(Science)、技术(Technology)、工程(Engineering)和数学(Mathematics)四门学科的简称,强调多学科的交叉融合。STEM 教育并不是科学、技术、工程和数学教育的简单叠加,而是要将四门学科内容组合形成有机整体,以更好地培养学生的创新精神与实践能力。

STEM 教育(STEM Education)源于美国。经过三十余年的发展,美国的 STEM 教育已经走在世界的前列,表 2-2 展示了美国近些年来发布的关于 STEM 教育政策。从教育目标来说,STEM 教育的基本目标是培养学生的 STEM 素养。美国州长协会(National Governors Association) 2007 年颁布的"创新美国:拟定科学、技术、工程与数学议程"(Innovation America: Building a Science, Technology, Engineering and Math Agenda)共同纲领中指出,在知识经济时代,只有具备 STEM 素养的人才能在激烈竞争中取得先机,赢得胜利。他们认为,STEM 素养是个体在科学、技术、工程和数学领域以及相关交叉领域中运用个人关于现实世界运行方式的知识的能力。因此,STEM 素养包含了科学素养、技术素养、工程素养和数学素养,同时又不是四者的简单组合,它包含运用这四门学科的相关能力,把学习到的零碎知识与机械过程转变成探究真实世界相互联系的不同侧面的综合能力。融合的 STEM 教育具备新的核心特征:跨学科、趣味性、体验性、情境性、协作性、设计性、艺术性、实证性和技术增强性等。

表 2-2 2011—2019 年美国出台的 STEM 教育政策

年份	颁布机构	STEM 教育政策
2011	美国州长协会	《拟定 STEM 教育议程:州级行动之更新》
2013	美国国家科学技术委员会	《联邦 STEM 教育五年战略计划》(2014—2018)
2013	美国五大湖公平中心	《STEM 教育需要所有儿童:公平问题的批判性审视》
2015	美国	《每一个学生都成功法(ESSA)》
2015	美国国会	《2015 年 STEM 教育法案》
2016	美国研究所与美国教育部	《STEM2026:STEM 教育创新愿景》
2017	美国	《总统备忘录》
2018	美国 STEM 教育委员会	《制订成功路线:美国 STEM 教育战略》
2019	美国教育部	《用技术支持 STEM 学习的九个维度》

〔余胜泉,胡翔. STEM 教育理念与跨学科整合模式[J]. 开放教育研究,2015,21(4):13-22.
张志,袁磊. 美国 STEM 教育政策及其启示[J]. 教学与管理,2022(30):101-104.〕

化学教育生命化正是人文理念渗透下的共享过程,要求师生彼此敞开心扉,沟通接纳,吸收包容,

---

[1] 苏传清,占小红. 化学课程中跨学科主题教学设计的探索——以"指纹破案"为例[J]. 化学教学,2019(10):49-53.

互动分享,让学生能真切感受到课程内涵。在化学正走向绿色化的今天,人文内涵的彰显,已成为新课程理念支撑下的化学课堂教学(育)的核心价值取向(见图2-3)。

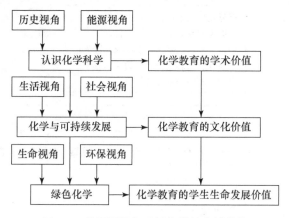

图 2-3　从不同视角理解化学教育的价值

(七)化学教学评价改革的新趋势

尽力体现出对学生化学学科核心素养发展状况的评价,力求教学评价更为合理、更为全面、更具激励和发展功能,起到促进学生积极主动学习的作用,从而作出对学生未来发展潜力的正确评估。因此,需要革新评价的方式,树立科学的评价观,坚持核心素养导向的评价,加强过程性评价,改进终结性评价,深化综合评价和探索增值评价,促进学生全面而富有个性地发展。

2.2　基础教育化学课程标准

核心术语

- ◆ 课程标准　◆ 化学课程标准　◆ 核心素养　◆ 教育心理学　◆ 课程性质
- ◆ 课程理念　◆ 课程目标　◆ 课程内容　◆ 学业质量　◆ 课程实施

课程标准是国家对基础教育课程的基本规范,它体现了国家对不同学段的学生在核心素养、学业质量等方面的基本要求;它规定了课程的性质、目标、内容框架,并提出了教学的评价建议。

化学课程标准(先前称之为"化学教学大纲"),是国家或地方教育行政部门根据培养目标和课程计划制订的关于化学教学的指导性文件,是教材编写、教学、评估和考试命题的依据,是国家管理和评价课程的基础。课程标准是整个基础教育课程改革系统工程中的一个重要枢纽。在中学化学教学中,课程标准对化学教学具有指导作用、评定作用、限制作用。鉴于我国基础教育分为义务教育和普通高中教育两个相对独立的阶段,我国教育部颁布的化学课程标准包括两个文件,即《义务教育化学课程标准(2022年版)》和《普通高中化学课程标准(2017年版2020年修订)》。因此,本节将分别探讨我国义务教育和普通高中教育化学课程标准的特点。

2.2.1　义务教育化学课程标准

《义务教育化学课程标准(2022年版)》(以下简称"《课程标准》",包括"课程性质""课程理念""课程目标""课程内容""学业质量""课程实施"六部分内容),其结构如图2-4所示。

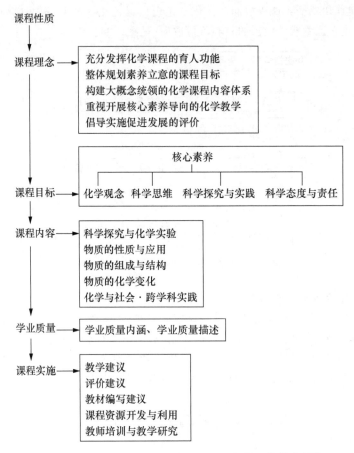

图 2-4 《义务教育化学课程标准(2022 年版)》的基本结构

（一）义务教育化学课程的性质

化学是研究物质的组成、结构、性质、转化及应用的一门基础学科,其特征是从分子层次认识物质,通过化学变化创造物质。化学是自然科学的重要组成部分,与物理学共同构成物质科学的基础,是材料科学、生命科学、环境科学、能源科学、信息科学和航空航天工程等现代科学技术的重要基础。化学是推动人类社会可持续发展的重要力量,在应对能源危机、环境污染、突发公共卫生事件等人类面临的重大挑战中发挥着不可替代的作用。

义务教育化学课程作为一门自然科学课程,具有基础性和实践性,对落实立德树人根本任务、促进学生德智体美劳全面发展具有重要价值。义务教育化学课程有利于激发学生对物质世界的好奇心,形成物质及其变化等基本化学观念,发展科学思维、创新精神与实践能力,养成科学态度和社会责任,为学生的终身发展奠定基础。

案例研讨

> 我国义务教育化学课程的性质是什么?你是如何理解其性质的?

(二) 义务教育化学课程的理念

1. 充分发挥化学课程的育人功能

义务教育化学课程以习近平新时代中国特色社会主义思想为指导,全面贯彻党的教育方针,落实立德树人根本任务,培养有理想、有本领、有担当的时代新人。

化学课程立足学生的生活经验,反映人类探索物质世界的化学基本观念和规律,融入社会主义核心价值观的基本内容和要求,传承中华优秀传统文化;注重学生的自主发展、合作参与、创新实践,培养学生适应个人终身发展和社会发展所需要的必备品格、关键能力,引导学生形成正确的世界观、人生观、价值观,厚植爱国主义情怀,树立为实现中华民族伟大复兴和推动社会进步而奋斗的崇高追求。

2. 整体规划素养立意的课程目标

义务教育化学课程对核心素养的要求,既重视与小学科学课程和高中化学课程的衔接,又关注与义务教育阶段其他有关课程的关联。

化学课程既强调化学学科及科学领域的核心素养,又反映未来社会公民必备的共通性素养,倡导学会学习、合作沟通、创新实践,从化学观念、科学思维、科学探究与实践、科学态度与责任等方面,全方位构建课程目标和学业质量体系。

3. 构建大概念统领的化学课程内容体系

精心选择促进学生核心素养发展的化学课程内容,注重结合学生已有生活经验,反映化学科学发展的新成就,体现化学课程内容的基础性、时代性和实践性,注重学科内的融合及学科间的联系,明确学习主题,凝练大概念,反映核心素养在各学习主题下的特质化内容要求。

每个学习主题围绕大概念选取多维度的具体学习内容,既包括核心知识,又包括对思维方法、探究实践和情感态度价值观等方面的要求,充分发挥大概念对实现知识的结构化和素养化的功能价值。

4. 重视开展核心素养导向的化学教学

聚焦学科育人方式的转变,深化化学教学改革。基于大概念的建构,整体设计和合理实施单元教学,注重启发式、互动式、探究式教学,引导学生自主学习,开展以化学实验为主的多样化探究活动;创设真实问题情境,倡导"做中学""用中学""创中学",开展项目式学习,重视跨学科实践活动。

基于每个学习主题的特点与核心素养发展的具体目标,提供有针对性的教学策略建议、情境素材建议和学习活动建议。

5. 倡导实施促进发展的评价

树立科学评价观,重视发挥评价的育人功能。依据核心素养导向的课程目标,设计学业质量和各学习主题的学业要求,为评价的设计、实施提供依据和指导。

改进终结性评价,探索核心素养立意的命题,科学设计评价工具,重视评价学生的化学观念、科学思维、科学探究与实践、科学态度与责任等核心素养;加强过程性评价,关注学生在化学学习活动中的表现,基于证据诊断学生核心素养的发展水平,实现"教—学—评"一体化;深化综合评价,探索增值评价,注重提高学生自我评价、自我反思的能力,引导教师合理运用评价结果改进教学,实现以评促学、以评促教,发挥评价的育人功能。

(三) 义务教育化学课程的课程目标

义务教育化学课程围绕核心素养,体现课程性质,反映课程理念,确立课程目标。具体的目标要求见表 2-3。

表 2-3　义务教育化学课程的核心素养及目标要求

核心素养	目标要求
化学观念	形成化学观念,解决实际问题。初步认识物质的多样性,能对物质及其变化进行分类;能从元素、原子、分子视角初步分析物质的组成及变化,认识"在一定条件下通过化学反应可以实现物质转化"的重要性;初步学会从定性和定量的视角研究物质的组成及变化,认识质量守恒定律对资源利用和物质转化的重要意义;能通过实例认识物质的性质与应用的关系,形成合理利用物质的意识;能从物质及其变化的视角初步分析、解决一些与化学相关的简单的实际问题,发展辩证唯物主义世界观
科学思维	发展科学思维,强化创新意识。初步学会运用观察、实验、调查等手段获取化学事实,能初步运用比较、分类、分析、综合、归纳等方法认识物质及其变化,形成一定的证据推理能力;能从变化和联系的视角分析常见的化学现象,能以宏观、微观、符号相结合的方式认识和表征化学变化;初步建立物质及其变化的相关模型,能根据物质的类别和信息提示预测其性质,并能解释一些简单的化学问题;能从跨学科角度初步分析和解决简单的开放性问题,体会系统思维的意义;能对不同的观点和方案提出自己的见解,发展创新思维能力,逐步学会辩证唯物主义方法论
科学探究与实践	经历科学探究,增强实践能力。认识实验是科学探究的重要形式和学习化学的重要途径,能进行安全、规范的实验基本操作,独立或与同学合作完成简单的化学实验任务;能主动提出有探究价值的问题,从问题和假设出发确定探究目标,设计和实施探究方案,获取证据并分析得到结论,能用科学语言和信息技术手段合理表述探究的过程和结果,并与同学交流;能从化学视角对常见的生活现象、简单的跨学科问题进行探讨,能运用简单的技术与工程的方法初步解决与化学有关的实际问题,完成社会实践活动;在科学探究与实践活动中,能根据自己的实际情况制订学习计划,开展自主学习活动,能与同学合作、分享,善于听取他人的合理建议,评价、反思、改进学习过程与结果,初步形成自主、合作、探究的能力
科学态度与责任	养成科学态度,具有责任担当。具有对物质世界及其变化的好奇心、探究欲和审美情趣;热爱科学,逐步形成崇尚科学、严谨求实、大胆质疑、追求真理、反对伪科学的科学精神及勇于克服困难的坚毅品质;学习科学家胸怀祖国、服务人民的爱国精神,勇攀高峰、敢为人先的创新精神,淡泊名利、潜心研究的奉献精神;认识科技创新在我国现代化建设全局中的核心地位,努力把科技自立自强信念自觉融入人生追求之中。赞赏化学对满足人民日益增长的美好生活需要和社会可持续发展作出的重大贡献;具有安全意识和合理选用化学品的观念,提高应对意外伤害事故的意识;初步形成节能低碳、节约资源、保护环境的态度和健康的生活方式;初步认识科学、技术、社会、环境的相互关系,遵守与化学、技术相关的伦理道德及法律法规,能积极参加与化学有关的社会热点问题的讨论并作出合理的价值判断,初步形成主动参与社会决策的意识;树立人与自然和谐共生的科学自然观和绿色发展观,具有为建设社会主义现代化强国、实现中华民族伟大复兴而学习化学的志向和责任担当

(四) 义务教育化学课程的内容

义务教育化学课程以促进学生核心素养发展为导向,设置五个学习主题,即"科学探究与化学实验""物质的性质与应用""物质的组成与结构""物质的化学变化""化学与社会·跨学科实践",具体见表2-4。

五个学习主题之间既相对独立又具有实质性联系。其中,"物质的性质与应用""物质的组成与结构""物质的化学变化"三个主题,是化学科学的重要研究领域;"科学探究与化学实验""化学与社会·跨学科实践"两个学习主题,侧重科学的方法论和价值观,反映学科内的融合及学科间的联系,凸显育人价值。

表 2-4　义务教育化学课程的内容结构

学习主题	主题内容
1. 科学探究与化学实验	1.1 化学科学本质 1.2 实验探究 　1.2.1 科学探究的能力 　1.2.2 基本的化学实验技能 1.3 化学实验探究的思路与方法 1.4 科学探究的态度 1.5 学生必做实验及实践活动
2. 物质的性质与应用	2.1 物质的多样性 2.2 常见的物质 　2.2.1 空气、氧气、二氧化碳 　2.2.2 水和溶液 　2.2.3 金属与金属矿物 　2.2.4 常见的酸、碱、盐 2.3 认识物质性质的思路与方法 2.4 物质性质的广泛应用及化学品的合理使用 2.5 学生必做实验及实践活动
3. 物质的组成与结构	3.1 物质的组成 3.2 元素、分子、原子与物质 　3.2.1 元素 　3.2.2 分子、原子 　3.2.3 物质组成的表示 3.3 认识物质的组成与结构的思路与方法 3.4 研究物质的组成与结构的意义 3.5 学生必做实验及实践活动
4. 物质的化学变化	4.1 物质的变化与转化 4.2 化学反应及质量守恒定律 　4.2.1 化学变化的特征及化学反应的基本类型 　4.2.2 化学反应的定量关系与质量守恒定律 4.3 认识化学反应的思路与方法 4.4 化学反应的应用价值及合理调控 4.5 学生必做实验及实践活动
5. 化学与社会·跨学科实践	5.1 化学与可持续发展 5.2 化学与资源、能源、材料、环境、健康 5.3 化学、技术、工程融合解决跨学科问题的思路与方法 5.4 应对未来不确定性挑战 　5.4.1 科学伦理及法律规范 　5.4.2 社会性科学议题的合理应对 5.5 跨学科实践活动

每个学习主题由五个维度的内容构成,包括大概念、核心知识、基本思路与方法、重要态度、必做实验及实践活动,围绕大概念构建学习主题的内容结构,将课程目标具体化为各学习主题的内容要求。以"物质的组成与结构"为例,见表 2-5。

表 2-5　以"物质的组成与结构"为例的学习主题的五个维度

大概念	物质的组成
核心知识	（1）元素 认识物质是由元素组成的,知道质子数相同的一类原子属于同种元素,了解在化学反应中元素的种类是不变的,初步认识元素周期表 （2）分子、原子 知道物质是由分子、原子等微观粒子构成的;认识原子是由原子核和核外电子构成的;知道原子可以结合成分子,也可以转变为离子 （3）物质组成的表示 知道可以用符号表示物质的组成,认识表示分子、原子、离子的符号,知道常见元素的化合价,学习用化学式表示常见物质组成的方法,认识相对原子质量、相对分子质量的含义及应用
基本思路与方法	通过科学史体会科学家探索物质的组成与结构的智慧,知道可以通过实验、想象、推理、假说、模型等方法探索物质的结构;初步学习利用物质的性质和化学反应探究物质组成的基本思路与方法
重要态度	了解人类对物质的组成与结构的探索是不断发展的,初步认识物质的组成、结构与性质之间的关系,了解研究物质的组成与结构对认识和创造物质的重要意义
必做实验及实践活动	（1）水的组成及变化的探究 （2）跨学科实践活动（从表 2-4 的学习主题 5 中选择）

 资料卡片

2-5　大概念

　　大概念是指处于课程学习中心位置的概念、观念或论题等,是在事实基础上抽象出来的深层次的、可迁移的概念。学科大概念则是隐藏在具体学科知识背后反映学科本质、居于学科中心地位、具有广泛的适应性和解释力的思想或观点,是认识论、方法论和价值论的统一体。从这个意义上看,学科大概念是搭建学科知识结构体系的逻辑起点,能将分散的课程、学科知识联结成系统、结构化的整体。

〔占小红,刘欣欣,杨笑.基于学科大概念的单元教学设计模式与类型化研究[J].
上海教育科研,2022(9):75-81.〕

　　大概念反映学科本质,具有高度概念性、统摄性和迁移应用价值。结合学习主题特点,明确了"化学科学本质""物质的多样性""物质的组成""物质的变化与转化""化学与可持续发展"等大概念及其具体内涵要求。

　　每个学习主题的学业要求,明确学生学习该主题后能完成哪些活动任务,体现怎样的核心素养,是课程目标和学业质量在学习主题层面的具体表现期望。

　　每个学习主题的教学提示,包括教学策略建议、情境素材建议和学习活动建议,提供核心素养发展导向的学习机会和学习环境建议,旨在设计课程目标和学业质量在每个学习主题中的实现途径,促进教学方式和学习方式的转变,教师可以根据实际情况选用。图 2-5 给出了学习主题内容的呈现结构。

```
内容要求  输入-建构                      输出-迁移
       ─────────→  要培养的核心素养  ─────────→  学业要求
教学提示                             教学提示
```

图 2-5　学习主题内容的呈现结构

(五) 义务教育化学课程的学业质量

1. 学业质量内涵

学业质量是学生在完成课程学习后的学业成就表现,反映了核心素养的培养要求。义务教育化学课程学业质量标准是以化学课程对核心素养的目标要求为依据、结合课程内容对学生学业成就的具体表现特征进行的整体刻画,用于反映课程目标的达成程度。学业质量标准是化学学业水平考试命题的重要依据,对化学教材编写、教学和评价实施具有重要的指导作用。

2. 学业质量描述

(1) 在认识物质组成、性质及分析相关实际问题的情境中。能根据科学家建立的模型认识原子的结构,能说明分子、原子、离子的区别和联系,能用分子的观点解释生活中的某些变化或现象;能从元素与分子视角辨识常见物质,结合实例区分混合物与纯净物、单质与化合物;能举例说明物质组成、性质和用途的关系;能用物质名称和化学式表示常见物质,能分析常见物质中元素的化合价;能用相对原子质量、相对分子质量进行物质组成的简单计算,能用质量分数表示混合物体系中物质的成分;能通过溶解度和溶解度曲线描述物质的溶解程度,能利用溶解性的差异进行物质的分离、提纯;感受物质的多样性,体会物质的性质及应用与日常生活、科技发展的密切联系,认识化学科学对解决实际问题的重要意义。

(2) 在探索化学变化规律及解决实际问题的情境中。能基于化学变化中元素种类不变、有新物质生成且伴随能量变化的特征,从宏观、微观、符号相结合的视角说明物质变化的现象和本质;能依据化学变化的特征对常见化学反应进行分类,说明不同类型反应的特征及在生活中的应用;能依据质量守恒定律,用化学方程式表征简单的化学反应,结合真实情境中物质的转化进行简单计算;能结合简单的实例说明反应条件对物质变化的影响,初步形成条件控制的意识;能依据物质类别及变化特征、元素守恒、金属活动性顺序等,预测、判断与分析常见物质的性质和物质转化的产物;能体会化学反应在金属冶炼、石油化工、药物合成、材料研制、能源开发、资源利用和生态环境保护等方面的应用价值。

(3) 在实验探究情境和实践活动中。能依据解决与化学相关的简单问题的需要,运用混合物分离、常见物质制备、物质检验和性质探究等实验探究的一般思路与方法,设计简单的实验探究方案;能根据实验目的选择必要的试剂、常见的实验仪器和装置,运用实验基本操作技能和条件控制的方法,安全、顺利地实施实验探究方案;能对观察、记录的实验现象和数据进行分析、处理,对实验证据进行分析和推理,得出合理的结论,能用规范的语言呈现探究结果,并与他人交流、讨论;能基于物质及其反应的规律和跨学科知识,运用实验等手段,完成简单的作品制作、社会调查等跨学科实践活动;能体会实验在化学科学发展、解决与物质转化及应用相关实际问题中的重要作用,意识到协同创新对解决跨学科复杂问题的重要性。

(4) 在常见的生产生活和社会情境中。能初步运用化学观念解释与化学相关的现象和事实,参与相关的简单的实践活动;能将化学知识与生产生活实际相结合,主动关注有关空气和水资源保护、资源回收再利用、健康安全、化学品妥善保存与合理使用等实际问题,并参与讨论;能从科学、技术、社会、环境的相互关系,安全环保和科学伦理等角度,辩证分析与化学相关的简单的社会性科学议题,尝试提出自己的见解和建议,作出合理的价值判断,初步形成节能低碳、节约资源、保护环境的态度和绿色出行的健康生活方式;能从化学角度认识我国生态环境保护、食品安全、公共卫生等法律法规对促进社会可持续发展的重要性;能体会化学科学在应对环境污染、资源匮乏、能源危机、药物短缺等人类面临的重大挑战中作出的创新性的贡献。

(六) 义务教育化学课程的实施

义务教育化学课程标准包括前言、课程性质、课程理念、课程目标、课程内容、学业质量、课程实施、附录八部分内容。在"课程实施"部分,课程标准从教学建议、评价建议、教材编写建议、课程资源开发与利用和教师培训和教学研究五方面进行阐述(表2-6)。

表2-6 义务教育化学课程的实施建议

内 容	建议和要求
(一) 教学建议	(1) 深刻领会核心素养内涵,科学制订化学教学目标 (2) 全面理解课程内容体系,合理组织化学教学内容 (3) 充分认识化学实验的价值,积极开展科学探究与实践活动 (4) 大力开展核心素养导向教学,有效促进学习方式转变
(二) 评价建议	(1) 日常学习评价 (2) 学业水平考试
(三) 教材编写建议	(1) 编写原则 (2) 内容选择 (3) 内容的组织与呈现
(四) 课程资源开发与利用	(1) 加强化学实验室建设 (2) 配备和组织开发文本资源 (3) 重视信息技术资源建设 (4) 建设和利用社会教育资源
(五) 教师培训与教学研究	(1) 教师培训建议 (2) 教学研究建议

随堂讨论

义务教育化学课程标准建构的内容体系标准有什么特点?其内容标准是如何具体阐述的?

2.2.2 普通高中化学课程标准

全日制普通高级中学的化学教学,是在九年义务教育的基础上实施的较高层次的基础教育,是科学教育的重要组成部分,它对提高学生的科学素养、促进学生全面发展有着不可替代的作用。在全面分析化学课程的现状和存在的问题、继承和发扬我国基础教育优势的基础上,汲取先进的教育理念,《普通高中化学课程标准(2017年版2020年修订)》凝练了学科核心素养,更新了教学内容,研制了学业质量标准,增强了指导性。

《普通高中化学课程标准(2017年版2020年修订)》(以下简称《普通高中化学课程标准》)包括"课程性质与基本理念""学科核心素养与课程目标""课程结构""课程内容""学业质量""实施建议"六部分内容,其结构如图2-6所示。

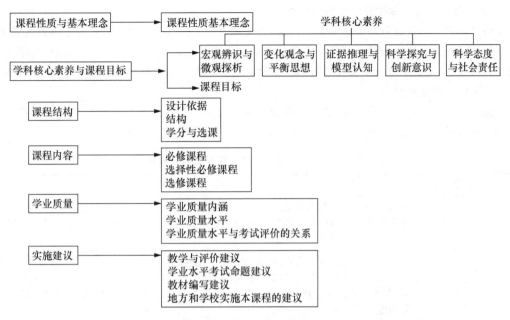

图 2-6 《普通高中化学课程标准(2017 年版 2020 年修订)》的基本结构

(一)普通高中化学课程的课程性质

普通高中化学课程是与义务教育化学或科学课程相衔接的基础教育课程,是落实立德树人根本任务、发展素质教育、弘扬科学精神、提升学生核心素养的重要载体;化学学科核心素养是学生必备的科学素养,是学生终身学习和发展的重要基础;化学课程对于科学文化的传承和高素质人才的培养具有不可替代的作用。

(二)普通高中化学课程的设计理念

1. 以发展化学学科核心素养为主旨

立足于学生适应现代生活和未来发展的需要,充分发挥化学课程的整体育人功能,构建全面发展学生化学学科核心素养的高中化学课程目标体系。

2. 设置满足学生多元发展需求的高中化学课程

通过有层次、多样化、可选择的化学课程,拓展学生的学习空间,在保证学生共同基础的前提下,引导不同的学生学习不同的化学,以适应学生未来发展的多样化需求。

3. 选择体现基础性和时代性的化学课程内容

结合人类探索物质及其变化的历史与化学科学发展的趋势,引导学生进一步学习化学的基本原理和方法,形成化学学科的核心观念;结合学生已有的经验和将要经历的社会生活实际,引导学生关注人类面临的与化学有关的社会问题,培养学生的社会责任感、参与意识和决策能力。

4. 重视开展"素养为本"的教学

倡导真实问题情境的创设,开展以化学实验为主的多种探究活动,重视教学内容的结构化设计,激发学生学习化学的兴趣,促进学生学习方式的转变,培养他们的创新精神和实践能力。

5. 倡导基于化学学科核心素养的评价

依据化学学业质量标准,评价学生在不同学习阶段化学学科核心素养的达成情况,积极倡导"教、学、评"一体化,使每个学生化学学科核心素养得到不同程度的发展。

(三)普通高中化学课程的学科核心素养

学科核心素养是学科育人价值的集中体现,是学生通过学科学习而逐步形成的正确价值观念、必备品格和关键能力。高中化学学科核心素养是高中学生发展核心素养的重要组成部分,是学生综合素质的具体体现,反映了社会主义核心价值观下化学学科育人的基本要求,全面展现了化学课程学习对学生未来发展的重要价值。

普通高中化学学科核心素养包括"宏观辨识与微观探析""变化观念与平衡思想""证据推理与模型认知""科学探究与创新意识""科学态度与社会责任"5个方面,具体见表2-7。

表2-7 高中化学学科核心素养及具体内容

核心素养	具体内容
宏观辨识与微观探析	能从不同层次认识物质的多样性,并对物质进行分类;能从元素和原子、分子水平认识物质的组成、结构、性质和变化,形成"结构决定性质"的观念。能从宏观和微观相结合的视角分析与解决实际问题
变化观念与平衡思想	能认识物质是运动和变化的,知道化学变化需要一定的条件,并遵循一定规律;认识化学变化的本质特征是有新物质生成,并伴有能量转化;认识化学变化有一定限度、速率,是可以调控的。能多角度、动态地分析化学变化,运用化学反应原理解决简单的实际问题
证据推理与模型认知	具有证据意识,能基于证据对物质组成、结构及其变化提出可能的假设,通过分析推理加以证实或证伪;建立观点、结论和证据之间的逻辑关系。知道可以通过分析、推理等方法认识研究对象的本质特征、构成要素及其相互关系,建立认知模型,并能运用模型解释化学现象,揭示现象的本质和规律
科学探究与创新意识	认识科学探究是进行科学解释和发现、创造和应用的科学实践活动;能发现和提出有探究价值的问题;能从问题和假设出发,依据探究目的,设计探究方案,运用化学实验、调查等方法进行实验探究;勤于实践,善于合作,敢于质疑,勇于创新
科学态度与社会责任	具有安全意识和严谨求实的科学态度,具有探索未知、崇尚真理的意识;深刻认识化学对创造更多物质财富和精神财富、满足人民日益增长的美好生活需要的重大贡献;具有节约资源、保护环境的可持续发展意识,从自身做起,形成简约适度、绿色低碳的生活方式;能对与化学有关的社会热点问题作出正确的价值判断,能参与有关化学问题的社会实践活动

表中所列的五方面立足高中学生的化学学习过程,各有侧重,相辅相成:"宏观辨识与微观探析""变化观念与平衡思想""证据推理与模型认知"要求学生形成化学学科的思想和方法;"科学探究与创新意识"从实践层面激励学生勇于创新;"科学态度与社会责任"进一步揭示了化学学习更高层次的价值追求。

上述化学学科核心素养将化学知识与技能的学习、化学思想观念的建构、科学探究与问题解决能力的发展、创新意识和社会责任感的形成等多方面的要求融为一体,体现了化学课程在帮助学生形成未来发展需要的正确价值观念、必备品格和关键能力中所发挥的重要作用。

2019年国务院办公厅印发《关于新时代推进普通高中育人方式改革的指导意见》,提出要"促进学生系统掌握各学科基础知识、基本技能、基本方法,培养适应终身发展和社会发展需要的正确价值观念、必备品格和关键能力"。《中国学生发展核心素养框架》指出,学生发展核心素养主要是指学生应具备的、能够适应终身发展和社会发展需要的必备品格和关键能力。《普通高中化学课程标准》指出:"学科核心素养是学科育人价值的集中体现,是学生通过学科学习而逐步形成的正确价值观念、必备品格和关键能力。"我国众多研究者对其内涵及要素进行过研究,其中一些主要观点及能力要素如表 2-8 所示。①

表 2-8 我国关于化学关键能力的观点与要素

研究者	观　点	要　素
王后雄,杨季冬(2018)	高中化学关键能力是众多化学学科能力要素中处于中心位置、最重要、最有价值、能起决定作用的能力,是化学学科核心素养的重要组成部分	化学表征能力、实验与探究能力、化学方法和分析能力、化学信息处理能力、发现与提出问题能力、证据推理与论证能力、模型认知能力
杨玉琴(2012)	化学学科能力应为在学校化学课程学习活动中所习得并运用的能力,应属于特殊能力	实验能力、符号表征能力、模型思维能力和定量化能力
陆军(2014)	—	观察能力、实验能力、问题解决能力、思维能力
王磊,支瑶(2016)	化学科学能力是对化学科学活动起到直接的稳定的调节作用的个体心理特性	3×3 的化学学科能力要素:学习理解(辨识记忆、概括关联、说明论证)、应用实践(分析解释、推论预测、简单设计)、迁移创新(复杂推理、系统探究、创新思维)
周玉芝(2019)	中学化学学科关键能力是学生应具备的、能够适应终身发展和社会发展需要的、理解和运用化学知识技能和情感态度价值观的能力	化学表征能力、实验与探究能力、概括和运用化学思想方法能力、证据推理能力

 资料卡片

2-6 学习进阶

学习进阶(Learning Progressions,缩写为 LPs),是十多年来国际科学教育的一个新的研究方向。学习进阶描述的是学生在某一学习阶段,对某一学科主题逐步深入理解(知识理解、观念理解和思维方式理解等)的过程。它通常描述以下五方面内容:

1. 谁在进阶,指的是哪一阶段的学生
2. 从哪儿进阶,指的是进阶起点
3. 向哪儿进阶,指的是进阶终点
4. 什么在进阶,指的是进阶变量
5. 如何进阶的,指的是进阶水平及其描述

(郑长龙.化学课程与教学论[M].第二版.长春:东北师范大学出版社,2018:33.)

学生化学学科核心素养的发展并不能一蹴而就,而是进阶式发展。《普通高中化学课程标准》在其附录一中描述了学生五方面化学学科核心素养的发展,由低水平向高水平进阶。进阶起点是水平 1,代表初中化学学科核心素养发展的最高水平。进阶终点是水平 4,代表高中化学学科核心素养的发展的最高水平。由水平 1 到水平 4 描述出了学生素养发展的路径,但并不意味着所有学生高中毕业都能达到水平 4。

---

① 邢红军,龚文慧,赵玉萍.论关键能力的构成及其对教育教学的启示[J].教育科学研究,2021(7):5-10.

对素养发展水平的描述本质上是进阶变量发生了变化。例如对于"科学探究与创新意识",完成实验设计的情境的复杂程度就是进阶变量,其从水平1到水平4的进阶过程如表2-9。

表2-9 "科学探究与创新意识"的进阶示例

水平	进阶描述
水平1	根据教材中给出的问题,设计简单方案
水平2	对简单化学问题提出可能假设,依据假设设计实验方案
水平3	具有较强问题意识,与同学讨论提出问题与假设,依据假设提出实验方案
水平4	根据文献和实际需要提出综合性课题,根据假设提出多种方案,评价、优化方案

化学学科核心素养的水平划分,可以帮助教师诊断监测学生素养发展的水平,为教学目标的持续性设计提供依据,同时也为教育考试命题提供参考。

(四)普通高中化学课程的课程目标

普通高中化学课程目标的形成过程如图2-7所示。

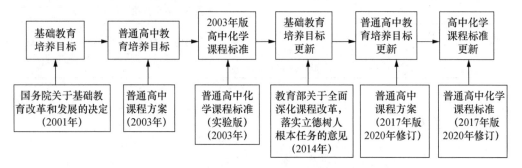

图2-7 高中化学课程目标形成过程

可见,不同阶段的化学课程目标受制于一定的培养目标,化学课程目标是培养目标在化学学科上的具体形态。进一步分析化学课程目标,不难发现在目标的结构和表述上有一系列特点。

根据化学学科核心素养对高中学生发展的具体要求,高中化学的课程目标表述如表2-10所示。

表2-10 化学学科核心素养及课程目标

核心素养	课程目标
宏观辨识与微观探析	通过观察能辨识一定条件下物质的形态及变化的宏观现象,初步掌握物质及其变化的分类方法,能运用符号表征物质及其变化;能从物质的微观层面理解其组成、结构和性质的联系,形成"结构决定性质,性质决定应用"的观念;能根据物质的微观结构预测物质在特定条件下可能具有的性质和发生的变化,并能解释其原因
变化观念与平衡思想	认识物质是在不断运动的,物质的变化是有条件的;能从内因与外因、量变与质变等方面较全面地分析物质的化学变化,关注化学变化中的能量转化;能从不同视角对纷繁复杂的化学变化进行分类研究,逐步揭示各类变化的特征和规律;能用对立统一、联系发展和动态平衡的观点考察化学反应,预测在一定条件下某种物质可能发生的化学变化

续　表

核心素养	课程目标
证据推理与模型认知	初步学会收集各种证据,对物质的性质及其变化提出可能的假设;基于证据进行分析推理,证实或证伪假设;能解释证据与结论之间的关系,确定形成科学结论所需要的证据和寻找证据的途径;能认识化学现象与模型之间的联系,能运用多种认知模型来描述和解释物质的结构、性质和变化,预测物质及其变化的可能结果;能依据物质及其变化的信息建构模型,建立解决复杂化学问题的思维框架
科学探究与创新意识	能发现和提出有探究价值的化学问题,能依据探究目的设计并优化实验方案,完成实验操作,能对观察记录的实验信息进行加工并获得结论;能和同学交流实验探究的成果,提出进一步探究或改进的设想;能尊重事实和证据,破除迷信,反对伪科学;养成独立思考、敢于质疑和勇于创新的精神
科学态度与社会责任	具有安全意识和严谨求实的科学态度;形成真理面前人人平等的意识;增强探究物质性质和变化的兴趣,关注与化学有关的社会热点问题,认识环境保护和资源合理开发的重要性,具有"绿色化学"观念和可持续发展意识;能较深刻地理解化学、技术、社会和环境之间的相互关系,认识化学对社会发展的重大贡献,能运用已有知识和方法综合分析化学过程对自然可能带来的各种影响,权衡利弊,强化社会责任意识,积极参与有关化学问题的社会决策

化学新课程改革突破了原来的教学大纲完全按照学科内在逻辑所构建的知识体系,呈现出新的特点。根据不同阶段课程设置的目标,新的中学化学课程体系是由义务教育化学、高中必修化学、选择性必修化学和选修化学四个既相互联系又彼此独立的部分共同构成的。各部分课程内容之间既具有连续性,又具有明显的层次性,使中学化学课程知识体系的构建由简单到复杂,由具体到一般,层层递进,逐步丰富、深化与发展具体见图2-8。

图 2-8　各阶段化学课程的递进关系

从义务教育化学到高中必修化学,知识的深度和广度有较大变化,某些义务教育化学没有涉及的内容被纳入进来,已经涉及的内容被进一步深化和提高;而从必修化学到选择性必修化学,由于增加了选择性,所以化学知识的深度和广度便以模块或主题为单位进行提高和深化,选修课程是学生自主选择修习的课程,拓展化学视野,深化对化学科学及其价值的认识。各个课程模块既相互独立,形成若干大单元组合的完整的知识体系,与其他模块课程一起构成中学化学完整的知识体系。

高中课程目标是在义务教育课程目标的基础上进一步提升,如高中化学课程标准的课程目标总论部分用"在九年义务教育的基础上""进一步""增强"等词语加以界定,与义务教育的化学课程目标相比较,在要求的层次上有所提高,在要求的范围上有所扩展。

（五）普通高中化学课程的课程内容

普通高中化学课程分为必修、选择性必修和选修,每个内容主题从"内容要求""教学提示""学业要求"三个维度对学习内容加以说明。表2-11以必修课程主题3"物质结构基础与化学反应规律"中的"化学反应与能量转化"为例展开说明:

表 2-11　高中化学课程标准中课程内容示例

一级主题	二级主题	课程内容
内容要求	—	认识物质具有能量,认识吸热反应与放热反应,了解化学反应体系能量改变与化学键的断裂和形成有关。知道化学反应可以实现化学能与其他能量形式的转化,以原电池为例认识化学能可以转化为电能,从氧化还原反应的角度初步认识原电池的工作原理。体会提高燃料的燃烧效率、开发高能清洁燃料和研制新型电池的重要性
教学提示	教学策略	教学中应注重运用实验事实、数据等证据素材,帮助学生转变偏差认识; 注重组织学生开展概括关联、比较说明、推论预测、设计论证等活动; 发挥重要知识的功能价值,帮助学生发展认识化学反应的基本角度,形成基本观念
教学提示	学习活动建议	(1) 实验及探究活动 几个常见反应(如镁、铝与盐酸反应;碳酸氢铵或碳酸氢钠与醋酸或柠檬酸反应)的热效应;设计制作简易即热饭盒;用生活中的材料制作简易电池,探究干电池的构成 (2) 调查与交流讨论 讨论化学反应热效应的本质;讨论原电池的工作原理,查阅不同种类电池的特点、性能与用途,调查新型能源的种类、来源与利用
教学提示	情境素材建议	能源的合理利用,如天然气、燃油、煤、氢气等燃料的选择与使用,生物质能的获取(如制取沼气、焚烧垃圾等)与使用;化学反应热效应在生产、生活中的应用,如热敷袋与冷敷袋等;电池的历史沿革和发展,如伏打电池的发现、干电池的改进、燃料电池的应用
学业要求	—	能举出化学能转化为电能的实例,能辨识简单原电池的构成要素,并能分析简单原电池的工作原理。 能结合有关资料说明元素周期律(表)对合成新物质、制造新材料的指导作用。能从物质及能量变化的角度评价燃料的使用价值。能举例说明化学电源对提高生活质量的重要意义

随堂讨论

在高中化学教学中,如何结合不同课程类型的内容特点培养学生的科学探究能力?

高中课程内容选择中所注重的基本观念是指在义务教育阶段中所形成的化学基本观念的延续、深化、提升和拓展。必修课程较好地体现了初中、高中阶段化学知识和技能的衔接。

案例研讨

表 2-12　"微粒观"形成的渐进结构设计

义务教育化学	高中必修化学	高中选择性必修化学 (模块 2 物质结构与性质)
物质是由元素组成的,是由分子、原子等微观粒子构成的,微粒很小,微粒是运动的,微粒间有间隙等	化学必修课程主题3"物质结构基础与化学反应规律"中选择了元素、核素、原子核外电子排布、元素周期律、化学键、离子键、共价键、基于化学键解释某些化学反应的热效应等核心概念,以帮助学生理解微粒运动的特点,初步形成"微粒间存在的相互作用"的认识	以微粒之间不同的作用力为线索,确定了"原子结构与元素性质""微粒间的相互作用与物质性质""研究物质结构的方法与价值"等内容主题,进一步加深学生对微粒间相互作用的理解,从而形成对物质微粒性认识的基本观念

随堂讨论

高中化学教学中,如何处理好义务教育化学课程与高中教育化学课程的衔接关系?如何处理高中化学必修、选择性必修和选修三者的协调关系?

如表 2-12 所示,有关物质微粒性认识的"微粒观"是一种重要的化学基本观念,它的形成对学生认识物质的微观构成、理解化学反应的实质、了解化学符号的意义以及解释宏观的现象等具有重要意义。为帮助学生形成和发展微粒观,初中、高中化学课程设计了多层次结构。

整个中学化学课程是三个阶段、三个层次、三种类型的发展统一体:第一阶段(初中化学)是入门、第二阶段(必修)是发展、第三阶段(选择性必修)是个性化的深入和提高。

每一位高中生都必须经历这三个层次的发展阶段,前两个阶段强调的是共同的全面发展,第三个阶段突出的是多样化、富于选择性和个性化的深入发展。

(六)普通高中化学课程的学业质量

1. 学业质量内涵

学业质量是学生在完成本学科课程学习后的学业成就表现。学业质量标准是以本学科核心素养及其表现水平为主要维度,结合课程内容,对学生学业成就表现的总体刻画。依据不同水平学业成就表现的关键特征,学业质量标准明确将学业质量划分为不同水平,并描述了不同水平学习结果的具体表现。

化学学业质量水平划分为 4 级。在每一级水平的描述中均包含化学学科核心素养的 5 个方面,依据侧重的内容将其划分为 4 个条目。

每个条目(按数字表示)分别对应于一定的化学学科核心素养。如:序号 1 侧重对应"素养 1 宏观辨识与微观探析"和"素养 3 证据推理与模型认知";序号 2 侧重对应"素养 2 变化观念与平衡思想";序号 3 侧重对应"素养 4 科学探究与创新意";序号 4 侧重对应"素养 5 科学态度与社会责任"。

2. 学业质量水平

各条目的具体内容见表 2-13。

表 2-13 学业质量标准中"水平 1"示例

水平	质量描述
1	1-1 能根据物质组成和性质对物质进行分类,形成物质是由元素组成和化学变化中元素不变的观点;能运用原子结构模型说明典型金属和非金属元素的性质;能对常见物质(包括简单的有机化合物)及其变化进行描述和符号表征;能认识离子反应和氧化还原反应的本质,能结合实例书写离子方程式和氧化还原反应化学方程式;能说明常见物质的性质与应用的关系 1-2 认识化学变化是有条件的,能说明化学变化中的质量关系和能量转化,能从物质的组成、构成微粒、主要性质等方面解释或说明化学变化的本质特征;认识物质的量在化学定量研究中的重要作用,能结合实验或生产、生活中的实际数据,并应用物质的量计算物质的组成和物质转化过程中的质量关系 1-3 能依化学问题解决的需要,选择常见的实验仪器、装置和试剂,完成简单的物质性质、物质制备、物质检验等实验;能与同伴合作进行实验探究,如实观察、记录实验现象,能根据实验现象形成初步结论 1-4 具有安全意识,能将化学知识与生产、生活实际结合,能主动关心并参与有关的社会性议题的讨论,赞赏化学对人类生活和生产所做的贡献,能运用所学的化学知识和方法分析讨论生产、生活中简单的化学问题(如酸雨防治、环境保护、食品安全等),认识化学科学对社会可持续发展的贡献

3. 学业质量水平与考试评价的关系

学业质量水平是考试与评价的重要依据。学业质量水平 2 是高中毕业生在本学科应该达到的合格要求,是化学学业水平合格性考试的命题依据;学业质量水平 4 则是化学学业水平等级性考试的命题依据。详见表 2-14。

表 2-14　学业质量水平与考试评价关系

化学学业质量水平等级	与学业等级水平考试命题的关系
水平 1	水平 1、水平 2 为化学学业水平合格性考试的命题依据(全修全考,以必修课程要求为基准)
水平 2	
水平 3	水平 4 为化学学业水平等级性考试命题依据的最高水平。(选修选考,以必修课程和选择性必修课程为要求)
水平 4	

(七) 普通高中化学课程的教学与评价建议

课程标准中的"教学与评价建议"是为了落实课程目标精选而成,是课程标准中的一个重要内容,对一线的教学工作有重要的指导意义。《普通高中化学课程标准(2017 年版 2020 年修订)》提出六条教学与评价建议,表 2-15 展示 2020 年版课程标准与 2003 年版课程标准相关内容。

表 2-15　两版普通高中化学课程标准中的"教学建议"

	2020 年版课程标准		2003 年版课程标准
教学与评价建议	1. 深刻领会化学学科核心素养的内涵,科学制订化学教学目标	教学建议	1. 尊重和满足学生发展需要,指导学生自主选择课程
	2. 准确把握学业质量要求,合理选择和组织化学教学内容		2. 把握不同课程模块的特点,合理选择教学内容和教学方式
	3. 充分认识化学实验的独特价值,精心设计实验探究活动		3. 联系生产、生活实际,拓宽学生视野
	4. 创设真实问题情境,促进学习方式转变		4. 突出化学学科特征,更好地发挥实验的教育功能
	5. 实施"教、学、评"一体化,有效开展化学日常学习评价		5. 重视探究学习活动,发展学生科学探究能力
	6. 增进化学学科理解,提升课堂教学能力		—

1. 两版本高中化学课程标准"教学建议"的共同点

(1) 充分考虑学生的主体性。在 2003 年版课程标准之前的高中化学教学大纲在相关内容的表述时,多以教师视角表述,要求教师应该怎么做,以教师为主体。从课程标准时代开始,教学建议得到了很大的改善。比如提到"实验"时,2020 年版课程标准表述为"充分认识化学实验的独特价值,精心设计实验探究活动"。这种表达强调实验的育人功能,突出化学实验在育人过程中的独特价值,同时教师的"精心设计"也是体现对学生的关注。在对"教学建议"部分进行词频分析时也发现,"学生"一词在两版课程标准中都属于高频词汇。

(2) 强调探究与情境的重要性。这是开展"素养为本"教学的重要一环,不论是 2003 年版课程标准提出的培养学生科学素养,还是当前提出的发展学生化学学科核心素养,都需要真实问题情境的创设,开展以化学实验为主的多种探究活动,这有利于激发学生学习化学的兴趣,促进学生学习方式的转变,培养他们的创新精神和实践能力,从而破除唯"双基"的教学取向。

2. 两版本高中化学课程标准"教学建议"主要差异性

(1) 2020年版课程标准对2003年版中"尊重和满足学生发展需要,指导学生自主选择课程"进行了删减。当前新高考正在我国逐步铺开,学生的选择权集中体现在了高考的政策之中。一旦学生选考化学,那么选择性必修课程都需修习。

(2) 2020年版课程标准新增两条新课程落地的具体措施。一方面,提出"教、学、评"一体化的评价理念,破除教学与评价分离的"两张皮"现象;另一方面,提出增进教师的化学学科理解,提升教师教学能力。两版课程标准的"教学建议"的相互关系如图2-9所示。

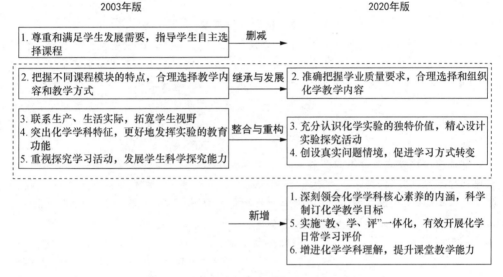

图 2-9　两版课程标准的"教学建议"的相互关系

2020年版课程标准中"教学建议"的三个主要特征:① 凸显学科核心素养的引领作用。教学建议直接与课程目标挂钩,指出围绕化学学科核心素养生成教学目标,准确把握学业质量要求,教学内容结构化。而创设情境、设计实验探究等则是发展学生化学学科核心素养的必然要求。② 兼顾教学建议传承性与超越性。传承体现在合理选择组织化学教学内容、发挥实验探究独特作用、创设问题情境、改变学习方式,超越则体现在"素养"的渗透,实施"'教、学、评'一体化"以及"增进教师化学学科理解"。③ 教学建议与评价建议有机融合。2020年版课程标准中教学建议与评价建议并没有分开描述,这种有机融合主要体现在教学建议的第五条"实施'教、学、评'一体化,有效开展化学日常学习评价"。

3. 结合化学教学,可以从以下五方面对"教、学、评"一体化进行理解

(1) 要有明确的化学学习目标。教、学、评的目标直接且明确,即围绕化学学科核心素养及其水平展开。而课程标准中的学业要求与学业质量标准也是目标生成的重要参考。

(2) "评"是化学日常学习评价。过去人们往往关注外部考试评价,造成课程标准与教学"两张皮"的问题。在2020年版课标中突出强调化学日常学习评价,尤其是具有发展功能的评价、教师的点评,评价融入教学,评价设计者是教师本人。

(3) 从化学教学过程进行理解。"教、学、评"一体化不是静态概念:一方面,教、学、评三个要素应相互作用、协调配合,支持学生完成化学学习目标;另一方面,教师通过教学设计将课程标准的理念转化为实际教、学、评,同样蕴含着一个转化过程。

(4) 指向化学课堂的有效教学。有效教学要基于证据。因此,教学效果如何,不仅仅是看教师如

何教,更重要的是要关注学生有没有参与学习并且学到了什么。而"教、学、评"一体化强调评价始终在线,学生学习情况就能随时得到反馈。

(5) 其实现与化学教师密切相关。素养目标由教师设计,课堂中组织学生参与学习活动,对学生点评获得反馈,等等,都离不开教师的引导。通过评价反馈,化学教师还需结合学生化学学科核心素养发展情况,进一步指导学生。

资料卡片

2-7 化学学科理解

所谓化学学科理解,是指教师对化学学科知识及其思维方式和方法的一种本原性、结构化的认识。

化学学科理解的对象,首先是化学学科知识。化学学科知识是关于化学物质的知识,是在原子、分子层面对化学物质的成分(组成)和结构进行表征,对化学物质的性质和变化进行描述、解释和应用的知识。表征、描述、解释和应用,已经不再是具体的化学知识,而是对化学知识学科功能的反映。化学学科理解的对象,还包括化学学科的思维方式和方法。这里的思维方式和方法,具有化学学科的特质。

化学学科的理解方式主要有以下两种:① 本原性方式。本原,意味着刨根问底、溯本求源。化学学科理解的本原性方式,要求教师对化学知识进行本原性思考,抽提出学科本原性问题。② 结构化方式。结构化,意味着联系、关联。化学学科理解的结构化方式,要求教师能基于化学知识的学科功能,将化学知识关联起来,形成有机的整体。

{郑长龙.化学学科理解与"素养为本"的化学课堂教学[J].
课程·教材·教法,2019,39(09):120-125.}

本章小结

1. 化学课程是对化学教学目标、内容、活动方式的规划和设计,是实现化学教育目标所设计的全部内容。中学化学课程可分为义务教育(初中)和普通高中教育两个学段课程。

2. 根据化学课程功能特点,可以将化学课程进行不同视角的划分。如学科课程与活动课程、分科课程与综合课程、必修课程与选修课程。

3. 国际理科课程改革主流是,科学素养成为未来中学化学课程改革的方向,把科学探究作为一种重要的学习内容、学习方式和教学方式。

4. 化学课程标准是基础教育化学课程改革的重要成果和标志,集中反映和体现了化学新课程的基本理念,它是对学生学习结果的描述,是国家对化学课程的基本要求。

5. 应从课程性质、基本理念、学科核心素养、课程目标、课程结构、课程内容、学业质量和实施建议等方面理解化学课程标准。

6. 化学课程构建了以提高学生化学学科核心素养为主旨的目标体系,统整了过去的"三维目标",重视学科核心素养整体的发展才是全面发展。

本章思考题

1. 下列关于高中化学课程结构的说法,不正确的是( )。

A. 高中化学课程结构设计依据之一是普通高中课程方案

B. 必修课程内容依据主题组织

C. 选择性必修课程包括 3 个模块,每个模块 2 个学分,共 6 个学分

D. 选择化学作为计入高校招生录取总成绩的学业水平考试科目的学生,需要修习选修课程 3 个系列的内容

2. "有机化合物的组成与结构"这个主题属于高中化学课程( )中的内容。

A. 选择性必修课程中的模块 2"物质结构与性质"

B. 必修课程

C. 选择性必修课程中的模块 3"有机化学基础"

D. 选修课程中的系列 2"化学与社会"

3. 依据《普通高中化学课程标准(2017 年版 2020 年修订)》,下列主题属于必修课程的是( )。
① 发展中的化学科学　② 化学科学研究进展　③ 研究物质结构的方法与价值　④ 水溶液中的离子反应与平衡

A. ②　　　　　　B. ②④　　　　　　C. ③④　　　　　　D. ②③

4. 何为科学素养?结合我国基础教育的实际情况,谈谈化学课程改革的理念。

5. 认真阅读义务教育和普通高中教育化学课程标准,谈谈你对初中和高中化学课程内容标准的认识。

6. 什么是化学课程标准?简述化学课程标准的基本结构。

7. 何为化学课程?举例说明中学化学课程有哪些类型?

8. 简要说明中学化学课程性质、基本理念、课程模式、课程结构、设计理念、学业质量和课程目标。

9. 中学化学课程标准所规定的实施建议包括哪些主要内容?

10. 化学课程标准是如何规定"学习活动建议"的?以下是《普通高中化学课程标准(2017 年版 2020 年修订)》必修部分中"学习活动建议"的一些项目。从中你对必修课程的学习方式有何新的认识?

(1) 物质成分的检验(如补铁剂中的铁元素);

(2) 举办小小化学家论坛,分享青少年科技创新成果等;

(3) 探究溶液中离子反应的实质及发生条件;

(4) 调查水体中金属污染及富营养化的危害与防治;

(5) 自主设计制作元素周期表;

(6) 调查与讨论高分子材料的应用与发展。

参考文献

[1] 钟启泉,崔允漷,张华. 为了中华民族的伟大复兴 为了每位学生的发展《基础教育课程改革纲要(试行)》解读[M]. 上海:华东师范大学出版社,2002.

[2] 施良方. 课程理论:课程的基础、原理与问题[M]. 北京:教育科学出版社,1996.

[3] 高剑南,王祖浩. 化学教育展望[M]. 上海:华东师范大学出版社,2001.

[4] 中华人民共和国教育部. 义务教育化学课程标准(2011 年版)[M]. 北京:北京师范大学出版社,2012.

[5] 中华人民共和国教育部. 普通高中化学课程标准(实验)[M]. 北京:人民教育出版社,2003.

[6] 刘知新. 化学教学论[M]. 北京:高等教育出版社,2004.

[7] 郑长龙. 化学课程与教学论[M]. 长春:东北师范大学出版社,2005.

[8] 王后雄. 高中化学新课程教学案例研究[M]. 北京:高等教育出版社,2008.

[9] 刘克文. 试论当前中学化学课程改革与发展的主要趋势[J]. 课程·教材·教法,2003(5):67-70.

[10] 蒋良. 略谈《普通高中化学课程标准(实验)》的特点[J]. 课程·教材·教法,2003(11):19-23.

[11] 汪霞. 建构 21 世纪的课程研究:超越现代与后现代[J]. 教育理论与实践,2006(1):53-57.

[12] 王后雄.论义务教育化学新课程的基础[J].现代中小学教育,2006(10):36-38.

[13] 邓阳,王后雄.义务教育化学课程标准的完善:从理想到务实[J].化学教学,2012(8):8-11.

[14] 郑长龙.2017年版普通高中化学课程标准的重大变化及解析[J].化学教育(中英文),2018,39(9):41-47.

[15] 毕华林,万延岚.当前国际化学课程改革的发展动向及启示[J].比较教育研究,2015,37(9):79-84.

[16] 郑长龙.化学学科理解与"素养为本"的化学课堂教学[J].课程·教材·教法,2019,39(9):120-125.

[17] 占小红,刘欣欣,杨笑.基于学科大概念的单元教学设计模式与类型化研究[J].上海教育科研,2022(9):75-81.

[18] 王伟,王后雄.高中化学课标中学科理解的标准建构研究[J].课程·教材·教法,2020,40(10):97-104.

[19] 杨季冬,王后雄.高中科学教育课程标准(2017版)中的课程价值取向——基于NVivo 11.0的编码分析[J].教育科学,2018,34(06):38-43.

第3章　化学新课程教材与教科书

> 教材是课程思想、课程内容的重要载体。它不仅是学生获取各种知识信息的源泉,还是促进学生智慧能力、情感发展和价值观形成的重要工具,教材在人的成长过程中的重要作用是不言而喻的。因此,化学教材研制是化学教学论研究的重要领域。
>
> ——王祖浩

本章学习目标

通过本章学习,你应该:
1. 知道中学化学课程、化学教材和化学教科书之间的关系;
2. 了解中学化学新课程"三层次""三阶段"的结构特点;
3. 结合具体的化学教科书,认识其编写理念、编排特点及知识的呈现形式;
4. 体会化学新课程的基本理念,并能分析化学课程标准实验教科书的特点;
5. 调查国内外某些化学教科书,能分析教科书栏目的特点、情景的特点及设计要求。

3.1　化学教科书设计的基础

核心术语

◆ 教材　　　◆ 教科书　　　◆ 学习领域　　　◆ 科目
◆ 模块　　　◆ "三层次"　　◆ "三阶段"　　　◆ 编写模式

课程标准确定之后,教材是保证课程实施的重要前提。化学教材是化学课程的具体化,是对化学课程理念的体现和对化学课程内容的落实,是对化学课程内容按照一定的逻辑关系加以系统化的材料。当化学课程标准确定之后,接下来就是编写化学教材。化学教材的编写,必然要反映、体现和落实化学课程的基本理念,必然要全面、系统地回应化学课程内容。因此,化学教材是化学课程理念和化学课程内容按照一定的逻辑体系和呈现形式加以展开和具体化、系统化的材料。

教材是课程内容的呈现形式,是依据各科课程标准开发设计的各种教学材料,是教师和学生据以展开教学活动的重要课程内容资源。它有多种媒体形式,诸如书面文字教材(如教科书、教学参考书、实验用书、练习册、各种图表等)、视听教材(教学录像带、录音带)、电子多媒体教材(如多媒体课件)等。因此教科书只是一种书面文字教材,亦称课本。

资料卡片

3-1 教材的种类

● 按照教材所用的物质载体质地来划分,有实物质教材、纸质教材、胶片质教材、磁带质教材和磁盘质教材。

● 按照教材的呈现特点来划分,有书面印刷教材(包括教科书、参考书、练习册、实验手册、阅读材料等)、视听教材(如录像带、光盘和各种教学软件等)、电子教材和多媒体教材。

● 按照教材在教学过程中的作用来划分,有基本教材(如教科书)、辅助教材(如教学参考书、自学指导书、补充讲义、图册、练习册、实验手册、视听教材、各种光盘、网络资料等)。

(郑长龙.化学课程与教学论[M].第二版.长春:东北师范大学出版社,2018:18-19.)

读完资料卡片 3-1,想必你已经得出结论,化学教材并不是只有化学教科书一种形式。我们所用的化学教科书只是以纸为质地,通过书面印刷的形式而制得的基本化学教材。人们常说的化学教材通常指的是化学教科书。

中学化学教科书是依据化学课程标准开发编写的化学教学活动书面材料,它具体体现了化学课程标准关于教学目标要求、教学内容、教学活动和教学评价等方面的规定。因此,化学教科书是师生从事化学教学与学习活动、培养和提高学生科学素养的一种重要工具,教师应当重视引导学生学会正确使用化学教科书。

随堂讨论

● 根据你的理解,试说明化学课程、化学教材与化学教科书的含义。

● 请填写下列图示,以反映化学课程、化学教材与化学教科书的关系。

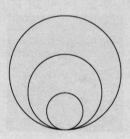

从关系上看,课程结构限定教科书的种类,课程理念导向教科书的目的和目标,内容标准决定教科书的基本框架,学生的经验和认知特点直接影响教科书的活动方式。因此,我们从课程结构、编写模式方面来讨论化学教科书体系的设计。

3.1.1 化学课程的基本结构

化学课程结构决定课程的类型,也限制了教科书的种类和册数。化学课程有各种各样的具体表现形式,各种形式的化学课程按照一定的化学课程设计思想有机地联系在一起,就形成了化学课程的特定组合,这种特定的组合就是化学课程的结构。

(一)中学化学课程的"三层次"结构

从整体来看,中学课程分为"学习领域""科目"和"模块"3个层次,见图3-1。

图3-1 "三层次"中学化学新课程

(1)"学习领域"。是指学生在学校应发展的综合素养的范围。高中新课程将学生所应发展的综合素养划分为8个领域,即"语言与文学""数学""人文与社会""科学""技术""艺术""体育与健康"和"综合实践",通过这8个领域的学习,来达到促进学生综合素养全面发展的目的。设置学习领域能更好地反映现代科学技术综合化的趋势,有利于从学习领域的视野来把握所学习的科目。

(2)"科目"。是指学习领域的基本组成单元。组成每一学习领域的科目,其课程价值是"相近的"。其中,"科学"领域是由"物理""化学""生物"和"地理"(其中的自然地理部分,也称"地学")等科目组成的。组成科学领域的这些科目,统称为"理科",它们具有共同的课程价值,即都肩负着进一步发展学生科学素养的使命。

(3)"模块"。是指根据社会需要和学科发展,将科目内容划分为相对完整的学习单元,它是组成科目的基本学习单位,也是高中课程最具体的学习内容。高中化学新课程必修课程不分模块,选择性必修课程设有3个课程模块,选修课程则为3个"系列"。①

(二)中学化学课程"三阶段"结构

所谓"三阶段"是指"义务教育段""高中必修段"和"高中选择性必修段",如图3-2所示。这3个阶段的化学课程是一种递进关系,即义务教育段化学课程是高中段化学课程的基础,高中必修段化学课程是高中选择性必修段化学课程的基础。

图3-2 "三阶段"中学化学课程

对于整个基础教育化学课程的设计,过去通常是采取"两段",即初中段和高中段,而且这两段的化学课程设计还经常相对独立。这样一种状况,在化学教学实践中常常导致所谓的"衔接"问题。从课程设计的角度看来,"衔接"问题是一种人为造成的课程断裂。为此,化学新课程非常重视课程设计的整体性。"三阶段"化学课程首先强调的是各个阶段化学课程内容的一致性和持续性。

(1)一致性,是指各个阶段的化学课程内容都为实现促进学生科学素养的主动、全面发展服务。

(2)持续性,是指各个阶段的化学课程内容都全面反映和体现促进学生素养发展的目标,都按照学科核心素养的目标来选择和组织化学课程内容。

基础教育化学课程的一致性和持续性,要求教师应从"三阶段"化学课程的整体上来把握各个阶段化学课程内容的深浅度,理解不同阶段的设置意图,不要盲目拔高教学要求,切忌为"一刀切"或"一步到位"而增加教学时数,增加学生负担。

---

① 中华人民共和国教育部.普通高中课程方案(2017年版2020年修订)[M].北京:人民教育出版社,2020:8-10.

案例研讨

化学课程的这种"三层次""三阶段"和"三类型"的特定组合,就形成了基础教育化学新课程的结构。

随堂讨论

以"原子结构"或"糖类、氨基酸和蛋白质"内容为例,查阅课程标准,比较这一内容在"三阶段"中的要求有什么区别?

3.1.2 化学教科书的编写模式

国内外教科书比较研究的结果表明,高质量的教科书要具有良好的适应性。但从教科书的发展趋势来看,这种适应性应该具有更强的灵活性和多样性,不应该是"平均主义"的和"将就低水平"的适应。众所周知,不同的课程设计取向各有其独特的优势和特点,也都有其局限和不足。传统教科书和现行教科书长期存在的缺陷和问题之一就是课程设计取向单一,过分强调"学科中心"或"社会中心"。

(一)国外化学教科书的编写模式

课程理念反映了课程的价值观念,决定了教科书建构的基本思路和编写模式。从国际上化学课程发展的情况来看,课程理念通过不同教科书的编写模式得以反映,可以粗略地分为三类。

1."学科中心"模式

这类教科书以培养少数精英、传承知识为主,教科书内容的组织往往以知识为中心,采取尽可能简约的方式呈现知识,重视知识的逻辑结构。这样设计的教科书往往是"学科中心"的,忽视学生的认知特征和实践活动,内容难度大、思维要求高、缺乏时代性;问题主要是封闭式的,脱离社会现实。20世纪60年代以这种理念编写的化学教科书影响较大,如1963年美国"以化学键为中心的研究"(CBA)推出的著名教科书《化学体系》,其指导思想是突出化学理论和科学思维的作用,运用微观的、定量的、模型化的方式研究化学反应,力求使学生建立化学理论的基本结构,形成科学的思想方法。尽管该教科书在学科结构化、科学思维培养方面有自己的特色,但对中学生学习而言有较大难度,在美国的实际使用也并不广泛。表3-1展示了印度的一种化学教科书模式,即为典型的"学科中心"模式。[1]

从表3-1单元内容不难看出,印度高中化学课程本质上是用于甄选人才,为学生进入大学深造做铺垫的。从课程内容到实践活动,不乏艰涩深奥的主题,包含了许多在其他国家被当作大学普通化学的内容。高中化学课程为高等教育储备知识的痕迹明显,系"学科中心"模式的课程。

---

[1] 冯涌.印度 NCERT 高中化学教材介绍[J].化学教育,2014,35(21):72-74.

表 3-1　印度 NCERT 高中化学教材主要内容

	11 年级	12 年级
化学原理	第一章　化学的基本概念 第六章　热力学 第七章　平衡 第八章　氧化还原反应	第二章　溶液 第三章　电化学 第四章　化学动力学 第五章　表面化学
物质结构	第二章　原子结构 第三章　元素分类与元素性质周期性 第四章　化学键与分子结构 第五章　物质的状态	第一章　固态 第九章　配合物
元素化合物	第九章　氢 第十章　s 区元素 第十一章　p 区元素	第六章　元素提取的一般原理和过程 第七章　p 区元素 第八章　d 区和 f 区元素
有机化学	第十二章　有机化学:基本原理与方法 第十三章　烃	第十章　卤代烷烃和卤代芳烃 第十一章　醇、酚、醚 第十二章　醛、酮、羧酸 第十三章　胺类 第十四章　生物分子 第十五章　聚合物
应用化学	第十四章　环境化学	第十六章　日常生活中的化学

2."社会中心"模式

该类教科书突出学生的发展,着眼于学生科学素养的提升,密切结合学生的生活经验,重视化学、技术和社会之间的广泛联系,关注社会热点,倡导"从经验中学""做中学"。在内容呈现上几乎抛弃了学科知识的传统框架,将解决生活和社会问题作为教科书的主要线索,追求"生活或社会中的化学问题",有人称其为"社会中心"教科书,后来也将其归入 STSE (Science,Technology,Society and Environment)教育模式。从 20 世纪 70 年代起,这类教科书不断问世,迅速改变了化学教材的格局,受到世界各国的广泛关注。

1988 年,英国纳菲尔德课程基金会资助出版了英国的中学化学教科书。该教科书在选择编排内容时非常关注化学对社会和个人的影响,全书共 6 个单元,计 18 章。从内容主题看,该教科书较好地体现了"贴近生活,贴近社会"的宗旨,与生活相关的内容非常丰富,将材料、能源、化肥、土壤、药物等直接影响社会发展的内容作为教科书的主题或素材(见表 3-2)。[1]

表 3-2　纳菲尔德中学化学教科书章目

主　　题	章标题	内　　容
原始物质	1.化学元素 2.石油化学制品 3.植物的化学成分 4.化学和岩石	以石油、天然气作为原料的现代化工企业、生产工艺以及化工产品;与植物和矿物有关的生物化学和地球化学
物质的应用	5.物质及结构 6.玻璃及陶瓷 7.金属及合金 8.聚合物	玻璃、陶瓷、合金、塑料等聚合物的结构、性质和用途及三者间的关系,上述材料的发展前景及与之相关的化学史知识

---

[1] 周青,薛萍.综合性、探究性与 STS 教育思想的贯彻——评英国纳菲尔德中学化学教材的特点[J].中学化学教学参考,2003(8-9):44-46.

续表

主　题	章标题	内　容
生活中的化学品	9. 泡沫、乳剂、溶液、胶体 10. 保持清洁 11. 染料及染色 12. 药橱里的化学	家庭生活中的化学知识：食品类别、洗涤剂、药品；染料的用途、发展和使用等；饮用水及水资源的现状
化学能量转换	13. 燃料 14. 电池	家庭与日常生活中使用的能源：天然气，汽油 能源工业：炼油厂、煤矿，电池
土壤和农业	15. 土壤 16. 肥料	化学与化肥的关系，化肥是如何生产出来的
周期表、原子及化合价	17. 周期表 18. 原子及化合价	元素周期表的发现、稀有气体的应用

日本的"化学Ⅰ"教科书共5编，其中直接围绕生活和社会问题展开的内容有4编，共10章；涉及的主题有日常生活的化学、身边的材料、身边物质的制造、化学应用与人类生活等；包括的内容有食品的化学、衣料的化学、染料和洗涤剂化学、塑料、金属、陶瓷、空气利用、矿物冶炼、石油加工、环境保护等。美国的《社会中的化学》和英国的《索尔特化学》也是此类模式的代表。

3. "融合型"模式

目前世界上使用最广、数量最多的一类教科书，其特点是：关注学生的化学素养，强调实验在理解知识和培养科学探究能力方面的重要作用。教科书的基本主线仍然围绕化学学科的核心概念或原理展开，没有刻意地寻找生活或社会事例作为教科书内容的主线，更多重视的是学科背景支持下的学生活动。尽管教科书的重心体现在化学问题解决的各个环节之中，但在联系社会实际方面并不封闭，通过各种栏目或附加的资料展示相关化学知识的重要应用。这类教材的理念介于第一、第二类教材之间，既较好地体现了化学学科的思想和方法，又兼顾化学、技术与社会的相互关系，因而有人称其为融合型教材。

美国高中化学教科书《化学：与变化的世界相联系》(Chemistry: Connections to Our Changing World)是第三类教材的典范，在编写上很有特色。它十分注重对学生进行科学方法的培养，自始至终贯穿了"明确问题—收集材料—提出假说—验证假说—得出结论"的科学研究范式，教科书共有27个问题解决栏目，提供有关的材料和背景知识，让学生实践科学方法的过程。

美国化学教科书《化学：概念和应用》(Chemistry: Concepts and Applications)是针对非自然科学专业学生编写的，并且侧重的是概念和应用，所以它并不是纯粹以化学学科体系来编排的，而是在构建化学知识的同时，也强调化学和社会的相互影响，将当代一些快速发展的研究领域，如化学与环境、核化学、生化和营养以及与日常生活紧密相连的医药消费、家庭化学等大量的应用性知识反映到教科书中(见表3-3)。[①]

---

① J. S. Phillips. 化学：概念与应用[M]. 王祖浩，译. 杭州：浙江教育出版社，2018.

表 3-3　美国《化学：概念和应用》课程单元

第一章	化学：关于物质的一门科学？	第十二章	化学量
第二章	物质是由原子构成的	第十三章	水和溶液
第三章	元素周期表导论	第十四章	酸、碱和 pH
第四章	化合物的形成	第十五章	酸碱反应
第五章	化合物的类型	第十六章	氧化-还原反应
第六章	化学反应与化学方程式	第十七章	电化学
第七章	原子模型的完善	第十八章	有机化学
第八章	元素性质的周期性	第十九章	生命化学
第九章	化学键	第二十章	化学反应与能量变化
第十章	物质的动力学理论	第二十一章	核化学
第十一章	气体的行为		

该教科书强调的不是去获得系统性的化学知识，而是培养科学素养，使学生认识到化学对个人生活和今后职业生涯的重要性，强调学生对整个社会的责任心，培养他们应用化学知识对社会及个人生活中的有关问题进行思考并作出更加明智决策的能力。

（二）我国化学教科书的编写模式

我国新推出的中学化学课程教科书以促进学生发展、提高每个学生的科学素养为主旨，将落实学科核心素养的课程目标，在选择和组织各个主体内容的内容时，确立了三条基本的内容线索：① 化学学科的基本知识线索；② 科学探究和化学学科的思想观念、研究方法和学习策略；③ 反映化学与社会、环境、个人生活实际以及其他科学和技术的广泛联系、相互作用和影响的，具有 STSE 教育价值的内容主题和学习素材。新课程教科书在编写思路、情景素材、活动方式上汲取了发达国家化学教科书的长处，又自成体系，其设计取向多元，融合的特点比较明显。

1. 义务教育化学教科书的特点

我国几种不同版本的义务教育化学教科书重视学生的生活经验和对科学过程的感受，不过分强调知识的逻辑顺序，使化学教科书在一定程度上体现生活性、实用性以及初中学生的年龄特点。注重教科书作为学生学习工具的功能，改变学生的学习方式，加强探究的力度，精心创设活动与探究的情境以及多种形式的学习活动，引导学生更多地采用体验学习和探究学习。教科书内容的选择注意密切联系学生的生活和社会实际，反映最新科技成果，并注重培养学生运用知识解决实际问题的能力。加强实验，淡化演示实验与学生实验的界限，改革实验内容和方法，使实验简单化、微型化和生活化。改革习题的内容和形式，使习题分层次，既注意对习题"量"的控制，又注意对习题"质"的提高。实行弹性设计，有利于因材施教和促使学生个性特长的发展。大量增加图画，加大以图代文和利用图画、资料等创设学习情境的力度，丰富多彩的图片和广阔的背景素材将科学精神教育和人文精神教育进行了有机的融合，大大加强了化学教科书的人文性和艺术性，增加了化学教科书的素质教育内涵。

我们以鲁科版义务教育化学教科书为例，见图 3-3。

如图 3-3 所示，无论是 9 个单元主题，还是每个单元内具体每节的编排顺序，鲁科版义务教育化学教科书都充分体现了"从生活走进化学，从化学走向社会"的思路以及"理论性知识与事实性知识穿插编排"的特点。

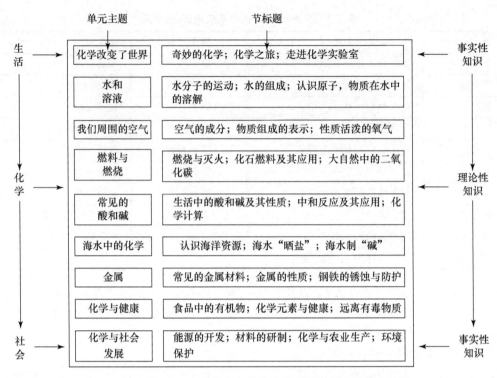

图 3-3 鲁科版义务教育化学教科书体系的构建图[①]

 资料卡片

3-2 化学教科书知识内容及其组织构成

化学事实性知识是指反映物质的存在、性质、制法和保存等多方面内容的元素化合物知识以及化学与社会生产、生活联系的知识。

化学理论性知识是指反映物质及其变化的本质属性和内在规律的化学基本概念和基本原理。

化学技能性知识是指体现化学学科特色的化学用语（符号）、化学计算、化学实验等技能形成和发展的知识。

化学策略性知识是指有关学习化学的方法和策略。从学习内容上看，化学策略性知识分为概念学习的策略、技能训练的策略和记忆训练的策略；从学习方法上看，化学策略性知识分为学习迁移的策略、问题解决的策略、整体性策略和系列性策略。

化学情意类知识是指有关科学观和科学品质的知识，在教材中主要体现为辩证唯物主义观点、爱国主义思想以及兴趣、态度、情感、意志等非智力因素。

理解新化学教科书体系结构、领会栏目意图和特点，无疑将有助于贯彻落实课程标准所规定的教学目标，提高化学教育教学质量。

---

① 毕华林，卢巍. 义务教育化学课程标准实验教科书分析[J]. 化学教育，2004(6): 20.

随堂讨论

结合义务教育化学课程标准实验教科书的典型案例,讨论"从生活到化学,从化学到社会"的编写理念。

2. 高中化学教科书的特点

高中化学课程由必修、选择性必修(3个模块)、选修(3个系列)构成。从化学课程的结构来看,选择性必修模块是以必修课程为基础。必修课程虽然分为两册教科书,但不分模块。选择性必修的3个模块"化学反应原理""物质结构与性质""有机化学基础"与必修模块属于分化递进关系。高中选修课程的3个系列"实验化学""化学与社会""发展中的化学科学"未出版统一教材,为校本课程、特色办学提供了空间。

根据不同课程模块的功能定位和风格特点,对三条内容线索加以不同的处理。高中化学教科书充分利用新高中课程方案和高中化学课程结构、课程标准搭建起的课程模块的新框架,采用多种课程设计取向,发挥多种课程设计取向的优势,设置多种水平层次,提供多样选择性,满足不同学生的发展需要,适应不同地区和学校的条件。

案例研讨

表3-4 鲁科版高中化学教科书设计取向

模　　块	课程设计取向	章节框架的功能(风格)
《化学必修第一册》《化学必修第二册》	采用学科中心、认知过程中心、社会生活问题中心相融合的多元取向	目的是让全体高中生化学学科核心素养得到全面的提高,体现出是在义务教育化学课程基础之上的高一阶段的化学课程的特点,同时为后续的多样化的高中化学选修课程建立发展"通道"
《物质结构与性质》《化学反应原理》《有机化学基础》	采用学科中心为主的课程设计取向	目的是更加突出化学学科的核心观念、基本概念、基本原理和基本的思想方法,并以此作为教材体系结构的主要线索,其他课程设计取向作为辅助线索。这3个选择性必修模块集中体现化学学科素养的课程内容,特别针对理科倾向比较强烈和对化学相关专业感兴趣的学生

(王磊,陈光巨.高观点、大视野、多角度——山东科技版普通高中课程标准实验教科书《化学》总体特点介绍[J].化学教育(增刊),2005:48-52.(有改编))

人教版和苏教版高中化学教科书也都呈现各自不同的融合多种课程设计取向,赋予每个模块教科书鲜明的风格、独特的功能,在教科书中设置了多种水平层次,为不同水平和不同需要的学校和学生提供了多样的选择性。

随堂讨论

试以人教版高中化学课程标准实验教科书为例,分析各个模块教科书的编写模式(设计取向)。

3.2 化学教科书单元内容的结构

核心术语

- 知识结构　　◆ 知识功能　　◆ 单元思路　　◆ 编排体系
- 编排方式　　◆ "三序"　　　◆ "先行组织者"

确定教科书的整体目标和基本思路,首先,要建立教科书的内容框架,形成互相关联、表现不同内容特征的若干单元;其次,深入细致地研究每一个单元的微观构成,使之围绕某一个中心扩展,或按某一思路延伸,并结合课程目标和教学素材将核心知识贯穿起来,使单元内容融为一体。最后,从整体上对各个单元教科书的功能和内容呈现进行评价。所以,教科书单元内容的优化直接影响着教科书的质量。

3.2.1 化学教科书单元内容结构

教科书的知识结构问题是把教科书的内容看作一个知识系统,根据教学目标的要求把这个知识系统划分为若干个不同层次的子系统或知识要素。与知识的分类相一致的是,知识要素也具有同样的层次性,其结构的大小和层次的多少取决于系统划分的标准。教材体系结构的差异是不同知识要素具体结合的结果。知识要素的具体结合方式以及结合的特点等,都取决于对学科本质的认识,以及学生和教学的具体情况。

教科书的体系结构虽然由知识的系统结构和知识的应用结构组成,化学学科的知识体系和结构有其自身特点和表达方式。所以,对于教科书知识应用结构方面的设计应体现多样性原则,即应根据学科自身的发展规律和特点,以及与现实生活的意义和联系,在教科书设计方法和设计模式上表现出个性和特色。

案例研讨

教科书单元内容结构的融合

人教版教科书结构采用单元课题式,全套书共编入了12个单元,这些单元从不同方面体现融合,可概括如下:

第一单元　走进化学世界
第二单元　我们周围的空气　　⎫
第三单元　物质构成的奥秘　　⎬ 生活经验与化学基础知识融合
第四单元　自然界的水　　　　⎭
第五单元　化学方程式　　　　⎫
第六单元　碳和碳的氧化物　　⎬ 化学基础知识与化学事实融合
第七单元　燃料及其利用　　　⎭
第八单元　金属和金属材料　　⎫
第九单元　溶液　　　　　　　⎬ 化学基础知识与应用融合
第十单元　酸和碱　　　　　　⎫
第十一单元　盐　化肥　　　　⎬ 化学规律与应用融合

第十二单元　化学与生活——化学与社会生活融合

教科书结构的总体设计是融合的,各个单元的设计也是融合的,每个单元都由几个相关的课题组成,各个课题的主要内容突出,内容组织灵活多变、生动活泼,并具有一定的完整性和综合性。

〈李俊.例析人教版新课标化学实验教科书[J].中学化学教学参考,2004(1-2):61.〉

以人教版教科书第四单元"自然界的水"为例,通过图 3-4 实现有关水的知识的融合。

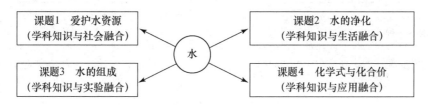

图 3-4　有关水的知识的融合

该单元由 4 个课题组成:"课题 1　爱护水资源";"课题 2　水的净化";"课题 3　水的组成";"课题 4　化学式与化合价"。由这 4 个课题就可以看出,该单元的内容是以水为主线,把与水有关的化学学科知识和学生的生活经验及社会问题融为一体。

分析单元思路是教材微观设计的首要内容,也是教师理解教材、用好教材的前提。单元思路与知识呈现的逻辑顺序有密切关系。单元思路是课程理念、教材目标的具体化,仅依靠知识的逻辑顺序加以整理是不够的,还必须体现学生对未知内容的探究兴趣、探究过程和内容的社会价值。以鲁科版《化学1》第一章第3节"化学中常用的物理量——物质的量"为例,教材在结构上尽可能呈现核心内容的知识线、问题线、活动线、情境线和学生认识发展线(表 3-5)。①

表 3-5　"化学中常用的物理量——物质的量"一节教材结构核心线索的分析

线　索	分析途径	分析结果
知识线:确定教学内容的逻辑线索及深广度	(1) 教材节下标题 (2) 教材正文,特别是活动性栏目后的正文 (3) "迁移应用"栏目 (4) 节后、章后相关的习题	知识线:① 物质的量及其单位;② 摩尔质量;③ 气体摩尔体积;④ 物质的量浓度 深广度:定义公式的直接换算,可以更换微粒的种类
问题线:确定教学思路和驱动性问题线索	(1) 联想质疑 (2) 活动性栏目中的问题 (3) 教材正文蕴含的问题	问题线:① 一定质量或一定体积的物质究竟含有多少个微粒,一定量的水中含有多少个水分子;② 1mol 物质的质量和体积在数值上有什么特点;③ 怎样用物质的量表示溶液的浓度
活动线:确定教学中主要活动的目的、内容和形式	活动性栏目,如联想质疑、观察思考、活动探究、交流研讨、迁移应用等	活动线:① 联想质疑,如何体会堆量思想;② 交流研讨,1mol 物质的质量和体积在数值上有什么特点;③ 活动探究,配制一定物质的量浓度的溶液

---

① 胡久华,王磊.基于促进学生科学素养发展的高中化学新课程教材研究——北师大"教师化"(鲁科版)高中化学必修模块教材分析[J].中学化学教学参考,2009(9):3-7.

续　表

线　索	分析途径	分析结果
情境线：确定在态度、情感与价值观方面的教育价值	(1) 正文中联想生产生活实际的内容 (2) "联想质疑"类栏目 (3) 资料性栏目 STSE 栏目	情境线：① 一滴水和一个水分子；② 各种物质的体积质量数量；③ 溶液配制情景
学生认识发展线：确定学生在整节教材学习中认识的变化和发展的层次	(1) 教材正文说明 (2) 活动性栏目后的总结 (3) 迁移应用中的问题	学生认识发展线：① 以前关注一个个微粒，现在关注 1mol 微粒数；② 能从物质的质量、体积中看到微粒的个数，看的过程中以物质的量为桥梁；③ 看溶液的宏观量到溶液中的微粒个数；④ 能够从物质的量角度定量认识化学反应

3.2.2　化学教科书的编排体系

设计化学教科书的编排体系重点要考虑3个基本问题(简称"三序")：① 化学学科知识技能的逻辑顺序，主要指化学基本概念、基本原理、元素化合物等知识之间的内在逻辑联系；② 学生的认知顺序，主要是指学生学习知识技能的过程与规律，如由感知到理解、从具体到抽象、从已知到未知、由易到难、由简到繁、从模仿到创造等；③ 学生的心理发展顺序，主要指不同年龄段学生的认识能力水平以及兴趣、需要、情感、态度、意志、性格等个性心理特征。

化学教科书的编写可以按照知识的内在联系和逻辑顺序来编排，也可以按照学生的认识顺序和心理发展顺序来编排。但是，如果完全按照知识的逻辑顺序编排，容易造成学生学习的困难，而完全按照学生的认知顺序和心理发展顺序编排，容易重复，琐碎，不利于形成系统完整的知识结构。因此，化学教科书的编排体系应把知识的逻辑顺序、学生的认知顺序和心理发展顺序十分巧妙地结合起来，既考虑化学知识的逻辑顺序，又要根据学生的认知顺序和心理发展顺序，将知识的逻辑顺序加以适当的调整、改造，使教科书既符合知识的逻辑顺序，又符合从感知到理解、由易到难、由简到繁的认识规律和学生的认识能力水平。①

在化学教科书编写中实现"三序"结合的具体方式有螺旋式编排、穿插式编排、镶嵌式编排和渗透式编排四种方式。②

(1) 螺旋式编排方式。科学的系统是严谨的，但比较复杂，常常是难点集中。这样就不符合由易到难、由简到繁的认知顺序，而且也可能超越学生的心理发展水平。因此，教科书的编者必须对科学体系加以改造，办法是采取螺旋上升的方式，分散难点，设计合理的知识梯度。例如，关于"氧化还原反应"的概念，在初中化学阶段采取氧元素得失的观点去设计，而到了高中阶段则采取化合价升降和电子转移的观点去设计。

(2) 穿插式编排方式。即概念、理论与元素化合物知识之间要进行穿插式编排。采用穿插编排的理由有两个：① 有助于分散难点。概念、理论知识比较抽象，学生学习起来往往感到困难，元素化合物知识容易理解，但难以记忆，将两者穿插编排，既降低了难度，又便于分散记忆。② 符合化学

---

① 阎立泽等.化学教学论[M].北京：科学出版社，2004：59-60.
② 何少华，毕华林.化学课程论[M].南宁：广西教育出版社，1996：50-56.

习的规律。因为化学概念、理论只有在一定元素化合物知识的基础上才能提出讨论,而元素化合物知识的学习又只有在一定的理论、概念指导之下才能深入和理解。两者穿插编排,相得益彰。例如人教版初中化学教科书就是采取这样的方式编排的:"空气、氧气、水的组成"内容之后是"分子、原子、元素、离子、化学式、化合价、化学方程式",然后才是"碳和碳的氧化物",接下来又是"燃烧和灭火"方面的理论知识。

(3) 镶嵌式编排方式。穿插式编排方式是不同内容的块与块之间的穿插。如果根据"三序"结合的需要,把不同的小块内容植入基干内容(大块)之中,这种方式就叫作镶嵌式编排方式,犹如在赤金首饰中镶嵌宝石一样。例如,苏教版《化学必修第一册》把"离子反应"内容安排在"金属钠及钠的化合物"单元内容之中,既能以元素、化合物在溶液中进行反应为载体,又有利于学生理解离子反应的本质。这样编排既不破坏基干内容的逻辑顺序,又能照顾到学生的认知顺序和心理发展顺序。

(4) 渗透式编排方式。有些教科书,根据它们的性质不宜于反映在章节标题上,也不能自成体系,就可以采用渗透式编排方式,把它们渗透在基干教科书之中。例如,人教版《化学必修第一册》中"实验""分散系"等方面的内容就是采用这种方式编排的。与镶嵌式编排相似,渗透式编排方式也是在不破坏基干教材逻辑关系的条件下,照顾到学生的认知顺序和心理发展顺序,是实现"三序"结合的另一种有效方式。

案例研讨

鲁科版教科书分析

以元素化合物内容主题为例,教材设计的学习进阶为:

《化学第1册(必修)》聚焦元素与物质大概念,将钠和氯放在第1章第2节,重点承载引导学生学习研究物质性质的基本方法和程序的功能,并为第2章元素观、分类观、微粒观和氧化还原变化观的建立补充具体的、感性的知识基础,同时具有初、高中衔接的作用;铁、硫、氮3种元素及其化合物依次编排在第3章的第1,2,3节,引导学生从初步学习应用价-类二维元素观认识具体物质的性质,进阶到学习如何探究不同价态物质之间的转化,再进阶到能自主运用氧化还原和类别通性等概念原理,研究物质性质和物质转化,多角度分析和解决实际问题,呈现由简单到复杂,由孤立到系统的学习进阶。这种编排方式,既是对第2章核心概念和学科观念的应用实践,又是对其进行迁移、创新和发展。

《化学第2册(必修)》依托元素周期律、表的核心知识,进一步将学生的元素观发展到"位-构-性"的系统认识水平,在此基础上,教材巧妙地设置"硅及其化合物的性质探究活动",引导学生体会如何认识"陌生"元素及其化合物的性质。除"元素化合物"内容主题外,全套教材对"电化学""水溶液""化学反应的限度和速率""有机化合物""微粒间相互作用"这些跨必修和选择性必修课程的内容主题也都设计了合理的学习进阶。

(王磊,陈光巨.外显学科核心素养促进知识向能力和素养的转化——北京师范大学"新世纪"鲁科版高中化学新教材的特点[J].化学教育(中英文),2019,40(17):9-19.)

3.2.3 "先行组织者"在单元设计中的应用

美国学者奥苏贝尔(D. P. Ausubel)提出的"先行组织者"理论,先行组织者是先于学习任务本身呈现的一种引导性材料,它要比原学习任务本身有更高的抽象、概括和包容水平,并且能与认知结构中原有的观念和新的学习任务产生关联。该理论强调新的学习材料应与认识结构中原有的观念建立合理的联系,才能产生有意义的学习。根据奥苏贝尔的解释,学生面对新的学习任务时,如果原有的认知结构中缺少同化新知识的适当的上位观念,或原有观念不够清晰或牢固,则有必要设计一个先于学习材料呈现之前的引导性材料,可能是一个概念或一段说明文字,可以用通俗易懂的语言或直观形象的模型,构建一个使新旧知识发生联系的桥梁。这一观点不仅是教师有效教学的重要基础,同时也为化学教科书单元设计提供了一种重要的方法论。

在教科书单元设计中应根据"先行组织者"的理论,发挥"先行组织者"的作用。在教科书单元中"先行组织者"的形式可以多种多样,如学习前的引导性材料,学习过程中的信息提示;也可以通过设置一段有关生活的背景材料、一幅反映化学现象的插图、一个具有启发意义的化学问题或一则生动的化学实验,在后继学习的内容之间建立"桥梁",使学生的学习过程"平易化"。

新课程化学教科书的"先行组织者"呈现的形式多样化,具有一些基本特点,如具体生动,引人入胜,富有召唤力;展示将要学习的内容和意义;能将有关的方法或思路迁移到新的情景中,降低新学习内容的难度,发展分析问题的能力;并从中获得从事科学研究的体验,从而培养学生热爱科学、崇尚科学的情感和对社会的责任感。

以下两个案例结合教科书单元中的若干内容片段分析"先行组织者"的作用。

案例研讨 1

氮的循环

闪电是大家非常熟悉的自然现象。你知道在电闪雷鸣的时候,空气里的氮气、部分含氮化合物分别发生了哪些反应吗?这些反应产生了哪些物质?这些物质对于人类的生产和生活有什么意义?

(王磊,陈光巨.普通高中教科书.化学必修第一册[M].济南:山东科学技术出版社:2019:105))

教科书通过"联想·质疑"及闪电图片学习情景的设计,学生通过身边的自然和社会环境的联想,驱动学生进一步探究的动机,明确探究的任务和意义。

案例研讨 2

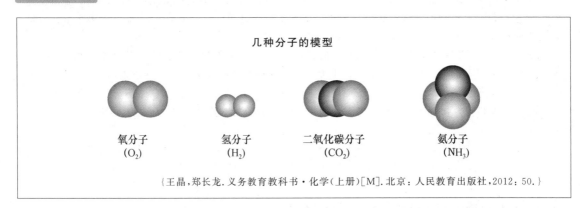

几种分子的模型

氧分子(O_2)　　氢分子(H_2)　　二氧化碳分子(CO_2)　　氨分子(NH_3)

(王晶,郑长龙.义务教育教科书·化学(上册)[M].北京:人民教育出版社,2012:50.)

对初中生而言,分子、原子的概念较为抽象,仅用文字说明有一部分学生难以理解。通过以上图示,使抽象概念具体化,降低了知识学习的难度。

案例研讨 3

> **钠与氯气反应形成氯化钠**
>
> （电子走开,我要形成相对稳定结构!）
> （我需要电子,我也要形成相对稳定结构!）
>
> 〔王晶,郑长龙.义务教育教科书·化学(上册)[M].北京:人民教育出版社,2012:50.〕

富有情趣的拟人画,具有真实、直观、亲切、深刻的特点,往往比一般化学用语更具有说服力和趣味性,使知识的呈现简单通俗,引人入胜,降低难度。

随堂讨论

试以现行新课程化学课程标准实验教科书的某一单元为例,分析"先行组织者"及其作用。

3.3 化学教科书栏目的设计

核心术语

- ◆ 教科书栏目
- ◆ 栏目设置
- ◆ 任务及活动呈现
- ◆ 直接陈述式
- ◆ 任务驱动式
- ◆ 情境设计

为了突破传统的以文字陈述为主的内容呈现形式,新课程教科书常常在文字陈述的同时设置各种各样的栏目。这些栏目是课程内容的载体,作为一种"中介"手段,教科书栏目在转变学生的学习方式方面起着相当大的作用。通过阅读醒目的栏目名称或标记,有助于学生在认知结构中形成一种对应关系,引发学习动机,调动有关的知识储备,使学习的指向更为明确。学生遵循栏目的提示进行学习,能体验各种不同的学习方式,获得学习化学的思想和方法。因此,栏目设计是教科书研制的重要组成部分。

3.3.1 化学教科书栏目设计的特点

从国内新化学教科书看,新一代教科书栏目种类多,对应于学生不同的学习活动,内容生动活泼,有利于激发学生的学习兴趣,引导学生如何学习化学,对学习过程的监控和指导更为详尽。每套教科书从整体上设计栏目,并赋予每个栏目特定的功能,能更好地反映教科书的编写理念。

教材栏目要吸引学生的注意,必须体现"平行对话"的特点,语言的风格要亲切,易于被学生所接受。栏目应反映学生的认知特点和需要。根据中学生认知特点和学习需要,栏目设计要形象、生动、体现出召唤力,激起学生对化学的兴趣,启发学生观察、提出问题、思考、假设到动手验证,使学生在探究中循序渐进地获得知识;应在思想性、探究性、价值观倾向和职业指导方面有所加强。

新课程化学教科书,一个显著性的特点是功能栏目普遍加强,教科书围绕实验、实验活动、探究、思考与讨论、方法引导、科学史话、科学·技术·社会、资料卡片、化学与职业、信息搜索、研究与实践、练习与应用、复习与提高、整理与提升等栏目进行设计。这些特定功能性栏目根据相关主题或课题内容,灵活运用,优化组合,能极大地调动学生积极参与课堂教学活动,有利于推进自主性、合作性、体验性、探究性学习的实施,体现了人的建构性学习方式与真实的本质、知识的本质、人的交互作用的本质以及科学的本质的联系。利用"方法导引"栏目呈现科学研究、化学学习等过程中常用的一般方法;增加"化学与职业"栏目以介绍与化学相关的职业,关注学科教学中的职业规划;栏目设置的位置要灵活且得体,形式表征应更具有人性化;栏目导入及相互之间的过渡和照应要进一步完善、优化;栏目的具体内容要侧重于潜能的激发,能力培养和主体性的发挥,探究学习方式的确立,较好地体现探究学习为主线的内容编制体系。

栏目设计的多样化是这种新教材的一大特点,其设计的情况如表3-6所示。[①]

表3-6 新版和旧版两种高中化学教科书栏目设置的比较

	新版教科书	旧版教科书
栏目个数	14	11
栏目名称	实验 实验活动 探究 思考与讨论 方法导引 科学史话 科学·技术·社会 资料卡片 化学与职业 信息搜索 研究与实践 练习与应用 复习与提高 整理与提升	实验 科学探究 学与问、思考与交流 科学史话 科学视野 资料卡片 信息检索 实践活动 习题 复习题 归纳与整理

从表3-6可以看出,新版教材比旧版教材栏目设计的数目增多:新版的栏目共有14个,旧版的栏目共有11个,而且新版对学生学习活动的指导更为详尽、具体,语言风格更为亲切,易于被学生接受。

---

① 韩梅,艾宁.人教版高中化学必修教科书的内容呈现方式及特点分析[J].化学教育(中英文),2020,41(23):6-10.

随堂讨论

试以新课程化学教科书某一节为例,分析其主要栏目及特点,说明如何更合理地发挥教科书栏目的作用。

新课程化学教科书都设置了多种学习栏目,强调学习过程、学习方法和科学探究;并且,将栏目内容设计在一定的情境之中,以彰显学习的真实性、促进真实问题的解决能力的发展。使学生"经历化学物质及其变化的过程,学习科学探究的基本方法,提高科学探究的能力""具有较强的问题意识,能够发现和提出具有探究价值的化学问题,敢于质疑、勤于思索,逐步形成独立思考的能力,善于与人合作,具有团队精神""在化学学习中,学会运用比较、分类、归纳、概括等方法对信息进行加工"。

案例研讨

表3-7 高中新课程化学教科书栏目分类分析

人教版	苏教版	鲁科版	栏目设置的目的和意义
思考与讨论	目标预览 交流讨论 温故知新	联想·质疑 交流·研讨	从已有知识经验和熟悉的生活现象出发,选取与学习内容相关的素材并创设问题情境,激发起学生的求知欲望,培养学生敢想、敢质疑的精神
实验X-X 探究 实验活动 研究与实践	观察思考 实验探究 基础实验 调查研究 选择决策	观察·思考 活动·探究	引导学生进行以实验为主的多种探究活动,将所学知识应用于实践,在实践中体会化学知识的巨大力量,最终提升学生的科学素养,促进学科知识向能力与素养的转化
科学史话 化学与职业 资料卡片 科学·技术·社会 信息搜索	拓展视野 科学史话 生活向导 跨学科链接	资料在线 拓展视野 化学与技术 身边的化学 历史回眸	选取与所学内容相关的背景、科学技术、环境、史实等拓展性资料对学生进行思想与文化教育,引导学生高观点、大视野、多角度地认识化学科学,以充分发挥化学学科的育人价值
方法导引 提示 注意 数据	方法引导	方法导引 安全提示	为学生解决问题并进行探究性学习提供相关资料、数据、提示以及方法思路等
练习与应用 整理与提升 复习与提高	学以致用 学科提炼 理解应用 建构整合 回顾与总结 综合评价	迁移·应用 概括·整合 练习与活动 本章自我评价	编制相应的习题,深化学生对所学知识的理解;借助流程图和概念图等模型将章节内容系统地归纳与总结,理清知识间的逻辑关系;利用该栏目设计章节复习教学,及时反馈学生学习情况以调整教学,并借助反馈信息对学生进行适当的评价

3.3.2 化学教科书任务及活动呈现形式

新课程化学教科书中的"任务及活动呈现"是教科书对某些内容适宜采用的教学活动方式的规定(或建议),其中既有对教师教学活动方式的规定(或建议),也有对学生学习活动的规定(或建议),其常见方式有直接陈述式和任务驱动式。

(一)直接陈述式

通过语言陈述直接地向学生提供课程内容。这些陈述性内容通常包括学习内容的基本逻辑、基础性和预备性的陈述性知识、程序性知识以及拓展性知识等。陈述手段主要是简明扼要的文字和图表等。

课文模块是课程标准内容的直接体现,化学基础知识和基本技能主要出现在课文中,同时大量的相关知识以"提示""拓展视野""科学史话""资料卡片""方法导引"等的形式镶嵌在课文当中,"提示""拓展视野"等形式给出相关的信息,让学生感觉到是在需要的状态下发现这些知识的。引导学生以主人翁的态度学习化学知识,淡化了教师的权威性。在扩充学生知识的同时,开拓了学生的眼界,无形中展示了学生终身学习需要必备的基础知识和技能。

(二)任务驱动式

为了有效地引导学生自主学习,新教科书在呈现方式上采用了任务驱动式栏目,要求学习者自己寻找问题的答案任务往往被设置在一定的情境之中,使学生面对真实问题,增强解决真实问题的能力。以苏教版必修教科书为例,新教科书中设计了以下类型的驱动式学习任务。

1. 完成实验类任务

无论是"观察思考"还是"实验探究"栏目中的实验,许多实验内容都留出了空白,只有在教科书的引导下,通过完成实验并填补空白后,才能继续学习教科书的后续内容。如专题3第二单元研究"钠的性质与制备"的"观察思考"中,首先让学生观察三个实验,将实验现象和结论填入两个表中,接着思考并回答问题,这些问题都给学生制出表格、画上横线、留出空白让学生去填写。

2. 讨论问题类任务

如果说完成实验任务是驱动学生动手做实验,那么,新教科书中设计的"交流讨论"栏目则是驱动学生动口交流。"温故知新"中设置的一些问题,也给了学生用自己已掌握的知识和同学、老师交流与讨论的空间。如专题2第一单元"温故知新"栏目中的"你在生活中遇到过一些物质分离提纯的实例吗?请举例谈谈具体的过程和方法"。教科书对新知识的处理,通常从这两个栏目开始。

3. 调查研究类任务

"交流讨论"或"调查研究"栏目,设计调查活动或小课题研究任务驱动学生进行研究。如专题8第一单元的"调查研究"栏目中"请查阅资料,了解煤干馏的工艺及主要产物的用途,以及煤化工绿色化发展的趋势"。这样,学生在预习教科书时,就会主动地通过互联网,或者查阅各种资料进行调查研究。

4. 协作学习类任务

主要通过"交流讨论"和"调查研究"栏目布置协作学习任务。例如专题4第三单元的"调查研究"栏目中"请从雾霾的成因、危害、防治等方面,选择一个为主题,以小组为单位,设计调查方案,开展课外调查与实践。请将收集到的调查数据和资料整理成文,撰写调查报告,并与同学交流"。这些任务驱动栏目使学生在设计实验方案、进行实验操作、观察实验现象并记录、进行数据处理、获得实验结论的过程中,不仅能获取知识、技能和方法,提高探究能力,还能形成良好的科学态度。

随堂讨论

试以人教版高中化学课程标准实验教科书《化学1》或《化学2》为例,分析其任务及活动呈现方式。

本章小结

1. 化学教材是化学课程的具体化,是对化学课程内容按照一定的逻辑关系加以系统化的材料。化学教科书是以纸为质地,通过书面印刷的形式而制得的基本化教材,亦称课本。化学教科书只是化学教材的一种形式。

2. 中学化学课程"三层次"结构是指"学习领域""科目""模式","三阶段"结构是指"义务教育段""高中必修段""高中选择性必修段"。化学课程的这种"三层次""三阶段"就形成了基础教育化学新课程的结构。

3. 国外化学教科书编写模式主要有"学科中心"模式、"社会中心"模式、"融合型"模式等三种。我国化学教科书的编写围绕三条内容主线,具有显著的融合特点。设计化学教科书的编排体系时应把知识的逻辑顺序、学生的认知顺序和心理发展顺序有机结合起来。实现"三序结合"的具体方式有螺旋式、穿插式、镶嵌式、渗透式等几种编排方式。"先行组织者"为化学教科书单元设计提供了一种重要的方法论。

4. 教科书栏目是课程内容的载体,作为一种"中介"手段之一,教科书栏目在转变学生的学习方式方面起着重要作用。新课程教科书从整体上设计栏目,并赋予每个栏目特定的功能,改变了传统教科书单向传送知识的倾向,突出教师与学生、学生与学生、学生与教科书之间的交互作用。栏目内容设计较好地反映教科书的编写理念。

5. 教科书的呈现不仅考虑信息加工理论,还要考虑情境认知理论。新教科书通过栏目创新巧妙地创设许多学习情境。教科书中主要有问题情境、事实情境、实验情境等情境类型。

本章思考题

1. 目前我国高中化学教科书《物质结构与性质》模块采用的主要编写模式(设计取向)是( )。
   A. 学科中心　　　B. 社会中心　　　C. 实验活动中心　　　D. 儿童中心

2. 义务教育化学教科书在概念的编写时要体现的主要特点是( )。
   ① 直观性　　② 准确性　　③ 发展性　　④ 抽象性　　⑤ 关联性
   A. ①②③　　　B. ②③④　　　C. ①③⑤　　　D. ③④⑤

3. 下列关于普通高中化学课程的有关描述正确的是( )。
   A. 普通高中化学课程是由2个必修模块和4个选修模块构成
   B. 高中化学课程标准是普通高校招生化学考试的命题依据
   C. 科学探究能力目标在选修模块的教学中可当作学习要求
   D. 化学新课程教科书在编排上主要采用社会中心编排模式

4. 化学教材一般不包括( )。
   A. 化学教科书　　　B. 电子教材　　　C. 学生探究活动指南　　　D. 音像教材

5. 以现行新课程教科书某一主体内容(或模块)为例,分析其编写模式和编排方式。

6. 以现行化学教科书的某一单元为例,分析"先行组织者"及其作用,说明情境设计的特点。

7. 以某版本初中或高中化学教科书为例,说明其知识的呈现形式及栏目的特点。

8. 结合参考文献提供的资料,总结一下化学新教科书在落实化学新课程理念上的特色。

9. 谈谈你对现行中学化学课程模式的认识,说明如何根据学生的需要选择合适的教科书?

10. 目前在国内使用的A、B两种版本的化学教科书对"化合价"概念有不同的解释:

    A版本:一种元素一定数目的原子跟其他元素一定数目的原子化合时表现出来的性质,叫作这种元素的化合价。

B版本：化学家在研究大量化合物中不同元素原子数目比值关系的基础上，总结出了体现这种关系的数值——元素的化合价。

(1) 试结合实际分析哪一种说法更为合理？请说明理由。

(2) 试说明如何对初中"化合价"概念进行有效教学。

11. 元素周期表是元素周期律的具体表现形式，是我们学习化学的工具。元素在周期表中的位置，反映了元素的原子结构和元素的性质。我们可以根据元素在周期表中的位置推测其原子结构和性质，也可以根据元素的原子结构推测它在周期表中的位置。

请回答下列问题：

(1) 有人说"氦的最外层电子数为2，应该把它放在第ⅡA族"，你认为这样编排元素周期表有何利弊？

(2) 结合化学教学实践，论述"三序"结合的原则在化学教材编写中"原子结构和元素周期表"理论部分的应用。

参 考 文 献

[1] 毕华林,等.化学新教材开发与使用[M].北京：高等教育出版社,2003.

[2] 刘知新.化学教学论[M].北京：高等教育出版社,2018.

[3] 郑长龙.新课程教学法·初中化学[M].长春：东北师范大学出版社,2004.

[4] 王后雄.高中化学新课程教学案例研究[M].北京：高等教育出版社,2007.

[5] 胡美玲.《义务教育新课程标准实验教科书·化学（九年级）》的设计思想和特点[J].化学教育,2002(3)：7-10.

[6] 刘江田.《义务教育新课程标准实验教科书·化学》分析[J].化学教育,2002(10)：12-16.

[7] 刘德智.美国高中化学教材 Chemistry in Context Application Chemistry to Society 的评析[J].外国教育研究,2004(5)：22-26.

[8] 王后雄,史俊玲.香港麦美伦版与大陆课标版化学教材比较研究[J].化学教育,2008(10)：9-11.

[9] 王磊,陈光巨.外显学科核心素养促进知识向能力和素养的转化——北京师范大学"新世纪"鲁科版高中化学新教材的特点[J].化学教育（中英文）,2019,40(17)：9-19.

[10] 孙夕礼,马春生.新课标三种高中必修教材的编写特点分析[J].化学教育,2005(7)：16-22.

[11] 赵宗芳,吴俊明.新课程化学版教科书呈现方式刍议[J].课程·教材·教法,2005(7)：70-74.

[12] 韩梅,艾宁.人教版高中化学必修教科书的内容呈现方式及特点分析[J].化学教育（中英文）,2020,41(23)：6-10.

[13] 王后雄.高中化学新课程教科书单元内容设计及知识价值分析[J].化学教学,2008(4)：28-32.

[14] 王后雄,唐丽玲."苏教版"高中化学实验教科书呈现方式的研究[J].中学化学教学参考,2006(1-2).

[15] 吴俊明.自觉地反映化学真谛、展现化学趣味——关于中学化学课程、教材及教学改革的一点思考[J].化学教学,2022,(08)：3-8

[16] 万盈盈,严文法,姜森,等.新苏教版高中化学教材栏目分析及使用建议[J].化学教育（中英文）,2023,44(15)：13-18.

[17] 谭宇凌,钱扬义,袁丽娟,等.中美高中化学教科书"化学反应原理"模块微观表征插图的设计分析[J].化学教育（中英文）,2023,43(17)：24-31.

[18] 张玉娟.从"教教材"走向"用教材教"——基于"人教版""苏教版"高中化学必修新教材比较的视角[J].化学教学,2023,(11)：9-14.

第4章 化学教学的一般原理

> 教学过程是一种特殊的认识过程,其运动、发展和变化是有规律的。认识并驾驭这种规律性,根据规律设计、组织和管理教学活动,是提高教学质量的根本保证。因而,每位教师都要努力提高自己的教学理论修养,掌握多种多样的教学方法、手段和技巧,形成高超的教学艺术和教育机智,并能因时、因地、因人制宜,灵活运用。
>
> ——李秉德

本章学习目标

通过本章学习,你应该:
1. 知道教学理念与教学行为之间的关系,了解教育理念的三个层次及主要内容;
2. 理解新课程改革的核心理念及其含义,能列举主要的现代化学教学理念;
3. 了解化学教学的理论基础,能领会现代教学理论的实质以及现代教学理论对化学教学的指导作用;
4. 理解一般的教学原则,掌握中学化学教学的基本原则;
5. 了解化学教学过程的基本特点及其规律,学会对教学目标、教学内容、教学方法、教学媒体等进行选择和优化。

4.1 现代化学教学理念

核心术语

- ◆ 理念　　◆ 新课程理念　　◆ 教育理念　　◆ 核心素养
- ◆ 核心理念　　◆ "整体的人"　　◆ STSE教育

理念就是我们对某种事物的观点、看法和信念。理念是行动的灵魂,一定的理念支配着一定的行动。教育、教学也不例外。任何教育、教学行为都应以教育、教学理念为指导,教育、教学理念贯穿于教育、教学的全过程。

 随堂讨论

有人认为"教师只是按照课本教学,有什么理念不理念!"你同意这种说法吗?教师可以没有教学理念吗?请列举实例来说明。

教学理念就是人们对教学和学习活动内在规律的认识的集中体现,同时也是人们对教学活动的看法和持有的基本态度和观念,是人们从事教学活动的指导思想和行动指南,教学理念一旦形成就会成为相对稳定的精神力量,它会影响一名教师如何看待教育的意义,如何看待教师与学生的关系,如何处理教育、教学中的各种矛盾与冲突,等等。有什么样的教学理念就会产生什么样的教学行为,教学行为受教学理念支配。通俗地说,就是"态度决定一切"。教师的教学方法、教学手段、师生关系的处理方式等多数是受自身的教学理念所影响,要想改变这些,就得先改变自身的教学理念。

随着社会的不断发展,教学理念也在发生着相应的变化,实施素质教育是振兴中华民族的需要,是促进学生发展的需要,是21世纪对教育工作者提出的历史重任。教育部前部长袁贵仁曾经指出:"在教师教育的改革发展中,首先要有先进的理念,其次要有明确的思路,第三要有得力的措施。"先进的理念是放在第一位的。为了完成时代赋予我们的这个重要的使命,每一个师范生都必须更新自己的教学理念,必须重视学习先进教学理念,掌握先进教学理念。

4.1.1 教育理念

顾明远(2001年)在《国际教育新理念》一书中将教育理念分为三个层次:宏观教育理念、一般教育理念、有关教与学的理念。

(1) 宏观教育理念。该理念从理论上论述当今教育领域的两个方面:终身教育和学习化社会。它是其他层次教育理念的基础,对其他教育理念起支配作用。终身教育和学习化社会等宏观教育理念对世界教育乃至整个人类社会都产生了深远的影响。

(2) 一般教育理念。该理念介绍环境教育、生态教育、合作教育、全民教育、建构主义教育、主体理念、民主、合作、开放、探索和发展理念等教育理念,体现了当今时代的特点。对各学科教学都有指导作用,每一位教育工作者都应理解这些理念的实质,并遵循这些理念来指导自己的教育教学工作。

(3) 有关教与学的理念。该理念是更为具体、更具可操作性的教育理念,对指导广大中小学教师开展日常教育教学活动,进行教育教学改革具有直接的指导意义。因为这些理念更具体,更有操作性。

这是一个从抽象到具体的过程,使人们既能从宏观上了解新的教育理念,又能在实际工作中实施这些新的理念。同时,这也表明教学理念和教育理念并不是一回事。相对于教育理念而言,教学理念是一个下位概念,教育理念包含教学理念,教学理念是处于最低层次的一些更为具体的、可操作的教育理念。无论哪一个层次的教育理念都毫无疑问地影响着教师的教育教学行为。

4.1.2 新课程改革的核心理念

"为了每一位学生的发展"是本轮新课程改革的核心理念,这一理念包含以下三层含义。

1. 课程要着眼于学生的发展(课程价值取向的定位问题)

新课程定位在人的发展上,具体地说就是为了每一位学生的发展。教育对经济和社会发展具有能动的促进作用,但这种作用的发挥是通过人来实现的,也就是通过教育培养人的发展来影响和促进经济发展和社会发展。全面关注学生发展是世界课程改革的趋势。各国的课程改革都把目标指向学生发展,指向以学生能力和个性发展为核心的发展。课程改革要培养学生的信息收集和整理的能力、发现问题和思考问题的能力、分析问题和解决问题的能力、终身学习和创新的能力以及生存和发展的能力,同时还要培养学生良好的个性品质。

2. 课程需面向每一位学生

基础教育是国民素质的奠基工程,课程目标所确定的都是21世纪我国公民的最基本素质。这是素质教育与应试教育的根本区别之一。新课程强调面向每位学生既是顺应了未来教育的发展趋势,也是国家对人才需求的必然趋势。作为基础教育,面临的任务既要瞄准知识经济的需要培养高素质尖端人才，又要为农业经济、工业经济培养合格的建设者。因此，在新课程实施中，必须面向全体学生，开发学生潜能，培养学生特长，使每一位学生都具备一技之长，使全体学生各自走上不同的成才之路，成长为不同层次、不同规格的有用人才。

3. 关注学生全面和谐的发展

学生是一个完整的人，不能把学生仅仅看成是知识的容器。素质教育所关心的是整个的人，而不只是作为产品的人，是富有创造性的生活，而不只是物质生产的生活。学生的发展不是某一方面的发展，而是全面、和谐的发展。1993年，联合国教科文组织在北京召开的"面向21世纪的教育"的国际研讨会就将"高境界的理想、信念与责任感、强烈的自主精神、坚强的意志和良好的环境适应能力、心理承受能力"列为21世纪人才规格的突出特征。可见，21世纪的人才应该是全面发展的人。"为了每一位学生的发展"在课程目标上的具体体现就是使学生发展成为一个"整体的人"。"整体的人"包括两层含义：人的完整性和生活的完整性。从本质上来说，人是一个致力于人格和谐发展的有机整体。人的完整性根植于生活的完整性。生活无非就是人与世界的交往，生活的完整性表明人与世界的其他构成——自然、社会亦是彼此交融的有机整体。如何使一个人成长为一个"整体的人"呢？"整体的人"的形成不是各学科知识简单相加的结果，也不是条分缕析的理性思维的还原。关注学生作为"整体的人"的发展既要谋求学生智力与人格的协调发展，又要追求个体、自然与社会的和谐发展。

新课程提出了指向核心素养的教学目标，关注学生正确的价值观念、必备品格和关键能力，实现了在促进人的发展目标上的融合。课程目标不只是使学生更富有知识，而且应该使他们更聪明、更高尚。新课程从学生与自我的关系（即具有健康的体魄和良好的心理素质，养成健康的审美情趣和生活方式等）、学生与他人及社会的关系（即具有社会责任感，努力为人民服务等）、学生与自然的关系（即具有初步的创新精神、实践能力、科学和人文素质以及环境意识等）等方面致力于人的自然性、社会性和自主性的和谐健康发展，以培养人格健全的人。当自然、社会与自我彼此交融，归属于学生整体的课程生活时，课程的意义得以澄清："学校课程的宗旨不在于促使我们成为学术科目的专家……学校课程的宗旨在于促使我们关注自己与他人，帮助我们在公共领域成为致力于建设民主社会的公民，在私人领域成为对他人负责的个体，运用智力、敏感与勇气思考与行动。"[①]

4.1.3 科学领域课程新理念

在新一轮的科学领域课程（包括化学）改革中，始终贯彻着"为了每一位学生的发展"这一核心理念，主要有以下三个方面的特点。

1. 强调课程要面向全体学生，立足学生发展

在以前的科学教育中，"双基"或者说掌握科学知识体系是主要的教学目标，课程是面向少数"精英"的，它并不关心科学课程对大部分将来不从事科学技术工作的学生会有什么帮助。而在当前课程改革中，十分强调科学领域课程对全体学生的作用和意义，科学课程要能为每个学生的终身发展所必需的核心素养的形成提供条件。新的科学课程十分强调课程的立足点不是系统的科学知识，而是要立足于学生的发展。立足学生的发展首先就要注意保护和促进学生学习科学的兴趣，除此之外，也要在此基础上培养学生学习与运用科学知识的习惯和能力，让学生在初步确立全面科学素养的基础上得以形成与时俱进的持久动力。

2. 突出科学探究，努力体现科学本质

在科学领域新课程中，科学探究占着极其重要的地位，"突出科学探究"成为编制科学课程标准

[①] W. F. Pinar, W. M. Reynolds, P. M. Taubmen. *Understanding Curriculum*[M]. New York: Peter Long Publishing, 1995: 848.

的基本理念之一。科学探究不仅被单独列入了与学科知识内容并列的目标,而且,在课程实施的建议(包括教学、教材编写、评价和课程资源建设等)中,科学探究也是被极其强调的一项重要内容。因为,在以培养科学素养为目标的科学教学中,教学目标除了书本知识的学习外,还包括科学方法与技能的训练,科学能力的培养,以及科学情感、态度与价值观的养成,而这些方面的变化学生是不可能通过简单的记忆、模仿和操练而达到的,它必须通过亲历某些科学探究活动,在参与的过程中去体验、感悟、最终内化,而且学生通过自主的科学探究活动,可以更好地理解科学过程和方法的整体性,从而使学生更好地理解科学的本质。科学的核心在于探究,而教育的目标在于促进人的发展,突出科学探究的过程正体现了科学的本质和教育的本质的结合。

3. 加强科学、技术与社会之间相互关系的教育

如今,科学、技术高度融合,逐渐形成一体的、有机的科学技术体系,科学技术也已经全面渗透到社会生活的各个方面,产生了多方面的影响,但在我国传统的科学教育中,科学、技术和社会关系的教育是一个薄弱环节。新课程提出要努力扭转这种状况,强调要在课程的各个方面都体现这三者之间的相互关系,让学生能在更为广阔和深刻的背景下理解科学的本质、意义、功用和局限,形成一种关注人、社会与自然之间关系的意识,培养学生的可持续发展观念。

 资料卡片

4-1 STSE 教育

STSE 是科学(Science)、技术(Technology)、社会(Society)、环境(Environment)四个英文单词首字母的缩写。STSE 的两个基本点就是突出科学技术在个人和社会中的应用以及科学、技术与社会之间的相互联系和相互作用。STSE 思想的精髓包括:可持续的发展观;人与自然、物质与精神和谐发展的价值观;整体论的科学观;科学技术素养的教育观。STSE 教育概括起来就是培养全体公民具有科学技术素养,即能够:① 理解基本科学技术术语和概念;② 了解科学的本质,理解科学研究的过程和方法;③ 能全面和正确地看待现代科学技术的正确效能和负面影响;④ 在日常生活中应用科学知识;⑤ 对事物有科学的态度以及对科学有兴趣,特别是要促进新一代公民全面发展。STSE 教育就是在 STSE 思想指导下,为培养了解科学技术及其后果、能积极参与科学技术有关的社会问题的决策、具有一定科学素养的公民而进行的一种教育。STSE 教育强调学生的参与、重视技术、强调科学技术的价值、注重科学、技术和社会的相互联系和相互作用。

在化学教学中,STSE 教育内容的呈现主要有以下三种形式。

(1) 与有关的化学知识相结合。这种形式是将 STSE 教育内容结合在相关的化学知识中,在进行相关化学知识教学的同时,来落实 STSE 教育内容。这种形式是目前落实 STSE 教育内容的基本形式和主要形式。例如,在元素、核素和同位素等知识教学中,引导学生讨论放射性元素、放射性同位素在能源、农业、医疗、考古等方面的作用;在金属性质的教学中,引导学生查阅废弃金属污染环境的资料,认识回收金属的重要性等。

(2) 设计专门的 STSE 教育内容专题。这种形式是将 STSE 教育内容单独设计成一章或一个单元,围绕某一专题较为系统地学习有关的 STSE 教育内容。例如,在初中化学教学中,专门设计"化学与生活"的单元或课题;在高中必修化学教学中,也专门设计"化学与可持续发展"的单元或课题。

(3) 设计专门的 STSE 教育内容课程。这种形式是将 STSE 教育内容单独设计成一门课程,围绕若干个相关的主题较为系统地学习有关 STSE 教育内容。

当前科学教育的改革和研究开始关注社会性科学议题(Socio-Scientific Issues,简称 SSI),被认为是对 STSE 教育的超越。社会性科学议题是与科学概念、原理、原则等直接相关的、复杂的且具有争议性的问题。各国科学教育研究者大力倡导在科学教育中实施 SSI 教学,让学生在社会文化情境中学习科学,从而构建起科学课堂教学与社会的联系。①

资料卡片

4-2 社会性科学议题

社会性科学议题(Socio-Scientific Issues,简称 SSI)与科学、技术、工程的高速发展密切相关,其科学性、社会性、争议性、不确定性等特征引起科学教育领域研究者的普遍关注。越来越多的国家和地区将 SSI 引入其科学课程标准,2017 年我国高中科学相关学科,如生物学、化学等学科也将 SSI 在核心素养、课程目标、课程内容和实施建议等位置列出,并将其作为培养学生科学思维和社会责任的重要载体和重要策略。

SSI 起源于西方,其本质含义为公共性或社交活动中需要做出决策的事情。"议题"代表了争议,SSI 的具体形成过程为:科学、技术、工程等研究在科学共同体中引发的争议,其中有被社会理解的,也有不被社会理解的。其中不被社会理解的,随着人们对科学理解程度的上升可以转变为被社会理解的内容,而当这些科学相关问题涉及社会中的运用时,则会引发不同利益群体的争议,如温室效应、碳达峰、碳中和等。SSI 教学就是基于 SSI 真实情境,选取与科学主题相关的 SSI,并围绕 SSI 展开的教学。学生参与课堂陈述、论证、探究、决策和评价信息来源等高阶实践活动,实现学生在情境中的主动学习。

〈邴杰,刘恩山.科学教育中实施社会性科学议题教学的策略研究[J].
教育科学研究,2021(1):67-72.〉

《普通高中化学课程标准(2017 年版 2020 年修订)》强调"结合学生已有的经验和将要经历的社会生活实际,引导学生关注人类面临的与化学有关的社会问题,培养学生的社会责任感、参与意识和决策能力"。因此社会性科学议题教学在近年的中学化学课堂也逐渐受到关注,其目的是让学生运用所学知识,寻求相关证据,参与讨论科技发展所带来与生活有关的争议性课题,培养科学态度与社会责任素养,提升理智参与社会决策的公民意识。表 4-1 展示了高中必修课可以基于 SSI 的微项目学习课题。②

表 4-1 必修课程部分可供选择的基于 SSI 的微项目学习课题

主 题	情境素材建议	基于 SSI 的微项目学习的内容
常见的无机物及其应用	1.金属资源的开发与利用 2.氮肥的生产与合理使用 3.食品中适量添加二氧化硫的作用(去色、杀菌、抗氧化) 4.含氯消毒剂及其合理使用 5.氯气、氨气等泄漏的处理 6.酸雨的成因与防治 7.汽车尾气的处理 8.硅酸盐工业的生产过程及对环境的危害	1.是否限制铁矿石的开发 2.是否应该停止使用氮肥 3.是否应该禁止使用食品添加剂 4.云南大理是否应该修建硫酸厂 5.是否应该禁止漂白剂的使用 6.汽车限行的合理性 7.广西贺州是否应继续大力开采花岗岩

---

① 邴杰,刘恩山.国际科学教育中科学教师 SSI 教学知识的研究进展与启示[J].天津师范大学学报(基础教育版),2021,22(3):33-39.
② 黄刚,许燕红.基于社会性科学议题的化学微项目学习——以"物质的性质与转化"单元复习为例[J].化学教育(中英文),2022,43(7):31-37.

随堂讨论

STSE教育内容通常都是一些跨学科、综合性主题,化学教学中常见的STSE教育主题主要有能源与资源、材料、健康、环境保护和工农业生产等。试举例说明。

从以上教学理念中,我们可以归纳出以下基本的化学教学理念。

(1) 以学生发展为本,重视从核心素养为导向的目标达成,全面提升学生的核心素养;

(2) 面向全体学生,为每一个学生提供平等的学习机会,以培养人为主旨,促进学生的个性发展,培养学生终身学习的愿望和能力;

(3) 使每一个学生以愉快的心情去学习生动有趣的化学,学生是学习的主体,教师是学习活动的组织者、引领者和亲密的伙伴;

(4) 把学习方式的转变放在重要的地位,倡导探究、自主、合作等多样化的学习方式,既重视学习结果,也重视学习过程;

(5) 关注学生的生活和知识经验,加强STSE教育,从生活走进化学,从化学走向社会,树立正确科学的化学观;

(6) 倡导以实验为主的多种探究活动,加强化学实验教学,激发学生学习化学的兴趣,在探究中体验,在体验中发展;

(7) 努力创设真实而有意义的学习情境,灵活运用多样化的教学方式和手段,优化化学课堂教学过程,提高化学课堂教学的有效性;

(8) 既要提高学生的智力品质,又重视提高学生的非智力品质,重视科学教育与人文教育的结合,体现化学课程的人文内涵;

(9) 倡导多样化、多元化的评价方式,强化评价的诊断与发展功能,过程评价与结果评价并重,促进教师和学生的发展,激励每一个学生走向成功;

(10) 加强对教学实践的反思,通过多种途径和形式提高自身的教学反思能力,促进教师的专业发展。

4.2 化学教学的理论基础

核心术语

- ◆ 人的发展理论 ◆ 辩证唯物主义认识论 ◆ 自然科学方法论 ◆ 认知结构教学论
- ◆ 认知同化教学论 ◆ 建构主义教学论 ◆ 人本主义教学论 ◆ 情境教学理论
- ◆ 最优化教学理论 ◆ 多元智能理论 ◆ 深度教学理论

从化学教学理论的发展来看,它是在人类教育实践活动中形成、发展起来的交叉理论体系,化学教学与其他多学科理论的交叉,不是简单的叠加,而是从内容和结构上的融合,产生了教学理论质的飞跃。

4.2.1 人的发展理论

教育的根本目的之一是促进人的身心发展,"为了每一位学生的发展"也是贯穿本轮新课程改革的核心理念。为了实现这一教育目的,必须了解人的发展规律,了解教育与学生发展的关系,并按照其客观规律来组织和实施教育教学活动。因此,人的发展理论是化学教学的重要理论基础之一。

青少年的发展主要包括身体的发展(机体、结构、形态及生理机能)和心理发展(知识、认识能力、心理特性及思想品德等)两个方面。青少年个体的发展是主体与周围环境相互作用的结果,使潜在的可能性转化为现实的结果,是通过主体的各种活动实现的。

影响人的发展的因素很多,主要有遗传、环境和教育,其中教育在人的发展中起着主导的作用,原因有三个方面:① 教育是一种有目的、有计划、有组织、系统培养人的活动,它根据一定社会发展的要求,根据青少年身心发展的规律,选择适当的教育内容,采用有效的教育方法,对人进行系统的教育和训练,保证了人的发展方向,从根本上消除了环境对人的影响的自发性和盲目性。② 教育是教师根据一定社会发展的要求,对青少年施加影响,促进他们获得全面发展的活动。在这里,教师的职责和工作特点保证了青少年发展的方向。③ 在人的一生中,青少年时期是最需要发展也是最适宜发展的时期,而具有可发展性、可塑性的青少年学生的成长和发展依赖于正确教育的引导,教育所起的作用是主导的。

苏联心理学家维果斯基(Vygotsky)的"最近发展区"理论认为,青少年具有两种发展水平:一种是已经达到的发展水平,即现有水平;另一种是儿童可能达到的发展水平,表现为"儿童还不能独立地完成任务,但在成人或他人的帮助下,在集体活动中,通过模仿,却能够完成这些任务"。这两种水平之间的距离,就是"最近发展区"。维果斯基的"最近发展区",主要是就智力而言,其实在学生心理发展的各个方面都存在着"最近发展区"。把握"最近发展区",能加速学生的发展。教师应该围绕"最近发展区"大作文章,通过各种方式让学生看到成功的希望,明确努力的目标,获得前进的动力,一步一步地发展自己,一点一滴地完善自己。

瑞士心理学家皮亚杰(J. Piaget)的认知发展理论认为,心理发展的本质就是个体通过同化和顺应日益复杂的环境而得到平衡的过程,面对一个新的刺激情境时,如果主体能够利用已有的认知结构将刺激整合到自己的认知结构中,这就是同化;如果主体不能利用原有模式接受或解释刺激,其认知结构将会由于刺激的影响而发生改变,这就是顺应。皮亚杰的认知发展理论的价值在于:按照个体思维方式实施知识教学;遵循个体认知发展顺序设计课程;针对个体差异实施个别化教学等。

4.2.2 辩证唯物主义认识论

辩证唯物主义认识论认为,人的认识是人脑这一特殊物质对客观事物的能动反映;这种能动作用表现为认识的两个飞跃,即由感性认识到理性认识的飞跃和由理性认识到实践的飞跃;认识的来源和基础是实践。人们在实践基础上所得到的关于外部世界的初级认识是感性认识,它包括感觉、知觉、表象等形式。感性认识是对外部世界的直接反映,是人们获得知识的第一步,属于认识的初级阶段。在获得感性认识的基础上,必须用理性思维对感性材料进行逻辑加工,即通过归纳和演绎、分析和综合,以概念(范畴)、判断、推理的形式,形成理论知识的体系,这就是理性认识。理性认识是对事物的抽象、概括的反映,也是对事物本质地、全面地反映,是认识的高级阶段。人们在获得理性认识以后,必须再回到实践中去,使之应用于实践,并接受实践的检验,实现认识过程的第二次飞跃。人的认识就是在实践的基础上由浅入深、由片面到全面、由低级到高级的无限发展的辩证过程。

化学教学过程,从本质上讲是一种认识过程。尽管它具有自身的特殊性,但从根本上说它总是受认识规律制约的。教学就其本质或主要内容而言,乃是教师把人类已知的科学真理,创造条件转化为学生的真知,同时引导学生把知识转化为能力的一种特殊形式的认识过程。①

4.2.3 自然科学方法论

1. 自然科学方法论是关于科学认识的一般过程和方法的理论

其内容非常丰富,包括广泛使用的观察、实验、模型、假设、归纳、演绎、分析、综合、类比、试错、系统等各种方法,以及它们的性质、特点、地位、作用、历史演变和相互关系。著名化学教育家陈耀亭教授曾指出:"以自然科学方法论为依据培养学生能力。"②化学是自然科学的重要组成部分,自然科学方法论在化学的历史和现实的研究中有着非常广泛的应用,特别是观察和实验、比较与分类、模型、假设等方法在化学教学过程中大有用武之地。一般地说,化学教学总是从学生已经获得的知识和经验出发,引导学生从观察具体物质和现象开始,先经过感性认识再到理性认识,进而通过实践活动去运用化学知识、解决认知矛盾,发展认识能力。在这个认识过程中,需要自然科学方法论的指导,让学生观察、实验;记录和处理数据;让学生科学地进行抽象,运用比较和分类、分析与综合、推理和判断等逻辑思维方法成功地得出结论,让他们运用假说、模型方法,等等。这在初中、高中化学新课程中都有相应的要求。比如在《义务教育化学课程标准(2022版)》中提出了"科学探究与实践"的核心素养,《普通高中化学课程标准(2017年版,2020年修订)》中提出"科学探究与创新意识"的学科核心素养,在必修的学业要求中指出"具有较强的问题意识,能提出化学探究问题,能作出预测和假设。能依据实验目的和假设,设计解决简单问题的实验方案,能对实验方案进行评价"等,其他部分也有相应的要求。

2. 化学科学的发展与自然科学研究方法的紧密联系

化学教师要了解各种自然科学研究方法,了解这些方法在化学科学建立、发展中的重要作用。在化学教学中结合化学学习有选择地给学生介绍化学发展史中的一些典型事例,给学生以科学方法的熏陶;认真落实课程标准对科学方法介绍和训练的要求;帮助学生掌握科学的观察方法和实验方法;加强教学中思维方法的熏陶和训练;帮助学生学会运用数学方法和模型化方法等。如化学中每一道习题都是一种模型的建立,很多习题都可用不同的方法去求解,求解过程中需不断地进行假设、分析、综合、类比,等等。对于学生来说,掌握这些方法,对其打好科学创造的基础、培养其科学的世界观与方法论意义重大。

4.2.4 现代教学理论

20世纪后半叶,各种教学理论蓬勃发展,其中有不少理论对各学科教学产生了较大的影响,这些理论对化学教学也具有指导作用。

(一) 杜威的实用主义教学论

在课程与教学领域,赫尔巴特主义(Herbartianism)是一种影响广泛的流派,被人称为"传统教育"的课程与教学理论,创始人是赫尔巴特,实践者和发展者是他的学生齐勒(J. Ziller)和赖因(W. Rein)。赫尔巴特及其弟子创造了经典的教学过程阶段论"五段教学法",由"预备""提示""联想""总括"和"应用"五个步骤顺序组成,长期风行于世界许多国家的学校教育理论和实践中,在我国影响也很广。

杜威(John Dewey)是美国著名的教育学家,实用主义教育思想的创始人,他坚决反对以赫尔巴特

---

① 胡克英.教学论若干问题浅议.教育学文集·数学(上册)[M].北京:人民教育出版社,1988.
② 陈耀亭.中学化学教学法[M].长春:吉林教育出版社,1984.

为代表的"传统教育",旗帜鲜明地高呼"儿童是太阳!"。杜威主张"教育即生活""教育即成长""教育即经验的不断改造""学校即社会",教学方法应根据"从做中学"的原则,以儿童的活动为中心;在教学内容上主张以儿童的亲身经验代替书本知识;在教学组织形式上,反对传统的课堂教学,认为班级授课制消极地对待儿童,机械地使儿童集合在一起,课程和教法划一;在师生关系中,反对以教师为中心。

杜威极力反对在课堂教学中采用填鸭式、灌输式教学,主张解放儿童的思维,以儿童为中心组织教学,发挥儿童学习主体的主观能动作用,提倡在"做中学"。"从做中学"就是要像儿童在现实生活中学习知识的方式学习。儿童虽然缺乏知识,但是他们在自己的生活中经常会遇到疑难问题,这时候他们就像科学家一样,高度关注面临的问题,调动一切积极性,去努力解决。在这个过程中,儿童增加了经验,理解了意义,获得了知识。在熟悉的环境里学习所学习的东西就能产生意义的理解,而不是像制度化的分门别类的课程那样与实际的生活经验相隔离,那样只是一些抽象意义的灌输,缺乏意义的理解。这里所谓的意义,并非指学科课程中知识本身的意义,而是指知识与儿童现实生活的活生生的联系,儿童自身对所学知识目的的理解和原发的兴趣与热诚。

"从做中学"要求学生通过"动手做",经历知识的发生过程,从而获得直接经验。"做"是指一切与学习有关的实践活动,或者说是各种实践性、操作性学习活动。开展"从做中学"活动,要加强观察、实验,让学生通过动手操作,亲身经历知识的发生过程;还要加强实习、练习、生产劳动、社会实践,让学生在这些活动中运用已掌握的知识去分析和解决实践中的问题。开展"从做中学",还包括学生在观察中思考,对探究结果的猜测(提出假说),为后续研究制订计划,考虑变量的选择和控制,对获得的数据进行整理、分析等处理,在与同伴的对话与交流中相互质疑和评价,反思自己的预设,考虑可能的其他解释,最终得出结论等。

杜威在他的教学实验中基本上完全尊重儿童自己的意愿,儿童想做什么就可以做什么,想怎么做就怎么做;教师基本上对学生采用放任自流的态度。虽然杜威的教学实验对教师在教学过程中的主导作用和系统地学习科学知识有所忽视(可能现在有的教师也会犯同样的错误),但杜威的教学思想和实验成果无论是在当时还是在现在都具有积极的启发意义。

(二)布鲁纳的认知结构教学论

美国教育心理学家布鲁纳以智力发展为主线来研究儿童认知过程,构建了认知结构教学论。他的关于"任何学科的基础都可以用某种形式教给任何年龄的任何人"(1960年)的假设曾经引起过人们广泛的兴趣。他主张要按照学科知识的基本结构把各学科的基本概念和基本原理及其内部规律传授给学生;教学过程要注意发展学生的认知能力,要依据儿童各年龄阶段的认知结构来进行;根据其年龄特点,以一定的方式尽早地把科学知识传授给儿童。布鲁纳提倡用发现法组织教学,让学生通过自己的努力探求知识,教师是教学中的主要辅导者。

在布鲁纳看来,学习者的学习过程不仅是主动地对进入感觉的事物进行选择、转换、储存和应用的过程,而且是主动学习、适应和改造环境的过程。因此,学习者应该充分发挥自己的主观能动性,亲自去发现、探索所学的知识和规律,使自己变成发现者。"发现不限于寻求人类尚未知晓的事物,确切地说,它包括用自己的头脑亲自获取知识的一切方法。"教学过程就是教师引导学生发现的过程。当然不是要求学生去发现人类尚未知晓的新知识,而是希望学生主动地去获取人类历史上所积累的认识成果。布鲁纳所说的发现,是将原发现过程从教学的角度加以编制,使其成为学生步步前进的学习途径。这种编制工作应达到三方面的要求:① 将发现所经历的漫长过程加以剪辑变成捷径;② 减少原发现过程的难度,变成对学生来说是重而可担的"适中问题";③ 减少原发现过程的迷途,变成少量岔路以供学生思考、选择。可以看出,利用发现法教学对教师的要求更高。当然,发现学习并不是万能的,发现学习所需的时间比接受学习所需的时间要更多,对于基础差、思维慢的学生来说,发现教学很可能造成更大的困难。

发现法从青少年好问、好奇、好动等心理特点出发,以发展探究性思维为目标,以学科的基本结构为内容,在教师的指导下,让学生自己去发现、探究、解决问题,像科学家发现真理一样,通过自己的探索和学习,发现事物变化的起因和内部联系,从中找出规律,形成概念。在这个过程中,能够体验发现知识的兴奋感和完成任务的胜任感,运用这种方法能充分发挥认识的能动性,重视内部动机的作用,发展对掌握知识的探求和创造精神,培养学生发现问题解决问题的能力。所以,在现代新课程改革的背景下,化学教学非常重视利用探究式教学、研究性学习、发现学习等方式提高学生的科学素养,培养学生的创新精神和实践能力。

(三)奥苏贝尔的认知同化教学论

美国认知心理学家奥苏贝尔提出认知同化论,其核心是:学生能否习得新信息主要取决于他们认知结构中已有的观念,也就是新旧知识能否达到意义的同化。他把人类的学习概括为"有意义学习和机械学习""接受学习和发现学习"。有意义学习是通过新信息与学生认知结构中已有观念的相互作用才得以发生的,这种相互作用的结果导致了新旧知识意义的同化。奥苏贝尔指出,无论是接受学习还是发现学习都有可能是机械的,也都可能是有意义的,这取决于学习发生的条件。

奥苏贝尔认为有意义学习必须以学习者原有的认知结构为基础。也就是说,新知识的学习必须以学习者头脑中原有的知识为基础,没有一定的知识基础的有意义学习是不存在的。因此,在有意义学习中必然存在着原有知识对当前知识的影响,即知识学习中的迁移是必然存在的。奥苏贝尔指出,实现有意义学习有两种不同的途径或方式:接受学习和发现学习。在接受学习和发现学习中,学生都要经历将教学内容内化的过程,即把新的教学内容结合到自己的认知结构中去。只不过前者的学习内容是教师以定论的形式传授给学生,而后者的学习需要学生自己去发现。但他并不主张所有的学习都用发现法而是认为,由于发现学习花费的时间太多,因此发现学习一般不适宜作为获取大量教材知识的主要手段。他说:"几千年累计起来的发现可以传授给每一个处于儿童期和青年期的新生一代,这种事实之所以可能,就是因为教师用于有意义地传授和解释某个观点的时间,比由学生自己去重新发现它要远远来得少。"又说:"有意义地获得知识本身并不一定要有发现的过程。典型地说来,只要把具体经验的帮助结合到讲授教学技术中,便可以弥补这些方面的不足,这是更有效的教与学。"①

奥苏贝尔的另一个很有价值的教学论思想是"先行组织者"。所谓"组织者"不是指人,而是指在有意义接受学习过程中呈现的一种引导性材料,它要比原学习任务本身有较高的抽象、概括和综合水平。所谓"先行",就是指这些引导性材料应该先于教学内容本身被介绍。按照奥苏贝尔的同化理论,如果学习者在新的学习中原有认知结构缺少与新材料建立适当联系的原有知识或类属概念,或者原有知识再现不清晰、可变性差,就必然导致新知识在认知结构中的混淆和不稳定。"先行组织者"的主要功能是在学习者能够有意义地接受学习新材料之前,在新、旧知识之间架设起"桥梁",使新知识与原有知识清晰地联系起来,为有意义接受学习新知识提供认知框架或固着点。奥苏贝尔认为,先行组织者有助于学生认识到:只有把新的学习内容的要素与已有认识结构中特别相关的部分联系起来,才能有意义地习得新的内容。

---

① 奥苏贝尔,施良方.促进课堂的意义言语学习[A].瞿葆奎主编.教学(上册).北京:人民教育出版社,1988:152-153.

案例研讨

运用奥苏贝尔的认知同化理论学习油脂的结构和性质

在学习油脂之前,先让学生回忆三个问题:
(1) 什么是高级脂肪酸?举出几种常见的高级脂肪酸的名称和结构简式。
(2) 写出甘油的结构简式。
(3) 酯的通式是什么(RCOOR')?酯类物质有哪些性质?

然后在学生原有知识的基础上引导学生学习油脂的结构和性质:油脂属于酯类,是高级脂肪酸的甘油酯,其结构式为

$$\begin{array}{c} O \\ \parallel \\ R_1-C-O-CH_2 \\ O \\ \parallel \\ R_2-C-O-CH \\ O \\ \parallel \\ R_3-C-O-CH_2 \end{array}$$

高级脂肪酸的甘油酯和酯一样可以在酸性或碱性条件下水解。碱性条件下水解后的产物高级脂肪酸盐是肥皂的主要成分。

奥苏贝尔教学设计的核心理论——影响学习的最重要的因素是学生已经知道的内容,这就为我们目前倡导的在教学过程中要尊重学生的个人经验提供了理论依据。

(四) 建构主义教学论

建构主义理论的主要代表人物有:皮亚杰、科恩伯格(O. Kernberg)、斯滕伯格(R. J. sternberg)、卡茨(D. Katz)、维果斯基等。建构主义理论的内容很丰富,但其核心只用一句话就可以概括:以学生为中心,强调学生对知识的主动探索、主动发现和对所学知识意义的主动建构(而不是像传统教学那样,只是把知识从教师头脑中传送到学生的笔记本上)。建构主义提倡在教师指导下的、以学习者为中心的学习,也就是说,既强调学习者的认知主体作用,又不忽视教师的指导作用,教师是意义建构的帮助者、促进者,而不是知识的传授者与灌输者。学生是信息加工的主体、是意义的主动建构者,而不是外部刺激的被动接受者和被灌输的对象。

学生要成为意义的主动建构者,就要求学生在学习过程中从以下几个方面发挥主体作用:① 要用探索法、发现法去建构知识的意义;② 在建构意义过程中要求学生主动去收集并分析有关的信息和资料,对所学习的问题要提出各种假设并努力加以验证;③ 要把当前学习内容所反映的事物尽量和自己已经知道的事物相联系,并对这种联系加以认真的思考。"联系"与"思考"是意义建构的关键。如果能把联系与思考的过程协作与学习中的协商过程(即交流、讨论的过程)结合起来,则学生建构意义的效率会更高、质量会更好。

教师要成为学生建构意义的帮助者,就要求教师在教学过程中从以下几个方面发挥指导作用:① 激发学生的学习兴趣,帮助学生形成学习动机;② 通过创设符合教学内容要求的情境和提示新旧知识之间联系的线索,帮助学生建构当前所学知识的意义;③ 为了使意义建构更有效,教师应在可能的条件下组织协作学习(开展讨论与交流),并对协作学习过程进行引导使之朝着有利于意义建构的方向发展。引导的方法包括:提出适当的问题以引起学生的思考和讨论;在讨论中设法把问题一步步引向深入以加深学生对所学内容的理解;要启发诱导学生自己去发现规律、自己去纠正和补充错误

的或片面的认识。

在整个教学过程中,强调以学生为中心,教师起组织者、指导者、帮助者和促进者的作用,利用情境、协作、会话等学习环境要素充分发挥学生的主动性、积极性和首创精神,最终达到使学生有效地实现对当前所学知识的意义建构的目的。

(五)罗杰斯的人本主义教学论

美国人本主义心理学家和教育学家罗杰斯(Carl Rogers)在1969年出版的专著《学习的自由》中系统地阐述其教育思想。罗杰斯对人本主义教育的影响是最直接和最重要的。

罗杰斯将他的"以人为中心"的思想移植到教学过程中,提出了"以学生为中心"的"非指导性"教学的理论与策略。

1."非指导性"教学法的特点

"非指导"不等于不指导,罗杰斯所提出的非指导可以说是指导的另一种或特殊形式。它强调指导的间接性、非命令性,以区别于传统教学中的那种直接告诉、简单命令、详细指示式的指导。罗杰斯始终强调教师的"非指导性"原则和学生的"自主参与性"原则,即学生做主人,教师是促进者(facilitator)。此教学法的特点为:① 无结构教学:课程大部分的进程缺乏连贯性和方向性。指导教师则聚精会神地、认真地倾听着每一个人的发言,他并不在乎学生发言切题或不切题。② 鼓励思考:学生间相互交谈,导师也参与进去。导师的作用应该比班里任何一个人都重要,但他却设法使自己与班级融为一体;学生组成的集体占了首要地位、成为中心,它取代导师成了活动的组织者。③ 接受的重要性:罗杰斯认为,如果一个人被人们接受,而且完完全全地被接受——不是对他评头论足,而是体贴和同情——这个人就能够面对自己,丢开戒备心理和产生正视自己的勇气。④ 一种新型的方法论:他从来不做总结性的发言。各种讨论到最后都悬而未决,课堂上提出的问题总是在流动变化之中。学生以真实的自我与他人进行交流,产生了亲密关系和热烈气氛,与一般课程上的那种非人格化的课程内容恰恰形成了对比。

2."非指导性"教学的基本原则

"非指导性"教学的基本原则是强调教师在教学中要有安全感,信任学生,同时感受到被学生信任。在满足此原则的基础上,强调过程的学习方式,教师要遵循以下原则:① 教师要以真诚、关怀和理解的态度对待学生的情感和兴趣,并为学生创造一种良好的学习氛围;② 学习的决策是师生共同参与完成,学生单独或协同制订学习方案,并对其后果分担责任;③ 学习班集体的着眼点放在促进学习过程的发展上,学习内容退居第二位;④ 课程安排是无结构的,主要从事自由讨论;⑤ 教师是一个非强制的知识资源,在学生问到时提供有价值的帮助,并鼓励学生把个人的知识和经验也纳入这种资源中,形成"滚雪球效应";⑥ 自律是学习达到目的的必备条件,学生必须把自律看作是自己的责任;⑦ 学习评估主要由学生自己做;⑧ 促使学习以一种更快的速度更加深刻地进行,并渗透到学生广泛的生活和行为中去。

从罗杰斯的教学论思想可以看出,在教学过程中,他强调情感因素和人际关系。"在'以学生为中心'的教学理论中大大突出了教学中的情感因素,形成了一种以知情协调活动为主线、将情感作为教学活动基本动力的教学模式。"[①]罗杰斯不仅强调情感因素和人际关系在教学中的积极作用,他还竭力呼吁应培养有充实丰富情感世界、精神世界的人,也就是知情合一的"完整的人"、有形成良好人际关系能力的人。

罗杰斯所倡导的"学",与以掌握事实性知识为主要目的的传统的学有本质区别。罗杰斯以学习

---

① 卡尔·R.罗杰斯.罗杰斯著作精粹[M].刘毅,钟华,译.北京:中国人民大学出版社,2006:54.

活动对于学习者是否有意义来区分两类不同的学习：一种是所谓认知学习，它只是脑力活动，没有个人感情的投入；另一类是意义学习，它是指一种使个体的行为态度、个性以及在未来选择行为方针时发生巨大变化的学习，这不仅增长知识而且是一种与每个人各部分经验都融合在一起的学习。他指出：纯粹吸收事实的学习，对于现实意义不大，对于未来意义更小；而学会如何学习，无论对现在还是未来都永远有价值。罗杰斯认为，教育的唯一目的就是促进意义学习。强调意义学习不取决于教师的学识、讲解、教学技巧、课程计划和教辅手段；正好相反，教师应该避免确定的教学计划，避免规定阅读材料，而且除非学生要求，否则教师不应该用考试手段来评价学生的学习，因为这些做法都与意义学习相悖。

罗杰斯认为意义学习的核心是学生直接参与学习过程，参与学习目的、学习内容、学习结果评价的决策。学生要有根据自己的兴趣和需要选择学习的自由。同时，意义学习还必须让学生体验到学习对于他们个人的意义。罗杰斯批判传统教育不让学生接触现实生活中真正有意义的问题，不让他们承担责任。他指出："让年轻人从小学会思考复杂的问题，认识到任何一个问题都有正反两面和学会选择自己的立场，是绝对必要的……学会解决复杂的社会和科学问题是教育的根本目的。"[①]罗杰斯认为现实意义学习的关键是营造有利于学习的气氛。既然学生都具有内在的学习动力，他们所需要的是不受压抑，能让他们的好奇心和创造性得以自由舒展的土壤、阳光和空气。这些条件一旦具备，那颗求知的种子就会自主地发芽生长，而教师的主要作用就是营造这种促进学习的气氛。教师不是专家，不是知识的传授者，而是"学习的促进者"。教师创造有利于学习的气氛的关键是学习过程中的人际关系，尤其是教师对待学生的态度。这种态度的基础是对学生的信任，即信任学生不仅有学习的内在动力而且有自主学习的能力。

（六）情境教学理论

情境教学理论出现于 20 世纪 80 年代以后，这种理论认为：知识是具有情境性的，知识是活动、背景和文化产品的一部分，并在活动中、在其丰富的情境中，不断被运用发展的。李吉林情境教育理论也对我国课堂教学产生了一定的影响。他主张以"情"为纽带，以"思"为核心，以"儿童活动"为途径，以"美"为境界，以"周围世界"为源泉的教学思想。

新课程中，我们倡导情境教学的意义在于：

（1）促进迁移。情境认知能意识到思维中的疑难困境及产生背景，并能揭示真实的生活情境在学习中的内在意义。而传统学习中学生对于脱离情境的知识的理解也仅仅限于字面上，只懂得用它解决课堂上或是试卷中的问题。

（2）真实的学习。传统学习中人为的、简化的"情境"是为固定的认知路径而设计的。这一路径是课程编制者与教师预设的，而且常常被认为是天经地义的、有效的、有序的和科学的。

（3）主体性的建构。置身情境中的学生很容易产生探究的愿望、解决问题的热情与责任感，这些学习的动力资源促使学生主动寻找、确证、评价甚至开发信息要素，自主建构认知的路径，这种路径是个性化、独特的。情境教学中，学生作为一个有独立意识的主体置身其中，为问题的解决设计方案，寻找有意义的信息，并对信息进行分析、筛选与组织，指向问题的解决。这一系统应是一个开放的系统，个体的意义建构与情境中的信息不断反馈、交流，问题解决的工具、信息要素、方式、思维路径等也都是个性化的。

因此，情境教学中应有几个关键点：学习者寻找、筛选信息要素，学习者自己提取已有的知识；学习者自己建构解决问题的策略。

[①] 卡尔·R.罗杰斯.罗杰斯著作精粹[M].刘毅,钟华,译.北京:中国人民大学出版社,2006:54.

(七) 巴班斯基的最优化教学理论

巴班斯基(Babansky)，是苏联很有影响的教育家、教学论专家。他提出的教学过程最优化思想，形成了独树一帜的教育学派。巴班斯基把辩证的系统论观点作为教学论研究的方法论基础，以整体性观点、相互联系观点、动态观点、综合观点、最优化观点等指导教学论研究，提出了教学过程最优化理论。这就是说，巴班斯基的理论把构成教学过程的所有成分、师生活动的一切内外部条件，看成是相互联系的，在相互联系中考查所有教学任务和完成这些任务所可能采用的形式和方法。因此，教学过程最优化不是一种特殊的教学方法或教学手段，而是科学地指导教学、合理地组织教学过程的方法论原则；是在全面考虑教学规律、教学原则、教学任务、现代教学的形式和方法、教学系统的特征以及内外部条件的基础上，教师对教学过程作出的一种目的性非常明确的安排，是教师有意识地、有科学根据地选择一种最适合于某一具体条件的课堂教学的模式和整个教学过程的模式，组织对教学过程的控制，以保证教学过程在规定的时间内发挥从一定标准看来是最优的作用，获得可能的最大效果。这个效果反映在学生身上，就是使他们获得最合理的教育和发展。

在巴班斯基的最优化理论中，"最优的"一词具有特定的内涵，它不等于"理想的"，也不同于"最好的"。"最优的"是指一所学校、一个班级在具体条件制约下所能取得的最大成果，也是指学生和教师在一定场合下所具有的全部可能性。最优化是相对一定条件而言的，在这些条件下是最优的，在另一些条件下未必是最优。巴班斯基的最优化理论充分体现了辩证法的灵魂——对具体事物进行具体分析。

具体来讲，教学最优化的要求主要包括：① 教师在一定的物质条件下，耗费更少的时间取得更好的教学效果；② 精选教学内容，达到内容最优化；③ 组织教学是要把学生分班、组、个人并将其有机结合起来实行教学形式最优化；④ 教学原则和教学方法不是一成不变的，要根据特定的时间、特定的内容，遵循最优化的教学原则，选择最优化的教学方法。

(八) 加德纳的多元智能理论

1. 多元智能理论的特点与内容

美国教育心理学家加德纳(Gardner)通过对人类认知能力的发展进行深入研究，对智能提出了新的定义：在实际生活中解决所面临的实际问题的能力；提出并解决问题的能力；对自己所属文化提供有价值的创造和服务的能力。

同时，他认为人的智能是多元的。1983年，加德纳在《心智的结构》这本书中，第一次明确地提出了"多元智能"的概念。加德纳认为，智能应该是一组能力而不应是一种能力，而且这组能力中的各种能力不是以整合的形式存在，个体身上相对独立存在着的、与特定的认知领域或知识范畴相联系的7种智能构成了多元智能的基本结构。到1999年增加至9种智能，这些智能包括：言语——语言智能、逻辑——数理智能、视觉——空间智能、音乐——节奏智能、身体——运动智能、人际交往智能、自我内省智能、自然观察者智能和存在智能。

2. 多元智能理论在化学教育中的应用

多元智能理论自20世纪80年代在美国兴起以来，已为越来越多的人所接纳，对美国和许多西方国家的教育改革产生了广泛而深远的影响。在我国提倡素质教育的今天，多元智能理论作为素质教育理论必要而有益的补充，使我们以新的视角重新审视过往的教育思维和教学策略，为推进我国教育改革向更好的方向发展提供了新的启示。表4-2中指出了多元智能理论在化学学习活动中的具体应用。

表 4-2 多元智能理论在化学学习活动中的应用

智能的形式	学习活动或策略
言语：语言智能	化学概念、原理、化学用语的掌握和运用；有效地描述化学反应的现象和过程；阅读；写作；网络检索；新闻报道；元素的发现、科学家小传等相关主题的小说故事
逻辑：数理智能	化学计算，物质的鉴别与推断；使用类比、对比、因果和逻辑等关系；与环境相关的主题探究（如水资源短缺等）；使用多媒体软件来调查大气污染等
视觉：空间智能	根据经历或观察的事物及现象画出图或图表；制作模型（原子、分子、晶体结构、有机物的空间结构等）；化学反应的变化（颜色变化、气体放出、沉淀生成）；将信息以概念图、思维图、图表、表格、图片等加以提炼和呈现；设计和使用录像、幻灯片、多媒体
身体：运动智能	访谈，计划，动手探究，野外考察；模仿，实验仪器的组装及操作；借助于舞蹈或角色扮演来阐述污染对环境的影响等
音乐：节奏智能	创作化学歌诀（口诀、顺口溜等）、多媒体的使用、对声音的敏感力（氢气爆鸣实验）、元素在周期表排列的周期性、原子核外电子排布的规律、聚合物中结构单元重复出现的现象、化学实验中的声、光、电（能量）现象、仪器组装的顺序、实验过程及时间的控制等
人际交往智能	参与小组讨论，小组合作，小组游戏，社团活动
自我内省智能	元认知能力、自我反思和自我评价或日志写作，独立学习，自定教学进程和个性化的学习方案
自然观察者智能	观察并记录实验现象；对化学变化中能量变化的观察与感受；对晶体空间构型的观察与理解。根据自然环境及来源对目标、事物和现象进行分类（如对一组给定的物质，根据单质化合物和混合物进行分类）

随堂讨论

在现代化学新课程教学中，如何应用上述多元智能理论，使每个学生都能获得发展？

（九）深度教学理论

深度教学是让学生深度参与教学过程且深刻把握学习内容的教学。[1] 其中，"深度参与教学过程"的目的是实现学生与学习内容的充分互动，是深度教学的过程性特征；"深刻把握学习内容"是指要实现学习内容与学生经验体系的充分融合，是深度教学的结果性特征。对"深度参与"而言，仅靠记忆、理解等是不够的，还需要操作、体验、批判、反思等学习活动；对于"深刻把握"而言，仅记住知识的符号、含义是不够的，还必须把握知识背后的价值、逻辑、方法以及运用知识进行创造。"深度教学，并不追求教学内容的深度和难度，不是指教学内容越深越好，而是相对于知识的内在构成要素而言，知识教学不停留在符号层面，丰富教学的层次，实现知识教学的丰富价值。"[2]与此对应，那种直接进行知识结论授受的教学属于"浅层教学"。有研究者指出，"发展学生的核心素养和关键能力，是全面深化课程改革落实立德树人根本任务的现实要求"，然而，这需要"提升课堂教学的发展性品质"，因此

---

[1] 罗祖兵.深度教学："核心素养"时代教学变革的方向[J].课程·教材·教法,2017,37(4)：20-26.
[2] 郭元祥.知识的性质、结构与深度教学[J].课程·教材·教法,2009,29(11)：17-23.

"实施深度教学是课堂教学改革的根本基础和方向"。[①] 另有研究者更明确地指出,"学科素养的培育在很大程度上需要通过深度学习来实现"。[②] 深度教学涉及学生在教学过程中的投入程度、认知状态、情感状态和思维层次等问题。

切实体现教学的过程价值,丰富学生的课程履历和学习过程,引导学生深度学习,其核心策略是过程策略。具体而言主要包括三个方面。

(1) 理解性教学策略。理解是教学的根本基础,为理解而教是教学的基本出发点。知识作为学生学习和理解的基本内容,不能停留在对符号本身的占有和理解上,而应该通过具体知识的学习,理解具体知识所表征的特定事物和事务的本质及其规律、价值及其意义、思想及其方法、情感及其态度,引导通过知识理解学生建立起学生与外部世界的内在联系。

(2) 问题导向教学策略。体验和探究是学生知识学习的必经过程,是学生学科能力发展的根本途径。以问题为导向,引导学生体验和探究具体知识所隐含的思想与方法,以及问题解决的核心策略,是发展学生学科能力的基本要求,也是丰富学生学科经验和课程履历的根本要求。

(3) 回应性教学策略。从对象化教学转向到自我感教学,从知识处理转到对学生的关注,回应是最根本的策略。回应是指基于理解性教学,将知识处理的结果与学生的现实状态建立起必然的联系,引起学生的反思、觉醒与感悟。回应的基本方式包括自然或社会背景的回应、学生生活经验的回应、文化精神与思想的回应。[③]

4.3 现代化学教学原则

核心术语

- ◆ 教学原则
- ◆ 现代化学教学原则
- ◆ 教学原则体系
- ◆ 一般教学原则
- ◆ 化学教学原则的多层次体系

将长期的教学实践经验进行总结概括,反复提炼,形成一些原则性的意见,并通过教学实践进一步修正、完善,有助于逼近和发现教学规律。研究化学教学原则,必须兼顾普遍性和特殊性。

4.3.1 教学原则概述

教学原则是反映人们对教学活动本质特点和内在规律性的认识,是指导教学工作有效进行的指导性原理和行为准则。教学原则贯穿于教学活动的整个过程,对教学中的各项活动起着指导和制约的作用。教学原则在教学活动中的正确和灵活运用,对提高教学质量和教学效率发挥着一种重要的保障性作用。教学原则是有效进行教学必须遵循的基本要求,它既指导教师的教,也指导学生的学,应贯彻于教学过程的各个方面。

人类在长期从事教学实践的活动中,不断探索出一些成功的经验或失败的教训,对于这些经验或教训反复认识,不断深化,由感性认识上升为理性认识,经过概括抽象,即对教学规律有所认识,从而制订出教学原则。

在我国数千年的历史长河中,自出现有组织的教学形式后,就产生了一批有影响的教育家,他们

[①] 郭元祥.知识的性质、结构与深度教学[J].课程·教材·教法,2009,29(11):17-23.
[②] 康淑敏.基于学科素养培育的深度学习研究[J].教育研究,2016,37(7):111-118.
[③] 郭元祥.课堂教学改革的基础与方向——兼论深度教学[J].教育研究与实验,2015(6):1-6.

根据自己的实践经验,对教学提出过某些原则性的意见,其中有不少后来被证实合乎人类的认识规律,渐渐形成了古代的教学原则。例如,孔子曾提出过启发诱导、有教无类、学思结合、温故知新、因材施教等教学原则。写于战国末期的《学记》是具有重要价值的一部教育学著作,其中关于教学原则的论述甚多,如教学相长、道而弗牵、强而弗抑、开而弗达,等等。这些教学原则思想当时还停留在感性认识阶段,并未形成体系,但这些经验效用明显,直至今日仍有继承的价值。

欧洲教育史上出现过许多有影响的教育家,各种教育学说也应运而生,为教学原则的发展创造了条件。特别值得一提的是17世纪捷克教育家夸美纽斯(Jan Amos Komenský),他在其名著《大教学论》中第一次系统地论述了教学原则,他以适应自然为出发点,提出大小原则共37条,其中有直观性、自觉性、系统性、彻底性、巩固性等原则。18世纪瑞士教育家裴斯泰洛齐(J. H. Pestalozzi)提出直观性、系统性、顺序性、渐进性、巩固性、因材施教等原则。19世纪德国教育家第斯多惠(F. A. W. Diesderweg)提出的教学原则有持续性、坚实性、直观性、启发性、自动性、巩固性、量力性、教育性等33条。

20世纪四五十年代,苏联教育家凯洛夫在其主编的《教育学》一书中提出了7项教学原则,包括:① 在掌握知识过程中学生的自觉性和积极性原则;② 教学的直观性原则;③ 教学的理论与实际相结合原则;④ 教学的系统性和连贯性原则;⑤ 掌握知识的巩固性原则;⑥ 教学的可接受性原则;⑦ 班级教学中对学生进行个别指导的原则。凯洛夫的教学原则体系虽在很大程度上继承了夸美纽斯的学说,重视传授知识而对积极培养学生的智能和发挥学生的主动性方面有所忽视,其内容的全面性上也有不足,但他对教学原则系统化所作的贡献功不可没,特别是对苏联、中国和东欧一些国家产生过很大影响。

赞可夫提出的以高难度进行教学、以高速度进行教学、理论知识起主导作用、使学生理解学习过程以及使全班学生(包括最差的学生)都得到一般发展的教学原则体系中,五条教学原则是相互联系,相互制约地起作用的。它们有共同的宗旨,即充分调动学生的精神力量,使学生产生对学习的内在动机,不断地以新知识丰富学生的智慧,最终实现促进学生一般发展的目标。

美国心理学家布鲁纳提出了"动机、结构、程序、强化"的教学原则体系,等等。

我国当代化学学者在继承中外传统教学原则的基础上,借鉴一般教学原则,吸取现代教学先进理念,也提出了一系列的化学教学原则:

刘知新主编的《化学教学论》(1990年)书中提到的化学教学的一般原则,包括:① "教为主导"和"学为主体"统一;② 实验引导和启迪思维统一;③ 知识结构和认知结构统一;④ 掌握"双基"和发展智能统一。

沈鸿博主编的《中学化学教材教法》(1990年)书中针对初中化学教学,提出至少应予贯彻的8条原则,包括:① 传授知识与思想教育相结合;② 化学原理与化学实践相结合;③ 直观形象与抽象概括相结合;④ 量力性与科学性协调一致;⑤ 掌握双基与培养能力相结合;⑥ 智力因素与非智力因素协调发展;⑦ 教师的主导作用和学生的主动性相结合;⑧ 统一要求与因材施教相结合。

杨先昌等人编写的《化学教育学》(1992年)书中提出5项化学教育原则:① 全面发展原则;② 教为主导、学为主体原则;③ 量力性原则;④ 理论联系实际原则;⑤ 教学艺术性原则。

范杰主编的《化学教育学》(1992年)书中列出7项原则,包括:① 传授知识和思想教育相结合;② 科学性与量力性相结合;③ 理论与实践相结合;④ 形象直观与抽象概括相结合;⑤ 重视"双基"与培养能力相结合;⑥ 教师的主导作用与学生的主体作用相结合;⑦ 统一要求与因材施教相结合。

认真总结我国古代先进的教育思想,汲取国外现代教学理论的精华,在《中国大百科全书·教育卷》(1985年)中,提出了9条教学原则,载入教育史册:① 科学性与思想性统一的原则;② 理论联系实际的原则;③教师主导作用与学生主动性相结合的原则;④传授知识与发展智力统一的原则;⑤系统性原则;⑥直观性原则;⑦巩固性原则;⑧量力而行原则;⑨统一要求与因材施教相结合的原则。

4.3.2 现代化学教学原则

从以上的分析可以看出,在不同的历史时期、不同的国家、不同的学者对教学原则都有不同的表述,但经过几十年的发展和充实,已基本体系化,内容和形式均趋于稳定。本节借鉴国内外化学教学原则的最新成果,提出以下六条学科层次的现代化学教学原则:

(一)实验引导与启迪思维相结合原则

实验引导与启迪思维相结合原则,指的是教师必须组织和运用好各种化学实验,充分发挥实验在培养学生高阶思维能力过程中的独特作用。

这一教学原则最能体现、突出化学学科特点。化学是一门以实验为基础的科学,化学教学离不开化学实验。化学实验能够创设生动活泼的化学教学情景,能够激发学生的化学学习兴趣,具有动机功能。作为科学探究主要表现形式的实验探究,对于转变学生的学习方式,发展他们的科学探究能力,具有其他教学形式和手段所不可代替的作用;同时,化学实验还是落实化学教学中"科学探究""科学态度"目标的重要手段之一。"以实验为基础"中的实验包括以下四个方面的内容:实验探究活动(以做实验为主)、实验方法论、实验事实和实验史实。因此"以实验为基础"并不只限于做实验、做好实验,而运用实验方法论、实验事实和实验史实都体现了以实验为基础的化学教学特征。

这里讲的"实验引导",指的是在学生做实验、观察演示实验和投影实验、观看实验挂图和听教师讲述实验事实和实验史料的过程中,为学生提供具体可信的事实,活跃学生的思维。"启迪思维"往往与"实验引导"同步进行,教师首要要教会学生如何进行观察,中学生往往对那些感觉新奇、刺激强烈的化学现象兴趣浓厚,容易忽略实质性的内容。此时教师应提醒学生重点观察什么,怎样观察等,将学生的注意力引向深入。同时,抓住实验中出现的典型现象适时穿插一些启发性的问题,促使学生积极思考。

案例研讨

化学实验中的问题设计

"当沿烧杯壁倾倒二氧化碳时,为什么烧杯内的阶梯形支架上的蜡烛自下而上熄灭?"(启迪学生想到二氧化碳既不能燃烧也不助燃的性质及其密度比空气大的事实);"当少量金属钠投入盛有水的烧杯中,钠为什么不下沉,反而浮在水面上激烈反应并熔成小球?"(启迪学生联系钠的物理性质推断化学反应);"硝酸铅固体加热分解得到的混合气体中氧气仅占20%,但为何带火星的木条伸入试管内即可复燃?"(启迪学生想到另一种气体二氧化氮也能使木条复燃)。

又如,在进行乙醇制乙烯的实验时可提出以下问题:① 浓硫酸在反应中起什么作用?温度计的水银球应伸到什么位置?② 为什么温度要迅速上升到170℃?③ 加入碎瓷片的目的是什么?④ 烧瓶中的液体为什么会变黑?⑤ 释放出的乙烯气体中可能含有什么气体杂质?如何检验确含有这些杂质?这些问题都有助于启迪学生的思维。

在引导学生进行实验探究时,无论在实验的准备阶段(确定实验课题、设计实验方案),还是在实验的实施阶段(实验条件的控制、实验观察、实验记录)和实验的结果处理阶段(运用化学用语、表格或线图等方式),都要适时地对学生进行思维的启迪,培养学生的高阶思维能力。

资料卡片

4-3 高阶思维

目前对于高阶思维有多种解读,其中基于认知主义理论理解高阶思维较为常见。对思维进行低阶和高阶的区分最早由美国认知心理学家布鲁姆(B. Bloom)提出。在布鲁姆的教育目标分类中,低阶思维指的是知识的简单记忆和复述,而高阶思维则指向为达到某个目标而对知识进行组织或者重组的心理过程。除知识(knowledge)外,布鲁姆还提出了五种不同类型的思维模式:领会(comprehension)、应用(application)、分析(analysis)、综合(synthesis)和评价(evaluation)。在布鲁姆的分类中,"分析""综合""评价"属于高阶思维,因为这三种能力是在领会材料内容的基础上对知识进行分解、整合或是判断的过程,都包含了知识的重新组织。安德森(Anderson)等人在2001年修订了布鲁姆的教育目标分类,将"知识"和"能力"这两个维度进行了区分,并将原版中描述认知能力的名词修改为动词,以突出思维包含着"行动"这一内涵。新的教育目标分类包含了记忆(remember)、理解(understand)、应用(apply)、分析(analyze)、评价(evaluate)和创造(create)六个类别,指出高阶思维与"分析""评价""创造"所代表的认知能力密切相关。

在建构主义理论视角下也形成了对高阶思维的理解。第一种观点认为高阶思维是批判性思维,是一种人们在需要评估信息或作出判断时经历或者进行的合乎逻辑的反思性思考。第二种观点认为当人们在解决新问题或学习新领域时会进行高阶思维,即问题解决。第三种观点认为高阶思维是创造性思维。创造性思维的核心是打破原有的认知模式(既定的规则和程序),将已有的知识整合到新的情境中,从而在知识领域内跨越多个不同的知识领域形成新的想法,为已经存在的事物开发新的属性和可能性,或者发现和想象完全新颖的事物。与批判性思维和问题解决相比,创造性思维同样包含了知识重组这一高阶思维的核心特征,但是不同之处在于创造性思维所指向的目标,即形成一个具有原创性、独特性的规律或者产品。

〔马淑风,杨向东. 什么才是高阶思维?——以"新旧知识关系建立"为核心的高阶思维概念框架[J]. 华东师范大学学报(教育科学版),2022,40(11):58-68.〕

化学高阶思维结构要素包括化学实验思维、化学模型思维、化学微观思维、化学守恒思维、化学创新思维、思维的自我调节和自我效能感7种,既包含智力因素,又包含非智力因素,是在一般性高阶思维结构的基础上对化学学科特征的呈现。

总之,在教学过程中教师坚持实验引导与启迪思维相结合,从观察物质的性质和变化的宏观现象入手,引导学生进行分析、综合、判断、比较等思维活动,在帮助学生掌握物质的本质和规律、促进科学思维能力、提高科学素养等方面都起着非常重要的作用。

(二)归纳共性与分析特性相结合原则

归纳共性与分析特性相结合原则,指的是教师既要运用归纳的方法,研究不同物质之间共性的化学规律,又要不断揭示物质的特性,寻求反例的知识,从而使学生掌握系统、完备的化学科学体系。

在化学教学中,归纳是"串联"事实性知识的非常有效的策略:抓住几个具有相似结构特征的物质,逐一分析它们的性质,从中找出这类物质的共性。如从盐酸、硫酸两种酸的性质入手获得酸的通性,从乙醛的组成和特性反应中概括出醛类有机物的通式、通性、命名和同分异构现象。通过研究典型、归纳共性,使得无数复杂、离散的化学知识变得简单、有序。但是,隐藏在共性背后的特性既是教学的难点,也是学生常见的学习障碍,因而不可轻视之。

案例研讨

> **化学教学中的共性与特性**
>
> 学习硫酸性质除掌握酸的通性外,必须研究浓硫酸的氧化性、脱水性和吸水性三大特性;甲酸虽具有羧酸的通性,但是由于其结构的特殊性(含有醛基),使其性质也和羧酸(具有还原性——可以发生银镜反应以及和新制的氢氧化铜反应等)不同;根据氯气的性质归纳出卤素的通性,但是卤素的一些通性不能兼顾氟,必须强调氟单质及化合物的特性;元素的氧化性一般随化合价的升高而增强,但氯的含氧酸的变化规律却反之。总之,在化学教学中处理好共性与特性的关系是至关重要的。

(三)形式训练与情境思维相结合原则

形式训练与情境思维相结合原则,指的是教师必须处理好重视运用解题模式与培养学生思维变通性的关系,既要通过一系列的形式化训练使学生形成扎实的解题基本功,又要学会根据不断变化的情境和信息灵活思维。

形式训练,离不开按"套路"讲例题的传统方式,在基础阶段尤其不可缺少,有助于培养学生扎实的解题基本功。例如化学计算种类繁多,但在初中时教给学生的"列已知、设未知、找关系、解方程"的基本格式有相当广泛的适用性,有助于强化解题的规范性和思维的有序性。又如,对一些复杂的化学问题,借助"差量法""守恒法""平均值法"等程式化的技巧予以简化,能提高解题的速度。但是,平时教学如一味追求"程序"或"技巧",不免使学生的思维形成定势而"钝化"。"情境思维"是针对形式训练的不足而提出来的,所谓"情境"实质上是与问题"牵扯"在一起的种种背景信息。当问题情境涉及的知识或方法在中学化学教材中没有明确的"落点"时,有的甚至是最新的化学发现或实验现象的原始记载,隐含的化学规律往往需要学生通过"现场自学"的方式去提炼,学生将无法从平时的形式化训练所积累的经验中找到解题的"支撑点"。因此,要求教师创设灵活、开放的化学问题情境,善于提出一些非常规的化学问题,启发学生积极思考,求新立异,促使学生学会情境思维,较少地依赖熟悉的解题模式而通过阅读、组合、类比、联想等方式加工信息,在解决问题的过程中最大限度地发挥学生的智能优势。使学生既有扎实基本功,又有体现创造力的思维机智。

(四)年龄特征与化学语言相适应原则

年龄特征与化学语言相适应原则,指的是要求教师根据学生的年龄特点传授化学语言,使学生逐步学会运用化学语言描述化学现象,概括化学规律,体现化学思想。

化学语言的形成,是化学有别于其他学科的又一特征,它既是交流化学信息的载体,又是化学教学内容的重要组成部分。化学发展至今,一套丰富多彩、形象直观、言简意赅并在世界范围内通用的化学语言系统已基本形成,这是有别于其他学科的又一特点。

化学语言通常包括符号语言和文字语言两种。前者可分为实例符号(元素符号、化学式、反应式等)、状态符号(如l、g、s三态等)、结构符号(结构式、构象式、空间构型等)、条件符号(化学反应的具体条件,如Δ、hν等)、效应符号(放热、沉淀生成符号等);后者指各种化学物质、化学状态、化学反应、化学过程、化学操作、化学仪器等具体概念的名称、定义和原理的文字叙述。

在中学阶段,学生如不能很好地掌握基本的化学语言,将直接影响他们对教材内容的理解。因此,从简单到复杂、由表及里的方式逐步引入化学语言以适应学生的年龄特征和认知结构,是十分必要的。在初中阶段,多用生动、具体、浅显的自然语言和比喻、列举等通俗形式说明化学概念,帮助学生理解化学术语;先学会用文字表述化学反应,再逐渐过渡到符号组合。到高年级,化学概念、原理的叙述趋于简约、概括,教学的要求也随之提高,如用电子式表示化合物的形成过程,用离子方程式表示一类反应,用热化学方程式表示化学反应中的热效应,用单线桥或双线桥法表示氧化-还原反应中电子转移或电子得失的方向及数目,用电极反应表示电池和电解池的工作原理,等等。总之,在化学教学中,必须根据学生的年龄特点有计划地运用化学语言体现化学思想,教师在处理教学内容时必须从整体上把握好尺度。随着年龄的增长,采用简约的化学语言概括化学过程将逐步成为化学学习的重要技能。

(五) 科学精神与人文精神相结合原则

科学精神与人文精神相结合原则是指,在教学生掌握科学知识的同时还要教学生正确对待科学,即着重培养学生用科学的态度来对待人生,完善心智,理解人生的意义与目的,找到正确的生活方式。这不仅关系到一个地区甚至一个国家国计民生的问题,而且也关系到整个人类与自然界共存的问题。为此,科学精神与人文精神的结合是科学教育中课堂教学的根本性原则。时代发展到今天,我们的人才观也由过去单纯的"科技型"向"科学素质与人文素质整合型"转变。人才不能只是掌握宽厚的知识,还应该具有人文素质,即:健全人格、优秀品质、高尚情操、美好心灵。

《普通高中化学课标准(2017年版 2020年修订)》中指出教材编写要体现人文性,增强文化自信,要体现科学与人文的融合。21世纪各学科教学的最重要目的之一是培养学生良好的人文素质和科学素养。人文素质教育最根本的目的是教会学生怎样做人。以前我们的教学过分偏重知识的传授,忽略了知识其固有的人文内涵,最终导致了学生人文素养的缺失,其结果直接影响了学生思维的深度与广度,以及对问题的洞察力和对事物发展前瞻能力的形成,而这些能力都是创造能力的重要内涵。

新教材非常注重化学知识与科学精神与人文精神的渗透与融合。例如,新人教版必修教科书中第二章"海水中的重要元素——钠与氯"与第三章"铁、金属材料"所涉及的单质和化合物与社会、生活、健康、环境的关系十分密切,教科书在这方面有比较充分的体现。教科书并不过分强调知识的逻辑顺序,在注重知识内在逻辑的同时,突出了知识与社会、生活、健康、环境的联系,并将科学精神和人文精神融合其中。科学精神与人文精神相结合的原则体现在化学课堂教学中绝不是二者的简单相加,而是指在新的教育思想指导下,促使它们相互整合,构成一个完整的有机整体,作为一种独特的精神文化来教,既传授科学知识,又渗透科学方法,更要突出科学文化精神的传播与养成。在课堂教学中尤其要注意挖掘科学的人文价值,沟通"科技"与"人文"的结合,如科学所体现的客观、求实、严谨与不盲从等品质。科学作为探索真理的过程,本身就蕴含着负责、坚持、毅力、勇于坚持真理、实事求是等人文精神,这些都可以通过教育活动内化为学生的个性品格,成为他们今后行动的规范与价值取向。因此,化学教育必须强调科学精神与人文精神的结合,使学生既掌握现代科学知识与技能,又有高尚的思想品德与情操。

资料卡片

4-4 HPS教育

英国著名的科学教育家孟克(Monk)和奥斯本(Osborne)在总结科学教育历史经验的基础上,借鉴建构主义理论,提出了HPS教育,即将科学史(History)、科学哲学(Philosophy)和科学社会学(Sociology)结合在一起进行教学。旨在开阔科学教育的视野、拓展科学教育的内容,倡导从科学史学、科学哲学和科学社会学等多个角度筛选、编排科学教育内容,以期使科学教育能够真正、有效和全面地提高学生的科学素养。

{皇甫倩,王后雄. HPS教学模型及其在中学化学教学中的运用[J]. 教育理论与实践,2015,35(2):58-59.}

(六)掌握化学学科知识与发展科学探究能力相结合原则

掌握化学学科知识与发展学生的科学探究能力相结合原则是指化学教师既要重视学生化学学科知识的掌握，又要积极开展科学探究活动，即让学生亲身经历和体验科学探究活动，激发化学学习兴趣，增进对科学的情感，理解科学的本质，学习科学探究的方法，获取化学知识，发展学生的科学探究能力。

传统的化学教学存在学科中心思想，过分重视学科知识的系统性和完整性，而忽视学生的接受能力和学习的兴趣，忽视化学知识在日常生活和生产中的应用，过分重视学习目标中学习知识的掌握，而对其他目标如过程与方法、情感态度与价值观目标、问题解决等综合能力、动手能力，以及行为习惯等方面重视不够。过分重视间接经验的系统传授和获得，忽视学生直接经验的获得，尤其忽视给学生提供机会让他们从事自主探究、课题研究、社会调查等，这些直接经验给学生带来的体验、感受、经历和回忆具有重要的教育价值。化学课程将三维目标整合，提出化学学科核心素养，其中包括科学探究，同时强调化学教学中的科学探究是学生积极主动地获取化学知识、认识和解决化学问题的重要实践活动，科学探究既是化学课程的重要学习内容，又是一种重要而有效的学习方式。当前的课程标准中，设置了大量的探究课题，引导学生运用问题讨论、信息收集、方案设计、合作学习、实验探究、调查咨询等方式获得信息，使学生在探究实践中获得知识和技能，体验学习化学的乐趣。所以教师要克服过去只重视知识讲授的教学方式，采用包括科学探究在内的多种教学方式，充分发挥学生的主体性，把掌握知识和发展学生的探究能力结合起来。

科学探究可以通过观察、提问、实验、比较、推理、表达、应用以及其他活动，发展学生思维的广阔性、深刻性、独创性和敏捷性，这些优良思维品质正是科学素养中所必须具备的。教师要鼓励学生积极动手、动脑，通过自主的探究活动，学习化学概念和化学原理，体验科学探究的乐趣，了解科学的方法，获取化学知识，逐步树立科学的创新精神和创新意识；教师在教学中应多设置问题情境，使新的化学情境与已有知识经验发生冲突，从而引导学生提出问题并作出合理的假设和猜想；教师应争取让每一个学生都经历：提出问题→猜想与假设→制订计划与设计实验→进行实验与收集证据→分析与论证→交流与评价等科学探究的过程，使学生在不断地活动中学会科学探究，在探究中提高自己的科学素养。

随堂讨论

● 在化学教学过程中，是不是所有的知识都要探究？什么样知识的教学需要探究？探究到什么程度为止？是不是所有的化学课都探究？是不是每节课从头到尾都探究？

● 在化学教学活动中，化学教师在探究过程中起什么作用？如何发挥化学教师的这些作用？

在教学中要根据学生的心理特点和具体的教学内容来设计和组织探究活动，既不要搞形式化、表面化、教条化的探究，也不要过分夸大探究的作用，毕竟不可能也没有必要事事探究，还要考虑学习的效率。过分夸大探究也是违背教学规律和教学原则的。

4.4 化学教学过程的优化

核心术语

◆ 化学教学过程　　　◆ 三重表征　　　◆ 教学目标优化
◆ 教学内容优化　　　◆ 教学方法优化　　◆ 教学媒体优化

中学化学教学是一个复杂的系统,是由教师、学生、教学信息和教学手段等相互作用和相互联系着的若干组成要素以一定结构方式结合成的、具有特殊功能的有机整体。化学教学过程是化学教学系统中各要素结构优化配置、恰当组合、协调运作的过程;是教师的教和学生的学相结合或相统一的活动过程;是教师根据化学课程目标和化学学科教学的特点,有目的、有计划、有组织的引导学生,以发展学生核心素养为主旨,促进学生核心素养由低水平向高水平转化。

4.4.1 教学过程的一般特征

教学过程本质上是学生的一种认识过程,因此教学过程必须受人类认识的普遍规律所支配、制约,但是教学过程又是一种特殊的认识过程,即它是学生的个体认识,与人类总体和学生以外的其他个体的认识相比,在认识的任务和认识的方式上都存在着不同,这样就形成了教学过程的某些特殊性。其特殊性表现在:

(1) 间接性。在教学中,学生的认识主要是掌握人类长期积累起来的科学文化知识,而其他个体(如科学家)的认识则不同,他们的认识主要是去探索未认识的事物。这就是说,学生的认识对象是特殊的,主要是学习间接的经验。学生的认识方式也主要是运用间接的方式学习。

(2) 引导性。化学教学中的认识过程是在教师的启发引导下完成的,教师不但自己有知识,而且能把学校的一切有利条件、精选的教学内容、科学的教学方法等组织成适合学生一定发展阶段和水平的教学模式,从而引导学生顺利完成学习任务。因此,在教学过程中,教师必须充分发挥教的主体作用。

(3) 简捷性。化学教学过程不是简单重复前人发现某一知识的全部过程,而是教师精心设计的教学方案指导下和一定学习环境或条件中有目的、有计划的完成学习任务,使学生的认识过程成为一条捷径。其结果可使学生少走弯路,减少或避免认识上的失误。

(4) 序列性。人类认识过程往往表现出一定的跳跃性和曲折性,而化学教学过程中的教学体系是以学科知识的逻辑顺序、学生的认知顺序和学生心理发展顺序巧妙结合而成的,具有很强的序列性。

(5) 互动性。新课程改变了过去把教学过程视为知识单向传输过程的旧观念,认为教学过程不是一种单纯的认知过程,而是师生、生生交往互动的过程。交往是教学活动的最基本形式,互动是师生交往最主要的特点。教学过程中,师生交往的本质就是教师的人格精神与学生的人格精神在教育情景中的相遇。在课堂教学中,它的主要表现形式就是平等对话。对学生而言,意味着心态的开放、主体性的凸现、个性的彰显、创造性的解放。对教师而言,意味着上课不是单纯的传授知识,而是一起分享理解,不但关注"物",而且关注人,上课不再是时光的耗费,而是生命活动、专业成长和自我实现的过程。

教学的出发点和目标就是要促进青少年德、智、体的充分发展,成为符合社会需要的人。新课程更强调面向全体学生,促进学生的全面发展。教学具有教育性,而正处在发展迅速时期的青少年,在教学过程中受到教育和发展上的影响和变化是必然和显著的。教师在教学过程中,开展的一系列教学活动都会引起他们心理上、生理上产生十分复杂的新的过程和变化,从而使学生自觉地调节自己的志趣和情感,循序渐进地获得新知,形成新的技能或智力活动,接受某种观点、思想,形成正确的思想品德和世界观,发展能力,促进学生的全面发展。而且现代教学是一种发展性的教学,是能够有效促进学生发展的教学。现代教学不仅要适应学生的发展,而且要尽最大可能来促进学生的发展,才能达到当代所要求的高效率、高水平教学。当然,教师在引导学生发展时一定要遵循学生的发展规律。

4.4.2 化学教学过程的特征

化学教学过程又和其他学科不同,为了反映完成化学教学的某些特征任务所应遵循的规律,需要研究化学教师、学生、媒体与教学环境之间的多向、多层面的交互作用的特殊性。化学教学过程主要有如下特殊性。

1. 以实验为基础

化学是一门以实验为基础的自然科学。化学实验不仅是进行化学科学研究的重要方法,也是化学教学的有效手段。"以实验为基础"是化学学科的基本特征。实验教学可以帮助学生形成化学概念、理解和巩固化学知识,培养学生观察现象、分析问题、解决问题的能力,初步掌握一些常用的化学实验技能,培养学生实事求是、严肃认真的科学态度和科学方法。因此,加强实验教学是突出化学学科特点、保证完成化学教学任务的重要手段。在化学教学中离不开实验,因为实验是化学的灵魂,是化学的活力、魅力和激发学生学习兴趣的主要方法,更是培养和发展学生思维能力和创新能力的重要方法和手段,尤其是对推行素质教育更为重要。

2. 以化学用语为手段

化学用语是国际化学界统一规定用来表示物质的组成、结构和变化规律的化学文字和科学缩写。具有简便、确切地表达化学知识和科学思维的特点。因此,它是化学工作者著述和学术交流的手段,是人们理解物质化学变化最简洁的表达方式和最贴切、最丰富的符号系统,所以化学用语是中学化学基础知识和基本技能教学内容的重要组成部分,也是学生学习化学知识、发展记忆力和思维能力不可缺少的工具。化学用语的教学不同于一般学科知识的教学,有其自身的特点和规律,因此,重视化学用语教学,熟练掌握和灵活运用化学用语,是化学教学的又一突出特点。

化学用语因符号性强、理解记忆难度大、符号之间关系复杂、学生不易把握,给化学教学带来一定的难度。在化学教学过程中要注意采用理解含义、分散难点、理解记忆、加强练习等策略进行教学。

3. 以三重表征为工具

诺贝尔化学奖获得者霍夫曼(Roald Hoffman)指出,化学即表征。从某种意义上讲,化学就是一门表征的学科,表征是化学学习的一种必需工具。从认知心理的角度分析,学生对化学概念的理解就是学生对化学概念形成了恰当的心理表征。而化学学习有三大领域:可观察现象的宏观世界;分子、原子和亚原子微粒构成的微观世界;化学式、方程式和符号等构成的符号与数学世界。① 化学学科的内容特点决定了化学学习中存在着宏观表征、微观表征和符号表征三重表征。从宏观、微观、符号三水平结合的角度学习化学是化学学习的基本要求。"宏观、微观、符号"三重表征有机融合,是化学学科特有的思维方式。

化学是一门在分子、原子水平上研究物质的组成、结构、性质以及变化规律的学科,既研究物质宏观上的性质及其变化,也研究物质微观上的组成与结构。宏观与微观的联系是化学不同于其他科学最特征的思维方式,离开这个基本点,就不是化学了。同时,建立对微观世界的想象力是中学化学教学不同于其他课程的特点,也是其他课程不能代替的。微观结构决定了宏观物质的性质,宏观物质的性质归因于微观结构。而化学符号是随着化学学科发展而诞生的一套简明、严密、国际通用的符号系统,是说明问题的一种简单易懂的形式,是一种高度概括和抽象的语言,是研究和交流化学的工具,从微观层次上科学、简明地表达了宏观物质及其变化规律。因为符号中既包含物质及其宏观现象,又包含着微观本质,还表示着量的关系,因此成为连接宏观与微观的有效中介和桥梁。

---

① National Research Council. National Science Education Standards[M]. Washington,DC: National Academy Press,1996.

资料卡片

4-5 三重表征的相关概念

关于表征,1999年版《辞海》中的解释是"揭示;阐明;……也指事物显露在外的征象。"认知心理学家把"信息在人脑中呈现和记载的方式"统称为知识的表征。

- 宏观表征(Macro Representation)是指宏观知识或信息在大脑中记载和呈现的方式。化学中的宏观表征主要是指物质所呈现的外在可观察的现象在学习者头脑中的反映。
- 微观表征(Micro Representation)是指微观知识或信息在大脑中记载和呈现的方式。化学中的微观表征主要是指不能直接观察到的微粒(如原子、分子、离子等)的运动和相互作用、物质的微观组成和结构、反应机理等微观领域的属性在学习者头脑中的反映。
- 符号表征(Symbolic Representation)是指符号在大脑中记载和呈现的方式。化学中的符号表征主要是指由拉丁文或英文字母组成的符号和图形符号在学习者头脑中的反映。

这三种表征形式之间不应是孤立的,而应有机地融合,共同构成学习者对化学知识完整的表征系统。

从宏观、微观和符号三种表征水平上认识和理解化学知识,并建立三者之间的内在联系,是化学学习特有的思维方式,我们称之为三重表征思维方式,如图4-1所示。运用三重表征思维方式学习化学,能增进学生对化学知识的理解,提高学生分析和解决化学问题的能力。

缺少三重表征,则导致化学学习困难。研究发现:① 学生宏观表征较好,但微观表征、符号表征薄弱,而且难以在不同表征间建立有效联系,化学学习三重表征思维方式尚未形成,缺乏将宏观、微观、符号三者进行有机结合的意识。② 任何一种表征的薄弱都会引起不同表征间转换的困难,并会进一步影响学生进行三重表征的水平和能力。③ 三重表征思维方式不能完全依靠学生自己形成,而需要教师的引导和培养。[①] 可见,"宏观—微观—符号"三重表征是体现化学学科特征的思维方式,运用三重表征思维方式学习化学,能增进学生对化学知识的理解,提高学生分析和解决化学问题的能力。

钱扬义教授等人在三重表征的基础上,引入了曲线表征,探新化学"四重表征"在化学教学中的价值。[②]

图4-1 化学学习的三重表征

在教学过程中,教师要采取相应的策略促进学生用"宏观、微观、符号"三结合的思维方式学习化学,如充分利用模型、图片、多媒体等直观手段,突出符号的宏观与微观意义,挖掘实验教学对培养学生三重表征的作用。如图4-2可以帮助学生利用三重表征的有机结合学习化学知识。同时,可适当地增设曲线绘制、曲线分析等教学内容,丰富数字化实验的探究方式,并将"曲线表征"与传统"三重表征"构建紧密联系,培养学生不同表征的转化、迁移能力。

4.4.3 化学教学过程的优化

化学教学过程的优化是指化学教师通过对教学系统的分析和综合,通过对教学方案的设计、调整,争取在现有条件下用最少的时间和精力去获得最大可能的结果。其理论依据是巴班斯基的最优化教

[①] 毕华林,等.化学学习中"宏观—微观—符号"三重表征的研究[J].化学教育,2005(5):51-54.
[②] 杨洁,钱扬义."四重表征"在化学反应速率教学中价值——2007—2012年高考题得到的启示[J].化学教学,2012,(11):58-62.

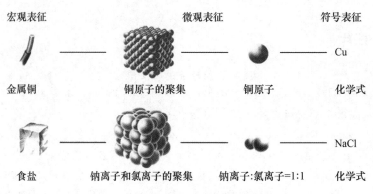

图 4-2　物质的组成与化学式的关系

学理论。他认为,教学过程最优化的标准为:① 在形成知识、技能和技巧的过程中,在形成某种个性特征、提高每个学生的教育和发展水平方面可能取得的最大成果;② 师生用最少的必要时间取得一定的成果;③ 师生在一定的时间内花费最少的精力取得一定的成果;④ 为在一定时间内取得一定的成绩而消耗最少的物资和经费。教学过程最优化的方法体系是指相互联系的、导致教学最优化的方法的总和。

巴班斯基教学过程最优化的完整的方法体系由八种方法构成:① 综合规划学生的教学、教育和发展任务,注意全面发展;② 深入研究学生,具体落实任务;③ 依据教学大纲,优选教学内容,分出内容重点;④ 根据具体情况选择最合理的教学方法;⑤ 采取合理形式,实行区别教学;⑥ 创造必要条件;⑦ 随时调整教学活动;⑧ 分析教学效率,确定最优速度,节省师生时间。

只有综合运用整个方法体系,才可认为是真正实施了教学过程最优化。这一方法体系强调教学双方最优化方法的有机统一,它既包括教学过程的五个基本成分(教学任务、教学内容、教学方法、教学形式、教学效果),又包括教学过程的三个阶段(准备、进行、分析结果);既包括教师活动,又包括学生活动,强调师生力量的协调一致,从而找到在不加重师生负担的前提下提高教学质量的捷径。

在新课程背景下要实现教学过程的优化,必须做到以下几个方面。

(一) 优化教学目标

没有目标的教学是盲目的教学,目标不明确的教学是糊涂的教学,没有重点目标的教学则是低效率的教学,目标错误的教学是害人的教学。目标对教学有导向作用、调节作用、评价作用。目标对学生有激励作用,对教师则有管理的作用。一堂成功的课是目标明确、结构妥当、主次分明的课,一个优秀的教师是能够善于确定有效目标,也能有效实现目标,并且善于用目标来激励学生,用目标引导教学展开的教师。教学目标是教学的出发点和归宿,教师应增强目标意识,发挥自己在课堂教学中的导向、激励和评价功能。在制订教学目标时,除要全面、完整、面向全体外,还要兼顾差异,关注学生每一方面素养的发展。如在对元素周期表的教学过程中,力求要学生感知周期表和周期律的美感,感受自然科学的迷人魅力。这一教学目标的制订和实施,从教师角度看,体现出教师具有"要教书,更要育人"的意识和追求;从学生角度看,这是比学会基本知识更高层次的收获。

目标的导向是优化教学的前提,目标的激励使优化教学得以实现,同时在评价教学目标是否达成时,还需进行评价反思、调整、完善,才能真正使优化教学得到实现。长期以来,教师只是努力地去完成教学目标,因为这是自己的任务、自己的责任。但很少有教师能对自己的课进行自我评价、自我反思、自我调整、自我完善。优化教学的实现只能在动态中实现。这个动态不仅仅是指在课堂上的师生互动,也包括教师的课本身,"没有最好,只有更好"同样适用于教学。没有努力是不可能更好的,认真地备课,有激情地上课是一种努力;但要使自己的课不断增值,还要客观评价自己的每一堂课,反思每一堂课,才能明确下一堂课应改进的地方,从而使自己做得更好。这个评价、反思的过程围绕教学目标展开。教学目标应该是什么?我确定的教学目标是什么?教学目标实现得怎么样?没有完成教学目标的原因在哪里?这个过程是自我调整、自我完善的前提,是使优化教学在动态中实现的必要环节。

(二)优化教学内容

化学教学内容是承载化学教学目标的重要载体。化学教学内容是指教师根据一定的化学教学目标和学生化学学习特点,在有效利用和开发化学教学资源的基础上,经过对化学课程内容和化学教科书内容的重新选择和组织,所提供给学生的各种与化学学习有关的经验。包括化学基础知识、基本技能、科学态度和科学方法四个方面。要成功地完成一节化学课的教学,不仅要用到化学教科书,还要用到其他化学教学资源。化学教学内容就是多种化学教学资源的整合和重新选择。要想发挥教学内容对于促进学生科学素养主动、全面发展的最大效益,就要根据化学教学的实际情况,充分利用和开发化学教学资源。

例如在讲授"水污染"时,为了使学生认识到水污染的严重性,可收集许多典型的污染案例来充实化学教学内容,如莱茵河被污染的事实——污水和死去的鱼虾录像;黄浦江被污染——一些企业向黄浦江大量排污录像、黄浦江被污染景象图片;我国 5.3 万千米(53 兆米,53×10^6 米)的河流,已被污染不能用于灌溉和饮用的占 86%——长江白色污染图片、淮河污染图片、饮用被污染的水使人、畜生病的录像等。

教学内容设计是教师在分析教材的基础上进行的一种加工过程,即根据课程标准、教学目标和学生实际,对教学内容进行"量"的控制和"序"的调整。

如在"化学键"这一节的教学中,对"科学视野"的内容作以下处理:简单介绍分子间作用力,以 H_2O 为例,一个水分子内部 H 原子与 O 原子之间为共价键;H_2O 与 H_2O 分子之间的作用力,学生很容易理解这种作用力就是分子间作用力。然后辅以练习巩固、检测。学习分子间作用力,是为了能更好地理解化学键,有效突破了化学键的概念教学这一难点。对于氢键,在高一阶段过多的介绍反而使学生容易糊涂(可以在选择性必修 2《物质结构与性质》学习了电负性后再学习氢键,学生较易接受)。

对教学内容作适当取舍,以有利于学生的学习为目的。又如,"铁及其化合物"是必修模块的重要内容,教材按照铁的单质、氧化铁、氢氧化亚铁和氢氧化铁、铁离子氧化性和铁离子检验的思路组织材料,教学时间只有 1 课时。怎样在有限的时间内完成教学任务,解决的办法只有将教材内容重新组合,改变知识的呈现方式,围绕铁及其化合物的氧化性与还原性,通过实验设计教学活动,这样既学习了铁及其化合物的性质,也巩固和深化了对氧化还原反应的认识,更获得了研究物质性质的新思路,实现了单一教学内容的多种教育功能。

这种变"教教材"为"用教材教"的行为,并不意味着教师可以随意地改变教材的编排意图,而是需要更深入地研究教材所包含的学科核心素养,创造性地使用教材。

随堂讨论

有人说,化学教学内容就是化学课程内容;也有人说,化学教学内容就是化学教科书内容。这两种说法对吗?

(三)优化教学方法

教学方法的选择应符合教学目标和教学内容的要求。教学方法要充分体现学生的主体参与,把教师教的方法与学生学的方法有机地结合起来。新课程强调在教学中引导学生自主学习、探究学习和合作学习,帮助学生形成终身学习的意识和能力。因此,选择有利于改变单一、枯燥、以被动听讲和练习为主的学习方式,让学生在动手实践、自主探究、合作交流中去思考、去质疑、去辨析、去释疑的教学方法,成为新课程背景下课堂教学实践的重要方面。要想充分发挥每一种教学方法在教学过程中的实际效能,达到优化教学过程的目的,必须根据具体的教学内容和学生实际,选择化学教学方法。

  对概念、理论的学习,为了让学生掌握其本质属性,明确其内涵和外延,应特别重视其产生、发展的背景和过程,尽可能通过生动具体的化学实验或事实,提供充分的材料让学生观察、思考,让学生建立表象,引导概括出相应的概念和理论,要突出概念或理论的关键特征,重视其具体运用,在教法选用上主要是讨论法、实验法和讲解法等。对元素化合物知识的学习,要突出实验教学,加强对典型反应和现象的感知,注重联系社会生活实际,使学生逐步掌握元素化合物知识的内在联系,形成一定的知识网络,要培养学生观察、设计实验的能力,同时不断渗透结构决定性质等学科思想,在教法选用上主要是讨论法、实验探究法等。如揭示铁生锈的原因,首先创设情境,让学生结合日常生活经验提出铁生锈的可能原因,然后引导学生围绕可能的原因设计实验、进行实验并观察现象,最后讨论得出结论。这样学生不仅扎实地掌握了这一知识,而且提高了多方面的能力。

  现在的教学要特别注意处理好探究学习与有意义接受学习之间的关系,新课程强调"探究学习"的重要性是想找回"探究学习"在课程中应有的位置,克服长期过于强调单一的接受式学习所带来的不足,并非贬低"接受学习"的价值。要不要采用探究学习方式,关键看你所创设的问题情境有没有探究价值,凡事要有个度,不能厚此薄彼,要扬长避短,要善于把探究学习与其他学习方式有机结合起来。

  教学有法而无定法,化学教学中有多种教学方法,如讲授法、实验法、讨论法、探究法、问题解决法、自学法、归纳法、演绎法……讲授法是教师应用最广泛的方法,也是在较短时间内完成较多教学任务的有效办法。探究法则最容易引起学生的兴趣,能充分发挥学生的主动性,培养学生的创新精神和实践能力。各种方法都有各自的优势和适用范围,教师应从实际出发,因时、因地、因人制宜,根据教学内容合理选择教学策略和恰当的教学方法。而且,在多数情况下,在一堂课中,多种方法可以结合或交替使用,教师要根据需要,实事求是的选择教学方法,灵活运用各种方法,实现教学方法的多样化组合和最优化,最终达到教学效果的最优化。

资料卡片

4-6 认知负荷理论

  认知负荷理论(Cognitive Load Theory,简称 CLT)是 20 世纪 80 年代由教育心理学家约翰·斯威勒(John Sweller)等人提出并加以发展的一种理论。该理论认为,在真实的复杂学习环境中学习内容通常具有丰富的信息,各个信息之间的关系是复杂的,在学习过程中施加在学习者工作记忆上的认知负荷就会增加。如果学习信息超过了学生工作记忆的加工容量,就会造成认知超负荷,学生在有限的时间内无法将这些信息进行有意义地加工,造成记忆的困难,并且影响学生对新知识的学习和理解。

  当前的化学课堂教学为了让学生掌握更多的化学知识,教师在有限的时间内为学生呈现大量的事实性知识,化学课堂教学追求高密度、快节奏,超出了学生的认知负荷。在这种情况下,学生来不及对大量的信息进行加工整理,无法把握各种信息之间的内在联系,这些信息只能以孤立事实的形式储存在学生头脑中,容易造成遗忘并且不利于迁移应用。另外,在实验教学过程中,特别是教师的演示实验,实验仪器、药品、操作、现象等丰富的信息,都会对学生的学习产生刺激,教师在教学过程中若不能明确实验的目的,指导学生有计划、有步骤地观察和思考,学生的实验观察缺乏选择性,大量的信息容易造成学生的认知超负荷,且偏离重点内容的学习,造成化学学习的困难。

(四) 优化教学媒体

教学手段的多样化和现代化,使得课堂教学效果完全不同。中学化学中许多微观运动需要运用直观模拟,一些变化在瞬间完成,一些变化现象具有危险性或难以在一般条件下演示,都需要借助现代教育技术来显示。还有不少化学内容的讲授,可以综合运用图、表、影像配合讲解,可以用多媒体技术来集成,以提高教学效率。在化学教学中,除了发挥传统的化学实验和模型、图表等直观教具的长处外,多媒体计算机辅助教学的恰当运用,可以提高教学效率,增加课堂容量,可使内容形象、动态和情境化,从而增加感知,激发学生的学习兴趣,加深对知识的理解,从而优化课堂教学,使教学增色。在选择教学媒体时,应综合考虑教学目标、教师、学生、教学条件等各项因素,选择合适的媒体组合,在合适的前提下,使选择的媒体最大限度地发挥其功能。

在确定教学媒体时,要考虑所选媒体是否符合教学内容的要求,即内容是否正确、资料是否新颖、介绍是否简洁,考虑所选媒体能否激发与维持学习者的兴趣、提高学习者主动参与的程度,考虑所选媒体是否具有良好的制作品质、能否提供有关效能的证据,考虑所选媒体是否关注了教学对象的特性、先有知识和技能。

表 4-3　化学教学媒体选用表

内　　容	媒体类型	媒体内容要点	媒体在教学中的作用
(1) 共价键的电子云描述	计算机模拟（动态演示）	(1) 模拟未成对电子的电子云相互靠拢 (2) 电子云相互重叠 (3) 形成σ键、π键的电子云图像	将微观世界生动地展示在学生面前,化抽象为具体、复杂为简单
(2) 原电池的实验现象	实验投影仪	将原电池实验装置和现象放大	不会造成实验现象的失真,提高实验的可视性
(3) 实验设计与安全	CAI(计算机辅助教育)课件	错误的实验操作而导致严重后果的(爆炸、倒吸等)	适用于严重污染、较危险的、难以完成的实验
(4) 垃圾处理状况及污染	图片、音像	(1) 环保专家讲座 (2) 图片展示	情境引入,激发兴趣,扩大知识视野

随堂讨论

以"乙烯"这一课题为例,说明在教学过程中如何对使用到的媒体分别进行设计再优化组合。

化学教学中采用多种媒体进行教学,能有效地提高教学信息传输效率。每种媒体都有其适宜的使用场合:有的适宜呈现视觉对象,有的适宜创设情境,有的适宜表述……在每一个场合都有最适宜采用的媒体,没有一个媒体在所有场合都是适宜的。由此可见,中学化学课堂教学中,合理科学地对媒体选择设计,辅助教学,可以帮助学生形成化学概念,理解化学原理,提高分析解决问题的能力。

总之,选择教学媒体要以一定的教学目标为依据,在保证媒体表述的内容具有科学性的前提下,根据实用性原则、实验优先原则来选择、设计、组合媒体,以取得最优化的教学效果。

随堂讨论

选择两位教师同一课题内容的两个教学设计案例,从教学目标、教学内容、教学方法、教学活动、教学媒体等各方面进行分析,讨论在哪些方面做得较好?哪些方面还有缺憾?还可以进行如何改进和优化?

本章小结

1. 教育理念分为三个层次:终身教育和学习化社会属于第一个层次的宏观教育理念;环境教育、生态教育、合作教育、全民教育、建构主义教育、主体理念、民主、合作、开放、探索和发展理念等都属于第二个层次的一般教育理念;有关教与学的理念则属于第三层次的教育理念。教育理念决定着教育行为。有什么样的教学理念就会产生什么样的教学行为,教学行为受教学理念支配。无论哪一个层次的教育理念都毫无疑问地制约着教师的教育教学行为。

2. 新课程改革的核心理念是"为了每一位学生的发展",现代化学教学理念也以此为指导,以学生发展为本,重视核心素养的达成,促进学生学科核心素养的进阶。

3. 人的发展理论、辩证唯物主义认识论、自然科学方法论、现代教学理论等都是化学教学的理论基础,现代教学理论中,建构主义理论、多元智能理论、情境教学理论、人本主义教学理论等都对当前的化学教学有较大的指导作用。

4. 教学原则是反映人们对教学活动本质特点和内在规律性的认识,是指导教学工作有效进行的指导性原理和行为准则。教学原则贯穿于教学活动的整个过程,对教学中的各项活动起着指导和制约的作用。在不同的历史时期、不同的国家、不同的学者对教学原则的表述都有所不同,中学化学教学原则主要有:实验引导与启迪思维相结合原则;归纳共性与分析特性相结合原则;形式训练与情境思维相结合原则;年龄特征与化学语言相适应原则;科学精神与人文精神相结合原则;掌握化学学科知识与发展科学探究能力相结合原则。

5. 教学过程是教师指导下学生的一种特殊的认识活动,也是一个促进学生身心全面发展的过程。化学教学过程又区别于其他学科,在教学过程中要以实验为基础,以化学用语为手段,以三重表征为工具。

6. 化学教学过程的优化是指化学教师通过对教学系统的分析和综合,通过对教学方案的设计、调整,争取在现有条件下用最少的时间和精力去获得最大可能的结果。其理论依据是巴班斯基的最优化教学理论。在新课程背景下,必须对教学目标、教学内容、教学方法、教学媒体等进行优化,以求得教学过程的最优化。

本章思考题

1. 强调教师的"非指导性"和学生的"自主参与性"原则的教学理论是( )。
   A. 认知结构教学论　　　　　　　B. 认知同化教学论
   C. 建构主义教学论　　　　　　　D. 人本主义教学论

2. 某化学教师在板书时画出了 Fe^{3+} 的原子结构示意图,其主要采用的是( )。
   A. 宏观表征　　　B. 微观表征　　　C. 符号表征　　　D. 数学表征

3. 某化学教师在组织探究活动时,采取"组间同质,组内异质"的原则进行分组,这样分组的主要依据是( )。
   A. 多元智能理论　　B. 目标分类理论　　C. 认知结构理论　　D. 最近发展区理论

4. 教育理念在教学中的作用怎样?你认为现代新课程化学教学中应树立哪些新的化学教学理念?

5. 有一位教师这样写道:"事实上,很多的教育成功者,只不过把别人的财富应用到自己的教育实践中,提出很多理论上的共鸣而已。如果说魏书生的语文教改带有更多自己的实践尝试,那李镇西老师的教改成果一开始则更多地建立在陶行知、苏霍姆林斯基等中外教育大家的理论成果上。因为作为一名中学老师,完全靠自己去探索,去找寻理论上的支柱和共鸣,在知识结果、理论素养上到底是欠缺的。朱永新教授在《我的教育理想》一书中说:"系统地接受教育理念熏陶是非常重要的。"他建议我们的教育工作者都来系统地读一些教育名著,哪怕是 20 本。这 20 本书不读,不能做教师。他说:"一个没有系统接受人类历史上教育思想财富的人,他不可能有远大的教育理想。思想这个东西不是凭空而来的,就像生产,要有原材料进行加工。没有源头,走不了多远。"你对此如何理解?

6. 结合教学实际,谈谈你对教学原则的认识;你对化学教学的一般原则是怎样理解的?结合实例说明中学化学教学应遵循哪些原则?

7. 选择某个教学实录案例,仔细分析其教学目标、教学内容、教学方法、教学媒体等。如果这节课由你来上,为了使教学过程更优化,你会在哪些方面做怎样的改进?

8. 某青年教师引用了《著名特级教师教学思想录》上刊登的某著名化学特级教师"盐类的水解"的教学设计(教案)所提示的内容和方法进行教学,但实际教学效果并不佳。请你从理论上分析可能导致这一结果的原因。

9. 以中学化学教科书某一单元为例,说明中学化学教学过程的基本特点及其规律。

参 考 文 献

[1] 钟启泉,崔允漷.新课程的理念与创新——师范生读本[M].北京:高等教育出版社,2003.
[2] 顾远明,孟繁华.国际教育新理念[M].海口:海南出版社,2001.
[3] 刘知新.化学教学论(第四版)[M].北京:高等教育出版社,2018.
[4] 阎立泽,等.化学教学论[M].北京:科学出版社,2004.
[5] 王克勤.化学教学论[M].北京:科学出版社,2006.
[6] 吴俊明,杨承印.化学教学论[M].西安:陕西师范大学出版社,2003.
[7] 王宏甲.中国新教育风暴[M].北京:北京出版社,2004.
[8] 关文信.新课程理念与初中化学课堂教学实施[M].北京:首都师范大学出版社,2003.
[9] 郑长龙.化学课程与教学论[M].长春:东北师范大学出版社,2018.
[10] 中华人民共和国教育部.义务教育科学课程标准[S].北京:北京师范大学出版社,2022.
[11] 中华人民共和国教育部.义务教育化学课程标准(2020 年版)[S].北京:北京师范大学出版社,2022.
[12] 中华人民共和国教育部.普通高中化学课程标准(2017 年版 2020 年修订)[S].北京:人民教育出版社,2020.
[13] 王云生.高中化学教与学丛书·化学[M].福州:福建教育出版社,2005.
[14] 刘知新,王祖浩.化学教学系统论[M].南宁:广西教育出版社,1996.
[15] 王后雄.高中化学新课程教学案例研究[M].北京:高等教育出版社,2008.
[16] 钟启泉."有效教学"研究的价值[J].教育研究,2007(6):31-35.
[17] 王后雄.论化学方程式教学中高级知识的形成及教学策略[J].化学教育,2006(1):12-16.
[18] 邴杰,刘恩山.国际科学教育中科学教师 SSI 教学知识的研究进展与启示[J].天津师范大学学报(基础教育版),2021,22(3):33-39.
[19] 黄刚,许燕红.基于社会性科学议题的化学微项目学习——以"物质的性质与转化"单元复习为例[J].化学教育(中英文),2022,43(7):31-37.
[20] 邴杰,刘恩山.科学教育中社会性科学议题研究的国际经验及启示[J].天津师范大学学报(基础教育版),2022,23(1):47-52.
[21] 郭金花,吴星,唐玉露,吴建业.高中生化学高阶思维结构的测量模型研究——基于探索性和验证性因子分析[J].化学教学,2019(11):13-19.
[22] 李一凡,石萌,孙影,等.高中生坐标曲线图像题解题思维特点的个案研究——基于"离子反应"知识的考察[J].化学教学,2024,(02):20-26.

第5章 现代化学学习理论

> 学习活动,正是要把人类所建树的一切经验、知识和文化成果,都用来武装新一代的头脑,以改变每一个个体的行为,为文明服务,为社会发展服务。
>
> ——林崇德

本章学习目标

通过本章学习,你应该:
1. 了解一些典型的学习理论及其主要观点,帮助学生有效学习;
2. 知道中学生化学学习的基本特点和认知特征,能够引导学生进行自主、探究和合作学习;
3. 了解化学学习的不同方式,学会分析化学学习活动,掌握指导学生学习的方法和策略;
4. 知道什么是问题解决,了解化学学习中问题解决的策略;
5. 能根据化学学习目标选择化学学习活动和设计化学学习方法。

5.1 学习的基本原理

核心术语

- ◆ 学习
- ◆ 化学学习活动
- ◆ 学习理论
- ◆ 学习方法
- ◆ 化学学习方法
- ◆ 化学学习类型
- ◆ 问题解决

学习理论是学习规律的科学总结和概括,它主要研究学生掌握知识技能和发展智能的学习过程、学习方法、学习策略、学习能力等基本问题。我们常说"教学教学,教是为了学生的学"。学生的学是教师的教的出发点也是教的终结点,所以,如果想要成为一名合格的化学教师,还必须了解相关的学生学习的是什么,影响学习的条件有哪些?学生如何学习才能比较有效?这些都是化学学习理论的内容。

 随堂讨论

一位化学特级教师说:如果不重视或不尊重学生的学习规律,要想取得理想的教学效果是不可能的。谈谈你对学习的认识。

5.1.1 学习的含义

对于学习的系统研究是随着心理科学的发展而发展的,19世纪中叶心理学步入了科学的殿堂。1913年,美国著名心理学家华生(J. B. Watson)创立了行为主义心理学学派,开始用客观的方法研究人和动物的外显行为。此后在将近百年的时间里,人类对学习的本质、学习发生的条件等相关问题进行了系统的研究,产生了不同的学习理论和学习观。学习的含义一般有广义和狭义两种解释。

广义的学习是指人和动物在生活过程中,通过练习获得个体行为经验的过程。学习是有机体凭借经验的获得而产生的比较持久的行为的变化。广义学习的概念意味着学习的发生是由于经验的获得而引起的;学习的结果是使个体的行为发生了持久的变化;只有比较持久的行为变化才可以称为学习;不仅人类普遍具有学习行为,而且动物也具有学习行为。

狭义的学习是指学生的学习,是指在学校情境中,学生在教师指导下有目的、有计划、系统地掌握人类社会历史经验以积累个体经验的过程。由于学生的学习是在特定的学校教育情境中进行的,而学校教育是一个按照既定的教育目标改变学生行为的过程。因此,学生的学习一方面具有人类的学习之共性;另一方面也有其个性,学生的学习是以学习间接经验的知识为主,是一种在教师指导下的认知或认识活动,是一种运用学习策略的活动,学习过程是学生获得知识经验、形成技能技巧、发展智力和能力以及提高思想道德水平的过程。

5.1.2 学习理论简介

19世纪中叶心理学步入了科学的殿堂。德国杰出的心理学家艾宾浩斯(H. Ebbinghaus)受德国费希纳(Fechner)"心理物理学方法"及英国联想主义心理学思想的影响,采用实验的方法研究了人类的联想和记忆问题,成为研究人类学习问题的最早的科学实验。此后的一百多年里,心理学对学习从不同的角度,运用不同的方法进行了深入的研究,形成了不同的学习理论和学习观。

(一)行为主义的学习理论

行为主义心理学非常重视对学习的研究,几乎所有的行为主义心理学家都研究学习问题。但是他们主要是研究条件反射式的学习,实验研究的被试大多数是动物。行为主义的学习理论可统称为"刺激-反应的连接说",他们认为学习就是行为的变化过程,是一定的刺激与一定的反应形成连接的过程。他们把环境看作是刺激,把伴随而来的有机体的行为看作是反应。他们关注的是环境在个体学习中的重要性,学习者学到些什么,是受环境控制的,而不是由个体决定的。由于行为主义的学习理论解释的是直接经验学习中的简单形式的学习,而且以动物模型为基础,所以与学校里的知识学习有一定的距离,因此常常受到教师和学生的批评。但是行为主义心理学对学习的外部因素进行了系统研究,极大地推动了学习理论的发展,这对学习理论发展的贡献不可低估。

行为主义学习理论认为,人类的思维是与外界环境相互作用的结果,即"刺激-反应",刺激和反应之间的连接叫作强化。通过对环境的"操作"和对行为的"积极强化",任何行为都能被创造、设计、塑造和改变。在教学中,对学生理想的行为要给予表彰和鼓励,还要尽量少采取惩罚的消极强化手段,只有强化正确的"反应",消退错误的"反应",才能取得预期的效果。行为主义学习理论把"强化"看作是教学的核心,认为只有通过强化,才能形成最佳的学习环境,才能增强学生的学习动力。教育者的目标在于传递客观世界知识,学习者的目标是在这种传递过程中达到教育者所确定的目标,得到与教育者完全相同的理解。

行为主义学习理论在实际的教学和教育工作中有着广泛的应用。在这些应用中影响最大的就是程序教学。程序教学兴起于20世纪60年代,是20世纪第一个具有全球影响的教学改革运动,它深刻地影响到当时美国以及其他各国的教学改革运动。

（二）认知主义的学习理论

进入20世纪下半叶以来，由于学校课堂教学改革的需要及行为主义心理学本身固有的不足，推动了认知心理学的发展。学习理论的主要研究转向对学生知识学习过程的研究，研究者积极探索学生知识学习过程的特点和规律，总结课堂教学的经验，提出了各种适于课堂教学的学习理论。这个时期相继出现的学习理论主要有：布鲁纳的"认知-发现说"、奥苏贝尔的"有意义言语学习理论"、谢夫林和加涅的"信息加工学习理论"。认知心理学家认为：学习是个体作用于环境而不是环境引起人的行为。环境只是提供潜在的刺激，至于这些刺激是否能引起学习的发生，取决于学习者内部的心理结构。

1. 布鲁纳"认知-发现说"

布鲁纳是美国著名的教育心理学家，《教育过程》(1960年)是其代表作，他的认知-发现学习理论对世界学校教育的影响巨大。

布鲁纳认知-发现说的主要观点有：① 学习的本质不是被动地形成刺激-反应的连接，而是主动地形成认知结构。学生不是被动地学习，而是主动地获得知识，并通过把新获得的知识和已有的认知结构联系起来，积极地建构其知识体系。② 学习过程包括三个几乎同时发生的过程：新知识的获得、知识的转化和评价三个方面。③ 学习的核心内容是理解各门学科的基本结构。布鲁纳所说的学科的基本结构是指掌握该学科的基本概念、基本原理和基本态度与方法。④ 发现学习应成为学生学习的主要方式之一。布鲁纳所指的发现学习主要是指学生独立地获得知识的方式，即学生通过自己独立阅读书籍和文献资料，独立思考而获得对于学生来说是新知识的过程。但是发现学习也要具备一定的条件。对于学生来说，最重要的是善于发现学习和训练认知能力。因此，有利于培养学生发现学习能力的教育和教学方式是非常重要的。根据教学方式对学生发现学习的影响，布鲁纳把课堂教学方式分为讲解式和假设式，并明确指出后一种方式比前一种方式更有利于培养学生进行发现学习。

2. 奥苏贝尔"有意义言语学习理论"

奥苏贝尔，美国教育心理学家。他系统地阐述了有意义言语学习的实质、条件和过程，并认为学生的学习主要是有意义的接受学习。

有意义学习过程的实质，就是符号所代表的新知识与学习者认知结构中已有的适当观念建立非人为的和实质性的联系。所谓实质性联系，是指新的符号或符号代表的观念与学习者认知结构中已有的表象、已经有意义的符号、概念或命题的联系；所谓非人为的联系，是指新知识与认知结构中有关观念在某种合理的或逻辑基础上的联系。

有意义学习的产生既受学习材料性质的影响，也受学习者自身因素的影响。有意义学习的材料本身，必须合乎这种非人为的和实质性的标准，也就是说，学习材料具有逻辑意义。这种逻辑意义指的是材料本身与人类学习能力范围内的有关观念可以建立非人为的和实质性的联系。

学习者自身首先必须具有有意义学习的心向。有意义学习的心向，是指学习者积极主动地把符号所代表的新知识与学习者认知结构中原有的适当知识加以联系的倾向性。其次，学习者认知结构中必须有能与新知识进行联系的适当知识。然后，学习者还必须积极主动地使这种具有潜在意义的新知识与他认知结构中有关的旧知识发生相互作用，使旧知识得到改造，新知识获得实际意义，即心理意义。有意义学习可分为表征学习、概念学习和命题学习三种类型。

表征学习是学习单个符号或一组符号的意义，或者说学习代表什么。表征学习的主要内容是词汇学习，即学习单词代表什么。学习的心理机制，是符号和符号所代表的事物或观念在学习者认知结构中建立了相应的关系。例如"氯气"这个符号，对初识它的学生是完全无意义的，在学习过程中逐渐学会用"氯气"(语音)代表他们实际见到的"氯气"。我们说"氯气"这个声音符号对学生来说获得了意义,也就是说,"氯气"这个声音符号引起的认知内容和实际的氯气所引起的认知内容是大致相同的。

概念学习,实质上是掌握同类事物共同的关键特征。同类事物的关键特征可以由学习者从大量同类事物的不同例证中独立发现,这种获得概念的方式叫概念形成。也可以用定义的方式直接向学习者呈现,学习者利用认知结构中原有的有关概念理解新概念,这种获得概念的方式是概念同化。例如学习"酸"这一概念。如果从盐酸、硫酸、硝酸、碳酸等多种不同的酸中寻找共同特征,这便是"概念形成"方式;如果直接呈现"酸是……的化合物",便属于"概念同化"。

命题是以句子的形式表达的,可以分为两类:一类是非概括性命题,只表示两个以上的特殊事物之间的关系,如"水由水分子构成"。这个句子里的"水"代表特殊事物,"水分子"也是一个特殊事物的名称。这个命题只陈述了一个具体事实。另一类命题表示若干事物或性质之间的关系,这类命题叫概括性陈述,是学习若干概念之间的关系。如"分子由原子组成"。这里的"分子""原子"都是普遍概念。在命题学习中也包含了表征学习。如果学生对一个命题中的有关概念没有掌握,他就不可能理解这一命题。命题学习必须以概念学习为前提。

20世纪50年代,随着计算机科学技术的兴起,出现了一个新的研究的领域——人工智能和计算机模拟。认知心理学把人看作一个信息加工系统,并与计算机对信息的处理进行类比,被称为信息加工心理学,从事这方面研究的心理学家认为人类学习知识的过程是一个信息加工的过程,并提出了相应的模型。

3. 阿特金森-谢夫林信息加工模型

人类的大脑是一个意义的建构者。信息加工理论主要描述人的大脑内部对信息进行加工的过程。自20世纪70年代中期以来,信息加工理论逐渐成为学习和记忆领域中占主导地位的一种理论。研究者利用有关人类记忆的研究成果来描述信息的记忆过程。最有代表性的信息加工模型是阿特金森-谢夫林(Atkinsion-Shiffrin)提出来的,如图5-1所示。①

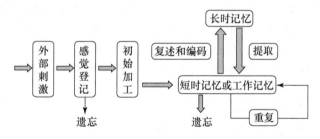

图 5-1　阿特金森-谢夫林的信息加工模型

记忆系统的第一个成分是感觉登记,外部信息通过感觉登记进入记忆系统。感觉登记接收大量来自各种感觉系统的信息,将信息保留很短暂的时间(一般不超过几秒)。如果进入感觉登记的信息没有得到进一步加工,那么这些信息很快就会丧失。

进入感觉登记被选择注意的信息,会转入记忆系统的第二部分——短时记忆。短时记忆是一个储存人们正在思考的信息的记忆系统,它将有限容量的信息保持数秒钟。短时记忆又称为工作记忆,需要强调的是短时记忆的特征并不是它对信息保留时间的短暂性,而是它的工作或活动状态。工作记忆是加工信息、组织信息以便储存或遗忘,把以前的信息与新的信息联系起来的场所,工作记忆的

---

① 罗伯特·斯莱文. 教育心理学[M]. 北京:人民邮电出版社,2004:128-129.

容量是有限的。

信息进入短时记忆中被加工以后,就可以得到较长时间的保存,进入长时记忆。长时记忆的容量是很大的,保持的时间也很长。目前,普遍认为进入长时记忆系统的信息是不会被遗忘的,只是人们提取长时记忆系统信息的能力不同。

4. 加涅的信息加工学习模型

加涅(R. M. Gagne)将人类学习与计算机对信息的处理进行比拟,将学习行为分为若干加工阶段,假定人脑中有内部结构并有与这些结构相应的过程。图 5-2 就是其模型的一种形式。在这个模型中,表示了信息从一个结构到另一个结构的完整流程。来自环境的刺激信息从感受器到感觉登记器,经过几百毫秒的瞬时登记之后进入短时记忆。短时记忆的容量极其有限,一般储存 7 ± 2 个组块。进入短时记忆的信息,如果不复述,会很快被遗忘。

当信息由短时记忆进入长时记忆时,信息便要进入编码过程。编码是指用各种方法将进入长时记忆的信息进行组织。经过编码的信息可以长时间保持。保留在长时记忆系统中的信息可能通过提取再回到短时记忆,由短时记忆直接通向反应器,也可以直接从长时记忆进入反应发生器,引起反应器的活动,最终引起反应。

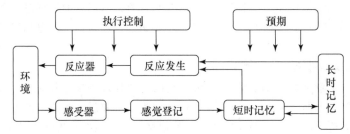

图 5-2 加涅的信息加工学习模型①

加涅的信息加工过程除了有关信息处理的过程外,还有一个控制过程,这就是"执行控制"和"预期"。控制过程影响着注意和选择性知觉,决定哪些信息从感觉登记器进入短时记忆,如何进行编码和采用何种提取策略。"预期"是指学习动机,表现在学习过程中对达到学习目标的期望。"执行控制"和"预期"可以激化和改变信息流的加工,可以影响到信息加工的所有阶段,所以加涅将它们单独进行排列。

(三) 建构主义学习理论

建构主义(constructivism)也译作结构主义,是认知心理学派中的一个分支。建构主义的学习理论已成为当代认知学习理论的主流,它从内因和外因相互影响的观点来研究学习者的认知发展。与传统的认知学习理论不同,建构主义认为,知识不是通过教师传授得到的,而是学生在一定的情境下,借助于教师或同学的帮助,利用必要的学习材料,通过意义建构的方式而获得的。"情境""合作""交流"和"意义建构"是构成学习的四个基本要素。建构主义理论认为学习者学习的过程是主动自我建构的过程,学习者不是被动地吸取信息,而是主动地选择信息。学习者不是统一在教师的指导下完成学习任务,而是在教师和其他人的协助下自主地完成学习任务。教师只是一个引导者、外部学习环境的构造者。

1. 图式是建构主义理论的一个重要概念

图式是指个体对世界的知觉理解和思考的方式,也可以把它看作是心理活动的框架或组织结构。

---

① R. M. 加涅. 学习的条件和教学论[M]. 皮连生,王映学,郑葳,等,译. 上海:华东师范大学出版社,1999:80.

图式是认知结构的起点和核心,或者说是人类认识事物的基础。因此,图式的形成和变化是认知发展的实质。认知发展受三个过程的影响,即同化、顺应和平衡。

(1) 同化(assimilation)。是指学习者把外界提供的有关信息吸收进来,并把它们纳入自己原有的图式之中,使其成为自身认知结构的一部分,形成新的认知结构的过程。

(2) 顺应(accommodation)。是指学习者调节自己的内部结构以适应特定刺激情境的过程。当学习者遇到不能用原有图式来同化的新的信息时,便对原有图式加以修改或重建,从而建立新的图式以适应环境。

(3) 平衡(equilibration)。是指学习者通过自我调节机制使认知发展从一个平衡状态向另一个平衡状态过渡的过程。

学习者就是通过同化和顺应建立自己的认知结构,并在"平衡—不平衡—平衡"的循环中得到不断丰富、提高和发展。

2. 建构主义教学理论提出促进教学的四个条件

(1) 学习要以学生为中心,发挥主体的作用,教师的作用只在于协助学生建构意义。

(2) 学习情境要与实际情境相符合,因为结构良好的领域不能提供生动性、丰富性,只能获得简单的、单一的知识;只有在实际情境中,即结构不良的领域进行学习,才能使学生掌握高级的知识。

(3) 注重协作学习,强调学生与学生之间的讨论,互相学习。

(4) 注重教学环境的设计,要为教育者提供充分的资源。主体、情境、协作和资源是建构主义者提出的促进教学的条件。

建构主义学习理论是在吸取了多种学习理论的基础上发展和形成的。该理论强调学习过程中学习者的主动性、建构性,将学习区分为初级学习和高级学习,主张从上而下的教学设计及知识结构的网络化,倡导情境教学以改变教学脱离实际的情况。这些对揭示学生的学习规律,深化教学改革都有积极的意义。

(四) 人本主义的学习理论

20世纪60年代,美国兴起了一个以强调人的潜能的自主发挥,提倡人的"自我实现"的新的心理学派——人本主义心理学,其代表人物是马斯洛(A. H. Maslow)和罗杰斯。人本主义学习理论认为学习是一个情感与认知相结合的整个精神世界的活动,人本主义学习理论对教育的一个主要认识就是:在教育、教学过程中,在学生的学习过程中,情感和认知是学习者精神世界不可分割的部分,是彼此融合在一起的。这一理论强调学习是发挥人的潜能、实现人的价值的过程,倡导让学生愉快地、创造性地学习。

人本主义学习理论的基本原则是必须尊重学习者;必须把学习者视为学习活动的主体;必须重视学习者的意愿、情感、需要和价值观;必须相信任何正常的学习者都能自己教育自己,发展自己的潜能,并最终达到"自我实现";必须在师生之间建立良好的交往关系,形成情感融洽、气氛融洽的学习情境。

人本主义学习理论把学习定义为:学习者获得知识、技能并发展智力,探究自己的情感,学会与教师及班集体成员的交往,阐明自己的价值观和态度,实现自己的潜能,达到最佳境界的过程。在学习过程中,教师还必须让学生觉得教师是一个真诚的、可信赖的、有感情的指导者。

总之,人本主义学习理论认为,不管怎样教学生学习,始终要牢记的是"人"在学习,是具有独特品质的人在学习。他们进一步认为,人的这些独特的品质,应该而且也能够得到充分的发展,关键在于后天的学习。在教学过程中,应该注意尊重学生的认知规律,注重学生主体性人格的培养。

5.2 化学学习活动

核心术语

- ◆ 化学学习活动 ◆ 化学学习过程 ◆ 化学学习活动的分类
- ◆ 抽象思维方法 ◆ 形象思维方法 ◆ 符号思维方法

任何一项化学学习任务都要通过一定的化学学习活动来完成，它指明了化学学习活动的方向。化学学习活动是学生进行化学学习的具体途径，是完成化学学习任务的载体。同一项化学学习任务，可以通过多种学习活动来完成。从促进学生科学素养发展的视角来看，化学教学中应尽量选择有利于学生主动学习、自主学习的学习活动。

5.2.1 化学学习活动的特点

案例研讨

> 小王是一名刚从师范大学毕业步入工作岗位的新教师，学校领导决定让他担任高一年级3个班的化学教学任务。为了能够在工作上有一个好的开始，也为了给新同学一个好印象，小王认真地阅读了有关化学教学的书籍和资料，认真地阅读了新学期学生将要使用的教材：《普通高中课程标准实验教科书·化学》（人民教育出版社出版）及一些教学参考书，并参考了一位特级教师的教学设计和教学方法，认真准备了第一章《从实验学化学》的教学内容。但是经过一段时间的教学后，通过与学生的交流和学生作业完成的情况，小王发现他的教学效果并不理想。小王有些纳闷了，为什么会这样呢？并且他发现，他在3个不同的班级用相同的教学方法教学所取得的教学效果也大不一样，原因在哪呢？

作为一名化学教师，在进行教学设计之前，一项非常重要的工作是了解学生化学学习活动的特点，只有这样，才能使化学教学活动设计具有较强的针对性和有效性。案例研讨中的小王老师通过向老教师请教和阅读相关教学论的书籍后发现，自己的教学存在问题的主要是因为对学生的化学学习活动的特点不够了解。那么，化学学习活动的特点是什么呢？了解事物的特点需要运用比较的方法。跟谁比？如何比？中学生的化学学习与科学家的科学研究既相联系又有区别，中学生的化学学习是"学习"而不是"研究"，因而比较化学学习活动与化学科学研究有助于了解中学生化学学习活动；中学化学学习是"化学"学习而不是"语文"学习或"数学"学习，因而比较化学学习与其他学科学习有助于了解中学生化学学习活动；中学生化学学习活动是中学生的学习而不是大学生的学习，因而比较中学生学习与其他阶段的化学学习有助于了解中学生化学学习活动。

科学家的科学研究过程是认识世界的过程，是科学知识的生产过程。中学生的化学学习过程也是人类认识过程的一个重要组成部分，但中学生化学学习的内容对于学生来说是未知的，而对于人类来说绝大部分是已经认识的知识。因此，中学生的化学学习活动相对于人类获取化学知识的过程来说，是化学知识的再生产过程。

资料卡片

> **5-1 科学认识的一般过程**
> 提出问题—收集资料和事实—整理加工资料和事实—提出和验证假说—发现规律、得出结论—应用。
>
> (陈耀亭.中学化学教学中的德育[M].长春:长春出版社,1991:71)

中学生的化学学习内容常常是经过选择、简化、典型化和"平坡化"处理的,因而往往比前人的认识过程更简捷、更深刻,效率更高。[①] 但正因为经过简化处理,所以在中学生学习的过程中对知识发现的过程和方法的认识可能就存在不完备之处,即出现这样的现象:在学习过程中只机械记忆了有关的结论,而没有学习到知识发现的过程和方法,对相关的概念和原理也没有完全理解。

中学生的化学学习过程是对人类已经获得的化学知识的再认知过程,所以必须依赖人类已有的化学认知经验,但是这一过程并不是对人类已有认知过程的简单重复。

化学学科作为一门独立的学科,它有自身独特的研究对象和研究方法。化学科学是"在原子、分子水平上研究物质的组成、结构、性质及其应用的一门基础科学,其特征是研究分子和创造分子";是以"实验"为主要研究方法的一门科学。正是由于它的这些独特性,使得化学学习过程与其他学科相比有了自身的特点。从学习对象上来看,化学学习是以"化学物质"作为学习对象的;从学习方法上来看,化学学习是把"实验"作为主要的学习方法的。同时,化学科学有着自己独特的化学符号系统,学生在学习过程中需要借助于化学语言和化学符号将宏观的物质世界与微观的粒子世界有机结合起来。

因为学生年龄的差异性和心理结构的差异性,初中和高中阶段的学生的认知特点和心理特征不同于其他阶段的化学学习者,不同阶段化学学习的特点不一样。同时初中的化学学习活动与高中的化学学习活动也具有不同的特征。

初中和高中生的年龄一般在13~18岁,他们学习化学的突出特点是:① 对化学现象的好奇心强。这是中学生学习化学的一个典型特点,这一心理特征是有利于化学教学的。② 对化学实验具有浓厚的兴趣。已有的研究表明,中学生对化学实验的平均兴趣水平是所有年龄段中最高的,他们愿意自己动手、动脑,通过观察、思考、分析得出正确的结论,以满足强烈的好奇心和求知欲。③ 对化学诸多知识容易产生记忆障碍(困难)。与数学、物理等理科课程相比较,化学需要记忆的内容更多一些,学生容易产生记忆障碍。教学实践表明,化学基本概念和元素化合物知识往往是中学生感到最难记忆的内容,其次是化学用语。中学生对化学基本理论、化学实验、化学计算则较少出现记忆上的困难。

初中时期是一个半幼稚、半成熟的时期,处于独立性与依赖性、自觉性与幼稚性并存的时期,在思维方面,初中学生更处于形象思维占主导的时期;而高中阶段学生的抽象逻辑思维已从经验型向理论型转化,辩证思维、创造性思维迅速发展,思维的完整结构基本形成,并趋于稳定。他们能按照"提出问题、明确问题、提出假设、设计解决问题的方案,并实施方案、检验假设"的完整思维过程去解决问题。高中生已经有了较强的自我意识,能够认知自我,表达自我,通过自我观察和自我反省来认识自己是高中生的典型特征。高中生在行动方面的自觉性、计划性以及毅力都发展到了很高的水平。

---

① 吴俊明,王祖浩.化学学习论[M].南宁:广西教育出版社,1996:100.

5.2.2 影响化学学习的主要因素

（一）化学学习动机

学习动机是能够引起学生进行学习活动的动力因素，是直接推动学生进行学习活动以达到某种目的的心理动因。良好的学习动机与学生的学习效果具有高度的正相关。学习动机将产生学生对学习的需要，这种需要是人类所特有的，包括社会需要和个体需要。有研究表明，初中学生学习化学动机的强弱依次为：认知动机、理想动机、自我实现动机、义务动机、受迫动机、依附动机。在化学学习中，教师要不断激发、培养和强化学生的学习动机，尽量减少受迫动机的作用，充分利用认知动机、理想动机、自我实现动机、义务动机的作用，让学生在内驱力的推动下主动参与学习活动，促进其学习成功。

随堂讨论

在化学教学中，教师应该如何激发和培养学生的学习动机？

（二）化学学习准备

学习的准备是指学生从事新的学习任务时，原有知识水平和原有的心理发展水平，对新的学习任务的适合性。因此，学习的准备主要包括两个方面的内容：知识的准备，心理发展水平的准备。

如果学生在学习新知识时，他（她）的认知结构中具备了同化所学新知识的观念，我们就说学生具备了知识的准备。所谓认知结构是指学科知识的实质性内容在学生头脑中的组织。学生有了知识的准备，学习时就能积极主动地从自己原有的认知结构中提取与新知识联系密切的旧知识，用来同化或类属新知识，从而导致原有认知结构的不断整合与分化。研究发现，如果学生的原有相关知识模糊不清，在高级学习阶段，所涉及的领域较为复杂时，则难以支持意义的建构。如学生对分子、原子、电子等微粒以及阿伏伽德罗常量没有清晰的认识，就会对"物质的量"产生模糊概念；如果相关的物理、数学、生物知识缺乏或存在许多模糊概念，也会影响化学学习或产生模糊概念。例如，学生对物理学中"力"的概念不清楚，就会影响对"化学键"的学习。

心理发展水平的准备，即认识能力和思维能力的发展也会影响化学学习的效果。因为，化学学习需要进行观察、实验、想象、理解、记忆、思维等活动。例如，要掌握物质的化学性质和化学变化，需要深入到微观的物质组成及其微粒的重组情况，从宏观的现象观察到微观的解释，即在实验的基础上进行微观想象和抽象思维，从而把握化学变化的原因和本质。再如，要掌握复杂的现象和规律，需要分析、综合、归纳、演绎、比较、分类、抽象、概括等一系列逻辑思维活动的参与。

案例研讨

苏教版"金属钠的性质与应用"学习的准备分析

"金属钠的性质与应用"是苏教版《化学1》（必修）专题2第二单元"钠、镁及其化合物"中的一节内容，通过对钠这种代表性元素的学习，旨在向学生介绍金属元素的学习方法。对元素化合物的学习主要学习其物质性质、化学性质、保存方式及用途。具体的学习准备分析如下：

> （1）学生的认识基础。① 金属与学生生活实际密切相关，所以学生有一定的生活经验；② 学生在初中阶段已学习过金属及其典型物质的性质，对如何学习物质的性质有一定的认识。
>
> （2）学生的技能基础。① 高一学生已具备一定的观察分析能力，具有提出问题、分析问题、解决简单问题的能力；② 学生已经不同程度地接受过研究物质的实验方法和科学探究的基本步骤的训练，已具备设计简单实验的能力和科学探究能力。
>
> （3）学生的思维起点。高一学生已逐步由具体的形象思维过渡到抽象思维，但思考时仍需借助感性材料来辅助，这就决定了"结构—性质—用途"思维主线和思维起点应以结构分析和实验观察作为本内容学习的起点。

（三）化学学习策略

学生的学习过程就是一种运用学习策略的活动过程。研究表明，许多学生拥有必要的知识，但因缺乏有效的学习策略，使得知识的应用和问题的解决常常受阻。另外，有些学生表现出来的基础知识薄弱，实际上也是学习策略缺失的一种表现。因此，化学学习策略是影响学生化学学习的一个重要因素。在化学学习中教会学生有效学习的学习策略，是培养学生学习能力的有效途径。

当然，一些外部条件或化学学习的环境，如学校和班级的风气、教科书的难度、化学实验设施、教学方法和策略等也会影响学生的化学学习。

5.2.3 化学学习活动的类型

中学生常用的预习、听课、记笔记、回答问题、复习、练习、做作业、考试、实验、观察、调查、讨论、思考等都是常见的化学学习活动，为了认识化学学习活动的特点和规律，应通过对这些学习活动进行分类，归纳出每一类活动的特点和规律。对化学学习可以从不同的角度、按不同的标准进行分类。

1. 按照学习过程分类

学生的化学学习也是一种学习，也要运用一般学习过程中所涉及的一些学习活动。这些学习活动主要有：预习、听课、记笔记、回答问题、练习、复习、做作业、考试等。

2. 按照认识过程分类

学生的化学学习也是一种特殊的科学认识过程，当然也要遵循科学认识规律，采用一些科学认识活动。这些学习活动主要有：

（1）收集资料和事实阶段的活动。包括观察、实验、调查、查阅。

（2）整理资料和事实阶段的活动。包括表格化、图线化、符号化（化学用语化）。

（3）得出规律和结论阶段的活动。包括科学抽象（比较、分类、归纳和概括）、建立模型、提出假说和验证假说。

3. 按照完成活动的方式分类

根据完成活动的方式来划分，可以将化学教学中的学习活动分为实验类活动、调查类活动和交流类活动。[①]

（1）实验类活动。包括实验探究、小组实验、实验设计、实验、实验证明（验证）、实验区分、实验比较（对比实验）、实验推断、测定、鉴别、分离、配制、实验观察等。

（2）调查类活动。包括调查、收集、查阅（查找）、参观（观看）等。

（3）交流类活动。包括交流、合作、提问、讨论、回答问题、汇报、辩论、比较、解释、写论文（报告）等。

---

① 郑长龙.新课程教学法·初中化学[M].长春：东北师范大学出版社，2004：143.

资料卡片

5-2 化学实践活动的主要类型

(1) 以观察、测试、实验为主的探究活动；(2) 制作和工艺活动；(3) 参观、访问、考察、调查活动；(4) 资料查阅以及讲座、影视活动；(5) 发明、创造和小论文活动；(6) 科技游艺和趣味活动；(7) 科普宣传活动、公益活动；(8) 科技展览、表演活动；(9) 化学夏令营及各种类型的竞赛活动；(10) 其他有关的社会服务和社会实践活动，等等。

（刘知新.化学教学论[M].北京：高等教育出版社，2004：111.）

4. 按照学习活动的复杂程度

可以分为基本活动方法和综合活动方法。

(1) 化学学习的基本活动。包括实验、阅读、听课、观察、笔记、提出问题、分析、归纳等。从事这些基本化学学习活动所运用的方法称之为基本活动方法。

(2) 化学学习的综合方法。包括若干种基本方法按一定的化学认知策略和模式组织衔接形成的，适用于相对独立的、完整的化学学习过程。例如，接受-复现学习法、探究-研究学习法、问题解决学习法、课堂学习法、实验学习法、程序教材学习法、计算机辅助学习法、自学法以及各类内容的学习方法、各种水平的学习方法等，它们都属于化学学习的综合方法。①

资料卡片

5-3 中学化学学习方法

学习方法是指学习者用在编码、储存、提取、运用等认知过程中的认知方法或技能。学生的化学学习方法对学习成绩的影响很大。预习、听课、记笔记、复习、作业、记忆、考试在学习过程中都有其独特的作用。预习是准备，听课是关键，记笔记是提高听课效率的方法，复习是升华和提高，作业是消化和巩固，记忆是要求，考试是发现并弥补知识缺陷的手段。作为与课堂教学紧密相关的学习过程的一个整体，这几个环节之间存在着相互衔接、相互影响和相互制约的关系。在中学化学教学的过程中，教师要根据学生的情况，有意识地对这几个环节的学习方法和习惯进行指导和培养。

在化学教学中，教师应根据学生认知风格、教学内容、教学条件等设计恰当的、多样的学习活动，组织和引导学生进行化学学习。

5.2.4 化学学习中的抽象思维方法

在化学学习中，通过阅读、听课、观察、实验等活动得到的感性材料，需要经过大脑的思维加工、改造，才能变成理性的认识。这种大脑的思维活动一般有抽象思维和形象思维之分。化学学习中的抽象思维方法主要有科学抽象、逻辑方法、假说-验证方法和数学方法。②

---

① 吴俊明，王祖浩.化学学习论[M].南宁：广西教育出版社，1996：139.
② 同上：150-157.

(一)化学学习中的科学抽象方法

科学抽象是指透过一类化学事物的表面现象、抽取其共同的主要方面,把握其一般本质的认识过程,其成果有化学概念、化学术语及符号、化学思想模型等。化学概念是人脑对化学事物的感性材料进行改造加工的结果,是实践发展的产物,是在经过化学科学实践后逐步形成和发展起来的,化学概念又是抽象思维的结果,是经过反复的科学抽象而逐步形成的。这一抽象过程或抽象方法的程序是:在分析比较的基础上抽取事物的共同特征;通过辩证分析,去除表面的、次要的东西,深入抽取本质;对概念的要素进行辩证综合,或者进一步理想化,理想地复现对象,从而形成概念。

形成概念后,通常还要给概念下定义、分类、确定适用的条件和范围,揭示概念的内涵和外延,通过判断和推理来揭示化学概念间的关系。

判断是概念的展开和联系,它以概念为基础和出发点。判断这种思维活动,是对化学事物的属性和相互关系作出断定。判断是人们认识化学事物的一种方法和工具,也是学习者学习化学时经常进行的一种活动。判断通常回答的是对象"是什么"或"不是什么",是"什么关系"或"不是什么关系",它反映的是化学事物之间的关系,如性质关系、数量关系、位置关系、依存关系等。判断是组成推理、假说和理论的要素。判断的正确性要求用正确的语句来表达,选用合适的判断形式、遵守逻辑规律等等。

(二)化学学习中的逻辑方法

化学学习中的逻辑思维方法是在对化学事物感性认识的基础上,运用概念、判断、推理、论证等形式进行逻辑加工,间接地、概括地反映化学事物的活动过程。化学学习中的逻辑方法通常有:分析与综合、比较、分类、类比、归纳与演绎、证明与反驳。

(1)分析与综合。分析是把学习对象的整体分解为若干部分,把复杂的事物分解为简单的要素来进行认识、学习的一种思维方法。对事物进行分析,可以借助抽象思维,也可以借助实验方法。综合是在分析学习的基础上把对象的各个部分、方面与要素统一和联系成有机整体来认识、学习的一种思维方法。综合能够把握事物本来的联系和中介,克服分析的局限,提示事物在分割状态下不能显示的特性。

(2)比较。比较是在分析和综合的基础上确定若干对象之间的共同点和差异点的逻辑方法。可以帮助学生更好地掌握化学事物的本质特点和相互联系。

(3)分类。分类是在比较的基础上根据共同点把事物归为一类、根据差异点把事物分为不同的类或者把同类事物划分为较小的类从而将事物区分为不同种类的逻辑方法。分类可以使大量繁杂的化学学习材料系统化、结构化,为有序的学习创造条件。科学的分类能够反映出事物内容的规律性联系,有助于学生掌握相关的学习内容。

(4)类比。类比是在比较的基础上,根据两个或两类对象在某些方面相似或相同,推出它们在其他方面也相似或相同,把其中某一对象的有关知识或结论推广到另一对象的逻辑方法。类比是在已有的知识基础上进一步获得化学知识的一种有效的方法,在化学学习中有着广泛的应用。

(5)归纳与演绎。归纳是根据个别事物具有某种属性而推出某类事物都具有该属性,从个别事物中概括出一般结论的一种逻辑思维方法,又称为归纳推理。在化学学习中用的通常是不完全归纳法,只根据部分对象作出概括,可能犯以偏概全或轻率概括的错误。

演绎则是从一般性原理出发、按照一定规则得出关于个别具体事物的结论的逻辑方法。演绎的运用形式多种多样,其中较为常见的一种是三段论。在前提为真的条件下,演绎的规则能保证真值下传,因而所得结论真实可靠。

资料卡片

5-4 三段论推理

三段论推理是一种间接推理，它是由两个包含有一个共同项的性质判断作为前提，推出一个新的性质判断的结论。亦称为直言三段论。例如：
- 凡是金属都能导电
- 镍是金属
- 所以，镍能够导电

(6) 证明与反驳。证明是用已知的真实判断确定另一个判断真实性的一种逻辑方法。在化学科学研究和化学学习中，常常要确定某种猜想、假说、思想、观点甚至理论的正确性。为此常用事实或科学原理来进行证明。证明由论题、论据和论证组成。论题是需要证明其真实性的判断，论据是用来证明论题真实性的根据，论据必须是真实的，必须与论题有着必然的联系，同时论据必须是充分的。论证是论题和论据之间的逻辑联系方式，即证明中所使用的推理形式。论证必须符合逻辑，即符合推理的规则。

反驳是一种特殊的逻辑证明，是引用已知的真实判断来确定另一判断虚假性的逻辑方法。它跟证明之所以不同，在于证明是证真，而反驳是证伪。反驳也分由三部分组成，即反驳的论题、反驳的论据和反驳的论证方式。反驳可以从反驳论题、反驳论据和反驳论证方式这三个方面进行。

(三) 化学学习中的假说-验证方法

假说-验证方法是科学探究中的重要认识活动。假说是依据已有的知识和经验对猜想或假设做初步论证的意识。验证是运用调查、资料查阅、实验等方式收集解决问题所需要的证据，通过对事实与证据进行加工与整理，判断事实证据与假说之间的关系，从而对假说的真伪进行实证性结论。假说-验证方法是科学探究的重要方法。

案例研讨

(1) 提出问题

在一定条件下，反应物之间发生化学变化生成新的物质。那么，反应前后各物质的质量之和会不会发生改变？

(2) 作出假设

学生根据已有的化学知识和平时积累的经验，对"反应前后各物质的质量之和会不会发生改变"的问题，提出三种可能的假设：① 增加；② 减少；③ 不变。

(3) 收集证据

途径一，激活已有知识。在化学变化中，元素和原子的种类不变，数目不变，原子的质量不变。

途径二，查阅资料。从波义耳的失误到拉瓦锡质量守恒定律的发现。

途径三，实验探究。根据提出假设的依据和已有的知识设计实验方案，分组实施实验，观测并记录实验数据。

实验方案可由学生自行设计，教师指导修改；或由教师设计，学生选择。

设计表格，填入预测结果、实验结果和有关的说明。

【实验一】
取一小截蜡烛粘在一小块木板上,将小木板和蜡烛一起放在托盘天平上,调节砝码,使天平达到平衡;点燃蜡烛,观察天平的平衡情况。

【实验二】
在小烧杯中加入 20 mL 稀硫酸铜溶液,取一根铁钉用砂纸擦去铁锈,将盛有硫酸铜溶液的烧杯和铁钉一起放在托盘天平上称量,记录所称的质量 m_1。

将铁钉浸到硫酸铜溶液中,观察实验现象。将盛有硫酸铜溶液和铁钉的烧杯放在托盘天平上称量,记录所称的质量 m_2,比较反应前后质量的变化。

(4) 得出结论
通过探究,学生得出了"化学反应前后各物质的质量总和保持不变"的结论。

〈中华人民共和国教育部制订.全日制义务教育化学课程标准(实验稿)[M].北京:北京师范大学出版社,2001:13-14.〉

(四)化学学习中的数学方法

数学方法是指以数学为工具进行科学认识活动的方法。数学是科学抽象的一种工具,具有高度的概括性,所以,数学方法也是化学学习中的一种重要的抽象思维方法。数学方法在化学学习中的应用主要是:用形式化的数学语言表示化学中的量的关系,表示化学概念、原理、规律以及状态和过程;进行数量分析和计算,从量的方面认识物质及其化学变化;利用现代数学,进行推导、演算,来认识物质及其化学变化的微观图景;利用数学模型来认识物质化学运动的本质特征和变化规律等。化学学习越深入,就越离不开数学和数学方法的运用。数学方法在化学中的运用必须始终以化学事实为基础并且要接受化学事实的检验。

5.2.5 化学学习中的形象思维方法

化学学习的形象思维,是在形象地反映化学事物具体形态的感性认识基础上,通过意象、联想和想象来揭示化学事物本质直至建立模型等形象思维活动。在化学学习活动中运用形象思维的一般机制是:观察→意象→联想→想象→模型、模仿或模拟。通过观察获得感性材料,形成化学事物的表象,经过分析与综合等活动,以形象的形式更集中地反映对象的共性。这种对同类事物形象一般特征的反映即为意象。联想是由一事物想到另一事物的思维活动。想象是在联想的基础上,经过分析综合,加工原有意象,创造出新意象的思维活动。

案例研讨

离子型碳化物与水反应的化学方程式

ZnC_2、Al_4C_3、Mg_2C_3、Li_2C_2 等金属离子型碳化物与水反应的化学方程式可以从熟知的 CaC_2 制 C_2H_2 的反应(模型)进行思考,从中得到必要的启示。

$$Ca[C_2 + 2H]-OH \longrightarrow Ca(OH)_2 + C_2H_2 \uparrow$$

结合

由上述反应可以得出任意离子型碳化物与水反应的通式：金属碳化物＋H_2O —→ 金属氢氧化物＋烃，其中氢氧根源于水电离出的 OH^-，烃中的氢源于水电离出的 H^+。由此模型可以类比推出其他离子型碳化物与水反应的化学方程式：

$ZnC_2 + 2H_2O \longrightarrow Zn(OH)_2\downarrow + C_2H_2\uparrow$ 　　　　$Al_4C_3 + 12H_2O \longrightarrow 4Al(OH)_3\downarrow + 3CH_4\uparrow$

$Mg_2C_3 + 4H_2O \longrightarrow 2Mg(OH)_2\downarrow + C_3H_4\uparrow$ 　　　　$Li_2C_2 + 2H_2O \longrightarrow 2LiOH\downarrow + C_2H_2\uparrow$

5.2.6　化学学习中的符号思维方法

化学符号是化学事物特殊的物质表示形式，具有物质性、可感知性，并且被赋予一定的含义，有一定的表述、操作和演变规则，具有授义性和运演性。[①]

化学语言符号可以表现思维的结果和作为思维工具用于建构化学知识。由于化学符号具有潜在的思维能量，它可以诱发思维过程，使其潜在的含义变为具体的符号形式。运用化学符号来代表化学事物、把化学符号作为思维运演的工具和媒介而进行的思维活动方式就是化学符号思维。用元素符号、电子式、化学式、结构式、化学方程式以及其他化学符号来表示严格定义的化学事物的科学概念、表示化学事物之间特定关系和运动变化规律的过程，是典型的化学符号思维的过程。

化学符号思维是一种交叉性思维，在化学符号思维过程中常伴随着形象思维、抽象思维乃至灵感思维和社会思维。操作性、形式化和结构化是化学符号思维活动的 3 个基本性质。明确化学符号的含义和使用规则，是提高化学符号思维活动效率的重要策略。

随堂讨论

以化学符号"P_4"或"SiO_2"为例，说明如何发挥形象思维和抽象思维在化学符号思维过程中的作用？

5.3　化学学习方式

核心术语

- ◆ 学习方式
- ◆ 接受学习
- ◆ 探究学习
- ◆ 研究性学习
- ◆ 发现式学习
- ◆ 自主学习
- ◆ 合作学习
- ◆ 学习理念

学习方式是指学生在完成学习任务时基本的行为和认知取向，是学生在研究解决其学习任务时所表现出来的具有个人特色的方式。同一项化学学习任务可以通过多种不同的化学学习活动来完成。一般而言，选择什么样的化学学习活动来完成化学学习任务，受到化学学习方式的影响较大。

传统的化学学习方式，存在的主要问题有：被动接受的多，主动探究的少；个人理解的多，小组合作交流的少。新课程倡导探究学习、研究性学习、发现式学习、自主学习和合作学习。

[①] 吴俊明，王祖浩.化学学习论[M].南宁：广西教育出版社，1996：157.

资料卡片

5-5 接受学习和发现学习的比较

从教育心理学角度讲,学生的学习方式有接受和发现两种。

在接受学习中,学习内容是以定论的形式直接呈现出来的,学生学习的心理机制或途径是同化,学生是知识的接受者。

在发现学习中,学习内容是以问题形式间接呈现出来的,学生学习的心理机制或途径是顺应,学生是知识的发现者。

这两种学习方式都有其存在的价值,彼此也是相辅相成的关系。但是传统学习方式过分突出和强调接受和掌握,冷落和贬低发现和探究,从而在教学实践中导致了对学生认识过程的极端处理,使学生学习书本知识变成仅仅是直接接受书本知识(死记硬背书本知识即为典型),学生学习成了纯粹被动地接受、记忆的过程。这种学习窒息人的思维和智力,摧残人的学习兴趣和热情。它不仅不能促进学生的发展,反而会成为学生发展的阻力。转变学生的学习方式,就是要改变这种状态,把学习过程之中的发现、探究、研究等认识活动突显出来,使学习过程更多地成为学生发现问题、提出问题、分析问题、解决问题的过程。

〔钟启泉,等.为了中华民族的复兴为了每位学生的发展
《基础教育课程改革纲要(试行)》解读[M].上海:华东师范大学出版社,2001:279.〕

5.3.1 探究性学习

美国《国家科学教育标准》中对科学探究是这样说明的:"科学探究指的是科学家用以研究自然界并基于此种研究获得的证据提出种种解释的多种不同途径。科学探究也指的是学生们用以获取知识、领悟科学的思想观念、领悟科学家研究自然界所用的方法而进行的各种活动。"后一种探究就是指学生的探究学习。"探究是一种多侧面的活动,需要做观察;需要提出问题;需要查阅书刊及其信息源以便弄清楚什么情况已经是为人所知的东西;需要设计调研方案;需要根据实验证据来检验已经为人所知的东西;需要运用各种手段来收集、分析和解读数据;需要提出答案、解释和预测;需要把研究结果告之于人。探究需要明确假设、需要运用判断思维和逻辑思维,需要考虑可能的其他解释。"

探究学习是学生学习化学的一种重要方式,也是培养学生探究意识的一种重要的途径。探究学习也称为探究性学习。判断一种学习是不是探究学习,可以从学习过程是否体现了科学探究的构成要素,体现了哪些要素来判断。在学习过程中,学生的自主性发挥得如何,探究的问题是不是学生独立提出的或者在教师的启发下提出来的,猜想和假设是不是学生们在分析问题的基础上提出来的,证据是不是学生们自己收集的,验证是不是学生自己完成的,解释是不是学生自己完成的。科学探究的这些环节中,学生们自主性越大,发展学生科学素养的作用就越大。

作为一种学习方式,研究性学习与探究性学习具有同样的意义,都是与"接受学习"相对立的概念,贯穿所有学科、所有学习活动;但是在我国,研究性学习还是一种课程形态,是以国家必修课程的强制形式对它进行的法制认定,是为了给学生开展"研究性学习"学习方式提供相对独立、有组织、有计划的学习机会,以达到课程结构化和效益化的效果。

案例研讨

> **二氧化硫是酸性氧化物的探究**
>
> 【设疑】从组成上看，SO_2 和 CO_2 很相似，它到底是不是酸性氧化物，我们如何设计实验来验证？
>
> 【讨论】
>
> 生甲：在刚才做 SO_2 溶解性实验得到的溶液中滴入石蕊，如果石蕊变红，说明 SO_2 和 H_2O 反应生成了酸，证明 SO_2 是酸性氧化物。
>
> 生乙：不一定吧，与水反应生成酸的氧化物就一定是酸性氧化物吗？
>
> 生丙：酸性氧化物的概念应该是和碱反应只生成盐和水的氧化物。
>
> 生丁：如果是酸性氧化物，就应该有酸性氧化物的通性，我们可以利用它的通性来设计实验证明。
>
> 师：同学们分析得都很有道理，我们可以用酸性氧化物的通性来检验 SO_2 是不是酸性氧化物。与水反应的实验在溶解性实验中已得到验证，下面我们关键要验证能否与碱反应。
>
> 生：桌面上没有二氧化硫气体。
>
> 师：对呀，没有二氧化硫气体应该怎么办？桌面上有没有能产生 SO_2 的物质？
>
> （学生议论纷纷。）
>
> 生甲：桌面上的物质中只有火柴点燃能产生二氧化硫气体。
>
> 生乙：可火柴产生的二氧化硫气体怎样收集并通入碱液？
>
> 师：用火柴产生的二氧化硫气体来和溶液反应，这个想法很有创意，但怎样才能使点燃火柴产生的气体与溶液反应，同学们能否根据桌面上提供的仪器设备设计出一套实验装置来？
>
> （组织学生分组讨论，教师恰当提示，各组派代表展示设计成果。教师恰当分析总结各组成果的优缺点，投影出简易装置图。）
>
> 学生动手操作实验，观察实验，师生共同总结出酸性氧化物的有关性质。

5.3.2 研究性学习

广义的"研究性学习"指的是一种学习方式和理念，狭义的"研究性学习"则是指一类课程。最具权威性的解释当属教育部文件《普通高中"研究性学习"实施指南（试行）》中的界定：研究性学习是在教师指导下，从自然、社会和生活中选择和确定专题进行研究，并在研究过程中主动地获取知识、应用知识、解决问题的学习活动。

研究性学习强调的是，学生通过探索实践，增强探究和创新意识，学习科学研究的方法，发展综合运用知识的能力。学生通过研究性学习活动，形成一种积极的、生动的、自主合作探究的学习方式。各种富有时代感的主题（如环境教育、国际理解教育、价值观教育等）都可以不断地渗透于研究性学习的活动之中。

研究性学习的核心活动是课题研究或项目探究活动，即在教师的指导组织下，学生主动地模仿或遵循科学研究的一般过程，选择一定的课题，通过调查、观察、测量、文献资料收集等手段，收集大量的研究资料或事实资料，运用实验、实证等研究方法，对课题展开研究，解决问题，并撰写研究报告或研究论文。

研究性学习有两种含义：一是作为一种学习方式，二是作为一类课程领域。作为一种学习方式，研究性学习与把书本知识作为结果来获得的接受性学习相比较，研究性学习强调让学生通过探究和发现来进行书本知识的学习。在学科课程中，研究性学习往往具有鲜明的学科特征，其探究往往围绕本学科领域的问题来展开。作为一类课程领域,研究性学习又可以称为研究型课题,它超越特定的学科知识体系和严格的课堂教学的局限,强调综合运用所学的知识和技能,要求学生自主地从学习生活和社会生活中选择和确定关于自然、社会和学生自身等方面的问题,展开类似科学研究的过程,从而获得探究的体验,发展探究能力和创新精神,以及良好的情感、态度和价值。

5.3.3 发现式学习

发现式学习的主要倡导者是美国的布鲁纳。布鲁纳认为,在教学过程中,传授知识固然重要,但更重要的是学生获得知识的体验,是学生是否进行了充分的智力活动。他特别主张培养学生探究问题的精神和独立解决问题和预见未知的能力。

所谓发现式学习,就是指学生通过自己再发现知识形成的步骤,以获取知识并发现探究性思维的一种学习方式。在发现式学习中,学生的主要任务不是接受和记住现成的知识,而是参与知识的发现过程;教师的主要任务也不是向学生传授现成的知识,而是为学生发现知识创造条件和提供帮助。

发现式学习的基本过程是:先由教师创设情境,使学生在这种情境中产生认知矛盾,从而进行积极、主动的思考,提出要解决的问题和设想,然后经过分析和操作等过程,对学习对象进行加工、改组,最后归纳出结论,并用这个结论来解决新问题。

发现式学习的优点为:① 能使学生的内在学习动机得到充分激发;② 能使学生的探究精神和独立解决问题的能力得到一定程度的培养和提高;③ 能使学生的智力得到开发。然而,发现式学习也有其局限性。具体表现为:它要受到学习科目、学习内容及学生自身心智的制约;其适用范围是有限的,并非所有的科目都适合于使用发现式学习;学生掌握知识的总量也是有限的;学生在学习过程中需要花费较多的时间,而且有些发现不一定有意义。

随堂讨论

试比较探究性学习、研究性学习、发现式学习有何联系与区别?化学新课程是如何体现这些学习方式的?

5.3.4 自主学习

社会认知学派的齐莫曼(Zimmerman)从 1986 年就开始研究自主学习(Self-Regulated Learning,简称 SRL)的概念。他认为,自主学习是学生在学习过程中的认知、情感和行为处于活跃状态的过程。1990 年,他又提出,自主学习是学习者激励自己并使用适当学习策略的学习。即是对元认知策略、动机策略与行为策略的系统作用,是对有关学习有效性的反馈作出反应,是对学业完成情况的自我知觉。一般而言,自主学习包括认知、情感与意志行动三个方面,强调学习的策略性,强调学习者根据对任务的认识(如知道什么不知道什么、难点和重点是什么、目标是什么等)来分配资源。我国学者庞维国认为,自主学习又称自我调节学习,一般是指学习者自觉确定学习目标、选择学习方法、监控学习结果的过程。

1. 自主学习具有主动性、能动性和独立性的特征

(1) 主动性。其表现为学生对学习具有内在的需要,这种需要可能是建立在他对学习过程本身的热爱的基础上,也可能是出于对学习结果的渴望。学生一旦有了对学习过程本身的热爱,学习活动

对他来说就是一种享受,而不是一种负担,是一种愉快的体验。正像奥运冠军郭晶晶所说的那样,"我之所以坚持到现在,是我对跳水的热爱"。

(2) 能动性。是指学生能够根据学习目标、学习任务,能够自我计划、自我管理、自我指导,并根据学习的过程自己调整学习策略和学习方法,对学习的过程和结果自我评价、自我总结、自我反思,并通过反思来指导自己以后的学习。

(3) 独立性。独立性是自主学习的核心特征。新课程改革要求在教学过程中充分尊重学生,尊重每一个学生的权利,积极鼓励学生独立学习,学会学习。当然,学生独立学习的能力也不是一蹴而就的,有一个从对教师的依赖到独立的过程,所以教师在教学过程中要注意对学生的引导,慢慢培养学生学习的独立性。

案例研讨

> 高一第一学期的期中考试结束了。小李老师发现,对比升学考试成绩,有的学生进步了,有的学生却退步了。其中有两名学生——丽丽和佳佳的情况形成了鲜明的对比。她们在升学考试中的成绩几乎是一样的,但是这次考试表明,丽丽的成绩出现了快速的进步,已经跃为班级的前几名了,但是佳佳却出现了大幅的退步。
>
> 为什么会出现这种状况呢?小李老师决定找这两位同学谈一谈。其中与丽丽谈话的结果表明:丽丽很快适应了高中阶段的学习,具备了较强的自主学习的能力。
>
> 下面是小李老师和丽丽谈话的片段。
>
> 小李老师:"你期中考试的化学成绩很好,进步很快。有什么窍门吗?"
>
> 丽丽:"我喜欢化学,我喜欢上化学课。"
>
> 小李老师:"你每天除了上课听课外,在化学学习方面还做了些什么?"
>
> 丽丽:"在每次化学课之前,我都会根据老师的提示做好预习,并找出重点问题和我没弄明白的问题,然后去听课。听课之后,我会对照老师讲的和自己理解的,再进行复习。每次课后我会将当天学习的知识点进行归纳及复习,每一单元学完后我也会将知识系统地复习和归纳。特别是老师在课堂介绍的概念图,我觉得特别好。每一单元学习后,我都会自己学着做一张这样的图,将知识点连接起来。"
>
> 停顿了一会儿之后,丽丽接着说:"另外,在每一单元的学习之后,我会找到自己学习上的难点,然后再仔细阅读一些相关的学习资料,找老师或同学讨论,然后找一些相应的练习做一做。"

自主学习,是就学习的内在品质而言的,与之相对的是被动学习。自主学习更多反映的是学生在观念上对学习和学习过程的认识以及在这种观念下表现出的积极性、自主性、能动性和创造性。自主学习是真正让学生成为学习的主体的重要途径。

2. 自主学习有以下一些基本特征

(1) 在学习动机方面,自主学习者都具备明确的学习动机;在学习策略上,自主学习者表现为有意识、有计划地选择和使用自己的学习策略。

(2) 在学习时间上,自主学习者表现为有计划、有目的地管理和安排自己的时间,能够自我约束,合理安排时间。

(3) 在学习结果方面,自主学习者对自己的学习有合理的预期,能够对自己的学习结果有清醒的认识,对自己的学习效果能够判断和反思,并能够根据学习结果对学习活动进行适当的调整。

(4) 在学习环境方面,自主学习者表现为能够对学习情境出现的各种信息很敏感,做到随机应变。

5.3.5 合作学习

合作学习是指学生在小组中从事学习活动,并依据他们整个小组的成绩获得奖励或者认可,以促进学生在异质小组中互助合作的课堂教学策略。学生之间在学习过程中的合作则是其基本特征。在课堂上,同伴之间的合作是通过组织学生在小组活动中实现的,小组通常由3~5个人组成。小组充当社会组织单位,学生们在这里通过同伴之间的相互作用和交流展开学习,同样也通过个人研究进行学习。

1. 合作学习一般具有如下特征

(1) 合作学习是以小组为基本形式的一种教学活动。在小组活动中,合作学习通常采用异质小组,力求小组成员在性别、成绩、能力、背景等方面具有一定的差异,使之具有一定的互补性。

(2) 合作学习是以教学动态因素的互动合作为动力资源的一种教学活动。合作学习要求所学的教学动态因素(教师和学生)都应当保持互动,特别是合作性的互动,由此推进教学过程。强调动态因素之间的合作性互动是合作学习所具有的重要特征之一。

(3) 合作学习是一种目标导向的教学活动。所有的学习活动都是围绕着达成特定的共同目标而展开的。

(4) 合作学习是以团体成绩为奖励依据的一种教学活动。合作学习通常不以个人成绩作为评价的依据,而是以各个小组在达到目标过程中的总体成绩作为评价与奖励的标准。这种机制把个人之间的竞争转化为小组之间的竞争,从而促使小组内部的合作,使学生在各自小组中尽其所能,得到最大限度的发展。

案例研讨

"氢能的开发和利用"合作学习的设计和实施

(1) 教师先让学生预习书本上的相关知识,通过这个步骤,初步了解氢能的三大优势:燃烧热值高,清洁无污染,资源丰富。然后从这三大优势出发,让学生思考为什么并推测氢能的应用前景。了解氢能目前没有被大规模使用是因为目前还有三大难题尚未解决:制取成本高,储存困难,运输困难。让学生围绕这些具体任务再去探明究竟。这样就把三大主题划分成七个更具体的任务。

(2) 教师先确定小组规模(每组六人),按照"组内异质,组间同质"的原则,即让小组内各成员的能力有所区别,但各小组的实力相当(有利于进行交流、合作和竞争)。将全班同学分成七个小组,采取抽签的方式确定每个小组的任务,然后教师就学习任务进行解释。

(3) 在每个小组内,同学协商决定每个人的职责任务,落实个体责任,并互相监督。学生间的合作学习正式开始。

(4) 各个小组成员在经过自己的探究学习活动之后,经过对资料的收集、整理、分析和归纳之后,就小组任务的完成情况相互之间进行交流、讨论,优势互补,把各自成果整合起来。教师需要及时提供帮助,给予指导,掌握小组进行情况。

(5) 各组将自己的小组成果展示给大家,经过其他小组成员的讨论,进行一定的修改和完善,最后重新整合为三个联系紧密的主题课件,老师就小组活动过程进行总结评价。

(6) 课堂上,教师把握整堂课的总体进程,对整节课进行宏观调控,课堂以学生展示自己的成果为主,教师和学生给予及时的评价。

〔汪晓飞,周勇.化学合作学习策略的行动研究[J].化学教学,2008(1):28-29+10.〕

2. 开展合作学习过程中需要注意的问题

（1）合作学习首先必须要有适合学生分工合作的教材内容与探究课题，这样才有利于组织学生展开合作学习。用于合作学习的课题应具备真实性、复杂性、挑战性和开放性特点。

（2）按组内异质、组间同质确定合作小组，使每个学生都有职责。

（3）教师是学生的指导者、组织者和参与者，并及时对学生的表现作出反馈。

5.3.6 深度学习

美国的詹森(Eric Jensen)和尼克尔森(LeAnn Nickrlsen)在《深度学习的7种有力策略》中提出了一种深度学习的教学模式——深度学习路线(简称为 DELC)。详见图 5-3。

图 5-3 深度学习路线

深度学习路线共分为 7 个步骤。①"设计标准与课程"：将相似或相关的学习对象安排在一起，创设合乎学生发展的、有意义的教学单元(课程)。②"预评估"：在充分了解每个学生已有认知的基础上，设计教学单元目标以及学生个体目标。③"营造积极的学习文化"：学生需要微妙的情绪平衡来顺利地进行学习，因此需要营造安全的、令人鼓舞的、学生受益的学习环境，建立学生间和师生间的积极关系。④"预备与激活先期知识"：教师做好充分的课前准备，并通过提问、讨论、练习等激活先期知识，形成连接。⑤"获取新知识"：教师向学生提供书籍、课本、期刊、录像带、互联网等资料或平台，学生通过探究掌握学习内容和重要思想，并与同伴分享自己的学习成果。⑥"深度加工知识"(核心步骤)：对学习内容进行精细和有效加工，运用分析、综合的思维方式解决问题，并能实现迁移和应用。⑦"评价学生的学习"：运用多种方式评价学生的学习，如练习、同伴反馈和学生自省等。从图 5-3 还反映出，教师经过上述 7 步后进行总结、反思和调整，从而改善下一轮的深度学习过程，这样就使得深度学习路线成为一个可持续发展的深度学习路线。

我国教育部基础教育课程教材发展中心"深度学习总项目组"把"深度学习"界定为：在教师引领下，学生围绕具有挑战性的学习主题，全身心积极参与、体验成功、获得发展的有意义的学习过程。在此基础上，进一步提出深度学习的教学设计为挑战性学习主题、深度学习目标、深度学习活动、持续性评价四要素。① 挑战性学习主题。是指围绕某一核心知识组织起来的有难度且系统体现学科思想方法，能够激发学生深度参与和持续发展的教学单元。② 深度学习目标。是指期望学生获得的学习结果，包括获得学科思想方法，促进学生深度理解和灵活迁移，形成高级的社会性情感、积极的态度和正确的价值观。③ 深度学习活动。是指"如何学"才能达成深度学习的目标，是以理解为基础的实践性学习活动，学生在教师指导下，通过抽象、概括、分析、综合等思维方式解决不同情境中的问题，在已有知识基础上的建构性的活动。④ 持续性评价，回答"是否达成了既定目标"。是指依据深度学习目标，为学生的深度学习活动持续地提供反馈，帮助学生改进和发展。①

---

① 郭金花.基于深度学习的高三化学教学模式的构建与实践[J].化学教学，2020(12)：23-29.

> **案例研讨**

> **基于"深度学习"的化学教学改进**
>
> (1) 主题的确立
>
> 确立主题是进行深度学习教学设计的首要任务。确立主题时要基于课程标准、知识结构和学生经验。主题可以是社会性议题和热点问题,也可以是日常生产生活需要解决的问题,还可以是化学学科问题。当明确主题后,还需要多维系统审视该主题是否涵盖了核心知识,是否承载了学科思想方法和学生发展核心素养,是否贴近社会和生活,是否真实且有意义,是否能让学生感兴趣,是否具有可操作性。
>
> (2) 主题学习目标和主题规划
>
> 确立主题学习目标时,要指向学生的发展,指向高阶思维和学科思想方法、学科核心素养。具体来说,要体现化学课程标准和教科书的基本要求,要符合学生的已有基础,以核心知识为载体,指向学生对学科思想和方法的理解,指向迁移应用所学知识和方法解决新问题能力的发展。
>
> (3) 学习活动的设计
>
> 设计主题学习活动,需要设计的内容包括活动目的与内容、活动形式与组织、活动的素材选取与使用。这些内容的设计需密切结合主题教学的目的,特别是需依据主题规划时确定的驱动问题和内容问题进行设计。
>
> 进行活动设计时,最主要的原则是依据问题解决或者学生认识能力发展的需要,有针对性地设计合适的活动内容和形式,确保落实学生学科思想方法的建构和素养的发展。由于教学时间有限,教师需要分析活动的主次,确保核心活动的重要地位和实施的空间,确保核心活动的开放度,避免学生的实践性和自主性过小。
>
> (4) 持续性评价的设计
>
> 为了确保设计出来的活动质量,需要综合多个方面考量评价:重要的活动是否与深度学习目标相契合;是否让学生参与了挑战性任务;重要活动是否给予了充足时间,是否让学生有足够的机会思考和完整体验;课上课下活动是否有机结合,分配合理;在整个主题教学中,学生是否经历了多样化的活动形式;每个活动的目的与内容、形式与组织、素材选取与使用是否匹配。
>
> 持续性评价主要指整个教学过程都要进行评价,包括教学前、教学过程中的重要阶段、教学后。另外,持续性评价的内容应该为学生的学科思想方法和学科素养,在主题教学中核心活动基本上都承载并落实上述目标。
>
> 〈胡久华,罗滨,陈颖.指向"深度学习"的化学教学实践改进[J].课程·教材·教法,2017,37(03):90-96.〉

5.4 化学学习策略

核心术语

- ◆ 化学学习策略　　◆ 学习策略类型　　◆ 概念图策略　　◆ 多重联系策略
- ◆ 化学问题解决策略　◆ 思维导图策略　　◆ 元认知策略

化学学习策略是指学习者在化学学习活动中有效学习的程序、方法、技巧及调控方式。它既可以是内隐的规则系统,也可以是外显的操作程序与步骤。学习策略的基本特征是具有方法性和自我调控性。

随堂讨论

两名刚参加完高考的学生的对话：

学生甲：化学真难学啊，知识点那么多，又那么难，学到了化学平衡，可我不懂得怎样才算平衡；学到了有机化学，可那些一个个奇形怪状的分子式犹如咒符弄得我头昏脑胀。哎，真难啊！

学生乙：化学难吗？不难呀，你是没有掌握学习方法，我觉得它很好学呀！

根据两位学生的对话，你认为化学是难学还是易学？为什么？

其实有许多学生在化学学习的过程中反映化学学科难学，其中一个主要的原因是化学内容繁多，主要表现为化学学科知识点既多又分散，并且有大量的知识需要识记。那么，作为化学教师，你怎样让你的学生能够像学生乙一样能够轻松地学好化学呢？对于学生来说，要学好化学，掌握一些常用的学习策略，能够根据学习目标、知识内容的特点和学习环境选择相应的学习策略非常重要。

5.4.1 化学学习策略的含义

学习策略是在认知策略的基础上发展起来的，但是多年来教育心理学的研究表明，学习策略不仅仅是认知策略，从学习策略构成成分看，应该是操作成分（学习方法、认知方式）、情态成分（情感策略）、元认知成分（计划、监控策略等）几个基本因素的有机统一。学习策略有内隐和外显之分，还有水平层次上的差异。学习策略既可以是外显的行为，也可以是内隐的思维。

 资料卡片

5-6 WMC学习策略结构模型

WMC学习策略模型由3个主群策略和13个亚群策略构成。主群策略包括：学习方法策略(the strategy of learning way，缩写为W)、元认知策略(the strategy of metacognition，缩写为M)、学习资源的调控策略(the strategy of controlling learning resources，缩写为C)。亚群策略包括：组织策略、收集信息、复述和记忆、复习和预习、注意力集中和保持、目标和计划、自我评价和监控、学习方法的调节、学习态度与情绪的调节、思维方式的选择、学习时间的安排、学习环境的建构、寻求他人的帮助。

〔常雯，李远蓉．学习策略在高中化学学习中使用情况的调查[J]．化学教育，2008(3)：50-52.〕

一般认为学习策略与元认知有着紧密的联系。费拉维尔(Flavell)认为，元认知就是关于认知的认知。认知主体对自身的认知活动的认知，包括对当前正在发生的认知过程和自我的认知能力以及两者相互作用的认知。在实际的学习中，学习者能够对学什么、如何学、何时学、何地学及达到何种学习结果产生明晰的自我意识和自我体验，这就是元认知的作用。

化学学习策略是学习者为了完成化学学习任务而积极进行的认知操作。认知心理学认为，学习不是学生被动地接受过程，而是学习者主动地进行信息加工的过程，学习成果的优劣不仅依赖于教师的传授，更取决于学习者对知识的加工过程，亦即学习者主动地运用学习策略的过程。学习者通过对学习任务和学习材料的加工以及对自身的分析，制订出完善的学习计划，达到提高学习效率的目的。

化学学习策略是衡量会学与否的重要标志。学习策略涉及一系列具体的学习技能，涵盖了学习者能否依据一定的要求和实际情况的发展有意识并灵活地采用一定的方式来解决问题的能力。因此,化学学习策略是衡量个体学习能力的重要尺度,是制约化学学习效果的重要因素之一。

5.4.2 化学学习策略的类型

化学是一门在原子、分子水平上研究物质的组成、结构、性质及其变化规律的学科。本着促进学生对化学学习的目的,从化学知识分类的角度出发,我们可以将中学化学学习策略分为化学事实性知识学习策略、理论性知识学习策略、技能性知识学习策略、化学问题解决策略等。

(一) 事实性知识学习策略

事实性知识主要是指对元素化合物的物理性质、化学性质的宏观水平的描述,元素化合物的制法、存在和用途等知识以及化学与社会生产、生活实际相联系的知识。事实性知识是构成中学化学知识的基础。

事实性知识也是中学生感到记忆困难的一部分内容。因为这类知识都是物质及其变化的宏观表现,具有生动直观、形象具体的特点,学生在理解上一般不会存在困难。但是由于事实性知识涉及的元素化合物知识种类较多,内容相对零散庞杂,所以容易导致学生记忆上的困难。因此,教学中应该针对事实性知识的这些特点,在遵循一般学习规律的基础上,有意识地引导学生重视以下有关事实性知识的学习策略。

1. 多种感官协同记忆策略

心理学的研究表明,学习者接受外界信息时所参与的感觉器官的不同,对信息的保持率也有差异;让多种感官参与学习,能加深大脑的印象,可以在大脑中留下更多的回忆线索,从而提高记忆的效率。因此,在学习元素化合物知识时,要引导学生充分调动各种感觉器官(包括视、听、触、味、嗅)协同活动,对物质及其变化进行全面观察和体验,做到对化学事实知识的全面感知,增进对元素化合物知识的记忆与理解。

这一策略要求在学习上,不能仅听教师的讲解,更要让学生多主动学习,参与社会实践,多动手,多动脑。将实验、观察、社会生活体验结合起来,既可以通过观察获得丰富的感性知识,又可以通过思维获得现象背后的本质和内在联系,同时通过社会实践对元素化合物的知识在社会的应用及对人类自然和社会的影响有更深刻的理解。多种感官协同记忆策略在元素化合物知识、化学事实性知识这类知识相对比较零散、知识点比较多的内容的学习中应用比较普遍。

 随堂讨论

● 以"钠和水反应"实验为例,讨论如何要求学生全面观察实验现象?由实验现象能得出哪些结论?

2. 联系-预测策略

虽然化学事实性知识内容相对庞杂,涉及的物质种类繁多,但是这些知识之间并非完全孤立的,它们之间存在着一定的内部联系。这种联系主要体现在以下三方面:① 事实性知识与理论性知识之间的联系,元素周期律与各具体元素的性质的联系就是这方面最典型的例子;② 事实性知识与学生已有的知识经验之间的联系;③ 事实性知识之间存在的相互联系,例如物质的结构、性质、用途之间的联系,同类物质具有相似性,例如硫酸与盐酸都具备酸的通性。

联系-预测策略是指学生在学习化学事实性知识时,有意识地抓住知识之间的内在联系,并运用已有的知识经验对将要学习的知识的性质作出预测。例如,可运用元素周期律的知识预测某一元素化合物可能具有的性质,然后与教材和教师讲授的内容相对照,找出其中的异同,并分析其中的原因。把握其中的关键点,抓住知识之间的内在联系,减轻记忆的负担。这一策略主要运用于元素化合物知识和化学原理方面的学习。

随堂讨论

根据甲酸的分子结构,请你预测甲酸可能的化学性质。并设计实验证明你的预测。

(摘自苏教版《实验化学》第84页)

3. 知识结构化策略

知识结构化策略是指将事实性知识按一定的线索进行归类、整理,使零散、孤立的知识点彼此相互联系,形成系统化、结构化的知识网络系统。认知心理学的研究认为:短时记忆的空间是有限的,但是它是以模块为单位的,如果将知识结构化,这样短时记忆的容量就会大量增加。同时结构化的组织材料直观、形象、简明扼要,能够清晰地把握知识的内在联系。

事实性知识之间的联系主要有以下几类:

(1) 顺序关系。以同一元素形成的单质和化合物中该元素化合价的高低为线索,将不同类别的物质联系起来形成知识主线。中学化学中比较典型的例子如氮及其化合物的知识主线为:

$$NH_4Cl \longleftrightarrow NH_3 \longleftarrow N_2 \longrightarrow NO \longrightarrow NO_2 \longrightarrow HNO_3 \longleftrightarrow NaNO_3$$
$$Mg_3N_2 \qquad\qquad\qquad N_2O_4 \qquad\qquad\qquad Cu(NO_3)_2$$

(2) 因果关系。按照知识间的因果关系,如物质的结构决定其性质,物质的性质决定其存在、保存、制法、用途等内在逻辑关系,形成相应的知识结构。因果关系的知识结构通常是以某一具体物质的化学性质为核心构建的相应的知识结构。见图5-4。

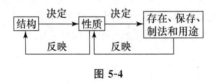

图 5-4

(3) 种属关系。就是找出关键的知识点,以此作为知识结构的连接点,然后分析与其他知识间的内在逻辑联系,并利用它与其他知识的联系,将知识串成"线",连成"网",形成知识网络结构。构建知识种属关系图特别适用于单元复习。

随堂讨论

学习烃的衍生物知识后,为什么要引导学生总结出烃及烃的衍生物相互转化知识结构关系图?

(4) 功能关系。即打破教材内容的章节结构,以物质的功能或活动任务为线索重新构建知识,使形成的知识结构与问题解决活动紧密联系,提高知识检索的效率和解决问题的能力。这一策略主要运用于元素化合物知识的学习中。

 随堂讨论

以"取代反应"为线索,归纳出中学阶段有哪些类型的取代反应,试以实例列出。

(二) 理论性知识学习策略

理论性知识是指反映物质及其变化的本质属性和内在规律的化学基本概念和基本原理。概念是原理的前提和基础,而原理则是对概念的进一步发展,这两者是相辅相成的关系,共同构成化学理论性知识。理论性知识是中学化学知识的重要组成部分。

许多学生在学习理论性知识时,往往只是机械地去背诵、记忆概念和原理的定义,却不能灵活运用概念、原理去分析、解决问题;与事实性知识相比,有些学生则感到理论性知识抽象、难懂等。因此,在学习理论知识时,应该引导学生有意识地注重以下策略。

1. 概念形成策略

概念形成策略是指学生从大量的具体例证中,通过比较、辨别、抽象等形式概括得出事物的本质特征。不难理解,这一策略要求学生主动参与知识的获得过程。

概念的形成一般要经历三个阶段。

(1) 感性认识阶段。这一阶段主要是获得与所要学习的概念相关的具体例证或感性经验。感性经验的获得有多种来源,可以来源于教科书或教师,可以自己动手实验,可以查阅资料等。化学实验是获得化学感性经验的常用方式。因此,要引导学生全面、正确地观察实验现象,以获得丰富、正确的感性经验。

(2) 感性认识上升到理性认识阶段。这一阶段主要是对获得的感性经验进行分析、比较、辨别,找出其共同特征,对共同特征进一步抽象和概括。这一阶段是形成概念的关键。

(3) 概念的明确化和应用阶段。这一阶段就是进一步明确概念,并在练习中加深对化学概念的理解。在这一阶段,需要注意的是要有意识地引导学生进行一些概念变式的练习。变式就是指概念正例的变化。一切包含概念关键特征的事物就是概念的正例。例如,氧气与镁、铁、硫、氢气、碳的反应是"化合反应"这一概念的正例。在这些正例中,"反应的产物只有一种"是这一概念的关键特征,而这些反应在反应物和生成物的种类、颜色、状态、反应现象等方面的特征属于无关特征。这些无关特征往往会干扰学生对概念中关键特征的把握。通过对不同的变式进行比较,突出概念的关键特征,舍弃无关特征,可以使学生更精确、稳定地把握概念,做到对概念灵活、正确的运用。

 随堂讨论

抽象的化学概念往往使学生望而生畏,易挫伤他们学习的积极性。以"催化剂"概念学习为例,说明如何让学生感知并形成概念。

2. 概念图策略

化学概念是对一类化学事物的概括,是化学科学发展的成果,它代表着在人们头脑中保持下来并且组织化了的化学经验,是化学思维的"细胞"和基础。① 化学概念的获得,既包括对新概念本身含义的理解,同时还必须和原有知识体系中的概念建立合适的联系,使学习者形成新的认知结构,这样,概念才会被学习者掌握和理解。简单地说,概念图通常指学习者根据对知识的理解,将某一主题的有关概念置于圆圈或方框之中,然后用连线将相关的概念和命题连接,连线上标明两个概念之间的意义关系。概念图不同于概念,概念侧重于对事物内涵与外延的表述,而概念图侧重于体现概念与概念之间的关联。

 资料卡片

5-7 概念图的四个特征

命题、层次等级、横向联系和实例是概念图的四个特征。

(1) 命题:由两个或多个概念通过某种连接词形成。

(2) 层次等级:概念图中的概念是有层次的。通常抽象水平高的列于概念图的上方,具体的实例列于概念图的下方。

(3) 横向联系:概念图必须反映同一或不同抽象层次概念之间的"横向"联系,这种联系的揭示往往标志着学生的创造能力。

(4) 实例:概念图不只是抽象的概念,还需要用具体实例丰富和加深学生对概念的认识。

绘制概念图,首先要抓住核心概念的定义及其直接相关的中心内容,其次要抓住其他的性质特征,然后要找到它与其他知识的联系。最好的办法就是让学生自己掌握概念图的构成方法,以形成自己支配的独立的知识体系。这种训练可以从一个单元或一节课的总结开始,让学生列出本单元的重要概念,再将这些概念作为课堂讨论和总结的主题,并要求学生画出自己的概念图。概念图的构建要循序渐进,随着学习和训练深入,逐步加大信息量,让学生构建比较复杂的概念图(见图5-5)。

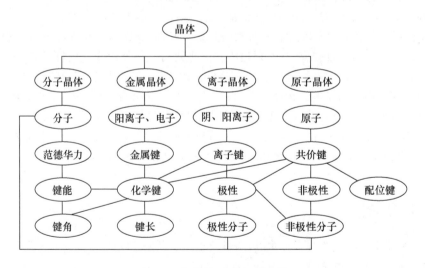

图 5-5 化学键、晶体概念图②

---

① 吴俊明,王祖浩.化学学习论[M].南宁:广西教育出版社,1996:102.
② 曹玉民.概念图——化学学习的有效工具[J].河北师范大学学报(教育科学版),2001(2):121-123.

(三)技能性知识学习策略

技能性知识是指与事实性知识和理论性知识相关的化学用语、化学实验技能、化学计算技能等形成和发展的知识。技能性知识的学习与事实性知识和理论性知识的学习是紧密联系在一起的,需要在理解有关化学知识的基础上进行学习和运用。脱离具体的化学知识和化学情境,进行单纯的技能训练,将会失去技能性知识学习的意义,成为学生的学习负担。

在技能性知识的学习中,应该引导学生注意运用以下学习策略。

1. 多重联系策略

具有独特的化学符号系统是化学科学的一大特征。学习化学符号、理解化学符号代表的意义是学好化学的关键之一。实践证明,学生是否理解可观察到现象的宏观世界与用肉眼难以观察到的微观粒子诸如分子、原子和离子构成的微观世界及元素符号、化学式、化学方程式所构成的符号世界这三者之间的内在联系是影响学生学习化学的重要因素。

多重联系策略是指在学习化学用语时,有意识将化学符号与它所代表的宏观事物、所反映的微观结构有机联系起来,深入挖掘符号本身所代表的多重意义,将元素化合物知识、化学原理知识的学习与化学符号技能的学习紧密联系起来,在理解的基础上记忆。

案例研讨

化学方程式的学习策略

化学方程式:$2H_2 + O_2 \xrightarrow{\text{点燃}} 2H_2O; \Delta H < 0$

由这一方程式可以联系如下几方面的知识:

实验现象:反应物和生成物的状态及相关性质、反应条件、反应现象等。

数量关系:参加反应的氢气、氧气和生成的水之间的定量关系(质量、物质的量等)。

微观世界:H_2、O_2、H_2O所代表的粒子的意义及结构。

反应本质:氢气分子、氧气分子化学键的断裂和水分子化学键的形成,这个过程中还伴随着能量的变化。

---

2. 练习-反馈策略

练习-反馈策略就是指在理解化学技能性知识的基础上,在反馈的参与下反复多次进行一种技能的练习,使其达到自动化的水平。这一策略要求把练习与反馈有机地结合起来。练习后紧跟反馈是掌握技能性知识的基本学习方法。反馈的内容主要是对练习中思路和方法的反思、总结以及发现错误,并使学生明白产生错误的原因和改正的方式。及时反馈对技能的形成和熟练是非常重要的,没有反馈的练习往往会事倍功半,甚至是徒劳无益的。

技能类知识的学习必须通过一定的练习才能形成。技能类知识包括动作技能和心智技能,在化学学习中,例如化学实验操作技能、化学计算技能等。技能由不会到会,由会到熟练,是一个逐渐发展的过程。促进这种发展的基本条件就是练习。因此,技能的学习要精讲多练。但是,并非任何练习都会取得良好的效果:首先,练习时,要采用多种练习方法。练习形式应多样化,注意举一反三。其次,练习要适量、适度,循序渐进。最后,练习过程中应该提供恰当的反馈,以提高练习的效果。

(四)化学问题解决策略

《国务院关于基础教育改革与发展的决定》提出,要"充分利用各种课程资源,培养学生收集、处理和利用信息的能力;开展研究性学习,培养学生提出问题、研究问题、解决问题的能力"。《基础教育课程改革纲要(试行)》提出要"培养学生收集和处理信息的能力、获取新知识的能力、分析和解决问题的能力以及交流与合作的能力"。《普通高中化学课程标准(实验)》指出,高中化学课程"能综合运用有关知识、技能与方法分析和解决一些化学问题","具有较强的问题意识,能发现和提出有价值的化学问题"。可见,化学问题解决的能力已成为时代对学生提出的强烈要求。

1. 问题解决是从已有的条件出发,达成目标任务的高级智力活动

心理学家一般都将解决问题的过程分为四步:理解与表征问题、选择策略或方法、执行方案、评估结果。

(1) 理解与表征问题。表征问题就是把已知问题转化为内在的心理表示,包括问题的条件、目标以及允许的操作的表示。在通常情况下,学生不能正确理解和表征问题,主要有四个方面的原因:① 缺乏明确问题的经验。② 缺乏相关领域的知识,也就是说,学生如果存在未知概念或缺乏日常经验,对问题的理解也会出现困难。③ 急于得出答案。实践表明,很多人都有一个共同特征,就是没弄明白问题之前就急着要得出一个答案。甚至不管已知条件是否充足、所选择的策略是否有效,他们就开始胡乱地把已知条件拼凑在一起进行加减乘除的运算。④ 受心理定势的影响。我们知道,辐合思维是指人的思维朝向一种解决问题的方法,与之相反的发散思维是指思维朝向更多的解决问题的方向。人在理解和表征问题时具有辐合思维倾向的因素叫作心理定势,它能使人由于经验的作用而只看到事物的一个方面,或者由于练习的结果而只想到一种现成的方法。

(2) 选择策略或方法。当问题明确后,就要选择适当的策略或方法来解决它。一般来说,问题解决策略选择是否合适直接关系到问题解决的成败,影响到问题解决的效率。策略的选择是一个复杂的思维过程,要求基于对问题的理解与表征和对策略性知识的掌握情况,选择合适的方法解决问题。

(3) 执行方案。执行方案是一个按照既定方案进行实践的过程。在实施策略时,问题解决者需要不断地进行分析、思考,如果在实施策略这一阶段有了困难,那么不妨倒推回去,看看是不是在理解问题上存在缺陷或是方法的选择上出了问题。

(4) 评估结果。这是解决问题的最后一步,看似简单,却往往会出现问题。因为学生往往会把得出一个数据作为目标,而不管这一数据是否合理或是否能说明问题,就急匆匆去做下一个题目。因此,教师在指导学生解决问题时,要引导学生对解题结果做真正的检验。让他们明白,解题的过程也是一个具有实际意义的逻辑过程。为此,教师可以对他们进行有意识的训练。培养学生评估结果的习惯是教师培养学生解决学习问题的一项重要内容。它包括两个方面的含义:① 学生对自己解决问题行为的适时的监控和评价;② 学生在找到问题的答案之后,对问题及整个问题的解决行为进行评价。

影响问题解决的因素主要有:知识总量、知识的储存方式、认知策略、动机、情绪等一系列非智力因素、问题环境。解决问题的过程是一个运用与问题相关经验的过程,当与问题相关的知识越多时,那么解决当前问题的可能性就越大。学生要正确解题,总是要认出某种熟悉的东西(即模式);问题解决的实质就是模式识别的过程。认知心理学已经提出了问题解决的模板说、原型说和特征说等理论模型。适当的动机强度、良好的情绪状态及对问题的强烈兴趣都有利于问题解决。问题环境包括问题情境本身和外部的指导环境。

2. 化学问题解决策略主要的几种类型

(1) 类比策略

问题解决是以已有的知识经验为基础的,离开了相关的已有知识,问题解决则无法进行。即使我们通常所说的"新问题",也不是完全与已有的知识经验无关,只是相关的知识经验存在于不同的图式中,头脑中没有可以直接利用的问题解决原型,所以感到陌生。类比策略是指设法将新问题转化为已有知识经验中相似的问题(原型),通过比较在二者之间建立联系,从而利用已有问题的解决方法来解

决新问题的一种策略。它是一种常用的问题解决策略。利用类比策略的关键是找到新问题与原型之间的可类比点,也就是说二者要有一定的相似性,类比才可以发生。

案例研讨

(浙江省竞赛题)已知液体 SO_2 和纯水的导电性相近,实验测得两者的比电导分别为 $8\times10^{-8}\ \Omega^{-1}\cdot cm^{-1}$ 和 $6\times10^{-8}\ \Omega^{-1}\cdot cm^{-1}$。试用简要的文字和化学方程式给出解释,为什么在液体 SO_2 中,可用 Cs_2SO_3 去滴定 $SOCl_2$?

【案例分析】液体 SO_2 的类比原型应是纯水,但是两者之间的联系若即若离。因此只能类比推理采用逐步逼近的方法:

类比原型:$H_2O+H_2O \rightleftharpoons H_3O^+ +OH^-$ (H$^+$转移)

简单类比:$2NH_3 \rightleftharpoons NH_4^+ +NH_2^-$ $2H_2SO_4 \rightleftharpoons H_3SO_4^+ +HSO_4^-$

$2C_2H_5OH \rightleftharpoons C_2H_5OH_2^+ +C_2H_5O^-$

思维模式:$AH+AH \rightleftharpoons AH_2^+ +A^-$ (H$^+$转移)

创新类比:$BrF_3+BrF_3 \rightleftharpoons BrF_4^- +BrF_2^+$ (F$^-$转移) $SO_2+SO_2 \rightleftharpoons SO_3^{2-} +SO^{2+}$ (O^{2-}转移)

至此,类比的结果与类比原型几乎已脱胎换骨了。但是万变不离其宗。此"宗"就是离子电荷的自身传递。由液体 SO_2 和纯水的自偶电离,我们就会很自然地联想到其逆过程酸碱中和滴定。

	类比原型	推理结果
溶 剂	纯水	液体 SO_2
离子方程式	$H_3O^+ +OH^- \rightleftharpoons 2H_2O$	$SO_3^{2-} +SO^{2+} \rightleftharpoons 2SO_2$
化学方程式	$CsOH+HCl \rightleftharpoons CsCl+H_2O$	$Cs_2SO_3+SOCl_2 \rightleftharpoons 2CsCl+2SO_2$

新问题与原型之间的相似性有 3 种情况:问题情境之间的相似性、表面关系之间的相似性和深层关系之间的相似性。其中问题情境之间的相似性和表面关系之间的相似性直接影响着问题解决者能否唤醒与新问题相似的原型,也就是它决定着能否在新旧问题之间产生类比。但是,它们只是进行类比的前提,如果仅以这种相似性为基础来进行类比,往往会得到错误的结果。因为只有两个问题在深层关系上具有相似性,才能保证类比的顺利进行。

案例研讨

图甲是两支放在不同高度且燃烧着的蜡烛,当用一个透明的大玻璃筒倒扣住两支燃着的蜡烛时,所观察到的现象是_____,其原因是_____。

图甲　　　图乙

【案例分析】测试结果显示,有70.5%的学生回答结果是:(现象)从下至上,两支蜡烛依次逐渐熄灭;(原因)CO_2的密度比空气大,且既不燃烧,也不支持燃烧。进一步问卷调查显示,这一错误结果,在错答的学生中有95.5%的学生解题思维是受初中阶段的思维"相似块"负迁移引起的,这种"相似块"见图乙实验现象及原因。正确思路是,玻璃筒内为密闭空间,燃烧产生的热CO_2聚集在上部,使得上部O_2深度低于下部,所以高处蜡烛先熄灭。

因此,利用类推策略首先需要对问题进行转换,去粗取精,抓住其主要特征,忽略其无关或次要特征,以突破问题间表层关系,找出新旧问题在深层关系上的相似性,进行类比。研究表明,新手常以两个问题的表面特征为基础进行类比,而专家则能从隐含着的深层结构上的相似性出发来考虑问题的解决。可见,找到问题的深层关系的相似性是运用类比策略的关键。

(2) 分解策略

对于一些复杂的问题,往往难以直接找到问题解决的思路。分解策略是指按照一定的原则将问题分解为一系列相互联系、具有一定层次结构的具体问题,即将问题的目标状态分解为几个次一级的子目标,尽量不要一次处理太多的信息,通过子目标的实现使问题获得解决的一种策略。利用分解策略要注意的问题是,在分解之前,需要从问题的整体结构出发对问题进行分析,从全局上把握问题的起始状态与目标状态及其相互联系,做到对问题的整体理解,然后对其进行分解,避免把问题割裂成没有联系的部分。在各个子目标都完成之后,需要对其进行归纳总结,使之整合为一个整体,使复杂的问题得到最后解决。也就是说,一个完整的分解策略实际上要经历一个综合—分解—综合的过程。

案例研讨

FeS_2 与 O_2 在高温下会发生什么反应?生成什么产物?

【案例分析】

(1) 因为氧化性:$O_2 > S$

根据置换反应规律,可写出如下方程式:$2FeS_2 + O_2 == 2FeO + 4S$(置换反应) ①

(2) 置换反应生成的 S 可在 O_2 中剧烈燃烧:$S + O_2 == SO_2$(化合反应) ②

(3) FeO 被氧化而生成高价化合物:$4FeO + O_2 == 2Fe_2O_3$(化合反应) ③

②③ 式生成的 SO_2、Fe_2O_3 在这个反应环境中不可能再被氧化而生成更高价氧化物,SO_3 在高温下容易分解。SO_2 和 Fe_2O_3 不能化合生成盐,故反应到此终止。

①×2+②×8+③×2,整理,得总反应式:$4FeS_2 + 11O_2 == 2Fe_2O_3 + 8SO_2$

(3) 逆推策略

逆推策略,又称逆向推理策略,是化学问题解决中常用的一种策略。有些化学问题,如果从起始状态出发推至目标状态往往很烦琐,甚至难以解决。逆向推理就是逆向思维、反向思考,它是由于对问题不能进行整体表征,而采取的自下而上的推理活动。解题时从目标状态出发,逐步向后逆推,同时激活与问题有关的各种化学知识,逐个"去伪存真",一步步地缩小目标状态与起始状态之间的距离。

案例研讨

(2006年江苏高考题)……请设计合理方案从 [邻-CHCl-CH₃,COOH苯基] 合成 [邻-CH₂-CH₂-O-C(=O) 苯基内酯] (用反应流程图表示,并注明反应条件)。

【案例分析】要合成目标生成物,可由产物进行逆推,直至搜寻到起始物。

[逆推流程图:从内酯 →逆推→ 邻-CH₂CH₂OH-COOH →逆推→ 邻-CH₂-CH₂Br-COOH →逆推→ 邻-CH=CH₂-COOH →逆推→ 邻-CHCl-CH₃-COOH(起始物)]

要注意的是,在分析问题的时候利用逆推策略,在解决问题的时候,通常需要将逆推的思路反过来,即从已知条件开始组织解题过程。另外,有些问题单纯的逆向推理也难以解决,这时将正向推理和逆向推理有机结合恰是一种不错的策略,它能够使问题解决更简便快捷。

(4) 探究策略

对于一些难以利用已有知识直接推理获得答案的问题,可以采用探究策略。探究策略是指通过对问题的分析,先提出对问题的假设,即对问题的一种推测性论断和假定性解释,然后设法收集能够证实假设的证据,通过对收集到的证据进行抽象概括确定问题的答案,从而达到问题目标状态的一种策略。在探究策略中收集证据的途径有多种,例如设计实验、查阅资料、实地调查等。以实验为基础是化学学科的重要特征,因此,设计并实施实验是常用的获取证据的方式。

案例研讨

探究 $Mg(OH)_2$ 沉淀溶于 NH_4Cl 溶液的原因

【案例分析】

假设一:NH_4Cl 水解呈酸性,即 $NH_4^+ + H_2O \rightleftharpoons NH_3 \cdot H_2O + H^+$,$H^+$ 与 $Mg(OH)_2$ 发生中和反应而使沉淀溶解:$2H^+ + Mg(OH)_2 \rightleftharpoons Mg^{2+} + 2H_2O$。

假设二:$Mg(OH)_2$ 在水中存在溶解平衡,即 $Mg(OH)_2(s) \rightleftharpoons Mg^{2+} + 2OH^-$;加入 NH_4Cl 后生成弱电解质 $NH_3 \cdot H_2O$,即 $NH_4^+ + OH^- \rightleftharpoons NH_3 \cdot H_2O$,使溶解平衡体系中的 OH^- 浓度减小,平衡向溶解方向移动。

【设计实验】

向 $Mg(OH)_2$ 沉淀中加入 CH_3COONH_4 溶液(中性),观察到沉淀逐渐溶解。

【探究结论】

溶解的原因是生成弱电解质($NH_3 \cdot H_2O$),降低溶解平衡体系中 OH^- 浓度,促进溶解平衡向溶解方向移动。即假设二合理。

利用探究策略相对需要较多的时间,但它能让问题解决者经历获得结论的过程,学会解决问题的科学方法。另外,探究策略注重以证据为基础,因此利用它所获得的结论正确程度是较高的。

(5) 程序策略

化学问题的解决,须通过一步一步地操作。按什么样的步骤去操作,学习策略将指示出这种操作的步骤和顺序。当学习者掌握了这种顺序时,就可以减少许多因程序的不明或混乱而造成时间浪费和产生消极情绪。如果学习者已经具备一定数量的知识,但在学习者头脑中各个知识太分散,就像在信息时代计算机系统没有网络化,信息资源不能共享一样,就形不成一定的知识结构。面对各种各样大大小小的"信息孤岛"如何进行整合,形成知识的有序性和连续性才是解决问题的正确途径。

从同时性加工或继时性加工理论出发,可得到解决问题的两种基本形式:

① 将问题中包含的多种信息(刺激)整合成特定的系列,把各种信息按一定方式组成线性顺序排列,即 信息1 → 信息2 → 信息3 → 信息4

② 将问题中包含的多种信息按照共同的特性彼此整合成特定的系列,这种形式(非线性顺序)可表示成如图5-6。至于按何种形式进行解决问题,则要根据问题的特征和解决问题的要求进行。

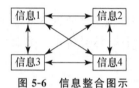

图 5-6 信息整合图示

在问题解决过程中,如何使这些知识内化为学习者有序的认知结构,再外化为解决问题的操作步骤和程序,这就需要学习者具有必备的程序策略。如果这些知识只是杂乱无章地堆积在头脑中,那么,在解决上述问题时就无法提取储存在头脑中的知识并对其进行加工。程序策略提供了解决从认知结构中提取知识去解决问题时遇到的困难或障碍的方法。

案例研讨

将铜、铁、铝三种金属(按等质量混合)的混合物 W g 加入三氯化铁和盐酸的混合液中,充分反应。若无固体剩余,则溶液中的阳离子一定存在哪些离子?一定没有的是什么离子?可能存在什么离子?

【案例分析】解决具体问题思维过程图解为:

```
                    认知结构
        提取          ↓提取         提取
   ┌─────────┬─────────────┬──────────┐
氧化性还原性    金属与盐反应    金属与酸反应
的相对强弱
还原性:Al>Fe>Cu  金属与盐    排在H前面的
氧化性:Fe³⁺>H⁺   反应规律    金属能置换出
                            酸中的氢
        ↓整合加工
   (解决问题的有序   根据氧化还原反应规律可知,氧化
   性和连续性的策略)  性和还原性强的物质先反应,即Fe³⁺
                    先氧化Al,再氧化Fe,最后氧化Cu
            ↓
           结 论
```

在此问题解决的活动中,学生对知识的记忆不再是简单的内容呈现,在遇到实际问题时能够将内化的知识与问题的刺激相交融,对应用知识进行整理,使之在解决问题时提取更加有序,知识的呈现更加连续,思维由此而清晰明朗。

(6) 整体策略

对一个问题不急于从局部入手探求解题途径,而是从整体出发进行综合分析,整体处理,可使思路明晰,计算简洁。例如运用守恒法解题,就是利用物质变化过程中,某一特定的量固定不变(如质量守恒,元素或原子团的物质的量守恒,氧化还原反应中得失电子守恒,溶液中阳、阴离子的正负电荷守恒等)而进行化学计算的解题方法。这种方法的优点是基于宏观的统揽全局的方式列式,不去探究某些细枝末节,因而可简化步骤,方便计算,快而准地得出答案,是较为简捷的一种解题方法。

案例研讨

> 已知 NO_2 和 NaOH 溶液反应方程式为 $3NO_2+2NaOH=2NaNO_3+NO+H_2O$;NO 和 NO_2 与 NaOH 溶液反应为 $NO+NO_2+2NaOH=2NaNO_2+H_2O$。在盛 a mol NO、b mol NO_2 和 c mol O_2 的密闭容器中,加入 V L 某浓度的烧碱溶液后,容器中压强几乎为零,试求 NaOH 溶液的物质的量浓度。
>
> 【案例分析】解题过程中若按方程式分步求解,过程烦琐且易出错。从整个反应过程分析,反应完毕压强为零,则 NO、NO_2 和 O_2 完全反应无剩余,最终产物为 $NaNO_3$,而 $NaNO_3$ 中氮元素来自 NO_2 和 NO 共 $(a+b)$ mol,即 $NaNO_3$ 为 $(a+b)$ mol,由 Na 元素守恒可得 NaOH 也为 $(a+b)$ mol,则 NaOH 物质的量浓度为 $\dfrac{a+b}{V}$ (mol/L)。

化学计算中还有诸如关系式法、终态法、整体化学方程式法等都是整体思维方法的体现。

(7) 模型策略

以某种程度的类似再现另一个原型(原物)的系统,并且在认识过程中以它代替原物,以致对模型的研究能够得到关于原物的信息,这种方法称为模型策略。模型策略是为了探索未知的"原型",依据其表现出来的某些特性,在思维中去设计一种在理论预料中能够产生相似特性的"模型",再在实践的考验中区分真伪或修正其错误,使其逐步提高与现实"原型"的近似程度。这种方法中的"模型"是思维训练的"模型"。

案例研讨

> 试写出 Mg_3N_2、NH_4Cl、PCl_3、$SiCl_4$、IBr、C_2H_5SNa、$NaNH_2$、MgC_2、NH_4H、CH_3COCl、$CO(NH_2)_2$、$(CH_3CO)_2O$ 等物质与水反应的化学方程式。
>
> 【案例分析】根据教科书有关物质水解反应的方程式:
>
> $FeCl_3+3H_2O \rightleftharpoons Fe(OH)_3+3HCl$
>
> $CaC_2+2H_2O \longrightarrow Ca(OH)_2+C_2H_2\uparrow$
>
> $CH_3CH_2Br+H_2O \longrightarrow CH_3CH_2OH+HBr$
>
> $CH_3COOC_2H_5+H_2O \rightleftharpoons CH_3COOH+C_2H_5OH$
>
> 归纳水解反应的实质,构建水解反应的通式——思维"模型",则不难解决上述问题。
>
>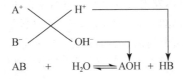

(8) 推理策略

因果关系推理策略是指在前后相随的一些现象中,通过某些现象的相变关系,诸如同时出现、同时不出现或同时成比例地发生变化等事实,归纳出现象间的因果关系。这种策略在化学问题解决中经常运用。

案例研讨

下列两种方法,哪一种得到的悬浊液易于溶解成清液,为什么?

(1) 在盛 0.1 mol/L 10 mL $CuSO_4$ 溶液的试管中滴加 0.2 mol/L 10 mL NaOH 溶液,然后加入 2 mol/L 的氨水溶解之。

(2) 在盛 0.1 mol/L 10 mL $CuSO_4$ 溶液的试管中滴加 0.2 mol/L 10 mL $NH_3 \cdot H_2O$,然后加入 2 mol/L 氨水溶解之。

设计一个实验方案验证上述观点的可靠性。

【案例分析】 假设某种现象在 (a,b,x) 之下出现,在 (a,b) 之下不出现,根据存异方法,我们可以归纳出结论:x 是这种现象的原因。

① $Cu^{2+} + 2OH^- =\!=\!= Cu(OH)_2 \downarrow$

② $Cu^{2+} + 2NH_3 \cdot H_2O =\!=\!= Cu(OH)_2 \downarrow + 2NH_4^+$

①～②最后一步加入 $NH_3 \cdot H_2O$,沉淀溶解的化学方程式均为

$Cu(OH)_2 + 4NH_3 \cdot H_2O \rightleftharpoons [Cu(NH_3)_4]^{2+} + 2OH^- + 4H_2O$

因②产生的 NH_4^+ 可与溶解反应产生的 OH^- 结合成弱电解质 $NH_3 \cdot H_2O$,而使溶解反应向右移动,故可推测方法(2)易成清液。为验证此观点的正确性,可向 $Cu(OH)_2$ 的悬浊液中加入 NH_4Cl 或 CH_3COONH_4,悬浊液均成清液。

因果关系推理策略除案例中运用的存异方法外,还有求同方法、剩余方法、共变方法等。

(9) 信息策略

国际化学奥林匹克(International Chemistry Olympiad,简称 IChO)培训大纲中将信息加工列为首项能力并定义信息为"对文字、图形、直接和间接获得的各种感性和理性认识",而加工的含义更广,包括信息的寻找、选择、整理、储存、重组、应用、预测、评价等。普通高校招生化学科考试(Mam Chemistry Examination,简称 MCE)也注重考查学生对化学知识(特别是接受新信息)的自学能力和对化学问题分析综合、抽象概括、比较判断、迁移推理的思维能力。至此,信息加工与化学问题的解决已融合、交织于一体。

① 信息简约策略。对某些信息密集的化学问题而言,文字叙述往往显得繁杂,特别是其中一些无关信息的干扰与设陷,学生难以准确把握问题之关键或误入歧途。因此,一种值得推荐的策略是:面对复杂问题,首先要大刀阔斧地削去可能屏蔽思维的一些枝节内容,从而在认知结构中清晰地呈现出问题的主干,使复杂的表述简明化,明确问题的始态(已知条件)、终点(待求结论)和节点(可能遇到的障碍)。

② 信息引申策略。化学问题的难易并不取决于题述文字的多少,而在于隐意的深浅和思路的曲直。虽然多次解决相类同的问题可以发展对该类问题的解决能力,但具体涉及某一问题,尤其是开放题,方法和规则并非万能,当指向解题目标的特征信息凝聚个别字词或题意之外时,则需结合具体问题逐字挖掘有用信息,经多角度思考分析后作合理推想,力求上下兼顾,前后呼应,逐级引申、反复论证,直至问题的释惑。信息引申是一项艰难的工作,没有固定的程式可循,因而是对学生知识和能力的综合考验。

案例研讨

为什么镁带燃烧发出耀眼的白光,并有明显的火焰产生,而铁在氧气中燃烧是火星四射而不会有火焰?镁在空气中燃烧的最终产物为什么是 MgO,而难见到有黄绿色的 Mg_3N_2 生成?

【案例分析】上述问题是对金属燃烧现象的本质的探究,是化学知识联系实际的一个典型实例,是教学中挖掘教学内容的思维性的一个典型例子。对题述事实,大多数学生熟悉与此有关的化学背景,然而从题意本身却无从寻找可直接类比的知识或方法作为支撑,因而问题的难度陡增。事实上,从"关键词"入手揭示隐含的信息,引申题意,即可迅速改变"疑无路"的局面。以下给出指向问题解决的一系列引申:

空气中存在着大量的氧气和氮气,而镁既能在氧气中燃烧,又能在氮气中燃烧。

$$2Mg + O_2 \xrightarrow{\text{点燃}} 2MgO \qquad 3Mg + N_2 \xrightarrow{\text{点燃}} Mg_3N_2$$

Mg_3N_2 是黄绿色粉末或块状固体,它在 800℃ 时可分解成镁和氮气,镁在空气中燃烧的火焰温度高于 800℃,那么即便有 Mg_3N_2 生成,生成的 Mg_3N_2 也会分解,即燃烧的最终产物是 MgO。而镁在氮气中燃烧的火焰温度低于 800℃,故有 Mg_3N_2 生成。

火焰是气体燃烧的现象,由镁燃烧有火焰可知,镁在燃烧的过程中一定产生了镁蒸气,可见镁的沸点不会太高,经查镁的熔点为 651℃,沸点为 1107℃。铁在氧气中反应放出的热量不能达到铁的沸点,故铁在氧气中的反应现象是火星四射而不会有火焰。

③ 信息转换策略。化学现象千变万化,从而产生的问题也各式各样,许多截然不同的问题有时可用相同的形式表述,而同一问题时常又以不同的形式呈现。因此,当面临的化学问题信息生疏、概念模糊时,可尝试用自己熟悉的方式(语言、模型、图示、情境等)去描述。一次不行,再换一次,不断调整方向和层次,直至问题的轮廓和关键清晰为止,这就是将一个陌生问题变成一个熟悉的问题,将一个未知变量置换成较易认识的另一个变量,将一个复杂的实际问题简化成一个典型的化学模型。

总之,信息转换策略是一种将待解的问题经过某种转化,归结到一类已经认识或较易解决的问题情境中,从而求得原问题之解的思想方法。

案例研讨

工业上常用金属钠与氯化钾在熔融时反应制取金属钾:

$$Na + KCl \xrightleftharpoons{\text{一定温度}} NaCl + K$$

请你根据下表分析,上述反应最适宜的温度($t/℃$)范围是_____。

	K	Na	KCl	NaCl
熔点/℃	63.6	97.8	770	801
沸点/℃	774	882.9	1500	1413

【案例分析】解决上述问题,可由结果(目标)追溯原因的方式对信息作逆反置换。

适宜温度范围 —纳入一般模型→ 确定反应发生的条件 —转换→ 为什么上述反应能制取金属钾 —纳入一般模型→ 任何反应都有一定程度的可逆性 —转换→ 怎样使上述平衡向右进行 —转换→ 化学平衡向右移动条件 —转换→ 减小生成物浓度 —转换→ 让钾以蒸气形式从熔融液中逸出 —转换→ 什么温度下钾呈气态而钠不呈气态 —转换→ 温度为 $774℃ < t < 882.9℃$(适宜温度)

显然，经上述一系列转换，将一个复杂的化学问题演变成若干个相对简单的命题，最后一步又是轻易可得的推论。由此足见转换策略具有化繁为简、化难为易之特殊功效。

值得指出的是，没有化学原理、方法和模型的支持和活用，从未知向已知领域转化是难以实现的。同一问题可能有多种置换途径，何者最优，应从思路的复杂性、解题者的适应性和解题所需时间等多方面综合考虑。

(10) 反思策略

反思策略是指问题解决者适时对问题解决过程及其结果进行批判性思考和评价的策略。反思是实现自我监控的主要方式。反思策略是一个包容度较大的概念，它包含对问题所指的目标、题给信息的隐显和因果关系的合理性、解决问题过程的清晰性和可靠性、解题思路的简捷性和最优化、解决问题的方法、策略及适用范围等多方面的评价，其中尤以思路评价最为艰难。

案例研讨

甲、乙两个电解池均以 Pt 为电极，且互相串联。甲池盛有 $AgNO_3$ 溶液，乙池盛有一定量的某盐溶液。通电一段时间后，测得甲池中负极质量增加 2.16 g，乙池中电极上析出 0.24 g 金属，则乙池中溶质可能是（　　）。

A. $CuSO_4$　　B. $Mg(NO_3)_2$　　C. $Al(NO_3)_3$　　D. Na_2SO_4

【案例分析】测试结果表明，有 62.4% 的学生按下述思路而错选答案 B。

甲池阴极电极反应为：$Ag^+ + e^- = Ag$，

$$n(e^-) = n(Ag) = \frac{2.16 \text{ g}}{108 \text{ g/mol}} = 0.02 \text{ mol}$$

故乙池中电子转移的物质的量为 0.02 mol。

乙池阴极电极反应为：$M^{n+} + ne^- = M$（设 M 的相对原子质量为 a），

根据甲、乙两池电子转移的物质的量相等，则 $\frac{n \text{ mol}}{0.02 \text{ mol}} = \frac{a \text{ g}}{0.24 \text{ g}}$，得：

$a = 12n \begin{cases} \text{当 } n=1 \text{ 时}, a=12, \text{无此金属} \\ \text{当 } n=2 \text{ 时}, a=24, \text{Mg 符合} \\ \text{当 } n=3 \text{ 时}, a=36, \text{无此金属} \end{cases}$

故答案为 B。

【反思】不少学生由于过分自信，加之形成思路的过程中"思维畅通"，上述推理、演算顺理成章，得到的答案恰好"吻合"。很少有学生对此答案有怀疑，因而不再深入评价答案的合理性和可靠性。

对问题的隐含信息（选项的特点）的分析与评价是解题的突破口：在给定的 B、C、D 三个选项中，因溶液中离子得电子能力为 $H^+ > Al^{3+} > Mg^{2+} > Na^+$，故电解 Al^{3+}、Mg^{2+}、Na^+ 的水溶液时，不可能在阴极上析出金属单质。本题无须计算，答案应为 A。

在反思之后，学生可以采用写反思日记的形式使反思结果内化到自己已有的认知结构中，即以日记的形式总结、记录自己在反思过程中的感受、收获和经验教训，使自己的反思过程具体化。经过一段时间以后，对自己的反思日记进行总结整理，概括提炼出解决某一类问题应注意或遵循的规律、方法，使反思结果转化成能够为以后学习所利用的资源。

有研究表明：中等生与优等生的最主要差异不是基本知识，而是解题方法与技巧（即认知策略）。

教师教授有效的认知策略是引导学生学会解题的重要方面。

关于认知策略的训练,近年来受到国内外理科教学的关注,如化学学科的暴露思维教学法、数学、物理等学科的说题训练,通过说题使隐性的缄默知识(即知道何时选用某部分知识)显性化。当教师在讲解分析试题时,不仅要把知识点及其联系讲深讲透,更重要的是要详尽展示思维的过程。让学生说题(说核心知识、说题目结构、说解题步骤、说解题格式、说思路评价等),暴露学生的思维过程,捕捉缄默知识,使缄默知识显性化。

(五)化学学习的其他策略

1. 思维导图策略

思维导图是20世纪英国人巴赞(Tony Buzan)创造的一种笔记方法。是一种用简洁、高效率和积极的个人参与的方法来表达人的发散性思维的表示方法,也是一种将发散性思维具体化的方法。和传统记笔记的方法不同,思维导图往往是从一个主要概念开始,随着思维的不断深入,逐步建立一个有序的发散的图。它是对思维过程的导向和记录,可以通过思维导图理清思维的脉络,并可供自己或他人回顾整个思维过程。

在化学学习和教学中,思维导图被运用到了学习的各个环节:预习、听课、复习的各个环节。画思维导图时,需先在白纸的中央以一个常用的、习惯的图像(例如一个太阳或一朵云)标出中心主题(预习和复习的主要内容),然后在云朵中央向外画上曲线作为主要分支(视内容定分支数),在主要分支的基础上可以有更小的分支。在预习时快速阅读每一小节内容,圈选出该节的关键词,选择每节的主要关键词,填到主要分支的线上。当该主要分支上还有更细小的分支时,则继续重复上述操作。完成所有关键词填写后,接着在思维导图上做好相关的标记。例如,在各分支上用不同颜色的笔标注上"已明白""有疑惑""完全不明白",等等。

案例研讨

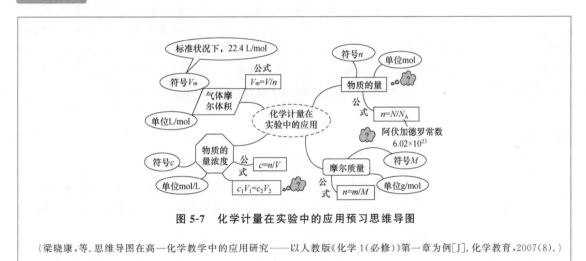

图 5-7　化学计量在实验中的应用预习思维导图

{梁晓康,等.思维导图在高一化学教学中的应用研究——以人教版《化学1(必修)》第一章为例[J].化学教育,2007(8).}

复习中的思维导图的绘制内容可以是一章的整体内容,也可以以某个主题为中心,贯穿整个学习内容。教师要为学生提供交流和评价的机会,把握学生在整个章节中的思维难点和知识重点,同时对其在思维导图中体现的思维错误进行一定程度的修改。

2. 元认知策略

元认知是学习策略中的动力系统,是学习策略中最活跃的成分,其本质属性是指学习者对自己学习过程的有效监视和控制。元认知策略是和认知策略一道起作用的,认知策略是学习过程不可缺少的工作,元认知策略则监控和指导认知策略的运用。元认知策略可以帮助学习者使用许多不同的策略,帮助决定在某种情况下使用哪种策略,或改变策略。元认知策略包括计划策略、监控策略、反馈调节策略等。计划策略指在学习前对学习的规划与安排方面使用的元认知策略;监控策略指学习过程中对学习进程、方法、效果、学习计划实施情况等方面进行有意识监视的元认知策略;反馈调节策略指根据学习进程的实际情况对计划、进程、方法、策略等进行调整的元认知策略,包括调整预先的目标或计划,改变所使用的策略,有意识地矫正学习行为,局部目标尚未达到时采取补救措施等。

元认知在学习策略的选择和运用过程中的作用主要有以下几个方面:

(1) 在面临学习任务之前和实际学习活动期间,激活、调节情绪状态。

(2) 使学习者意识和体验到可供提取的学习方法及学习变量间的关系,并根据对这种关系的分析选择出合适的学习策略。

(3) 学习活动期间,监控学习过程,维持或修改学习行为。

(4) 学习结束后客观地评价学习效果,包括对学习方法使用效果的评价。

总之,元认知在学习中起着整体控制和协调的作用,它的发展水平直接制约着其他认知方面的操作性和监控性,是学习策略结构中最基本的特性。元认知策略是在元认知的参与下直接地或间接地影响学习活动,它不受学习材料和学习情境的制约,可以随时根据学习的变化自我调整以适应不同的学习情境,元认知策略具有变通和迁移的特点。

 资料卡片

5-8 认知策略

认知策略是指对信息进行加工时所用的有关方法和技术,它包括复述策略、精加工策略和组织策略。重复、抄写等都属于复述策略。复述策略是在工作记忆中为了保持信息而对信息进行反复重复的过程。精加工策略的种类很多,如类比和记忆术就是两种比较重要的精加工策略。组织策略是一种对信息进行归类整理的策略,如概念图、层级图、纲要法等都属于组织策略。

本章小结

1. 关于什么是学习,不同的心理学理论流派对此有不同的解释。目前,人们比较一致的认识是:学习是指因经验而引起的行为、能力和心理倾向的比较持久的变化。学习包含了以下三个方面的要素:① 主体自身必须产生某种变化;② 这种变化相对持久;③ 这种变化是由经验引起的,而不是由先天反应倾向或发育成熟所导致的。

2. 化学学习中的方法随着化学科学研究的发展和社会的进步也不断地发展着。常用的化学方法可以根据不同的角度进行分类,最基本的化学学习方法主要有阅读、笔记、提问、练习、复习、实验。新课程改革提倡探究学习、研究性学习、发现式学习、合作学习、自主学习。对化学方法的学习,最重要的是能够根据每个学生的个体特征及相应的学习任务选择合适的学习方法。

3. 化学学习策略是影响学生化学学习成绩的重要因素之一。许多研究表明:学习者对学习策略的掌握情况与其学业成绩有着紧密的联系,通常优秀学习策略的使用者都是学习成绩优异、学习效率高的学习者。学习策略种类繁多,研究者对其进行了不同角度的分类。对于化学学习者来说,掌握一些基本的学习方法策略,然后学会对自己的学习进行控制的元认知策略是非常有益的。

4. 化学问题的解决是化学教学的重点同时也是难点,化学问题解决能力的提高是培养学生创造能力的重要途径之一。研究表明:问题解决能力强的学生,会根据一类问题的共同特征来储存原型,而不是具体的问题。而且在遇到新的问题时,他们会把相近的原型进行改造,创造出新的连接,得到新的原型,从而来解决问题。而问题解决能力差的学生,往往会盲目尝试,缺乏思考的策略。所以学习一些问题解决的策略,例如类比、逆推、图表策略都是化学问题中的常用策略。在问题解决的过程中逐步积累,这样,解决问题的能力才会与日俱增。

本章思考题

1. 学习方式是学生在研究解决其学习任务时所表现出来的具有个人特色的方式。传统化学学习方式存在的问题是(   )。
   A. 主动探究多,被动接受少
   B. 个人理解多,小组合作少
   C. 合作学习多,自主学习少
   D. 探究学习多,发现学习少

2. 化学学习活动的定向环节主要是(   )。
   A. 明确所要解决的问题
   B. 实施解决问题的方案
   C. 得出相应的结构
   D. 对问题及解决问题的过程进行反思与评价

3. 根据学习活动的性质,可把化学学习(综合)方法分为两大类:接受性、再生性学习方法和(   )。
   A. 趣味性、探究性学习方法
   B. 研究性、发现性学习方法
   C. 探究性、发现性学习方法
   D. 研究性、探究性学习方法

4. 类比图像是以常见事物和生活情境(类比物)中学习者所熟悉的内容为依托来实现类比作用的图像,教科书的类比图像本身的有效性可有效降低学习者对科学概念的认知难度。下列前面所述的图像内容与联系内容不符合类比图像的是(   )。
   A. 光线通过树叶缝隙射入密林——丁达尔效应
   B. 汽车穿越大山隧道——催化剂对活化的影响
   C. 孩子进行技巧比赛——共用电子对的偏移
   D. 从山下翻山越岭攀登至山峰——盖斯定律

5. 初中学生学习了金属的化学性质,在高中阶段又有金属的化学性质这一课的学习;许多教师发现,一些学生初中部分的知识掌握不好,但到了高中,由于理解力增强,对金属的化学性质理解很深,这种迁移现象是(   )。
   A. 顺向迁移   B. 逆向迁移   C. 垂直迁移   D. 水平迁移

6. 请说明建构主义理论关于学习的主要观点。说明中学生化学学习的基本特点。

7. 化学学习方法和化学学习策略被认为是影响学生化学学习的重要因素,你能够说明它们之间的关系吗?

8. 什么是概念图策略?请以中学化学教学中的某一概念制作一份概念图。

9. 什么是假说方法?请设计一个教学片段,说明假说方法在化学教学中的应用。

10. 什么是化学学习策略?中学化学学习策略主要包括哪些类型?

11. 问题解决的常见策略有哪些?请以一个具体的化学问题为例,分析可用的问题解决策略。

12. 试说明如何根据化学学科特点和学生认知特征引导学生进行自主学习、探究学习和合作学习?

13. 针对下列问题情境,试分析学生解决问题的思维过程,并总结相应的教学策略:
    化学家研究发现,在一定条件下硼与氯气化合能生成 B_4Cl_4,它是一种淡黄色且有挥发性的固体化合物,低温下保存于真空中。结构测试表明,该化合物中每个氯原子均结合一个硼原子,其键长都是 1.70×10^{-10} m;任意两个硼原子之间的键长都是 1.71×10^{-10} m。试根据上述信息推出 B_4Cl_4 分子的空间构型。

14. 化学学习活动有哪些基本类型?如何根据化学学习活动的基本环节设计化学学习活动?列举2~3种

你设计的化学学习活动。

15. 阅读下列材料：

　　学科或专门领域内的问题解决涉及大量专门知识的应用，这些专门知识是问题解决的基础。离开这些知识，就无法解决相关领域的问题。现代认知心理学根据知识的不同表征方式和作用，将知识分为陈述性知识、程序性知识和策略性知识。陈述性知识又称为描述性知识，主要说明事物"是什么"。……

　　Joseph D. Novak(1984)认为概念图以科学命题的形式显示了概念之间的联系，它强调的是概念之间的层次结构和相互联系，因而能够反映被试陈述性知识的组织特征。在概念图中化学概念之间的横向连线越多，纵向连线越深，说明学生化学概念的掌握程度越好，头脑中的陈述性知识结构化程度越高。……

　　{牛拥，李广洲.学优生与学困生陈述性知识结构化程度差异的探讨[J].
　　中学化学教学参考，2004(8-9)：4.}

根据对上述材料的理解，回答下列有关问题：
(1) 中学化学教科书中的哪些类型的知识属于陈述性知识？
(2) 陈述性知识的教学适宜选择哪些教学方法？为什么？
(3) 试以中学化学某一知识为例，画出该知识的概念图。
(4) 试简要说明中学生在学习化学概念时形成困难的原因。

参 考 文 献

[1] 化学课程标准研制组.普通高中化学课程标准(实验)解读[M].武汉：湖北教育出版社，2004.
[2] 吴俊明，王祖浩.化学学习论[M].南宁：广西教育出版社，1996.
[3] 刘知新.化学教学论(第五版)[M].北京：高等教育出版社，2018.
[4] 阎立泽.化学教学论[M].北京：科学出版社，2004.
[5] 王克勤.化学教学论[M].北京：科学出版社，2004.
[6] 沈德立.高效率学习的心理学研究[M].北京：教育科学出版社，2006.
[7] 王后雄.化学问题解决的策略研究[J].化学教学，2008(1)：5-10.
[8] 吴江明.化学问题解决的心理机制与常用策略[J].化学教育，2005(4)：28-30+43.
[9] 裴娣娜.合作学习的教学策略——发展性教学实验室研究报告之二[J].学科教育，2000(2)：1-6.
[10] 李秋香，吴鑫德.新课改背景下高中化学学习现状的调查与分析[J].中学化学教学参考，2005(12)：47-49.
[11] 郭金花.基于深度学习的高三化学教学模式的构建与实践[J].化学教学，2020(12)：23-28.
[12] 余淞发，邓峰，钟媚，等.高中生化学认识论信念与化学学习策略及其关系研究[J].化学教育(中英文)，2020，41(05)：73-77.
[13] 江辉辉.基于深度学习的化学概念教学——熵[J].化学教育(中英文)，202，41(05)：73-77.
[14] 邓阳，王后雄.中学生书面科学论证能力发展水平研究[J].课程·教材·教法，2016，36(3)：114-121.

技 能 篇

第6章 化学教学设计

> 教学设计就是预选构思并表达关于教学活动目标、过程和结果的想象的观念结构和活动方案的过程。它能够使教学理论准确地转化成实践,使教学效果具有较多的可预见性。化学教学设计的基本任务:一是通过特殊的认知活动(整合)形成具体的教学理念,二是通过技术设计把具体的教学理念转变、物化成教学工作方案。
>
> ——吴俊明

本章学习目标

通过本章学习,你应该:
1. 了解化学教学设计的内涵和类型,领悟化学教学设计的理念和基本要求;
2. 领会基于核心素养的化学教学目标的含义及其意义,确定具体课程内容的教学目标并准确表述;
3. 根据课程标准和教科书确定课时内容在教材体系中的地位和作用;
4. 了解化学教学内容与化学课程内容、化学教科书内容之间的关系,能对化学教学内容进行合理的选择和组织;
5. 根据学科特点和中学生的认知特点分析学生的学习需要,确定学习起点,选择合适的教学策略和教学方法;
6. 掌握化学课时教学设计的环节、步骤及方法,设计合理的教学流程,完成教案设计;
7. 通过研究典型化学教学设计的案例,掌握教学设计的一般方法,评价教学案例的合理性。

6.1 化学教学设计的理论基础

核心术语

◆ 教学设计 ◆ 化学教学设计 ◆ 化学教学设计理论 ◆ 学习理论 ◆ 教学理论
◆ 系统理论 ◆ 传播理论 ◆ 过程模式 ◆ 基本原则

教学设计(Instructional Design,简称 ID),也称教学系统设计(Instructional System Design,简称 ISD),是面向教学系统、解决教学问题的一种特殊的设计活动。它既具有设计的一般性质,又必须遵循教学的基本规律。对于广大中学化学教师而言,虽然每天都在进行所谓的"教学设计",但其实这种设计多出于"直觉设计"或"经验设计",而不是真正意义上的"教学设计"。

随堂讨论

　　小张刚刚从师范院校毕业到一所示范高中任教。学校为了更好地帮助青年教师成长,为他指定了一位非常有经验的老教师做他的"师傅"。新学期马上开始了,师傅的第一个要求就是"备好一周的课,拿给我看看"。虽然在大学也经历过实习,但那完全是被老师一步步牵着手走,这一次真的是要独立了。对于师傅的要求,小张多少有些诚惶诚恐,大学里学的教育理论知识差不多都还给老师了,该从哪里开始呢?他赶紧翻开大学所学的学科教学论教材,仔细研读相关章节。他发现现在的大学教材里,几乎没有提到"备课"这个词。当然,他也明白了自己应该怎样去做课前的准备工作,这样的工作在现代教学论中,被称为教学设计。原来教师的教学工作就像建筑师的工作一样是"设计"。

　　你能帮小张分析一下,为什么他的师傅说"备课",备课和教学设计仅仅是字面上表达的不一样吗?"备课"和教学设计有什么不同?如果你是小张,要上好一堂课,你将要做哪些准备?

　　回顾一下大家的讨论,可以看出,每位教师在教学活动中,都自觉或不自觉地在进行着教学设计,如制订学期教学计划、备课、写教案,这些都是教师教学设计整体工作的一部分。

　　所谓化学教学设计是指教师根据化学教学目标、化学教学内容以及学生的实际(包括知识基础、生活经验、能力发展水平、生理和心理发展特点),运用教学设计的理论和方法,对化学教学方案作出的一种规划。

　　教学设计是一个分析教学问题、设计解决方法并加以实施,进而进行评价和修改,直到获得解决问题的最优化方法的过程。同样的教学内容,不同教师的教学设计思路是不可能完全相同的,从这个意义上说,教学设计充满着教师的个性化色彩,是一项非常有意义的创造性的工作。

　　传统的教学设计通常是建立在教师个人的实践经验基础上的,教师凭借自己以往的教学经验和个人的主观直觉来进行教学规划,时常表现出一定的随意性和盲目性,而现代教学设计则强调教学理论对教学设计的指导作用,强调教学理论对个人经验的理性分析,因此,现代教学设计更加注重科学性和规范性。

6.1.1　化学教学设计的理论基础

　　教学设计研究者对教学设计的理论基础进行了大量研究,提出了许多观点,概括起来有如下一些论点。

　　(1)"单基础"论。此论认为"教学设计的理论基础是认知学习理论",并强调"主要是指加涅的认识学习理论"。[1]

　　(2)"双基础"论。此论主张"教学设计是以传播理论和学习理论为基础"。[2]

　　(3)"三基础"论。此论认为"教学设计是以学习理论、教学理论和传播学为理论基础"。[3]

　　(4)"四基础"论。此论认为"教学设计理论基础包括四个组成部分,即系统论、学习理论、教学理论和传播理论",并强调"学习理论应当是四种理论中最重要的理论基础"。[4]

　　(5)"五基础"论。此论提出"教学设计要以学习心理理论、现代教学理论、设计科学理论、系统理

---

[1] 李克东,谢幼如.多媒体组合优化教学设计的原理与方法(上)[J].电化教育研究,1990(4):18-24.
[2] 张旭,许林.现代教育技术[M].北京:科学出版社,1995:30.
[3] 乌美娜.教学设计[M].北京:高等教育出版社,1994:12.
[4] 何克抗.从信息时代的教育与培训看教学设计理论的新发展(中)[J].中国电化教育,1998(11):9-16.

论和教育传播学为理论基础"。①

(6)"六基础"论。此论主张"学习理论、传播理论、视听理论、系统科学理论、认识论和教育哲学共同构成了教学设计的理论基础"。②

为了更清楚地了解以上观点,列表 6-1 作如下整理。

表 6-1　教学设计的理论基础

项目	学习理论	传播理论	教学理论	系统理论	设计理论	视听理论	认识论	教育哲学
单基础	√							
双基础	√	√						
三基础	√	√	√					
四基础	√	√	√	√				
五基础	√	√	√	√	√			
六基础	√	√		√		√	√	√

由表 6-1 可以看出,人们对教学设计理论的认识无论从数量上还是在选项上都存在很大的差别。造成这种偏差的主要原因是人们对教学设计概念的理解和研究对象的视差所致。然而,其中的学习理论、教学理论、系统理论和传播理论作为教学设计的理论基础的认识是相对集中的。学习理论使教学设计符合学习规律,教学理论指导教学设计的具体操作,系统理论为教学设计提供了整体优化的理论指导,传播理论为教学设计提供了选用教学媒体技术。

资料卡片

6-1　基于 UbD 理论的教学设计

UbD(The Understanding by Design,简称 UbD,下同)理论是由美国教育专家格兰特·威金斯(Grant Wiggins)和杰伊·麦克泰(Jay McTighe)针对传统教学设计中"活动导向"及"教材覆盖"两大误区提出的一种"理解为先"的教学设计方案。主要分为三个阶段:(1) 明确预期学习结果。在掌握知能的基础上,提出指向学科本质和学科理解的学习目标。(2) 确定恰当评估证据。设计者以评估者的角色思考什么样的证据可以证明达到了(1)中的预期目标,并根据不同的目标匹配不同的评估方法。(3) 设计学习体验。通过设计有效、参与度高的学习活动实现预期目标。基于 UbD 理论的教学设计打破传统"目标—活动—评价"的教学设计流程,以"目标—评价—活动"的设计方式将教学设计聚焦于评估证据,避免出现"活动导向"设计的误区,更有利于促进"教学评价"的一体化。

(倪胜军,付绍武,艾进达.逆向、整体、可操作:UbD 理论视角下化学单元教学设计——以九年级"化学方程式"为例[J].化学教学,2021(12):48-51+64.)

6.1.2　化学教学设计的系统要素

从系统论的思想出发,化学教学可以看作一个由若干要素有机结合起来组成的,具有一定教学功能的系统。这些要素包括教师、学生、课程或教学内容、教学媒体、教学策略、教学方法、教学环境等。

---

① 张筱兰.论教学设计[J].电化教育研究,1998,19(1):24-26.
② 冯学斌,万勇.教学设计的理论基础[J].电化教育研究,1998(1):27-30.

教学系统有不同的层次,一所学校的全部课程计划、一门具体的课程、一个教学单元、一节具体的课,都可以看成不同层次的教学系统。一个化学教学系统由教和学两个子系统构成。每个子系统中又分别包含诸多要素(图6-1)。

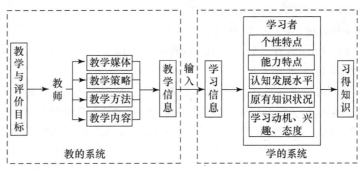

图6-1 化学教学系统要素

在教这一子系统中,教师、教学、媒体、教学策略、教学方法、教学内容等要素,以不同的方式联系,形成不同的教学过程结构。不同的教学过程结构将具有不同的教学功能,能产生不同的教学效果。此外,教学设计的重要内容之一就是要在分析教学系统各要素的基础上,根据课程标准规定的目标和具体的教学目标(预期的效果),优化设计教学过程,合理利用各种学习资源,选择和确定教学策略、教学媒体、教学方法、创设教学情境,科学地安排教学活动,从而达到最优化的教学效果。也就是从多种可能的方案中选择最好的系统方案,使系统具有最优的整体功能。

在学的这一子系统中,学生的学习过程实际上就是学习者对学习环境施加的作用(输入)作出反应(输出)的过程。因此,学习过程是一个开放的系统,也是一个动态的过程。对于持积极态度参与教学活动的学生,通常是主动的和有准备的。其含义是,在教师创设的情境中,当教师精心设计的教学信息(如化学知识或技能)输入时,他们会主动地接近;他们会调出原来的知识结构和经验来"迎接"和接收新输入的内容,获得新知识并很快地与原有的知识结构初步地融为一体(称为"同化")。在融合中,学生能修正原认知结构中不正确的部分,自我排除了过去不正确的理解(称为"顺应"),充实原有的认知结构。

化学教学设计是一个不断研究和解决化学教学问题的过程。新课程更加强调以学生发展为本,以促进每一个学生的发展、提高学生的化学学科核心素养为宗旨,运用系统理论提供的思想和方法,注重对学习者的生理的心理特点、发展需要、已有知识基础和经验、课程学习中存在的问题等做细致的分析和研究,并以此为基础进行化学教学设计。

如果你是一名化学教师,你将怎样进行教学设计?如何使自己的教学设计工作合理、有序地进行?

6.1.3 化学教学设计的基本层次

化学教学系统可分为不同的层次,与此相对应,化学教学设计也可以分为不同的层次,中学化学教学设计的基本层次有下列四个方面。

1. **课程教学设计**

课程教学设计主要解决课程教学的总体规划,制订课程教学的蓝图和宏观方法。它通常包括以下内容：
① 根据课程标准确定课程教学的任务、目的和要求；
② 根据课程教学的任务、目的和要求规划、组织和调整教学内容；
③ 构思课程教学的总策略和方法系统；
④ 确定课程教学评价的目的、标准、模式和方法等；
⑤ 在上述工作基础上，制订课程教学大纲或课程教学计划。

2. 学段（或学期、学年）教学设计

学段（或学期、学年）教学设计是对一学段（或学期、学年）教学工作的阶段性规划。它是在完成课程教学设计后，在了解学校的学年（或学期）教育教学计划，通读和初步研究教材，了解学生上学段（或学期、学年）的整体学习状况及学校教学资源和物质条件的基础上，对本学段（或学期、学年）的学科教学所作的计划和安排（见表 6-2）。主要工作包括：
① 考虑本学段（或学期、学年）教学工作与前、后期教学工作的衔接与联系；
② 根据课程教学设计的总体规划，进一步确定本学段（或学期、学年）教学工作的任务、内容（重点）、教学进度、基本工作方针和措施以及教学评价工作的要求；
③ 制订本学段（或学期、学年）化学实验和实践性活动等计划；
④ 在上述工作的基础上编制出本学段（或学期、学年）教学工作的计划。

表 6-2　学期教学设计方案的格式

_____学年　第_____学期 ××中学化学教学设计方案			
班级：	周学时：	上课周数：	总学时：
教材版本：	制订者：	制订日期：	
1. 基本情况和工作方针 　　① 学生情况简单分析 　　② 本学期主要教学任务 　　③ 教学内容简单分析 　　④ 教师施教的主要措施			
2. 教学进度设计			

周　　次	课题（章、节）	教学时数	备　　注	执行情况

3. 实验设计 4. 参观、实习设计 5. 化学活动课（科学探究）设计 6. 测验、考试设计 7. 其他			
审查意见：		审查者：	审查日期：

3. 单元(课题)教学设计

单元(课题)教学设计是对一个内容单元(课题)教学工作进行的局部规划,是以课程教学总体设计和学段(或学期、学年)教学工作设计为依据,对一单元(课题)教学活动的系统设计,在比较分析教学内容和主体状态的基础上,形成如表 6-3 所示的内容。单元(课题)教学设计工作的主要内容是:

① 确定单元(课题)的教学任务、目的和要求(或教学目标);
② 确定单元(课题)的具体教学内容;
③ 确定单元(课题)教学的结构、策略和方法系统,包括怎样把握单元(课题)内容的内在联系和外在联系,怎样落实重点、难点内容的教学,怎样划分各课时的教学内容,怎样确定师生在教学中的活动方式等;
④ 确定单元(课题)的教学评价方案;
⑤ 在上述工作的基础上编制单元(课题)教学工作的计划。

表 6-3 单元教学设计方案的格式

第×单元《×××××》课题教学设计方案

| 班级: | 时间: | 课时数: | 制订者: |

1. 本单元内容和体系分析
2. 本单元的地位、作用和前后联系
3. 学生的学习基础和可能性分析
4. 本单元的重点、难点和教学关键点
5. 本单元的教学目的、任务和要求(或教学目标)
6. 本单元的教学策略和主要措施
7. 课时分配和教学方法

课　序	教学内容	教学形式	教学方法	备　注

8. 教学准备设计
9. 其他

4. 课时教学设计

课时教学设计是在上述工作的基础上,以课时为单位所进行的教学设计。在各层次教学设计中,从教学内容的角度来看,它是最具体、最细致、最深入的一项教师日常工作,其主要工作包括:

① 确定本课时的教学与评价目标;
② 确定本课时的教学重点和难点;
③ 构思本课时的教学过程、教学策略和教学方法;
④ 选择和设计教学媒体;
⑤ 准备课时教学评价和调控方案;
⑥ 在上述工作的基础上,编制课时教学方案,简称"教案"(又称课时教学计划)。

以上四个层次的教学设计有着各自不同的特点和要求,在实际教学活动中,需要在理解教学任务的基础上注意区分。

6.1.4 化学教学设计的基本原则

1. 科学性原则

化学教学设计的科学性主要体现在下列方面：设计的思想要科学，要以提高学生的学科素养、促进学生全面发展为宗旨；要以科学、可靠、先进的教育教学理论为指导，遵循学生的认知、情感等心理发展规律；要注意化学知识的逻辑顺序、学生的认知顺序和心理发展顺序三者之间的合理结合；注意设计操作的规范性，做好教学目标、教学方法、教学媒体、教学结构等的设计。

2. 系统性原则

所谓系统性原则是指教师在教学设计时必须从整体、动态的观念出发去考察教学系统的各要素，设计各要素的功能、作用以及各要素之间的关系，进而构思教学活动；教学设计时要全面考虑认知、情感、行为等方面的教学目标，不能有所偏废；注意综合集成先进理论、实践经验和新的创造，对教学作出最佳设计。

3. 发展性原则

教学设计必须体现素质教育的价值取向，以学生的全面发展为目标，从学生的长远和可持续发展出发，充分考虑学生的"最近发展区"，重视正确价值观念、必备品格、关键能力的形成，促进良好行为习惯的养成；关注学生的发展和学习需要；尊重学生个性，适应不同层次学生的需要。

4. 主体性原则

在教学设计中要突出学生在教学活动中的主体地位，注意体现学生的能动作用，体现师生之间、学生之间平等和谐的关系；正确把握教师和学生在课堂教学中的角色地位，尊重学生，给每一个学生提供平等活动和表现的机会，保证他们都能主动积极地参与教学活动。

5. 最优化原则

最优化是现代教学设计的基本出发点。最优是一个相对概念，是指在特定范围、特定阶段内的最优。最优化原则要求教学设计时，要充分考虑教学活动中对教学效果起制约作用的各种因素，如教学目标体系，教学策略、方法和程序，教学内容，教学媒体等，进行最佳综合协调，以取得最优的教学效果。

教学的"最优化"不等于"理想化"，要始终关注教学设计方案的可行性和实际效果，根据不同的教学对象和教学条件灵活处理，保证教学设计具有更强的针对性和广泛的适用性，有推广价值。

以上是现代教学设计的基本原则。在各具体环节和范围内，还应该遵守一些特殊原则。

随堂讨论

去中学进行一次教学见习，与授课教师讨论一下他（她）在教学设计中怎样理解和遵循教学设计的一般原则？根据见习课的课题，教学设计中还要遵循哪些特殊原则？

6.1.5 化学教学设计的过程模式

化学教学设计的过程模式是在教学设计的实践中逐渐形成的，运用系统方法进行教学开发、设计理论的简化形式。分析和研究具体的教学设计过程，可以发现其大致过程可分为三个主要阶段：

（1）设计准备阶段。研析化学课程标准，分析学生，分析教材，了解教学资源。① 学习研究各种教学理论和教学主张，结合化学教学实际进行选择、整合，形成自己的教学理念；② 调查、研究学习主体，客观、正确地了解学生的学习基础情况，包括原有的知识基础、学习动机、兴趣、智力和能力发展水平，学习方法和学习习惯，发展潜力和可能性等，还包括班级群体的班风、班纪。为教师制订教学目标、组织教学内容、确定教学的重点和难点、选择教学方法和策略、提高教学的有效性提供客观标准和依据；③ 了解和研究教学任务；④ 研究和掌握教学内容的内在逻辑结构，明确教学内容的重点、难点，把握教学内容的核心和关键；⑤ 调查、研究教学条件和可利用的教学资源。

（2）构思设计阶段。主要包括下列内容的设计：① 教学与评价目标；② 教学内容；③ 教学过程（指导理论选择、教学具体环节及教学策略设计等）；④ 教学媒体；⑤ 教学测评。

（3）评估优化阶段。教学效果预测，教学方案评估与选择，教学方法的调整与优化。

上述三个阶段可用下面的化学教学设计过程模式（如图 6-2）来表示。①

从图 6-2 中可以看出，一个系统化的教学设计是由教学目标设计、达成教学目标的诸要素的分析与设计、教学效果的评价所构成的有机整体。其中教学目标既是教学活动的起点，也是教学活动的归宿。确立合理的教学目标是教学设计最重要的任务。而如何才能达到预期的教学目标，则要依据具体的教学对象分析、教学内容的组织以及选择合适的教学策略和教学媒体。教学设计的最后一个环节是设计评价手段，衡量是否达到预期的教学目标，并为教学活动的反馈修正提供真实的信息。

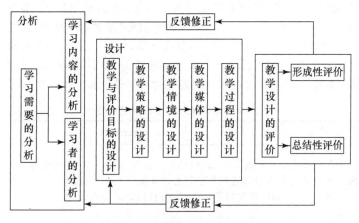

图 6-2　化学教学设计的过程模式

图 6-2 还表明教学设计的各个环节并非单向流程，而是一个循环系统。教学目标的制订是教学设计的首要环节，但它同时又受到教学对象、教学内容和教学效果评价反馈信息的制约。教学对象和教学内容的分析往往是制订具体教学目标的重要依据。教师只有根据课程标准的要求，在分析教学对象、教学内容的基础上，才能制订出合适的具体的教学目标，而教学效果的评价又为下一个教学目标的制订提供反馈信息。围绕教学目标开展教、学、评的设计并实施是实现"教、学、评"一体化的基本思路。"评价"为目标的达成情况进行确证，其结果为后续目标调整提供依据，形成"目标—评价—目标"的循环确证过程。②

6.2　化学课时教学设计

核心术语

- ◆ 课时教学设计　　◆ 学习内容分析　　◆ 教学对象分析　　◆ 教学目标设计
- ◆ 教学重点、难点确定　◆ 教学情境设计　◆ 教学媒体设计　　◆ 教学过程设计

---

① 徐英俊.教学设计[M].北京：教育科学出版社，2001：64.
② 杨季冬，王后雄.论"素养为本"的"教、学、评"一致性及其教学实现[J].教育科学研究，2022(11)：64-70.

课时教学设计是教师日常最重要的工作,课时教学设计反映的就是课时教学方案,简称教案。教案不是教科书的翻版,而是教师结合学生和自己的教学实际,根据教学内容的特点和已有的教学资源综合思考和整体优化,为完成课时教学目标而进行创造性劳动过程的结晶,它是老师引导学生进行课堂教学活动的重要依据,是评价教师课堂教学成效和学生学习效果的主要依据。

6.2.1 化学课时教学设计的内容

化学教学设计最终是以教案的形式来呈现的。教案是以课时为单位设计的化学教学具体方案,是化学教师课时教学设计工作的成果。从关注"具体的教材教法的研究"向关注"有效教学策略研究,促进学生发展"的转变,是从教案走向新课程理念的教学设计的根本转折点。

化学课时教学设计的常用编制形式主要有讲稿式、纲要式、表格式、图表式、综合式等。课时教学设计方案没有固定的格式,一般来说有经验的教师可以写得简略些,新教师写得较为详细些。但主要内容一般应包括:① 课题;② 教学目标(要求);③ 教学重点、难点;④ 课型(绪言课、具体物质课、理论知识课、实验课、复习课、练习课、测验课等);⑤ 教学方法;⑥ 教学用品;⑦ 教学过程设计;⑧ 板书设计。有的还有分析评价一项,供课后填写。其中"教学过程"是教案中最重要的主体部分,应该具体清楚。有的按教学任务和课堂结构划分为几个阶段或环节,如复习旧课、引入新课、讲授新课、布置作业等;有的则按照教学进程,依次标明教师或学生进行的活动,如引言、演示、提问、讨论、小结、讲授、练习、板书等。为简明起见,可用表 6-4 的形式呈现课时教学设计的主体内容。

表 6-4 化学课时教学设计的内容

设计要素		设计内容
前端分析	学情分析	确定学生的起点状态,包括他们的原有知识水平、技能和学习动机、状态等;分析学生从起点状态过渡到终点状态应掌握的知识技能或应形成的态度与行为习惯、教材知识类型、知识的逻辑顺序、教学内容的知识价值
	教材分析	
	学法指导	
教学与评价目标		从教学对象、行为动词、情境或条件表现程度等方面描述
教学分析	教学重点	最本质、最重要的知识内容
	教学难点	难以理解和不容易掌握的内容
	教学方法	教学策略与教法选择
教学过程		教学环节、教师活动、学生活动、内容呈现、设计意图、板书设计等
教学设计评价		对教学结果进行科学测量与评价,教学设计评价与反思

1. 课时教学设计的一般过程

① 深入研究学生的学习准备状况。
② 深入研究课程标准和教材,决定怎样调整和组织教学内容。
③ 确定本课时的教学与评价目标。
④ 构思本课时的教学过程、教学策略和教学方法,选择教学媒体。
⑤ 设计教学媒体软件。
⑥ 准备课时教学评价和调控方案。
⑦ 在上述工作的基础上,编制课时教学方案(教案)。

2．课时教学设计的内容

① 教学设计说明。写出本教学设计的意图和整体思路。

② 教学分析。包括教学内容的分析和学情分析。

③ 教学与评价目标。从化学学科核心素养出发分析,教学与评价目标要相匹配。

④ 教学策略(教法指导)。选用的教学方法、教学手段、教学媒体及板书设计。

⑤ 教学过程。同时考虑教学的意图、教学活动中的主体(学生、教师)、师生行为方式、媒体的使用、时间的分配、练习方案以及对教学效果的预期等。

⑥ 教学反思、教学评价。

新课程理念下,如何将教学活动进程(简称教学过程)中教学目标、教学对象分析、教学媒体的选择、课堂教学结构类型的选择与组合等诸要素进行统筹考虑,并且很好地组合起来是目前课时教学设计中需要重点研究的课题。

6.2.2 化学课时教学设计的内容

一般来说,组成教学设计的内容有十二个方面,即教学内容的分析、教学对象的分析、教学目标的设计、教学重点和难点的确定、教学策略的设计、教学情境的设计、教学媒体的设计、教学过程的设计、练习作业的设计、教学板书的设计、教学设计的评价和教学设计的反思。

(一) 化学教学内容分析

化学教学目标的制订与设计需基于化学课程标准、教材内容等课程资源。在进行教学设计时,教师在认真研读课程标准、分析有关教学内容的基础上,开展化学教学内容分析。这是化学课时教学设计的首要环节。

1．化学课程标准中相关内容分析

化学课程标准在框架结构、内容重心、价值取向、课程目标、内容主题、内容标准、教学要求等方面提出了明确的要求及建议。因此,在进行化学教学设计时,要深刻领会课程标准的精神,充分利用内容标准中的活动及探究建议、学习情境素材等内容,详细分析学生在经历某一课题学习后所应该达到的基本要求,并将基本要求和学生已有的基础知识、基本技能相结合,在学生的最近发展区内制订教学目标、确定学习内容、选择教学策略、创设教学情景、确定教学媒体、设计教学活动及评价。只有对课程标准进行认真分析,才能使化学新课程的教学设计更好地把握教学要求,体现课程宗旨,提高教学效率。

> **案例研讨**
>
> ---
>
> **人教版《化学》必修第一册第二章第三节"物质的量"教学内容分析**
>
> 【内容要求】了解物质的量及其相关物理量的含义和应用,体会定量研究对化学科学的重要作用。配制一定物质的量浓度的溶液。
>
> 【教学提示】配制一定物质的量浓度的溶液。(学习活动建议)
>
> 【学业要求】能基于物质的量认识物质组成及其化学变化,运用物质的量、摩尔质量、气体摩尔体积、物质的量浓度之间的相互关系进行简单计算。

2．化学教材知识类型分析

不同类型的教学内容具有不同的特点,要求相应地采用不同的教学策略和教学方法。例如,基本概念的教学,要尽可能通过生动具体的化学实验或事实来形成概念,要突出概念的关键特征,重视概念的具体运用,加强基本概念与元素化合物知识的密切联系;要把握好概念教学的深度、广度,不能为追求概念的科学性和完整性而随意将概念扩展或深化。[①]《普通高中化学课程标准(2017年版2020年修订)》和《义务教育化学课程标准(2022年版)》都指出:"避免浅尝辄止或随意提升知识难度的做法。"

案例研讨

人教版义务教育教科书中关于"元素"和"化合价"概念的处理

"元素"的概念是在第三单元课题3中介绍的,但在这以前,教科书中已多次出现这一名词。

绪言 "在元素周期律指导下,利用元素之间的一些规律性知识来分类学习物质的性质,就使化学学习和研究变得有规律可循。"——只说明可以根据元素之间的规律学习物质性质,给学生一个初步印象。

第三单元 "元素是质子数(即核电荷数)相同的一类原子的总称。"——定义元素,进一步认识元素。

第四单元 "组成中含有不同种元素的纯净物叫作化合物。""由同种元素组成的纯净物叫作单质。"——说明了元素的种类。

关于化合价的定义,原初中教科书的定义抽象而难以理解。人教版教科书不过于强调定义的严密性,只说明化合价用来表示原子之间相互化合的数目,这样易于学生理解。在教科书中,注重的是化合价的运用。

---

3. 化学教材知识逻辑顺序分析

分析和研究教学内容与前后知识之间的逻辑关系,明确所学内容在整个教材体系中的地位和作用,以准确把握所学内容的阶段性、连续性和深浅度。

案例研讨

有关"氧化还原反应"内容的逻辑顺序

以人教版义务教育教科书、高中化学(必修)教科书为例:

初中化学教科书中从得氧、失氧(还原反应)的角度定义氧化-还原反应。"氧化反应"的概念第一次出现在第二单元"我们周围的空气"课题2"氧气"中,"还原反应"的概念出现在第六单元"碳和碳的化合物"课题1"金刚石、石墨和C_{60}"中。

第二次对氧化-还原内容进行组织,是在普通高中教科书《化学》必修第一册第一章"物质及其变化"第三节"氧化-还原反应",是从化合价的升降和电子转移角度进行分析的。

第三次出现该内容是在普通高中教科书《化学》必修第二册第六章"化学反应与能量"第一节"化学反应与能量变化",有关原电池的内容。

教学内容的螺旋上升最明显的优点是照顾了学生的认知水平。

心理学研究表明,影响学生学习的最重要的因素是学生已有的知识基础。在分析研究教学内容时,要特别重视分析新学习的内容和学生已学过的内容间有什么联系,在以后的学习中又有哪些运用和发展。这样做,可以使新知识的学习建立在学生已有知识的基础之上,并在教学中留有一定的余地,使知识的学习一环扣一环,层次分明,循序渐进,逐步形成完整、系统的知识结构。

4. 化学教材内容相互联系及地位与作用分析

教材内容相互联系的分析主要包括对所学内容在整个教材体系中的地位和作用的认识,对所学内容与前后教材、其他学科、学生已有知识等方面联系的分析,以及对所学内容在后续学习中运用和发展的研究等。对教材内容及其呈现方式所体现的课程目标和教育理念的准确理解和把握,对所学内容进行全面的认识、认真的分析和深入的研究,可以使学生在学习中知识层次分明、思维循序渐进,

---

[①] 王克勤.化学教学论[M].北京:科学出版社,2006:120-122.

并能在已有知识的基础上逐步形成完整、系统的知识结构,富有个性和创造性的学科技能,也可以使教师在教学中准确地把握所学内容的深度和广度,充分体现所学内容与科学、技术、社会的密切联系,并将其应用于社会生活实际和工农业生产之中。只有这样,在化学教学过程中才可能引导学生从多个角度获得更多的认识,提高学生分析和解决实际问题的能力。

案例研讨

> **"离子反应"教材分析**
>
> 离子反应的教学既能让学生认识电解质在水溶液中反应的本质,又能加深对复分解反应的理解,同时为后续学习离子检验、离子共存、盐类水解、电化学等打下基础,让学生从一个新的角度来认识化学反应。本节课的内容有强弱电解质、离子反应、离子方程式等概念,常见离子反应的判断及离子方程式的书写方法。
>
> 离子反应作为一个重要的反应类型,在整个中学化学学习中是循序渐进加以介绍的。
>
> 初中化学实验介绍了酸、碱、盐在水溶液中能导电,但不要求写电离方程式。高中必修阶段要求"能用电离方程式表示某些酸、碱、盐的电离,能用离子方程式正确表示典型物质的主要化学反应,能判断简单离子化合物和共价化合物中的化学键类型"。高中选择性必修阶段才涉及弱电解质的电离平衡、盐类水解。所以,离子反应属于高中起步阶段的教学,学生知道的离子反应不多,不应"一步到位"。
>
> 本节课只讨论酸、碱、盐在水溶液中进行复分解反应时的离子反应,对于弱电解质概念只以一水合氨、醋酸为例简单介绍,离子方程式的书写只涉及简单的离子反应,不宜涉及有离子参加的氧化-还原反应,对离子反应条件只讨论"沉淀、气体或一水合氨、醋酸等常见的弱电解质"生成,随着后续的学习,再逐步加深。

5. 化学教材知识呈现方式分析

研究每课教材知识的结构层次、逻辑顺序、知识类型、栏目呈现,分析编者知识建构的意图、内容选取与安排、编写的特点与风格,有利于分析知识结构及内外部联系,有利于把握教学起点和教学流程,使教材分析能针对学习内容的特点和学生的身心发展的特点,更好地落实教学目标。

案例研讨

> **3个不同版本教科书"物质的量"概念的呈现方式**
>
> ● **人教版**:第二章第三节 物质的量
> 物质的量的单位——摩尔{直接由国际规定,说明1mol任何粒子的粒子数叫作阿伏伽德罗常数;气体的摩尔体积;物质的量浓度[物质的量浓度概念,配制一定物质的量浓度的溶液(列出具体的配制过程)]}
>
> ● **鲁科版**:第一章第三节 化学中常用的物理量——物质的量
> 物质的量的单位——摩尔[直接说明"物质的量"是一个物理量;摩尔质量和气体的摩尔体积;物质的量浓度[物质的量浓度概念,配制一定物质的量浓度的溶液(只给配制原则)]
>
> ● **苏教版**:专题1第二单元 物质的化学计量
> 物质的量(直接说明"物质的量"是一个物理量;气体的摩尔体积)。

6. 化学教材内容的知识价值分析

建构主义认为,知识不是独立于认知主体而存在的各种规则、定律和理论的集合,它是人类永无止境的探索和研究过程,蕴涵着特定的科学过程和科学精神,也就是说任何知识都具有多重价值。知识的价值简单地说是指知识对学生个体发展的有用性。任何化学知识都具有多重价值,它不仅有帮助学生解决实际问题的应用价值,还隐含着有利于学生对科学方法的掌握和学科能力发展的价值,以及有利于学生情感态度、价值观形成的情意价值。具体包括以下三个方面。[①]

(1) 迁移价值是指先前获得的知识能够促进后继知识的学习,它有助于更好地解决发展过程中遇到的各种问题和困难。

(2) 认知价值是指获得知识的过程是学生对知识的自主探究过程,这个过程本身能够提高学生学会学习的能力。

(3) 情意价值是指知识的学习过程会对学生的情感、意志、态度和价值观等的发展产生积极的影响。

例如,教材在呈现"乙醇"的内容时,在探究乙醇的氧化反应中设计了交警检查司机是否饮过酒的图片,并以此拓展知识内容,引起学生兴趣,增强学生安全意识和社会责任感。

案例研讨

知识的多重价值示例

交警快速检测司机是否饮过酒的反应原理可用下列方程式表示:

$2K_2Cr_2O_7 + 3CH_3CH_2OH + 8H_2SO_4 \longrightarrow 2Cr_2(SO_4)_3 + 3CH_3COOH + 2K_2SO_4 + 11H_2O$

(橙红色)　　　　　　　　　　　　　　　　(绿色)

(1) 交警是如何判断司机是否酒后驾车的?

(2) 反应中氧化剂是_____,CH_3CH_2OH 发生_____反应。

(3) 比较该反应与乙醇其他氧化反应的异同。

(4) 谈一谈酒后驾车的危害,并与同学交流你的观点。

【案例分析】

在此内容的教学中,既体现了知识的迁移价值、认知价值[(2)(3)],又隐含了知识的情意价值[(1)(4)]。

分析和挖掘教材知识的价值,着力点是深入分析和挖掘知识的智力价值和情感价值,把知识作为载体,使学生通过知识的学习在必备品格、关键能力等方面都得到全面的发展,使学生学习化学知识的过程不再是一个简单地接受现成知识结论的过程,而是学生进行科学探究、学会科学方法和形成科学价值观的过程,从而达到全面提高学生核心素养的目的。

7. 化学教材内容的选择和组织

教学内容是学校给学生传授的知识和技能,灌输的思想和观点,培养的习惯和行为等的总和。化学教学内容是化学教师组织和实施教学活动的主要依据,是学校传授给学生的知识、技能、思想、观点、行为、习惯的总和,包括化学基础知识、基本技能、科学态度和科学方法四个方面。[②]

(1) 化学教学内容的选择

化学教学内容是教师依据化学课程标准、化学教学目标、所教学生的实际情况以及所在学校的化学教学资源状况确定的。它既不同于化学课程内容(课程标准的"内容要求"),也不等同于化学教科书内容。化学课程内容和化学教科书内容本身还不能直接成为化学教学内容。化学教学内容的选择主要是解决化学课应该教授哪些内容的问题。

---

① 刘知新.化学教学论[M].3版.北京:高等教育出版社,2004:239.
② 王磊,等.初中化学新课程的教学设计与实践[M].北京:高等教育出版社,2003:48-49.

化学课程内容是确定化学教学内容的最重要依据,它为化学教学内容的选择提供了最基本的范围,也为化学教学内容的组织指明了最基本的方向。然而,化学课程内容是静止的,一旦确定,则相对稳定;化学教学内容是动态的,教师可以根据实际情况随时进行调整。

化学教科书是以文字、图形、符号等形式反映化学课程内容的一种教学用书,是化学课程内容的物质载体。"一标多本"教科书的存在现实,必然要求教师在选择化学内容时,不能像过去那样,唯"教科书"为"圣经",而应当把教科书内容看作是化学教学内容选择的依据之一,化学课程标准中的"内容要求"以及"学业要求"才是化学教学内容选择的最主要依据。因此,教师在开展备课,进行化学教学内容选择和组织时,首先是要仔细领会"标准"的意图,其次才是体会所采用的化学教科书内容的编写思想。化学教学内容的动态性,使得化学教学内容比化学教科书内容要丰富得多,生动得多,更贴近学生的实际,更能有效地促进学生核心素养的主动、全面发展。①

从图 6-3 可以看出,化学教学内容不等同于化学课程内容,也不等同于化学教科书内容;化学课程内容既是化学教科书内容选择的重要依据,也是化学教学内容选择的主要依据;化学教科书内容只是化学教学内容选择的依据之一。

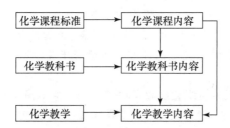

图 6-3　化学教学内容与化学课程内容、化学教科书内容的关系

案例研讨

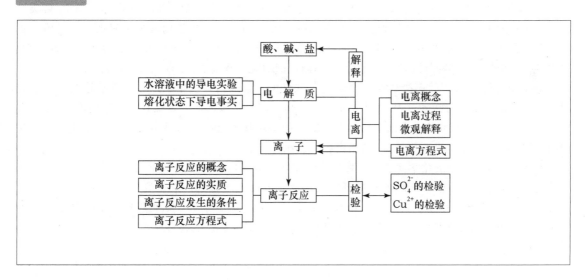

---

① 郑长龙,等.化学课程与教学论[M].2 版.长春:东北师范大学出版社,2018:48.

> **"离子反应"内容的组织**
>
> 【分析】本教学内容的组织,把"电解质""电离""离子反应"和"离子的检验"等内容,按照"离子的产生"(电解质在水溶液中的电离)—"离子的相互作用"(离子反应,离子的特征反应就是离子的检验)的线索"串"起来,使其成为一个有一定逻辑顺序的整体。

(2) 化学教学内容的组织

化学教学内容的组织是指按照一定的线索把所选择的化学教学内容"串"起来,使之成为一个有一定逻辑关联的整体。它主要解决的是所选择的教学内容教授的先后问题。

化学教学内容组织应考虑化学知识的逻辑结构,符合学生的认识规律,考虑学生的认知风格和性格特点,此外还应考虑学校的化学教学资源情况等。

化学教学内容有多种组织形式,其中化学学科的内在逻辑、科学探究等要素组合和与化学有关的生产、生活中的实际问题,是常见的内容组织线索。[①]

① 以化学知识的逻辑结构为主要线索组织化学教学内容。中学化学教学中常用"物质结构—物理性质—化学性质—实验室制法—用途(或存在、制备、检验)"这一程序组织教学内容。它所遵循的规律是化学知识的内在逻辑结构。这种方式较适合于化学事实性知识(元素化合物)内容的组织。

② 以学生的探究活动为线索组织化学教学内容。按照科学探究的构成要素将学生的探究活动组织起来,即按照以下教学流程:提出问题→猜想与假设→制订计划→进行实验→收集证据→解释与结论→反思与评价→表达与交流。教学内容的组织体现科学方法的具体应用,也是化学教学内容组织的一种形式。这种方式较适合于"燃烧的条件的探究""铁生锈条件的探究""氯气与水反应的探究"等科学探究教学内容的组织。

③ 以科学认识的一般过程为主要线索组织化学教学内容。在中学化学教学内容组织中,要突出科学方法在知识形成过程中的重要应用,改变以陈述方式为主组织教学内容的传统做法。科学认识的一般过程为:提出问题—收集资料和事实—整理加工资料和事实—提出和验证假说—发现规律、得出结论—应用。[②]这种方式较适合于化学原理性知识(化学概念、化学理论等)内容的组织。

④ 以化学学习过程的一般结构为主要线索组织化学教学内容。化学学习过程是按照一定方式组织起来形成化学学习活动过程。"活动定向—模仿练习—初步形成—表征联系—应用巩固"是化学学习过程的一般结构,也是作为化学教学内容组织的基本线索之一。这种方式较适合于化学基本技能(化学用语、实验操作及化学计算)知识内容的组织。

⑤ 以社会、生活中的化学问题为主要线索组织化学教学内容。化学教学内容的组织也可以突破传统的知识体系,不再追求从结构、性质、制法、用途等方面系统地学习和研究有关物质,而是从学生已有经验出发,引导学生从身边的化学物质和现象入手学习有关物质构成和变化的知识,然后运用所学的化学知识解决社会生活问题,使学生切身体会到化学对社会发展的重要意义。

---

① 郑长龙,等.化学课程与教学论[M].2版.长春:东北师范大学出版社,2018:64-67.
② 陈耀亭.中学化学教学中的德育[M].长春:长春出版社,1991:71.

案例研讨

试以"金属钠""化学平衡""化学能与电能""离子方程式""化学与可持续发展"等内容为例,说明这些化学教学内容组织较适宜采用哪些形式?为什么?

(二)化学教学对象分析

教学对象的分析通常又称学习者特征或学情分析。教学的起点应该从何处开始?事实上,不同的学生,教学起点不同;不同的教学内容,教学起点也不同。但总的来说,教学的起点应该从学生的起始状态即学生的起点能力、已有知识及认知方式等出发。有人把"学情"全面概括为以下五个方面的内容:已知(现有知识技能水平、生活经验)、未知(学习需要)、通知和想知(个性差异)以及怎么知(学习环境、学习态度、学习方式、学习习惯、思维特点和认知规律)等。

1. 化学学习需求分析

在教学设计中,学习需求是一个特定的概念,是指学习者学习方面目前的状况与所期望达到的状况之间的差距,也就是学习者目前水平与期望达到水平之间的差距。我们说关注学生的需求,首要的任务是关注那些能够让学生全面发展,成长成才的深层次、本质的需求。

要满足学生的发展需求,教师要有科学的教学观,在教学中为自己的教学行为寻找科学依据,用调研等方法来验证自己的主观判断是否正确,以调研结果为依据来设计、实施教学。问卷内容、形式依据调研目的的不同,可以设计知识、技能类测试题来了解学生对已经学过的知识、技能的掌握情况和对要学习的新知识的了解情况。此外,还可以有一般性问答题、选择题,了解学生对化学学习的态度、学习方法,以便对学生进行学习方法、策略指导。

调研的基本方法有:问卷调查、作品分析、访谈、课堂观察,尤其要养成课堂观察和访谈的习惯。调研要依据调研目的,关注学生已有的知识基础、相关的生活经验、思维以及情感、态度与价值观。根据调研获得的信息,分析学生共性的、个体的发展需求,依据需求分析设计教学,制订满足不同层次学生需要的措施。

(1)问卷调查法。问卷调查有助于教师获得多方面较为真实的情况。教师依据调研结果分析出好、中、差三类学生的需求,制订学年、学期教学计划、教学目标和重点以及相应的学习策略培养计划。一些教师在进行单元教学前,以问卷调查形式了解学生关于单元话题的已有知识、生活经验、认知水平和情感态度基础,为调整教学内容、确定教学目标、实现教学目标的切入点和方法途径找到合理的依据。

(2)访谈法。访谈有利于获得关于学生发展的深度信息。教师可以单独利用访谈来获取信息,也可以把它作为问卷调查的辅助形式以获得更多有价值的信息。访谈前教师要把访谈目的和学生说清楚,有助于学生放松、真实地表达自己的需求和看法。此外,访谈可以拉近师生间的距离,增进师生之间的感情,有助于培养起学生化学学习的积极情感。访谈前,教师要有明确的访谈目的,并有访谈框架,保证即兴生成的问题不妨碍访谈目标的实现。当然,有时即兴生成的问题会使教师有新的发现,关注、思考新的问题。访谈的另一个作用是通过征求学生对某个问题、现象的看法,引导学生关注问题,思考解决问题的方法。

(3)课堂观察法。一些教师认为,关注学生就是课堂上多提问学生,让学生感觉到老师对他们的关心。当然,情感关注是一个方面,关注同时还体现在教师通过课堂观察的方法来了解学生的学习行为、学习方法、合作态度等情况,并就观察所获得的信息进行分析,对学生的学习问题进行诊断或者捕捉学生的良好学习方法和行为,进行相应的学习方法、策略引导,由师生一对一引导产生一对多引导的效果。

(4)作品分析法。这也是教师们通常用的方法,即通过检查学生课上或者课下的作业,或者批改学生的试卷来了解学生对新知识的理解和掌握程度。

案例研讨

"化学反应速率"学习相关起点知识测查与分析[①]

以化学反应速率的相关内容为主题,设计问卷考查学生的相关化学知识。在测试内容的选择上,基于前人对学生在该领域学习状况(难点、易错点等)的梳理,结合本研究中学生的实际情况,有选择地重点考查了该领域中的部分知识。为了保证测试问卷的有效性,研究采用双向细目表编制调查问卷。问卷包括十一道测试题,以选择题、简答题及其相结合使用的二段式测试题以及计算题等形式呈现测试内容。表6-5为化学反应速率教学前测试问卷双向细目表,表6-6为该测试的结果统计分析。

表6-5　化学反应速率教学前测试问卷双向细目表

考查要素		考查内容	相应题号
温度因素		温度是否影响化学反应的快慢 温度如何改变化学反应的快慢	1
浓度	纯液体	水是混合物还是纯净物 水的浓度是否受体积(质量)的影响 能否正确计算水的物质的量浓度	2
	溶液	只改变体积(质量)是否改变溶液的物质的量浓度 两种不同物质的量浓度的溶液混合后如何改变彼此的浓度	3
	固体	固体的浓度是否确定不变 计算每立方米铁所包含的铁的物质的量	4、11
	气体	影响容器中气体密度的因素 影响气体物质的量浓度的因素 计算组分气体的物质的量浓度	5、6、8
固体的表面积		固体的表面积对反应快慢的影响	4
压强		恒容容器中气体的压强与气体的物质的量之间的关系	5
反应速率变化趋势		化学反应过程中反应速率可能的变化趋势	9
催化剂		阐述催化剂在化学反应中的作用	10

表6-6　化学反应速率教学前测试结果统计分析表[②]

考查要素	考查结果		
	学生的已备知识	学生的模糊认识	学生的错误认识
温度因素	在具体的反应中,87.8%(79人)的学生知道温度影响化学反应快慢,并且知道升高温度能够加快反应的进行	大部分学生不能确定温度对反应的影响是否存在于一切化学反应之中,升高温度带来一切化学反应的加快[B]	40%的学生明确提出化学中的特例太多,温度对反应的影响也不能推及一切化学反应,升高温度也不能带来一切化学反应的加快[B]

[①] 李玲,张晓莉.以生为本设计"化学反应速率"教学的思考[J].化学教学,2011(5):25-27.
[②] 注:表中标注的上标 A、B、C 依次表示:与事实性知识冲突的不当认识,缺乏原理性知识导致的不当认识,狭隘的思维方式(或价值取向)带来的不当认识。

续表

考查要素		考查结果		
		学生的已备知识	学生的模糊认识	学生的错误认识
浓度	纯液体	绝大多数学生对纯净物的概念、物质的量浓度的计算技能、水为纯净物等有正确的认识		33.3%的学生认为烧杯中的100mL水为混合物;28.9%的学生认为改变水的体积会使其浓度也改变;81.0%学生不能正确计算水的物质的量浓度[B]
	溶液	66.7%的学生能正确认识溶液的浓度与体积、质量之间的关系,并能辨别两种不同浓度液体混合带来的彼此浓度改变		
	固体	76.6%的学生认为固体浓度确定不变,并且与质量无关		65.6%的学生不能正确计算每立方米铁所包含的铁的物质的量[B]
	气体	97.8%的学生能正确计算某体积容器中各气体的物质的量浓度		60.0%的学生认为只改变温度带来气体密度的改变;40%的学生认为惰性气体的加入会改变恒容容器内压强的同时也会改变组分气体的物质的量浓度[C]
固体的表面积		90%的学生知道不同形态(块状、粉末状)的固体由于表面积不同带来反应速率不同		
压强		86.7%的学生能正确认识到,向恒容容器中充入惰性气体可使容器内压强增大	学生没有明确意识到向恒容容器中充入惰性气体使容器内压强增大,是由于气体的总物质的量的增加所引起[C]	受物理学习的影响,有部分(8.8%)学生认为恒容容器内气体的压强就是大气压,所以恒定不变[A]
反应速率变化趋势		86.7%的学生对化学反应的速率持有开放性的观点,意识到受各种因素影响,反应速率会出现多种变化趋势	学生的观点不够清晰,并没有意识到从主要影响因素来判断某时间段内的反应速率及其变化[C]	13.3%的学生认为化学反应一定以匀速或匀减速进行[A]
催化剂		100%的学生认识到,催化剂在化学反应前后质量不改变	83.3%的学生只认识到,催化剂能加快化学反应[A]	67.7%的学生提出,催化剂不参与化学反应过程[A]

由表 6-6 可知,在化学反应速率教学前大部分学生已经了解了大部分待学内容——这是学生在该部分内容学习中感觉轻松乃至轻视学习内容的原因所在,这也是学生在进一步的学习后感受到压力与不确定的病源所在。学生已具备的相关知识本应成为认知的良好起点,但在此时却恰恰阻碍了深入学习的进行与知识的建构。

表 6-6 告诉我们,在学生的前认识中同时含有错误认识与模糊认识。笔者对之逐一进行考察,剖析其背后隐藏的不当思维方式与错误观点,并将其分为三类:与事实性知识冲突的不当认识(A)、缺乏原理性知识导致的不当认识(B)和狭隘的思维方式(或价值取向)带来的不当认识(C)。其中,两类不当认识 A 和 B 的修正需要教师化学知识与技能的学习、化学思想观念的建构中予以关注,不当认识 C 则需要教师关注化学知识与技能学习中所蕴含的思想、方法与价值追求。

2. 学生起点能力分析

学生起点能力分析一般包括三个方面。其一,对已具备的知识分析:主要是了解学习者是否具备了进行新的学习所必须掌握的知识,这是从事新的学习的基础。其二,对技能水平的分析:主要是了解学习者是否已经掌握和部分掌握了教学目标中要求学习者学会的技能。其三,对学习者所学内容所持态度的分析:主要是了解学习者对所学内容所持的态度是否存在偏差和误解。

(1) 学生已有知识起点分析。这里的知识起点分析也就是我们常说的知识基础和认知结构。无论是奥苏贝尔的意义同化理论,还是建构主义学习理论,都把学生原有的认知结构作为学习新内容的"培养基"和"生长点"。因此,化学教师在进行教学设计时,除了要诊断和分析学生学习新知识所具备的起点能力,还需要通过多种方式和方法充分了解学生对所学内容真正具备了什么前期认识,特别是要找出学生头脑中存在的错误概念,并帮助学生澄清头脑中的错误认识,找出知识新的生长点,建立起正确的概念。

案例研讨

"二氧化碳性质"知识起点分析

美国心理学家诺瓦克(J. D. Novak)将奥苏贝尔的认知结构组织方式具体化为概念命题层次网络图模式(简称为概念图)。为了判断学生的知识学习起点,可编制某一知识的概念图,然后据此判断学生原有的认知结构状态,使新旧知识间产生联系,促进有意义学习的发生。如图 6-4 是有关二氧化碳性质的知识起点分析概念图。

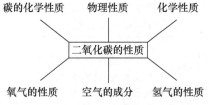

图 6-4 学习二氧化碳性质的知识起点分析概念图

(2) 学生技能水平起点分析。对学生技能水平起点分析,就要了解开始某一学习任务前学生必备的从属技能以及这些技能的熟练程度。为此,化学教师在进行教学设计前,必须通过多种途径准确诊断和分析学生学习新教学内容所具备的起点能力,采取有效措施进行必要的知识完善和技能补充,确保学生具备接受新知识所必需的起点能力。只有这样，才能保证教学目标的实现及教学过程的顺利实施。例如，高一化学实验"一定物质的量浓度溶液的配制"，其涉及的从属技能有物质的量的计算技能，托盘天平的称量以及一定量液体的量取、搅拌、仪器洗涤、液体转移、容量瓶使用等操作技能。

例如，"能正确书写简单的化学反应方程式"这一教学目标规定的是一定的教学活动完成之后学生应习得的终点能力。这一终点能力的达成，需要两个先决能力：一是会书写常见物质的化学式；二是知道质量守恒定律。这两种能力就构成了学生获得新知识所必需的初始能力。初始能力是学生学习新知识的必要条件，它在很大程度上决定着教学的成效。学生在学习新知识之前，由于遗忘或者是有关的知识不清晰、不准确，势必会给新知识的学习带来困难。为此，教师在进行教学设计时，要准确分析学生必须具备的初始能力，并通过诊断测验、作业批改和提问等方式，确定学生的初始能力水平，以便能在学习新知识时，采取复习、讲授等相应的措施，确保学生具备接受新知识所必需的初始能力。

（3）学习态度分析。这里的态度分析主要是了解学习者对将要学习的内容有无兴趣，对这门学科是否存在偏见和误解，有没有畏难情绪，以及如何培养学习者正确的学习态度。这些都是教学设计过程中必须考虑的因素。学习者对教学内容所持的态度对教学效果也会产生一定的影响。判断学习者态度最常用的方法是态度量表。此外，观察、访谈等也可以用于学习态度分析。

针对表6-5、表6-6测查的中学生存在的错误认知和模糊认识，可以对"化学反应速率"的教学起点及难点突破做如下设计（表6-7）。

表6-7 "化学反应速率"教学起点及难点突破方法

教学起点	突破难点的教学方法与教学原理	达成的教学目标
具体的化学反应中，温度影响化学反应速率，升高温度能够加快反应的进行	从温度对具体反应的影响推及温度对一切化学反应的影响，对于学生而言这是一种上位学习。教学中采用粗线条处理活化能理论，从微观角度引导学生理解温度对一切化学反应速率的影响	理解升高温度带来一切化学反应速率的提高；了解一般温度每升高10℃反应速率增大到原来的2～4倍
水为混合物；改变水的体积带来水的浓度的改变	复习混合物、纯净物概念，明确纯净物的浓度与质量、体积无关；水为纯净物，水的物质的量浓度与体积、质量无关。从纯净物到水的认识对于学生而言是对知识的迁移和运用。教学中以计算水的物质的量浓度巩固、强化学生对纯液体的认识；课后思考并计算每立方米铁中所包含的铁的物质的量	改变纯液体（或固体）质量和体积均不改变化学反应速率
惰性气体的加入改变原有气体的物质的量浓度	惰性气体的加入对恒容容器内气体的压强和密度的影响需要学生建立起对混合气体的整体性认识；惰性气体的加入对组分气体浓度的影响需要学生从组分气体的独立性角度思考问题。前一认识学生初步达成，后一认识尚处于混沌状态。教学中从微观的角度帮助学生建立起对混合气体的以上两方面的认识	从微观角度帮助学生初步建立起对混合气体的整体性认识与对组分气体的独立性认识
各种因素影响化学反应速率	学生观察、记录5%的过氧化氢在三氯化铁溶液（2滴）催化剂条件下的气体产生速率以及溶液温度变化，讨论此反应中不同阶段影响反应速率的主要因素	学习从矛盾的主要方面理解化学反应速率的改变
催化剂是否参与化学反应过程	观察反应过程中溶液颜色的变化，思考催化剂是否参与化学反应过程，以及如何影响化学反应速率	通过实验现象认识催化剂参与化学反应过程，推测其改变化学反应历程带来反应速率的改变

3. 学生学习特点分析

在教学实践中不难发现,学生对科学知识进行思考或反映时有着不同的认知风格。我们将认知风格也叫作"科学认知偏好",具体可分为事实或记忆型、原理原则型、发问质疑型和应用型四种类型。事实或记忆型喜欢记忆科学信息,并将科学信息以原样储存在记忆之中;原理原则型喜欢从习得的科学信息中归纳出原理原则或寻找信息之间的相互关系;发问质疑型喜欢对科学信息作出批判思考、质疑或评价,以深入探讨有关的科学知识;应用型喜欢以科学信息的应用性来评价或判断其价值,对于应用科学知识解决生活中的问题最感兴趣。其中,具备发问质疑型或原理原则型科学认知偏好的学生,其科学业成就显著优于记忆型或应用型的学生,而且他们在科学思维、态度、兴趣、技能、好奇心、创造力等方面均优于记忆型的学生。因此,化学教师在进行教学设计时,了解学生的认知方式即学习特点对于教学设计具有重要的意义。

案例研讨

人教版《化学1》"铁的重要化合物——Fe^{2+}与Fe^{3+}的相互转化"学生学习特点分析[①]

根据教材内容编排,学生此前已经学过钠、氯的重要化合物知识,并初步具备了学习元素化合物的一些经验,这些都为本节课的学习奠定了基础。但对金属化合物的性质规律和学习方法大多数学生仍需加深认识,尤其是通过实验探究的方法来学习元素知识对大多数学生可能并不熟练。再者,在前面金属化合物的学习中,很少涉及离子反应、氧化-还原反应等知识的应用。因此,本节课的教学在充分利用学生已有知识和经验的基础上,启发学生运用氧化-还原的观点理解亚铁离子和铁离子转化的实质,设计亚铁离子与铁离子相互转化的探究实验方案,组织学生对设计的方案进行实验验证,记录实验现象并分析得出结论,对学生具有一定的挑战性。

经过初三以及高一前两章的学习,学生普遍有学好化学的愿望,愿意动手实验,能在老师的指导下,在课堂上较好地完成一些实验操作,并具备一定的实验观察能力和实验现象分析能力,但学生的知识迁移能力、发散思维、科学的学习方法等方面仍有待于进一步培养和提高。因此,教师可依据学生的学情和本节教材的内容有针对性地实施探究性教学。把"权力"下放给学生,而自己由"台前"转到"幕后",对整个探究过程实行必要的调控,以求最大限度地调动学生的思维积极性,培养学生的实验设计能力。只有这样,学生才能真正理解和掌握所学知识,才能真正实现由认知向能力的转化和升华,获得的知识才能更持久、亦更能灵活运用。

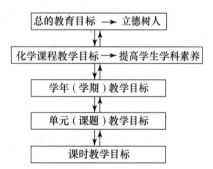

图 6-5 化学教学目标的层次

(三)化学教学目标的设计

化学教学目标是课程目标在教学中的具体体现,是化学教学的出发点和归宿,教学目标的设计是教学设计一项十分重要的任务。它是教学的灵魂,支配和影响着教学的全过程,并规定着教与学的方向。化学教学目标是化学教学活动所预期要实现的最终质量标准,它具有层次性,如图 6-5 所示。

化学教学目标决定着化学教学内容的选择和组织,决定着教学媒体的选择和运用,是教学评价的基本依据,在化学教学设计系统中处于核心的地位。为了有效地制订化学教学的目标,教师要认真学习和研究化学课程标准和教学内容,根据学

[①] 李井亮. "Fe^{2+}与Fe^{3+}的相互转化"教学设计[J]. 化学教育,2010(增刊Ⅱ):115-120.

生的生理和心理发展水平、知识基础和生活经验,结合学校的教学资源等,制订合理的教学目标,并在教学实践中不断加以反思和优化。

化学新课程提出学科核心素养目标体系,并通过内容要求和学业要求作出了具体说明。教师在教学设计过程中要注意教学目标基本构成要素,正确陈述教学目标,思考其与学科核心素养的关联。

资料卡片

6-2 目标水平及其行为动词

1. 认知性学习目标水平及其行为动词
   知道、说出、识别、描述、举例、列举
   了解、认识、能表示、辨认、区分、比较
   理解、解释、说明、判断、预期、分类、归纳、概述
   应用、设计、评价、优选、使用、解决、检验、证明
2. 技能性学习目标水平及其行为动词
   初步学习、模仿
   初步学会、独立操作、完成、测量
   学会、掌握、迁移、灵活运用
3. 体验性学习目标水平及其行为动词
   感受、经历、尝试、体验、参与、交流、合作、参观
   认同、体会、认识、关注、遵守、赞赏、重视、珍惜
   形成、养成、具有、树立、建立、保持、发展、增强

（中华人民共和国教育部.普通高中化学课程标准（实验）[M].
北京：人民教育出版社,2003：5-6.）

学科核心素养的发展指的是学生通过学科课程学习在正确的价值观念、必备品格、关键能力三个方面得到和谐发展。义务段、高中段课程标准中都明确提出了学科核心素养的维度,那么素养为本的教学目标设计,需要围绕这些素养目标来重构教学目标。学科核心素养的各个方面并不是相互独立的,而是互联的,各有侧重,因此要整体、全面的考虑各方面核心素养的达成。学科核心素养之间应有机融合,融为一体,而非相互割裂。

1. 当前化学教学目标陈述中存在的问题

在作出教学背景分析的基础上,教学设计的首要环节就是要确定教学目标,科学而明确的目标不仅能减少课堂生成的盲目性、随意性,而且有利于目标的有效达成,更能激发后续的精彩生成。然而,由于一些教师对此没有正确的认识,有的认为教学目标的陈述很简单,"都写了这么多年啦,照原来写就是了""不就是抄抄课标、指导书上的有关内容";有的教师则表示他们对到底该如何陈述新课程下的教学目标常感到困惑,不知从何入手。导致当前化学教学目标的表述中普遍存在主体错位、动词不当、内容泛化等问题。

(1) 目标主体错位

行为主体必须是学生而不是教师。因为判断教学是否有效的依据是学生有没有获得具体的进步,而不是教师有没有完成任务。教师习惯于把教的过程或教授的内容和为教学目标,把教学目标陈述的主体当作教师或讲授的内容,而不是学生或学习结果。

案例研讨

"金属钠的性质与应用"教学目标

【错例】使学生了解钠及其化合物的性质。

【诊断】"使学生"反映了目标的实施主体不是学生而是教师,没有从学生学的角度来编制目标。且"了解"表述不具体,难以评价。

【改编】(学生)认识钠及其化合物的性质。

(2) 目标动词不当

要尽量避免用"懂得""提高""体会""领悟"等含义不容易确切把握的词,缺乏质与量的规定性,很难操作和测量。

案例研讨

"强、弱电解质"教学目标

【错例】学生能够领悟强、弱电解质的含义。

【诊断】行为动词选择不恰当,采用动词"领悟"过于含糊,不能确定"领悟"要达到的学习程度和学习水平。

【改编】通过盐酸、醋酸溶液的导电性对比实验,知道电解质有强弱之分,能区分出强、弱电解质。

根据以上案例研究,可以看出,行为动词是学生在教学活动中表现出的学习行为和特征,具有外显性的特点,通俗地讲就是"能做什么",这种学习行为和特征,必须注意明确、可操作、可测量。

(3) 目标内容空泛

由于对课程标准的内容要求和学业要求缺乏准确的定位,常会出现目标层次不清晰的问题。比如对于一些结果性目标的知识水平层次认识不清,理解不到位,确定知识水平的层次过于随意,教学要求变化过大。教学目标针对性不强、操作性差,从而使目标制订流于形式。较为常见的是用无法体现内容特色的大而空的语句表述,生硬照搬化学学科核心素养,是教师叙写实践层面、价值层面目标的通病。

案例研讨

"实验室里研究不同价态硫元素间的转化"教学目标

【错例】① 以二氧化硫知识为载体,培养学生关注社会、热爱生命的情感;② 通过实验探究,培养学生透过现象看本质的科学探究精神,严谨求实的科学作风,善于合作的团队精神。

【诊断】该案例目标内容泛化。一方面目标陈述内容过"大",核心素养的达成并不是一蹴而就的,而是要经历一段时间,经历感受、认同、反应等一系列循序渐进的过程,才能使学生自身形成素养,因此不可能在一次课中实现;另一方面内容陈述过"空","……素养""……精神""……情感"内容不具体,难以通过学生的行为外显出来,更无法测量和评价目标的达成度。

【改编】① 增强环境保护意识和健康意识;② 通过硫的化合物知识的学习,能够辩证地认识事物两面性的哲学观点。

(4)目标维度不全

化学教学目标的生成没有依据课标和教材,把教材某课时中涉及的素养目标全面表述。由于化学课时教学目标不完整,容易造成本课时目标不全面,有些目标缺失等情况。通过对高中常态课堂的观察发现,教师较为关注宏观辨识、微观探析、变化观念等与化学知识联系最为紧密的素养,而科学态度、社会责任等素养相对忽视。

案例研讨

"原子的构成"教学目标

【错例】认识原子由原子核和核外电子构成。

【诊断】知识目标要求不全,忽视了知识对于"证据推理与模型认知""科学态度与社会责任"的发展作用。

【改编】认识原子是由原子核与核外电子构成,知道核电荷数、质子数和核外电子数的关系。

通过对原子结构的分析、讨论,初步了解假说与模型是研究物质微观结构的重要方法,提高分析、推理能力。

利用有关原子结构的科学史实,了解科学发展的曲折性,学习科学家严谨求实的科学态度,培养科学精神,树立物质可分性的辩证唯物主义观点。

一个完整化学教学目标,可以让课堂教学得以顺利实施。将教学目标规范化、具体化则更有利于目标达成的测量与评价。化学课堂教学目标的编制是化学教学中的一个最基本的环节,是事关教学理念的重要问题。以新课程理念指导教学目标编制,有助于加深对"生本"理念的理解,更好地解决教与学的关系,有利于打造高效课堂。

2. 新课程化学教学目标的陈述

在课程标准中,课程目标不是虚设或游离于内容之外的,它通过不同主题的学习内容和三类学习目标(认知性学习目标、技能性学习目标和体验性学习目标)予以落实。

传统教学目标的设计缺乏个性。在设计教学目标时,有的教师总是沿用一些程式化的语句,缺少个性,因而教学目标显得千篇一律,缺乏生气和活力。初期制订课时教学目标的原则是依据行为主义心理学思想,在马杰(F. R. Mager)提出行为目标三要素的基础上形成教学目标的四要素,即:

- A(audience)。教学对象,又称行为主体,指的是学习者。
- B(behavior)。行为动词,说明所要学习的行为或能力。
- C(conditions)。行为条件,所习得的行为或能力应在何种条件之下表现出来。
- D(degree)。表现水平或标准,又称表现程度。

我国化学课程标准中所列出的教学目标可表达为:

行为条件＋行为主体＋行为动词＋表现程度
　　C　　　　　A　　　　　B　　　　　D

【例1】学生通过氧化-还原反应本质的认识过程,初步建立氧化-还原反应的认识模型。
　　　　 A　　　　　　C　　　　　　　　　　　　　　　B　　　　　　　D

【例2】(学生)通过设计汽车尾气综合治理方案的活动,感受氧化还原反应的价值,初步形成绿
　　　　　A　　　　　　　C　　　　　　　　　　　　　　　　B　　　　　　D　　　　　B
色应用的意识,增强社会责任感。
　　　　　　　　　　　D

在进行教学设计时,教师首先要认真研读课程标准,分析课程标准中对有关教学内容的目标陈

述,并根据教学内容的特点和学生的学习能力,合理地确定具体课时目标应达到的学习水平,并准确地陈述教学目标。只有陈述好的教学目标,才标志着教师对教学目标有深刻的理解,才能充分发挥教学目标导学、导教和导测的作用。

当前提倡发展学生核心素养,这就要求教师学会从基于"三维目标"的教学设计转向基于"核心素养"的教学设计,那么首先要明确基于"核心素养"的教学目标。从教学目标最终的呈现形式来看,当前不再倡导各个维度割裂式的呈现方式,需要融合式的表述。但是从教学目标的组成来看,可以分解为认知性目标、技能性目标、体验性目标。认知性目标和技能性目标多侧重于学习结果,而体验性目标侧重于过程。具体设计方法如下:

(1) 教学目标中认知性目标的设计

认知性目标在设计上均采用动宾短句的形式(即行为动词＋行为对象的形式)进行。设计的关键是选择恰当的行为动词。化学课程标准中从学习的三个不同水平各有一系列规定的等位行为动词供我们选用。

(2) 教学目标中技能性目标的设计

技能性目标的设计同认知性目标的设计一样,也采用动宾结构的句型。化学课程标准中对此从两个不同层次的学习水平规定了一些等位行为动词供选用。如"初步学会解释常见的酸碱溶液"中的"初步学会"就属于技能性目标中不同学习水平中第二层次的动词。

(3) 教学目标中体验性目标的设计

体验性目标的设计句型也属于动宾结构。化学课程标准中对此提供的行为动词比较少。因为体验性目标更看重的是学生自己的心理感受和体验,故设计时目标之间不能完全割裂,应该有一种内在的联系。如"了解典型的大气、水、土壤污染物的来源及危害""认识合理使用化肥、农药对保护环境的重要意义"和"认识化学在环境监测与环境保护中的重要作用"这三个体验性目标之间就存在着内在的联系。教师只有认识到这种联系,才能把它和结果性目标统筹考虑,实现最佳结合。[①]

案例研讨

> **"苯、芳香烃"教学目标设计**
>
> (1) 通过实验探究苯的物理性质、苯的可燃性。
> (2) 通过模型拼插活动推测 C_6H_6 可能的结构,在碳碳单键、碳碳双键认知的基础上,收集实验证据对推测证实或证伪,理解苯的结构特点,建立有机物的结构、性质以及用途之间的内在联系。
> (3) 通过学习化学史素材,理解苯环结构的稳定性,了解苯环结构学说在有机化学发展史上的卓越作用。
>
> 〈卞海燕,程萍.基于化学学科理解的教学——以"苯"为例[J].化学教育(中英文),2022,43(13):47-52.〉

化学教学目标的设计中,首先应了解教育目的和课程目标的总体要求,研究教材和教学内容,建立具体的教学目标,再对目标进行分类整合,并按照一定的标准(如先后左右顺序或重要程度等)进行排列;最后根据学生和实际教学环境确定目标存在的价值并进行调整。化学教学目标的设计过程,根据凯普(Kemp)的观点,一般可归纳为六个步骤:确定目标,建立目标,提炼目标,排列目标,再次提炼目标,最后的排列。

化学课程标准只是从总体上提出了学科核心素养的目标要求,每一堂课的素养目标需要教师根据总体目标和本课内容做具体细化。化学教学的素养目标设计一定要结合具体的教学内容,在把握

[①] 郑长龙.初中化学新课程教学法[M].长春:东北师范大学出版社,2005:121-123.

教学内容的深广度的基础上,设计合理的学习要求;与此同时,要分析教学内容的特点,充分挖掘和利用教学内容潜在的素养目标,将知识学习与素养发展有效整合。在进行化学教学目标设计时,既要了解化学课程标准中的内容要求和学业要求,还要根据实际情况再将它们分解转化为具体的教学目标。例如,在进行"实验室制取氧气"教学目标设计时,可以从表6-8所示几个方面进行分解。

表6-8 "实验室制取氧气"教学目标的设计

核心素养	内容要求	学业要求	教学目标
科学思维	初步学习氧气和二氧化碳的实验室制法,归纳实验室制取气体的一般思路	能设计简单实验,制备并检验氧气和二氧化碳	能用文字表示出两种制取氧气的化学方程式
科学探究与实践			能解释验证氧气的方法和原理,并学会操作;初步学习有关仪器的使用以及观察实验现象的方法,体会化学实验的科学性
科学态度与责任			创设制取氧气的问题情境,增强对科学探究的理解,体会小组合作的意义和快乐

全面体现核心素养目标,应根据具体的教学内容特点和学生实际来确定,切忌生搬硬套,尤其要避免素养目标的"标签化",防止教学目标流于形式,应关注学生的学习过程和学习活动,使单元或课时教学目标的设计具有更强的指向性。例如,"空气中的氧气含量"的学习,其"科学探究与实践"目标就可以设计为"通过实验探究空气中氧气的体积分数,体验科学探究的基本过程"。课时教学目标应准确、具体和可行。例如,"钢铁锈蚀的条件"内容的"科学探究与实践"目标,如果表述为"通过实验探究钢铁锈蚀的条件,发展科学探究能力",则欠具体。若设计为"通过实验探究钢铁锈蚀的条件,进一步体会科学探究的基本过程,初步学习猜想与假设、实验设计等方法"则比较恰当。

3. 化学评价目标的设计

《普通高中化学课程标准(2017年版2020修订)》倡导"教、学、评"一体化,注重教学目标与评价目标、学习任务和评价任务、学习方式与评价方式的整体性、一致性设计。在化学课堂教学中贯彻"教、学、评"一体化的关键是做到两个一致性:教学目标与评价目标的一致性;学习任务与评价任务的一致性。评价目标的设计路径如图6-6所示。

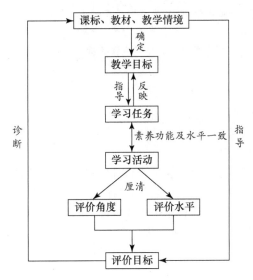

图6-6 评价目标的设计路径

因此,进行课堂教学评价目标设计的首先需要确定准确、适切且明确的教学目标,再依据教学目标及其下具体的学习任务及活动确定评价目标从何维度、何角度、何水平设计,进而在课堂教学过程中收集相关信息或证据,诊断教学目标的达成。①

资料卡片

6-3 化学学习表现性目标

学习表现性目标是美国密歇根州立大学教授、美国 NGSS 课程标准首席专家约瑟夫·科瑞柴克(Joseph S Krajcik)团队提出的,旨在描述学生达成基于科学素养的学习目标表现。这里的科学学习目标指向的是学生通过参与科学实践活动,在真实问题解决过程中达成对具体学科内容的深度理解。化学学习表现性目标是对课程目标的转化,是落实课程目标的重要途径,是指导"素养为本"的化学课堂教学中"教师的教""学生的学"以及"学的怎么样"的重要依据,体现了课程标准所倡导的"教、学、评"一体化理念。因此,化学学习表现性目标既可以是教学目标,也可以是学习目标和评价目标,是"教、学、评"一体化的共同性目标。

化学学习表现性目标在具体表述上,采用修订版布鲁姆教育目标中可观测的行为动词,是对学生在具体真实情境问题中进行关键科学实践活动,来达成对具体学科核心观念理解的学习目标进行陈述性表述。一般呈现方式是在"真实情境问题"中,开展具体的"关键科学实践活动",来认识或理解("行为动词")具体学科核心观念。比如"学生通过对工业生产中冶炼金属等反应中物质元素的化合价等数据进行分析和解读,来辨识该反应是否属于氧化-还原反应。"上述例子中,"工业生产中冶炼金属等化学反应现象"是真实情境问题,"分析与解读数据"是关键科学实践活动,"基于物质元素的化合价变化来判断氧化-还原反应"是具体学科核心观念,"辨识"是表现性行为动词。学生是否具备化学学科核心素养,可以通过学生在该化学学习表现性目标上的具体表现来反映,收集学生表现证据,看其能否根据所提供的数据,结合所学有关金属氧化物性质知识对情境中的反应是不是氧化-还原反应进行辨识。

总的来说,化学学习表现性目标强调学生目标达成是基于实践和学科核心观念的真实问题解决;在呈现方式上,强调学生目标达成是以学生具体行为表现作为实证依据,并且强调教师的教学目标、学生的学习活动目标以及评价目标在表述上的一致性。

(何鹏.基于课程标准的化学学习表现性目标设计:理论基础、设计框架与案例解析[J].
化学教育(中英文),2022,43(13):13-22.)

(四)教学重点和难点的确定

在基于教学设计背景分析基础上的教学目标设计的同时,我们要进一步明确教学的重点与难点。

1.教学重点的确定与分析

重点内容是指在整个知识体系中处于重要地位和突出作用的内容。如果某一知识是某知识单元的核心或是后续学习内容的基石或是有广泛应用的知识,即可确定它是教学重点。教学重点是教学内容中最重要、最基本的中心内容,是知识网络中的连接点,是教师设计教学结构的主要线索,是指有共性、有重要价值(包括认知价值、迁移价值和情意价值)的内容。从化学学科来看,教学重点知识,主要包

---

① 姜建文,王丽珊."教、学、评"一体化的化学课堂教学评价目标设计[J].化学教育(中英文),2020,41(21):1-6.

含了核心知识(基本概念、基本理论、重要的元素化合物知识)、核心技能(化学实验技能、化学用语书写技能和化学计算技能)和核心的思想观点(微粒观、运动观、分类观)等。这些内容的学习不仅有利于知识本身的系统化,而且还有利于学生能力水平的提升。一般来说,每本教材有重点章,每章有重点节,每节有重点内容。每节教材,不管是重点节还是非重点节,都有它的教学重点。要在对教材内容进行深入分析、统观全局的基础上,确定教学重点,并紧紧围绕重点内容设计教学,通过各个教学环节并运用各种教学手段,突出教学重点。对重点内容的确定和分析有利于知识结构的优化,抓住了重点知识也就抓住了各个知识点编织的"网"中的"纲",使内容体系有了一个好的结构,有利于一般内容的理解和记忆。

2. 教学难点的确定与分析

教学难点是学生难于理解和掌握的内容。主要种类有:知识抽象、内容复杂、生疏难懂、基础薄弱、容易混淆等。学习难点形成的原因,一般来说,主要有以下几个方面:① 学生没有知识基础或者知识基础很薄弱;② 学生学习和生活经验中很少注意或未接触过的问题,难以纳入原有的知识结构或学生原有的经验是错误的;③ 知识内容本身相近或相似,学生容易混淆或误解;或与学生已有的知识很相似,内容学习需要转换思维视角(如从宏观到微观);④ 内容抽象、过程复杂、综合性强。具有上述一个或多个特点的内容,都可能成为教学的难点。

一般教学中,重点不一定是难点,难点也不一定是重点,但有时两者是统一的。例如,上海教育出版社教科书第四章第二节"定量认识化学变化",其重点和难点都是"化学方程式的书写"。这是因为化学方程式的书写是联系质量守恒定律和进行化学计算的"中介",学生要正确书写化学方程式,必须依据质量守恒定律,而正确书写化学方程式又是进行化学计算的基础。由于化学方程式的书写要依据具体的反应事实,学生既要熟练掌握有关的元素符号和化学式,又要依据质量守恒定律进行配平,涉及的知识较多。因此,对初学者来说往往是困难的。这就需要在教学中加强对该知识的练习,并尽可能通过具体实验使学生理解和掌握有关化学反应的方程式。任何一节教学内容都有其重点,但却不一定有难点。在分析教材内容时,要在统观全局的基础上,根据课标的最低要求确定教学重点,要依据教学内容的重点和特点及教学对象的基础知识和基本技能来确定教学难点。只有准确分析和把握教材内容的重点、难点,感悟和领会教材内容背后所蕴含的思想、观点,紧紧围绕重点内容和科学方法进行情景创设和活动设计,并运用各种教学媒体和手段,才能在教学中重视过程和方法、突出教学重点、突破教学难点,提高教学成效。

案例研讨

> **"化学能与电能"教学重点、难点的确定与分析**
>
> 人教版高中《化学》必修第二册中第六章"化学反应与能量"第一节中"化学能与电能"的第一课时。
>
> (1) 教学重点的确定与分析。在本节课中学生初次接触原电池的知识,而在后面的选修模块中还会详细介绍原电池原理的不同应用,加深对原电池原理的充分理解。因此将本节课的重点定位为:理解氧化还原反应与原电池原理之间的联系,了解原电池的形成条件和简单原电池原理的分析。
>
> (2) 教学难点的确定与分析。学生此时对于氧化还原反应的知识已经有一定程度的储备,但是对利用氧化还原反应如何实现能量转化、转化的本质及转化的必要条件等存在学习困难,而对于将一个氧化-还原反应分为两个"半反应"在两个不同场所发生也十分陌生,因此将本节课的难点定位为:原电池工作原理及原电池装置的设计。

(五)化学教学策略的设计

化学教学策略是在一定教学理念指导下和在一定教学实践经验的基础上,为有效达到化学教学目标而对教学活动的顺序安排、教学方法的选择、学习方式的确定等采用的所有具体问题的解决行为方式。

化学教学策略的制订是一项很复杂的工作,它既要考虑教学的基本模式,又要根据教学实际中诸多的动态因素不断地加以调整,将已有经验、理论预测、教学风格和教学机智融于其中,从而形成更具有操作性、指导性的教学策略。

1. 化学教学策略的特征

化学教学策略一般具有以下特征。

(1) 它是为达成教学目标、完成教学任务而进行的教学设计中的一个指向实践操作的项目。

(2) 它是遵循教学活动的特点和规律,以一定的教育理论和策略思想为依据,选择、安排和统合教学的形式与方法。

(3) 它既是一种对教学形式与方法的相对有序和有机的构造,又是一个有目的的审视、调节和不断控制的执行活动。

(4) 如果说"模式"侧重于程序与架构,"策略"则更接近于方法与形式。可以说,教学策略是教师在教学情境中的一种操作智慧和有效行动。

2. 化学教学策略的类型

对化学教学策略进行分类,其目的在于对化学教学策略进行更为系统、深入的研究,也在于为广大化学教师提供可供选择或对照的范式。

化学教学策略,从不同的角度可以有不同的分类方法。我们尝试依据不同的教学设计观(系统教学设计观和建构主义教学设计观)和化学教学模式的要求来探讨化学教学策略的分类。

(1) 以"教"为主教学策略。以"教"为中心教学设计所采用的教学策略的核心是强调教师主导作用的发挥。目前较流行的以教为主教学策略有"先行组织者"策略、"五段教学"策略、"九段教学"策略和"假设—推理"策略、"示范—模仿"策略等。

(2) 以"学"为主教学策略。以"学"为中心教学设计所采用的教学策略如支架式教学策略、认知学徒教学策略、随机进入教学策略、抛锚式教学策略、社会建构教学策略等。这些思想和学习策略,为构建建构主义教学设计模式奠定了很好的基础,建构主义教学设计强调学生是认知过程的主体,是意义的主动建构者,因而有利于学生的主动探索、主动发现,有利于创造型人才的培养,这是其突出的优点。但是,由于强调学生的"学",往往容易忽视教师主导作用的发挥,忽视师生之间的情感交流和情感因素在学习过程中的重要作用;而且,由于忽视教师主导作用,当学生自主学习的自由度过大时,还容易偏离教学目标的要求,所以也受到了一些学者的批评。

(3) "主导—主体"教学策略。奥苏贝尔的"学与教"理论和建构主义的"学与教"理论二者的结合所采用的教学策略,从上面的分析我们可以看到,它越来越成为新课程课堂教学实践的重点。如教师主导下的自主学习策略、合作学习策略、探究学习策略,以及实现"双主"教学模式的其他有效策略。

新课程理念下的化学教学策略分类,可根据学习结果和学习方式进行分类。根据学习结果分类的化学教学策略的设计内容主要有:化学事实性知识的教学策略,化学技能性知识的教学策略,化学理论性知识的教学策略,化学策略性知识的教学策略以及化学情意类内容的教学策略等。

根据学习方式进行分类的化学教学策略的设计内容主要有:基于科学探究的教学策略,基于建构主义学习的教学策略,基于掌握学习的教学策略以及基于有意义学习的教学策略等。

教学策略是实现教学目标的重要手段,是教学设计研究的重点,在教学设计时,教师应根据教学目标、学习类型和技能层次等教学因素来选择教学策略和教学方法,考虑如何安排教学活动、呈现教学内容,以促进学生的主动参与和积极互动,引导和促进学生形成和掌握合理的学习策略。

(六) 化学教学情境的设计

化学教学情境是指在化学教学中能激起学生积极、主动参与化学学习过程的各种情境素材。情境教学的倡导者布朗(Brown)、科林(Collin)、杜志德(Duguid)认为:"知识只有在它们产生及应用的情境中才能产生意义。知识绝不能从它本身所处的环境中孤立出来,学习知识的最好方法就是在情境中进行。"①《普通高中化学课程标准(2017年版2020年修订)》明确要求:"倡导真实问题情境的创设,开展以化学实验为主的多种探究活动。"②在实际教学中,人们往往将"教学情境"与"教学情景"通用。创设"教学情境"或创设"教学情景"都能够激发学生的学习动机,调动学生参与探究学习的积极性和主动性;都能够为学生提供丰富多彩的学习素材,促进学生对知识的理解,提高学生解决实际问题的能力。

1. 化学教学情境的内涵及价值

化学教学情境作为经过教师加工的、与教学内容相适切的、包含问题的特殊的教学事件,其价值在于为学生的化学学习提供素材和知识背景,激发学生的学习兴趣,帮助学生发现问题,以引起学生的化学学习行为——主动探索、解决问题,从而获得化学知识、形成化学学科能力。为了充分发挥情境的作用,必须把握情境的内涵及价值。

教学情境的本质是生动的事件,其中包含与教学内容相应的、具有内在联系的问题。当学生识别到情境中所蕴含的问题时,即体验到了目前状态与目标状态不一致的认知困境,摆脱这种困境的心理倾向就构成了问题解决的需要和动机。教师创设教学情境就是将化学问题或事实镶嵌在一种模仿或真实的环境中呈现给学生,它能引起学生的认知冲突,激发学习者寻求问题解决,以达到认知和谐。所以,有价值的教学情境一定是蕴含学科问题的情境。

案例研讨

表6-9 "铝的化学性质"的教学情境和蕴含的问题③

情 境	情境中蕴含的问题
情境(1):分别观察铁门铁窗和铝合金门窗表面锈蚀的情况,发现铁门铁窗——锈迹斑斑、表皮脱落,而铝合金门窗——表面平整光滑,无生锈腐蚀现象	铝和铁均为活泼金属,且在金属活动性顺序表中,铝排在金属的前面,为什么铁容易生锈而铝却不易生锈?
情境(2):用坩埚钳夹住一小块铝箔,在酒精灯上加热至熔化,轻轻晃动。学生观察到铝箔熔化部分,失去了光泽,但熔化的铝并不滴落,好像有一层膜兜着;另取一块铝箔,用砂纸仔细打磨,除去表面的氧化膜,再加热至熔化,熔化的铝仍不滴落	(1) 为什么熔化的铝并不滴落?由此引入氧化膜的概念。 (2) 是不是把铝箔表面的氧化膜去掉以后再加热,铝箔熔化后就会滴落? (3) 除去氧化膜的铝加热熔化后仍不滴落,又是为什么呢? (4) 怎样设计实验才能看到铝燃烧的现象?
情境(3):展示压力锅使用说明书;压力锅的保养;使用压力锅后,应将食物及时取出。每次使用后应及时清洗擦干,以免残留的食物尤其是酸碱性物质腐蚀锅体。清洗压力锅宜用热清水或热清水加清洁剂,不要用钢丝球等磨损性大的东西擦洗	在这些信息中,哪些是我们运用已有的化学知识可以解释的?哪些是我们还不能解释的?但据此我们可以猜测铝具有怎样的化学性质?又如何来验证?
情境(4):展示工业上用来储存和运输浓硫酸和浓硝酸的铝槽车	根据我们已有的知识,铝是能够与酸起反应的,那么铝制容器为什么还能用来储存和运输浓硫酸和浓硝酸呢?

---

① J. S. Brown, A. Collin, P. Duguid. Situated Cognition and the Culture of Learning[J]. Educational Research, 1989, 18(1): 32-34.
② 中华人民共和国教育部. 普通高中化学课程标准(2017年版2020年修订)[M]. 北京: 人民教育出版社, 2018: 2.
③ 杨玉琴, 王祖浩. 教学情境的本真意蕴[J]. 化学教育, 2011(10): 30-33.

有效的学习是在激发学生认知需要的情境中进行的。上述案例中的四个情境取材于生产、生活以及化学实验。每个情境中都蕴含着化学学科问题,问题产生于学生已有的知识和即将要学习知识的"节点"上,与学生已有的知识经验产生激烈的矛盾冲突,从而使学生萌发解决新问题的欲望。学科知识则镶嵌于问题解决的过程中。这样,通过一步一步制造悬念,一层一层解决问题,学生体验到知识的产生与发展,在问题解决的过程中获得知识,从而实现预定的学习目标。

2. 化学教学情境的创设方式

真实、生动、直观而又富于启迪性的教学情境,能够激发学生的学习兴趣,帮助学生更好地理解和运用化学知识。教师应根据教学目标、教学内容、学生的已有经验,以及学校的实际条件,有针对性地选择学习情境素材,引导学生从真实的学习情境中发现问题,展开讨论,提出解决问题的思路。除选用本标准中建议的学习情境素材外,更倡导、鼓励教师在教学中创造性地进行设计和开发。可以采用化学实验、化学问题、小故事、科学史实、新闻报道、实物、图片、模型和影像资料等多种形式创设教学情境。例如,在有关"元素"的教学中展示地壳、海水和人体中的化学元素含量表;在有关"化学与材料"的教学中展示古代石器、瓷器、青铜器、铁器以及各种现代新材料的图片或实物;在有关"环境保护"的教学中组织学生观看相应的影像和图片资料等。

案例研讨

> **"活化分子和有效碰撞"情境创设**
>
> 【情境1】运用多媒体微观动画,呈现化学反应中分子的碰撞及新分子形成的课件。(略)
>
> 【情境2】科学发现的数据及分析。(略)
>
> 【文字】在1标准大气压、500℃时,对于0.001mol/L的HI气体,单位体积、单位时间内分子碰撞高达3.58×10^{28}次之多。如果每次碰撞都发生反应,那么反应速率约为58.0mol/(L·s),但实验证明实际反应速率为1.20×10^{-8}mol/(L·s)。
>
> 【分析】在这里动画的引用恰好能为学生搭建起认知的桥梁,使微观事物直观化,化抽象为具体,体验感性,大大降低了教学的难度,同时增强了课堂的趣味性,学生感觉趣味盎然,相互讨论,很自然地就得出了有效碰撞的概念。继而老师又给出三组数据,学生分析出浓度增大→单位体积的分子总数增加→单位体积的活化分子数目增大→单位时间有效碰撞次数增多→反应速率增大。

(七)化学教学媒体的设计

化学教学媒体是化学教学过程中负载、传递化学教育信息的手段和工具。化学教学媒体通常分为传统教学媒体和现代教学媒体两大类。

资料卡片

> **6-4 化学教学媒体的分类**
>
> 化学教学媒体
> ├─ 传统化学教学媒体
> │   ├─ 教科书及其他教学印刷品
> │   ├─ 直观教具:实验装置、实物、标本、模型、图片等
> │   └─ 教师讲授及板书、板画等
> └─ 现代化学教学媒体
>   ├─ 视觉媒体:幻灯、投影等
>   └─ 听觉媒体:广播、激光唱盘、录音等
>
> (刘知新.化学教学论[M].北京:高等教育出版社,2018:213.)

现代教学媒体是以声、光、电、磁等现代技术为基础,以计算机技术和网络为主要平台,由于它在促进学生学习方面的特殊功能,在教学设计中越来越受到广大教师的重视和青睐。现代教学媒体的选择运用已成为系统教学设计中不可缺少的组成部分,但任何教学媒体都只对某一种教学情境具有特定功能,不存在对任何学习目标和学习者发挥最佳作用的教学媒体,因此教学媒体的选择必须慎重。在教学中,教师应从实际出发,有针对性地运用实物、模型、标本、图表、幻灯机和投影仪等多种教学媒体和手段,尤其要注重有效地发挥现代信息技术的作用。利用计算机模拟化学实验有助于学生理解知识,但模拟实验无法全面体现化学实验的功能,不能替代化学实验;用计算机模拟微观粒子的变化过程时应注意避免科学性错误。[①]

需要特别指出的是,现代教学媒体的运用必须与新的教学观念相结合,不能仅是手段的变化和内容的增多,课堂上信息的交流不仅仅是知识的传递,更重要的是教师与学生、学生与学生之间情感的交流,可以说,课堂上的一切活动都是建立在这些交流的基础之上的,没有学生主体性的发挥,没有学生主动积极地参与,有效的教学活动就不可能顺利地进行。因此在教学媒体的选择与运用中,不可盲目地为追求时尚和现代化,要紧密结合具体的教学内容和学生特点,服从课堂教学的整体安排,以充分发挥现代教学媒体在促进学生主动学习方面的功能。特别是在化学实验教学设计中,不能简单地用计算机模拟实验来取代教师的课堂演示实验,"使用现代信息技术的根本目的在于促进学生的自主学习,改变传统的学习方式,扩大信息时空,提高学习效率"。

在传统教学媒体设计中,要注意教学语言的设计,要十分重视化学实验手段的应用,充分发挥化学实验在化学教育中的功能,特别是在培养学生科学探究能力和转变学生学习方式,落实科学探究、创新意识、科学态度等方面。

(八)化学教学过程的设计

所谓教学过程的设计,就是用流程图或表格等形式简洁地反映分析和设计阶段的结果,表达教学过程,直观地描述教学过程中教师、学习者、学习内容、教学媒体等基本要素之间的关系,给教师提供一个有重要参考价值的教学设计方案。教学过程设计包括认知、情感、行为等教学活动的设计以及教学活动的情境设计。教学活动设计是教学设计的核心环节。在进行教学活动设计时,应该首先合理地设计学习主体的活动内容、活动方式和活动安排,即进行学生自主活动设计;然后,再设计施教主体如何进行教和导,如何对学习主体的学习活动起辅助作用和保证作用,即进行学习支持设计。因此,这个环节既体现了学生的主体地位,又体现了教师的主导作用。

新课程的教学过程是以问题和任务为驱动,以探究学习、自主学习、合作学习为主要形式的建构过程和学习活动。教师在进行教学活动设计时,要注意以下四方面的问题:

1. 精心设计和组织化学教学内容

化学教学内容是承载化学教学目标的重要载体。化学教学内容是指教师根据一定的化学教学目标和学生化学学习特点,在有效利用和开发化学教学资源的基础上,经过对化学课程内容和化学教科书内容的重新选择和组织,所提供给学生的各种与化学学习有关的经验。[②] 要成功地完成一节化学课的教学,不仅要用到化学教科书,还要用到其他化学教学资源。化学教学内容就是多种化学教学资源的整合和重新选择。要想发挥教学内容对于促进学生核心素养主动、全面发展的最大效益,就是要根据学生的认知发展水平,充分利用和开发化学教学资源,创造性地对教材内容进行必要的补充、删减和加工处理,以尽量合理的方式组织和呈现教材内容,促进学生认知结构的构建和核心素养的全面提高。

---

① 中华人民共和国教育部.义务教育化学课程标准(2011年版)[M].北京:北京师范大学出版社,2012:37.
② 孙小媛,郑长龙.化学教学内容含义辨析[J].中学化学教学参考,2005(6):5-6.

资料卡片

6-5 高中化学教科书的二次开发[①]

假如课程和学科专家以及出版单位编制教材是教科书的一次开发,那么教师对教科书的创造性使用就是教科书的二次开发。高中化学教科书的二次开发,主要指师生在实施高中化学课程,依据《普通高中化学课程标准(2017年版2020年修订)》对高中化学教科书内容进行适度增删、调整和加工,合理选用和开发化学教学材料,从而更好地适应具体的教育教学情境和高中生的学习需求。主要从三个方面展开:① 对教科书灵活地、创造地、个性化地运用;② 对其他教学资源的选择、整合和优化;③ 自主地开发新的教材资源。

教学内容的组织是教师在分析教材的基础上进行的一种加工过程,即根据课程标准、学生实际和教学目标,对教学内容进行"量"的控制和"序"的调整。以盐类水解为例,课程标准中关于盐类水解的内容要求为"认识盐类水解的原理和影响盐类水解的主要因素。盐类水解的应用",表6-10、表6-11表示教科书内容到教学内容的组织过程,对教科书内容的重构主要有减少、增加和改变等几种策略。

表6-10 不同版本教科书中"盐类的水解"的内容项目

版本	标题	栏目/正文	次序	具体内容
人教版	盐类的水解 ● 盐溶液的酸碱性 ● 盐溶液呈现不同酸碱性的原因	正文	R1	为什么 Na_2CO_3 可被当作"碱"使用呢?
		探究	R2	选择合适的方法(插图中用 pH 计)测定 $NaCl$、Na_2CO_3、NH_4Cl、KNO_3、CH_3COONa、$(NH_4)_2SO_4$ 溶液的酸碱性,归纳盐类的组成与溶液酸碱性之间的关系
		思考与讨论	R3	列表比较 $NaCl$、NH_4Cl、CH_3COONa 这三类盐溶液中存在的各种粒子及粒子间的相互作用,尝试找出不同类型的盐溶液呈现不同酸碱性的原因
		正文	R4	结合水的电离平衡分析 NH_4Cl 溶液呈现酸性的原因及离子反应的表达
		思考与讨论	R5	仿照 NH_4Cl 溶液呈现酸性的分析过程,说明 CH_3COONa 溶液呈碱性的原因
		正文	R6	盐类水解的概念及多元弱酸盐的离子反应
		正文	R7	组成盐的酸碱的性质对盐类水解的影响
		方法导引	R8	电解质溶液中的电荷守恒与元素质量守恒
	影响盐类水解的主要因素	正文	R9	反应物的性质对盐类水解的影响
		探究	R10	$FeCl_3$ 溶液酸碱性判断及温度和浓度对 $FeCl_3$ 水解的影响
		正文	R11	盐类水解反应中的能量变化,影响水解反应的因素
	盐类水解的应用	正文	R12	盐类水解的应用示例
		资料卡片	R13	盐的水解常数

[①] 雷范军.论高中化学教材的二次开发[J].中学化学教学参考,2006(9):44.

续表

版本	标题	栏目/正文	次序	具体内容
鲁科版	盐类水解的原理	活动·探究	S1	用 pH 试纸测定 0.1mol/L CH_3COONa、Na_2CO_3、$NaCl$、NH_4Cl、$Al_2(SO_4)_3$、KNO_3 溶液的 pH,列表比较各溶液中存在的微粒及微粒间可能的相互作用,分析溶液显示酸碱性的原因
		正文	S2	不同盐溶液中的离子反应及盐类水解的概念
		正文	S3	组成盐的酸碱的性质对盐类水解的影响
		正文	S4	多元弱酸阴离子和多元弱碱阳离子水解离子方程式的书写
		拓展视野	S5	水解平衡常数
	水解平衡的移动	活动·探究	S6	温度以及浓度对盐类水解平衡的影响
		正文	S7	盐类水解反应中的能量变化,影响水解反应的因素
		交流·研讨	S8	泡沫灭火器的反应原理
			S9	双水解反应的分析
		正文	S10	不同溶液混合后发生双水解的方程式书写
	盐类水解的应用	活动·探究	S11	利用盐类水解制备胶体、净水和除污
		方法导引	S12	分析复杂溶液体系的一般思路
		正文	S13	盐类水解的影响因素和应用示例
		身边的化学	S14	人体内的酸碱平衡

表 6-11 基于教材内容重构的"盐类水解"教学设计

次序	学习活动	备注
C1	回忆水的电离平衡以及温度和酸或碱对水的电离平衡的影响	增加内容
C2	利用《化学》必修第一册中离子反应发生的条件和选修 4 中化学平衡的移动、弱电解质的电离平衡等知识,寻找能使水电离出的 H^+(或 OH^-)浓度减少的离子(酸式盐的酸根阴离子暂时回避),分析原因,完成相应的离子方程式	增加内容
C3	探讨能与水电离出的 H^+(或 OH^-)结合的离子的来源,明确盐溶液呈现不同酸碱性的原因,同时认识盐类水解的本质和规律	改变 R3—R6 或 S2
C4	观察浓度均为 0.1 mol/L 的 Na_2CO_3、CH_3COONa、NH_4Cl、$AlCl_3$ 溶液并用 pH 试纸测定溶液的 pH,讨论盐类水解的程度(半定量)和水解离子方程式书写的注意事项,并结合盐类水解反应的事实拓展对"离子反应发生的条件"的认识	改变 R2 或 S1 和 S4
C5	分析 $NaHCO_3$、Na_2HPO_3 和 NaH_2PO_3 等酸式盐溶液中酸根阴离子可能存在的平衡体系及其与溶液酸碱性的关系,了解判断酸式盐溶液酸碱性的依据	增加内容
C6	结合实验所测盐溶液的 pH 和弱酸或弱碱的电离平衡常数认识组成盐的酸碱的性质对盐类水解的影响(半定量)	R9 和 R7 或 S3
C7	讨论盐溶液中离子浓度和常见溶液酸碱性排序的一般方法(半定量),尝试建立盐溶液中的电荷守恒和物料守恒关系	R8 或鲁科版增加内容
C8	从内因和外因两个方面以及盐类水解的特点,利用化学平衡移动的有关知识,讨论盐类水解的影响因素(包括双水解),并结合教科书提供的示例知道盐类水解的主要用途	S6—S13 或改变 R9—R12

2. 要为学生学科素养的发展创设探究空间

为学生设计的问题和任务,必须具有一定的挑战性、探索性,并且符合学生的"最近发展区",如果问题太难或太易都没有探究价值。为了让学生更好地理解所学内容,教师应尽可能多地提供相关的背景材料,创设有意义的学习情境。

3. 要给学生充分的自主学习的时间

新知识的建构,需要学习者通过对有关新知识信息的感知、加工(顺应和同化)来补充、扩大或改造自己脑中的知识体系,这个过程需要一定的时间。所以,教学设计要关注并支持学生的自主学习,给予学生充分的自主学习的时间和空间,使学生有时间去阅读、思考、实验、练习、发问、倾听他人的意见、发表自己的见解。

4. 要给学生多维互动的交流氛围和空间

教学活动的基本形态是交往和探究。新课程的教学过程是师生、生生之间交往互动,共同探求新知识的过程,是教师、学生、教材、环境等诸多因素相互作用形成的动态构建过程,学生的积极参与和有效参与决定着教学活动的质量。因此,教师既要为学生的参与和交往提供适宜的有趣的活动内容,又要为他们创设一个适合他们交往的民主和谐的教学氛围和空间。

案例研讨

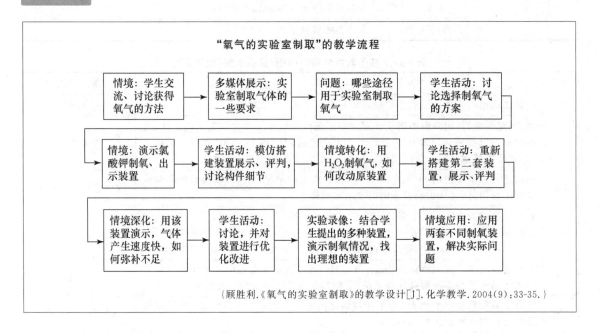

(顾胜利.《氧气的实验室制取》的教学设计[J].化学教学.2004(9):33-35.)

(九) 化学练习作业的设计

练习作业是教学的重要环节之一。化学新课程改革,赋予练习作业新的功能。练习作业不仅可以帮助学生掌握和巩固所学的知识技能,还可以通过调查研究、探究实验、上网查阅资料等实践活动性的作业,使学生在全面掌握知识的同时体验科学探究的过程,学习科学的方法,培养学生的创新精神和实践能力。好的练习作业能够在帮助学生掌握有关知识技能的同时,培养他们应用知识解决实际问题的能力。练习作业的过程也是新的学习过程。练习的目的不只是巩固已经学习的知识,而是使练习作业不断成为学生学习的新起点,发挥练习作业能促进学生发展的功能。练习作业还是检查、了解和评价学生的学习质量和水平,提供教学反馈信息的良好途径。

化学练习作业是化学教科书的重要组成部分,是化学教学过程中组织学生学习、实践活动的一种重要形式。教育部颁布的《普通高中化学课程标准(2017年版2020年修订)》指出:"重视化学习题设计的创新。应充分发挥习题在促进学生化学学科核心素养发展方面的作用。习题设计应具有针对性与层次性,发挥习题在学生概念建构、知识迁移、问题解决等多方面的作用。习题设计应具有情境性,应以学生已有经验为基础,创设合理生动的问题情境,提高学生运用化学知识解决实际问题的能力;习题应具有开放性,鼓励学生从不同角度分析和解决问题,培养学生的发散思维和创新精神。"

1. 新课程对练习作业设计的新要求

(1) 从目标来看。"发展学生化学学科核心素养为当前首要目标。"练习的设计要有更多的思想性、探究性、选择性、发展性、整合性。从目标的价值取向来看,要面向全体学生的化学学科核心素养的发展。练习设计要有层次性,体现人文关怀,让后进生吃得着、吃得了,让优等生吃得好、吃得饱,让每位学生都能得到发展。

(2) 从内容来看。"化学课程贴近社会、贴近生活,体现STSE教育思想"。练习应删除过于繁难或陈旧的内容,降低化学计算的技能要求,注重内容的基础性、现代性、情景性、实用性和实践性。"情境"和"知识"同时服务于"问题"的提出与解决,情境的设计、知识的运用、问题的提出与解决均应有利于实现对学生核心素养的测试。

(3) 从练习负荷看。现代认知心理学认为,认知负荷就是将特定工作加之于学习者认知系统时所产生的负荷。练习中,认知负荷过低,会造成时间浪费;认知负荷过高,又会阻碍学习者的信息加工活动;练习的理想模式是学习者适度负荷工作。虽然记忆的容量是有限的,但是在进行化学练习设计时,如果能考虑到记忆容量的有限性,以及学生在学习过程中产生的认知负荷,那么,有效的练习设计将会使认知负荷低于学生原有的认知能力,达到预期的训练效果。[①] 为此,在练习作业中要注意控制题量、难度、层次性、阶段性,切忌一步到位。

(4) 从学习方式看。改"听、记、背、练"为观察、调查、资料收集、阅读、讨论、辩论、实验等科学探究,通过学生的主动探究、合作学习,体验探究过程和探究乐趣。练习应减少要领陈述、知识记忆题、复杂计算题,增设实验题、探究题、综合应用题和开放题,培养学生的学科间整合以及应用、创新的能力。

2. 教科书中练习作业类型分析

教科书练习作业模块并非"孤立"存在。在教科书内,练习系列、"辅助练习""形成型练习"与"课文"内容交叉编排、密切融合,利于发挥练习的反馈、调节、整合等功能;教科书内的习题又与教科书中"例题""问题解决""归纳与整理""思考与交流""方法导引"等栏目中的练习相互补充、相互配合,形成练习系统,对练习进行科学、系统的设计,有利于最大限度地实现练习的功能(图6-7)。

---

① 常欣,王沛.认知负荷理论在教学设计中的应用及启示[J].心理科学,2005,28(5):1115-1119.

案例研计

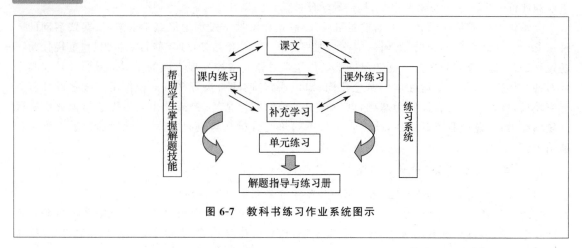

图 6-7 教科书练习作业系统图示

三种版本教科书练习作业的栏目均运用了多种引导语。如人教版用"练习与应用""复习与提高"等来体现不同的要求;鲁科版用"本章自我评价""练习与活动""迁移·应用"等来体现不同的要求;江苏教育版用"学以致用""理解应用""综合评价"等显示出自己的特色。根据练习特点、功能及价值取向,可以把它们分为多种不同的类型(表 6-12)。

表 6-12 教科书中练习类型分析[①]

练习类型	说　明
常规型练习	传统练习的功能主要是巩固和强化,是培养学生应试能力的主要途径和手段。题型包括选择题、填空题、填表题、简答题和计算题等
养成型练习	在每单元(课题)结束之间,提示学生参照所给的问题或线索整理知识,以问题的形式联系本单元知识、技能和方法,形成并建构知识结构,培养学生良好的习惯和素养。栏目主要包括"归纳与整理""概括·整合""回顾与总结"等
实践型练习	实践型练习既包括完成实践性任务,也包括解释、解决实践中的问题,以及在实践情境中的练习。有实验设计、调查、实践、讨论、上网查询、撰写调查报告、小论文等
诊断型练习	诊断型练习着眼于学生双基水平、思维水平、学习态度和解题障碍的发现和评判,找出学习与课程目标之间的差距,加强对学习过程和质量的监控,从而增加自我反思和自我发展的力度
展示型练习	展示型练习是要求学生运用已获得知识和技能,对自己的实践、实验、模型或示范性作品进行交流的一类习题。如主题突出的专题、颇有见地的章末小结、制作精巧的实物模型、精心绘制的化学图表、实验产品展示、娴熟的多媒体演示等

随堂讨论

传统的化学练习作业存在哪些弊端?练习作业设计应注意哪些问题?

---

① 王后雄.高中化学新课程案例教学研究[M].北京:高等教育出版社,2008:148.

(十)化学教学板书的设计

板书是教师以教学内容为素材,以教学目标为依据,在黑板上、投影片上(或用 Powerpoint 工具制成的课件),用书写文字、符号或绘图等方式,向学生概括、精练地呈现教学内容,以促进学生理解和掌握所学内容的一种教学手段。板书要求书写规范、语言准确、层次分明、重点突出、布局合理、形式多样、美观得体。板书既是化学教学应当具备的基本功,又是化学教师必须掌握的一项基本教学技能。

1. 化学教学板书的内容

(1) 教学过程的授课提纲。包括研究问题的思路、方法和程序,知识的系统结构等。

(2) 教学要点和重点。包括重要的定义、原理、规律、结论、注意点和学习要求等。

(3) 补充材料和其他内容。包括为帮助学生理解疑难而作出的文字解释、说明、例证等。

根据板书的位置和内容,可以把板书区分为主板书和副板书(辅助板书)。主板书包括上述第(1)(2)项和第(3)项的重要内容,它们能形成比较完整的体系,通常写在黑板中间的显著位置,占黑板面积的 1/2～3/4 并尽量保留,不轻易擦去,帮助学生掌握每节课的主要内容。副板书是主板书的辅助内容,或者是为帮助学生听清教师讲授、提醒学生注意的字、词、句等,它们一般不需要长时间保留,书写位置不需要按照某种顺序。

2. 化学教学板书的功能

灵活运用各种板书形式,有利于科学、生动地表达教学内容,有效地向学生传递教学信息。板书的功能主要表现在:引导和调控学生的学习思路;帮助学生记忆和掌握教学内容;运用板书向学生提供多方面示范;激发学习兴趣,活跃学生的思维。人们把事先精心设计的板书称为形式优美、重点突出、高度概括的微型教材。

3. 化学教学板书的形式

板书的形式是指板书的造型。化学教学板书的形式主要有提纲式、表格式、网络式、图示式、计算式等。

(1) 提纲式。按教学内容和教学活动的顺序,提纲挈领地编排、书写板书,或呈现讲授内容的提纲,或记录探究活动的结果。这种形式重点突出、系统完整、层次分明,便于学生抓住要领,掌握学习内容的结构,有利于培养学生归纳和概括知识的能力。

案例研讨

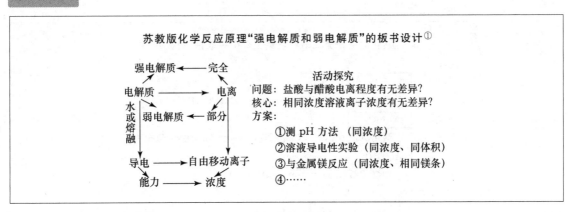

(2) 表格式。根据教学内容设计表格,让学生通过探究或思考,提炼出简要的词语填入表格中,也可以边讲边把关键词填入表格,还可以先把内容分类,有目的的按一定位置书写,归纳、总结时再形

---

① 张礼聪.让板书设计成为化学课堂教学的亮点[J].中学化学教学参考,2009(10):19-20.

成表格。表格式板书形式简明、内容扼要、对比强烈,能使学生获得深刻、鲜明的印象。[①]

案例研讨

表 6-13 "钠的氧化物"的板书设计

项 目	氧化钠	过氧化钠
化学式	Na_2O	Na_2O_2
类 别	碱性氧化物	过氧化物
氧元素价态特点	-2	-1
颜色状态	白色固体	淡黄色粉末
稳定性	较弱	相对稳定
与水反应(实验)	$Na_2O+H_2O=\!=\!=2NaOH$	$2Na_2O_2+2H_2O=\!=\!=4NaOH+O_2\uparrow$
与盐酸反应	$Na_2O+2HCl=\!=\!=2NaCl+H_2O$	$2Na_2O_2+4HCl=\!=\!=4NaCl+2H_2O+O_2\uparrow$
与CO_2反应	$Na_2O+CO_2=\!=\!=Na_2CO_3$	$2Na_2O_2+2CO_2=\!=\!=2Na_2CO_3+O_2\uparrow$
反应类型	非氧化-还原反应	氧化-还原反应
产物特点		均有O_2放出
物质性质特点	碱性氧化物的通性	强氧化性
用 途		供氧剂、漂白剂

(3)网络式。网络式板书是将文字、化学用语或简单图示用线条、箭头、框图等联系起来的板书。这类板书的特点是能清晰、简明地反映事物间的关系,便于学生了解知识的结构和内在联系,掌握比较复杂的内容。

案例研讨

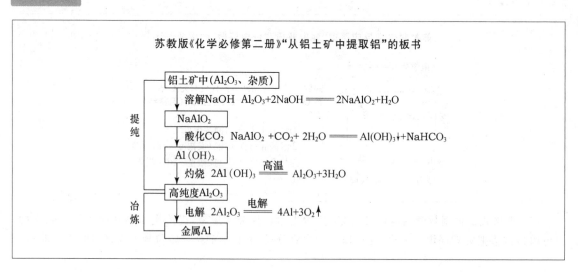

[①] 经志俊.重视板书设计,保障有效教学[J].化学教学,2009(3):25-26.

(4) 图示式。图示式板书是指以构图形式表示教学内容的板书。一般用于化学物质之间的转换及其变化规律的教学中。板书是随讲随画,并辅以彩色粉笔进行圈点、强调,以显示有关联系和发展。这种板书可以把物质变化的过程和化学物质之间的关系,生动、直观、简明地表达出来。

案例研讨

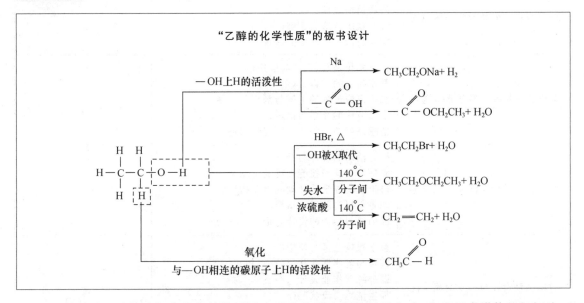

(5) 计算式。计算式板书是指教学活动中采取边讲边写的展示方式,它比用多媒体的幻灯片一次性展示更能体现知识间的逻辑关联以及数学运算中的逻辑关系和规范的解题格式。

案例研讨

"化学计算"的板书设计

【试题】计算 100mL 2mol/L NaOH 溶液中所含溶质的质量。

解:由 $c(NaOH)=n(NaOH)/V(NaOH 溶液)$

得 $n(NaOH)=c(NaOH) \cdot V(NaOH 溶液)=2mol/L \times 0.1L=0.2mol$

由 $n(NaOH)=m(NaOH)/M(NaOH)$

得 $m(NaOH)=n(NaOH) \times M(NaOH)=0.2mol \times 40g/mol=8g$

答:溶液中 NaOH 的质量为 8g。

化学教学内容是丰富多样的,这就决定了板书形式的多样性。在课堂教学中,教师往往要根据实际情况综合地运用几种形式的板书,以更加有效地传递教学信息,取得尽可能好的教学效果。

(十一) 化学教学设计的评价

为了对课时教学设计评价操作的方便,可以建立一个评价表,在表中列出评价的项目、要素(对各要素的评价标准要明确),通过评价得出结论(评价等级和概括性描述)。评价结论的得出主要用于横向比较(与其他教师的教学设计相比较)和发展性的纵向比较(与自己以往的教学设计相比较)。评价的概括性描述要关注教师的个性和发展,要建立在收集和分析有关证据、样例和数据的基础上,不能凭主观想象,更不能用若干固定词组的简单搭配来代替生动的、人性化描述。概括性描述要明确地表述教师在教学设计中需要改进的要点(表6-14)。[①]

表6-14 化学课时教学设计评价量表

评价项目	评价要素与等级	项目等级
学习目标指向与教学情境创设	学习目标指向(　) 问题情境设计(　) 教学氛围营造与调解(　) 学习目标在教学中的体现(　)	
教学内容把握与教学素材选择	基础知识理解、表述与应用(　) 基本技能的掌握、示范与应用(　) 知识形成过程的了解与剖析(　) 学习方法的介绍与揭示(　) 情感态度的熏陶与价值观的启迪(　)	
学习活动设计与活动组织指导	探究活动的设计与指导(　) 验证性实验与技能训练的组织指导(　) 讨论交流等学习活动的组织指导(　) 调查与报告的组织指导(　) 课内练习活动的设计与指导(　)	
教师活动设计与师生交流状况	教学媒体选择与使用(　) 答疑与解惑活动状况(　) 课外练习作业设计与布置(　) 师生情感交流状况(　) 学生学习行为观察与处置(　) 偶发事件处理(　)	
教学效果	通过学生访谈、测验、课堂学生活动的观察评估	
总评(等级与评语)		

表6-14中列出的4个项目20个评价要素从教学目标与内容的把握,学习方式倡导与学习活动设计、组织,师生情感交流和教学行为的互动,学习目标的达到度等方面作分析,从中对自己的教学理念、学科专业知识和技能、教学设计能力和教学基本功作发展性评价。

在不同的教学内容和课型中评价要素并不是完全相同的,也不是所有要素都涉及。对同一教学内容不同教师采用的不同的教学设计,也可涉及不同要素。涉及的予以评定,不涉及的不评定。教师还可以根据实际情况增加某些评价要素。各要素和项目的评定等级可分为优、良、中、差4等。项目等级总评综合该项目各要素的等级确定,反映自己对该项目的设计与实施水平。

(十二)化学教学设计的反思

美国心理学家波斯纳(G. J. Posner)1989年曾提出教师的成长公式是"成长＝经验＋反思",我国著名心理学家林崇德也提出"优秀教师＝教学过程＋反思"的成长公式。我们可以从中得出一个结论:反思是教师发展的重要基础。对化学教学设计的反思主要包括两个方面:① 对化学教学设计方案本身的反思;② 对化学教学设计方案实施效果的反思。即课前做教学设计的反思,课后做教学反思。

教学反思是教师根据先进的教学理论和实践经验,对自己的教学活动有意识地进行分析和再认

[①] 王云生.新课程化学教与学[M].福州:福建教育出版社,2003.145.

识的过程。化学课堂教学改革的实践,要求教师提高教学反思能力。为此,教师应自觉地对自身的课堂教学过程进行反思,对所制订的教学目标、所设计的各种学习活动和所运用的各种教学策略、评价方式等有意识地进行分析,及时发现问题、总结经验。教师可通过多种途径和形式提高自身的教学反思能力,如撰写"教学反思札记"或"教师成长札记",对学生学习中存在的问题、自己教学中的经验教训和心得体会等进行剖析和总结;校内外教师间的交流与沟通,也是提高教师反思能力的有效途径,通过参加说课、听课、上课、评课等教研活动,以教研促反思,以反思求优化,以优化保有效。[①]

案例研讨

> **"盐类的水解"教学设计反思**[②]
>
> 　　本课是基于问题解决教学模式的教学尝试,首先提出一个生产中的工业操作细节问题,另一个是在实验室中遇到的问题,而且这个问题与学生已有的认识有冲突,从而激发学生的求知欲。因此,本课在创设问题情境上是比较成功的,有利于学生在后面的学习中保持良好的状态。一个与生活相关,同时与学生已有知识经验接近的开放性问题的提出,有助于激发学生进行进一步探究的积极性,对于提高教学实效性非常有帮助。
>
> 　　我们在解决问题的过程中经常会遇到一些困难,有时可以通过将一个大的问题细化为几个小问题或者是通过另一种方式来表征,这对我们解决问题有很大的帮助。本课在教学设计上也采用了这一做法,巧妙地将一个大的问题分为3个小问题,学生在回答这3个问题的过程中解决了本节课的核心问题"为什么不同种类的盐可以显示不同的酸碱性"。学生通过这样的方式获得的知识就能和自己已有的知识体系构建联系,能真正掌握,因此提高了教学的实效性。
>
> 　　此外,盐的组成与盐溶液酸碱性的关系的探讨,是学生自己通过实验获取数据,并对获得的数据进行分析,最后得到结论。这与常规教学中教师直接教给学生知识是不同的。它的效果也非常显著,通过这样的途径获得的经验更容易让学生接受,也更能引发学生进行思考。小组讨论过程中,学生先自己独立思考,然后与小组成员交换想法,最后共同组织好语言再与大家交流。通过这样的方式,小组成员明确自己的任务,能更有效地完成合作学习任务。对于本节课教学效果的分析,采用了常规的评价方式,要求学生结合所学习的内容来解决2道思考题,同时对于盐类的水解在生活中的应用有一个初步的了解。一方面学生体会到"学有所用",另一方面也是检验本节课学生对知识的掌握情况。

　　教育反思方式可分为以下五种类型。

　　(1) 陈述性反思。教师在课堂教学行为结束后,对课堂教学过程中自己的行为(包括备课、课堂中的语言、表情动作、提问、板书、学生的反应、作业布置、个别指导等)进行全景式回顾,以旁观者的立场对课堂教学过程的合理性与有效性进行分析评价的方式,比如撰写课堂教学实录。

　　(2) 对比式反思。教师主动与其他教师(主要是指专家型教师)的课进行对比的方法,比如观摩示范课,观看优秀教学视频。

　　(3) 讨论式反思。教师主动与其他教师交流,共同探讨教学中一些带有共同性的问题的方法。

　　(4) 课题式反思。教师针对自己课堂教学中突出的问题,把它作为一个研究课题来进行深入探讨的方法。

　　(5) 模拟式反思。教师在分析课堂教学得失的基础上,对本节课进行重新设计,在头脑中按新设计的方案模拟课堂教学情境的方式。

[①] 中华人民共和国教育部.义务教育化学课程标准(2011年版)[M].北京:北京师范大学出版社,2012:38.
[②] 王敏."盐类的水解"教学设计[J].化学教育,2010(增刊Ⅱ):65-67.

6.3 化学课时教学设计案例

核心术语

- ◆ 化学课时教学设计案例　　◆ 化学教学设计总成　　◆ 化学教案
- ◆ 化学学案　　◆ 教学反思　　◆ 教学设计评价

通过前面关于化学教学设计的背景分析、教学目标设计与重难点的确定,教学内容组织和教学情境的设计,教学方法、教学模式与教学策略的设计以及教学评价等专项设计,也包括学习方案甚至板书的设计,我们对教学设计有了比较深入和精细的了解。但是,这种局部设计往往忽略或者淡化了整体中各部分之间的内在联系,不能代替对化学教学系统的整体设计。因此,有必要对这些专项和局部设计进行整合,即是对化学教学各专项设计和局部设计的合成与整合。

6.3.1 化学教案的类型及特点

化学教案是化学教学设计过程的最终产品,是教师进行班级授课的基本材料。化学教师在充分进行教学设计的基础上,以文字、符号和图示的形式表达教学构思和设想,最终生成书面性材料——教案。

从形式上看,目前公开出版的教案大致有两类:一类是以表格形式列出整个的教学过程,表格中分教师活动、学生活动和设计意图,这类教案的特点是文字较简练,教学思路清晰;另一类是以文字形式书写的教学过程,最明显的特点是标明了每个过程中的教学衔接,如引言、设问、提问、板书、讲解、演示和投影等过程或指导语。这类教案能够详细地反映整个教学过程,其教学设计寓于教学过程之中,读起来常常需通过思维加工才能领略其教学设计思想。这两类教案的前面都还有一些程序性的格式内容,如教学内容分析、学情分析、教学目标设计、教学重难点、教法与学法指导以及一些教具准备与教学说明等。

6.3.2 化学学案的含义和组成

（一）化学学案的含义

化学学案是指教师依据学生的认知水平、知识经验,为指导学生进行主动的知识建构而编制的化学学习方案。学案是学生的学与教师的教之间的中介,是教师用以帮助学生掌握教材内容,加强学与教的联系,培养学生自主学习和建构知识能力的一种重要媒介。化学学案具有导读、导听、导思、导做的作用。

化学学案建立在教案基础上针对学生学习而开发的一种化学学习方案,它能让学生知道教师的授课目标、意图,让学生学习能有备而来,给学生以知情权、参与权,学案不仅可以指导预习,也可用于课堂教学。系统的学案还是一份很好的学习资料。

（二）化学学案的组成

目前,化学学案的组成没有固定的格式,但有其基本要求。一般化学学案包括以下几个部分。

(1) 学习目标。要求用行为动词表述,多结合核心素养内涵来表述学习目标。

(2) 重难疑点。学案中必须点明本课时的重点、难点和疑点(易错、易混、易漏的概念和知识点)。

(3) 学习方法。在学案中要求有针对性地对学生进行学法指导。

(4) 学习活动。如阅读、思考、讨论、观察、表述、理解、动手试一试等。

(5) 层次练习。至少按 A、B、C 三个层次(或设置必做与选做)编写同步测题,实行分层教学,因材施教。

(6) 学习小结。包括知识结构的完善、学习的心得体会等。

案例研讨

"金属钠的性质"学案

班级_____ 姓名_____ 学号_____ 时间_____

【学习目标】
(1) 认识金属钠的物理性质和化学性质;
(2) 通过钠燃烧、钠与水反应等实验的探究,讨论归纳出钠的性质;
(3) 通过金属钠的实验探究,发展勤于思考、严谨求实、勇于创新的科学精神。

【重难疑点】通过探究实验,讨论归纳出金属钠的性质是本课学习的重点;而对金属钠与硫酸铜溶液的探究实验是学习中的难点。

【学习方法】通过探究实验(一)、(二),观察实验现象,从物质的状态、能量、性质等多个视角,自主地对实验现象、分析解释、化学反应方程式得出探究结论。

探究实验(一)

实验步骤	实验现象	分析解释
(1) 用刀切割钠,观察切面颜色、光泽。		
(2) 往烧杯中倒入 60mL 水并向其中滴加 3~4 滴酚酞试剂,然后取一小粒(绿豆粒大小)金属钠,投入其中,观察实验现象。请注意观察: ① 钠在水中的位置; ② 钠的形状; ③ 钠的运动情况; ④ 小烧杯中溶液的颜色; ⑤ 其他。		
推测钠与水反应的化学反应方程式:		

【讨论归纳】
根据所做的探究实验,结合我们所了解的金属的性质以及以前学过的有关金属钠的反应,讨论归纳金属钠的物理性质与化学性质。

物理性质	化学性质

探究实验(二)

实验步骤	实验现象	化学反应方程式
往烧杯中倒入 30~50mL 稀硫酸铜溶液,取一小粒(绿豆粒大小)金属钠投入其中,盖上表面皿,观察现象。		

【探究题】
在烧杯中加入水和苯(密度:0.88g/cm³)各 50mL 将一小粒金属钠(密度:0.97g/cm³)投入烧杯中,可能观察到怎样的现象呢(Na 与苯不发生反应)?

必做作业(略)。
选做作业(略)。

6.3.3 教学案例展示

《普通高中课程方案(2017年版 2020年修订)》明确指出,教师在新课程方案实施过程中以及在设计教学内容时,应重视以学科大概念为核心,对课程内容进行知识单元重构和结构化设计,以主题为引领,使课程内容情境化,促进学科核心素养的落实。《义务教育化学课程标准(2022年版)》也将大概念作为一项重要的化学课程内容。在当前实施素养为本的教育改革背景下,以学科大概念为核心开展单元教学被认为是学科核心素养落地的关键途径。[①] 单元教学是促进学科大概念理解的基本教学样态。基于学科大概念的单元教学,在大概念统摄下进行单元整体建构,能解决学生思维发展低阶性、课时之间零散性和教学单元之间割裂性等现实问题,进而促进学生对学科大概念的深度理解与学科核心素养的培育。

资料卡片

6-5 化学大概念

化学大概念(big ideas),是指能反映化学学科的本质,居于化学学科的中心地位,具有较为广泛的适用性和解释力的原理、思想和方法,其主要特征为:(1)能反映化学学科的主要观点和思维方式,是化学学科结构的骨架和主干部分;(2)能统摄或包含大量的化学学科知识,具有普遍性和广泛的解释力;(3)能提供对于理解化学知识、研究和解决问题的思想方法或关键工具,可运用于新的情境,具有持久的可迁移应用价值。

以《义务教育化学课程标准(2022年版)》中主题2《物质的性质与应用》为例,统领该主题的大概念为"物质的多样性",其内涵包括:

(1) 物质是多样的,可以从物质的元素组成、成分组成、性质差异、自然存在还是人工造物、有机物还是无机物等角度进行物质分类;

(2) 可以基于分类认识物质的共性及差异,并据此对物质加以利用。

因此,这一单元内容体系的构建首先需要基于大概念"物质的多样性",提取出核心概念"基于多少的物质分类"(纯净物和混合物)和"基于元素组成的物质分类(单质和化合物)";随后进一步提出常见的物质,包括混合物(空气、溶液)、单质(氧气、常见金属)以及化合物(水、金属化合物、酸碱盐)等次位概念;而在理解学科概念或认识具体物质的过程中将会涉及常见物质的组成、性质和用途等学科事实性知识,至此形成了由核心概念(混合物、纯净物等)、次位概念(酸碱盐等)和具体的学科事实(水由氢元素和氧元素组成等)三个层级的知识要素构成的内容体系。

{占小红,刘欣欣,杨笑.基于学科大概念的单元教学设计模式与类型化研究[J].上海教育科研,2022(9):75-81.}

案例1 "醛酮和糖类"大概念单元教学设计

在化学学科大概念的视角下进行"醛酮和糖类"教学的单元整体设计[②],首先要根据新课程标准要求重新划分学习内容,选定单元教学主题,并对教学单元主题内容进行相应课时划分。具体设计框架如图6-8所示。

---

① 崔允漷.如何开展指向学科核心素养的大单元设计[J].北京教育(普教版),2019(2):11-15.
② 王春,李艳.学科大概念统摄下的化学单元整体教学设计——以"醛酮和糖类"教学为例[J].化学教学,2022(3):48-52.

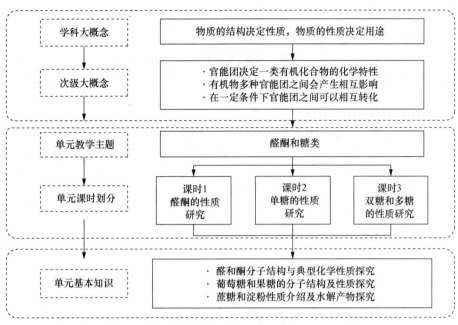

图 6-8　基于学科大概念的单元整体设计框架

其次,根据单元整体设计的课时划分以能力发展为导向创设教学情境。具体的单元课时教学情境线和观念发展线的设计见图 6-9。

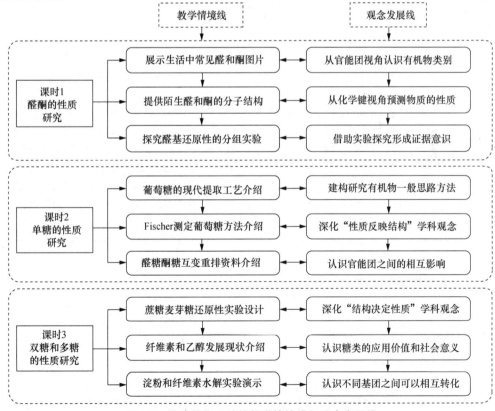

图 6-9　单元整体设计的教学情境线和观念发展线

再者,根据教学情境设计驱动型任务,让学生在活动体验中完成学习计划。具体单元课时教学任务设计见表(6-15)。

表 6-15 "醛酮和糖类"单元教学问题与教学任务

单元课时	教学问题	教学任务
课时 1 醛酮的性质研究	[问题1]阅读资料,观察醛、酮在结构上有什么相同和不同之处,你能归纳出醛、酮的概念吗? [问题2]能否利用你所掌握的有机化合物结构与性质间关系的知识,推测醛可能具有的化学性质? [问题3]如何设计实验证明醛基的还原性?	[任务1]请观察资料所提供的醛、酮结构,分析结构特点,认识醛、酮的官能团差异。 [任务2]请根据前面所学有机物的相关知识从官能团和化学键的视角预测醛可能具有的性质和相关性质对应的断键部位。 [任务3]请你根据预测选择合适的试剂验证醛基的化学性质(设计实验方案→预测实验现象→动手实验→完成相关化学方程式)。
课时 2 单糖的性质研究	[问题4]根据现代葡萄糖提取工艺,如何利用化学方法确定葡萄糖($C_6H_{12}O_6$)的结构简式? [问题5]如何设计实验验证葡萄糖可能含有的官能团?相应的试剂:硝酸银与稀氨水、硫酸铜溶液与NaOH溶液、石蕊试液等。 [问题6]果糖是酮糖,是否也像葡萄糖一样具有还原性?	[任务4]请依据分子式推测葡萄糖可能具有的官能团种类和数目,写出可能的结构简式。 [任务5]请根据所学知识和所提供的实验试剂设计不同的实验方案探究葡萄糖可能含有的官能团。 [任务6]请设计实验方案,结合所提示的乙炔水化反应信息,解释为什么果糖可以发生银镜反应。
课时 3 双糖和多糖的性质研究	[问题7]双糖是单糖脱水缩合后得到的产物,双糖(蔗糖、麦芽糖)是否也是还原性糖,如何设计实验证明呢? [问题8]阅读材料,纤维素乙醇产业的发展现状。你认为纤维素或淀粉是如何转变为乙醇的? [问题9]预测淀粉的水解情况,如何设计实验检验淀粉的水解程度?	[任务7]请你根据所学知识设计实验方案,分组完成实验,得出实验结论。 [任务8]请根据已有的知识进行分析并归纳:淀粉或纤维素转化为乙醇的途径。 [任务9]请设计实验方案探究纤维素和淀粉的水解及水解产物,验证你的猜想。

案例 2 "燃烧与灭火"教学设计

[内容来源:人教版义务教育课程标准实验教科书《化学》必修第一册第七单元课题1]

(一)教材分析

1. 本节教材的地位和作用

《燃烧与灭火》隶属课标中的第五部分《化学与社会发展》中的化学与能源和资源的利用。在本章之前学生已经学过《碳和碳的氧化物》,对燃烧和灭火已经有一些感性认识,为这节课的学习奠定了基础。

2. 教学内容

本课题共包含三大内容：燃烧的条件、灭火的原理和方法以及易燃物和易爆物的安全知识简介。学生学习本课之前已经有了一定的化学知识积累，对燃烧的现象也有一定的了解，对学习特别是实验探究有较浓厚的兴趣。本课的重点是燃烧的条件和灭火的原理，学生可以通过探究、分析总结得出。

3. 教学目标

① 认识燃烧的条件和灭火的原理；知道防火和自救的常识，培养自护自救能力；能用化学科学知识解释日常生活中的某些燃烧现象。

② 通过活动与探究，培养学生的实验操作能力、观察能力、合作与交流能力，在学生体验科学探究过程中，培养学生思维能力，分析问题、解决问题的能力，提高学生的科学素养。

③ 学习对获得的事实进行分析得出结论的科学方法；树立安全意识和社会责任感。

4. 教学重点和难点

（1）教学重点分析

从达到本课题教学目标的重要内容，以及和本单元《燃烧及其利用》中心内容的联系来看，《燃烧与灭火》这一内容的重点，可以确定为"认识燃烧的条件""认识灭火的原理"和有关知识的迁移应用。在这些知识学习中，学生已具备较多的关于"燃烧与灭火"的生活经验，这些经验对教师和学生来说都是一种教学资源。教材中采用从实验现象、通过分析得出结论的方法，实验容易激发学生兴趣，教师应当不断扩大学生知识领域，使他们获得丰富的全面的思维材料，从而实现突出教学重点的教学目标。

（2）教学难点分析

从学生的接受能力、已有的知识与技能水平和具有的"燃烧""灭火"的生活经验来看，教学的难点应该是"通过实验探究信息加工得出实验结论""知识迁移能力"以及"对着火点的理解"。在实验探究中，我们发现学生提出问题、分析问题和解决问题能力的欠缺，主要是由于初中生的思维是经验的抽象逻辑思维，往往缺乏充实的逻辑论证，表现出所得结论概括性水平不高、过早下结论，思维的片面性较大，缺乏克制能力，教师应帮助学生尽力消除这些缺陷，帮助学生完成从经验型抽象思维向理论型抽象思维的过渡。但日常生活形成的前概念（又称错误概念），如农村学生更多地把"燃烧"与柴火、"灭火"与水等联系在一起，容易产生"着火点可以改变"等错误思维定势，学生往往对自己早先形成的各种前概念深信不疑，并试图将这种原有的概念迁移到新课程知识中去。

在实际教学中，教师如果无视学生的前概念，学生认知结构中的概念不仅会妨碍认知的获得，而且会导致学生产生更多片面的甚至错误的概念。教师应通过具体实验现象，通过引导得出科学的结论，诊断与揭示错误概念实质，帮助学生建构正确的化学概念。

为了突破重点和难点，避免单一的授课方式，教师应该采用以下方法进行教学。

① 质疑。通过各种燃烧现象引入新课，设下疑问，激起学生的学习兴趣。

② 引导探究。在"燃烧的条件"教学过程中，教师引导学生按"提出假设→设计方案→实验验证→得出结论"的步骤进行学习，防止学生学习的依赖性。

③ 辨析。通过实验探究及多媒体课件演示，帮助学生对一些生活中的错误概念进行澄清，将难点问题解决在学生的自主探究之中。

④ 游戏。对于灭火器的原理及适用范围，教师采用了学生活动的方法，加强学生对知识的理解，加深记忆。

5. 课时安排

共2课时。第一课时：燃烧的条件、灭火的条件。第二课时：几种常用的灭火器、易燃物和易爆物的安全常识。

（二）学情分析

1. 学生起点能力分析

燃烧是学生日常生活中常见的现象，学生已经知道很多促进燃烧和灭火的方法，但还不能从化学反应的角度认识燃烧和灭火的原理。引导学生把自身的生活经验与化学联系起来。具体地说，就是把学生所知道的促进燃烧的方法和灭火与化学反应条件有机联系起来，逐步实现从生活走进化学。

2. 学生"生活概念"的分析

由于本节内容较多地渗透了化学在生活中的应用，联系实际的面较宽，因此要求学生掌握更多的生活概念。学生在预习时已经按照教师的引导查阅了相关知识，有了一定生活基础。

3. 学生"认知方式"分析

学生理解能力基本上没问题，但是处理信息能力及对信息的加工能力、整合知识、运用知识等能力较差，因此在教学中要加强对学生这些能力的培养。

（三）教学方法

本节课主要以实验教学为主。注意从学生已有的经验出发，让学生从生产、生活实际中发现和提出问题，通过实验探究得出结论。创造条件让学生亲自完成燃烧条件的探究、灭火的方法等实验。以培养学生的实验操作技能，使学生在实验中发展学习的兴趣，体验科学探究的过程。在"做科学"的探究实践中逐步形成终身学习的意识和能力。培养学生观察、分析、综合等能力。

利用多媒体辅助教学，增强直观性和趣味性，指导学生用化学知识解决生活、生产中遇到的实际问题。使学生真切感受到"人人学有用的化学""人人学生活中的化学"。凸显新课程，更加关注人的发展。播放录像使学生因为学习了化学而提升自己的生活能力和生命质量，教育学生珍爱生命，长大后孝敬父母，回馈社会，报效祖国。

综上所述，可依据"创设情境→实验探究→得出结论→解决实际问题→提高兴趣"的指导原则，采用"引导—探究教学法"进行教学。

（四）学法指导

在教学过程中，教师是主导，而学生是主体，要充分发挥学生的主体作用，教师要教学生怎样去学，使学生自己动手动脑，掌握科学的学习方法。

1. 思——敢思会思

学生在课堂上要勇于思考，积极配合教师，改变"被动""灌输式"的学习方式，充分体现"学生为主体"的理念。这样，既活跃了思维活动，又使学生体会到思考的必要与快乐。

2. 做——高效合作

在小组讨论和合作学习的过程中，激发集体荣誉感。通过学生小组实验促进学生之间的合作与竞争，培养学生的探究欲望和操作能力。

3. 议——学会交流

本节教材对理论教学的要求并不高，学生应参与讨论，使具有不同思维优势的学生都能够参与到课堂中来，通过自由表达各自观点来感受成功的喜悦。

4. 乐——乐于探究

通过实验探究体验科学探究的过程，在探究中学习，充分体现新课程理念，体现教材改革以人为本，以学生的发展为本的思想，从而培养学生终身学习的能力，使课堂真正成为学生的课堂。

(五) 教学过程设计

第一课时

教师活动	学生活动	设计意图
(一) 燃烧的条件 【引言】在人类发展的历史长河中,燃烧,燃尽了茹毛饮血的历史;燃烧,点燃了现代社会的辉煌。生活中处处离不开燃烧。请同学们谈谈生活中哪些地方有燃烧的现象。 【多媒体展示】生活中和燃烧相关的图片。 【提问】燃烧的事例多种多样,但是这些燃烧现象都有一些共同的特征,请同学们试着总结燃烧的定义。 【板书】燃烧的定义:可燃物与氧气发生的一种发光、放热的剧烈的氧化反应。 【演示实验】小魔术"烧不坏的手帕"。 　　将一块棉布手帕浸泡在质量分数约为70%的酒精溶液中,待均匀湿透后取出。将浸透的手帕舒展开,用镊子夹住两角,用火点燃。 【过渡】为什么手帕烧不坏?等同学们学习完下面内容后再解答。燃烧在生活中无处不在,请同学们结合日常生活经验思考燃烧可能需要什么条件? 【实验】教材[实验7-1]、[实验7-2]。 （实验装置图：白磷、小石头、红磷、热水、白磷；氧气、热水、白磷） 　　教师指导同学们安全、正确地完成实验。引导学生得出正确的结论。 【板书】根据实验探究得出燃烧的条件: 　(1) 可燃物; 　(2) 与氧气(或空气)接触; 　(3) 达到燃烧时所需的最低温度(也叫着火点); 以上三者必须同时满足。 (二) 灭火的条件 【过渡】燃烧给我们的生活带来了很多的方便。但控制不当将演变成无情的火灾。同学们列举生活中的燃烧时,有人就提到了火灾。 【多媒体展示】希腊森林大火,损失惨重。 【过渡】我们应掌握有效的灭火方式,将火灾的损失降到最低。灭火的方法有哪些,其原理是什么?	思考并回答问题,如酒精灯的燃烧、煤炭的燃烧、煤气的燃烧、纸张的燃烧、木条的燃烧,等等 讨论后发言,老师适当加以引导 认真观察实验现象 分为6个小组进行实验; 8分钟后每个小组派代表交流讨论的结果,大家一起评出最佳的结果; 学生通过观察实验现象,总结和整理各小组的意见,给出燃烧需要的三个条件 记忆、记录	创设情景引入新课,激发学生学习的积极性和主动性 引导学生掌握实验探究归纳出规律的科学方法,培养科学探究能力

续表

教师活动	学生活动	设计意图
【实验】用尽可能多的方法将燃着的蜡烛熄灭,并思考为什么该方法有效。 教师鼓励各种同学实验,协助同学归纳总结正确的灭火原理。 【板书】根据实验探究得出灭火的原理: 　(1) 隔离可燃物 　(2) 隔绝空气 　(3) 降温到该物质的着火点以下 以上三者任满足其一。 【多媒体展示】隔离灭火法、窒息灭火法、冷却灭火法的录像。 【提问】小手帕为什么烧不坏? 【提问】生活中遇到下列情形应该怎样灭火,其原理是什么? 　① 炒菜的锅起火了。 　② 做实验时,不慎碰倒酒精灯,酒精在桌上燃烧起来。 　③ 由于电线老化,短路起火。 　④ 邻居吸烟,不慎引燃被子发生火灾。 　⑤ 森林在打雷闪电时起火。	分为6个探究小组进行实验探究,完成教师所给的表格; 8分钟后,派一个代表交流讨论结果。其他同学可以补充和完善 认真观看 思考回答:手帕上的水气化吸热,使手帕的温度低于棉布的着火点 自由讨论,回答问题	学生归纳,教师总结,由"教"变"导",体现课程改革先进理念 引导学生巩固和运用所学知识,落实知识点

第二课时

教师活动	学生活动	设计意图
(三) 几种常用的灭火器 【引言】在生活中经常发生火灾,消防队员在处理火灾时常用到灭火器,我们将学习灭火器的工作原理和适用范围。 【多媒体展示】几种常用灭火器。 教师准备几种常用的灭火器实物模型,边演示边讲解其用途。 【板书】常用灭火器: 　(1) 泡沫灭火器 　(2) 干粉灭火器 　(3) 二氧化碳灭火器 【实验】自制简易灭火器。	认真观察、记忆、记录,配合教师做灭火器灭火的演示 分为6个小组进行实验探究;记录实验原理和方法	联系实际,灵活学习知识。 增强直观感,培养学生动手能力

续表

教师活动	学生活动	设计意图
（四）易燃物和易爆物的安全常识 【过渡】可燃物在有限的空间里面急剧地燃烧，短时间内聚集大量的热气体，使气体体积迅速膨胀而引起爆炸。例如，家用天然气、煤气如果泄漏，可燃性气体聚集在通风不良的厨房等有限空间里，一经点燃就会发生爆炸事故，造成生命危险和财产的损失。除了可燃的气体可以发生爆炸外，面粉等粉尘也能发生爆炸吗？ 【演示实验】教材[实验7-3]。 教师注意实验安全，提示学生观察实验现象和分析实验原因。 【板书】可能发生爆炸的物质：可燃气体、粉尘等。 【过渡】在生产、运输、使用和储存易燃物和易爆物时，必须严格遵守有关规定，绝不允许违章操作。 【多媒体展示】一些燃烧和爆炸有关的图标。 【提问】联系生活，思考应当在哪些地方张贴这些图标。 【多媒体展示】"遇到火灾如何自救"录像。 【课堂练习】1.试利用已学到的化学知识来判断，处理下列突发事件措施不当的是（　　）。 　　A. 室内着火，立即用湿毛巾堵住口鼻，匍匐前进，寻找安全出口 　　B. 发现有人煤气中毒，立即打开门窗、关闭阀门，将中毒人员转移到空气清新的地方 　　C. 高层住房着火，在等待救援时打开所有门窗 　　D. 森林火灾时，将火焰蔓延线路前的小树林砍掉 　　E. 在山林遇到火灾时，向顺风口奔跑，脱离火灾区 2.《三国演义》中的"赤壁之战"，曹操率百万水师乘船横渡长江，声势浩大，却被周瑜的火攻和孔明"借"来的东风弄得大败而逃。用燃烧三要素回答以下问题： 　① 周瑜使用了"火箭"射进曹军的连环木船上，"火箭"能使木船着火的原因是什么？ 　② 起火后曹军的部分船只逃脱，这些船没有被烧的原因是什么？ 　③ 孔明"借"来的"东风"不仅使火势吹向曹营，还为燃烧提供了_____，使火势烧得更旺。	观察、思考，回答问题 识记、运用 讨论、回答问题 认真观看 思考、回答问题	学会自救常识，激发学生学习化学的热情 巩固所学知识，培养学生独立解决问题的能力

续表

教师活动	学生活动	设计意图
【课后作业】 1. 电影院、学校、幼儿园、网吧等地是人口密度较大的场所,一旦发生火灾损失惨重。请任选一地,根据其特点,设计预防火灾的方案或考察该场所的预防火灾的方案。(包括万一发生火灾时需要采取的灭火和自救措施) 2. 上网查询灭火器的种类和使用,联系实际生活写一篇小论文。	学生分组合作调查、查阅有关资料完成作业	改变传统的作业形式,将课堂延伸到生活中,进一步拓展所学的内容

六、板书设计(略)

案例3 "铝和铝合金"教学设计①

(内容来源:人教版普通高中课程标准(2017年版)教科书《化学》必修第一册第三章第二节)

一、教材分析

本节课的主要内容包括铝合金的基本知识,铝及氧化铝的性质。此前,教材的第一章已系统编排了物质分类、离子反应、氧化还原反应等核心概念和理论知识。而在本章的第一节中也已介绍了铁及其化合物的知识,引导学生从核心概念的视角认识典型的金属及其化合物,发展"宏观辨识与微观探析"的化学学科核心素养,为本节的学习提供了探究的思路和范式。需要注意的是,教材中并未将铝列为典型的金属元素展开讨论,而是将铝合金作为常见的金属材料,从材料的性能、使用过程中的注意事项、材料的腐蚀与保护原则的角度,介绍了铝单质能被氧气氧化、能与酸碱反应,氧化铝能与酸碱反应的性质,并介绍了两性氧化物的概念。这样的安排有助于学生在使用身边的铝合金材料的过程中发现问题(如密度小、强度大、不宜在酸性和碱性条件下使用等),设计探究材料主要成分的性质的实验,发现金属铝不同于金属铁的特性(单质及其氧化物可与碱反应),完善知识结构,拓展认知。教材中还介绍了铝和铝合金的特点、应用,可对本章开篇介绍的合金的知识巩固和应用,由抽象知识到理解实践,促进实现深度学习。

教学重点:铝合金材料性能决定用途的观念。

教学难点:通过设计实验探究铝及其氧化物与酸、碱反应的性质,认识两性氧化物、金属性质的多样性,初步形成研究常见材料的思路。

二、教学目标

1. 从探究金属材料的性能和用途的角度出发,通过实验探究,认识铝的单质及氧化物的化学性质,运用离子反应、氧化还原反应的原理,从原子、分子水平上分析、解释铝单质及其氧化物的转化关系。形成"结构决定性质、性质决定用途"的核心观念,提高从宏观和微观相结合的视角分析和解决实际问题的能力。

2. 从不同层次和角度认识铝合金及其表面氧化膜的形成、性质和作用,发展建构和运用模型,解释化学反应现象的能力,提高"模型认知"素养。

3. 举例说明铝合金材料在生产生活中的广泛应用,有意识地运用所学知识或寻求相关证据,参与有关铝合金等金属材料的社会议题,深刻认识化学在提高人民生活水平、建设美丽中国中的重要作用。

三、评价目标

1. 通过让学生举例说明铝合金材料在生活中的广泛应用的讨论活动,诊断并发展学生的物质观、认识化学价值的水平。

2. 通过让学生对铝与酸、碱反应的实验方案设计与交流点评,诊断并发展学生通过实验探究物质性质的水平。

---
① 乔儁,竺丽英.高中化学教学设计指导[M].杭州:浙江大学出版社,2021:83-90.

3.通过让学生对铝合金及其表面氧化膜的形成途径、性质和用途进行探究,发展学生从多角度认识物质多样性、探究物质性质的水平。

四、教学流程

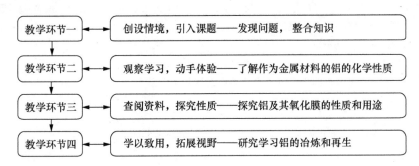

五、教学过程

教学环节一 创设情境,引入课题——发现问题,整合知识

【实验准备】阳极氧化工艺的彩色铝合金钥匙扣1个,铁质涂漆彩色钥匙扣1个,纯铝棒1支(直径约0.5 cm,长约30 cm,中间用老虎钳压出1个小凹槽,但不剪断),锈蚀的铁钉1枚,铝合金制品若干。

【引课】这节课我们一起来学习"金属材料之铝和铝合金"。

【教师】板书:铝和铝合金。

【教师】想一想,找一找,生活中哪些物品是由铝合金制成的?

【PPT】展示一些铝合金产品。

【教师】同学们从课桌上找到2支纯铝棒,仔细观察铝的外观,也可以用手弯一弯、折一折,感受一下铝的质地。

【学生】动手实验,将有豁口的铝棒折成两段。发现铝的硬度低、质轻等特点。

【师生讨论】纯铝具有很好的延展性,但硬度很低。若提高金属材料的硬度,需要掺杂其他元素,获得合金[配合阅读教材第77页关于常见铝合金(如硬铝)的介绍]。铝具有金属的通性:如导电性、导热性、延展性等,结合图片,分析铝合金的性质和用途。

【PPT】展示五颜六色的铝合金产品。

初步观察发现,这些物品的外壳都是铝合金材质,也都具有丰富的色彩,可以满足我们个性化的需求。那么,工业上如何为铝合金材料着色?

【学生】刷油漆,……

【教师】我为同学们准备了几样彩色的金属制品,请摸一摸、看一看,也可用小刀刮一刮,感受一下这些金属制品表面的着色工艺是否一样。

【学生】表面是油漆的铁质钥匙扣,涂层没有金属光泽,可用小刀刮出划痕。铝合金的彩色钥匙扣有金属光泽,颜色牢固,不容易被刮下。这说明铝合金表面的着色工艺并不是涂油漆。另外,纯铝棒长时间暴露在空气中,表面也未出现铁棒一样的锈迹,说明铝比铁更耐腐蚀。

【教师】通过上面的观察,你能推测铝的化学性质吗?说出你的依据。

【学生】从铝原子的原子结构可以得出,铝原子核外电子排布的最外层有三个电子。在发生化学反应时,失去电子,呈+3价。铝是活泼金属,应该很容易和空气中的氧气反应。

【设计意图】通过了解生活中铝合金的重要用途,引导学生主动赞赏化学物质对人类生活的重要贡献。通过探讨铝的原子结构,加深对"结构决定性质"核心观念的认识。

教学环节二 观察学习,动手体验——了解金属材料铝的化学性质

【实验准备】教师实验盒:铝棒2支、稀盐酸溶液、小试管2支、砂纸1片、护目镜、防护手套。

【学生实验盒】:铝棒2支(长铝棒折成的2段)、稀氢氧化钠溶液、小试管2支、砂纸1片、护目镜、防护手套。

【过渡】先来探究铝表面是否已被空气中的氧气氧化。

【教师】刚折断的铝棒断面和长时间露置于空气中的断面外表面有何区别?

【学生】新的断面呈具有金属光泽的银白色。长期露置于空气中的表面虽然金属光泽稍暗一些,但也是银白色。(不同于金属钠用小刀切开后银白色截面迅速变暗成灰白色,也不同于钢铁生锈后表面生成疏松的红色氧化物。)

【学生】合理猜测,铝在空气中也会被氧化。

【教师】铝作为一种重要的合金材料,容易被氧气氧化成氧化铝。

【过渡】接下来,进一步研究铝的单质以及它外表面的这层氧化膜的化学性质。铝作为一种活泼金属单质,还能和哪些物质反应?

【学生】能与酸反应,置换出氢气。

【教师】如何通过实验证明铝及其氧化物能否与酸反应?说明设计依据。

【师生讨论】实验所用的铝棒已经在空气中露置很长时间,表面有一层氧化膜,用砂纸打磨可以除去这层氧化膜,验证铝单质能和酸反应的性质。同时,用1支未经打磨的铝棒,与同浓度、同体积的稀盐酸反应,对比实验现象,即可推测铝表面氧化膜的性质。

【实验演示】说明实验中的注意事项:①由于需要用到具有腐蚀性的盐酸溶液,请戴护目镜和防护手套。②对比实验时,使用的2支试管要分别做好标记,加入的盐酸要体积大致相等。③打磨铝棒前端3 cm左右的一段即可,使用时注意安全。④完成实验后,分开处理废液。

【教师】你能详细描述实验现象吗?

【学生】打磨过的铝棒立即与盐酸反应,迅速生成无色气体。未经打磨的铝棒刚浸入盐酸时产生气泡较慢,且气泡主要生成于折断处。一段时间后,产生气泡的速率加快,与打磨过的铝棒反应现象无异。

【师生讨论】这说明铝能与酸反应,生成氢气,体现了活泼金属的通性。而铝表面的一层氧化膜也能与酸反应,溶于酸。这层氧化膜的存在能起到延缓内部铝与酸反应的作用。

【用生讨论】用方程式表示铝和氧化制的这些性质(板书)。其中,氧化铝能与酸反应生成盐和水。在这个反应中,氧化铝体现了碱性氧化物的性质。

【教师】下面让我们从使用场景出发,进一步检测铝作为重要金属材料的其他性质。我们使用金属材料的过程中,除了可能遇到酸性环境,也可能会遇到碱性环境。让我们同样设计一组对比实验,来检测铝是否能与碱发生反应,同时检验一下铝表面的氧化物是否能与碱性物质反应。

【学生】提出实验设计方案:使用实验室中常见的碱——氢氧化钠溶液,分别取2支铝棒,其中1支用砂纸打磨前端,分别与同浓度、等量氢氧化钠溶液反应,观察现象。

【教师】组织学生开展分组实验,再次强调安全注意事项和操作规范。

【学生】完成实验,总结实验现象:打磨过的铝棒立即与氢氧化钠溶液反应,迅速生成无色气体。未经打磨的铝棒刚浸入氢氧化钠溶液时产生气泡较慢,且气泡主要生成于折断处。一段时间后,产生气泡的速率加快,与打磨过的铝棒的反应现象无异。

【教师】通过这次实验,我们都有了新发现。铝这种金属居然也能与氢氧化钠溶液反应,生成无色无味的气体。这种气体是什么呢?你能结合氧化还原反应的基本原理分析吗?

【师生讨论】铝作为活泼金属,与氢氧化钠溶液发生氧化还原反应,铝一般是作为还原剂,失去电子,那么一定存在得到电子的还原产物。从参加反应的氢氧化钠溶液的组成元素看,只有钠、氢和氧三种元素,再结合元素的价态分析,还原生成的无色气体最可能是氢气(有条件可通过燃烧实验验证)。

【教师】铝和氢氧化钠溶液反应,除了生成氢气,还生成了一种名为偏铝酸钠的物质,它是由钠离子和偏铝酸根离子组成的盐。事实上,水溶液中的偏铝酸钠应该写作$NaAl(OH)_4$,但高中阶段可以将之简化为$NaAlO_2$。

【教师】如果已知氧化铝和氢氧化钠溶液反应也生成了偏铝酸钠,请大家试着写出反应的方程式(板书)。

【师生讨论】(介绍两性氧化物的概念)氧化铝和碱反应也能生成盐和水,在这个反应中,氧化铝体现了酸性氧化物的性质。

【教师】像氧化铝这种既能与酸反应,也能与碱反应,只生成盐和水的氧化物,我们把它称为两性氧化物。

【教师】结合我们对铝及氧化铝性质的探讨,你认为生活中使用铝制品时需要注意哪些问题?

【学生】由于铝和氧化铝都能与酸碱发生反应,因此在使用铝制品时,既要避免在酸性环境中使用,也不要在强碱性环境下使用。

【设计意图】通过实验演示和学生分组实验,激发学生的学习兴趣,提升学生的实验操作技能,引导学生用控制变量的思路设计对比实验,培养学生逻辑推理能力和利用科学探究方法解决问题的能力。

教学环节三　查阅资料,探究性质——探究铝及其氧化膜的性质和用途

【实验准备】铝棒1支,砂纸1片,浓硫酸,试管1支。

【教师】从刚才两组性质验证实验可以看出,铝表面在空气中自然形成的氧化膜具有一定的延缓酸碱腐蚀的能力。如果能够通过特殊的工艺,加厚加固这层氧化膜,应该能够获得更好的防护效果。

【实验演示】将铝棒表面的氧化膜用砂纸打磨除去后,浸入盛有少量浓硫酸的试管中。铝棒表面没有产生明显现象。这个实验说明了什么?

【学生】在更强的氧化剂浓硫酸、浓硝酸的作用下,金属铁和铝会发生钝化作用,即在金属表面形成致密的氧化膜,阻碍内部金属进一步反应,从而起到保护金属的作用。

【教师】在实际应用中,用铝槽车运输浓硫酸就是应用了这个原理。其实,还有一种在工业上广泛应用的能够使物质发生氧化还原反应的方式,被称为电解。我们在后面的化学课程中将会详细学习电解的原理。人们发现,在电解装置中把铝棒用导线与电源的正极相连,此时铝作为阳极,电解质溶液选用硫酸、铬酸等氧化性酸,可以在铝表面获得外形美观、防护性能优良的氧化膜,这种工艺我们称之为金属的阳极氧化。

【教师】通过查阅文献,进一步了解阳极氧化的铝表面氧化膜的微观性质。

【师生讨论】用电子显微镜放大100万倍,可以看到铝经过阳极氧化形成的氧化膜具有致密均匀多孔的微观结构,这种结构可以形象地理解为大量紧密排列的簇状空心六棱管,就好像是很多紧密排列的六角铅笔抽去铅笔芯形成孔隙。这就可以解释如何在金属材料铝合金表面着色。在分子层面上选择合适的染色剂,填入铝合金表面氧化膜的孔隙,再用合适大小的分子当作塞子,封住孔隙口,就可以从微观层面上获得牢固的着色效果。

【教师】由于课堂时间所限,我们无法在课堂上让大家动手体验铝的阳极氧化着色,我提前在实验室简单模拟了工业上阳极氧化的过程,请大家观看视频。

【视频】播放铝表面阳极氧化着色流程视频。其流程示意如下:

除油污 → 碱洗除氧化膜 → 酸洗中和 → 水洗 → 电解阳极氧化 → 染色 → 封孔

【教师】这就是经过染色的铝棒(展示实物),我们可以用小刀刮一刮,检验染色效果。色素已牢固地附着在铝棒表面了。

【设计意图】通过观察铝的纯化实验和观看铝表面阳极氧化着色的视频,引导学生深入思考铝表面氧化膜的形成和作用,进一步加深对"结构决定性质"核心观念的认识。

教学环节四　学以致用,拓展视野——研究学习铝的冶炼和再生

【教师】你知道中国的铝都在哪里吗?这座城市其实大家都不陌生,在历史课上学到过——广西百色。百色平果市有我国最大规模的铝土矿,被称为中国铝都。

这样一座城市既是不朽的革命精神的象征,又为我们建设美丽中国、实现中华民族伟大复兴提供基础材料的支持,同学们有机会可以前去探访研学。

内蒙古自治区并不是铝土矿的主要产区,但它将再生铝合金的制造作为本地待发展的重点产业之一。是怎样的资源优势支持当地的铝合金再生产业发展呢?请大家课后收集资料,了解和评价这一产业的生产原理、发展趋势等。

【设计意图】通过一个开放的研究性学习小课题,让学生通过查阅资料,了解铝合金的生产、回收再利用的原理及发展现状,引导学生有意识地运用所学知识或寻求相关证据参与有关铝合金等金属材料的社会议题,发展"科学态度与社会责任"的核心素养。

六、板书设计

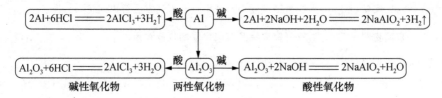

七、特色与亮点

1. 教学情境创设

结合社会热点,以铝合金表面阳极氧化着色工艺作为大情景展开学习,激发学生的学习兴趣和探究热情,认识化学学科对社会发展的重要作用,同时增强学生的社会责任感及爱国情怀。最后简单介绍中国重要的铝土矿产地广西百色,并提供一个研究性学习的命题"铝合金再生利用的发展现状和方向",为后续金属冶炼知识的学习做好铺垫。

2. 教学设计着力模型建构

从材料学习和元素化合物知识相结合的角度看,学生在高中阶段不仅应能通过材料的组成和分类识别生活中常见材料,也要能够了解不同材料的性质,并从结构的角度提出优化或改进的可能性,结合跨学科的知识,收集信息,了解材料的制备、使用和回收等环节的知识。

3. 教学环节优化

在实施教学时,不必拘泥于教材的呈现顺序。本节课将铝合金的相关知识提前到引课环节,关注知识生成的逻辑性,让学生已有的知识服务于发现新问题的探究过程。

案例4 "硫酸"教学设计①

(内容来源:人教版普通高中课程标准(2017年版)教科书《化学》必修第二册第五章第一节)

一、教学分析

● 教材分析

本节课是高中阶段元素化合物部分包含一定化工知识的重点内容,蕴含了一定的工程思想、技术思想以及科学原理,易于与生产生活中的真实情境相结合。尽管硫酸在工业中的应用学生在生活中就有所耳闻,但真正的生产环节以及相关应用,学生知之甚少。在本节课的学习中,学生既可以联系原有知识和生活实际来学习硫酸的相关性质,又可以站在技术、工程的角度上进一步制备硫酸的工艺流程,同时学习硫酸在生产生活中的应用,是充分渗透着科学思想、技术思想、工程思想、数学思想以及医学思想的一节内容,也为学生核心素养的发展奠定基础。而新版课程标准对本节内容的教学要求是:结合真实情境中的应用实例或通过实验探究,了解硫及其化合物的主要性质,认识其在生产中的应用和对生态环境的影响(见表6-16)。

● 学情分析

1. 知识和学习基础分析:本节课的授课对象是高一下学期的学生,处于这一年龄段的学生对于真实情境下非金属元素的学习以及实验探究有着浓厚的兴趣。在理论知识层面,学生已经学习了氧化还原反应和钠元素及其化合物的主要性质以及氯元素及其化合物(还有铁)的主要性质,也了解了研究非金属单质及其化合物性质的

---

① 乔儒,竺丽英.高中化学教学设计指导[M].杭州:浙江大学出版社,2021:238-247.

一般方法和规律。此外,学生已经有了一定的实验探究能力,同时对元素的性质具备一定的分析、概括、归纳能力,初步具备了实验观察分析和写化学方程式等基本能力,以及联系生活生产实际的能力。

表6-16 不同版本教材中"硫酸"内容比较

内　容	人教版	苏教版
"节"的标题	硫及其化合物	含硫化合物的性质和应用
"内容"标题	硫酸	硫酸的制备和性质
呈现方式	正文从硫酸在生产生活中的应用出发联系工业上制备硫酸的生产工艺,再通过实验探究硫酸的相关性质	正文联系目前硫酸生产制备工艺以及该工艺所包含的三个流程,从设备、原理出发,再探究硫酸的主要性质,最后回归硫酸在生产生活中的应用
思路分析	侧重于让学生从生活层面出发认识到硫酸,并了解硫酸的生产工艺,最后探究硫酸的相关性质	侧重于让学生认识到工业上制备硫酸的原理和硫酸的相关性质和作用

2.学生认知水平分析:学生在从科学实验探究或生活实际经验入手时,能够较为准确的观察并分析实验现象或生活现象,但是难以将宏观的实验现象和实验现象背后的微观本质联系起来,不能独立地建构知识网络体系。本节课是在学生已于真实情境中通过实例探究了解金属钠和非金属氯的重要化合物知识的情况下充分利用生活情境和实验探讨硫及其化合物的主要性质,但学生实验探究硫酸主要性质知识时存在一定困难,难以与现有知识相结合,需加强引导。另外,在思维层面,学生依旧不够严谨,仍然缺乏正确的学习思维方式,难以顺利将先前探究金属的思维方式迁移其中,科学探究能力也仍需加强。硫在生产生活中的作用极其重要,学习掌握好硫酸的性质对今后的工作生活有重要的意义。

3.学习风格分析:本门课授课的对象为高中一年级的学生,从之前的课上来看,课堂纪律良好,学生在学习风格上主动和被动相结合,具有较高的学习积极性。我们正处于网络高度发展的时代,在大量的信息、知识资源和多元化的社会环境影响下,一部分学生已具有场独立型的学习风格,自主性和独立性较强,可以独立学习和思考,善于发现问题。但是在高中阶段仍有大部分学生是场依存型,这类学生重视外部参照,常常把别人的意见看得很重要,需要在教师的引导以及良好的班级学习氛围下进行学习。因此在教学过程中,教师应用多种方式引导,调动学生的学习积极性,培养学生深入探究学习的能力。

二、教学目标

1.了解硫酸工业生产的主要设备,准确表述接触法制硫酸的三个重要阶段、反应原理、主要设备的名称、构造和作用。

2.能够用化学方程式表示工业制硫酸的原理。

3.通过实验探究浓硫酸的主要性质和掌握相关方程式的书写。

4.通过学习制备硫酸的工艺变化,认识硫酸的制备对促进化学工业发展的重大意义,发展"科学态度与社会责任"素养。

三、教学重难点

1.教学重点:浓硫酸的脱水性、吸水性和强氧化性。

2.教学难点:制备硫酸的不同工艺流程。

四、教学理念

随着时代的不断发展,新版课程标准明确提出了培养高中化学学科核心素养目标,以"素养为本"是化学课堂所秉持的教学基本理念。此外,在知识信息化的时代,STEM教育是目前的一种发展趋势,而"硫酸"这节课的内容恰好契合STEM理念。因此,这节课通过联系新冠疫情,从硫酸可用于制备硫酸羟氯喹片并应用于新冠感染临床治疗这一真实情境出发,让学生结合实验探究硫酸的主要性质及其在医学上的应用。从结构角度深化认识,学习制备硫酸的工艺流程,最后联系硫酸在生产生活中的应用,逐步建构硫酸的相关知识体系,这符合STEMM教育理念在教学中的运用。

五、教学设计思路

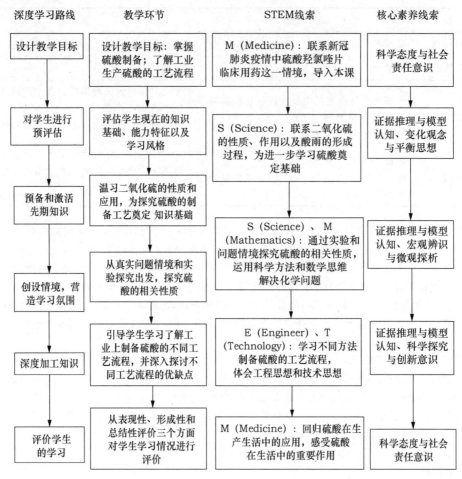

六、教学方法

1.情境教学法:将教材的知识点以问题情境的形式呈现在学生的面前,让学生在探索的思维活动中,掌握知识,发展智力,培养技能,进而提高发现问题、解决问题的能力。在本节课上,教师有意创设问题情境、提出问题,让学生解决,同时向学生说明在该探索情境下的思维逻辑。问题教学为学生提供了一个交流、合作、探索、发展的平台,使学生在问题解决中感受物质的量的价值和魅力,在教学活动中以"情境"为线索,基于问题情境发现探索知识,掌握技能,学会思考,学会学习,学会创造,促进创造思维的发展。

2.实验演示法:化学是一门以实验为基础的学科。实验在中学化学教学中有举足轻重的地位。而实验演示法即在教师引导下,让学生通过观察实验去发现规律、掌握知识,以便进一步调动学生的学习积极性,从而发展学生的智力,培养学生的探索精神和创造力。理论来自实践,实验可再次验证理论,通过这些实验可以帮助学生初步从宏观层面和微观层面认识元素及其相关性质。通过实验,学生可以把化学知识与观察、推理、思维技能发展结合起来,从而能动地理解化学知识。

七、教学准备

1.实验药品:稀硫酸、浓硫酸、蔗糖、胆矾、紫色石蕊试液、品红溶液、浸碱棉团。

2.实验仪器:点滴板、表面皿、滴管、试管、酒精灯、试管夹、铁架台、导管、橡皮管。

八、教学过程

教学内容	教学活动及分类	教师活动	学生活动	设计意图和表现性评价	STEMM线索和教学资源
（一）联系生活，新课导入					
生活导入	通过有关硫酸的生活情境导入，引出主题（情感态度、价值观）	【情境】联系新冠疫情中的临床用药情况，硫酸羟氯喹片和氯喹作用机制相同，目前硫酸羟氯喹片在治疗新冠感染的临床试验中已显现出一定的效果。从这一情境引出硫酸，告诉学生硫酸除了能制药以外，还被誉为化学工业之母，可用于生产化肥、农药、染料等，是衡量一个国家的化工生产能力的重要标准之一。	【讨论】硫酸羟氯喹片能用于制药，那么硫酸有什么样的性质？它在生活中还有什么样的作用？	【设计意图】1.从疫情临床用药这一情境导入主题，引起学生的兴趣，培养学生的"科学态度与社会责任"素养。2.联系二氧化硫的性质、作用以及酸雨的形成过程，为进一步学习硫酸奠定基础，提高学生的"变化观念与平衡思想"素养。【表现性评价】1.能够说出硫在生活中的作用以及能制备哪些药物。2.回忆二氧化硫、稀硫酸的性质和应用，写出相关化学方程式。	【STEMM线索】科学（Science）：通过将化学和生活实例相联系，同时联系二氧化硫的性质、作用以及酸雨的形成过程，体现化学的科学性，发展学生的科学素养。医学（Medicine）：联系硫酸可以用于生产硫酸羟氯喹片这一情境，发展学生的医学素养。【教学资源】硫酸羟氯喹片、硫酸在生产生活中的应用展示PPT。
激活前期知识	回顾二氧化硫的相关知识体系以及稀硫酸的性质（陈述性知识、动作技能）	【激活前期知识】温习先前所学过的二氧化硫的性质、应用，以及酸雨形成的过程，帮助学生回顾二氧化硫形成硫酸的过程，以及稀硫酸的相关性质、反应方程式，为探究硫酸的工业制备方法奠定知识基础。【提问】在水溶液中，硫酸完全电离成氢离子和硫酸根离子，而在浓硫酸中，浓硫酸主要以硫酸分子的形式存在，浓硫酸和稀硫酸有什么不同的特性？	【回顾】温故知新，互相讨论。		
（二）实验探究，建构新知					
探究实验一	探究实验：探究浓硫酸的吸水性（陈述性知识、动作技能）	【讲解】向表面皿中加入少量胆矾，再加入1 mL 浓硫酸，搅拌，观察实验现象。【提问】胆矾发生了什么样的变化？发生变化的原因是什么？【讲解】浓硫酸可以吸收空气或其他气体中的水蒸气，混在固体中的湿存水，结晶水合物中的结晶水。在实验室里常用浓硫酸作干燥剂。正是因为浓硫酸具有吸水性，可将蓝色的胆矾晶体中的结晶水吸去，使其变成白色粉末，即无水硫酸铜。	【观察】【思考】胆矾晶体由蓝色变为白色粉末。【观察】	【设计意图】1.培养学生的动手实验能力、观察、分析、归纳能力，"宏观辨识与微观探析"素养。2.通过实验探究浓硫酸的主要性质，即浓硫酸的吸水性、脱水性和强氧化性，逐步培养"证据推理"素养。	【STEMM线索】数学（Mathematics）、科学（Science）：通过实验探究浓硫酸的吸水性、脱水性和强氧化性，培养科学思维。同时通过实验和问题情境相结合，探究硫酸产生相关反应的本质，运用科学方法和数学思维解决化学问题。

续表

教学内容	教学活动及分类	教师活动	学生活动	设计意图和表现性评价	STEMM线索和教学资源
探究实验二	探究实验：探究浓硫酸的脱水性（陈述性知识、动作技能）	【探究实验】向点滴板中加入少量蔗糖，滴2滴浓硫酸，观察实验现象。【提问】为什么蔗糖会产生这样的实验现象？比较吸水性和脱水性的区别。【讲解】浓硫酸可以使有机化合物中的氢、氧元素按水分子中的组成比例从有机物中"脱离"出来，结合生成水分子，而浓硫酸与蔗糖发生反应的化学方程式是 $C_{12}H_{22}O_{11}=\!=\!=12C+11H_2O$，该反应体现了浓硫酸的脱水性。	【观察】【思考】白色蔗糖变黑，体积膨胀，变成疏松多孔的海绵状的炭，并放出刺激性气味的气体。【聆听】【记录】对比自己的思考。	【表现性评价】1. 能够预测硫酸的性质。2. 通过实验，运用化学语言描述浓硫酸的实验现象和性质，对现象产生的原因进行解释。3. 能够区别浓硫酸的吸水性和脱水性。	【教学资源】表面皿、点滴板、胆矾、浓硫酸、滴管、蔗糖、铜丝、品红、酒精灯、铁架台、紫色石蕊、浸碱面团
探究实验三	探究实验：探究浓硫酸的强氧化性（陈述性知识、动作技能）	【探究实验】搭建实验装置，将铜丝放入浓硫酸中加热，观察品红溶液和紫色石蕊试液的实验现象，写出化学方程式。【问题】浓硫酸和铜丝反应产生了什么样的实验现象？品红和紫色石蕊试液产生这些现象的原因是什么？能不能从化合价的角度去解释？【讲解】因为浓硫酸具有强氧化性这一特点，所以浓硫酸能与大多数金属反应，生成高价态金属的硫酸盐，本身一般被还原为SO_2。而产生的SO_2气体能使品红溶液褪色，也能溶于水产生亚硫酸，使紫色石蕊落液变红。另外，在医学上，硫酸可以用来合成硫酸亚铁和硫酸镁等。其中，硫酸亚铁可作局部收敛剂及补血剂。硫酸镁粉剂外敷可以消肿，用于治疗肢体外伤后肿胀、改善皮肤粗糙的问题等。	【观察】【思考】a. 试管中铜丝表面变黑，有气泡逸出；b. 试管中的品红溶液逐渐变为无色；c. 试管中的紫色石蕊溶液逐渐变为红色；将a试管里的溶液慢慢倒入水中，溶液变为蓝色。【聆听】【记录】记录原理，写出相关的方程式。		

续表

教学内容	教学活动及分类	教师活动	学生活动	设计意图和表现性评价	STEMM线索和教学资源
（三）了解工艺，深入学习					
加工知识深度学习	联系制备硫酸的不同工艺流程，深度学习（陈述性知识、动作技能）	【提问】带领学生进一步学习硫酸制备的三种不同工艺流程，了解三种工艺的流程、设备和原理的区别，比较三种工艺流程的优缺点以及硫酸在生产生活上的应用。 【讲解】比较三种制备硫酸的工艺流程，将庞大的、学生难以直接接触的硫酸制备工程化繁为简，并与学生一同探讨三大原料制酸的现状和优缺点。早些年，硫铁矿制酸所占的比重较大，因为我国拥有丰富的硫铁矿资源，而且使用硫铁矿制酸的成本较低，但硫铁矿制酸的周期较长且污染较多，导致在污染处理环节花费巨大。近年来，硫黄制酸由于具有投资少的优点，已成为我国最主要的制酸方法，占总量的46%。硫黄制酸受硫黄资源总量所限，硫铁矿制酸对环境污染大。相比于前两种工艺，冶炼气制酸则能够较好地解决以上问题，冶炼气制酸将成为硫酸生产主要研究方向。	【思考】二氧化硫是如何形成硫酸的？ 【思考】【记录】学习原理，比较不同制备工艺的优缺点。	【设计意图】通过进一步学习硫酸制备的三种不同工艺流程、设备和原理，比较三种工艺流程的优缺点，逐步形成"证据推理与模型认知""科学探究与创新意识"素养。 【评价性目标】 1.能够比较不同流程制备硫酸的优缺点。 2.能够设计简易制备硫酸的装置。	【STEMM线索】技术（Technology）、工程（Engineer）：在硫酸制备的工艺流程的学习中，学生要从具体的流程、设备等宏观知识入手，认识制备硫酸的不同工艺，再结合制备硫酸过程中硫元素转化时其价态的变化，以微观视角来认识制备原理，进而提高工程素养和技术素养。 【教学资源】硫酸的工业制备流程PPT。
（四）回顾生活，提高素养					
回归生活	从生活中来到生活中去，联系硫酸在生活中各方面的应用（情感态度、价值观）	【回归生活】硫酸可用于制备硫黄皂，硫黄软膏，去屑止痒，抑制皮脂分泌，杀灭细菌、真菌，具有一定的药用价值。此外，硫酸还可以制备不同级别的产物，并应用于多方面，如工业级硫酸化物、食品级硫酸化物、药用级硫酸化物、电子级硫酸化物。	【聆听】【回忆】【反思】	【设计意图】学会认识事物的两面性，认识硫酸在生活中的利弊，培养"科学态度与社会责任"素养。 【形成性目标】能够说出硫酸在生活中的作用，如药用、工业应用。	【STEMM线索】科学（Science）、医学（Medicine）：学习硫酸在生产生活中的应用，逐步发展科学素养。 【教学资源】硫酸在生产生活中的应用PPT。

十一、形成性评价

1. 下列关于浓硫酸和稀硫酸的叙述中正确的是（　　）

  A. 常温时都能与铁发生反应，放出气体 B. 加热时都能与铜发生反应

  C. 都能作为气体干燥剂 D. 硫元素的化合价都是+6价

2. 浓硫酸在实现下列物质的转化过程中,既表现出氧化性,又表现出酸性的是(   )

①Cu⟶$CuSO_4$ ②C⟶CO_2 ③FeO⟶$Fe_2(SO_4)_3$ ④Fe_2O_3⟶$Fe_2(SO_4)_3$

A. ①③   B. ②④   C. ①④   D. ②③

3. 向 50 mL 18 mol/L 的 H_2SO_4 溶液中加入足量的铜片,加热使之反应。则充分反应后,被还原的 H_2SO_4 的物质的量(   )

　　A. 小于 0.45 mol   B. 等于 0.45 mol   C. 在 0.45 mol 和 0.90 mol 之间   D. 大于 0.90 mol

4. Ⅰ. 先将适量蔗糖放入烧杯中,加入少量水,搅拌均匀。然后加入适量浓硫酸,迅速搅拌,放出大量的热,同时观察到蔗糖逐渐变黑,体积膨胀,并放出有刺激性气味的气体。

(1) 生成的黑色物质是_____(填化学式)。

(2) "体积膨胀,并放出有刺激性气味的气体",写出对应的化学方程式_____。

(3) 在(2)的反应中,体现浓硫酸具有_____(填序号)。

　　① 酸性;② 吸水性;③ 脱水性;④ 强氧化性

Ⅱ. 向 80 mL 浓硫酸中加入 56 g 铜片,加热,至不再反应为止。

(1) 写出铜与浓硫酸反应的化学方程式_____。

(2) 实验测得反应中共有 13.44 L SO_2(标准状况)生成,反应中转移的电子有_____ mol。

十二、板书设计

```
                            硫  酸
```

一、硫酸的性质

1. 硫酸的物理性质

2. 稀硫酸的性质——酸的通性

3. 浓硫酸的特性

① 吸水性:浓硫酸可以吸收空气或其他气体中的水蒸气,混在固体中的湿存水、结晶水合物中的结晶水。

② 脱水性:浓硫酸可以使有机化合物中的氢、氧元素按水的组成从有机物中"脱离"出来,结合生成水分子。

浓硫酸与蔗糖发生反应的化学方程式为:$C_{12}H_{22}O_{11} \xrightarrow{浓硫酸} 12C + 11H_2O$。

③ 强氧化性:浓硫酸能与大多数金属反应,生成高价态金属的硫酸盐,本身一般被还原为 SO_2。浓硫酸与金属铜的反应方程式为:$2H_2SO_4(浓) + Cu \xrightarrow{\triangle} CuSO_4 + SO_2\uparrow + 2H_2O$。

二、工业上制备硫酸的工艺流程

1. 硫铁矿制酸

2. 硫黄制酸

3. 冶炼气制酸

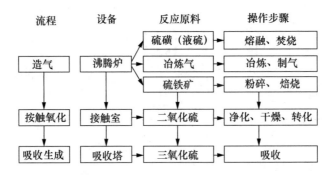

三、硫酸在生活中的应用

本章小结

1. 教师在上任何一节化学课前,教师都要对教学进行规划和设计,现代教学设计有别于我们过去常说的"备课"。它要有一定的教学理论做指导,而不是凭个人的感觉和经验。现代教学设计要求教师要注重教学理念的更新,要有明确的教学目标,强调教学模式和教学策略的设计,注重教学设计的科学化和规范化。

2. 化学教学设计具有层次性,可分为课程教学设计、单元(或章、课题)教学设计和课时教学设计。教学设计要遵循一定的教学设计基本原则、教学设计基本程序和方法。

3. 化学教学设计的内容包括教学内容分析、教学对象分析、教学与评价目标的设计、教学重点和难点的确定、教学策略的设计、教学情境的设计、教学媒体的设计、教学过程的设计、练习作业的设计、教学板书的设计、教学设计的评价和教学设计的反思。

4. 化学教案是化学教学设计过程的最终产品,教案大致有两类:一类是以表格形式列出整体教学过程,另一类是以文字形式书写的教学过程。化学学案是指教师依据学生的认知水平、知识经验,为指导学生进行主动的知识建构而编制的化学学习方案。化学学案具有导读、导听、导思、导做的作用。

本章思考题

1. 化学教学设计分为课程教学设计、单元教学设计和课时教学设计的根据是( )。
   A. 化学教学不同层次的性质和类型
   B. 化学教学不同层次的目的、性质和类型
   C. 化学教学不同层次的目的和性质
   D. 化学教学不同层次的目的、要求和作用

2. 在化学学段教学设计进行的工作中,要求编制( )。
   A. 课程教学计划
   B. 课时教学计划
   C. 课题教学计划
   D. 学期教学计划

3. 在化学课程设计时,对"任务""活动"和"情境"三者应( )。
   A. 各自孤立地设计
   B. 先孤立设计,再整合
   C. 整体设计、整体优化
   D. 突出"任务"、整体设计

4. 下列不属于化学教学设计工作一般步骤的是( )。
   A. 设计教学目的
   B. 设计教学媒体
   C. 设计教学策略
   D. 设计教学模式

5. 关于化学教学媒体选择应遵循的原则,下列描述错误的是( )。
   A. 方便原则
   B. 经济原则
   C. 美观原则
   D. 有效原则

6. 下列属于化学课程目标内容特征的是( )。
   ① 突出科学探究目标
   ② 立足基础知识目标
   ③ 重视情感态度与价值目标
   ④ 重视过程与方法目标
   A. ①②③
   B. ①③④
   C. ②③④
   D. ①②③④

7. 对认知性学习目标水平的描述中,符合从低到高顺序的是( )。
   A. 知道、识别、认识、理解
   B. 说出、辨认、解释、应用
   C. 说出、认识、比较、归纳
   D. 能表示、举例、归纳、证明

8. 《普通高中化学课程标准(实验)》对目标要求的描述所用词语分别指向不同的学习目标。下列行为动词的描述属于"技能性学习目标水平"的是( )。
   A. 合作
   B. 识别
   C. 解决
   D. 模仿

9. 化学教学目标在教学中主要有导学、导教、导测等功能。教学目标"认识到收集证据的重要性"中"认识"属于( )。
   A. 行为条件
   B. 行为主体
   C. 行为动词
   D. 表现程度

10. 什么是化学教学设计？化学教学设计主要包括哪些基本环节？
11. 化学学习内容分析主要包括哪几个方面？试以"离子反应"为例对化学学习内容进行分析。
12. 化学教学对象分析的含义是什么？开展化学教学对象分析的方法主要有哪些？试以"一定物质的量浓度配制"为例对学生起点能力开展分析，并选择合适的教学策略和教学方法。
13. 结合实例说明三个维度化学教学目标的含义及其意义。
14. 指出下列几种教学目标设计中的错误并予以纠正。
    (1) "元素周期律"一节课的教学目标设计
    使学生掌握原子核外电子排布及其变化规律，使学生掌握元素周期律：同周期、同主族元素原子半径的变化规律、得失电子能力的变化规律、元素化合价变化规律，对学生进行辩证唯物主义教育。
    (2) 关于"氧气的制法"一节课的教学目标设计
    知识与技能目标：使学生初步掌握实验室制取氧气的方法和反应原理，了解工业上从空气中制取氧气的基本有的是，了解催化剂和催化作用的概念，理解分解反应的定义及其与化合反应的区别。
    过程与方法目标：培养学生的观察能力、实验能力、思维能力。
    情感态度与价值观目标：培养学生的科学态度和科学方法。
15. 以"质量守恒定律"内容为例，说明化学教学内容与化学课程内容、化学教科书内容之间的关系，并对化学教学内容进行合理的选择和组织。
16. "乙醇"分别在《化学》必修第二册和《化学》选择性必修3中作了介绍，试根据教学设计的背景分析，对两个不同时期的"乙醇"的教学目标作出设计并分别确定其教学重点和教学难点。
17. 什么是化学教学媒体？有哪些基本类型？设计化学教学媒体时要注意哪些问题？
18. 什么是化学教学情境？化学教学情境有哪些教学功能？创设化学教学情境有哪些途径？
19. 什么是化学教学策略？化学教学策略有哪些类型？试以高中化学不同必修、选修模块为例，选择不同的教学策略。
20. 在教学设计中，"对学习者初始能力的分析就是确定教学的出发点"，为什么？
21. 试述化学教学内容组织的基本策略。以"离子反应"或"原电池"为例说明其内容的组织。
22. "科学探究"是课程改革所倡导的学生学习化学的一种方式，它包含提出问题、作出假设、进行实验、收集证据、获得结论等要求。请以"燃烧需要什么条件"内容为例，设计一个具体的探究主题，并写出简要的活动方案(不少于300字)。
23. 新课程教材在编写时尽可能呈现核心内容的知识线、情景线、问题线、活动线和学生认识发展线索。试以新课程教材某一节内容为例[任选"质量守恒定律""氧化还原反应""乙醇"(化学2)]，回答下列有关问题：
    (1) 以你选取某一节内容为例，试对新课程化学教材中的核心线索进行分析。
    (2) 试从知识结构、信息素养、学习需要、心理等方面对学生学习特点进行分析。
24. 学生的起点能力就是指学习新知识必须具备的原有知识技能的准备水平。研究表明，起点能力与智力相比对新知识的学习起着更大的作用。
    (1) 以"配制一定物质的量浓度的溶液"为例说明需要学生具备的起点能力？
    (2) 说明了解和确保学生具备起点能力对化学新知识的学习有何重要意义？
25. 阅读下列有关材料，回答"硝酸的性质"有关问题：
    材料一 《普通高中化学课程标准(2017年版 2020年修订)》中必修主题下的内容：

内容要求	学习活动建议	情境素材建议
结合真实情境中的应用实例或通过实验探究，了解氯、氮、硫及其重要化合物的主要性质，认识这些性质在生产中的应用和对生态环境的影响	(1) 实验与探究活动：浓、稀硝酸的性质；氮氧化物的性质与转化； (2) 调查与交流讨论：从含硫、氮物质的性质及转化视角分析酸雨和雾霾的成因、危害与防治；调查水体重金属污染及富营养化的危害与防治	"雷雨发庄稼"；氮的循环与氮的固定；工业合成氨、工业制硫酸（或硝酸）；氮肥的生产与合理使用

材料二 某版本教科书专题4"硫、氮和可持续发展"中的"硝酸的性质"内容：

硝酸的性质

硝酸（nitric acid）是一种无色、具有挥发性的液体。工业硝酸的质量分数约为69%，常因溶有少量NO_2而略显黄色。

观察下列有关硝酸性质的实验，将实验现象和分析所得结论填入表6-17。

表6-17 硝酸的性质实验

	实验现象	结　　论
实验1		
实验2		

实验1 如图6-10所示，将铜片置于具支试管的底部，通过分液漏斗加入2mL浓硝酸，用排水集气法收集产生的气体，观察实验现象。

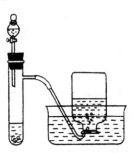

图6-10 铜片与浓硝酸的反应装置

实验2 在上述装置中，从分液漏斗向试管内加5mL水，稀释硝酸，继续收集产生的气体，观察实验现象。

硝酸是一种氧化性很强的酸，几乎能与所有的金属（金、铂等少数金属除外）和许多非金属以及有机物发生氧化还原反应。

$$3Cu + 8HNO_3(稀) = 3Cu(NO_3)_2 + 2NO\uparrow + 4H_2O$$
$$Cu + 4HNO_3(浓) = Cu(NO_3)_2 + 2NO_2\uparrow + 2H_2O$$
$$C + 4HNO_3(浓) \xrightarrow{\triangle} CO_2\uparrow + 4NO_2\uparrow + 2H_2O$$

硝酸不稳定，在常温下见光或受热就会发生分解。因此，硝酸应储存在避光、低温处。

$$4HNO_3 \xrightarrow{光照} 2H_2O + 4NO_2\uparrow + O_2\uparrow$$

常温下，浓硝酸会使铝、铁等发生钝化。所以，可用铝制容器装运浓硝酸。

硝酸是一种重要的化工原料,常用来制备氮肥、染料、塑料、炸药、硝酸盐等。

> 工业上制备硝酸的过程如下:(1)氨在催化剂的作用下与氧气发生反应,生成一氧化氮;(2)一氧化氮进一步被氧气氧化生成二氧化氮;(3)用水吸收二氧化氮生成硝酸。

材料三 某版本教科书的知识结构体系

专题1 化学家眼中的物质世界
  第一单元 人类对原子结构的认识
  第二单元 丰富多彩的化学物质
  第三单元 研究物质的实验方法
专题2 从海水中获得化学物质
  第一单元 氯、溴、碘及其化合物
  第二单元 钠、镁及其化合物

专题3 从矿物质到基础材料
  第一单元 从铝土矿到铝合金
  第二单元 铁、铜的获取及其应用
  第三单元 含硅矿物与信息材料
专题4 硫、氮和可持续发展
  第一单元 硫及其化合物的"功"与"过"
  第二单元 生产生活中的含氮化合物

根据以上材料,回答下列有关问题:
(1) 确定本课的教学目标与评价目标。
(2) 确定本课的重点和难点。
(3) 设计教学过程(包括新课导入、展示、总结)。
(4) 完成思考与讨论中的问题。
(5) 设计教学板书。

参 考 文 献

[1] 周小山,严先元.新课程的教学设计思路与教学模式[M].成都:四川大学出版社,2002.
[2] 盛群力,等.教学设计[M].北京:高等教育出版社,2005.
[3] 毕华林,刘冰.化学探究学习论[M].济南:山东教育出版社,2004.
[4] R.M.加涅,L.J.布里格斯,W.W.韦杰.教学设计原理[M].皮连生译.上海:华东师范大学出版社,1999.
[5] 刘知新.化学教学论[M].北京:高等教育出版社,2018.
[6] 王克勤.化学教学论[M].北京:科学出版社,2006.
[7] 胡志刚.化学微格教学[M].厦门:厦门大学出版社,2007.
[8] 杨承印.化学教学设计与技能实践[M].北京:科学出版社,2007.
[9] 王后雄.高中化学新课程案例教学研究[M].北京:高等教育出版社,2008.
[10] 江家发.化学教学设计论[M].济南:山东教育出版社,2004.
[11] 鲁献蓉.从传统教案走向现代教学设计——对新课程理念下的课堂教学设计的思考[J].课程·教材·教法,2004(7):17-23.
[12] 裴新宁.现代教学设计的概念与特征[J].开放教育研究,2005(4):65-70.
[13] 郭要红,华国栋.论挑战性学习目标及其制订策略[J].课程·教材·教法,2008(10):19-23.
[14] 王后雄.论化学教学设计中理智技能教学顺序确定的理论依据[J].中学化学教学参考,2008(4):3-4.
[15] 林长春.义务教育化学新课程教学目标设计探析[J].内蒙古师范大学学报(教育科学版),2004(4):82-84.
[16] 杨季冬,王后雄.论"素养为本"的"教、学、评"一致性及其教学实现[J].教育科学研究,2022(11):64-70.
[17] 何鹏.基于课程标准的化学学习表现性目标设计:理论基础、设计框架与案例解析[J].化学教育(中英文),2022,43(13):13-22.

第 7 章 化学教学方法与教学模式

> 化学教学方法是化学教学系统中的主体,为了实现化学教学目的、完成化学教学任务而作用于客体,以及跟系统内其他要素相互作用的方式和手段的规定。在化学教学系统中存在着教导主体和学习主体。因此,化学教学方法是由相互联系着的化学教导方法和化学学习方法两部分组成。
>
> ——刘知新

本章学习目标

通过本章学习,你应该:
1. 了解化学教学方法的实质、分类、特点,以及几种常见的现代化学教学方法;
2. 了解化学教学模式的发展,理解化学教学模式的概念,熟悉几种常见的化学教学模式;
3. 在实际教学中,尝试进行化学教学方法的优选与组合,反思自己的教学思想;
4. 能依据学科特点及学生的认知特征,恰当地运用教学方法和手段,有效地进行化学教学;
5. 尝试从教学模式的视角来分析和设计化学课堂教学过程,能够设计合理的教学流程。

7.1 化学教学方法

核心术语

- ◆ 教学方法的本质   ◆ 教学方法   ◆ 讲授法   ◆ 演示-观察法
- ◆ 实验-探究法   ◆ 引导-发现法   ◆ 谈话-讨论法

高中化学课程标准(2017年版2020年修订)的教学与评价建议提出"积极促进学生化学学习方式的转变",指出"学生化学学科核心素养的发展是一个自我建构、不断提升的过程,教师要紧紧围绕化学学科核心素养发展的关键环节,引导学生积极开展建构学习、探究学习和问题解决学习,促进学生化学学习方式的转变"。因此,合理选择教学方法和教学方式,无疑应成为教学设计的重点,也是当前化学教育研究的热点之一。

7.1.1 化学教学方法的含义

教学目标、教学内容、教学方法和教学组织四者在动态交互作用中融为一体,这就是教学过程。而教学方法是教学过程中最灵活的因素。无论是师范生、教师,还是专家学者都对它非常关注和感兴趣。师范生通常想掌握几种有效的教学方法,使教学更加引人入胜;教师经常分析思考哪些教学方法能使学生学得更轻松,达到最佳的教学效果;专家学者热衷于探讨教学方法的功能、分类以及方法背后的指导思想。尽管不同的人会从不同侧面看待教学方法,但从对其本质的分析,我们可以将化学教学方法看作是:反映一定的教学思想、教学原则、化学学科特征和师生相互作用的关系,为实现化学教学目标而借用的一系列中介手段的动态之和。

7.1.2 化学教学方法的本质

化学教学方法是指为达到预定的化学教学目标,完成预定的教学内容,在教学原则指导下所采用的师生互动方式和有关措施——既包括教师教的方法,也包括学生学的方法,是教法和学法的统一。可以从以下三个方面把握教学方法的本质。

1. 教学方法体现了特定的教育价值观

教师的教育价值观影响教学方法的采用,有的教师尊重学生的学习主体性,擅长与学生平等对话,体现融洽的师生关系,会倾向于采用谈话-讨论、自主探究等方法来调动学生积极动手、动脑和发言。而有的教师已经适应了教师的权威性,认为学生必须在教师的严格要求下学习,在教学中会更多采用启发-讲解、实验演示、指导练习等教学方法,安排学生学习既定的知识内容。而初入学校的新教师还没有形成稳定的教育价值观,往往会根据某时的体会和理解来选用不同的教学方法。因此,他们具有很大的可塑空间,容易接受新的思想,敢于尝试新的教学方法改进教学,并在教学中脱颖而出。特定的教学目标需要采用具体的教学方法来实现,例如当教学目标是:"① 在10分钟内能完成5道简单的酸碱溶液 pH 的计算题";"② 通过实验认识化学反应的速率和化学反应的限度,了解控制反应条件在生产和科学研究中的作用。"在教学中必然要采用"练习法""实验法"。

2. 教学方法受特定课程内容的制约

杜威在《民主主义与教育》中曾深刻指出:方法与教材是统一的——方法总是特定教材的方法,教材总是方法化的。化学学科的发展过程中形成了独特的思维方法、研究方法、研究手段,经过编者的精心安排,它们蕴含在中学化学教材各章节的内容中。根据化学课程内容的需要,一般的教学方法如讲授法、观察-演示法、实验法、谈话-讨论法等需要与化学学科的特定方法相结合,形成具有化学学科特点的教学方法体系,比如:引导探究、互动探究、实验发现法、综合启发式等。

3. 教学组织形式直接影响教学方法的选择

在班级授课制中,教师会更多采用讲授法、演示法、练习法等。而在个别化教学中,谈话-讨论法将成为主要的教学方法。同样,在大班教学和小班教学之间,教师采用的教学方法也会不同。

7.1.3 化学教学方法的分类

在教育科学研究领域,关于教学方法的研究资料纷繁复杂,但专家学者对化学教学方法进行的各种分类,使我们对化学教学方法的运用和功能有了清晰、直观的认识。

1. 从教学所实现的目标及功能进行分类[①]

(1) 以语言传递信息为主的教学方法。是指提议教师运用口头语言向学生传授知识和技能,学生独立阅读书面语言为主的教学方法,包括讲授法、问题法、读书指导法和讨论法。

(2) 以直接感知为主的教学方法。是指教师通过对实物、直观教具或实验的演示和组织教学性参观等,使学生利用感官直接感知客观事物或现象而获得知识的方法,包括演示法和参观法。

(3) 以实际训练为主的教学方法。是指通过练习、实验和实习等实践活动,使学生巩固和完善知

---

① 胡志刚.化学微格教学[M].厦门:厦门大学出版社,2007:73-74.

识和技能的方法,包括练习法、实验法和实习法。

(4) 以激发情感为主的教学方法。是指教师在教学活动中创设一定的情境,或利用一定的教材内容,使学生通过体验产生兴趣,形成动机和培养正确态度的教学方法,包括情境教学法、联系实际教学法和故事教学法。

(5) 以引导探索为主的教学方法。是指教师组织和引导学生通过独立的探索和研究活动而获得知识的方法。

2. 从教学方法的层次水平进行分类(图 7-1)①

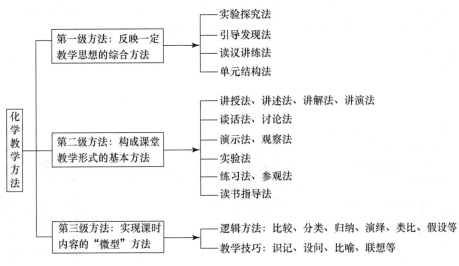

图 7-1　化学教学方法的分类

7.1.4　中学化学教学中常用的方法

现代化学教学方法的特点是:① 注重发展学生的智力,培养学生的能力,如实验-探究法;② 注重学生的主体性,充分体现以学生为中心的教学思想,如谈话-讨论法、引导-发现法;③ 注重非智力因素在化学教学中的作用;④ 综合性也是现代化学教学方法的重要特征。常用的中学化学教学方法有以下五种。

(一) 讲授法

在教学中,讲授法是一种最基本、最重要的教学方法。对它的掌握和运用却最能体现教师的基本素质。它是指教师通过语言系统连贯地向学生传授知识。

从语言上看,运用讲授法需要注意语言的科学性、艺术性和感染力。根据讲授内容的不同,又可分为描述和论证。讲授内容是化学史、实验现象、经验事件时,经常采取描述的形式;当讲授内容是化学原理和概念时,通常采用论证的形式。按照逻辑思维来看,讲授法又可呈现出归纳和演绎两种思路。化学教材中归纳和演绎兼而有之,是选择归纳讲解还是演绎讲解需要根据教材内容而定。

按照认识事物的侧重面不同,讲授法还可分为分析和综合两种形式。着重从部分去认识事物整体时,是采用分析的形式;着重从整体把握事物时,主要是综合的形式。

讲授中有偏于陈述的,有偏于分解的,有偏于阐述观点的;又可以分为讲述、讲解、讲演等。它们需要根据教学内容、学生特点和当时环境灵活运用。运用讲授法时要特别注重引导和启发学生思考,

---

① 江家发.化学教学设计论[M].济南:山东教育出版社,2004:70.

并与其他教学方法结合起来,可以避免出现"填鸭式,注入式"。

(二) 演示-观察法

从认知效果来看,将直观的认知对象尽可能地摆在学生眼前,有利于理解和记忆——能用眼睛看得到,则减轻了思维的负担。

教师通过展示实物、直观教具、影像材料或化学实验为学生准备丰富的感性材料,学生通过观察,获得感性认识,再经过思维加工,理解和掌握化学知识。演示通常有两种形式:

(1) 静态展示,主要是使用模型、实物、图画、照片等;

(2) 动态展示,包括实验演示、动作示范、多媒体展示等,变静态为动态,课堂直观程度更高。

下面这个教学片段,可以帮助你了解演示-观察法在化学教学中的具体应用。

案例研讨

"苯 芳香烃"教学方法的选择

【演示】苯跟溴的取代反应(如图 7-2 所示)

(1) 介绍仪器、药品,强调用"液溴"。

(2) 指出缠有细铁丝的铁环没伸进混合物液面下时,不发生反应。

(3) 将缠有细铁丝的铁环伸入混合物液面下,混合液逐渐沸腾,剧烈反应。

(4) 启发学生观察主要现象、分析事实、思考问题(见投影)。

【投影】(边演示边提示应注意观察的主要处)

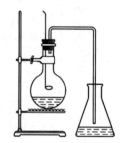

图 7-2 苯和溴的取代反应

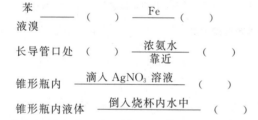

【现象】

(1) 长导管口附近出现白雾;用蘸浓氨水的玻璃棒靠近,冒白烟。

(2) 锥形瓶内液体滴入 AgNO₃ 溶液,有浅黄色沉淀产生。

(3) 把烧瓶内液体倒入烧杯内水中,烧杯底部有褐色油状物(不溶于水)。

【投影】(待反应完全停止后)

(1) 铁丝的作用是什么?

(2) 长导管的作用是什么?

(3) 为什么导管的末端不插入液面下?

(4) 什么现象说明发生了取代反应?

(5) 如何除去无色溴苯中所溶解的溴?

【评注】在做好典型演示实验的基础上,提出富有启发性的问题。让学生思考、解答。这是充分发挥实验的多种功能,提高化学教学质量的好办法。

(阎梦醒. 一次启发探究式教学的尝试——《苯 芳香烃》讲课录[J].
中学化学教学参考. 2002(5):27-32.)(略改动)

使用演示-观察法时,应注意:
① 作好演示前的准备,选择典型的实例,演示实验应先试做,以确保实验成功;
② 使学生明确演示的目的、要求与过程,使他们积极主动地观察与思考;
③ 演示要紧密配合教学,及时而有序地进行。

(三) 实验-探究法

在化学教学中,让学生亲自动手实验,既是化学学科特点所要求的,也是新课程所倡导的学习方式之一。实验-探究法是在教师的指导下,通过实验探索引导学生获取知识、发展能力的教学方法。

下面这个教学片段,可以帮助你了解实验-探究法在化学教学中的具体应用。

案例研讨

由一道练习题引出的实验探究活动——教学案例分析

师:我们已经知道,钠是一种化学性质很活泼的金属,它在"金属活动性顺序表"中排在第三位。现在,请大家思考这个问题:"用钠单质能否顺利置换出硫酸亚铁溶液中的铁?"

【板书】思考:用钠单质能否顺利置换出硫酸亚铁溶液中的铁?

学生:交头接耳、相互讨论,然后有些学生大声回答:"能!"

(绝大多数学生表示出对这一答案的首肯)

师:你们的答案是否正确呢?下面让我们通过实验来验证。

【板书】

第一组实验:在一个盛有小半杯蒸馏水的小烧杯中投入一块米粒般大小的金属钠(预先除去外皮和吸干煤油),待反应完毕后把所得溶液与另一个小烧杯中的硫酸亚铁溶液相混合。认真观察现象并作翔实的记录,把实验记录抄到黑板上。

第二组实验:在一个盛有大半杯硫酸亚铁溶液的小烧杯中投入一块米粒般大小的金属钠(大小与第一组相当,预先除去外皮和吸干煤油)。认真观察现象并作翔实的记录,把实验记录抄到黑板上。

第三组实验:在一个盛有大半杯硫酸铁溶液的小烧杯中投入一块米粒般大小的金属钠(大小与第一、二组相当,预先除去外皮和吸干煤油)。认真观察现象并作翔实的记录,把实验记录抄到黑板上。

师:下面请6名同学到讲台上来和老师一起进行实验。

(课堂气氛一下子活跃起来,同学们纷纷举手、跃跃欲试,最后大家一起选出了6名学生。我把这些学生分成三组,在老师的指导下进行分组实验。)

当所有的实验现象都出来时,整个教室沸腾了,课堂气氛达到了高潮。还未等老师喊开始,学生们已经迫不及待地展开了激烈的讨论。最后,学生们自然而然地得出了正确的结论:当把钠单质投入硫酸亚铁溶液时,钠单质首先跟水反应生成氢氧化钠,氢氧化钠再跟溶液中的硫酸亚铁反应生成氢氧化亚铁沉淀,氢氧化亚铁在氧气的氧化下最终变成氢氧化铁沉淀。

(http://chem.cersp.com/ZJSYQ/200803/5054.html,访问日期:2023-10-19)

运用实验-探究法时要注意以下四点:① 选择主干知识或问题点作为探究内容;② 精心设计,充分准备,使实验具有探究性;③ 分组实验与演示实验相结合,解决时间紧张的问题;④ 指导学生做好探究活动,进行表达和交流。

(四) 谈话-讨论法

谈话-讨论是师生之间的直接交流,也是距启发式最近、距注入式最远的一种教学方法。它是指教师按一定的教学要求向学生提出问题,要求学生回答,通过问答的方式引导学生获取或巩固知识的方法。可以分为复习式的谈话-讨论和启发式谈话-讨论。

下面这个教学片段,是谈话-讨论法在化学教学中的具体应用。

案例研讨

九年义务教育初中化学"金属"教学方法的运用

老师:通过实验,你们知道金属有哪些性质了吗?

学生1:三种金属相比较,铜的密度最大。

老师:何以见得?

学生1:我掂量过了。长度和粗细都一样的三种金属中,铜的质量最大。而且物理课本中的数据也表示铜的密度最大。

学生2:三种金属中,铜的导电性最强。

老师:怎么知道的?

学生2:我们将三根金属分别串联到电路里,发现串联铜丝的时候小灯泡最亮。

学生3:将金属丝打磨后我们发现铜是红色的,另两种是银白色的,说明它们都有金属光泽。

老师:为何打磨后才发现有光泽?

学生3:原来被空气中的氧气氧化了。

学生4:铝最软。

老师:怎样感觉到的?

学生4:我把几种金属丝弯曲,发现弯曲铝丝的时候用力最小。

学生5:我还发现金属有很强的导热性。

老师:你怎么发现的呢?说说。

学生5:我用镊子夹着金属,让其一端在酒精灯火焰中灼烧,再用火柴棒去接触金属的另一端,结果火柴燃烧了。

老师:同学们发现的还真不少,说明你们很不简单!

通过学生的发言,老师不断补充完善着黑板上起初列下的金属性质。

老师:实验告诉我们,金属是否都很硬?

学生:不是这样的,铝就很软。

老师:有谁知道,金属能否被砸扁?金属能否被拉伸?学生不置可否。

老师:想试试吗?

许多学生举手:我来!我来……

(杜稼勤.一堂别开生面的实验探究课——初中化学《金属》一课实录及评析[J].
《化学教学》,2007(4):32-35.)

运用谈话-讨论法时要注意以下五点:① 提出的问题应集中在重点内容和关键问题上;② 问题应具启发性,引起学生积极思维;③ 提问要面向全班学生,并留给学生一定的思考时间;④ 应根据问题的难易程度,请知识、能力水平相适应的学生回答;⑤ 教师要及时做好总结,突出谈话讨论的目的。

(五) 引导-发现法

引导-发现法是在教师的指导下,让学生按照自己观察和思考事物的特殊方式去认知事物,理解学科的基本结构,或借助教材,教师提供的有关材料去亲自探索,"发现"得出结论和规律性知识,并培养提出问题和探索发现的能力。在布鲁纳看来,发现包括用自己的头脑亲自获取知识的一切方式,诸如学生对本知世界的探索以及学生对人类已知而自己尚未知道的事物与规律的再发现,在本质上是一种顿悟、领悟,布鲁纳称之为"直觉"。

案例研计

"盐类的水解"引导-发现教学法

【设计构想】

在学习"盐类的水解"之前,学生已经掌握了电解质的电离、水的电离、pH、化学平衡与移动等知识,学生完全有能力自主完成"盐类的水解"内容的学习。因此在课堂教学设计时,采用"抛锚式教学"思路,教师确定要解决的问题(抛锚),让学生自主去获取资料、信息,通过小组协作学习,通过不同思想的交锋、补充、修正,以达"新的平衡",加深对问题的理解,完善认知结构。

【教学程序】

创设情境 → 自主学习 → 小组交流 → 师生交互 → 强化练习
确定问题   尝试解决   协同学习   评价矫正   巩固提高

【创设情境,确定问题】

(1) 分组实验一。测定 NH_4Cl 溶液、NaCl 溶液、CH_3COONa 溶液的 pH。

(2) 分组实验二。往 3mL 0.5 mol/L CH_3COONa 溶液中滴入 2～3 滴酚酞,观察颜色;加热,再观察颜色。

(3) 展示资料。25℃时,0.1 mol/L 下列溶液的 pH 为:NaCl 11.2;CH_3COONa 8.9;NaF 8.2;Na_2CO_3 11.6;$NaHCO_3$ 8.3。

(4) 提供事实。① 实验室配制 $FeCl_3$ 溶液时要加一定量 HCl;② 泡沫灭火剂成分为 $Al_2(SO_4)_3$ 溶液和 $NaHCO_3$ 溶液;③ 铵态氮肥与草木灰不能混合使用。

【教师提出问题】

(1) 为什么 NH_4Cl 溶液呈酸性,NaCl 溶液中性,CH_3COONa 溶液呈碱性?

(2) 为什么滴入 2～3 滴酚酞的 CH_3COONa 溶液加热后,溶液颜色加深?

(3) 为什么同温同浓度下,NaF 溶液、CH_3COONa 溶液、NaCN 溶液的 pH 依次增大?为什么 Na_2CO_3 溶液的 pH 大于 $NaHCO_3$?

(4) 如何解释事实(1)(2)(3)?

【自主学习尝试解决】

学生:

尝试解决问题1 ⇌(否) 自学教材及相关资料
    ↓ 是
尝试解决问题2 ⇌(否) 自学教材及相关资料
    ↓ 是
    ...

教师: 组织指导学生自主学习。

【小组交流协同学习】

学生交互讨论,观点交锋,自我评价、修正。教师组织,必要时可师生交互参与讨论。

【师生交互评价矫正】

教师针对学生存在的共同问题以及讨论过程中提出的质疑进行释疑,对各小组及学生个体的学习进行评价激励。学生矫正偏差,找出差距,树立学习的自信心。

【强化练习巩固提高】（略）

〈周千红.浅谈建构主义理论与课程教学设计[J].化学教育,2001(7):33-35.〉

运用引导-发现法时要注意以下几点：
(1) 学生智能。一般来说,学生的智能发展水平越高,使用发现教学法的效果越好。
(2) 学习材料的难度。越是有丰富内涵的材料,由学生自己进行发现式的学习就越有必要。
(3) 教师指导的多寡。如果学习材料难度较大,学生自己发现有困难时,就需要教师给予适当的指导,但指导不能过多,否则就与发现教学的初衷相违背,不能达到培养学生的智慧技能,帮助学生学会自己学习的目的。[①]

发现法适合低年级,适合基础概念或原理,有助于远迁移能力的培养；其缺点是费时间,课堂上难以掌握。在传授基础知识、基本技能方面,发现法不如讲授法、实验-观察法的效果好；但它在培养学生解决问题的能力、激发学生的好奇心、鼓励学生自我指导的学习方面是一种最为有效的教学方法。

7.1.5 化学教学方法的选择与优化

在直感设计和经验设计中,人们根据直觉和经验来选择教学方法,没有一定的程序,给教学方法的选择带来困难和不确定性。因此,选择教学方法的合理程序受到人们的重视。

一般说来,选择、确定教学方法时,应该考虑下列五方面的问题：[②]

1. 教学目标

不同的教学目标与学习任务需要不同的教学方法去实现和完成。如果是完成传授新知识的教学任务,一般选择语言传递信息的方法和直接感知的方法；如果要使学生形成技能或完善技能,一般选择以实际训练为主的方法；如果是为了发展学生的科学素养,形成一定的能力,一般采取探索、研究的方法。

案例研讨

教学有法,但无定法。正如巴班斯基所说,每一种教学方法都可能有效解决某些问题,而解决另一些问题却无效,每种方法都可能会有助于达到某种目的,却妨碍达到另一些目的。关于教学目标与教学方法的关系如表 7-1 所示。[③]

表 7-1 教学目标与教学方法的关系

项目	记忆事实	记忆概念	记忆程序	记忆原理	运用概念	运用程序	运用原理	发现概念	发现程序	发现原理
讲授	一般	最好	不定	最好	最好	不定	较好	较好	不定	较好
演示	最好	不定	不定	不定	不定	最好	不定	不定	最好	不定
谈话	一般	最好	较好	最好	最好	不定	较好	较好	不定	较好
讨论	较好	一般	一般	较好	最好	较好	最好	不定	一般	不定
练习	不定	较好	最好	较好	最好	最好	较好	一般	不定	一般
实验	最好	一般	较好	不定	一般	最好	较好	较好	不定	最好

---

① 张大均,郭成.教学心理学纲要[M].北京：人民教育出版社,2006：176.
② 胡志刚.化学微格教学[M].厦门：厦门大学出版社,2007：74-75.
③ 乌美娜.教学设计[M].北京：高等教育出版社,1994：178.

2. 教材内容的特点

一般来说,学科不同,教学方法也有差异;某一学科中的具体内容不同时,要采取不同的方法与之相适应。有些部分可以用讲授法,有些部分要用讨论法,还有的部分要用演示或实验法等。总之,必须根据学科的性质和教材内容的具体特点,选择适当的教学方法。

案例研讨

不同的化学内容必然要选用不同的教学方法才能取得预想的效果,如表 7-2 所示。①

表 7-2 各种教学方法的应用效果比较

教学方法	形成		发展								教学速度
	化学理论性知识	化学事实性知识	实验操作技能	逻辑思维	形象思维	思维的独立性	记忆	兴趣	意志	情绪	
口述法	最好	最好	一般	最好	一般	一般	较好	较好	较好	较好	快
直观法	较好	最好	较好	一般	最好	较好	最好	较好	最好	最好	中
实际操作法	一般	较好	最好	一般	最好	最好	最好	最好	最好	最好	中
再现法	较好	最好	最好	较好	最好	一般	最好	较好	较好	较好	快
探索法	最好	较好	一般	最好	一般	最好	较好	最好	最好	最好	慢
归纳法	较好	最好	较好	较好	最好	较好	较好	较好	较好	最好	慢
演绎法	最好	较好	一般	最好	较好	较好	较好	较好	较好	较好	快
独立学习法	较好	最好	最好	较好	较好	最好	最好	最好	最好	最好	中
教学讨论法	最好	较好	最好	最好	较好	最好	较好	最好	最好	最好	慢
口头检查法	最好	最好	一般	最好	一般	较好	较好	较好	较好	较好	中
书面检查法	最好	较好	一般	最好	一般	较好	较好	较好	较好	较好	中
实验室检查法	一般	一般	最好	一般	一般	较好	一般	较好	较好	最好	慢

3. 学生的实际情况

教师的教是为了学生的学,教学方法要适应学生的基础条件和个性特征。所以,选择教学方法时,教师要考虑学生对使用某种方法在智力、能力、学习方法、学习态度、班级的学习纪律及学习风气诸方面的准备水平。但这并不意味着只是消极地适应学生的现实水平,而是应当注意从学生的实际出发,选择那些能促进和发展学生独立性学习的方法。

4. 教师本身的素质

任何一种教学方法的选用,只有适应教师本身的素质条件,才能为教师所理解和掌握,才能发挥作用。有的方法虽好,但如果教师缺乏必要的素质,自己驾驭不了,仍然不能在教学实践中产生良好的效果。因此,教师的某些特长、弱点和运用某种方法的实际可能性,都应成为选择教学方法的重要依据。

---

① 刘知新,王祖浩.化学教学系统论[M].南宁:广西教育出版社,1996:124.

> **案例研讨**

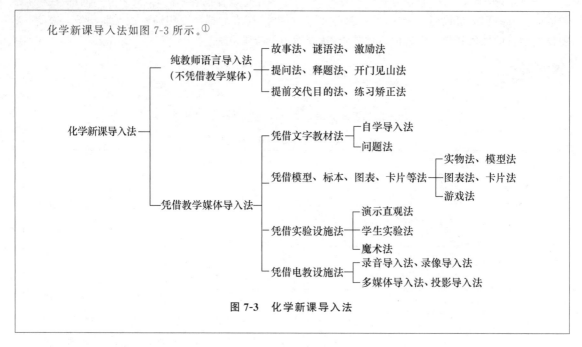

化学新课导入法如图 7-3 所示。①

图 7-3 化学新课导入法

5. 教学时间和效率的要求

教学方法的作用是使教学顺利有效地进行,在较少的时间内使学生获得较多的知识,取得良好的效果。所以,在选择教学方法的时候,应考虑到教学过程效率的高低。好的教学方法应使教学能在较少的时间内完成教学任务,实现教学目标。

在选择教学方法之前,需要先明确教学的目的和具体任务,认真了解和分析学生情况,考察教学条件、发现教学资源、熟悉和深入了解教学内容,根据教学思想和教学策略对教学内容作合理的调整和组织,然后才能按上述标准选择各阶段适应的教学方法并加以合成和整体优化。

7.1.6 不同类型知识的教学方法

按照化学科学知识的内在逻辑联系,可将其划分为化学概念、基本理论、元素化合物、化学基本技能。不同的化学知识有着不同的特点,因而有其不同的教学方法,探寻不同知识的教学方法,对提高课堂教学效率具有重要意义。

(一)化学概念知识教学方法

化学概念至少包含四个要素,一是概念的名称,如"酸""碱""盐"等,它们各代表一类事物;二是概念的内涵,指概念正例的共同本质属性;三是概念的外延,即概念所包含的一切对象;四是概念的正例、反例。同类事物即为其正例,非同类事物则为反例。概念形成是通过知觉、辨别、假设、检验等心理过程,找到被肯定的属性并将之应用到概念正例中,排除非本质属性,发现概念关键属性的过程。因此,在化学概念的学习中,让学生主动地建构概念,学会建构概念就显得尤为重要。这样不但能使学生深入地理解概念,锻炼抽象思维能力,而且能使其掌握一定的科学方法。

---

① 王彩芳.化学新课导入方法研究[J].化学教育,2001(1):16-18.

在化学概念知识教学中,要把握以下五个方面:

(1) 激发学生的学习兴趣,发挥其主体作用。要注意通过实例使学生产生对化学事物进行概括的需要来培养、激发学生学习化学概念的兴趣,引导学生把观察奇异现象的兴趣提升到探究、思考的兴趣,推动学生主动运用化学概念来学习。

(2) 帮助学生运用多种感官,加强其感知指导。化学概念的形成本质上是一个由感性到理性的过程,进行教学时,教师要充分利用学生已有的经验,利用化学实验、模型直观、语言直观等多种手段,提供丰富的感性材料,并从生动有趣的化学变化事实及现象出发,进行分析、综合、归纳、演绎,引导学生掌握概念。

(3) 组织学生依据概念的内在联系,整合形成新的知识体系。在学习新概念时,学习者要将其与原有的知识经验相比较、相联系,才能建构新的知识结构。这就要求化学教师从学生已有认知结构、已有经验出发,尽量提供丰富的感性材料,引导学生科学、全面地分析,运用直观获得的新经验来排除日常经验(前经验)带来的干扰。

(4) 引导学生通过分析、综合、应用,准确把握概念的内涵与外延。化学概念具有严密的逻辑体系,化学教师要根据学生的认知能力和概念的特征对其进行剖析、讲解,以理清概念之间的关系,避免概念之间的混淆,加深对概念的理解,促使学生形成知识网络,从而防止学生孤立地、片面地认识基本概念。

(5) 注意从学生已有的经验出发,体现化学概念的直观性、关联性和发展性的特点。化学概念本身是发展的,应在认识过程中逐步深化。新课程教科书对某些概念作弹性的处理,对义务教育阶段无法给出严格的科学定义或学生难以理解的概念,宜用泛指、列举或比喻的手段去说明(如"元素周期表中每一种元素都有一个编号,这个编号称为元素的原子序数"等);也可通过对同类实验现象的分析,从经验中概括出有关的属性(如"酸和碱反应都生成盐和水,这样的反应称为中和反应"等);微观概念可借助宏观现象或学生的直接经验去描述,以降低学习难度。

(二) 化学理论知识教学方法

化学理论的学习在化学学习中具有特殊的作用。这是因为学生掌握了化学理论以后,就能更好地对有关的化学现象进行解释、概括、推理,更好地进行应用,从而掌握学习化学和研究化学的方法,增强认识能力和科学探究能力;由于理论反映了化学现象的本质及其规律,因此,学好化学理论能使学生的认识不仅停留在低级的感性阶段,而且能更深刻地、更全面地认识化学所研究的具体事物及其变化,实现知识的迁移,了解化学事实、现象的内在联系;化学理论还可以帮助学生将学到的知识系统化,形成知识的网络体系,便于学生记忆和检索。[①]

从化学教学实践经验来看,化学理论自身的特点决定了它的教学方法及其特点。

(1) 化学理论是由有关概念,以及运用概念总结出的判断、推理(定律),还有特定的符号语言等要素组成的完整体系。有关概念的理解和掌握,是学习化学理论的必要基础;掌握特定的符号语言有助于理解和表达相应的化学理论。

(2) 化学理论比较抽象、概括,但又与具体的化学事实有着密切的联系,能够说明、解释和预见化学现象及其规律。教学中,教师要注意选择典型的化学事例并提供足够的事实材料,帮助学生建立学习理论知识的可靠的事实基础;还要注意提供机会,让学生通过解释、说明化学现象或其规律,预见化学现象或其规律并进行实证检验,来巩固、发展对化学理论的学习。有时还可以适当采用直观的模型、图像和现代信息技术来帮助学生学习抽象的理论内容。

---

① 吴俊明,杨承印.化学教学论[M].西安:陕西师范大学出版社,2003:297-298.

(3) 化学理论中的概念、判断、推理等，都是逻辑思维的产物，因而化学理论具有严密性和逻辑性。在进行化学理论教学时，教师必须注意引导学生运用逻辑思维严密地进行论证，必须注意培养学生的逻辑思维能力和辩证思维能力。

(4) 化学理论经历了与谬误斗争，由浅入深，由使用范围较小到使用范围较大的阶段性发展过程。在进行化学理论教学时，教师要注意理论教学的阶段性，掌握好各阶段理论学习的深度和广度，并注意适时地作系统总结；要实事求是地说明理论的成功之处和不足之处，注意运用生动的化学史实说明相关认识是怎样发展起来的，相关知识是怎样形成的，以此来培养学生的批判精神和实事求是的精神，使学生逐步学会辩证地看问题。

(5) 学习化学理论需要学生具有对化学现象及其规律进行解释和概括的兴趣。在进行化学理论教学时，教师要有目的、有计划地培养学生的这种兴趣；要激发学生主动进行理论学习和理论探究的兴趣，注意保护学生的学习兴趣。对中学生而言，化学理论的教学不要太集中，要注意与事实性的物质知识学习穿插安排，互相配合，互相促进，注意避免挫伤学生的学习兴趣。

(三) 元素化合物知识教学方法

在基础教育阶段，物质知识的重要性在于：它是化学知识构成的基础，化学教学中几乎所有的内容都涉及物质知识；物质知识是联系学生个人经验、社会生产实际的桥梁；是进行化学学科核心素养教育的极好载体。通过物质知识的学习，能很好地激发学生的学习积极性，很好地让学生理解科学的本质，理解化学与 STSE 之间的相互关系，很好地培养学生各方面的能力以及进行辩证唯物主义、环境保护教育等。

由于物质知识内容多，又很实用，学生都喜欢学习，但又感觉"易懂难记"。学生学习这部分内容的积极性和效果，与教师的教学方式有极大关系。元素化合物知识教学方式主要有以下三个方面。

(1) 创设生动的学习情境，激发学生学习元素化合物知识的兴趣。在物质知识的教学中，教师如果只注重它们的物理性质与化学性质，或者只是按照教科书毫无变化地讲解它们的用途，学生不仅不感兴趣，而且琐碎、繁杂的知识还会使学生生厌，影响到化学教学的质量。鉴于此，教师在化学教学过程中应创设一定的问题情境，将某一物质的性质、用途与日常生活、科学技术和生产劳动相结合，与国家建设、学科前沿相联系，与学生个人经验相联系，学生将会觉得化学有趣、有用，就会激发他们学习的兴趣，培养他们强烈的责任感，从而更好地学好物质知识。

(2) 抓住化学知识的内在联系，在化学理论指导下整合元素化合物知识。物质知识内容虽然比较多，但是如果运用化学基础理论来指导学习，或者引导学生从众多的元素、大量的化合物中找出它们之间的内在联系和变化规律，往往能使化学理论与物质知识教学相得益彰。如利用氧化还原反应理论指导同一元素不同价态化学反应之间的联系，利用电解质溶液理论说明离子之间的关系，将宏观物质的性质用微观理论来解释，用化学用语来表达，从而实现知识的迁移，减轻学生负担，使物质知识和化学理论相互依存，形成体系。

(3) 重视实验在教学中的作用，运用化学知识的逻辑结构认知化学知识。由于物质知识内容繁杂，往往经过概括加工，以现成的结论呈现，可不再由学习者亲自作出判断和推理，难度不大，可能影响学习者对学习内容产生兴趣及保持注意。实践证明，从化学实验现象出发，或者用问题把有关内容组织、串联起来，让学习者参与作出判断、推论，可以提高学习兴趣，增强注意，取得较好的学习效果，如图 7-4。在这方面，化学教师和教科书对于物质知识学习效率提高的作用是不可轻视的。至于将物质知识和社会生活实践联系起来，更加离不开两者的积极作用。

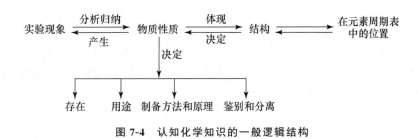

图 7-4　认知化学知识的一般逻辑结构

(四) 化学基本技能知识教学方法

所谓化学技能就是通过练习而获得的能够完成一定化学学习任务的动作系统。化学基本技能就是在化学技能的基础上,最能代表某个方面的技能。中学化学教学中的基本技能包括化学实验操作技能、化学用语运用技能以及化学计算基本技能。中学化学教学中的基础知识和基本技能的落实,历来受到师生的广泛重视,也是体现理性思维与动手操作相结合的重要科学哲学思想的重要保证。

1. 化学实验操作技能教学方法

(1) 操作活动的定向阶段。了解活动的性质、任务、作用和要领,在头脑中形成关于操作活动的影响和初步概念,知道"做什么""怎么做"。

(2) 分解练习阶段。当建立起化学实验操作的活动映像以后,就以它为榜样来调节自己的化学实验操作活动。

(3) 整体练习阶段。使各局部的活动(动作)按照一定的顺序连接,形成动作连锁。

(4) 联合、应用和熟练阶段。化学实验活动由各种操作活动按一定顺序联合而成。应用是使形成的化学实验操作技能"组块"融合到整个实验活动中去的过程。化学实验操作技能达到熟练乃是反复地进行实际应用的结果。

2. 化学用语教学方法

(1) 明确目的,激发兴趣。学习化学用语,首先必须使学生明确学习目的和意义。化学用语是国际上统一规定的化学文字,通过实例强调它的重要性和必要性,激发学生学习的积极性和自觉性。

(2) 讲清含义,名实结合。教学中要把具体物质和具体的化学反应结合起来进行讲解,突出三重表征,使学生了解化学用语的意义,让学生从认识具体物质和具体反应现象或化学概念入手,通过感官,逐步把化学用语与化学事实(实物、实验)结合起来,形成正确的化学用语与物质及其变化"名"和"实"的关系。

(3) 分散难点,识记多练。在教学中,适当提前做好准备,分散学习中的难点。在难点教学后应反复识记多练,只有多练才能读准、记准、写准化学用语。多次的反馈练习,可以强化学生的有关联想,达到识记化学用语的目的。

(4) 突出重点,严格要求。会写、会读、会用三者是相互联系、相辅相成的关系,但在教学中又不能平均使用力量,应把重点放在会写上。在教学中要严格要求学生记准练熟,写是练习的关键,写可以帮助记忆,熟悉读法。

3. 化学计算知识教学方法

(1) 获得有关知识和形成定向映像阶段。通过阅读和交流,激活有关物质和化学反应的知识,获得有关计算的原理、方法、规则、解题步骤、格式和算法的知识,领会示范,形成定向映像。

(2) 练习和初步形成阶段。通过模仿练习,逐步掌握化学计算的基本模式,初步形成化学计算技能。

（3）联系阶段。明确所学习的化学计算技能跟其他化学计算技能的差别和联系，使它在认识、研究物质及其化学变化的方法时整体重定位、类化。

（4）应用和熟练阶段。在基本类型的各种变式中、在综合性逐步增强的情境中应用所学习的化学计算技能，实现技能的巩固、熟练和发展，进一步实现化学计算技能的内化和概括化，为化学计算能力的形成创造条件。①

7.2 化学教学方式

> **核心术语**
>
> ◆ 化学教学方式　　◆ 注入式　　◆ 启发式　　◆ 探究式　　◆ 发现式

在化学教学实践中，引导学生完成同一项化学学习任务，教师可以通过多种化学教学活动来实施，化学教学活动不同，教师所采用的化学教学行为也不同。化学教学活动和化学教学行为的差异，实质上反映的是化学教学方式的不同。为了更有效地选择化学教学活动和教学行为，必须认识化学教学中的教学方式。

7.2.1 化学教学方式的概念

化学教学方式是指与化学教学过程中专门活动组织开展的方法、结构及其特性等相统一的特殊形式，包括学生的学习方式、教师的教授方式、内容的呈现方式以及师生互动方式及其相互关系。化学教学方式是化学教学活动和化学教学行为的选择方式。

教学方式可以分为简单方式和混合方式。简单的教学方式，是指教学活动以同一种形式而结合和呈现，与具体而单一的方式、方法相联系，例如讲演、练习、提问、讨论、演示、角色扮演、个别指导学习等就是简单的教学方式。混合的教学方式，是由不同的教学方式结合为一种复合的教学形式，比如"程序教学""问题解决学习""发现学习""合作学习""掌握学习"以及"活动学习"，等等。

化学教学方式决定了化学教学活动和化学教学行为的选择，一定的化学教学活动和化学教学行为，必然要反映和体现一定的化学教学方式。不同的化学教学方式决定了不同的化学教学活动、反映了化学教学活动的差异。良好的化学教学活动方式，可以引导学生变"学会"为"会学"，主动构建化学学习；可以培养学生全面发展的能力；从而促进有效的化学教学活动。

7.2.2 常见的化学教学方式

在化学教学活动中，教师不应拘泥于一种教学方式，而要依据教学目标、章节内容、授课对象等因素选用不同的教学方式。常见的化学教学方式包括传统的注入式，以及现代倡导的启发式、探究式、发现式等。②

（一）注入式

这种化学教学方式受"教师中心""教授中心"的教学思想支配，教师的教学活动单一，几乎都是讲授活动，相应的教学行为几乎都是语言行为。学生只能采用被动接受的学习方式进行学习，"听"和"记"几乎成了学生的唯一学习活动。注入式教学方式，多考虑以教师为主体，忽视了对学生过程与方

---

① 吴俊明，王祖浩.化学学习论[M].南宁：广西教育出版社，1996：125,158-161.
② 郑长龙.化学课程与教学论[M].长春：东北师范大学出版社，2005：164-165.

法、情感态度与价值观的培养。这种教学方式的暂时教学效率高,迫使学生在短期内接受许多学习材料;但由于学生的智力投入比较少,信息处理的深度不够,因此学习的效果不佳,无法实现意义建构;由于学习目标的达成缺乏独创性,所以学生的学习动机不高。

(二) 启发式

这种化学教学方式受"以教促学"的教学思想支配,注重学生学习的主动性。启发式指通过化学教师对内容进行组织、阐明和安排顺序等来激发学生自己从学习活动中建构学习目标。也就是说,学生通过教师提供的大部分化学教学内容,在化学学习活动中自己控制并处理信息。这种化学教学方式强调了学生在学习活动中,在新信息和旧知之间产生联想、建立联系的重要性。因而,学生是教学活动的主要责任承担者。启发式化学教学方式的主要特点是:学生在学习过程中可以积极主动地把外界信息与他们已有的认知结构联系起来,对信息的处理过程比较深入,因此学习效果比较好;同时,启发式化学教学方式允许学生使用、实践和改善他们的学习风格,提高学生学会学习的能力,从而激发学生的学习兴趣。但这种教学方式始终在教师的"掌控"下进行启发,学生的反应要和教师的预知表现一致,缺乏真正意义上的启发。在现行化学教学中,启发式教学方式是广大教师经常采用的一种教学方式。

(三) 探究式

这种化学教学方式受"以探究为本"教学思想支配,注重学生学习的自主性,强调探究性学习活动对于学生科学素养发展的多重教育价值。探究式教学最根本的特征是围绕化学问题,运用科学方法进行科学的探索活动,经历科学的工作历程。教师经常采用多种教学行为来创设探究情境,使学生在真实的情境中探究真实的问题,经常引导学生自己发现和提出问题,自己提出解释,自己想办法收集证据、设计方案,自己对解释进行检验等。因此,探究式教学不是"控"而是"放",是引导学生大胆地进行独立的思考。学生不只是在教师的"掌控"范围内进行探索,不仅是沿着教师所设计的台阶去思考,因此,学生经常能够发现和提出教师没有准备甚至难以回答的问题。探究式教学比其他教学方式更具有综合性的优势,这是对当今的科学教育目的和人才培养观的巨大贡献。

随堂讨论

探究式教学方式与其他教学方式是不是对立关系?如何理解探究式教学方式与其他教学方式具有很强的融合性?

(四) 发现式

这种教学方式受杜威、布鲁纳"发现法"教学思想支配,注重学生通过独立研究问题来发现和获得知识。发现式教学方式在化学教学中强调学生的主体地位,强调学生应用自己的能力以解决新问题或发现新事物的态度。在发现式教学方式下学生的化学学习活动,不局限于发现人类尚未知晓的事物行动,更多方面表现为学生用自己的头脑亲自获得一切知识的形式。与探究式相比,发现式具有更强的未知性与问题性、发现性与探索性、过程性与开放性。发现式教学方式不仅可以提高学生的学习能力,使学生通过发现过程的实践,最好地学到如何去发现新信息、处理新信息、归纳总结新知识,而且还可以向学生强调内部动机的转移。与其他化学教学方式相比,发现式教学方式更能激发学生从学习过程中得到较大的满足感,从而向内部动机转移。但发现式教学方式受教学内容、教学对象特征等条件限制,在中学化学教学中应用不够广泛。

7.3 化学教学模式

核心术语

- ◆ 教学模式　　　　　◆ 化学教学模式　　　　　◆ 化学教学模式的分类
- ◆ 先行组织教学模式　◆ 以问题为中心教学模式　◆ 建构主义教学模式

基于不同的教学指导思想来设计、实施化学教学活动，必然导致各种各样的教学程序和策略，从而产生出各类化学教学模式。

7.3.1 化学教学模式的含义

教学模式是现代教学论里的一个特定的科学概念。我国叶澜教授形象地将常规的教学方法称为小方法，教学模式称为大方法。对教学模式的系统研究始于 20 世纪 70 年代，由美国学者乔伊斯(B. Joyce)和威尔(M. Weil)的开创性研究形成了一个教学研究的新领域——教学模式论。50 多年以来，我们通常所说的教学模式并没有一个准确的定义，国内外研究者对它的界定也各不相同。

 资料卡片

7-1　关于教学模式的各种界定

● 外国学者对教学模式的界定

教学模式是一种可以用来设置课程、设计教学材料、指导课堂或其他场合的教学计划或类型。

〔乔伊斯和威尔〕

教学模式就是为完成特定教学目标而设计的、具有规定性的教学策略。说他们是规定的，因为明确规定了教师在计划、实施和评价等阶段的职责。

〔埃金(P. D. Eggen)〕

● 我国学者对教学模式的界定

教学模式又称教学结构，它是在一定的教学思想指导下建立的比较典型和比较稳定的教学程式。

〔于深蓝〕

教学模式是人们为了特定的认识目的对教学活动的结构所作的类比的、简化的、假定的表达。

〔熊川武〕

把模式一词引到大教学理论中来，旨在说明一定教学思想或教学理论指导下建立起来的各种类型教学活动的基本结构或框架。

〔吴也显〕

所谓教学模式，实际上就是教学环境的方法体系。

〔谢利民〕

教学过程的模式，简称教学模式，它作为教学论里的一个特定的科学概念，指的是：根据客观的教学规律和一定的教学指导思想而形成的、师生在教学过程中必须遵循的比较稳定的教学程序及其实施方法的策略体系。

〔柳海民〕

教学模式是指具有独特风格的教学样式，是就教学过程的结构、阶段、程序而言的，长期的、多样化的教学实践，形成了相对稳定的、各具特色的教学模式。

〔刁维〕

从以上国内外学者对教学模式的界定中可以看出，尽管他们从不同的角度对教学模式给出了各自不同的定义,但以下两点认识是共同的[①]:① 教学模式包含一定的教学理论要素;② 教学模式是教学理论与教学实践的中介与桥梁。

根据以上分析,我们可以将教学模式理解为:教学模式是在某种教育思想、教学理论指导下,为完成特定的教学任务、实现特定的教学目标所建立的关于教学实践的一种规范化的运作方式及体系。从结构上来看,教学模式包括以下要素:① 教学思想或教学理论。这是教学模式所赖以形成的基础,它为教学模式提供理论渊源,使人们能了解它的来龙去脉。② 教学目标。教学目标是教学模式中的核心因素,它决定着教学模式的操作程序、师生活动的比例及评价的标准等。③ 操作程序。具体确定教学中各步骤应完成的任务,师生先做什么,后做什么等。④ 师生角色。教学是一个动态的活动过程,教师与学生在操作程序中承担着不同的角色,它体现了师生在教学活动中的地位,解决师生先怎样做、后怎样做等问题。⑤ 教学策略。即在教学过程中教师和学生活动所采用的教学方式、方法、措施的总和。⑥ 评价。任何一种教学模式都不是万能的,都有其适用的教学情境。由于不同的教学模式所完成的教学目标、使用的操作程序不同,评价的方法和标准也不同。

教学模式是教育理论与教学实践相结合的概括和结晶,是教学规律的反映。在新课程的改革中,非常注重教学模式的创新和实践,一个好的教学模式通常都有坚实的实践基础,同时对教学实践具有广泛的指导作用。研究和探讨教学模式,可以丰富和发展教学理论,更好地指导教学实践,提高教学质量。教师在教学设计中应重视教学模式的运用和总结,并在教学实践中不断改革和创新教学模式。

7.3.2 化学教学模式的分类

教学模式是教学基础理论的具体化,又是教学具体经验的概括化,与教学理论相比,具有更大的可操作性。基于不同的角度对教学模式加以概括,可以得出不同的教学模式类型,从教学过程的结构、阶段、程序的不同来进行划分,可以把化学教学模式分为以下五种常用的基本类型。[②]

1. 系统陈述知识模式

这种模式是把教学内容按照系统整理后的顺序逐一展开。例如,把元素、化合物知识按照结构、存在、制法、物理性质、化学性质、用途……顺序展开。这种模式的信息密度高,利于学生形成知识系统的认识。但对其内容的内在逻辑未予明确说明,跟学生的认识逻辑不一致,效果受实际教学方法影响很大,常常需要教师对教学内容重新设计和处理。

2. 解答问题模式

这种模式在提出问题后,直接提供问题的解答,不利于激发学生的思维活动。

3. 验证知识模式

这种模式在介绍某一知识后,即提供有关的例证或验证。它有助于学生理解知识,但不利于激发学生积极地思维。

4. 研究(解决)问题模式

这种模式在引导学生发现问题,或者直接提出问题之后,按照研究问题、解决问题的过程展开教学内容。它有利于激发学生的学习积极性,蕴含的隐性教学内容多,但需要的时间往往比较多。

5. 历史发展模式

在提出主要问题,或者介绍问题是怎样产生的之后,按照化学科学发展历史进程,介绍人们是怎样逐步解决问题、认识是怎样逐步发展的。这种模式比较接近学生的认识逻辑,容易被学生接受。

[①] 张志勇.对教学模式的若干理论思考[J].中国教育学刊,1996(4):35-38.
[②] 刘知新.化学教学论[M].北京:高等教育出版社,2004:101.

(1) 若依据化学教学模式发展阶段来划分,化学课堂教学模式的发展呈现出典型的四个阶段:① 以教师主导为特征的精讲精授型,强调教师的授业解惑技巧;② 以教师主导学生适当参与为特征的讲练结合型,关注教师的课堂容量;③ 以教师主导学生主体全面参与为特征的导学探究型,突出教师的问题情境设计;④ 以"多主体""多元化"为特征的高效课堂设计型,强化教师对"三情"(知情、意情、学情)特征分析下的课堂结构创新。①

自新课程改革以来,我国化学课堂教学模式的主流模式主要有两种:① 以创新情境为载体的问题或案例式;② 强化预习、学生展示、教师点拨循环推进的"高效课堂"式,这种先学后教的模式范例可参见"江苏洋思中学""杜郎口中学"等。

(2) 从教学活动中师生的相互作用地位和关系来看,目前流行的教学模式大致可以归纳为以下三种类型:① 教师中心模式,是指传统的以教师为中心的教学模式。② 学生中心模式,是指基于建构主义学习理论,以学生为中心的教学模式。③ 双主模式,是指既发挥教师主导作用又能充分体现学生认知主体作用的教学模式。新课程背景下的一些教师的实践探索,提出的诸如:"实验-探究"模式,"交往-合作"模式,"发现-创造"模式,"活动-探究"模式等,从教学活动中主客体的关系来划分都属于教师主导、学生主体的"双主"教学模式。

7.3.3 现代化学教学模式举例

现代化学教学模式注重研究和融合多种教学理论思想,克服单一理论指导的片面性;着重由以"教"为主转向"学教并重",呈现师生合作的特点;以发展学生的智力,培养学生的能力为主要目标,并将非智力因素,即情感、态度、兴趣、意志、习惯、性格纳入与智力和能力同等重要的地位;教学模式的选择和运用趋向灵活、个性化特点。

(一)"先行组织者"教学模式

"先行组织者"教学模式是建立在有意义学习理论基础之上的。为了激活新旧知识之间的实质性联系,提高已有知识对接受新知识的有效影响,奥苏贝尔提出了"先行组织者"的教学策略。将相关的和包摄性最广的、最清晰和最稳定的引导性材料作为"组织者",这些组织者在教学内容之前介绍,确立有意义学习的心向,因此被称为"先行组织者"。

案例研讨

运用"先行组织者"开展"氧化还原反应"概念教学

1. 根据化学反应前后物质组成的特征分类在初中阶段已学习过的化学反应类型主要有四种,见表 7-3。

表 7-3 四种基本的反应类型

反应类型	表达式	举 例
化合反应	$A+B \rightleftharpoons AB$	氢气与氧气;水与二氧化碳
分解反应	$AB \rightleftharpoons A+B$	过氧化氢;石灰石受热
置换反应	$A+BC \rightleftharpoons AC+B$	锌置换氢;铁置换铜
复分解反应	$AB+CD \rightleftharpoons AD+CB$	酸碱盐之间的反应,等等

---

① 赵华.化学课堂教学模式重构的冷思考[J].中学化学教学参考,2010(6):3-8.

使用说明:"几种化学反应类型"属于复习性的知识,但同时也是后述内容(几种类型反应与氧化还原反应关系)的比较性先行组织者,因此应引导学生通过回忆来明确每种反应类型的特点,并尽可能多地列举出相应的化学反应。

【解释先行组织者】

从化学反应的微观过程来看,化学反应是反应物的原子重新组合变为生成物的过程,反应前后元素的种类并没有改变。由于每一种元素都具有不同的化合价,当原子重新组合时,元素的化合价既可能保持,也可能发生改变。因此,通过比较化学反应前后有关元素的价态可以进一步认识化学反应的本质。

使用说明:这里呈现的是说明性先行组织者,目的是促进学生有相关知识和经验的意识。学生应能明白所提示的化学反应的微观情形,并通过分析表7-3中的例子来加深这种认识,进而把化学反应分为"有元素化合价发生变化"和"没有元素化合价发生变化"两类。

【提出学习任务和学习材料】

2. 根据化学反应前后元素化合价是否发生变化来分类

(1) 如何进一步认识氧化-还原反应

事实1 先从得失氧的氧化-还原反应来讨论元素化合价的情况。在初中化学中已学习过的"氧化、还原反应"举例如下:

$$\left.\begin{array}{l} \overset{0}{2Mg}+\overset{0}{O_2} \xrightarrow{\text{点燃}} \overset{+2\ -2}{2MgO} \\ \overset{0}{S}+\overset{0}{O_2} \xrightarrow{\text{点燃}} \overset{+4\ -2}{SO_2} \end{array}\right\}\text{得氧,是氧化反应}$$

$$\left.\begin{array}{l} \overset{0}{C}+\overset{+2\ -2}{2CuO} \xrightarrow{\triangle} \overset{+4\ -2}{CO_2}+\overset{0}{2Cu} \\ \overset{+2\ -2}{3CO}+\overset{+3\ -2}{Fe_2O_3} \xrightarrow{\triangle} \overset{+4\ -2}{3CO_2}+\overset{0}{2Fe} \end{array}\right\}\text{失氧,是还原反应}$$

由分析可知,这些有氧参与的化学反应都伴随有元素化合价的变化,其中,得氧的元素的化合价升高;失氧的元素的化合价降低。由此可见:有元素化合价升高的是氧化反应;有元素化合价降低的是还原反应!结合以上例子进行讨论容易发现:在一个化学反应中,如果有某一种(或某一些)元素的化合价升高了,则必然同时有另一种(或另一些)元素的化合价下降了,以获得电荷的平衡;反之亦然。由此可见,氧化反应和还原反应总是同时发生的!我们把有元素化合价升降的化学反应统称为"氧化-还原反应"。

事实2 更多的研究表明,一些没有氧参与的化学反应也可能发生有元素化合价升降的情况,例如:

$$\overset{0}{Fe}+\overset{+1\ -1}{2HCl} =\!=\!= \overset{+2\ -1}{FeCl_2}+\overset{0}{H_2}\uparrow \qquad \overset{0}{2Na}+\overset{0}{Cl_2} \xrightarrow{\triangle} \overset{+1\ -1}{2NaCl} \qquad \overset{0}{Cu}+\overset{0}{S} \xrightarrow{\triangle} \overset{+2\ -2}{CuS}$$

为了讨论方便,这些化学反应也称为"氧化-还原反应"。与此相对应,我们把没有化合价升降的化学反应统称为"非氧化-还原反应"。因此有:

化学反应 $\begin{cases} \text{氧化-还原反应(有元素化合价升降)} \\ \text{非氧化-还原反应(元素化合价没有变化)} \end{cases}$

(2) 氧化-还原反应的本质

在氧化-还原反应中,元素化合价的升降表明原子之间发生了电子的转移。以反应 $2Mg+O_2 =\!=\!= 2MgO$(或 $2Na+Cl_2 =\!=\!= 2NaCl$)和 $H_2+Cl_2 =\!=\!= 2HCl$ 为例对元素化合价升降的本质——电子转移予以说明。

使用说明：这部分是形成新概念的核心内容。方法是分别从"有氧参与的化学反应"和"没有氧参与的化学反应"两个角度分析氧化还原反应的实质，学生应能明确"得失氧"与"化合价升降"之间存在的直接联系，认识化合价升降必然同时发生的事实，从而将化学反应分为氧化还原反应和非氧化还原反应，最后用原子结构图式的演化揭示化合价升降的本质原因：电子转移(电子得失或偏移)。

【强化认知系统】

(3) 两种化学反应分类方法的比较

从前面的讨论知道，化学反应既可以从宏观物质的变化来分类，又可以从微观的电子转移角度来分类，那么这两种分类方法之间有什么对应关系呢？通过对事实1中有关内容的分析可以归纳出表7-4。

表 7-4　两种不同分类方法的比较

按宏观特征进行的分类	按微观特征进行的分类
化合反应	氧化-还原反应＋非氧化-还原反应
分解反应	氧化-还原反应＋非氧化-还原反应
置换反应	氧化-还原反应
复分解反应	非氧化-还原反应

再举一些属于氧化还原反应但不能用四种基本反应类型包容的例子，如：$3CO + Fe_2O_3 \xrightarrow{\Delta} 3CO_2 + 2Fe$ 等，说明氧化-还原反应的范围比起化合反应、分解反应和置换反应中所包含的要广得多。从而可以用简明的示意图来表达两种分类方法的关系。

使用说明：本节内容的课题是对两种化学反应分类方法的比较分析，从而强化知识系统。运用事实1中的比较性先行组织者是十分有效的手段，可以组织学生探究每一类基本反应与氧化-还原反应之间的对应关系，结合交流、讨论，并以简明的图表予以表示。

〈陈承声.运用"先行组织者"策略阐述"氧化还原"概念[J].化学教学，2003(4)：12-15.〉

（二）"以问题为中心"教学模式

"以问题为中心的学习"(Problem-Based Learning)是加拿大的麦克马斯特医学院(Mc Master University)1969年首先创立的一种教学模式。在这样的学习中，学生查资料、向老师请教问题以及和组员讨论都很主动，他们完全成了学习的主动参与者，而不是坐在课堂里被动地接受老师传授知识。"以问题为中心的学习"有三个重要特征：① 从结构不良问题开始学习；② 学生主动探究和自主学习；③ 教师扮演场外教练的角色。[1]

"以问题为中心"的教学模式具备以下四个特点：① 强调以问题为中心，通过问题解决来掌握知识，培养能力；② 以自主探究为基础的问题解决方式，学生能切身体验知识获得的过程和方法；③ 充分关注学生已有的知识经验，强调学习者之间的合作交流；④ 鼓励对学习内容和学习过程进行积极反思。

---

[1] 高虹，刘惠琴. 从基于问题的学习看研究型课程教学[J]. 中国高教研究，2003(11)：53-55.

案例研讨

"碳原子的成键方式"问题中心教学模式

山东科学技术出版社出版的《有机化学基础》中的第一章第2节第1课时——碳原子的成键方式。教学过程如下所示。

表7-5 "碳原子的成键方式"教学设计

教师活动	学生活动
【新课引入】 引导学生看投影,启发提问:甲烷、乙烯和苯是你认识的有机化合物,你还记得它们有哪些化学性质吗? 它们性质上的不同是由什么决定的? 怎样分析有机化合物的性质? 它们的结构是如何决定性质的? 这是我们这节课要解决的主要问题。 【课程讲解】 要分析有机化合物的分子结构,首先需要研究碳原子的成键方式。下面,我们来进行一个观察思考活动,首先,请看知识支持(投影):单键、双键和三键的定义。 **问题**:请你考虑上述各分子中:① 与碳原子成键的是何种元素的原子? ② 每个碳原子周围都有什么类型的共价键? ③ 与每个碳原子成键的原子数分别是多少? ④ 每个碳原子周围有几对共用电子? 提问学生甲。 **提示**:将你的答案与其他同学进行交流,能总结出一些关于碳原子成键的规律吗? **启发**:比如,碳原子最多能和几个其他原子成键?这样的碳原子与其他原子的成键类型有什么不同?再比如,这些物质的名称中,有几种是以"烷"字结尾,它们有什么共同之处?(归纳总结) **过渡**:键参数。 **投影表格**:碳碳单键、双键和三键的键能及键长。 **提问**:请你根据上表所提供的数据,从键能和键长的角度结合乙烷、乙烯和乙炔的性质考虑下列问题,并与同组同学进行交流和讨论。(交流研讨1) (1)乙烯为什么容易发生加成反应? (2)将乙炔通入溴水或溴的四氯化碳溶液时会有什么现象发生? (3)碳原子的饱和程度与烃的化学性质有什么关系吗? **总结**:烷烃不能发生加成反应,烯烃、炔烃可以,这与其中的键的性质、碳原子的饱和程度密切相关。	安静地观看投影,回忆甲烷、乙烯和苯的化学性质,陆续回答问题。 齐声回答:结构。(好奇,认真思考) 看投影,很快理解并记住了单键、双键和三键的定义。阅读学案(见附录,略)上的活动一,思考问题,不时用笔记下自己的答案,教室里很安静。 学生甲:与碳原子成键的有碳、氢、氧、氯等元素的原子……(回答得全部正确)。 开始与邻近的同学相互交流结果,对有异议的地方小声进行讨论,若能达成共识,显得比较高兴,对仍有疑问的地方,等待老师讲解。 对比归纳,形成规律性认识: ① 每个碳原子周围都有4对共用电子。 ② 碳原子最多与4个原子形成共价键,即4个单键。 ③ 有机化合物分子中,与4个原子形成共价键的碳原子,其价电子被利用的程度已达到饱和,称为饱和碳原子。成键原子数少于4的碳原子则称为不饱和碳原子。 安静地观看投影,思考相关问题。 【交流研讨】双键和三键的相同及不同之处,这些结构特点导致它们的性质如何? 【分析归纳】单键不容易断裂,饱和碳原子性质稳定,烷烃不能发生加成反应。不饱和碳原子性质较活泼,烯烃、炔烃容易发生加成反应。 交流研讨相关问题

教师活动	学生活动
过渡：键角。 **投影**：观察烃分子的模型,回答下面的问题(交流研讨2)： ① 每个分子中任意两个共价键的键角是多少? ② 4种分子分别是什么空间构型? ③ 键角与分子的空间构型有何关系? ④ 已知碳原子的成键方式决定其周围共价键的键角,你能总结出其中有哪些规律吗？总结：键角与分子空间构型的关系。 **提问**：甲烷分子为什么是正四面体型的？碳碳双键和三键为什么部分易断裂？苯分子中的碳碳键为什么特殊？ **投影并讲解动画**：碳原子轨道的 sp^3 杂化过程；碳原子、氢原子轨道重叠形成甲烷分子的过程；π 键、σ 键、大 π 键的形成过程。 【**课堂总结**】总结本节课的主要内容	对比归纳： ① 若1个碳原子与4个原子成键,则4个键的键角总是接近 $109.5°$,所以烷烃分子中的碳链是折线形碳链。 ② 若1个碳原子与3个原子成键,则3个键的键角总是接近 $120°$,所以烯烃分子至少有6个原子共平面。芳香烃中至少有12个原子共平面。 ③ 若1个碳原子与2个原子成键,则2个键的键角总是接近 $180°$,所以炔烃分子中至少有4个原子共直线。 观看动画,与邻近同学小声交流,部分学生恍然大悟,部分学生仍迷惑不解 【回忆,思考】

本案例设置的问题链：①"我们为什么要教给学生单键、双键和三键？"②"为什么碳碳单键、双键和三键对应的物质的性质各不相同？"③"键能、键长在解释性质时都可以用到,键角有什么用？"学生在问题情境,根据已经学习的有机化合物结构简式特点,在教师设置的一系列问题中,联想质疑,观察思考,交流研讨,对比归纳得出结论。通过学生自己的思考得出问题的答案,会记得更清楚、更牢固,同时思维也更开阔灵活。

(陈颖.《有机化学基础》选修模块教学设计案例——"碳原子的成键方式"[J].化学教育.2005(S1):161-170.)

(三)建构主义教学模式

建构主义是20世纪90年代以来在国际教育界和心理学界出现的一种理论思潮,它对世界范围内的课程与教学改革产生了重要影响。我国在20世纪末进行的基础教育课程改革,是在世界课程改革的大背景下进行的,国际上的建构主义思潮也必然在其中有所反映。作为基础教育新课程改革的三大理论基础之一——建构主义学习和教学理论,以其全新的视角和观点,正在使广大教师的思想观念和教学实践产生重大转变。

建构主义在学习与教学上主要有如下一些观点：① 建构主义的核心观念是知识的建构。学生并不是被动地接受或复制教师输入的知识,而是通过尽力寻求新信息的意义或将其与已经知道的信息联系起来,通过主动建构的过程形成新知识。② 学习因社会性的相互作用而得以促进。主张在课堂中组织学习者群体,以鼓励学生通过合作渠道来进行学习。③ 学习应在复杂真实的任务情境中进行。建构主义认为,不应当给学生呈现简化的问题和进行基本技能的训练,而应当呈现复杂的、模糊的、结构不良的问题,因为这更接近学校之外的实际情境。④ 建构主义在教学上主张以学习者为中心的教学。把学生放在教育活动的中心,教师充当引导者。在具体的教学形式上,建构主义提倡发现学习、探究性学习、讨论、合作学习、个别化教学以及利用现代信息技术手段进行教学。

建构主义教学模式主要有三种类型：抛锚式教学，认知学徒式教学，随机进入教学。

1. 抛锚式教学

抛锚式教学的主要目的是使学生在一个完整、真实的问题背景中，产生学习的需要，并通过镶嵌式教学以及学习共同体中成员间的互动、交流，即合作学习，凭借自己的主动学习、生成学习，亲身体验从识别目标到提出并达到目标的全过程。抛锚式教学的主要环节包括：① 设计真实"宏观情境"的"锚"；② 围绕"锚"组织教学；③ 鼓励学生自己发现解决问题的方法；④ "消解"具体的"锚"，即抛锚式教学不能仅让学生局限在特定情境的问题解决，而要发展他们的知识迁移能力，解决新情境的问题；⑤ 效果评价。

案例研讨

"盐类的水解"抛锚式教学模式

【案例研讨】《盐类的水解》

这节课的教学设计以建构主义理论为指导采用"抛锚式"（即情境教学）教学思路。根据课程目标，教师将教学目标细化为：能用自己的话阐释什么是"盐类的水解"；把"盐类的水解"融入新的认知结构中，即能清晰地说出盐类的水解与电解质的电离、化学平衡的移动等之间的内在联系，学会迁移、了解并能解释相关现象；能够表达自己探究并解决问题（即意义的建构）的思路和结论，体验自主学习的乐趣；逐步学会与他人合作，学会欣赏和评价他人，学会与他人分享感受。

【教学设计过程】

表7-6 "盐类的水解"教学设计

教学设计基本步骤	设计意图及相关说明
（1）学生实验 测定并记录下列溶液的酸碱性：$NaCl$、Na_2CO_3、NH_4Cl、$NaHCO_3$、CH_3COONa、$(NH_4)_2SO_4$	创设情境让学生通过自行实验发现问题。实验结果（即盐溶液不一定显中性）与学生的认知产生冲突，激发了学生的好奇心和探究欲望
（2）学生发现并积极地分析问题并逐一分析上述溶液酸碱性产生的原因，并根据形成盐的酸和碱的强弱将上述盐类分类［如$(NH_4)_2SO_4$为强酸弱碱盐］	发现并分析问题：教师身为促进者，可提示学生从已有认知结构中提取相关知识（如水的电离、弱电解质、化学平衡和离子反应发生的条件等）来积极地思考。这些指导是否需要，应根据具体情况来灵活把握
（3）盐类水解概念的建构根据实验和分析，界定什么是"盐类的水解"	通过实验结果的分析与验证，获得盐类水解概念的核心：盐与水发生的作用
（4）小组协作解决问题 三人为小组单位，在建构了盐类水解基本概念的基础上进行理性分析与实验探究，必须手脑并用。 ① 比较同温（室温）同浓度 NaF、CH_3COONa、$NaCN$ 三溶液 pH 的大小，相同吗？为什么？	建构主义主张以学生为中心，但并不意味着教师作用的丧失。教师在学生感受到自主学习的适度兴奋感的基础上，因势利导，提出以下具有挑战性的课题。它们涉及了影响盐类水解的各个因素的讨论，避免了学生盲目的和

教学设计基本步骤	设计意图及相关说明
② 加热 CH_3COONa 溶液,随着温度的升高,溶液的 pH 会变化吗?为什么? ③ 某同学说,实验室配制 $FeCl_3$ 时需加入一定量的 HCl,你认为这样做有道理吗?为什么? ④ 根据(1)和(2)中的内容,盐的类型与其溶液的酸碱性有关系吗?如何解释?	重复的探究,节省了时间,同时又能完善学生的认知结构。小组协作:每组均由组内成员商讨后形成解决方案。此后具体分工为:一人实验操作,一人记录,一人负责与教师或其他小组的必要交流。在解决不同课题时,小组成员分工最好轮换。教师是材料提供者、激发者、促进者、咨询者。教师应根据情况提供一些必要的资料,如同温同浓度下溶液 HF、CH_3COOH、HCN 酸性的强弱等
(5) 盐类水解规律的建构 分析并归纳(4)中各个问题的原因,指出这些因素是如何影响盐类水解的。用简洁的语言总结出盐类水解的规律	由于个体差异的存在,我们绝不能要求学生千篇一律地得出某个相同的表述,即应允许存在不同的意义建构,但形成的认知结构要尽可能完善
(6) 迁移能力的培养 每个学生独立地解决以下问题: ① 在给农作物施肥时,铵态氮肥能与草木灰同时使用吗? ② 推测等浓度的 Na_2CO_3 和 $NaHCO_3$ 溶液 pH 的相对大小,并说明原因。 ③ 试分析 $MgCl_2·6H_2O$ 晶体和 $MgSO_4·7H_2O$ 晶体分别受热后的产物,并说明原因。查阅相关资料以验证你的分析结果	学生若能够在新的情境中解决问题,即学会迁移,则形成了较为完整的认知结构,达成了"盐类的水解"的意义建构

〔吴晗清,李远蓉.建构主义学习理论下《盐类的水解》教学设计[J].化学教学.2006(12):30-31.〕

2. 认知学徒模式

认知学徒模式被许多研究者视为建构主义教学的一个重要的模式。其核心假设是:通过这种教学模式,能够培养学习者的高阶思维能力(Higher-Order Thinking Skills),即专家实践所需的思维能力、问题求解和处理复杂任务的能力。其基本特征表现如下:① 认知学徒制关注的不是概念和事实知识的获得,而是重视专家在获取知识或将知识运用于解决复杂现实问题时所涉及的推理过程、认知和元认知策略。② 使教师(专家或学生)隐蔽的内在认知过程显性化,便于学生观察、重复演练和实践。③ 将学校课程中的抽象学习内容置于有意义的情境之中,主张学习与实际的工作环境关联起来,让学习者充分了解学习的目的与应用,理解工作的相关性,并参与专家行为。④ 鼓励学生反思并清晰表达不同任务之间的共同原理,使学生逐渐独立地将所学知识和技能应用到新的问题情境中。⑤ 允许学习者在完成复杂任务的过程中,参与不同的认知活动,通过讨论、角色扮演及小组问题求解等方法将复杂的认知过程外显化,以促进自我修正和自我监控等元认知技能的发展。[1]

一般说来,认知学徒式教学包括如下基本步骤。① 建模:根据学习任务的需要,教师选择典例,对专家的问题解决过程,如思维方式和应用策略进行建模,以使学生观察和模仿专家的思维过程。

---

[1] 李斌,张琦.论认知学徒制教学模式[J].江西教育科研,2006(12):16-17+19.

② 情境设计：教师针对学习任务需要，设计情境化的活动，并与相关的预期结果关联起来，以便学生在真实的情境中进行模拟学习，发展远迁移能力。③ 提供支架：教师对学生的问题解决过程进行指导，提供必要的"支架"，如概念支持、元认知支持、过程支持、策略方法支持等。④ 清晰表达：要求学生清晰地表达推理过程或解决问题的过程，以使学生真正了解自己的学习过程，不仅"知其然"，而且"知其所以然"。⑤ 反思：鼓励学生积极反思、评价或修正自己及他人的问题解决过程。⑥ 拆除支架：当学生能独立解决问题时，教师逐渐拆除支架，以促进学生的发展。

在上述基本步骤中，教师和学生要积极扮演相应的角色，实现和谐互动。对教师来说，要精心设计教学以体现专家实践的思维过程，并引导学生积极参与、体验，在这个过程中，教师先示范必要的策略，再放手让学生尝试，并在学生需要时予以指导。对学生来说，通过对特定领域专家实践能力的模仿、参与、讨论、交流和阐释，获得基本的问题求解方法、策略和能力，并随着支架的拆除，逐渐独立探究、定义、分析和解决问题。

3. 随机进入教学

斯皮罗（Spiro）等人在 1991 年把学习分为初级学习和高级学习。初级学习是学习中的初级阶段，学生只需掌握一系列概念和事实，并在相同情境中再现这些概念和事实；高级学习要求学生掌握概念的复杂性，并能广泛而灵活地应用到具体的情境中。建构主义寻求适合于高级学习的教学策略——随机进入教学，即在教学中避免抽象地谈概念的一般应用，而是要把概念具体到一定的实例中，并与具体情境联系起来。换句话说，学习者可以随意通过不同途径、不同方式进入同样教学内容的学习，从而获得对同一事物或同一问题的多方面的认识和理解，这就是随机进入教学。

随机进入教学的一般环节如下。

（1）呈现基本情境。向学生呈现与当前学习主题的基本内容相关的情境。

（2）随机进入学习。取决于学生"随机进入"学习所选择的内容而呈现与当前学习主题的不同侧面特性相关联的情境。在此过程中教师应注意发展学生的自主学习能力，使学生逐步学会自己学习。

（3）思维发展训练。由于随机进入学习的内容通常比较复杂，所研究的问题往往涉及许多方面，因此在这类学习中，教师还应特别注意发展学生的思维能力。其方法是：① 教师与学生之间的交互应在"元认知级"进行（即教师向学生提出的问题，应有利于促进学生认知能力的发展而非纯知识性提问）；② 要注意建立学生的思维模型，即要了解学生思维的特点（例如教师可通过这样一些问题来建立学生的思维模型："你的意思是指？""你怎么知道这是正确的？""这是为什么？"等等）；③ 注意培养学生的发散性思维（这可通过提出这样一些问题来达到："还有没有其他的含义？""请对 A 与 B 之间作出比较""请评价某种观点"等等）。

（4）小组协作学习。围绕呈现不同侧面的情境所获得的认识展开小组讨论。在讨论中，每个学生的观点在和其他学生以及教师一起建立的社会协商环境中受到考察、评论，同时每个学生也对别人的观点、看法进行思考并作出反应。学习效果评价包括自我评价与小组评价，评价内容与支架式教学中相同。

案例研讨

随机进入教学模式应用于"物质的量浓度及配制"教学

（本案例内容源于人教版《化学》（必修第一册）第二章第三节。）

本节课在知识与技能方面需要理解物质的量浓度的概念，初步学会物质的量浓度溶液的配制技能及有关计算和应用。在过程与方法上要求在探究、协作、会话等学习活动中培养思维能力、观察能力、表达能力和合作能力，提高解决问题的能力，学习运用以实验为基础的实证研究方法。教学策略是以情景探究式教学为主导，创设丰富的学习情境，综合采用"问题探究""实验探究""讨论""多媒体辅助"等教学手段组织教学。

【教学过程设计】

教师活动	学生活动	设计意图
(1) 在事实情境中初步形成物质的量浓度的概念。 教师布置课外学习任务——认识体检表。 (2) 在问题情境中理解物质的量浓度的意义和内涵。 　　教师组织交流,学生结合体检指标中三种不同类别的单位谈对应的物理量的含义(U/L 是表示酶活性的国际单位,g/L 是质量浓度的单位,mmol/L 及 μmol/L 是物质的量浓度的单位),引出课题。教师抛出问题: 　　① 人体的血液和体液可以看成是溶液,质量浓度、物质的量浓度都可以表示一定体积的溶液中溶质的含量。你还学过哪个物理量可表示溶液的组成,其含义是什么? 　　② 从取用溶液的便利性和分析化学反应的直观性角度考虑,你认为哪种表示比较方便? 　　③ 物质的量浓度与物质的量、质量以及质量分数之间如何换算? 　　④ 配制 500 mL 0.1 mol/L NaOH 溶液需要 NaOH 的质量是多少? (3) 在实验情境中学习配制物质的量浓度的溶液。 　　教师呈现具体的实验任务:如何配制 100 mL 1.00 mol/L NaCl 溶液?并引导学生分析问题、逐一分析: 　　① 结合配制一定质量分数的溶液思考本实验需要解决的主要问题是什么? 　　② 解决上述问题,需要用到哪些主要仪器? 　　③ 设计该实验的实验方案并参考教材 p.17 图 1-19 修改完善。 　　学生代表演示实验过程,其他学生观察操作细节、记录实验中的不当之处,在教师的引导下评价、纠错、进行误差分析。 　　教师归纳实验操作要点。	学生阅读教材 p.15 图 1-16 所示的体检单,通过上网、查看书籍、咨询等途径认识各项体检指标,了解对应的化学概念及含义。 学生围绕问题进行思考、讨论、分析、推理、计算	将新知识纳入具体事实情境,引导学生从关注生活的高度认识学习的意义,产生对新学习任务的兴趣,在主动采集、分析、提炼信息的过程中形成对物质的量浓度的初步认识。 通过层层质疑创设问题情境,使学生产生认知冲突,激发"愤""悱"情感,调动求知欲。学生带着已有的知识经验(质量分数、物质的量等)走进问题情境,在对话与讨论中交流观念、调整认识,逐步加深对物质的量浓度的意义、内涵的理解,在新旧经验的同化和顺应中实现认知结构的重新建构

续表

教师活动	学生活动	设计意图
(4) 在模拟情境中完善溶液配制的知识结构。 教师以问题深入激发思维： ① 将配成的 100 mL 1.00 mol/L NaCl 取出 10 mL，NaCl 的物质的量及物质的量浓度是否变化？ ② 若将取出的 10mL NaCl 溶液再稀释成 100 mL，NaCl 的物质的量及物质的量浓度是否变化？ ③ 你能从中得出什么结论？ 教师指出，同一物质的溶液浓度不同，性质可能不同，如浓硫酸与稀硫酸性质差异很大。如果现在需要 40mL 9mol/L 硫酸与金属反应，但实验室只有 18 mol/L 硫酸，怎么办？ 引出浓溶液稀释问题。 (5) 反思评价，提高学习能力。 教师小结教学情况，肯定学生的表现。要求学生总结学习收获，提出疑问，写化学日记。	学生思考，交流，充分发表观点（可能有很多种），教师评价，提炼出核心问题：① 准确称取 5.85 g NaCl；② 精确确定溶液体积 100 mL，从而引出两种主要仪器：托盘天平、容量瓶。 学生分组观察容量瓶结构，获得感性认识；讨论容量瓶的使用注意事项，教师演示容量瓶的使用要领，渗透定量实验的规范化要求。 学生在阅读教材插图的基础上形成完整的设计方案。 学生思考，回答，师生共同归纳稀释定律：c(浓溶液)·V(浓溶液)=c(稀溶液)·V(稀溶液)。 学生思考、计算、讨论、交流教师播放稀释浓硫酸的实验录像，学生观看、领悟	体现"从实验学化学"的主题思想，创设实验教学情境，将实验技能的传授融入实验探究的过程中，引导学生将实验、观察、思维有机结合，从而获得知识的理解和技能的形成。教学中，教师不直接呈现结论和要求，而是组织学生分析推理、讨论交流、演示、观察、评价纠错，自己探索解决问题的答案，领会科学方法。通过实验中的交流与合作，知识在预设基础上动态生成，学生以深层次的认知参与和积极的情感体验建立起了有个性的知识意义，形成"活化"的双基。 以新的问题情境再度调动学生的探究热情，实现知识的拓展延伸。采用多媒体模拟实验情境辅助教学，转化刺激方式，启发学生联想，使学生在理解溶液稀释的一般性和特殊性方面建立深刻的认识，完善溶液配制的知识结构。 安排评价与反思，提高学生的元认知水平，促使能力内化、情感态度与价值观形成，学生可以建构真正意义上的学习

由以上分析可知，建构主义的教学模式尽管有多种不同的形式，但是又有其共性，即它们的教学环节中都包含有情境创设、协作学习（在协作、讨论过程中当然还包含有"对话"），并在此基础上由学习者最终完成对所学知识的意义建构。

随堂讨论

你认为先行组织者教学模式、以化学问题为中心的教学模式、建构主义教学模式的三种模式有何共同点？他们的不同之处在哪里？

(四) 活动单导学"双主"教学模式

1. 活动单导学模式"双主"的基本模型

活动单导学模式"双主"是完全建立在以学生为主体上的一种教学设计，强调"将第一思考时间还给学生;将第一表达机会还给学生;将第一体验过程还给学生;将第一认知反思还给学生"四个"第一"的生本观念。图7-5是中学化学课堂教学中活动单导学模式"双主"的基本模型。该模型可以是一节课的教学模式,也可以是一个完整活动的教学模式。

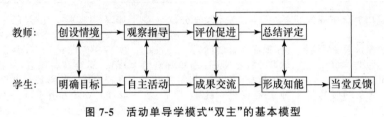

图7-5　活动单导学模式"双主"的基本模型

2. 化学课堂"活动单"的基本结构与设计

"活动单"是由教师设计的学生拥有的学习、合作资料,它是活动单导学模式"双主"的技术关键,也是课堂教学质量高低的决定因素。其基本结构包括课题名称、学习目标、活动方案、当堂反馈四个部分的内容。

案例研讨

探究物质的量浓度溶液配制的实验方法

【学习目标】

(1) 能够根据实验目的完成简单的实验设计,并能主动进行交流。

(2) 认识容量瓶是一种容积精确的仪器;初步学会配制一定物质的量浓度的溶液。

(3) 学会与同学合作完成实验,学会合作与分享。

【活动方案】

1. **活动一**:探究粗略配制一定物质的量浓度溶液的实验方法

实验室提供下列实验用品:NaOH 固体、5mol/L NaOH 溶液、蒸馏水;托盘天平、小烧杯、250mL 烧杯、玻璃棒、量筒。

(1) 请你设计两套简单实验方案,配制 100mL 物质的量浓度约为 5mol/L NaOH 溶液。

(2) 通过上述实验方案所配制的溶液,其物质的量浓度是粗略的,试分析原因。

2. **活动二**:探究用固体精确配制一定物质的量浓度溶液的实验方法

(1) 认识容量瓶是一种容积精确的仪器

展示实验室常见的容量瓶。

请你仔细观察,并回答下列问题:

① 容量瓶上有哪些标记?

② 实验室需要使用 245mL 的某浓度的溶液,配制时应选用何种规格的容量瓶?

③ 某同学用容量瓶配制溶液,加水时不慎超过了刻度线,他(她)把水倒出一些,重新加水至刻度线。这样会造成什么结果?

(2) 精确配制 100mL 1.00mol/L NaCl 溶液

实验用品托盘天平、砝码、烧杯、量筒、100mL 容量瓶、玻璃棒、药匙、胶头滴管、NaCl、蒸馏水。

① 请你与同伴共同设计该实验方案,并完成实验。

② 将你的实验过程与教材中的方案对照,有哪些不同?会引起什么误差?

3. **活动三**：探究通过稀释溶液精确配制一定物质的量浓度溶液的实验方法

实验室用密度为 1.84g/cm、溶质质量分数为 98% 的浓硫酸配制 100mL 1.00mol/L 的稀硫酸。请你协助完成实验方案设计。

【当堂反馈】就是要有能反映学生活动结果的教学设计，从某种意义上说，诊断反思也是一种"活动"，也可列在"活动单"上。当堂反馈的形式应是多样化的，如知识应用、成果展示、纸笔测验等。纸笔测验是当堂反馈的重要形式，要注意处理好与"活动"的关系，既要起到检测的作用，又能对"活动"进行合理的补充，以完善学生的认知结构。

(张红卫.新课程"活动单导学模式"研究[J].中学化学教学参考,2008(7):16-18.)

(五) PBL 教学模式

项目式学习(Project-Based Learning,PBL)以学生为主体，让学生在真实的问题情境中实践，并在探究和解决问题的过程中获得基本知识和技能、关键能力和必备品格，其理念和目标都与当前基础教育教学改革相一致，是促进核心素养融合发展的有效教学方式，更是推动教育发展范式转型的重要抓手。[1]

人们对项目式学习涵义的理解，与其开展的范围、研究的主题以及学生发展的学年段有关。美国克拉耶克等人认为，"基于项目"的科学教学是指教师通过驱动性问题组织、引导、展开教学活动，学生在这些活动中相互合作、运用新的学习技术去参与探究以解答问题，开发和呈现表征问题解决的成果。[2] 美国巴克(Buck)教育研究所把以课程标准为核心的"项目学习"(standards-focused PBL)描述为一套系统的教学方法，是对复杂、真实问题的探究过程，也是精心设计项目作品、规划和实施项目任务的过程，在这个过程中，学生能够掌握所需的知识和技能。[3] 我国学者李玉霞认为，"项目式学习"是指教师依据课程标准，综合考虑学生的经验设计驱动问题，学生运用已有知识经验浏览相关资源，确定主题和子问题，开展主题探究活动，通过精心设计最终作品，展示探究成果。[4]

分析以上学者对项目式学习的界定，虽然阐述不尽相同，但均体现出项目式学习的共同要素，从常规教学来说，项目式学习主要有以下五方面的特征：① 学习的问题性。项目学习的实施是从一个驱动或引发性的问题出发，问题用来组织和激发学习活动。驱动问题的设计要基于课程标准，能够反映学生需要掌握的基本知识和技能，并具有发展学生的核心素养和学科能力的价值。② 学习的合作性。在开发阶段，老师、学生以及涉及该项目活动的所有人员相互合作，从问题生成、目标设计、活动设计到项目管理形成"学习共同体"；在实施阶段，学生以合作学习方式对项目的核心问题和驱动问题进行讨论。③ 学习的探究性。要求学生对现实生活中的真实问题进行探究，学生通过收集资料或设计探究方案，实施验证，论证假设和猜想，获得结论，从而建构起自己对问题的理解。④ 学习的真实性。研究的问题从学生的经验出发，并基于真实生活情境，能够增强学生对于知识和生产生活联系的认识，提升学生利用学科知识解决生产生活问题的体验。当学习以真实的方式来进行时，问题的解决即有产生实际结果的可能性。⑤ 评价的过程性和结果性。项目学习的最终成果涉及一个产品、一份报告或实作的设计和发展过程，教师通过由学生所呈现的项目成果等来判断出学生在项目学习中

---

[1] 王磊,胡久华,魏锐,赵亚楠.化学项目式学习的课程、教学与评价系统研究——北京师范大学化学教育研究团队 20 年研究历程与成果[J].化学教育(中英文),2022,43(16):24-29.
[2] 克拉耶克,等.中小学科学教学——基于项目的方法与策略[M].王磊,等译.北京:高等教育出版社,2004.
[3] 巴克教育研究所.项目学习教师指南——21 世纪的中学教学法[M].北京:教育科学出版社,2007:4.
[4] 李玉霞,田科.国内项目学习现状与发展刍议[J].江西教育,2013(11):9-10.

对知识、概念的掌握情况以及所体现出的能力、创造力的发展状况。[①]

项目式学习在课堂教学中的开展,包含一系列开展科学规划的过程,从设计驱动问题、规划项目评价到管理项目过程形成一个科学有序、环环相扣的教学系统。因此,要把项目的教学目标和项目活动联系起来,项目实施中采用配套的评估方法,评估学生在项目中学到了什么。[②]

案例研讨

"铁元素专题复习"的项目式教学

项目教学目标

(1) 根据铁的性质,设计方案并进行实验操作证明蒸汽眼罩中铁的存在,培养实验方案设计能力及实验操作能力,发展学生的证据推理学科核心素养。

(2) 了解加快铁生锈的方法,认识到铁生锈在生产生活中的正面作用,发展学生学科辩证思维。

(3) 通过设计并优化实验方案探究蒸汽眼罩中活性炭和氯化钠的作用,加深对多因素影响的对比实验的理解;采用传感器定量检测温度、氧气浓度等变化,利用数据、图表进行结果分析,强化对定量实验的认识。在学生经历完整科学探究环节的过程中发展学生科学探究核心素养,实现学生科学探究能力从定性到定量,从性质印证到问题研究的深化与进阶。

(4) 通过前沿科技视频,拓宽学生视野,增进对社会发展的了解,扩展学生的生涯认知。

项目任务及教学流程

项目任务及教学流程

项目任务	学生活动	教师支持	设计意图
任务1:设计实验方案证明铁粉的存在	(1) 小组讨论,设计实验方案,并讨论方案的可行性; (2) 根据方案进行实验,记录现象,分析结论	(1) 汇总各组方案并对方案进行点评; (2) 提供蒸汽眼罩、磁铁、滤纸、盐酸、硫酸铜溶液、酒精、蒸发皿、石棉网等,并指导操作	(1) 复习铁的物理和化学性质,并学会用这些性质展开实验探究; (2) 培养方案设计能力、操作能力、合作探究能力、创新意识; (3) 认识接触面积对化学反应的影响,体会乡土文化中的科学
任务2:探究活性炭和氯化钠对铁生锈的影响	(1) 观察蒸汽眼罩粉末使用前后的变化; (2) 查阅蛭石和吸水树脂的作用; (3) 设计实验方案; (4) 根据方案进行实验,并分析结论; (5) 观看高新科技视频,体会科技发展与生产生活的关系	(1) 提供蒸汽眼罩使用前后的图片; (2) 引导学生设计并优化方案; (3) 提供铁粉、活性炭、氯化钠、蒸馏水、无纺布袋、烧杯、锥形瓶、朗威数字化仪器,并指导操作	(1) 培养实验探究能力、方案设计能力、动手操作能力、知识迁移能力; (2) 发展定量思想以及图像信息加工能力; (3) 认识铁生锈对生活有利的一面,培养学生的学科辩证思维; (4) 拓宽学生视野,扩展学生生涯认知

〔陈前龙.初中化学"铁元素专题复习"的项目式教学——探索蒸汽眼罩的奥秘[J].化学教育(中英文),2022,43(21):61-66.〕

[①] 胡红杏.项目式学习:培养学生核心素养的课堂教学活动[J].兰州大学学报(社会科学版),2017,45(6):165-172.
[②] 胡红杏.项目式学习:培养学生核心素养的课堂教学活动[J].兰州大学学报(社会科学版),2017,45(6):165-172.

7.4 化学探究式教学

核心术语

- ◆ 科学探究   ◆ 探究性学习   ◆ 探究式教学
- ◆ 探究性教学的特征   ◆ 探究式教学的类型   ◆ 探究式教学的构成要素

化学探究式教学是以学生学习能力的形成和发展的基本规律为教学活动的根本出发点,着眼于教师的主导地位和学生的主体地位,学生的学习过程是其学习能力不断形成和发展的过程,教师的教只是为学生的学习创造必要的外部条件,帮助学生更有效地学习。

7.4.1 科学探究

在化学新课程中,一个引人瞩目的变化是大力倡导科学探究。在不同的视角下,对科学探究有着不同的理解。作为内容的科学探究,是化学课程与教学的一项重要内容;作为学习方式的科学探究,常被称为"探究学习"或"探究性学习";作为教学方式的科学探究,常被称为"探究教学"或"探究式教学"。

"科学探究"指的是科学家们用以研究自然界,并根据研究获得的证据提出种种解释的多种不同途径。科学探究也可以指学生用以获取知识、领悟科学的思想观念、领悟科学家们研究自然界所用的方法而进行的各种活动。这里表明科学探究有两层含义:① 科学家的探究过程;② 教学或学习过程。此处所谈的科学探究是学生们用以获取知识、领悟科学的思想观念、领悟科学家们研究自然界所用的方法而进行的各种活动。

作为内容的科学探究主要由以下四部分构成。[①]

(一) 增进对科学探究的理解

① 体验到科学探究是人们获取科学知识、认识客观世界的重要途径。
② 意识到提出问题和做出猜想对科学探究的重要性,知道猜想与假设必须用事实来验证。
③ 知道科学探究可以通过实验、观察等多种手段获取事实和证据。
④ 认识到科学探究既需要观察和实验,又需要进行推理和判断。
⑤ 认识到合作与交流在科学探究中的重要作用。

在上述内容中,①是认识科学探究与科学知识获取之间的关系,②~④条是从科学探究的核心要素(如问题、猜想或假设或解释、证据、验证)来理解科学探究的本质,⑤是认识合作与交流同科学探究之间的关系。

(二) 发展科学探究能力

科学探究能力是由"提出问题""猜想与假设""制订计划""进行实验""收集证据""解释与结论""反思与评价""表达与交流"等八个要素构成。

(三) 学习基本的实验技能

(1) 实验基本操作技能。任何实验的进行,都离不开一些基本操作,准确、熟练的基本操作可以保证化学实验的顺利完成。

(2) 实验仪器使用技能。使用一定的仪器来探究物质及其变化的规律,是实验这种实践活动的

[①] 中华人民共和国教育部. 义务教育化学课程标准(2011年版)[M]. 北京:北京师范大学出版社,2012:9-13.

一个重要特征。因此,实验仪器使用技能是实验技能的重要组成部分,包含实验仪器的使用方法和实验仪器的选择。

(3) 实验综合运用技能。在具体的实验过程中,很少使用一种实验仪器,只进行一种实验基本操作,往往是要使用两种以上的实验仪器,进行多种实验操作。为了顺利完成某一实验,就需要学生要具有综合使用实验仪器、综合进行实验操作的技能。

(四) 完成基础的学生实验

学习和运用化学实验技能和科学探究方法,离不开实验活动。教师应结合具体的教学内容和学校实际,积极创造条件,通过多种途径,安排和组织学生至少完成课程标准中规定的化学实验活动。

科学探究学习目标的实现,必须让学生亲身经历丰富的探究活动。中学化学课程中的探究活动可以有多种形式和不同的水平。活动中包含的探究要素可多可少,教师指导的程度可强可弱,活动的场所可以在课堂内也可以在课堂外,探究的问题可来自课本也可源于实际生活。在探究活动中各要素呈现的顺序不是固定的,如"进行实验"既可作为收集证据的途径,也可作为提出问题或做出假设的一种依据。探究活动包括实验、调查、讨论等多种形式。在实际教学中应尽可能创造条件,多开展课堂内外、体现学生自主性的探究活动。

在科学探究这四部分内容中,"发展科学探究能力"是核心,"增进对科学探究的理解"是"发展科学探究能力"的观念基础,"学习基本的实验技能"和"完成基础的学生实验"是"发展科学探究能力"的实践基础。

随堂讨论

什么是科学探究,你是如何理解的? 科学探究对学生的发展有什么积极的作用?

7.4.2 化学探究式教学

在新课程教学中,作为学习方式的科学探究活动和过程称为探究性学习;符合学生进行探究性学习所需要的基本特征和要素,并对学生进行探究性学习具有明显支持和促进作用的教学活动和过程称为探究式教学。为了简便起见,在学校体系中往往统称为探究式教学或基于探究的教与学。

(一) 探究式教学的特征

探究式教学的实质就是将科学领域的探究引入课堂,学生通过积极参与科学探究过程,模拟科学家解决问题的方式,体会科学家如何面对疑难情境,学会收集和加工需要的新信息,最终达到问题解决的探究过程。它是培养科学探究能力的一种教学模式。

探究式教学以其未知性与问题性、发现性与探索性、过程性与开放性、主动性与互动性而有利于学生掌握与应用科学知识,建构与发展科学概念,理解科学本质与科学过程;有利于学生形成较强的问题意识,掌握学习策略、探究方法和实验技能,锻炼实践能力;有利于激发学生对科学的浓厚兴趣和对科学学习的积极动机,培育科学态度和创新精神;有利于真正发挥学生学习的主体性,更加有效地改变师生关系。由于探究式学习方式是以问题和科学活动过程为本的,所以它与合作学习和建构式学习、问题解决式教学乃至启发式、讲授法等其他学习或教学方式都具有很强的融合性,有利于促使教学方式多样化。

(二)探究式教学的主要类型

在学校环境下的化学学科的探究性学习或探究式教学可以有非常丰富的类型。

(1) 按照探究的任务和问题的性质划分:有认识物质的性质及其变化的探究性学习,认识物质的组成与结构的探究性学习,认识化学反应规律和原理的探究性学习,以及应用化学知识解决实际问题的探究性学习等。

(2) 按照探究环节的多少划分:有比较完整的探究和局部的探究。

(3) 按照探究的自主和开放程度划分:有自主探究性学习和指导探究性学习,教师的讲授、启发、指导、演示等都可以根据需要融合其中。

(4) 按照探究所依托的经验类型划分:有概念理论型探究、元素化合物型探究、方法策略技能型探究以及综合性探究等,这些既指探究活动所依赖的已有知识技能经验的类型,又指通过探究活动将要获得的新的知识技能经验的类型。

(5) 按照探究活动的形式、途径和方法划分:有实验探究、调查探究、讨论探究等。

(6) 按照探究开展的教学时间和空间划分:有课内探究、课外探究以及课内与课外相结合的探究;单课时的探究、连堂课的探究以及单元的探究等。

(7) 按照学生进行探究的组织形式划分:有学生个体探究与小组合作探究等。

(三)探究式教学的构成要素

探究式教学一般有以下五个基本的构成要素:

(1) 提出问题:学生围绕科学性问题展开探究活动。

(2) 收集证据:学生获取可以帮助他们解释和评价科学性问题的证据。创设可探讨的情境或环境。

(3) 形成解释:学习者要根据事实证据形成解释,对科学性问题作出回答。

(4) 评价结果:学习者通过比较其他可能的解释,来评价他们自己的解释。

(5) 交流发表:学习者要交流和论证他们所提出的解释。在具体的教学活动中,探究环节可多可少,不能机械地照搬。

案例研讨

实验室制取乙炔有关问题的探究

本教学设计适合于《有机化学基础》(选择性必修)内容的教学。

【提出问题】

乙炔的制取和性质实验中有几个问题值得探讨:① 电石和水反应非常剧烈,即便用饱和食盐水代替水,反应也较激烈,起初产生的乙炔气体在收集和性质实验之前不能有效利用而白白浪费掉;② 反应试管内连续不断地产生大量泡沫外溢,常堵塞导管,影响实验的进行;③ 反应后容器内的残留物为什么不呈白色,而呈深灰(白)色;④ 生成的乙炔气体中还含有 H_2S、PH_3 等杂质,它们会影响乙炔的性质实验。因此,我们对该实验有必要进行认真的研究。

【收集证据】

(1) 电石的成分

电石是用石灰与焦炭在电炉高温下(约 2200℃)熔融而制得的。引导学生查阅有关资料,得知电石的成分如表 7-7 所示:

表 7-7 电石的大致组成

成　　分	含量/(%)	成　　分	含量/(%)
CaC_2	77.84	SiO_2	2.66
CaO	16.92	硫	0.08
MgO	0.060	磷	0.02
Fe_2O_3	2.00	碳	0.43
Al_2O_3		砷	少量

(2) 问题分析和实验设计

引导学生思考下列几个问题：① 如何减缓反应速率？② 如何除去泡沫？③ 深灰(白)色浆状物的成分是什么？④ 如何除去乙炔气体中的 H_2S、PH_3 等杂质？

学生利用研究性学习时间，到图书馆和资料室查阅有关资料，网上收集信息，请教有关实验老师，并在讨论的基础上理清了思路，设计了四种实验方案。

(3) 进行实验

实验 1：在电石上加少量的乙醇，让乙醇将电石浸润，无明显现象。然后再逐滴加水，电石与水慢慢反应，产生乙炔气体，几乎没有泡沫产生。反应残留物为深灰(白)色，生成的乙炔中含有 H_2S、PH_3 等杂质。

实验 2：在电石上加一些冰醋酸，让冰醋酸将电石浸润，无明显现象。然后再逐滴加水，电石与水慢慢反应，产生乙炔气体，几乎没有泡沫产生。反应残留物为深灰(白)色，生成的乙炔中含有 H_2S、PH_3 等杂质。

实验 3：在电石上加一些饱和氯化铵溶液，电石与溶液慢慢反应，产生乙炔气体，几乎没有泡沫产生。反应残留物为深灰(白)色，生成的乙炔中含有 H_2S、PH_3 等杂质。

实验 4：在电石上加少量的乙醇，让乙醇将电石浸润，无明显现象。然后再逐滴加 $CuSO_4$ 溶液，电石与溶液慢慢反应，生成的乙炔气体中几乎不含 H_2S、PH_3 等杂质，反应残留物是大量黑色沉淀。

【形成解释】(实验分析)

实验 1：乙醇不与电石反应，并有稀释水的作用，同时乙醇可以降低由氢氧化钙所形成的泡沫的表面张力(水的表面张力 $\sigma=72.58\,dyn/cm$，乙醇的表面张力 $\sigma=22.03\,dyn/cm$)，再加上乙醇的易挥发性使氢氧化钙形成的泡沫容易破裂。反应残留物为深灰(白)色可能是电石成分里含有少量的游离态的碳。

实验 2：醋酸不与电石反应，并有稀释水的作用，同时醋酸与氢氧化钙反应生成醋酸钙，除去了形成泡沫的氢氧化钙，从而没有泡沫产生。

实验 3：氯化铵不与电石反应，电石与溶液中的水反应。氯化铵溶液是一种显酸性的电解质溶液，破坏了泡沫的胶体作用，从而没有泡沫产生。

实验 4：H_2S 和 $CuSO_4$ 溶液反应生成 Cu_3P 和 CuS 沉淀，进一步分解成 CuO 和水。反应的残留物的成分很复杂，既有反应生成的 $Ca(OH)_2$、$CaSO_4$、CuS、Cu_3P、Cu、CuO，也有来自电石成分里未起反应的游离态的碳、Fe_2O_3、Al_2O_3、MgO 和 SiO_2，这些成分掺杂在一起，因此反应残留物为黑色沉淀。

【评价结果】

改进后的四种实验方法都可以凭借溶液的速率来调节生成的乙炔的速率，实验过程中不会产生大量的泡沫影响实验的进行。但前三种方法并不能除去乙炔气体中混有的 H_2S 和 PH_3 等杂质，只有第四种方法可以避免 H_2S 和 PH_3 对乙炔性质实验的干扰，因而是最佳方案。

【交流发表】

课堂交流主要采用主动举手、同组讨论、小组代表发言的方法；课外交流可采用黑板报、科研小论文等方法。

(夏正盛.高中化学课程标准教师读本[M].武汉：华中师范大学出版社,2003：150-152.)

以上化学探究式学习的实验中采用了观察法、实验法和查阅资料等三种方法,研究内容包含无机化学和有机化学,研究方法上有定性的也有定量的,在研究视点上有局部的也有整体的。

促进学生有效探究的基本条件是:① 必须将学生置于有意义的情境中,并引导他们提出问题,或者向他们提出恰当的探究任务;② 必须为学生开展探究提供必要的时间和空间,并在资料、材料、设备和指导方面提供恰当的支持;③ 必须组织有效的表达和交流,帮助学生在自己探究的基础上加深认识,达到教学目标。

(四) 探究式教学的设计

中学化学课程标准中所倡导的探究式学习,承载着化学知识的掌握、科学探究技能的发展、科学态度与科学精神的培养等多重任务。正是这样的任务,决定了化学探究式教学实际上是一种精心设计的教学活动。

中学化学内容适于探究的较多,在教学设计中,教师必须根据学生的实际和认知规律,充分挖掘教科书中科学探究的内容,进行精心设计。科学探究,可用于教学过程的某一个环节,可以围绕某一研究活动进行整个单元内容的教学,也可以课内与课外相互延伸。例如,"维生素 C 的还原性"的探究,就可以作为教学过程中的一个环节。"苯酚的化学性质"的探究,整个探究活动就是一堂课的教学内容,而"金属的锈蚀及防护"的探究,则是课内与课外的相互延伸。

探究式教学的设计通常具有一定的程序。对于具体的探究课题,教师首先根据对教育理念、教育方针、课程目标,以及科学方法的认识,产生一种整体的概括性的设计思路,即选择、组织怎样的活动才能符合探究方案设计的原则,设计怎样的教学情境、驱动性问题及有效的评价方案才能实现该探究活动的功能。然后,设计者要根据具体的探究条件和实践经验,选择活动类型,确定组织活动的方式以及活动结构,形成一定活动规则的组合。概括地说,探究式教学的设计是在一定的理论指导下,根据探究课题的要求、可以利用的资源、学生的认知特点和心理规律而进行的。

(五) 探究式教学的实施

在探究式教学中探究活动按探究主体的参与程度可以分为:以指导为特征的探究过程、以合作为特征的探究过程、以自主为特征的探究过程等。探究活动的探究主体参与程度不同,它所要求的探究活动组织结构也不相同。

以指导为特征的探究活动的组织结构是由学生和教师两部分构成的,这种探究活动非常注重学生和教师的相互合作,且教师的参与、指导对探究活动的开展起着十分重要的作用。这种探究活动的组织结构在化学学习的初期或探究内容难度较大时显得尤为重要。指导探究的活动组织结构也可用于学生探究学习的所有过程中。合作探究的要素及活动结构如图7-6:

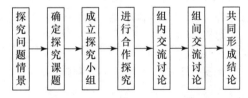

图 7-6 合作探究的要素及活动结构

必须指出,以合作探究为特征的探究过程的结构是灵活的。对于一个具体的探究过程,设计可以改变上述活动结构,或采用其中的部分结构。合作探究中小组探究课题的确定也可以在教师剖析总的探究任务后,将总体任务进行分解,形成不同的相对较为简单的,但又相互关联的小课题。

以自主探究为特征的探究过程的施行,并不是学生一个人的行为,它同样需要合作伙伴之间的交流和帮助。因此,在该过程的设计中,同样体现合作的特征;在学生自主探究过程中,学生的行动空间和自由度比较大,教师的适度引导能够保证学生更好地进行探究,使学生得到更大的收获。

探究式教学是一个因校、因地、因课题而制宜的复杂的施教过程。如何结合校情和生源情况有效地开展探究式教学,需要从实际出发在行动中不断探究。

(六)探究式教学与传统教学的关系

探究式教学与其他的教学方式并不是对立关系,只是探究式教学是基于科学探究的活动过程特点而设计和组织的,要求具有更强的未知性与问题性、发现性与探索性、过程性与开放性、主动性与互动性。

案例研讨

表7-8 探究式教学与传统教学的对比

	探究式教学	传统教学
教育理念	以学生发展为本。学会认知、学会做事、学会共同生活、学会生存;重基础学力、发展性学力、创造性学力的发展	重双基知识(基本知识、基本技能)的落实
认识论、心理学的基础	引进以罗杰斯为代表的人本主义心理学,重视以布鲁纳、维果茨基等为代表的社会性认知心理学	重行为主义心理学,兼有皮亚杰、布鲁纳的认知心理学
教学方法	教、学并重,师生共同参与的群体活动 重交流、对话(师生、生生) 启发、探究为主、重隐性目标——创造精神的培养	以教为中心的知识传授 重传授、重迁移训练 机械式训练为主,重显性目标的实现
学习方法	讨论式、协作式、合作式为主	学生强记、独立训练
课程形态的特征	运用知识、重实践、重创新	再现知识、示范模仿
教师地位	教学中的导航者、设计者、帮助者 教科书为教师所用,教参恢复"参考"地位,教师的专业活力被激发	知识的垄断者、传授者 教师是教科书、教参的"忠实执行者"
学生地位	知识建构的主体,课堂教学的主要活动者,积极的认知者	知识的被动接受者,课堂教学的"接收器"
师生关系	相互平等的组织者、协调者、参与者,大家一起动手,共同探索	居高临下的传授者:记住我告诉你的知识

{于兰.增强理论教学探究优化教学过程[J].中学化学教学参考,2005(10):13-15.}

探究性学习与研究性学习在本质上是相同的,只是在我国,研究性学习是以一种独立的课程形态出现的,而且在研究性学习中更加强调学生探究的自主性、过程的完整性。另一方面,探究性学习在科学课堂内更重视针对与科学有关的问题进行符合科学要求和规范的主动探索。化学课程中的探究性学习的最根本特征应该是围绕化学科学问题,运用科学方法进行科学的探索活动,经历科学的探究过程。

探究性学习与启发式教学有什么关系?学生在探究性学习中是由自我驱动,而在启发式教学中是被教师驱动的,其实教师对学生进行启发式教学的最高境界应该就是学生可以进入自我驱动的探究性学习。在探究式教学中经常需要来自教师的启发、示范、指导、讲解等。在课程改革实践中教师要正确认识探究式教学与传统教学的共同点和不同之处,扬长避短,实现不同教学方法的优化与整合。

本章小结

1. 每节课教师都在使用某些化学教学方法,对它们的认识和研究有助于改进教学质量。化学教学方法是:反映一定的教学思想、教学原则、化学学科特征和师生相互作用的关系,为实现化学教学目标而借用的一系列中介手段的动态之和。当前化学教学方法的研究成果日趋丰富、精细,并逐渐走向综合运用。化学教学中常用的方法是:讲授法,演示-观察法,实验-探究法,谈话-讨论法,引导-发现法。

2. 教师在选择和组合教学方法时可以参考以下几方面:(1)要有利于完成既定的教学任务,达到预期的教学目的;(2)适合教学内容,符合化学的研究方法特点;(3)适应学生个体以及学生集体的发展水平和心理等方面的需要;(4)应具有相应的教学条件;(5)符合化学教学规律和化学教学原则;(6)教师对化学教学方法的了解、实践经验以及教学风格等个人品质特征。

3. 化学教学方式是指与化学教学过程中专门活动组织开展的方法、结构及其特征等相统一的特征形式。化学教学方式是化学教学活动和化学教学行为的选择方式。常用的化学教学方式有:注入式、启发式、探究式、发现式等。

4. 化学教学模式是在某种教育思想、教学理论指导下,所构成的具有一定化学教学结构、教学活动程序和教学功能的一种教学范型。它既有稳定而又简明的理论框架——明确地规定了教师、学生、化学教学内容等教学诸因素的相互关系;又有具体的、可操作的化学教学活动的实施过程。在新课程教学中,教师需要熟悉五种重要的化学教学模式:"先行组织者"教学模式,"问题为中心"的教学模式,建构主义教学模式、活动单导学模式、PBL教学模式。其中,建构主义教学模式主要有三种类型:抛锚式教学,认知学徒教学,随机进入教学。它们都是基于一定的教学理论,在实践中总结提炼出的一般教学模式,并在化学教学中得到进一步深入研究和实践。

5. 探究式学习是新课程的一项重要内容,也是大力倡导的一种学习方式。科学家所进行的探究活动与学生在学习中所进行的探究活动有许多相似之处,它们一般都包含有八个要素:提出问题、猜想与假设、制订计划、进行实验、收集证据、解释与结论、反思与评价、表达与交流。探究式教学是进行科学教育的有效途径,也是中学化学课程的一种重要教学方式。开展探究式教学有利于学生科学素养的全面发展,与其他教学方式相比较,它具有综合优势。要正确认识什么是探究式教学,了解探究式教学的基本特征,理解探究式教学与其他教学方式的关系,熟悉化学课程中探究式教学的主要类型和特点,学习开展探究式教学的重要方法和策略。

本章思考题

1. 下列属于化学教学综合方法的是( )。
   A. 讲授-听记　　　B. 指导-实习　　　C. 组织-参观　　　D. 实验-讨论

2. 下列化学课题中,属于以巩固知识技能为主的课型是( )。
   A. 化学理论课　　　B. 化学复习课　　　C. 化学实验课　　　D. 元素化合物课

3. 某老师在讲授"乙醛"的教学过程中,先向学生展示纯净的乙醛样品,然后又展示了乙醛的比例模型,引导学生通过观察增强对乙醛物理性质和结构的感性认识。该过程主要运用的教学方法是( )。
   A. 实验法　　　B. 参观法　　　C. 演示法　　　D. 练习法

4. "看到 $CuSO_4$ 溶液,你想到了什么?"这一问题适用于( )。
   A. 激发学生的认识冲突　　　　　B. 探究学生的已有认识
   C. 转变学生的迷失概念　　　　　D. 丰富学生的认识思路

5. 下列不属于导入新课技能的构成程序的是( )。
   A. 集中注意　　　B. 拓展思维　　　C. 明确目的　　　D. 进入课题

6. 科学探究的核心是( )。
   A. 科学问题　　B. 科学解释　　C. 科学证据　　D. 科学假设
7. 在化学探究活动中,除了要考虑知识值不值得探究以外,还要考虑这个知识能不能够探究。下列适宜在中学化学中作为探究问题的是( )。
   A. 食盐能否溶于水中　　　　　　B. 什么样的溶液能够导电
   C. 酯化反应按什么方式脱水　　　D. 同位素物理性质相同吗
8. 请以三个教学片段来说明讲授法、引导-发现法、实验-探究法各自的特点和适用范围。
9. 试设计一堂课的教学过程,分析所依据的教学方法、教学方式和教学模式。
10. 请利用学校图书馆的电子资源,上网查阅有关化学教学模式实践和研究的文章,列举你感兴趣的教学模式,并说明原因,以1~2个典型案例说明它是如何应用于化学教学,然后进行交流研讨。
11. 选择某个化学内容,尝试设计一份探究式教学的方案,并与常规教学的方案进行比较。
12. 请通过书籍、期刊或网络查阅有关教学方法、教学方式、教学模式、探究式教学的文章、论述,任选一个论题写一篇综述或评述。
13. "科学探究"是课程改革所倡导的学生学习化学的一种方式,它包含提出问题、作出假设、进行实验、收集证据、获得结论等要素。请你结合化学教学实际,设计一个具体的探究主题,并写出简要的活动方案。
14. 普通高中化学选择性必修"有机化学基础"模块的内容主要是研究有机化合物的组成、结构、性质和应用。
   (1) 试简要说明"有机化学基础"模块内容的主要特点。
   (2) 说明如何采用恰当教学方法和手段有效地进行有机化学模块教学。
15. 根据下列教学内容,试说明其教学的基本要求及其选用的教学方法。
   (1) 氮及其化合物;(2) 化合价;(3) 水的电离。
16. 阅读下列短文,回答有关问题:
   在教学实践中,教师各自表现出的态度及水平差异是明显的:有的教师总是习惯以一定的模式来使用教学方法,认定的往往是一种或少数几种,而不考虑教学任务和内容的特点、学生的特点、教学的技术条件等因素;有的教师因一时兴趣照搬典型的教法案例,因只知其然,而不知其所以然,那么就难以驾驭教学过程,教学效果远不及别人好;有的教师力求考虑具体的条件来改变方法,但这样做是通过自发的尝试错误来纠正或选择新的方案,仍然缺乏选择的科学依据。
   (1) 试结合目前中学化学教学实际,分析产生上述现象的原因。
   (2) 在化学教学中,为什么要倡导多种教学方法的选择和组合。
17. 化学探究教学的一种模式为:提出问题—猜想假设—实验事实—验证假设—得出结论—整合应用。需要探究的问题是:氯气与硫氧化性强弱的探究。试设计能体现上述模式过程的微型教案。
18. 下列是某初中化学教师组织学生进行探究活动的案例:

   探究 CO_2 与 NaOH 溶液是否发生了反应

   【教师引入】我们知道,将二氧化碳气体通入澄清的石灰水中,石灰水能够变浑浊。请同学们写出反应的化学方程式。同时教师板书:$Ca(OH)_2 + CO_2 == CaCO_3 + H_2O$。那么,二氧化碳气体与氢氧化钠溶液是否也能反应呢?

   教师进行实验:将二氧化碳气体通入氢氧化钠溶液,结果没有任何现象出现。

   【同学讨论】

   　　观点1　CO_2 与 $Ca(OH)_2$ 溶液能发生反应,而与 NaOH 溶液却不能反应;

   　　观点2　$Ca(OH)_2$ 与 NaOH 属于同一类物质,都能与 CO_2 发生反应;

   　　观点3　从理论上说 CO_2 与 NaOH 溶液应该能反应,我们需要设计实验来证明我们的猜想。

   于是老师给大家提出了这节课要探究的问题。

   提出问题:如何设计实验证明 CO_2 与 NaOH 溶液是否发生了反应?

(1) 简要说明科学探究包括哪些基本环节？说明实验探究的教学价值。

(2) 请你任意设计两种实验探究方案，并简要说明方案的实验原理。

19. 某教师按着如下教学设计组织学生研究"影响化学反应速率的因素"阅读材料回答问题。

教师活动	学生活动
【布置任务】利用所给试剂探究影响化学反应快慢的因素。 提供的试剂： 制 O_2 组：5% H_2O_2、0.5% H_2O_2、MnO_2 粉末、热水、冷水 制 CO_2 组：3 mol/L HCl、0.5 mol/L HCl、$CaCO_3$ 块状、$CaCO_3$ 粉末、热水、冷水 制 H_2 组：1 mol/L HCl、0.1 mol/L HCl、镁条、镁粉、热水、冷水 【分组实验】	组内讨论：预测影响因素、设计实验方案并讨论方案设计过程中遇到的问题 实验探究
【汇报交流】请以小组为单位汇报你们的实验方案、过程、现象及结论	汇报交流
【小组】 我们体验了一个完整的科学探究过程。在探究影响化学反应快慢的因素时，可以研究不同因素对同一化学反应的影响，这时需要用到控制变量的方法；还可以研究某一因素对不同化学反应的影响。除了控制变量的方法，实验中还用到了定性观察的方法和对比实验的方法	聆听、思考、记录

(1) 本部分内容属于高中化学教材_____模块的内容。

(2) 本教学片段的教学效果不佳，试说明原因。

(3) 结合课程标准，简述教师应如何进行探究学习活动。

参考文献

[1] 刘知新. 化学教学论[M]. 北京：高等教育出版社，2004.

[2] 郑长龙. 化学课程与教学论[M]. 长春：东北师范大学出版社，2005.

[3] 王祖浩，吴星. 化学新课程中的科学探究[M]. 北京：高等教育出版社，2003.

[4] 王磊等. 科学学习与教学心理学基础[M]. 西安：陕西师范大学出版社，2002.

[5] 周小山，严先元. 新课程的教学设计思路与教学模式[M]. 成都：四川大学出版社，2002.

[6] 盛群力等. 教学设计[M]. 北京：高等教育出版社，2005.

[7] 毕华林，刘冰. 化学探究学习论[M]. 济南：山东教育出版社，2004.

[8] R. M. 加涅，L. J. 布里格斯，W. W. 韦杰. 教学设计原理[M]. 皮连生译. 上海：华东师范大学出版社，1999.

[9] 刘知新. 化学教学论[M]. 北京：高等教育出版社，2004.

[10] 王克勤. 化学教学论[M]. 北京：科学出版社，2006.

[11] 胡志刚. 化学微格教学[M]. 厦门：厦门大学出版社，2007.

[12] 杨承印. 化学教学设计与技能实践[M]. 北京：科学出版社，2007.

[13] 姜建文. 化学教学设计与案例研究[M]. 北京：化学工业出版社，2011.

[14] 王后雄. 高中化学新课程案例教学研究[M]. 北京：高等教育出版社，2008.

[15] 王磊，胡久华，魏锐，赵亚楠. 化学项目式学习的课程. 教学与评价系统研究——北京师范大学化学教育研究团队 20 年研究历程与成果[J]. 化学教育(中英文)，2022，43(16)：24-29.

[16] 胡久华，项目式学习：培养学生核心素养的课堂教学活动[J]. 兰州大学学报(社会科学版). 2017，45(6)：165-172.

[17] 江家发.化学教学设计论[M].济南：山东教育出版社,2004.

[18] 鲁献蓉.从传统教案走向现代教学设计[J].课程·教材·教法,2004(7)：17-23.

[19] 裴新宁.现代教学设计的概念与特征[J].开放教育研究,2005(2)：65-70.

[20] 郭要红,华国栋.论挑战性学习目标及其制订策略[J].课程·教材·教法,2008(10)：19-23.

[21] 王后雄.论化学教学设计中理智技能教学顺序确定的理论依据[J].中学化学教学参考,2008(4)：3-4.

[22] 林长春.义务教育化学新课程教学目标设计探析[J].内蒙古师范大学学报(教育科学版),2004(4)：82-84.

[23] 王秀红,李艳梅.在科学探究中发展学生元认知能力的培养模式研究[J].化学教育,2006(5)：28-29.

[24] 李培启.探究式化学课堂教学模式的构建与实践[J].化学教育,2003(5)：21-22.

[25] 衣敏之.几种探究式教学模式的研究[J].化学教学,2004(3)：3-6.

[26] 胡久华,王磊,胡晓红.探究式教学模式的课堂教学策略的初步研究——基于我们的实践研究[J].化学教育,2002(11)：12-15.

[27] 唐力.化学探究式教学过程建构性特征的研究[J].课程·教材·教法,2002(3)：54-58.

[28] 王后雄,尹文治.高中化学新课程教学课例模式及设计[J].化学教学,2007(11)：33-36.

[29] 童文昭,王后雄.促进知识结构化的循证教学：设计与实施[J].现代远程教育研究,2024(1)：54-62,72.

第8章 化学教学实施技能

> 教学是一种复杂智力的要求和社会性挑战的工作,它需要教师对教学的学科内容有广泛而深刻的把握。教师的良好教学技能是实施有效教学的基础,有效教学是由一系列可获得的、可改进的和可发展的教学技能完成的。如果教师欲开展有效教学,就必须具备良好的思维能力、选择教学主题与恰当运用教学策略的能力、解决问题的能力以及与学生进行交流和沟通的能力等。
>
> ——李广洲

本章学习目标

通过本章学习,你应该:
1. 了解化学课堂教学的基本类型、结构及其要求;
2. 知道化学教学活动的一般环节及常见的化学教学行为;
3. 能根据学情及具体的化学教学内容创设化学问题情境;
4. 初步学会化学教学中指导化学学习活动的技能;
5. 了解对化学教学目标、教学内容、教学方法等教学活动进行调控的方法;
6. 掌握化学教学组织的形式和策略,具有初步解决教学过程中各种冲突的能力。

8.1 化学课堂教学的类型及结构

核心术语

- ◆ 化学课堂教学　　◆ 课堂教学类型　　◆ 课堂教学结构　　◆ 绪言课
- ◆ 新授课　　　　　◆ 实验课　　　　　◆ 练习课　　　　　◆ 复习题
- ◆ 测试课

正如第1章开篇所说,对于你所拥戴的化学教师,化学课成了一种期盼;而对于你"讨厌"的化学教师,化学课就成了一种"煎熬"。假如你是一位中学化学教师,让你准备一节课,试着讲一次,并让指导教师和听课的同学对你和你的化学课进行公正的评价,你会觉得"上好化学课,蕴含着非常深奥的学问"。

随堂讨论

要上好一节课,成为学生拥戴的化学教师,除了课前进行教学设计以外,你认为在课堂上应该怎样组织开展各种学与教的活动?

"实施素质教育以教学为中心即通过改革课堂教学来实施。"(顾明远),课堂教学是实施素质教育的主渠道,也是实施新课改的主阵地。

教师的课堂教学工作由三部分组成:教学设计(课前)、教学设计的实施(上课)、教学设计实施的评价(课后)。化学课堂教学设计为化学课堂教学提供了理想化的教学方案和优化的教学程序,但这些只是达到课时教学目标、取得理想教学效果的前提和条件。要取得好的教学效果,还取决于化学课堂教学设计的实施。化学课堂教学设计的实施就是我们通常所说的化学课堂教学(上课)。课堂教学是教学工作的中心环节,对其他环节具有支配和决定的作用,学校教学工作的其他环节都是为上课服务的;课堂教学是教学最基本、最主要的组织形式,其他的组织形式如参观、调查、访问、观摩教学录像等在教学活动中虽各有长处,但所占的比例较小。课堂教学是学生学习的主战场,是促进学生发展的主渠道。在课堂教学中,通过师生之间的情感交流、心灵沟通,使学生受到启迪和熏陶,这是其他教学组织形式不可比拟的。课堂教学是提高教学质量和效率、促进学生发展的最重要的教学工作。

8.1.1 化学课堂教学的类型

课堂教学的类型简称课型。课型可划分为不同的类型。根据课堂教学的目的任务的不同可分为:学习新知识课、实践课(实验课)、练习课、复习课、测验课、活动课等。但在实际教学中,一节课有时只完成一项任务,有时则需完成多项任务,所以根据一节课所完成任务的数量,又可分为单一课和综合课。根据一节课使用的主要教学方法可分为:教授课、演示课(演示实验或放映幻灯、录像)、指导练习课、指导实验课、复习课等。根据师生的活动方式可分为:讲授型、问答型、学导型、合作型、探究型等。根据教师的教学风格分类,包括理智型、自然型、情感型、幽默型、技巧型等。

对于化学课堂教学,一般可按照教学任务的不同进行分类,如绪言课、新授课(元素化合物课、概念理论课等)、练习课(讲评课)、实验课、复习课、测验课等。

(1)绪言课。是指在化学课的开始或以后的某个专题开始时提出学习目的要求、介绍中心内容和学习方法等的课。一般采用的教法是运用典型事例或有关的演示实验,通过富有情感的讲授,激发学生学习化学的兴趣,使他们明确学习目的,了解学习的内容和方法,产生学习动力。

(2)元素、化合物课。此课在整个教材中占有重要的地位。课堂教学时要尽量运用实物和实验;以性质为线索把有关物质的结构、制法、用途、存在形式等知识串联起来,培养学生根据性质来理解掌握物质制法的反应原理,联系性质去记忆用途和存在形式的学习方法;培养学生观察实验、分析归纳的能力。这种课的关键是讲授与实验的配合,实验效果及推理分析的协调。新教材在元素化合物知识教学中强调教学方式的多样化,多开展实验教学,多开展联系生活实际的教学,多开展实际问题解决的教学等;强调教学资源和素材的开放性,将裸露的知识包装起来;在教学追求和教学境界方面,追求元素观、分类观和转化观等基本观念的教学,而不是局限于具体物质性质知识的传授。

(3) 概念理论课是研究物质属性的本质和变化规律的课。这种课具有严密的逻辑性和严格的科学性,而且比较抽象概括。课堂教学中,常运用自然科学方法论的基本步骤,借助于经验、图表、模型等进行分析论证,或利用恰当的比喻及逻辑思维能力探寻概念理论的本质。

(4) 实验课即学生动手实验的课,包括两种形式:随堂实验和学生实验,随堂实验一般从属于新知识课。学生实验课重在组织和运用。在条件允许的情况下,教师应尽可能让学生动手做实验,培养学生的实验操作能力、观察能力、探究能力、思维能力以及科学态度和科学方法。

(5) 练习课是为了有针对性地培养学生运用理论知识阐述和解决某些综合性问题的能力,或训练学生书写化学用语、进行化学计算等的技能,在一个单元或某一课题后组织的一类课。练习课以学生练习为主,穿插教师的讲述、点拨、启发。练习的方式有书面、口头、讨论、实验操作等。练习的内容要精选典型性强、思考型强且有适当难度的习题。通过练习或讲评,培养了审题解题能力,训练了解题的技能技巧。

(6) 复习课是总结、系统、巩固知识的课。复习课不同于新授课,但也不是把讲过的内容进行简单的重复,而是总结提高、巩固加深,它的进行应以知识的内在联系重新系统地组织内容,归类、比较,以较高的理论水平去指导分析旧知识;可用谈话法、讲述法、图表配合讲述、实验配合谈话等方法。通过复习,使学生牢固掌握知识系统,使学生在原有的水平上形成合理有效的知识网络,灵活准确地运用知识,提高其运用知识解决综合问题的能力,熟练基本操作规范。

(7) 测验课是检查某一单元教学效果的课。它是随着教学进度进行的,平行班中测验的内容和时间不一定相同,可采用分量相仿、难度相当的几组试题分班进行。测验后进行试卷分析,针对存在的问题及时采取补救措施。

8.1.2 化学课堂教学的结构

化学课堂教学的结构是指一节课包含哪些组成部分及其各组成部分的顺序、实现和相互关系。不同类型的课具有不同的结构,但无论哪一类课型,都可以按照时间序列把化学课堂教学划分为:课的开始、课的中心、课的结尾三部分。

(一) 课的开始

良好的开端是成功的一半,课堂教学也一样,必须有一个好的开始。课的开始一般要做好以下三项工作:首先,要稳定情绪,集中学生的注意力,创设良好的课堂气氛。教师要精心设计课堂引入,巧妙独特的课堂引入在教学一开始就能引起学生的注意力,使学生一上课就能把心收到课堂教学中来;现代课堂教学日益注重营造和谐、民主的心理氛围,以利于学生知识的学习和情感的培养。其次,要采用适当的方式把教学目标和学习要求交代给学生,使学生感到心中有数,这样,学生在听课时就会积极主动,有目的、有针对性地吸收知识,从而达到良好的教学效果。最后,要重视由课的开始向课的中心部分过渡。由课的开始向课的中心过渡有多种方法,可开门见山、直截了当地引入;可运用先行组织者引入,通过设计先行组织者,提供新旧知识的关联点,排除学生学习新知识的畏难情绪和心理障碍,达到温故而知新的效果;可通过意境引入或游戏活动引入,如通过实验、故事、实例、化学史以及日常生活和社会生活中的有关问题等创设问题情境,激发学生的兴趣,启迪学生的思维,引发学生的认知矛盾,使学生产生学习动机,定向于新知识的学习。

案例研讨

> **初中"燃烧与灭火"一节课的导入**
>
> 老师讲述或播放 CCTV-10《烈火毒车》的录像片段：2006 年 8 月 29 日 17 点 57 分，湖南省常德市武陵区消防中队的警报突然响了起来，207 国道上的一辆货车上发生了火灾。18 点零 4 分，二十多名特勤消防队员赶往了事发现场，当消防车行驶到距离着火地点还有几百米的地方时，战士们就已经能看到远处车上冒出的滚滚浓烟。经了解，在发生事故的车上装载着整整 123 桶、平均每桶 250 千克的黄磷。此时正值盛夏，并且室外温度高达 40℃，情况非常紧急！
>
> 【提出问题】如果你是消防战士，你会怎么办？（同学讨论）
>
> 大火无情，要想扑灭大火就必须首先了解大火产生的原因，并找到大火的源头，现在，请同学们从化学的角度来分析事故原因。
>
> 同学提出并讨论问题：什么是黄磷？黄磷有什么性质？怎么储存的？为什么会燃烧？是什么点燃了它呢？怎样来灭火？
>
> 【案例分析】以真实的鲜活的事件作为情景来引入新课，能极大地激发学生的兴趣和主动性，引发学生积极思考并尝试解决问题。

（二）课的中心

课的中心部分是一节课的核心，课堂教学目标能否完成、教学效率和教学质量的高低关键取决于课的中心教学水平的优劣。课的开始和课的结尾都要围绕课的中心来组织和安排。由于教学内容、教师素质、学生水平及教学时空条件变化的不同，课的中心部分的组织安排是千差万别的。不同的教学内容，教材呈现方式不同，要求学生参与学习活动的方式不同，教学的组织过程也会有所不同。作为教师，要具体问题具体分析，把握好不同的教学模式，充分发挥学生的主体作用，灵活地、创造性地完成课堂教学目标。

（三）课的结尾

课的结尾设计和课的开始策划一样，对课堂教学效果具有同等重要的地位。把新课一直讲到下课铃声响才匆匆结束，或是随意重复一遍教学提纲作为课的结尾的教学方法是不可取的，也无益于提高课堂教学质量，年轻教师对此应特别注意。

为了使学生对整节课的知识、技能有一个完整、清晰的印象，教师要帮助学生归纳整理新授知识内容。归纳整理的方法有：

（1）概括性小结。在课的结尾，教师可根据知识间的内在联系，用精练的语言、公式、图表或符号，对教学内容作一简明、扼要的归纳小结，使知识纲要式地、条理化地再现出来。既便于学生理解掌握和强化巩固，又能培养他们的归纳概括能力。

（2）联系对比。在课的结尾，把与教学内容有内在联系或相关的旧知识进行对比分析：一方面帮助学生认识各种事物间的联系和区别，掌握它们的共性和特性，抓住事物的本质，在对比过程中，强化新知识的理解和记忆，防止学习中的负迁移；另一方面也能帮助学生及时把新知识纳入已有的知识体系中，使新旧知识融为一体，连成线、结成网、构成块，达到系统化、结构化。

（3）问答讨论。教师围绕教学内容重点、难点和关键，设计富有启发性的问题，在课的结尾提问学生或组织他们讨论，教师予以适当的指导和归纳。这种形式的结尾既能检查学生对教学重点内容掌握的程度，又能激发思维，加深理解，训练学生的口头表达能力。

（4）综合练习。教师围绕新授课内容，联系与其相关的旧知识，精心设计一些综合性较强的练习题,在课的结尾,让学生习作,然后边议论边小结。这样做一方面可使学生学习的新知识得到巩固、深化和矫正,另一方面可使学生掌握新旧知识的联系,把知识网络化。

案例研讨

> **"氧气"一节的结束设计**
>
> 在氧气一节结束时,请同学们自己总结氧气的物理性质、化学性质和用途。
>
> 【教师讲述】我们知道空气中氮气大约占空气体积的78%,氧气占21%,氧气可以支持燃烧,可以供给呼吸,可以……氧气的功劳、氧气的用途可谓大也,人类生活不能没有氧气,没有氧气就没有生命;而氮气不支持燃烧,不能供给呼吸,在空气中性质又很稳定,好像是可有可无的。那么是不是氮气在空气中就没有什么用处呢? 请你以"假如空气中没有氮气"为题,写一篇短文。
>
> 【案例分析】这一课堂结束设计不仅能引导学生去分析氧气的物理性质、化学性质、用途等各方面的知识,起到巩固本节知识的目的,而且能激发学生的思维,把课堂学习拓展到课外。

8.2 化学教学活动及教学行为

核心术语

- ◆ 教学过程   ◆ 化学教学活动   ◆ 化学学习活动
- ◆ 教学活动基本环节   ◆ 化学教学行为   ◆ 合作学习

教学过程是指展开教学活动和学习活动的时间流程。化学教学过程是化学教学活动和化学学习活动的总和。化学教学活动的开展对有效地进行化学教学过程、指导学生的化学学习活动起重要作用。

8.2.1 化学教学活动的主体

化学教学活动的主体关涉教师和学生,客体则是教学内容。所以,化学教学活动的内部关系和结构,就主要表现在教师、学生与化学教学内容的互动上。化学教学活动是一种有目的、有计划的特殊认知活动,服从人类认知的一般规律,也就是哲学认识论所揭示的各种认识特征,具有客观实践性、主观能动性、合规律性、科学性等特点。

化学教学活动的主体包括教师和学生两个因素:① 教师这一要素主要指化学教师具有的化学专业知识、思想品德、教学修养等当代教师应具备的诸多素质;② 学生这一要素主要指学生已有的认知结构、身心发展水平、能力倾向、个性特点、学习风格、化学与生活经验等。新课标的化学教学,强调以学生为主体、教师为主导的教学活动。学生的主体地位和教师的主导作用应始终贯穿于化学教学过程,并在教学过程的不同阶段表现出强弱之分、显隐差别。

化学教学活动的条件包括物质条件和精神条件两个基本因素:① 物质条件主要指教学资源环境、教学手段、教学设施设备、化学仪器药品等;② 精神条件包括师生之间的互动交流、生生之间的合作学习等关系。两者对化学教学活动的顺利开展和有效完成,有着重要的影响。

8.2.2 化学教学活动的基本环节

与任何活动一样,教师的化学教学活动也是由定向环节、执行环节和反馈环节构成的。从"教服从于学、为学服务"的基本观点出发,教师的化学教学活动的基本环节与化学学习活动的基本环节之间必然存在互动关系。基于此,化学教学活动的基本环节如图8-1所示:[1]

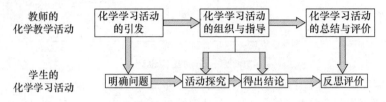

图 8-1 化学教学活动与化学学习活动之间的互动关系

(一)化学学习活动的引发

化学学习活动的引发可以激发和促进学生的情感活动、认知活动、实践活动,帮助学生迅速适应化学学习活动的状态,明确化学学习目标,有效地改善教与学。

案例研讨

有机物的分类

【展示】各式各类冰激凌图片

【教师讲述】步入你最钟爱的冰激凌吧:进入超级市场的冰激凌专柜,你会看到各类款式、口味的冰激凌,你闻到了甲酸甲酯的香味。嗯!那么乙酸戊酯的味道如何?或者你更喜欢乙酸辛酯果汁牛奶冻!

(学生听讲,并产生好奇心。)

【教师讲解】听起来有些奇怪是吗?尽管你不熟悉这些有机物的名称,但你不会不熟悉这些味道。比如,诱人的甜食的味道是由甲酸异丁酯引起的。乙酸戊酯是香蕉口味,乙酸辛酯是橘子味的。

在这一章里,你将学到9个重要的有机化合物种类。你将看到,这些化合物有着截然不同的性质——从香草的甜味到变质鱼的臭味……

在上述案例中,教师通过形象的比喻,将化学教学与学生生活紧密联系起来,在学生有着强烈的求知欲和学习兴趣的基础上,向学生引发出有机物的分类和各种官能团的抽象学习内容,做到了化抽象为形象,使学生顺利地进入化学学习活动的状态。

(二)化学学习活动的组织与指导

化学学习活动的组织与指导环节对于营造和谐的教学活动氛围、激发学生学习动机、培养浓厚学习兴趣、调动学习积极性、提高教学效果起着重要作用。根据学生的学习活动类型,可将化学学习活动的组织与指导分为学生基本学习技能的指导、学生合作学习的指导、学生自主学习的指导、学生探究性学习的指导。

1. 对学生基本学习技能的指导

学生基本学习技能的指导,包括指导学生听课、观察、练习、讨论。听课和观察是学生获取学习信息的重要方法,教师应有意识地组织学生提取信息材料、指导学生进行观察,以培养和提高学生的听课和观察能力。

练习和讨论是化学教学过程的必要环节,是教师获取教学反馈信息的重要途径之一。教师应指

---

[1] 郑长龙.化学课程与教学论[M].长春:东北师范大学出版社,2005:158.

导学生有选择性、有目的性地进行练习,有重点、有方向地进行讨论,使学生可较高效率地解决问题,有更多的课堂收获。

2. 对学生合作学习的指导

合作学习是针对化学学习活动的组织形式而言的,与个体学习相对。合作学习是一种以团队为依托、具有导向性的学习活动。

教师在指导合作学习时,应根据教学目标需要选择适宜合作学习的内容,明确合作学习任务;根据学生的个体特点合理组建合作学习小组,针对合作学习的效果,注重合作学习的评价。

3. 对学生自主学习的指导

自主学习是一种学生自觉地运用科学的学习方法,独立掌握知识、解决问题的学习活动。教师通过对自主学习的指导,培养学生独立获得新知识的能力,使学生通过"学会"达到"会学"。

4. 对学生探究学习的指导

教师在指导学生的探究性学习时,应注重调动学生的学习积极性,引导学生形成"发现问题—提出问题—分析问题—解决问题"的学习思路,培养学生获取知识的学习能力。

(三)化学学习活动的总结与评价

化学学习活动的总结与评价,一般在化学学习活动(可以指代一节内容的化学学习活动,也可以是某个知识点的化学学习活动)之后进行,旨在对化学教学目标的完成程度进行总结、对化学教学内容进行系统化提升、对学生的化学学习活动进行恰当评价。

案例研讨

> **钠的氧化物与水的反应物**
>
> 【教师讲述】还有没有同学补充?好,刚才有些同学的试管振荡,需要强调,应该是手腕振荡,而不是这样(教师示范振荡试管)。那我们现在来归纳一下实验现象,一起来分析产生现象的原因,到底是为什么? ① 大量的气泡产生,他感觉到手有点往上顶,看到有气泡产生,说明什么?反应剧烈! ② 带火星的木条复燃了,说明什么?有氧气产生! ③ 试管温度升高,说明什么?放热! ④ 酚酞试液变红说明什么?生成碱性物质。但是我们现在搞不懂,为什么他说发现一个科学成果,振荡以后褪色了。实际上,前人已经发现:能把有色物质变成无色物质,我们说它具有漂白性,这说明过氧化钠是具有漂白性的,那么性质决定用途,过氧化钠的用途之一就是利用它的漂白性作漂白剂。
>
> (郑长龙.化学课程与教学论[M].长春:东北师范大学出版社,2005:158.)

在上述教学片段中,这位化学教师既对过氧化钠与水反应的实验现象从四个方面进行了梳理和总结,又对一些学生在化学实验中的试管振荡操作进行了纠正,将实验基本技能的训练置于具体的化学学习活动中,而不是单纯地进行化学实验基本技能训练,这种做法是值得提倡的。

8.2.3 化学教学行为

化学教学行为是教师引导学生完成化学学习任务的具体手段。一般来说,教师在课堂里发生的行为按功能来划分主要有管理行为与教学行为两个方面。课堂管理行为是为教学的顺利进行创造条件和确保单位时间的效益。而课堂教学行为又可以分为两种:一种是直接指向目标和内容的,事先可以做好准备的行为,这种行为称为主要教学行为;而另一种行为直接指向具体的学习和教学情境,许多时候都是难以预料的偶发事件,因而事先很难或根本不可能做好准备,这种行为称为辅助教学行为。① 教师课堂行为的类型及其决定因素如表 8-1 所示。

表 8-1 教师课堂行为的类型

行为指向		行为类型	决定因素
课堂管理行为	课堂中学生所发生的破坏性行为或偶发事件,教学效率	课堂规则	主要是教师的课堂经验与专业技能,人格素养
		课堂问题行为管理	
		课堂管理模式	
		课堂时间管理	
主要教学行为	直接指向教学目标或需要处理的内容	呈示行为,如语言、文字、声音、动作显示等	教师培养与培训的质量,教师专业知识与技能,事先准备程度
		对话行为,如问答(发问、候答)、讨论等	
		指导行为,如阅读指导、练习指导、活动指导等	
辅助教学行为	课堂中的学生或情境中的问题	动机的培养与激发	主要是教师的课堂经验与教师的人格素养,教学机智
		有效的课堂交流	
		课堂强化技术	
		积极的教师期望	

化学教学活动中,常见的如讲授、提问、讨论、实验、总结、演示、指导、评价、板书等都属于化学教学行为。教师主要是通过教学语言呈现化学教学活动。此外,还常常采用"副语言行为",并同语言行为相结合,以提高课堂教学效率。

 资料卡片

8-1 教学中的副语言行为

用于传递情感、反馈信息的副语言行为主要有各种面部表情、眼神、微笑以及声调、头和手的某些动作。例如,点头(表示同意)、摇头(表示否定)、皱眉(表示不满)、喷嘴叹息(表示批评)、向下挥手(表示强调)、拍击额头(表示疑惑)、拍拍肩膀(表示亲热)、竖起拇指(表示赞赏)等。

(刘知新.化学教学论(第五版)[M].北京:高等教育出版社,2018:211.)

在教学中要根据学生的心理特点和具体的教学内容来设计和组织教学活动,力戒形式化、表面化、教条化,务求在教学中较好地落实课程目标。

8.3 指导化学学习活动的方法

核心术语

- ◆ 学习活动　　◆ 听课　　◆ 记笔记　　◆ 观察　　◆ 讨论
- ◆ 合作学习　　◆ 练习　　◆ 自学　　◆ 探究　　◆ 学会学习

---

① 钟启泉等.《基础教育课程改革纲要》(试行)解读[M].上海:华东师范大学出版社,2001:228-229.

化学教学过程是师生双边的活动过程,化学教师的教是为了学生的学。教学过程中学生的学习活动分为课内学习和课外学习。课内学习主要包括听课、记笔记、实验、观察、思考、讨论、探究、练习、自学等;课外学习主要是学生的复习、作业、预习、实践活动等。教师作为学生学习活动的组织者、引导者、参与者,在学生的学习活动中起着重要作用。通过教师的组织指导,营造和谐的课堂氛围,激发学习动机,培养学习兴趣,树立学习信心,调动学习积极性,提高学习效果。因此,教师的组织指导技能将直接影响着学生的学习信心和学习效果。

随堂讨论

根据你的理解,化学教师应该首先掌握哪些组织、指导学生活动的技能?为什么教师必须掌握组织、指导学生学习活动的技能?

依据学生学习活动的类型,可以将教师的组织指导分为:听课与笔记的组织指导;练习的组织指导;观察的组织指导;讨论、合作、探究的组织指导;自学的组织指导等。

8.3.1 指导学生听课

听课和记笔记是目前最常见的学生在课内的学习活动。要组织好学生学习的这一环节,首先教师在教学中要情绪高昂,以自己的语言、行动影响学生,感染学生。同时,善于用积极的情感调整学生的学习情绪,调动学生的内在因素,激发他们产生强烈的求知欲望和高涨的情绪,把"要我学"变成"我要学"。坚决摒弃"照本宣科"、单调平淡等容易使学生疲劳、分散注意的做法。

资料卡片

8-2 指导学生听课的方法

根据化学课的特点,指导学生听好化学课的方法是:用眼仔细观察老师所做的演示实验,看清楚实验现象,观察老师的实验技巧;用鼻分辨气味;用耳听清楚老师的讲解;用脑去思考、分析和判断;用手记笔记,把老师讲课的板书条文、中心实质、重点难点、思路分析等简要记下;用嘴向老师请教自己不懂的问题。

(冯克诚.中学化学课堂教学方法实用全书[M].
呼和浩特:内蒙古大学出版社,1999:836.)

学生在听课时,听课和记笔记常常发生矛盾,听、记、思考往往不能兼顾。针对这种情况,教师应该注意以下几点:

(1)指导学生明确学习目标。在一节课的开始,教师就要做好学生的学习定向工作,使学生大概了解学习的目标、步骤和方法,并采取适宜的教学策略,帮助学生达成学习目标。

(2)组织维持学生的注意。教学时教师应该指导学生合理分配注意,不但善于用耳,而且善于用眼、用脑、用手,善于协调自身的这些器官,并使它们相互配合。特别是对于不擅于专注的学生,教师要适时地提醒他们进行听、看、想、记等活动,要注意给予完成这些活动必要的时间,从而帮助学生养成良好的课堂注意习惯。

(3) 指导学生学会听课、记笔记。一堂完整的课应该是由一个知识点的几个方面或几个知识点构成的。在教学中,教师应该指导学生注意听教师讲解的主要问题是什么、问题是怎样提出来的、用什么方法解决问题,结论是什么。不仅要听教师讲课,而且要听同学发言。在听同学发言时,主要是倾听和接受他人对问题的看法和见解,以利于弥补自己的不足。在一般情况下,要先注意听教师讲,主要记讲课思路、内容纲要(利于知识结构化)、重点难点、教师的重要补充(教科书中没有的)、疑难问题(便于课后继续思考)和学习指导(要求和注意点等)。还要学会用简明、扼要的文字、符号、图表等做好笔记。碰到暂时想不通、理解不了的问题时,可以直接向教师提问,也可以先记下来,留待课后思考。

8.3.2 指导学生练习

　　练习是以巩固知识、形成技能和发展能力为目的的实践训练活动,是教学过程的必要环节。练习过程也是学习过程。通过练习不但能促进学生把学到的知识跟实际相联系,使学习进一步深化、提高,而且是教师获取教学反馈信息的重要途径之一。

　　练习教学要防止机械重复,防止陷入"题海",力求取得较高的效率。为此,要力求:

　　(1) 针对学生发展需要精心地选择、编制练习题。要有明确的训练目的,练习内容既要全面,又要有重点,要整体规划,循序提高。练习题要具有典型性、思考性、联系实际、层次齐全、难度适当、数量适宜;要努力减少重复练习,注意保护、发展学生的学习兴趣。

　　(2) 针对学生的学习状况耐心、细致地讲解例题。一般来说,在学生开始练习之前,教师要引导学生复习有关知识,进行审题和解题指导,讲清要求和格式。必要时,要通过例题进行示范。在讲解例题时,要着重讲清解题思路,注意一题多解、一题多变,以求举一反三之效。

　　(3) 针对学生练习进程及时、有效地反馈信息。在学生练习时,教师可以通过巡视检查及时收集教学反馈信息。在时间允许时,可以抽选少数学生来演示练习过程,组织全体学生观摩、评论。

　　(4) 针对难度较大的练习进行分解、降难组织练习。对于复杂的练习活动,可以按照"分步练习—完整连贯—熟练操作"的顺序分阶段组织练习。

　　(5) 针对练习完成情况开展诊断性评价与巩固。在学生完成练习后,教师要及时地对学生的方法、过程和结果进行讲评,也可以组织学生互评、自评。最后,教师要做好练习总结,在学生有了实践体会的基础上,总结搞好审题、解题或操作的规律,加深、发展学生对有关知识的理解。为巩固练习效果,还可以适当布置一些课后作业让学生进一步练习。[1]

案例研讨

高中化学必修课程第二册(鲁科版)第三章第2节硫的转化

　　煤是一种常用的燃料。煤燃烧产生的废气中含有的二氧化硫等有害气体会对环境造成污染,因此需要将废气净化后再排放。完成下列各题。

　　(1) 这些废气会对环境造成怎样的影响?

　　(2) 如果废气中的二氧化硫进入大气,会发生哪些化学变化?写出相关反应的化学方程式。

　　(3) 下图是对煤燃烧产生的废气进行脱硫处理的基本流程图,试写出废气脱硫过程中发生的主要反应的化学方程式。

---

[1] 刘知新.化学教学论(第五版)[M].北京:高等教育出版社,2018:187.

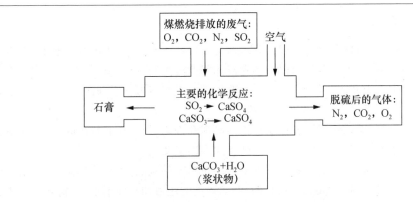

图 8-2　废气脱硫处理的基本流程

【案例分析】这道习题既有基础知识的巩固,也有知识拓展和能力的训练,同时与实践活动紧密联系,是一道综合性、实践性很强的题目。学生在解决本题所提出的问题时,必须综合运用已学的知识,从不同层次进行思考。因此,问题解决过程既是知识巩固提高的过程,也是学习新知的过程。在问题解决的过程中,提高了学生的能力和科学素养,使每一个同学都能在原有的基础上得到发展,同时这种多样化的解题方式,也有利于学生个性的发展,给对化学学习有兴趣的同学以更大的探索空间。

8.3.3　指导学生观察

观察是人们认识事物、获取信息的一种重要方法,是获取知识、发展智力和能力的首要步骤。就学生的化学学习而言,观察内容十分丰富,更需要学生有敏锐的观察能力。因此,教师应该有意识地组织、指导学生进行观察,以培养和提高学生的观察能力。

(1) 明确观察目的与要求。学生对实验现象的观察,往往只注意那些神奇的或有强烈刺激的现象,而忽视或放过实验目的要求的主要内容。这就需要教师首先指导学生有明确的观察目的,而后进行观察。

(2) 制订周密的观察计划。明确了观察目的,还需要制订周密的观察计划,无论观察过程长短与否,都应该组织指导学生有目的、有计划、有步骤、有重点地进行观察,尤其是对于那些稍纵即逝的实验现象更应该有计划地抓住观察时机。指导学生学会观察的方法,由局部到整体、由个别现象到整个反应历程。同时,指导、训练学生感知和思维的敏捷性,发展学生的观察能力。

(3) 指导学生全面观察。任何事物不仅其本身具有一定的内在联系,而且各事物之间也存在着一定的联系。在对事物或现象的观察中,不仅注意到其明显的变化和特征,还要指导学生善于抓住不显著但又非常重要的属性和变化,指导学生从以下几方面进行全面观察:① 按事物本身的结构,观察时可以从上(下)到下(上),从左至右,从内(外)到外(内),也可以从局部到整体或由整体到局部;② 按事物的外部特征,观察时可以由小到大,由隐到显;③ 按事物所处的空间,观察时可以由近及远,也可以由远及近;④ 按事物的发展顺序和时间,观察时可以由先到后。通过这样的指导观察,可以保证学生获取的信息有条理、有系统,提高学生观察活动的准确性和有效性。

(4) 观察与思维相结合。心理学研究表明,人的大脑有感知、储存、判断、想象四个区域,在学习活动中,大脑的各个区域的活动是互相促进的。实验证明,边观察边思维可以增进对事物的理解记忆和掌握,并促进对事物的更深刻的认识。[①]

---

① 王克勤.化学教学论[M].北京:科学出版社,2006:181.

8.3.4 指导学生讨论

讨论是在教师的组织和指导下,以教材的重点、难点、疑点为话题,通过教师与学生、学生与学生之间的意见交换、经验共享、言语交流而求得共同理解和问题解决的活动。这种学习方式要求学生具有一定的知识基础、思考能力和表达能力,要求教师有较强的组织能力和控制能力。随着新课程改革的深入,"讨论"这种方式越来越受到教师们的青睐。

教师在组织学生讨论时应该注意既要控制讨论的时间和方向,使其具有较高的效率,又不影响学生学习的积极性,使学生有更多的收获。为此,教师要注意以下几点。

(1) 围绕教学目标,精心设计讨论主题。教师要选取教材中的重点、难点或热点问题,了解学生对这些问题的学习准备和可能反应,确定讨论的目的,形成讨论的题目和具体要求,并指导学生查阅相关的信息资料,进行必要的调查研究与思考,尽可能写出讨论发言纲要。讨论的题目既要有针对性,又要有启发性,让学生有兴趣参与讨论;注意给学生留下一定的探索空间,使他们能根据自身的经验与体验从不同角度发表意见。在确定讨论题目时要预先评估可能出现的分歧和可以达成的共识,做到心中有数。

(2) 根据教学内容,精心设计讨论过程。讨论怎么进行,教师要有一个通盘考虑,一般采用"话题推进"的办法引导讨论步步深入。讨论过程要给学生留足发表各自意见的时间,教师要通过身体力行使学生尊重不同的意见,形成民主、善于悦纳的课堂氛围。在讨论过程中,教师要"内在于课题情境",参与到讨论中来,循循善诱地做一些必要的提示、评点、转换和指引。

(3) 依据教学流程,及时做好讨论总结。讨论后,教师要及时进行总结,对讨论中的不同意见进行辩证的分析,作出科学的结论。同时,要进一步提出问题,让学生自己去探讨和研究。[1]

案例研讨

白色污染是谁之过?

A班同学在学习合成材料的知识后,以"白色污染是谁之过"为题进行辩论。

同学们分成甲、乙两方。甲方认为白色污染是由于科学的发展,制造了耐用不腐烂的塑料才形成的。他们还列举DDT(双对氯苯基三氯乙烷)、氟利昂等例子,说明人类追求自己的享受与方便,发明了化学农药、冷冻剂等化学物质,带来了环境污染。他们主张要回归自然,减少对合成物质的依赖,提倡多用天然物质,食用绿色食品。乙方则认为白色污染的形成正说明人类的科学还不够发达,合成材料耐用,但无法降解,造成环境污染。如果科学更发达,发明更多的可降解塑料,问题就解决了。他们也指出,DDT淘汰了,科学家又发明了高效低毒的农药,氟利昂禁用了,又有了无氟冰箱。所以白色污染不是科学之过,而是科学还不够发达的问题。

几轮争论之后,一些学生又提出新的看法,认为要从两方面来评价科学的发展,科学可以给人类带来文明和高质量的生活,也可以给人类带来灾难和生态环境的破坏:像原子能的发明,可以发电带来光明,也可以制造原子弹,毁灭人类;像炸药的发明,可以开山爆破,也可以造炸弹、枪炮杀人。关键是用好科学发明。

……

随着争论的继续,提出的问题更多,但分歧却趋于减少,意见变得一致:塑料的发明和应用是化学发展、合成材料发明的成就,是好事;白色污染的确是不好的,不能不重视;白色污染不是塑料之过,也不是科学之过,如果大家不乱扔废弃塑料,做好回收,就不会有白色污染;科学家已经发明了可降解塑料,说明人们素质的提高、科学的发展,正是解决白色污染的关键因素。

(王云生.新课程化学教与学[M].福州:福建教育出版社,2003:128-129.)

---

[1] 严先元.教师的教学技能[M].北京:中国轻工业出版社,2007:134-136.

8.3.5 指导学生合作学习

> **8-3 合作学习**
>
> 美国著名教育评论家埃里斯(Elis)和福茨(Fouts)指出:"如果让我们举出一项真正符合'改革'这个术语的教育改革的话,那就是合作学习。"美国教育学者沃迈特(Ouemite)则认为:"合作学习是近十几年来最重要和最成功的教学改革。"

合作学习是针对教学条件下学习的组织形式而言的,相对的是"个体学习"。合作学习是指学生在小组或团队中为了完成共同的任务,有明确的责任分工的互助性学习。它的内涵涉及以下几个方面:合作学习以学习小组为基本形式;合作学习以教学动态因素的互动合作为动力源;合作学习是一种目标导向的活动;合作学习以团队成绩为奖励依据。组织指导学生进行合作学习,应该做好以下几项工作。

1. 精心选择学习内容

教师在进行教学设计时要选择适合学生合作学习的内容,这些内容必须是通过采用小组合作的形式才能够实现课堂的教学目标,并有助于学生全体参与,能够关注到学生之间的差异,实现因材施教,使每个学生在原有的基础上都能得到发展。

一般说来,以下五种学习任务适合合作学习:① 为得到某些结论,必须靠"有分工、承担各自责任"才能完成的探究性任务;② 需要学生"在特定的情境中进行生生互动,通过相互协作、配合来完成知识与技能、过程与方法、情感态度与价值观"教育目标的任务;③ 为了达到"小组内每一个同学都能完成学习任务"的团体目标;④ 在学生独立学习的基础上,对每个人得到的信息进行汇总的学习任务;⑤ 能使学生从"各自不同的实践经历、不同的结论"的展示过程中来发现学习方法存在的问题的学习任务。

实际上,这五个方面的任务是"整合"的,五种类型也经常是相互交织在一起的,不可截然分割。

2. 合理组建学习小组

合作学习的组织是教师操作的一个难点,要解决的问题:① 怎样分组,② 组内怎么合作,③ 组间如何交流。几乎所有的合作学习专家都同意小组的规模应当尽量小。他们大都建议小组规模以2~6人为宜。一个比较一致的观点是:合作学习小组在成员构成上应当体现异质性和互补性。即为了使不同发展水平的学生都能在原有基础上得到充分的发展,在编组时,要重视成员的异质性,尽量由不同性别、基础、能力和背景的学生组成小组,力求小组成员在多方面具有互补性。一般把优、中、差学生按适当比例搭配(有时也把学习困难比较大的几名学生编为一组,以便教师多加关心,及时予以辅导),经过必要调整,达到最佳组合后,应注意相对稳定,建立长期关系。

3. 明确合作学习任务

明确合作学习的任务,才能使学生的合作学习活动具有明确的方向性和责任感。要鼓励每个成员发挥最大潜力,在独立思考的基础上,在平等、民主的氛围中人人参与,各抒己见;重视小组成员相互支持、鼓励和帮助,避免出现小组中个别成员承担大部分甚至所有的任务而某些小组成员无所事事的情况,帮助每个成员达到预期目标。要使学生明白,只有将团体目标与个人责任融合于合作过程之中,合作学习才会成为增进学习成就的有效方法。

4. 把握合作学习时机

为了充分发挥合作学习的功能,促进学生有效地合作学习,在开展合作学习时应该把握这样几个时机:① 当学习任务较大,需要分工协作的时候;② 当学生在自主学习的基础上产生了合作学习的愿望的时候;③ 当需要把学生的自主学习引向深入的时候;④ 当学生的思路不够开阔,需要相互启发的时候;⑤ 当一定数量的学生在学习上遇到疑难问题,而仅凭个人的努力无法解决的时候;⑥ 当学生的意见出现较大分歧,需要共同探讨的时候。

5. 注重合作学习评价

合作学习的评价有两个明显的特点:① 重视小组自评;② 以团体成绩为标准。教师适时合理的评价有利于调动学生学习的积极性、主动性。对学生的合作学习进行评价,其方式可以是口头评价,也可以是书面评价。评价以激励为主,以达到强化学生有效地进行合作学习的目标;评价以小组评价为主,评价合作学习小组的合作过程和效果,同时将每一个小组成员的表现同合作学习小组的成绩紧密地联系在一起,使学生形成"与组共荣"的观念,从而认识到相互合作、共同进步的意义。[①]

8.3.6 指导学生自学

资料卡片

8-4 指导自学与学会学习

古人云:"授人以鱼,只供一饭之需;教人以渔,则终身受益无穷。"

埃德加·富尔指出:"未来的文盲,不再是不识字的人,而是没有学会怎样学习的人。"

(联合国教科文组织国际教育发展委员会.学会生存——教育世界的今天和明天[M].
华东师范大学比较教育研究所译.北京:教育科学出版社,1996:70.)

自学能力是学生自觉地运用科学学习方法,参考教科书及有关资料,独立钻研,自主掌握知识和运用知识的能力。教学中培养学生独立获得新知识的能力是社会发展的必然要求,也是新课程教学中素质教育的重要内容。在教学中教师应充分认识到学生是认知活动的主体,有目的、有计划地对学生进行化学自学方法的指导和自学能力的培养,使学生通过"学会"达到"会学"。基于此,教师在指导学生自学时要注意以下几点。

(1) 提高认识。引导学生认识到"学会学习"是自学的首要任务,充分认识这对于适应学习型社会,增加自身发展潜能的重要意义。

(2) 示范指导。通过教师示范,让学生逐步学会自己收集、选择学习材料,并学会自己确定学习任务、学习重点、学习要求、学习程序和学习方法等。

(3) 手脑并用。让学生知道,自学阅读时不仅要"动眼"看,而且要注意"动笔",勾画重要内容,摘录要点,及时记下心得、体会以及疑问,整理、编写知识小结,做好阅读笔记;要重视"动手",通过练习来深化理解,学会运用,掌握知识;要善于"动脑",注意新旧知识的对比、联系,发现问题并通过独立思考或者与同学讨论求得解决,注意进行概括,抓住重点和精髓;不盲从,不轻信现成的结论,注意考察

---

① 严先元.教师的教学技能[M].北京:中国轻工业出版社,2007:163-164.

这些结论是怎样得到的。

(4) 掌握规律。让学生逐步掌握学习各类内容的规律。例如,对理论性内容要注意产生有关概念、原理、定律的事实依据;要学会通过抽象、概括和推理自己得出结论;要掌握要点,能用自己的语言进行解释、阐述;要了解有关知识的应用及其范围,能举出具体的例子。对元素化合物知识,要联系实验现象,弄清物质的结构、性质、用途与制法之间的联系和规律性。对公式推导、计算过程、化学方程式等,要动手尝试自己独立地推导、计算和书写。对图表、注解等也要认真揣摩,注意弄懂。对需要记忆的内容则要提示学生及时复习,采用适当的记忆方法来记忆。

(5) 交流推广。注意组织好自学成果的交流、讨论和示范活动,让学生理解合作学习的全过程,全心参与、产生体验、获得感悟、内化生成,促进学生之间的交流,培养合作精神。

资料卡片

8-5 "五让教学法"

① 书本让学生读;② 见解让学生讲;③ "三点"(重点、难点、疑点)让学生议;④ 规律让学生找;⑤ 总结让学生写。

{吕广汉.授人以渔:培养学生的自学能力[J].文教资料,2006(2):163.}

8.3.7 指导学生探究

探究式教学,是指教师为促进探究性学习活动顺利而有效地开展所采取的一种教学方式。具体来说,它是指教学过程在教师的启发引导下,以一定的素材、知识、经验为背景,以问题为线索,以现行教材为基本探究内容,让学生通过自主学习和合作讨论,发现问题进而积极质疑、猜想、探究、总结、反思,最后构建出知识系统的教学方式。探究式教学有利于开发学生智力,发展学生创造性思维,培养自学能力,有利于引导学生学会学习和掌握科学方法,为终身学习和工作奠定基础。

作为指导学生探究活动的导师,教师的任务是调动学生的积极性,引导他们发现问题、提出问题、分析问题、解决问题,促使他们去获取知识、发展能力。教师要为学生的学习设置探究的情境,创造探究的氛围,促进探究的开展,引导他们把握探究的深度,评价探究的成败。为此,要注意:① 选取合适的内容;② 选择合适的教学组织形式;③ 选择合适的教学场所;④ 创设探究的必要条件;⑤ 精心设计探究过程;⑥ 确保实验及探究活动的安全。

8.4 化学课堂教学提问活动

核心术语

◆ 化学课堂教学提问　　◆ 提问的作用　　◆ 提问的原则

巴西著名教育家保罗·弗莱雷(Paulo Freire)认为,对话是教育教学的主要途径之一,要使对话有成效,提问是关键。"提问"作为教学过程的重要环节,亦是教学过程推进和发展的重要动力。新课程改革背景下,"提问"作为"互动""对话"等教学理念的重要承载方式,其重要性更是不言而喻。

8.4.1 化学课堂教学提问的含义

化学课堂教学提问是指化学课堂教学中教师根据学生已有的知识或经验,对学生提出问题,并启发引导学生经过思考,对所提问题自己得出结论,从而获得知识、发展思维能力的教学方式。化学课堂提问是师生交互作用、设疑、释疑的动态发展过程。课堂是师生互动的地方,提问应是教师引导学生自己进行知识的回忆与建构,并与学生共同完成对知识的探索的过程。

课堂提问是教学过程中教师和学生之间常用的一种相互交流的活动,是通过师生相互作用,检查学习、促进思维、巩固知识、运用知识,实现教学目的的一种教学方法。提问看重的是过程,这种过程主体既可以是教师,也可以是学生,通过活动来完成这个过程。而提问技能看重的是教学的行为,是教学的行为方式,表达的主体是教师。同样的问题,其活动过程如果相同时,提问技能的优劣就决定了教学的有效性如何。①

8.4.2 化学课堂教学提问的作用

化学课堂教学提问不仅作为教学方法,还被作为了解学生学习活动、掌握知识情况的反馈手段。提问过程即信息反馈过程。充分利用提问反馈,捕捉信息,及时对教学过程进行有效调控,就能提高课堂教学的效益,对提高化学教学质量具有重要作用。②

1. 创设问题情境,吸引学生参与教学

为了使教学效果更优化,教师应充分利用语言、设备、环境、活动等各种手段,创设一种符合教学需要的情境。而教师的课堂教学提问可以有效地创设情境,使教学效果优化。如果化学教师在教学实践中,能够创设合理的教学情境,肯定能够激发学生参与教学的热情和积极性,为各类学生的发展和教学目标的完成提供有效保证和必要前提。

2. 激化认知矛盾,启发学生积极思维

"思维自惊讶和疑问开始。"当问题呈现在学生面前,学生已有的知识和求解的目标之间必然会形成认知冲突。认知冲突是一个人已建立的认知结构与当前面临的学习情境之间暂时的矛盾与冲突,是已有的知识和经验与新知识之间存在某种差距而导致的心理失衡。根据现代心理学研究表明,在课堂教学中设置认知冲突,可以为学生提供真实的学习背景,模拟解决实际问题的过程。课堂教学设置提问环节,可以促使学生认真思考,积极反应。此亦即把教学建立在"最近发展区"的道理。

3. 收集反馈信息,便于及时调控教学

通过教学提问活动,教师和学生可分别从中获得对各自有益的反馈信息,以其作为进一步调整教与学活动的重要参考。教师可以通过提问,了解学生对知识的理解程度,检查学生对所教的重点内容的掌握情况,探明学生知识链条上的漏洞和产生错误的原因,全面掌握学生的个别差异和个性特点,反省自己教学中的不足或错误等,并根据从回答问题得到的反馈信息,灵活地调整后继的教学活动。同时,学生也可以通过教师对自己答问的评价,从老师那里获得有关自己学习状况的反馈信息,不断审视自己、改进自己的学习态度、方法、习惯等,使自己后继的学习活动更有针对性。因此,教师应深刻地认识并充分地利用教学提问的这一重要功能,为更好地提高教学质量和效率服务。

4. 增进师生交流,利于生生相互启发

教学本来是教师与学生双主体的多边活动,教学过程的展开要以教师和学生共同的活动为载

---

① 吴俊明,杨承印.化学教学论[M].西安:陕西师范大学出版社,2003:487.
② 杨承印.化学教学设计与技能实践[M].北京:科学出版社,2007:168-171.

体。教学提问有助于师生对某一问题进行探讨,交换观点;也利于学生之间相互启发,取长补短。

5. 创造表现机会,培养语言表达能力

掌握知识的标志之一是学生能用自己的语言将所学材料转述出来,并能找到适当的例子说明相应的原理。而教学提问的目的之一就在于为学生创造条件,给他们增加一些能够成功"转述"和"说明"的机会,提高他们的口头语言表达能力,使学生学会有条理、有根据地阐述自己的思想。通过一定的训练,使学生的表达能力得到明显的改善。

8.4.3 化学课堂教学提问的原则

1. 目的性原则

明确提问的目的是决定课堂提问成败的先决条件。众所周知,课堂提问,其目的应该服从总的教学目标。但是,作为一种教学手段,课堂提问还有其特定的目的,即使学生感知信息,产生疑问,唤起学生的求知欲,激发他们独立思考,使其在教师指导下主动地去寻找问题、发现问题、解决问题,并在解疑中掌握知识、发展能力、培养兴趣。这就要求教师在备课时要依据教学目的、重点、难点,全面设计提问内容,不要为了营造热烈的课堂气氛而信口开河。

在具体教学过程中,由于目的要求不同,教师可以提出不同类型的问题:引导学生再现已有的知识,以利学生知识迁移的回忆性问题;引导学生把已学过的知识进行叙述、比较、说明等理解性问题;运用学过的知识、技能解决一些简单的应用性问题;引导分析、推断以及探索知识规律的分析性问题;把前面的知识综合到新课中,以沟通前后知识联系的综合性问题;为了某种目的,对某种观点、答案、方法和资料的价值作出判断的评价性问题;发展表达、联想或想象的问题,等等。总之,无论出于何种目的,其提问都必须有利于开拓学生思路,培养其分析问题和解决问题的能力。

2. 趣味性原则

课堂教学提问一定要能够激发学生的兴趣,提问内容、提问方式等都要力求新颖别致。在教学中创设的问题情境,应力求让学生认识到化学与社会、生产和实际生活的联系,并在运用知识解决实际问题的过程中认识到化学的价值和化学的力量。还应提供一些富有挑战性和探索性的问题,问题里含有"新""奇"因素,以激发学生的学习兴趣。例如,初中化学讲述原子、分子、元素的知识时,向学生提问"分子的定义是什么""原子的定义是什么""元素的定义是什么"这类问题,容易使学生厌烦,难以调动学生思维的积极性,若教师一反常规地发问"H、2H、H_2、$2H_2$各代表什么意思?"就激起了学生的思维波澜,促使他们对分子、原子、元素的概念作更深层次的理解,达到提纲挈领的功效。又如,在学习"安全使用食品添加剂"时,提出:"在日常生活中,我们经常接触到哪些最常用的食品添加剂""这些食品添加剂的作用是什么""我们是否应该禁止使用食品添加剂呢"等问题,让学生充分讨论。这样不仅自然引出课题,充分激发学生的好奇心和兴趣,而且渗透了化学源于生活实际的思想,使化学真正走进学生的生活,使学生通过解决实际问题,获得成功的体验。

3. 针对性原则

设疑,首先要明确问题的来源。广泛收集教学中的重点、难点和易混淆、易疏忽之处,或典型的错解,以此为基础并经适当"改造"构成的问题,能针对学生普遍存在的困惑与知识缺陷,一举中的。恰如其分的课堂提问要求教师要做好充分准备,要紧紧围绕实现教学目标这个中心,优化课堂提问,对所提的问题,提问的对象,提问的时机,学生可能如何回答,如何进一步做好启发引导,在备课时就应拟出提问的提纲、对话所需要的时间等,进行明确的通盘设计。

案例研讨

表8-2 "原电池"教学过程中的问题设计

问题设计	教学环节	教学说明
(1) 氧化-还原反应的本质是什么？	引入课题	复习已有知识、引入原电池课题；突出反应本质——"电子转移"
(2) 我们能感受到氧化还原反应中的电子转移吗？	实验探究：学生实验1、2	铜片和锌片分别平行插入稀硫酸溶液中观察现象；上部交叉接触后观察现象变化；感受并表达"电子转移"
(3) 我们能用实验来证明该氧化还原反应中的电子转移吗？	实验验证：学生实验3	串联灵敏电流计后分开插入稀硫酸溶液中观察现象；证明"电子的转移"
(4) 通过宏观的实验现象证明了电流的产生，那么微观的反应是如何进行的呢？	观看微观模拟动画、理解原电池的工作原理	通过观察模拟动画，使微观反应显现化，加深对原电池反应的认识；理解"电子转移"中的物质变化与能量变化的规律
(5) 为什么电子可以从 Zn 片转移到 Cu 片上从而产生电流？	观看生活中的水流瀑布图，以水流类比电子流	从类比中找到"势能差"的本质，学会联系的方法；知道"电子转移"的根本原因——电子势能差（联系金属活动性差异的顺序）
(6) 你能说出铜锌原电池各部分的作用吗？	学生讨论、回答	通过思考装置中各组成部分在实现"电子的持续转移"过程中所起的作用，感悟原电池的构成要素
(7) 除了铜锌稀硫酸原电池装置外，你还可以设计别的原电池吗？	填写学案、回答	加深各部分对"电子转移"作用的理性认识并对控制变量法加以应用，为总结原电池构成条件作铺垫
(8) 构成原电池需要哪些条件？	学生归纳、补充、练习	总结原电池构成"三要素"；巩固"电子转移"是形成电流的必要条件
(9) 什么是原电池？	教师总结、师生归纳	感受"电子转移"过程中的物质变化与能量变化的辩证统一，形成原电池的概念
(10) Cu-Zn 原电池能满足日常生活中供电照明需要吗？	教师演示对比实验、总结	激发兴趣，引发学生思考，紧扣如何实现让电子"更多、更多、更好"地转移，学会反思，培养不断追求科技进步的精神

(杨德红.以"电子转移"统领原电池的教学设计[J].化学教学,2014(6):38.)

4. 中介性原则

在课堂设疑与启发解疑过程中，面对学生知识与技能方面的障碍，教师适时点拨，铺设"跳板"，作必要的提示，能化难为易，使学生茅塞顿开，幡然领悟到问题的关键所在。因此，用组合式问题构成台阶，有助于降低学习难度，理顺学生的思路，排除思维障碍。

案例研讨

"灭火器工作原理应用"问题设计

在学过灭火器的工作原理之后,结合反应方程式

$$Al_2(SO_4)_3 + 6NaHCO_3 = 2Al(OH)_3 + 3Na_2SO_4 + 6CO_2$$

可以提出下列问题:
(1) 能否用 Na_2CO_3 溶液代替 $NaHCO_3$ 溶液?哪种效果好?
(2) 能否用固体 $NaHCO_3$ 代替 $NaHCO_3$ 溶液?
(3) $Al_2(SO_4)_3$ 和 $NaHCO_3$ 溶液以怎样的体积比最合适?
(4) 灭火器中 $Al_2(SO_4)_3$ 溶液是放在玻璃容器中还是金属容器中?

5. 科学性原则

课堂提问的科学性,也就是逻辑性。思维具有严密性和条理性,设计的问题不仅要体现化学学科知识的内在逻辑顺序,而且"问"的方式、角度要适应学生心理和一般的思维规律,还要符合课堂气氛特点。不能用高度概括的抽象用语使得学生无所适从,不能让学生在理解问题本身的内涵上耗费不该耗费的精力。问题用语应该是口语化的,并且一问一答,内涵和外延都应明确无误。教师提出的问题要用词准确、语言清楚,切忌颠三倒四、含糊不清、不合逻辑,使学生无法领会教师给出的学习信息,对学生的思维设置不必要的障碍。因此,教师要能驾驭教学内容,并在教学方法、手段和组织形式方面保证学生对化学知识的主动获取,促进学生充分、和谐、自主、个性化地发展。提问、引导要恰当、准确,符合学生的认知水平,否则会出现"引而不发"或"引入歧途"的情况,对学生的学习产生误导。

6. 启发性原则

课堂提问要能使学生积极思维,要考虑学生现有的认知水平,以学生现有的认知结构和思维水平为基点来设计问题,使问题符合学生的"最近发展区",让学生"跳一跳,摘到桃"。只有那些在"新旧知识的结合点"上产生的问题,才更能激发学生的认知冲突,具有启发性。学生在回答之后,感到思维变得更开阔,获得的知识能灵活自如地进行迁移、拓展和升华。问题得到正确解答之后,学生不但获得了新的化学知识,还能掌握学习化学的方法。如何向学生提出问题,与课堂提问的成败有重要关系:问之得当,可以有效地激发学生思考的积极性,活跃课堂气氛,提高教学效果,发展学生智能;问之不当,则往往启而不发,最后还是变成教师自问自答。如在学习了化合反应和分解反应之后,接着学习金属与酸反应的性质时,先引导学生分析有关反应的特点。比如问学生:"这是化合反应吗?是分解反应吗?"引起学生深思,进而引出置换反应的概念。

7. 层次性原则

针对课堂教学中的难点重点,一些繁难复杂的问题,要尽量化难为易,化整为零,设计一些过渡性的问题,小坡度推进,实现知识和能力的转化。只有这样,学生听课才会觉得有条有理,能把握住难点,同时一环扣一环,随着问题层次梯度的变化,学生回答问题的难度也在增加,学生参与的热情也会一浪高过一浪。使学生的智力活动频繁,思维训练反复进行,从中发展智力,释放潜在的禀赋。要做到这一点就必须在提问中多层设问,在解决一个个小问题的基础上深入到问题的中心,逐步抓住问题的实质。对某些学习有困难的学生,要善于由浅入深,由易到难地循循善诱,提出的问题要明确,使学生容易理解。

案例研讨

> 在 pH 计算中,学生对强酸溶液中水电离出来的 $c(H^+)$ 不易理解。可设计如下一系列递进问题:
> (1) 0.01 mol/L 盐酸溶液中 $c(H^+)$ 等于多少?是什么物质电离出来的?
> (2) 在 0.01 mol/L 盐酸溶液中 $c(OH^-)$ 等于多少?是什么物质电离产生的?
> (3) 在 0.01 mol/L 盐酸溶液中电离出的 $c(H^+)$ 等于多少?你是怎样考虑的?
> 通过递进式的问题,降低了学习难度,突破了教学难点。

8. 全员性原则

教师提问应面向全体学生,根据教学目的、要求与问题的难易程度,有目的地选择提问对象。这样可以吸引所有的学生都积极参加思维活动,促使每一个学生主动倾听(主动倾听的提问才能称为有效的提问),用心回答问题。现在有不少教师往往爱提问少数"尖子"学生,而对那些学习较差的学生,总是怕他们答不出、答不准确而避开他们。这就使大部分学生在教师提问时不是积极参与,而是消极等待,甚至把自己当作局外人,最终导致他们思维能力愈来愈差,学习成绩每况愈下。因此,教师在提问时一定要注意到提问对象的面,即使在向个别同学提问时,也应该注意让其他学生认真听。如有经验的教师常这样说:"现在请××同学来回答,其他同学注意听他回答得对不对,然后说说自己的看法。"这就照顾到了大多学生,使回答的、旁听的都能积极动脑。

9. 发散性原则

发散思维即求异思维,具有多向性、变异性、独特性的特点,即思考问题时注重多途径、多方案,解决问题时注重举一反三、触类旁通。历史上许多重要的发现都来源于发散思维。因此,所提问题的回答角度以及回答的内容不应是唯一的,而要具有发散性、多解性。引导学生纵横联系所学的知识,沟通不同部分的化学知识和方法来解决问题。

案例研讨

> **乙烯的实验室制法**
>
> 【提出问题】
> (1) 该实验使用哪些仪器?
> (2) 温度计应该怎样插?为什么?
> (3) 反应开始后,烧瓶中会有什么现象?
> (4) 如果没有温度计,加热到发生什么现象时,收集的气体中一定有乙烯?
> (5) 收集乙烯的方法是什么?这说明乙烯有什么性质?
>
> 【设计如下问题】
> (1) 实验室制乙烯的实验关键是什么?为什么?应采取什么措施?(170℃,迅速升温)
> (2) 加热到 170℃,烧瓶内液体已变黑,还发生了什么副反应?试写出该反应的化学方程式。
> (3) 副反应产生的哪种气体既可使溴水褪色,又能使酸性高锰酸钾溶液褪色?为什么?
> (4) 如何证明乙烯气体中混有 CO_2、SO_2 气体?
> (5) 如何设计一个实验装置收集到不含杂质的乙烯气体?

> 学生课堂实验,实验前设计如下问题:
> (1) 比较桌面上的用品和演示实验中用到的用品,少一个重要仪器,这个仪器是什么?如果没有它,你该怎么办?
> (2) 收满乙烯后,先撤导管还是先撤酒精灯?为什么?
> 课外作业,设计如下问题:
> (1) 实验室制乙烯时,烧瓶里装哪些物质?它们各起什么作用?
> (2) 实验室制乙烯和实验室制二氧化碳的装置有哪些异同点?

10. 生成性原则

肯尼思·胡佛(Kenneth Hoover)认为,"整个教学的最终目标是培养学生正确提出问题和回答问题的能力。任何时候都应鼓励学生提问。遗憾的是,提问常常是按照教师问学生答的反应模式进行。"在化学教学中,教师的提问占据了整个课堂,很少有学生对课程内容提出问题。究其原因,一方面是在教师每分钟提2~3个问题的课堂上,基本上没有学生提问的空间;另一方面则是教师没有让学生有提出问题的意识。巴西著名教育家保罗·弗莱雷(Paulo Freire)认为,教师不仅要提出能够激起思考的问题,还要激励学生自己提出问题。通过提问,学生不仅会回答问题,更重要的是要能够对问题提出质疑。当一个学生开始就内容提出自己的问题时,他就积极地参与到了意义建构中来。通过生成性问题,学习者把新知识和旧知识相联系,从而将学习体验变为理解的过程。教师应善于创设问题情境,让学生发现问题、提出问题,在对比、类比联想中产生问题……学生就课程内容提问题的行为体现了更高水平的参与。

案例研讨

表 8-3 "金属钠的化学性质"教师提问和学生提问比较

实验探究	教师提出问题	学生提出问题 (问题后编号(ABC)见表下说明)
钠在空气中的变化	为什么能用小刀切开?金属钠的颜色在空气中有什么变化?金属钠如何保存? 拓展:为什么能保存在煤油中?	为什么表面产生气泡?[B] 为什么变暗?[A] 为什么保存在煤油中?[A] 为什么手碰触到钠时有烧灼感?[C]
钠的燃烧	燃烧时为什么有黄光?产物是什么颜色?	燃烧前为什么先变成球状?[A] 为什么先变成黑球后变亮?[B] 白烟为什么会转变为淡黄色固体?[B]
钠与水的反应	为什么浮在水面上?为什么熔成小球?生成氢气还是氧气?产生的碱性物质是什么?	为什么变成小球?[A] 钠附着在烧杯壁时为什么有火星?[B] 钠在水中为什么四处游走?[A] 游走轨迹为什么接近圆形?[B] 为什么钠越来越小?[B] 为什么有响声?[A] 究竟产生什么气体?[A] 为什么有呛人的气味?[C]

【说明】A. 代表传统教学中教师设计的主流问题(第一类问题);B. 代表学生细心观察后发现细微变化而产生的问题(第二类问题);C. 代表因实验不规范而导致的异常现象形成的疑问(第三类问题)。

因为受教学时间和主题限制,教师一般仅提出主流问题,即围绕教学知识目标而设计具有明显的思维导向性的问题,因此问题精练、有序,有效地控制了课堂教学节奏。

学生提问贯穿整个探究过程,十分全面,基本涵盖了教师提出的第一类问题。大多数学生问题表达准确清楚,目的明确且不乏概括性。例如,有学生提出,学完本节课再提出"钠为什么保存在煤油中?"更加有意义,概括了钠的重要物理性质和化学性质。更难能可贵的是,学生还从实验细节和特殊疑问中提炼出了4个课外有探究价值的意外问题,引发了更加丰富的猜想,激起了学生课余用不同方式继续探究的热情。

问题质量的高低不在于是否能在一定时间内得出明确的答案,而在于是否真正与学生的知识、方法和习惯产生冲突,是否有利于拓展学生思维的广度和深度。例如,"钠为什么越来越小?为什么有呛人的气味?"等问题,一经提出就在同学们善意的哄笑声中不攻自破了。这种不能称之为问题的"问题",反而促使学生过滤筛选疑问,进一步思考,更加有利于学生学会提问、学会提出有价值的问题。

〈耿秀梅.课堂教学中学生提问的可行性研究[J].化学教学,2013(4):47-49.〉

8.5 化学课堂教学调控的方法

核心术语

- ◆ 教学调控　　◆ 教学失控　　◆ 教学机智　　◆ 教学目标
- ◆ 教学内容　　◆ 教学方法　　◆ 教学时间

在化学课堂教学中,教师要想实现其在课前教学设计中制订的有关化学学科核心素养的教学目标和基于学业质量标准的评价目标,必然要求良好的班级秩序和学习环境。但是,由于学生个性的差别以及教学环境等因素的不同,课堂教学常常呈现出多变性。因此,无论教师的教学设计多么周密,课前准备多么充分,都必须根据当时的实际状态,对课堂教学进行调节和控制,以保证教学目标的具体实现,实现课堂教学的最优化。

8.5.1 化学课堂教学调控的含义

按照系统科学的观点,教育系统是一个控制系统。学校教育是一种以课堂教学为主的教育,因此,课堂教学过程实际上是一个由教师、学生和知识信息三个要素构成的控制系统,只有通过反馈信息,才能实现对系统的控制。从信息加工的观点来看,课堂教学调控过程,是教师生产传输信息、引导学生接受信息和及时处理学生反馈信息的过程,课堂教学过程不仅是一个信息传递的过程,也是一个信息转化的过程。要取得优秀的教学效果,不但要求教师具有渊博的知识,还要求教师能时刻把握教学的动态,从学生身上获得反馈信息,对各种教学事件及时进行调控。

课堂教学调控是对课堂失控行为的调控。所谓课堂教学失控,是指课堂教学中由于教师主观因素的影响,使教学机制不能正常运行,导致课堂教学没能达到预期的目标。而课堂教学调控就是针对课堂教学失控行为进行调控的行为。[1]

---

[1] 《新课程教师课堂技能指导》编委会.新课程教师课堂技能指导[M].北京:中国轻工业出版社,2006:166.

资料卡片

8-6 课堂教学失控

课堂教学失控大致体现在以下几个方面。

(1) 量的失控。是指教师在安排课堂教学内容的数量和质量方面引起的教学不足。教学中教师因教学内容的数量安排的密度过大或过小,习题的质量超越本课目的要求或太容易,使学生无法解答或感到乏味,这些因素的存在都会影响正常教学。

(2) 度的失控。是指教师在课堂教学要求的程度(即教学速度和训练强度)方面引起的教学不足。因教学速度太快或太慢,训练的强度太大或太小,使学生无法承受或太轻松,导致学生掌握新知识不扎实,囫囵吞枣,巩固练习处处卡壳。

(3) 法的失控。是指教师在课堂教学中由于教育、教学方法方面的因素而延误教学的正常运行。教学中有时因个别学生违纪,教师教育方法不当,使学生产生消极对抗情绪,这种师生矛盾阻碍教学;有时因教法不当,该演示不演示,学生对新知识掌握不熟;有时因操作时间过长影响巩固练习;有时因传导信息的媒体单调使学生厌学——这些因素都会对正常教学产生不良影响。

(4) 情的失控。是指教师在调控课堂教学情境方面的因素时出现的教学"失态"。教学中教师因教法单调、枯燥,缺乏教学艺术和技巧使学生情绪低沉;有时因教师课前心情不佳影响教学气氛,使学生情绪受到极大压抑,在"急风暴雨"随时而来的特定环境中,提心吊胆地度过短暂却又漫长的45分钟,无心学习。

(5) 知的失控。是指教师在传授知识方面的因素所引起的教学"脱轨"。教师在教学中对教学信息加工、处理的失误和教学演示及操作的失误将会导致课堂教学的严重失控。这类失控对教学的危害极大,后果严重。究其原因,主要是由于教师对教材理解不充分和课前准备不充分,导致临场应变能力较差而造成课堂教学失控。

(《新课程教师课堂技能指导》编委会.新课程教师课堂技能指导[M].
北京:中国轻工业出版社,2006:165-166.)

上述观点是对教学经验的总结,对教学调控活动有一定的指导意义。但是,这种为了应对"教学失控"而进行的"教学调控"只描述了教师进行教学调控被动的一面。事实上,在实际的课堂教学中,许多教师往往不等教学出现失控就主动进行调控,以保证课堂教学过程的最优化。例如,某教师在准备讲授二氧化碳的相关知识时,为了增加趣味性,他本想以关于二氧化碳的有趣故事导入新课,然而,当他进入教室,面对一个由许多求知欲很强的优秀学生组成的班级时,突然觉得讲述那些故事简直就是浪费宝贵的教学时间。于是,他临时改变了主意,直接从分析严肃的环境问题入手,把学生引入探究新知识的过程。显然,该教师不是由于发生了"教学失控"才进行"教学调控"的。

化学课堂教学调控是指化学教师以课前教学设计为基础,自觉运用控制论原理,从学生的认知结构、能力条件出发,针对课堂教学的实际状态,依据教材的具体内容和学生的反馈信息,为保证课堂教学有序和高效地进行而做出的一系列调节与控制,即教师通过对教学目标、教学内容、教材等要素的控制,节奏的调节,使课堂教学呈现张弛有度、和谐自然、意趣盎然的生动格局的行为方式。[①]

化学课堂教学与其他任何学科的教学一样,也要通过反馈信息才能实现课堂调控:① 化学课堂

---

① 杨承印.化学教学设计与技能实践[M].北京:科学出版社,2007:202.

教学有一定的教学目标,教师必须通过反馈信息及时掌握教学现状和教学目标之间的差距,并以此为依据改进教学。② 获得反馈信息对于有效调控课堂教学,保证教学过程处于最佳状态具有重要意义。在教学过程中,教师可以依据学生反馈的信息(如课堂提问、实验操作、课堂练习以及面部表情变化等),改变教学方法和调节教学节奏,对教学进行有效的调控。因此,教师应注意采取多种方式方法,引导学生及时提供正确的反馈信息,迅速而有效地调控教学,保证课堂教学过程的信息流处于最佳传输状态,获得最有效的教学效果。

8.5.2 化学课堂教学调控的作用

课堂教学调控的作用主要表现在以下几个方面。①

1. 调动学生的积极性

研究表明,要使化学教学过程处于最佳状态,一个重要的问题是要充分给予学生表达他们看法、想法的机会,增强学生的成就感和自信心,培养和不断发展他们对化学的学习兴趣,唤起他们日益增强的求知欲;另一个重要的问题是任何一节化学课必须有适当的信息量,有活跃学生思维的教学因素,通过运用观察、操作等手段实现手脑并用、眼耳并用,同时要有适当的调控。这两个问题是化学课堂教学需要认真研究和实践的问题,关键是在教师的组织与调控之下使学生最大限度地自主参与教学活动,主动接受来自多种媒体的教学信息,通过各种感官的交替使用和思维的活跃,保持高昂的情绪和浓厚的兴趣。如果简单地把课堂教学调控理解为组织课堂纪律,使学生老老实实地听课,不能自主活动,其结果必然使课堂教学变成单一的教师讲述甚至是"满堂灌",学生只能被动地接受单一形式的"灌输",整个教学过程背离最佳状态的要求。只有深刻理解课堂教学调控的含义,才能科学地调控教学过程,灵活运用各种教学方法和教学手段,合理变换教学形式,使教学信息的传递多样化和多向化,并使学生始终处于主动的学习状态。

2. 维持良好的课堂秩序

化学课堂教学过程是一个可控的有序的过程。学生的主动参与和教学信息传递多样化,不等于课堂教学杂乱无章,学生任意而为,甚至从事与本课无关的活动。无论课堂气氛怎样活跃,学生怎样讨论甚至争辩,都必须围绕教学目标展开,都必须有利于任务的顺利完成。因此,良好的课堂教学秩序与和谐的教学环境是化学课堂教学的基本保证。如前所述,维持课堂秩序绝不能依靠教师的威慑甚至惩罚。建立师生和谐的教学环境依赖于师生之间和同学之间的情感交流,而课堂教学调控可以有效解决这些问题。通过向学生提出正当合理的要求和交代课堂常规,可以唤起学生集中注意力。通过正面提醒和巧妙利用提问、演示等技能,可以交替引起学生的有意注意和无意注意,使学生将注意力集中在教学主题上。通过分析原因和启发诱导,实事求是、合情合理地纠正违反课堂纪律的现象,尤其是及时肯定学生的进步和优点,鼓励学生的自信心和进取心,有利于克服学生的不良习惯。

3. 提高课堂的教学效率

化学教学过程是一个特殊的认识过程。它要求学生在规定的时间内做好意向准备,形成良好的动机,对特定的客观事物进行充分的感知,运用科学的思维理解事物的本质联系,并将获得的知识保持在记忆之中,同时在新旧知识之间建立必要的结构联系,以供随时提取应用。在一节课当中,需要有这样一个总的过程和围绕每一个知识点展开的具体过程,也就是说从意向开始到应用结束的认识过程可能要反复多次。化学课堂教学过程又是化学教学系统的组成部分。因此,化学课堂教学过程

---

① 胡志刚. 化学微格教学[M]. 厦门:厦门大学出版社,2007:138-139.

是一个由各要素相互作用的具体特殊结构和基本环节组成的整体,是一个有序的与外界有信息交流的开放系统,是一个能够通过畅通的反馈渠道进行调控的过程。化学课堂教学过程所具有的特殊认识规律和系统性特点最终是通过课堂教学结构的完善与否表现出来的。

随堂讨论

教学调控是课堂教学活动达到既定目标的保证。举例说明化学课堂教学调控如何达到这一目标。

8.5.3 化学课堂教学调控的方法

在化学教学中,教师在按照课前拟订的教学设计方案组织教学过程时,要根据当时课堂中的物质环境和心理环境等因素对教学过程进行合理的调控,以确保教学目标的实现。

1. 教学目标的调控

课堂教学的目的就是为了实现拟定的有关各种教学内容的教学目标。正如美国教育心理学家布卢姆所说,有效的教学始于准确地知道所期望达到的目标。按照我国教育部 2020 年颁布的修订版化学课程标准要求,学生发展的素养包括宏观辨识与微观探析、变化观念与平衡思想、证据推理与模型认知、科学探究与创新意识、科学态度与社会责任五个维度。因此,教师在具体制订教学目标时,要以此为参照,充分考虑学生的全面发展。在具体的化学教学过程中,教师还要根据当时的实际教学状态对教学目标进行调控。一方面,教师要控制好教学进程,确保核心素养培养目标的达成,使学生在课堂教学中得到全面发展;另一方面,也要根据具体的教学状态对原有教学目标进行适当的调控,使教学目标具有"层次性、开放性、发展性、甄别性、社会性和互动性",①从而使教学过程适合于各种类型学生的发展。

案例研讨

同一班上的学生,使用着相同的教材,聆听着同一老师的声音,但他们的学习方式并不相同。这就要求教师对教学目标的调控要有层次性,以便使全班学生均能受益。

例如,在讲授 Na_2O_2 与 H_2O 的相互反应时,教师首先按教材要求演示了把水滴入少量盛有一定量 Na_2O_2 固体的试管中,用带火星的木条放在试管口,检验生成的气体,再向试管中滴入少量酚酞试液,检验生成的溶液,得出了其发生反应的方程式。然后设问:"你是怎么知道产物是 $NaOH$ 和 O_2 的?"不少学生的回答是从实验现象想到的,也有同学说这是 Na_2O_2 与水发生了离子间的互换生成的 H_2O_2 不稳定分解后生成的。显然,后者是从本质上去把握这一反应的。由此可见,前者主要运用的是视觉-空间智力,而后者侧重于逻辑-数学智力的运用。这种智力多元性的客观存在,要求教师不能用单一的观点确定目标,目标的层次性、目标的多元性的合理体现,可使具有不同智力体现的学生在同一空间获得合理的发展。这样的化学不但能使学生感到是科学的化学,肯定还能体会到是人文的化学。这会使化学获得更大的发展空间,受到更多人的关注与更多学生的热爱。

【研讨问题】联系上述案例谈谈你对教学目标调控的看法。

---

① 舒继青.从多元智力理论谈化学课堂教学的目标调控[J].化学教育,2003(12):23-24.

2. 教学内容的调控

教学内容是教师在课堂教学中的主要调控对象之一。教学内容的调控是指教师在课堂教学中对教学内容的数量及其深广度的调整与控制。从教学内容的数量调控来看,每节课安排的教学内容要适量,要注意选择与取舍,做到详略得当。课堂教学的难度调控,即教师和学生在教学过程中对知识的理解、运用、表达等的难易程度的调控。这里主要是指学生学习时的难易程度。过难,学生可能不会理解;过易,既降低了教学要求,又可能挫伤学生的学习积极性。由于课堂教学的时间是有限的,作为教学认识主体的不同班级的学生又是有差别的,因此,教师在确定具体教学内容时,不仅要遵循化学教学认知规律,还要考虑不同班级学生的具体认知水平。为了有效地控制课堂教学,教师必须把握学生的最近发展区,对教学内容的调控应建立在学生的最近发展区上。这样,学生就能较轻松地在原有认知结构的基础上,经教师的指导,扩展自己的认知结构,获得学习上的进步。

3. 教学方法的调控

化学课堂教学的调控机制,在很大程度上是刺激学生集中注意力,调动学生的学习积极性。从心理学的角度讲,引起学生注意的一个重要因素是客观对象的新颖性和多样性。因而,课堂教学方法是否新颖、多样化,是决定能否有效地实施化学课堂教学调控的重要因素之一。

(1) 首先,运用教学方法对化学课堂教学加以调控,教师要克服教学方法刻板化的倾向,追求教学方法的新颖性,以新颖的形式激发学生的求知欲,使之保持稳定的注意力。必须改变"教师讲,学生听"的"注入式"陈旧方式,建立以学生主动参与活动为主的新模式,确实把学生置于教学的主体位置。教师重在引导、诱导、指导学生,让学生积极活动、主动参与,培养学生的自学、思考、训练、实践等多种能力。

(2) 其次,教师不能总是固守某种单一的教学理论和方法,要广泛采用现代教育教学理论精华,不断用变化的信息去刺激学生的接受欲望,使之形成持久的注意力,从而达到提高教学效率的目的。① 化学课堂教学要追求教学方法的灵活性和多样性,就要注意在一定的教育学习理论指导下,创造多样化的教学方法。按照人本主义的学习观,教学必须以学生发展为本,在充分尊重学习者尊严、价值、创造性及自我实现的前提下组织学习。据此,可以采取同伴教学、分组教学、探索式训练程序教学、自我评价等方法进行教与学。

随堂讨论

在课堂教学中,针对同一教学内容,教师可采用不同的教学方法。试以化学必修课程第一册(鲁科版)第2章第2节"电解质的电离"教学过程为例,分析讨论如何进行教学方法调控以实现课堂教学的最优化。

4. 教学时间的调控

时间调控指的是课堂上那些与时间控制相关的调控因素。总体看来,如果要让整个课堂节奏处理得当,教学进度快慢相宜,可以从调控教学速度和思维流量两个维度来把握,这两者直接影响到教学效率的高低。②

---

① 王克勤. 化学教学论[M]. 北京:科学出版社,2006:186.
② 杨承印. 化学教学设计与技能实践[M]. 北京:科学出版社,2007:200-201.

(1) 教学的速度。它是指单位时间内所完成教学任务的一定量,教学速度的快慢意味着在恒定的单位时间里接受信息量的多少。现代心理学研究证明:人类接受信息量是以"组块"为单位,要想长期记忆一个组块,最低需要显示 8 秒的时间,但要真正理解掌握应用,则一节课只能完成 4~20 个组块。因此判断教学速度是否适当的标准是极难确定的,一般以学生的接受水平为依据。教师要善于捕捉和及时捕捉学生的反馈信息,当大部分学生能够目不转睛紧随教师的思路的时候,说明此时教学速度是合适的;当学生低头不语、东张西望、目光游移,或者虽认真听课但却眉头紧蹙时,教师就要根据自身经验并综合学生平时的状况作出正确判断,如果属于速度过快或过慢引起的,就要及时调整。

(2) 思维流量,即课堂教学的密度。它是指单位时间内完成教学任务的一定质的程度。课堂教学传授的新知识越多,教学密度也就越大。如果一堂课结构松散,内容简单,没有足够的思维流量,就会造成课堂教学效率的低下。学生的思维得不到训练,分析和解决问题的能力得不到大的发展,教学效果就会大打折扣。教学改革的实验表明:课堂教学中采用学生实验、问题讨论、探究式学习等方法,让学生通过动脑动手、动笔动口进行学习,使各种感观受到刺激;一堂课上有较长的有意注意时间,能够改变大脑的兴奋点,促使大脑对各种感官的信息进行综合分析,形成概念,这样的课堂教学的思维密度是比较高的。

课堂教学的速度与密度并非简单、机械地组合在一起,好的课堂必然是节奏得当、快慢相宜的。理想的课堂状况是波浪式的,学生的注意力和思维会不断随着新的教学内容的出现而转移,这些都需要教师通过反馈信息进行有效调控。

随堂讨论

课堂教学必须有合理的速度和适当的密度才能保证其效率。试从课堂教学时间调控的角度,分组讨论化学必修课程第一册(人教版)第 1 章第 3 节"氧化还原反应"的教学应分为几个课时?每课时应包含哪些教学内容?如何控制教学速度?

5. 教学机智的调控

(1) 教学机智。是指教师在教学过程中顺乎教学情境迅速、敏捷、准确灵活地作出判断,及时反应,使教学保持平衡的能力。[①] 在具体课堂教学中,没有一个教学模式可以适应所有的教学需要,往往会出现各种突发教学事件而干扰教学。教师必须具备处理突发教学事件的智慧和技能,拥有必要的教学机智,才能正确应对课堂上的种种状况,将教学工作调整到原来的轨道上,保证教学的顺利进行:① 教师应做到临"危"不乱,处变不惊;② 做出反应要及时,当机立断;③ 对课堂突发事件的判断要正确,要分清楚学生课堂行为的种类,不能一味追求课堂秩序的整齐划一,不轻易打击积极思维的学生,尊重学生,采取的处理措施要恰当、慎重,这样有利于整个班级形成良好的学风。如此才能化被动为主动,有效地控制课堂教学。

(2) 教师可具体采用的方法:① 解答释疑法,即正面回答学生突然提出的"古怪"问题;② 因势利导法,即从学生的思路出发将其引导到教师所熟悉的知识块,在回答某一个学生问题的同时,也使全体学生受到教育;③ 众议排除法,即对学生忽然提出的问题,教师组织课堂上所有成员一起讨论,师生共同给出一个答案,从而表现出一种教学机智;④ 目标转移法,即当课堂上在预定的教学内容之外

---

① 王克勤.化学教学论[M].北京:科学出版社,2006:186.

出现了意外因素的干扰,或是人,或是物,或是一种信息时,教师可以直接利用这些"干扰"因素,化被动为主动,将原先的教学内容转换成新的内容。制约课堂教学效果的因素还有很多,教师具备一定的教学机智对处理课堂突发事件具有积极作用。

案例研讨

关于淀粉-碘化钾溶液与氯水的反应的教学,某教师采用边讲学生边实验的形式,强调滴加适量氯水,但学生多加了一些,出现了先变蓝后褪色的现象,褪色涉及的反应显然是原有的教学任务中不要求做的。碰到这种情况应该如何处理呢?

A 教师认为:此现象涉及的知识是不做要求的,讲得过多会加重学生负担,而且掌握这些没必要掌握的反应对解题反而有负面影响。此时,可交代一句"感兴趣的同学可以在课后去研究这一问题",即可转入下一教学环节。对这种易出现意外的反应,最好还是采用教师演示的方式而不要让学生去做。

B 教师认为:适当渗透一点要求之外的知识不一定有那么多负面影响,而且学生既然有了"疑",就要解决。我觉得还是应该告诉学生这儿发生的反应,跟学生讲清楚平时一般不考虑就行了。我也认为应该避免出现这一意外,还是改用教师演示的方式更好。

C 教师认为:我觉得不如先让学生说说看是什么原因,给他们充分的时间去思考、讨论。我上课时,学生提出了两种可能的原因:① 认为氯水有漂白性,蓝色物质被过量的氯水漂白了;② 认为过量的氯水把单质碘进一步氧化。持第一种观点的人明显要多。在争论的时候学生很自然地想到通过实验验证。设计方案时有学生想到再加入单质碘,结果发现又变蓝,证明第一种观点是错误的。还有的学生想到可以加入过量的淀粉,加入后不变蓝,证明溶液中不存在碘单质,继而证明第二种观点是正确的。说实话,备课时我没考虑这些,所以预设的教学内容没有完成,但整个后半节课我感到学生都很投入,处于一种积极的思维状态中,我觉得还是值得的。另外,我也部分同意 A 和 B 老师的看法,准备实验要充分,要尽可能避免出现意外。但若真的出现了意外,还是应该尊重事实,引导学生分析。

D 教师认为:C 教师的处理方法当然很好,但并非所有的意外现象在课堂上都能被完善地解决。例如铜和浓硫酸反应时,总能观察到少量黑色固体,而且试管底部的固体不是纯白,而是灰白色。这一现象在课堂上很难通过探究来解决,只能避而不谈。

【评价】意外的出现使学生处于"问题状态"之中,四位教师提出了处理意外的四种方法:

(1) 巧妙搁置型。把学生从教师认为不必要的问题状态中"解救"出来,让课堂教学的进程能按老师设想的"套路"进行,能一直处于老师的控制之中,新问题在诞生之前就被扼杀,意外被搁置。

(2) 自动解决型。意外是通过教师直接告诉学生答案而自动解决的。学生虽然知道了结果,过程却被忽略,新问题被扼杀在摇篮中,学生则总也逃不出"如来佛的手掌心"。

(3) 因势利导型。教师引导学生提出问题、分析问题,并在解决问题的过程中生成新的问题。意外的出现自动生成了"为什么会出现先变蓝后褪色"这一问题,在分析问题的基础上又生成了"如何通过实验验证哪一种分析是正确的"这一问题。课堂上学生始终处于积极的思维状态中,这难道不比完成预设的教学任务更有价值?

(4) 视而不见型。引导学生观察"应该"观察的现象,对"多余"的现象视而不见、避而不谈。这的确使课堂教学符合知识任务的要求,但学生却被忽视了。平时强调培养能力,此时却是有意识地限制学生的观察。

【研讨问题】如果你碰到上述情况该如何处理呢?

(刘前树,李广洲.有关化学课堂教学意外的讨论与思考[J].化学教学,2006(3):14-16.)

本章小结

1. 课堂教学的类型有不同的分类方法,对于化学课堂教学,一般可按照教学任务的不同分为:绪言课、新授课(元素与化合物课、概念理论课等)、练习课(讲评课)、实验课、复习课、测验课等。不管哪一种类型的课,都可以按照时间序列把化学课堂教学划分为课的开始、课的中心、课的结尾三部分。

2. 所谓化学教学活动,是指化学教师为使学生顺利地进行化学学习活动,有效地完成化学学习任务,根据学生的特点和学校的化学教学资源的实际而采取的一系列步骤。教师的化学教学活动包括化学学习活动的引发、化学学习活动的组织与指导、化学学习活动的总结与评价三个环节。

3. 依据学生学习活动的类型,可以将教师的组织指导分为:听课与笔记的组织指导;练习的组织指导;观察的组织指导;讨论、合作、探究的组织指导;自学的组织指导等。通过教师的组织指导,营造和谐的课堂氛围,激发学生的学习动机,培养学生的学习兴趣,树立学习信心,调动学习积极性,提高学习效果。

4. 化学课堂教学提问是指化学课堂教学中教师根据学生已有的知识或经验,对学生提出问题,并启发学生经过思考,对所提问题自己得出结论,从而获得知识、发展思维能力的教学方式。化学课堂教学提问应遵循目的性、趣味性、针对性、中介性、科学性、启发性、层次性、全员性、发散性、生成性等原则。

5. 化学课堂教学调控的主要作用表现在以下方面:(1)调动学生的积极性;(2)维持良好的课堂秩序;(3)提高课堂的教学效率。在实际教学中,可以从教学目标、教学内容、教学方法、教学时间、教学机智等方面进行调控。

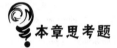

本章思考题

1. 实现化学教学目标的主要环节是( )。
   A. 组织教学　　　　B. 导入新课　　　　C. 教授新课　　　　D. 总结练习
2. 创设化学教学情景最丰富的情景素材是( )。
   A. 实物　　　　　　B. 化学实验　　　　C. 投影仪　　　　　D. 模型
3. 下列不属于化学课堂管理常规内容的是( )。
   A. 课堂时间管理　　B. 课堂纪律维持　　C. 课堂教学过程　　D. 课程秩序调整
4. 在课堂开展过程中,教师需要在短时间内,控制教学节奏,保持学生的注意力,引导学生积极思考,为保证课堂教学的高效开展,需要注意以下哪些方法?( )
   ① 优化组合适当的教学方式,实现教学最优化
   ② 适时适度提问,引导学生积极参与
   ③ 巧妙运用各种变化,保持学生的注意力
   ④ 注意调整教学节奏,保证张弛有度
   A. ①②③　　　　　B. ①③④　　　　　C. ②③④　　　　　D. 全部都是
5. 下列是某学生对一些化学仪器名称的书写,正确的是( )。
   A. 石绵网　　　　　B. 锥型瓶　　　　　C. 三脚架　　　　　D. 坩锅钳
6. 在化学课堂教学活动中,如果发现学生出现疲劳、无精打采的现象时,教师所采取的解决措施较为恰当的是( )。
   A. 对个别学生行为进行批评警示　　　B. 让全体学生休息一会再进行授课
   C. 积极变化学习活动方式和内容　　　D. 设计精炼的问题让学生上台演练
7. 普通高中化学课程标准(2017年版2020年修订)中提出"倡导基于化学学科核心素养的评价",指出需"依据化学质量标准,评价学生在不同学习阶段化学学科核心素养的达成情况,积极倡导教、学、评一体化,使每个学生化学学科核心素养得到不同程度的发展",要求教师按照学生不同层次的要求,根据课程内容设计多层次和选择性的评价方式。作业设计是落实学生理解所学课程内容的一种评价方式。请你

谈谈教学过程中作业设计的功能和原则。

8. 物质分类是我们化学学习中必须掌握的一种方法,在学习物质的分类一课时,通过对生活中常见的一些分类进行类比,学习分类方法的应用。

回答下列问题:

(1) 请对"物质的分类"教学内容做一个课堂小结。

(2) 谈谈在教学过程中化学课堂小结的类型及要求。

9. 到附近的中学听一节有经验的化学教师的课,学习、体会、评价这节课,并在课后和任课教师、同学进行交流讨论,如何才能够真正上好一节化学课?

10. 化学课堂教学有哪些基本类型?这些类型的课各自的教学要求是什么?

11. 什么是化学教学活动?化学教学活动的一般环节有哪些?简述化学教学组织的形式和策略。

12. 化学教学过程中学习活动包括哪些内容?教师如何有效指导化学学习活动?

13. 什么是化学课堂教学调控,结合实例说明对化学教学目标、教学内容和教学方法等教学活动因素进行调控的方法。

14. 在化学教学中,意想不到的"突发事件"和"冲突"时有发生。如果在课堂上发生了下列事件,谈谈你会采取什么方法,说出你的理由。

(1) 一位教师在实验室指导学生做氯酸钾受热分解制氧气的实验。当演示二氧化锰受热不能放出氧气时,伸入带火星的木条,木条却着火燃烧。学生感到很惊奇,教师另取少量二氧化锰仔细观察发现,未加热的二氧化锰不是很黑,其中有细小的白色晶体,而使得颜色呈灰白色……

(2) 一位教师在做白磷与红磷着火点高低的实验时,将切割白磷的小刀用滤纸擦干后,把滤纸放在桌边,准备实验完毕后处理。不料,实验中滤纸突然着火燃烧了起来。教师里响起一片惊叫声……

(3) 一位教师在引导学生复习乙酸乙酯的性质时,谈到乙酸乙酯可作调味剂,一位学生说道:"老师你讲得不对,乙酸乙酯不能作调味剂。"教师请学生说明理由,该生谈了他的"亲身实践"。原来,在上新课时有几个"调皮鬼"见演示实验中乙酸与乙酯发生反应生成的酯的气味很诱人,再加上教师讲如果在炒菜时加了食醋后再加点料酒,这样炒出的菜味道更鲜美,就乘课间教师没注意的时候,取了些乙酸乙酯试剂。吃饭的时候,他们兴致勃勃地将这些乙酸乙酯拌在了买来菜中,准备美餐一顿,结果根本无法下咽,害得差点饿肚子……

15. 一位化学教师在讲解"金属活动性顺序表"时,学生互动效果不好,原因是她在讲课过程中提出的问题没有调动学生学习本课的兴趣。

问题:

(1) 请以"金属活动性顺序表"为例,设计一个课堂教学问题。

(2) 请说明在化学课堂教学中教学提问的基本要求。

16. 化学作业的有效性应从体现主体性、具备时效性、体现多维性、满足差异性、注重创新性等几个方面去考虑。试阅读下列材料一、二,回答有关问题:

材料一 认知负荷理论认为,过高水平的认知负荷可能直接来源于呈现给学生的教学材料,降低了外在认知负荷的教学设计可以有效地促进学习。

材料二 苏教版(选择性必修1)第90页第7题

在菠菜等植物中含有丰富的草酸,草酸对生命活动有重要影响。

① 草酸($H_2C_2O_4$)是一种二元弱酸。写出它在水中的电离方程式:_____。

② 试比较 0.1 mol/L 草酸溶液中 $c(H_2C_2O_4)$、$c(HC_2O_4^-)$、$c(C_2O_4^{2-})$ 的大小:_____。

③ 要使溶液中 $H_2C_2O_4$ 的电离程度增大,可以采取的措施是_____。

(1) 试说明"降低内在认知负荷、设置弹性作业"的教学意义。

(2) 运用有关化学知识回答材料二中的问题。

(3) 以材料二为例,说明如何使作业满足不同学生的差异学习需要。

参 考 文 献

[1] 教育部基础教育司.走进新课程——与课程实施者对话[M].北京：北京师范大学出版社,2002.
[2] 刘知新.化学教学论(第五版)[M].北京：高等教育出版社,2018.
[3] 郑长龙.化学课程与教学论[M].长春：东北师范大学出版社,2018.
[4] 杨承印.化学教学设计与技能实践[M].北京：科学出版社,2007.
[5] 阎立泽等.化学教学论[M].北京：科学出版社,2004.
[6] 王克勤. 化学教学论[M].北京：科学出版社,2006.
[7] 王磊等.初中化学新课程的教学设计与实践[M].北京：高等教育出版社,2003.
[8] 王云生.高中化学新课程教与学丛书·化学[M].福州：福建教育出版社,2006.
[9] 王后雄.高中化学新课程教学案例研究[M].北京：高等教育出版社,2008.
[10] 王后雄."问题链"的类型及教学功能——以化学教学为例[J].教育科学研究,2010(5)：50-54.
[11] 童文昭,王后雄.指向知识结构化的循证实践[J].中国电化教育,2024(4)：66-73.
[12] 邓阳,王后雄.凸显"解释-论证"的科学探究：内涵、现实意义和实践策略[J].全球教育展望,2015(10)：112-118.

实 践 篇

第 9 章　化学实验及化学实验教学

> 实验教学是化学教学中经常进行的一种教学活动,也是体现化学学科特点的一种教学形式,它对学生科学素养的主动、全面发展具有其他教学形式不可替代的作用。
>
> ——郑长龙

本章学习目标

通过本章学习,你应该:
1. 知道化学实验教学的基本内容,了解化学实验的构成及过程;
2. 了解化学实验教学的基本理论,理解化学实验教学的功能、特点和方法;
3. 了解化学实验的分类,知道化学演示实验与学生实验的教学要求;
4. 结合化学课程改革的现实,认识化学实验教学改革的重要性和必要性。

9.1　化学实验教学的内容分析

核心术语

- ◆ 化学实验
- ◆ 实验教学
- ◆ 选择原则
- ◆ 基础教育阶段化学实验内容
- ◆ 化学实验内容的特点
- ◆ 化学实验绿色化设计

化学实验是影响中学生喜欢化学课程程度的重要因素,是否所有的化学实验都应在中学化学课堂上开设?显然由于时间、教学目的等诸多因素的影响,化学实验教学的内容应有所选择。

随堂讨论

你喜欢什么样的化学实验?你认为化学实验教学内容的确定应有哪些依据?

教学内容是为了达到发展学生化学学科核心素养的课程目标,国家规定的应教、应学的知识技能体系,以及这个体系中所蕴含的思想情感和价值观念体系。与化学课程的实验内容直接关联的核心素养是"科学探究与创新意识""科学探究与实践",同时也与"证据推理""科学态度"等紧密关联。因此,每一个实验的设计都力图同时反映化学学科核心素养的多个维度,以确保在化学课程实施中能够实现课程标准所设定的目标。

9.1.1 确定化学实验教学内容的原则

我国修订的《义务教育化学课程标准(2022年版)》和《普通高中课程标准(2017年版2020年修订)》中的化学实验内容,是根据实验教学目标和我国化学教学的实际情况确定的,它的选材与其他课程内容一样,主要依据以下三项原则:

(一)基础性原则

中学教育要为学生进入社会所必须具备的各种能力打基础,为学生进一步接受高等教育打基础,为学生具备面向社会时所需要的生存能力、实践能力和创造能力打基础。中学阶段开设的化学课程内容必须提供给学生未来发展所需要的最基础的化学知识和技能,使学生具备运用化学知识分析和解决实际问题的能力。

(二)先进性原则

近年来,化学科学以惊人的速度发展,不断有新物质被发现,化学在现代生活、科学技术中的应用也越来越广泛。化学实验内容的选择不但体现化学学科最基础的知识,而且还力求结合现代科学技术的发展水平,有重点、有选择地介绍化学科学的最新进展和亟待解决的重要课题,构建具有时代气息的课程内容体系,使学生了解化学发展的基本特征和21世纪化学发展的趋势,使化学实验始终跟随时代的步伐,适应科学、技术与社会飞速发展的要求。

案例研讨

> **实验室制取氧气原料的选择**
>
> 实验室制取氧气的反应,过去的教科书中通常是采用加热高锰酸钾或加热氯酸钾这两种方法。$KMnO_4$是通过焙烧MnO_2和KOH制得K_2MnO_4,然后电解K_2MnO_4水溶液而制得;$KClO_3$是通过电解$NaCl$溶液制得$NaClO_3$,然后用$NaClO_3$跟KCl反应而制得。在生产K_2MnO_4和$KClO_3$的过程中,都要消耗大量的电能,工艺比较复杂,而且还有对环境有污染的副产物产生。为此,国外许多教科书在制取氧气时,大多使用过氧化氢分解的方法。H_2O_2主要采用2-乙基蒽醌法,先氢化,再氧化而制得,生产过程中能耗少,成本也比较低,原料可以重复使用。过氧化氢分解反应除产生O_2外,生成的副产品是对环境无污染的H_2O。基于这一反应的绿色化特点,我国"人教版"教科书在介绍实验室制取氧气的方法时,选用了"过氧化氢分解"的反应。

(三)发展性原则

科学是人类社会认识自然的产物,技术是科学知识在社会实践中的应用。究其本质,科学、技术与社会是一个统一体,三者不可分割。化学教学内容的选择应使学生认识并欣赏化学科学对提高人类生活质量和促进社会发展的重要作用;知道其他相关学科如医学、生命科学、环境科学、材料科学、信息科学等是与化学科学密切相关的;认识一些物质在生产中的应用和对生态环境的影响。课程标准体现科学、技术与社会的相互关系的实验内容主要反映在三个方面:

(1) 贴近生活,贴近社会。以学生身边常见的物质作为实验药品,可以使学生有一种亲切感,感到化学并不神秘,就在自己身边,有利于调动学生的学习积极性和激发他们进行实验探究的兴趣。

(2) 基于学生的经验。对学科内容的组织不再追求从结构、性质、制法、用途等方面系统地学习和研究有关的物质,而是从学生已有经验出发,引导学生从身边的化学物质和现象入手学习有关物质构成和变化的知识,然后运用所学知识解决社会生活问题,切身体会化学对社会发展的重要意义。

（3）选取帮助学生形成可持续发展观念的实验。例如，测定土壤的酸碱度，讨论改良土壤酸碱性的一般方法，温度对加酶洗衣粉的洗涤效果的影响，自制肥皂与肥皂的洗涤作用等，以期通过这些实验，培养学生的环保意识、安全意识和绿色化学意识，进而促进学生科学态度与社会责任的发展。

9.1.2 中学化学实验教学内容

在《义务教育化学课程标准（2022年版）》中，化学实验以分散的形式分布在"科学探究与化学实验""物质的性质与应用""物质的组成与结构""物质的化学变化""化学与社会·跨学科实践"五个主题中，主要实验内容如表9-1所示。

表 9-1　义务教育化学实验内容

课程内容	实验内容	来源
科学探究与化学实验	熟悉化学实验室安全警示标志，学会正确使用安全防护设施，学习妥善应对实验安全问题的必要措施	学生必做实验
	学会试剂的取用、简单仪器的使用及连接、加热等实验基本操作	
	初步学会在教师指导下根据实验需要选择实验试剂和仪器，并能安全操作	
	初步学会配制一定溶质质量分数的溶液	
	学会用酸碱指示剂、pH 试纸检验溶液的酸碱性	
	初步学会根据某些性质检验和区分一些常见的物质	
	初步学习使用过滤、蒸发的方法对混合物进行分离	
	初步学习运用简单的装置和方法制取某些气体	
	初步学会观察实验现象，并如实记录、处理实验数据，撰写实验报告等技能	
	探究过氧化氢分解反应中二氧化锰的催化作用	学习活动建议
	探究铜片在空气中灼烧后发生的变化	
	探究二氧化碳与水或氢氧化钠稀溶液的反应	
	测定并比较氯化钠、硝酸铵、氢氧化钠在水中溶解时溶液的温度变化	
	探究铁钉生锈的条件	
	探究氢氧化钠溶液和稀盐酸发生中和反应时的温度变化、pH 变化	
物质的性质与应用	粗盐中难溶性杂质的去除	学生必做实验
	氧气的实验室制取与性质	
	二氧化碳的实验室制取与性质	
	常见金属的物理性质和化学性质	
	常见酸、碱的化学性质	
	一定溶质质量分数的氯化钠溶液的配置	
	跨学科实践活动（从学习主题5中选择）	
	探究空气中氧气的含量	学习活动建议

续表

课程内容	实验内容	来源
	制取蒸馏水	
	探究活性炭和明矾等净水剂的净水作用	
	观察氯化钠、硝酸铵、氢氧化钠在水中溶解时溶液的温度变化	
	查阅溶解度数据，绘制溶解度曲线	
	探究铁钉生锈的条件	
	自制酸碱指示剂并观察其在不同溶液中的颜色变化	
	使用pH试纸等检测生活中常见溶液的酸碱性	
物质的组成与结构	水的组成及变化的探究	学生必做实验
	跨学科实践活动（从学习主题5中选择）	
	观察并解释氨水挥发使酚酞溶液变红、红墨水分别在冷水和热水中扩散的实验现象	学习活动建议
	观察水的三态变化和水分解的实验现象，并用图示表征变化的微观过程	
	通过蜡烛、甲烷、乙醇的燃烧实验了解探究物质元素组成的方法	
物质的化学变化	燃烧条件的探究	学生必做实验
	跨学科实践活动（从学习主题5中选择）	
	探究常见酸溶液、盐溶液与金属发生的置换反应及规律	学习活动建议
	通过实验论证物质是否发生了化学变化	
	使用传感器等多种技术手段表征化学反应中的物质变化	
	结合实验说明质量守恒定律	
化学与社会·跨学科实践	微型空气质量"检测站"的组装与使用	学生必做实验
	基于特定需求设计和制作简易供氧器	
	水质检测及自制净水器	
	基于碳中和理念设计低碳行动方案	
	垃圾的分类与回收利用	
	探究土壤酸碱性对植物生长的影响	
	海洋资源的综合利用与制盐	
	制作模型并展示科学家探索物质组成与结构的历程	
	调查家用燃料的变迁与合理使用	
	调查我国航天科技领域中新型材料、新型能源的应用	
	模拟从海水中获取淡水的实验	学习活动建议
	模拟酸雨对植物、建筑等的影响	
	用简单的实验区分棉纤维、羊毛纤维和合成纤维	
	检测人体呼出气体中的酒精含量	

在《普通高中化学课程标准(2017年版2020年修订)》中,化学实验分散在必修、选择性必修和选修课程。为了凸显化学实验在学生素养发展中的重要性,明确指出了18个学生必做实验,其中9个在必修课程中,9个在选择性必修课程中。除此以外还有演示实验、探究实验等。主要实验内容如表9-2所示。

表9-2 普通高中化学课程标准中的化学实验

课程内容		实验内容	来源
必修课程	化学科学与实验探究	配制一定物质的量浓度的溶液	学生必做实验
		常见气体的实验室制取(如氨气、氯气)	学习活动建议
		硫酸亚铁的制备	
		化工生产模拟实验(如制硫酸、制硝酸)	
		物质成分的检验(如补铁剂中的铁元素)	
	常见的无机物及其应用	铁及其化合物的性质	学生必做实验
		不同价态含硫物质的转化	
		用化学沉淀法去除粗盐中的杂质离子	
		胶体的丁达尔实验	学习活动建议
		电解质的电离	
		探究溶液中离子反应的实质及发生的条件(测定电流或溶液导电率的变化)	
		氧化还原反应本质的探究	
		过氧化氢的氧化性、还原性的探究	
		金属钠的性质	
		碳酸钠与碳酸氢钠性质的比较	
		氢氧化亚铁的制备	
		氯气的制备及性质	
		氯水的性质及成分的探究	
		氨气的制备及性质	
		铵盐的性质	
		浓、稀硝酸的性质	
		氢氧化物的性质与转化	
		二氧化硫的性质	
		浓硫酸的性质	
		溶液中 Fe^{3+}、NH_4^+、CO_3^{2-}、Cl^-、SO_4^{2-} 等离子的检验	

续 表

课程内容		实验内容	来 源
	物质结构基础及化学反应规律	同周期、同主族元素性质的递变规律	学生必做实验
		化学反应速率的影响因素	
		化学能转化为电能	
		自主设计制作元素周期表	学习活动建议
		焰色反应	
		探究反应的可逆性	
		几个常见反应(如镁、铝与盐酸的反应;碳酸氢铵或碳酸氢钠与醋酸或柠檬酸反应)的热效应	
		设计制作简易即热饭盒	
		用生活中的材料制作简易电池,探究干电池的构成	
	简单的有机化合物及其应用	搭建球棍模型认识有机化合物分子结构的特点	学生必做实验
		乙醇、乙酸的主要性质	
		乙烯的化学性质	学习活动建议
		乙醇中碳、氢元素的检测	
		固体酒精的制备	
		乙酸乙酯的制备	
		淀粉水解产物中葡萄糖的检验	
		蛋白质的变性、显色实验	
		吸水性高分子材料与常规材料吸水能力的比较	
		不同塑料遇热软化的难易程度的比较	
	化学与社会发展	实验室模拟海水提溴、镁	学习活动建议
		实验室模拟金属的冶炼	
		测定空气中二氧化硫等污染物的含量	
		补铁剂、抗酸性胃药中有效成分的检验	
		不同水果中维生素 C 含量的比较	
选择性必修课程	化学反应原理	简单的电镀实验	学生必做实验
		制作简单的燃料电池	
		探究影响化学平衡移动的因素	
		强酸与强碱的中和滴定	
		盐类水解的应用	

续 表

课程内容	实验内容	来 源
	双液电池的构成及其工作原理	学习活动建议
	锌锰干电池的探究	
	电解氯化铜溶液	
	电解饱和食盐水	
	吸氧腐蚀	
	暖贴的设计	
	浓度对氯化铁与硫氰化钾反应平衡的影响	
	温度对二氧化氮-四氧化二氮平衡的影响	
	测定某化学反应的速率	
	浓度、温度对硫代硫酸钠溶液与稀硫酸反应速率的影响	
	探究影响硫酸酸化的草酸溶液与酸性高锰酸钾溶液反应速率的原因	
	温度对加酶洗衣粉的洗涤效果的影响	
	实验及探究活动:测定溶液 pH	
	探究促进或抑制氯化铁的水解	
	沉淀的转化	
物质结构与性质	简单配合物的制备	学生必做实验
	利用自制分光镜或者光谱仪查看不同元素的原子光谱	学习活动建议
	利用计算机作图,描述原子序数与原子半径、第一电离能、电负性等数据的关系,认识原子结构与元素性质变化的关系	
	根据原子结构和元素性质的变化规律自主设计、绘制元素周期表	
	"相似相溶"规则的实际应用	
	水、四氯化碳等分子极性的比较	
	利用模型分析金刚石晶体与石墨晶体的结构特点,讨论两者性质的差异	
	模拟利用 X 射线衍射研究物质微观结构的方法	
	借助物质熔点、沸点变化与范德华力的关系探究影响范德华力的因素	
	探究发现氢键和建立氢键理论模型的过程	
	研究氢键对物质性质的影响	
	探究分子的价电子数目与空间结构的关系	
有机化学基础	乙酸乙酯的制备与性质	学生必做实验
	有机化合物中常见官能团的检验	
	糖类的性质	

续　表

课程内容	实验内容	来　源
	用球棍模型搭建常见有机化合物的分子结构	学习活动建议
	多媒体软件展示有机化合物分子的空间结构和异构现象	
	以苯酚、苯和乙醇化学性质的比较为例,实验探究有机化合物分子中的基团与化学性质的关系,以及基团之间存在相互影响	
	一组烃的性质(如乙炔的化学性质、甲苯与酸性高锰酸钾溶液的反应)	
	一组烃的衍生物的性质(如醛基的性质与检验)	
	苯的溴代或硝化反应	
	1-溴丁烷的取代和消去反应	
	乙醇的消去反应	
	苯酚的化学性质及其检验	
	纤维素的水解	
	油脂的皂化反应与肥皂的洗涤作用	
	蔗糖的水解	
	酶的催化作用	
	聚乙烯、聚氯乙烯、聚苯乙烯的区分	
	聚苯乙烯的热分解	
	氨基酸的检验(与茚三酮的反应),蛋白质含量的检测(氨基与亚硝酸的反应)	
	酚醛树脂的合成	

(三) 化学课程标准中化学实验内容的特点

中学化学课程标准中的化学实验内容与以往我国化学课程实验内容相比较,体现出以下几个特点。

1. 探究性实验内容比重增大

在《义务教育化学课程标准(2022 年版)》中,明确要求通过实验探究来完成的化学实验共有 12 个,占实验总数的 23.08%;在《普通高中化学课程标准(2017 年版 2020 年修订)》中,明确要求通过实验探究来完成的化学实验共有 15 个,占实验总数的 14.56%。义务教育化学课程标准和普通高中化学课程标准都把"科学探究"作为学科核心素养,指出"认识科学探究是进行科学解释和发现、创造和应用的科学实践活动;能发现和提出有探究价值的问题;能从问题和假设出发,依据探究目的,设计探究方案,运用化学实验、调查等方法进行实验探究""能发现和提出有探究价值的化学问题,能依据探究目的设计并优化实验方案,完成实验操作,能对观察记录的实验信息进行加工并获得结论;能和同学交流实验探究的成果,提出进一步探究或改进的设想",改变了传统中学化学实验以验证性实验为主的状况。

2. 实验内容形式多元化

注重化学实验的生活化,将"贴近生活,贴近社会"的理念落实到实验教学内容中,可以使学生对实验有一种亲切感。如"蛋壳的性质"实验"鲜果中维生素C的还原性"实验等,引导学生通过化学实验来解释和解决日常生活和社会实际问题。注重化学实验的趣味化,通过创设"趣味实验""家庭小实验"等新的化学实验形式,增加实验的趣味性。注重化学实验的绿色化,引导学生选取绿色的原料、采用"原子经济性"的化学反应,使所获得的产物绿色化,降低化学反应的污染问题。注重实验呈现的人性化,创设人性化的实验探究情景,在实验的叙述中加进"第一人称"或"第二人称"等拟人化的交流,凸现了以学生发展为中心、尊重学生的、人性的化学课程观。

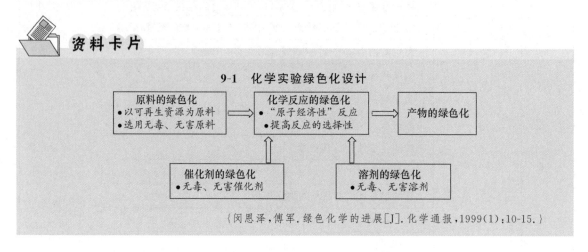

9-1 化学实验绿色化设计

{闵恩泽,傅军.绿色化学的进展[J].化学通报,1999(1):10-15.}

3. 实验教学功能多样化

为满足学生个性发展的多样化需求,与课程模块的选择性一致,不同课程模块设置了各种类型的实验,选择不同课程模块也就选择了相应模块的实验。淡化演示实验和学生实验的界限,并在不同模块中设置了8种可供选择的实验类型:实验、实验探究、讨论或实验探究、设计实验、对比实验、调查或实验、观察实验、观察,各种实验类型分别承载着不同的实验教学功能。即使是同一类型实验,也可选择不同的实验技术、不同的实验内容和不同的实验教学策略。鼓励开发实验仪器,研究低成本、少污染的化学实验,鼓励充分利用生活中常见的用品和废弃物,设计富有特色的实验和实践活动。实验呈现方式的多元化,必将导致实验教学实施的多元化和实验教学功能的拓展。

 随堂讨论

谈谈如何在化学教学中突出化学学科特征,更好地发挥实验的教育功能。

4. 实验仪器与设施凸显现代化

随着科技的发展,各种先进的实验装备、设施将会越来越多地在化学实验及其教学中得到应用,这一必然趋势已在新课程标准中得到体现。如精密电子天平、数字测温仪、数字式pH仪、导电仪、红外光谱仪、紫外和可见光谱仪、气相色谱分析仪、质谱分析仪、溶解氧测定仪、COD测定仪等设备的使用已被提及。再者,多媒体教学手段的发展也为化学实验教学提供了日益现代化的外部条件。

资料卡片

9-2 手持技术

手持技术又称掌上技术,是由数据采集器、传感器和配套的软件组成的定量采集各种常见数据并能与计算机连接的实验技术系统。手持技术具有便携、实时、准确、综合、直观等特点,在中学化学实验中具有广泛的应用前景。

9.2 化学实验教学的基本理论

核心术语

◆ 化学实验　　◆ 化学实验教学　　◆ 教学功能　　◆ 学习兴趣　　◆ 感知兴趣
◆ 操作兴趣　　◆ 探究兴趣　　◆ 创造兴趣

9.2.1 化学实验与化学实验教学

化学教学实验在教学中也常被简称为"化学实验",它是指在化学教学中教师或学生根据一定的化学实验目的,运用一定的化学实验仪器、设备和装置等物质手段,在人为的实验条件下,改变实验对象的状态和性质,从而获得各种化学实验事实的一种教学实践活动。

案例研讨

温度对反应速率的影响

取两支试管各加入 5 mL 0.1 mol/L $Na_2S_2O_3$;另取两支试管各加入 5 mL 0.1 mol/L H_2SO_4;将四支试管分成两组(各有一支盛有 $Na_2S_2O_3$ 和 H_2SO_4 的试管),一组放入冷水中,另一组放入热水中,经过一段时间后,分别混合并搅拌。记录出现浑浊的时间。

实验中反应的化学方程式为:$Na_2S_2O_3 + H_2SO_4 = Na_2SO_4 + SO_2 + S + H_2O$

试剂种类及用量	0.1 mol/L $Na_2S_2O_3$ 5 mL 0.1 mol/L H_2SO_4 5 mL	0.1 mol/L $Na_2S_2O_3$ 5 mL 0.1 mol/L H_2SO_4 5 mL
实验温度		
出现浑浊时间		
结　　论		

(人民教育出版社.普通高中课程标准实验教科书.化学反应原理[M].北京:人民教育出版社,2004:21.)

【案例分析】

这一实验中涉及了很多实验方法,如实验条件的控制方法(反应物不变、反应物浓度不变,只改变反应的温度)、测量方法(时间和温度)、记录方法(表格)、实验数据的处理方法等。通过这样的实验,学生不仅学习了有关的化学知识与技能,而且经历了科学探究的一般过程,运用了一些实验方法。

9.2.2 化学实验的多重教学功能

无论是作为实践活动的实验(实验探究活动),还是作为认识活动的实验(实验方法论),都是在一定的化学教学活动中进行的,因而,它还具有重要的教学论功能。

随堂讨论

表 9-3A 学生对化学实验功能的认识与态度统计(%)

实验对化学学习			对化学实验				做分组实验前			做分组实验时		
很有帮助	有帮助	帮助不大	很感兴趣	较有兴趣	不太有兴趣	不感兴趣	预习实验内容	有时间才预习	不预习实验内容	自己操作,观察记录	共同操作,观察记录	其他同学操作,自己观察记录
53.3	35.5	11.0	42.7	40.8	12.8	3.7	40.8	42.4	16.8	10.4	58.6	31.0

表 9-3B 学生对化学实验功能的认识与态度统计(%)

实验结果与课本不符时			喜欢做的实验操作内容			学校课外活动		对选择实验的看法		
找原因重做	按做好的结果填报告	按课本写的和老师讲的填写报告	验证性	探索性	设计性	定期参加课外活动,做实验	参加课外活动,没做实验	听老师的安排	有必要做	没必要做
46.2	27.1	26.7	46.7	33.0	20.2	44.8	55.2	36.9	56.2	6.9

表 9-3C 学生对化学实验功能的认识与态度统计(%)

对家庭小实验的看法			对实验习题的看法		
喜欢做,老师没布置、没要求	不管老师有无布置和要求,尽量做	没必要	综合程度高、难度大,没必要做	有必要做	喜欢做,老师没布置没做
33.9	48.7	17.4	16.9	64.3	18.8

(乔金锁.中学师生对化学实验认识的调查与思考[J].化学教育,2007(1):41-42.)

你认为化学实验具有哪些教学功能?在以上资料中,这些教学功能是否得到完整的发挥?请发表你的见解。

化学实验促进了化学科学的形成和发展。中学化学教学中的实验虽然在实验目的、研究对象、实验条件等方面与科学研究的实验有所不同,但化学教学中的认识过程与科学研究中的认识过程本质上是相同的。所以,化学教学实验在使学生形成化学概念,理解和巩固化学基础知识,培养学生的观察能力,提出问题、分析问题、解决问题的能力,掌握实验技能,培养实事求是、严肃认真的科学态度等方面都有着重要的意义,具有其他教学内容和形式所不能替代的作用。"素养为本"的基础教育化学课程,从化学学科核心素养的角度提出课程目标体系;倡导"开展以化学实验为主的多种探究活动,促进学生学习方式转变";强调"真实问题情境的创设"。这些课程基本理念使化学实验的教育教学功能也有相应的发展。因此,我们有必要审视化学实验在中学化学教育教学中的功能。

(一) 化学实验的认识论功能

化学实验是化学教学认识的基础,无论是从实践(实践探究活动)与认识,还是从感性认识(化学实验事实)与理性认识(化学概念和理论)的关系来看,化学实验对化学教学认识都有着不可替代的作用。

1. 化学实验是提出化学教学认识问题的重要途径之一

布鲁纳认为,"所谓求知,是过程,不是结果"。实验教学应让学生通过实验、观察、质疑、思考、分析、综合、比较、抽象、概括、具体化等思维过程,自己发现问题、解决问题和得出结论,在亲自体验知识的形成和发展过程中,学会科学探究,发展科学思维。

在化学教学中,引发化学教学认识,提出化学教学认识问题的方式有多种。其中,化学实验是重要途径之一。

案例研讨

> **"黑面包实验"**
>
> 【实验操作】在装有润湿的蔗糖的小烧杯中缓缓倒入浓硫酸。
>
> 【实验现象】浓硫酸使润湿的蔗糖炭化变黑的同时,逐渐产生蘑菇状泡沫。
>
> 【学生提问】为什么有泡沫?为什么有刺激性气味?
>
> 【教师启发】
>
> (1) 这个反应系统的几种物质可能发生哪些反应(包括生成物再参与反应)?
>
> (2) 有泡沫,有刺激性气味,说明有气体物质生成,气体物质中可能有哪些物质?
>
> (3) 泡沫及液体物质中可能有哪些物质?
>
> (4) 请同学们设计实验检验气体的成分,证实假设中哪些是正确的,哪些是不正确的。还有哪些问题要进一步研究探索?
>
> 学生通过讨论、与老师交流、修正,通常推测气体物质中可能含有:SO_2、CO_2、CO、H_2O 等气体。检验这些气体的实验方案当堂就能设计完成;具体实施要利用课外时间;做完后还要求学生讨论小结,谈谈收获和体会。
>
> 【案例分析】这个实际问题的解决过程,由学生发现问题,老师引导学生提出猜想(假设)、讨论、设计解决问题的实验方案,进行实验探究、归纳实验结果。整个学习过程,学生是主体,学习的过程是知识与技能主动建构的过程,探索研究的过程,对认识事物的一般方法、兴趣、态度、价值观念,都得到了协调发展。

化学知识的获得依赖于特定的探究过程与方法论,学生的学习重在掌握方法、主动建构知识,这种过程的核心成分是思维,能使学生的理智过程和整个精神世界获得实质性的发展与提升。教师应该尽可能地关注学生对实验过程的探索,碰到问题,及时引导、指导,充分发挥实验的认识论功能。[①]

2. 化学实验能为学生认识化学科学知识提供化学实验事实

化学中很多概念和理论的形成,一般都是从认识具体物质的性质入手,化学实验提供了让学生感知实验事实的机会。如学生"化学变化"概念的形成,可以通过若干化学、物理实验的对比分析;学生对"催化剂"的认识,也可以通过观察各种物质的催化作用而形成。

3. 化学实验能为学生检验化学理论、验证化学假说提供化学实验事实

化学教学中的化学知识一般都是人类已知的实验事实,但是对于学生而言,又具有一定的未知性。而且由于条件的限制,学生对于化学知识的认识,只是在个别实验事实的基础上获得的。这些化

[①] 吴焕云,董巧云,王青. 新课程理念下挖掘实验教学多重功能的探索[J]. 化学教学,2004(4):5-8.

学理论是否适用于其他情况,是否具有普适性,还需要经过化学实验的检验。例如,可以利用家庭实验"温度对加酶洗衣粉去污效果的影响"来进一步认识"温度是影响化学反应速率的一个重要因素"。此外,教师还可根据教学需要,启发学生设计教材上没有的实验,进一步验证相关化学知识。例如,CO_2气体与SO_2气体水溶性比较实验设计,硫在水、酒精中的溶解度对比实验设计,这些实验可以很好地启发学生思维,并通过实验对化学知识有更形象的认识。

资料卡片

9-3 假说方法

假说就是根据一定的科学事实和科学理论,对未知的自然事物及其规律所作的一种推断和解释。

假说的形成一般要经过提出假说和验证假说两个阶段。

假说的提出通常包括两个环节:一是根据为数不多的科学事实和科学理论提出科学假设;二是在科学假设的基础上进行推理和判断。

假说的验证包括实验验证和理论验证。其中,实验验证是最直接、最可靠、最有力的方式。

{陈耀亭.中学化学教学中的德育[M].长春:长春出版社,1991:99.}

(二) 化学实验的方法论功能

化学实验不仅是认识化学知识的重要方法,而且是学习科学方法和掌握科学探究技能的重要途径。所谓科学方法,是指人们在认识和改革客观世界的实践活动中总结出来的正确的思维方法和行为方式。[①] 在化学实验过程中经常要运用到的科学方法包括:① 收集、选择、整理信息资料;② 分析、设计研究方案,进行实验操作;③ 观察、测量、记录、处理实验数据;④ 分析、表达实验结果;⑤ 对结果进行评价和判断;等等。例如,化学中判别微粒形态的离子检出法、分离物质的提纯方法、探究元素组成与结构关系的物质结构测定法等。

在科学实验中这些方法对于分析、鉴别事物的组成关系、整体与部分的关系,以及定性与定量的关系起着直接的作用;同时也对培养学生运用实验分析解决实际问题的能力有着重要的价值。

技能,是指那些通过练习而巩固下来的,转变为自动化、完美化了的动作系统。[②] 新化学课程涉及的、在中学阶段需要学生学习的实验探究技能主要包括以下4类:

(1) 收集和处理信息的技能。主要包括提出问题、探究并明确问题所在、查阅并收集资料、分析研究资料。

(2) 实验探究过程的技能。主要包括建立假设、制订实验计划、设计实验过程等。

(3) 实验操作的技能。主要包括使用仪器、制作和安装装置、优化调控实验条件、观察测量、记录数据。

(4) 表达和交流的技能。主要有提问、讨论、解释数据、制作图表、下定义,以及描述、交流、推测等。

新课程还特别强调进一步发展学生写实验报告和做记录的技能,使他们能够清楚地表达自己的想法,能独立地或在小组内协同工作,通过选择和使用参考资料,从一些信息源中收集、组织并内化信息资料,以发展成为科学探究的能力。因而新课程特别要求要把实验融入化学教学的过程之中,通过

[①] 王后雄.化学方法论[M].长沙:中南大学出版社,2003:10.
[②] 曹日昌.普通心理学:下册[M].2版.北京:人民教育出版社,1980:102.

实验学化学,在实验(或实践)的过程中认识和理解化学。

案例研讨

课题"常温下 1 mol 氢气体积的测定"

【测定步骤】
(1) 记录实验室的温度和压强;
(2) 装配好气体摩尔体积测定装置,检查气密性;
(3) 称取已除去氧化镁的镁条 0.120～0.140 g;
(4) 将称好的镁条投入到气体发生器的底部,并用橡皮塞塞紧;
(5) 用针筒吸取 10 mL 2 mol/L 稀硫酸,用针头扎进橡皮塞,将硫酸注入气体发生器后迅速拔出针头,并仔细观察现象;
(6) 当镁条完全反应后,读出液体量瓶中液体的体积。
重复上述操作一次。

【课题报告】

实验目的	
实验用具	
实验步骤	
实验记录	
实验误差	
误差分析	
实验小结	

【案例分析】本实验是一个较为综合的定量实验探究活动,实验中体现了科学方法的训练。① 测量对象:室温、大气压强、水的体积、硫酸溶液的体积、镁条的质量等。② 实验条件的控制:实验过程中镁条与酸反应放出热量,怎样让每次实验中的温度都接近室温?怎样准确测量水的体积?如果控制不当,对实验结果有何影响?③ 记录:温度、压强、镁条的质量、气体体积。④ 数据处理:理论值的计算,误差的计算。⑤ 误差分析:得出实验结果,若与理论值偏差较大,必须分析产生误差的各种原因,学生对自己的实验过程进行反思,从方案设计、仪器装置、药品纯度、条件控制、操作规范等方面去寻找原因。

本实验对学生体验科学过程,掌握科学研究方法,形成科学探究能力具有良好的引导作用,能最大限度发挥实验教学的教育功能。

[徐永初.例谈中学化学实验教学功能的开发[J].化学教学,2005(6):31-33.]

以实验为基础的化学学科,应充分挖掘实验的方法论功能,把实验作为提出问题、探究问题的重要途径和手段。课堂教学尽可能用实验来展开,并使学生亲自参与实验,引导学生根据实验事实或实验史实,运用实验方法论来探究物质的本质及其变化规律,以强化学生获得新知的体验。

(三) 化学实验的教学论功能

化学实验作为化学教学的主要内容和主要方法,具有重要的教学论功能,而这些功能也只有在化学教学活动中才能得到更好的体现。

1. 化学实验能激发学生化学学习兴趣

兴趣是主动学习的前提,化学实验能生动、直观地展示化学现象,以特殊的魅力引起学生的好奇心和求知欲。化学实验的这种激趣功能在传统的化学教学中,对学生学习化学知识起到了积极的作用。在新课程理念下,这种激趣功能应由激发学生积极地接受学习转变为主动地探索学习、由学会知识到会学知识和求异创新。

按照水平高低,可将化学学习兴趣分成"感知兴趣""操作兴趣""探究兴趣"和"创造兴趣"四种层次。

(1)感知兴趣。是指学生通过感知教师演示实验的现象和观察各种实验仪器、装置而产生的一种兴趣。这种兴趣使很多学生对化学学习有较高的积极性,尤其是学生刚开始学习化学时更是如此。这种兴趣属于直接兴趣,在化学教学中不够稳定和持久。教师应注意将学生的注意力从他们感兴趣的变化和现象引导到明确学习目的,逐步深入地观察、分析变化产生的内在原因,掌握有关的基本概念、理论和元素化合物知识上,使直接兴趣逐步向间接兴趣转化。

(2)操作兴趣。是指学生通过亲自动手操作来获得化学实验现象所产生的一种兴趣。它比感知兴趣的水平高了一级,学生不再仅仅满足于观察实验现象,更希望亲自动手操作,即使是简单的试管实验,他们也会表现出较高的积极性。这种兴趣还属于直接兴趣,只要把给定的实验做出来,兴趣就得到满足。

(3)探究兴趣。是指学生通过探究物质及其变化产生的原因和规律而形成的一种兴趣。处于这种兴趣水平的学生不再满足于做一做,而是要探究引起某种变化的原因,或对日常生活、现实社会中的实际问题进行科学的解释和说明。这种兴趣不仅成为学习化学的重要动机,而且也成为学生形成和发展科学探究能力的重要影响因素。它比前两种兴趣的水平更高,属于间接兴趣,具有稳定、持久的特点,是促进学生形成较高科学素养的最基本的动力。

(4)创造兴趣。是指学生在运用所学知识、技能和方法进行一些创造性活动中所形成的一种兴趣。这种兴趣是化学学习兴趣的最高水平,是推动学生形成较高科学素养的最强劲动力。

四种水平的学习兴趣逐级上升,之间互为基础与发展的关系。教师在鼓励学生感知兴趣和操作兴趣的同时,还要积极培养和提高学生的探究兴趣和创造兴趣。

随堂讨论

原电池实验教学与学习兴趣激发

【演示】教师用稀硫酸、铜片、锌片、电流计(或小灯泡、音乐贺卡)等材料演示原电池的实验。

【启发】①电流计偏转(或灯泡发亮、音乐响起)说明什么?②在这个装置中可能失去电子的是哪些物质?实验现象与你的思考一致吗?为什么?③结合实验装置分析实验现象,改进实验、设计实验装置,探讨得出原电池的原理及形成条件。

【情感激发】①电池的历史与发展。②随意丢弃废旧电池的公害。

【启发】①随意丢弃废旧电池所造成的公害是电池里的什么物质造成的?②请提出防止公害发生的方案。③请利用家中简单材料如泡菜水等,设计一款新型环保电池。

在上述案例中,在不同学习阶段学生的学习兴趣分别被激发到什么水平?你认为利用化学实验激趣的关键是什么?

为了有效地激发学习兴趣,教师应针对不同的教学内容,善于利用丰富生动有趣的实验现象。实验内容的选题既要围绕教学主题,又不拘一格,与教材内容联系密切的生活、生产、自然界的有关现象都可编拟成实验课题,让"实验本身多讲话"。

2. 创设生动活泼的化学教学情境

知识具有情境性,这是布朗等人首次提出的观点。情境是指能够激起人们情感的境物。所谓化学教学情境,就是指在化学教学中能够激起学生学习积极性的各种境物。创设化学教学情境的手段有很多,如化学实验、化学问题、小故事、科学史实、新闻报道、实物、图片、影像资料等。化学实验是其中最常用的一种形式。

案例研讨

神奇的饮料瓶

在"氢氧化钠"课堂教学的导入阶段,教师随机分给两个同学每人一个看似相同的空矿泉水瓶,让他们同时往矿泉水瓶中倒入等量同浓度的氢氧化钠溶液,盖好瓶盖后充分振荡。"奇迹"发生:其中一瓶迅速变瘪,另一瓶变化不明显。

【案例分析】这种利用产生神奇现象的化学实验导入的方式,往往能很快吸引学生的注意力,并使学生产生强烈的探究欲望。

实验探究作为科学探究最常用、最主要的表现形式,对转变学生的学习方式起着举足轻重的作用。所谓实验探究是指通过实验来进行的一种探究活动,它是科学探究在化学实验教学中的具体化,是在化学实验教学中发展学生的科学探究能力,落实培养科学素养目标的重要途径。

案例研讨

铁及其化合物的氧化性和还原性

在铁单质和铁的化合物中,哪些具有氧化性?哪些具有还原性?哪些既具有氧化性,又具有还原性?我们分别以金属铁、氯化亚铁和氯化铁为例进行探究。

实验试剂:铁粉、稀硫酸、$FeCl_3$溶液、$FeCl_2$溶液、氯水、稀硝酸、KSCN溶液、锌片、铜片。

【预测与假设】① 具有氧化性的物质:_____;② 具有还原性的物质:_____;③ 既具有氧化性,又具有还原性的物质:_____。

【实验方案】_____。

【实验记录】_____。

实验内容	实验现象	实验结论

【实验结论】_____。

【归纳整理】请你用图示的方法,总结金属铁、氯化亚铁和氯化铁之间的相互转化关系,写出相互转化的化学方程式,并写出每个反应中的氧化剂和还原剂。

(王磊.普通高中课程标准实验教科书·化学1[M].济南:山东科学技术出版社,2004:51-52.)

【案例分析】该案例就是让学生通过探究认识铁及其化合物的氧化性和还原性,从实验结果的预设、方案的设计、现象记录到实验结论的推出,完整体验了科学探究的主要过程,从而促进学生学习方式的转变。

3. 化学实验是发展化学学科核心素养的重要途径

课程标准要求通过化学课程的学习,使学生体验科学探究的过程,强化科学探究的意识,在整个学习过程中达到人文精神和科学精神的整合,体现教书育人的本质。以实验为基础的化学教学要使学生获得科学探究的体验,必须创造条件,让学生亲自动手做实验。通过实验探究的过程培养学生的科学品质、批判意识、创新意识、促进学生的发展,充分发挥实验的育人功能。

案例研讨

阿司匹林药物的鉴别实验

【问题提出】阿司匹林是一种较好的退热药。现有一瓶药片可能是阿司匹林但又没有标签,请同学们通过实验鉴别这种药物是不是阿司匹林。

【学生分析】阿司匹林分子结构中的官能团。

【实验设计】

① 检验药物分子中有无羧基(—COOH);② 检验药物能否水解。若能水解,则检验水解产物分子中有无酚羟基。再将有标签的阿司匹林与这种未知药物进行同样的实验,进行对照分析。

【案例分析】在解决问题的过程中,学生的好奇心、探索欲望、求实的态度、创新意识、实践探索的科学精神得到了培养和发展;在与同学、老师的讨论中,学会自我反思、学会交流表达。

例如有关卤素、硫等元素的单质或化合物的实验会产生污染环境的物质,影响师生健康。让学生通过对昆虫或小动物、植物的毒性实验,使学生感到保护环境的重要性。通过相互讨论、设计、改进这些实验,使之不产生对环境有毒的物质,或将产生有毒物质的负面影响降到最低程度。

通过具体的实验事实和相关分析,培养学生爱护环境、关心社会、求实创新的意识;巩固和发展他们学习科学、献身科学的目标与志向;在实验探究中学会做人、学会合作、学会做事。使实验的育人功能落实在实验教学的过程之中。

9.3 化学实验的教学要求

核心术语

- ◆ 实验构成　　◆ 实验者　　◆ 实验对象　　◆ 实验手段
- ◆ 实验过程　　◆ 实验教学模式　　◆ 探究实验教学模式

化学实验教学是化学教学的重要组成部分,化学实验教学要遵循一定的化学教学原则和按照一定的化学教学要求来实施。

9.3.1 化学实验的构成

从系统论的观点看,自然界的一切事物都具有系统性。化学实验可以被看作由化学实验者、化学实验手段(包括仪器、装置、方法)和化学实验对象等要素组成的系统。

(一) 化学实验者

在这里主要是指化学教学中的实验人员,可以是教师也可以是学生,他们是化学实验的认识主体,在各实验要素中处于支配的地位。化学教学中的演示实验和学生实验就是按实验主体的不同划分的。作为实验主体,实验者还具有物质性、社会性和能动性。实验者的主观能动性无论对于实验活动本身,还是对其认识过程都十分重要。因此,要充分调动学生的认识能动性,更好地发挥其主体性作用,不断促进学生的发展。

(二)化学实验对象

化学实验的认识客体和实验主体(实验者)都是实验中不可缺少的因素。化学教学中的实验对象,一般说来是早已被认识的客观现象,但对于学生来说仍然具有一定的未知性。因此,它们既可以被看作是学生实践的客体,也可以被看作是学生认识的客体。它们可以为学生提供最直接的化学现象,使学生获得必要的感性认识,为学生形成有关的化学知识打基础。化学实验对象主要指自然对象,属于物质对象,包括:天然对象,如空气、水等;人工对象,如液态空气等;人造对象,如塑料、合成纤维等。

(三)化学实验手段

它是沟通实验主体和客体的桥梁,也是主体控制和认识客体的工具。按照其性质的不同,一般可以将实验手段分成实物形态手段和观念形态手段两类。

(1)实物形态手段。主要是指实验中所用到的工具、仪器、设备等。根据实验的目的和层次又可以将实物形态手段具体分为基本实验手段和现代化实验手段两种类型:① 基本实验手段中的用具主要是在基础实验中所用到的仪器、工具、小型设备等;② 现代化实验手段所用的仪器一般都是大型仪器,如红外光谱仪、核磁共振波谱仪、原子吸收光谱仪、质谱仪等。

(2)观念形态手段。是指科学地运用实验形态的手段,有效地控制和认识实验对象的工具。它主要包括实验方法论和化学实验方法:① 实验方法论的内容包括实验方法的发展史,实验方法在科学认识中的性质、地位和作用,实验的构成要素及其结构和功能,实验实施的程序和具体科学方法,实验方法与其他科学方法的辩证关系等。② 化学实验方法是从认识方法论角度来回答如何进行化学实验的问题。中学化学实验主要包括化学实验基本操作方法、物质分离与提纯的方法、物质的分析方法等几个方面。物质的分析方法又分为化学分析方法和仪器分析方法。

资料卡片

9-4 微型化学实验

微型化学实验利用微型仪器,用尽可能少的药品量,产生的废弃物也很少,因此被誉为绿色环保的化学实验。采用微型实验除了能大量节约化学试剂的经费,减少污染,提高安全性外,还在激发学生的学习兴趣、强化动手能力的训练、让学生树立环保观念等方面有着独特的功效。

9.3.2 化学实验过程

从动态的角度看,一个完整的化学实验过程一般包括三个阶段:准备阶段、实施阶段和总结阶段(图9-1)。

(一)实验的准备阶段

化学实验的准备阶段主要是发现和提出与化学相关的问题,以便明确探究内容,然后根据实验问题设计出实验方案。提出的实验问题如果符合教学目标,具有探究价值,且适合学生的认知水平和学校的硬件条件,将为化学实验的成功构筑良好的开端。化学实验设计是完成实验、取得好的教学效果

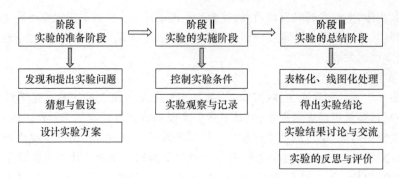

图 9-1 化学实验过程结构关系

的关键。一个完整的化学实验设计包括以下几个主要内容：实验题目、实验目的、实验原理、仪器和试剂、实验步骤、操作要点、实验装置图、注意事项、实验观察及结果处理、研究与讨论等。

（二）实验的实施阶段

化学实验的实施阶段主要是将实验设计方案付诸实验的实践活动，主要包括控制、观察、记录等环节。

化学实验条件是影响物质发生变化的重要因素，主要包括化学试剂的性状、实验仪器的选择和实验操作方式。化学试剂是进行化学实验的首要因素，它自身的种类、状态、形状、浓度、质量、体积等都可以看作是实验条件。在化学实验中通过控制这些条件，可以达到预期的结果。如锌分别放入浓硫酸和稀硫酸中，前者有二氧化硫产生，而后者则是制备氢气的常用方法。实验仪器的性能差异也能影响到实验效果，如酒精灯、酒精喷灯和煤气灯可以作为提供不同温度的热源。化学实验操作是化学实验中常用到的一些控制手段，如加热、点燃、通电、过滤、蒸发、烘干、蒸馏、高温、高压、冷却等这些基本操作方法对实验的结果也能产生不同程度的影响。因而，实验要获得预期的结果，必须严格控制实验条件。

通过实验手段的作用显现出来的化学现象及性质，需要通过观察来感知。观察是指人们有目的、有计划地通过感官（或仪器）对观察对象进行感知而获得实验事实的方法。观察一般分为自然观察和实验观察。自然观察是对自然界所发生的现象进行观察，这种观察往往是被动的，观察的对象也有一定的随机性。实验观察的对象是在人为的掌握控制之中，它的现象产生及程度变化，往往能够依照人的意愿进行，许多自然界不存在的或很少发生的现象，在人为的控制、干预下都能发生。中学化学中的观察基本都属于实验观察的范畴，其观察内容主要有观察仪器装置、观察实验操作和观察物质及其变化等方面。

实验观察记录对最终形成的实验结果有重要的参考价值。记录可以采用文字、化学术语、数字、仪器装置图、表格等形式，以保存化学实验中的各种信息。实验记录要完整、实事求是。

（三）实验的总结阶段

为使实验结果简明直观，一目了然，实验人还需将记录的结果进行恰当、巧妙地处理。一般可采用列表法、图解法和化学用语法进行表述。

9.3.3 化学实验教学要求

中学化学实验内容丰富，形式多样，按照不同的分类标准，可以把化学实验分成各种不同的类型，本书从实验主体来分类，可将其分为演示实验和学生实验。不同类型的实验形式，要求也不尽相同。

(一)演示实验的教学要求

演示实验的主体是教师,它是由教师进行表演和示范操作并引导学生进行观察和思维和教学双方协调活动的实验。它是化学教学中最基本的实验教学形式之一。教师在演示实验时,其要求教师:① 目的明确,准备充分;② 现象明显,科学真实;③ 操作规范,观摩示范;④ 讲做结合,启发学生思维;⑤ 把握时间,确保安全。

(二)学生实验的教学要求

学生实验的主体是学生,它是由学生在课堂上或实验室中为完成实验课题而自己动手操作的一种教学实验。学生实验的形式主要有随堂实验(边听边实验)、实验室实验、实验习题和家庭实验等。在组织学生实验时,教师应注意以下基本要求:① 明确要求,指导预习;② 细致观察,巡回指导;③ 重视难点,提示辅导;④ 科学求实,完成报告;⑤ 适时反馈,及时总结。

随堂讨论

演示实验和学生实验是根据化学教学中实验主体的不同而进行的一种人为划分。化学新课程并没有刻意进行这样的分类,教师可根据所在学校和学生的特点,来决定某一个实验是采用演示实验还是采用学生实验。试说明新课程为什么会淡化演示实验和学生实验的分类。

根据化学实验结果的性质分类,可以把实验分为定性实验和定量实验。按实验在认识过程中的作用分类,可以把实验分为验证性实验和探究性实验。

资料卡片

9-5　验证性实验与探究性实验

验证性实验是指对研究对象有了一定的了解并形成了一定认识或提出了某种假说,为验证这种认识(或假说)而进行的实验。在中学化学实验中,验证性实验比较普遍,它一般是在化学知识的讲授之后,在加深学生对相关知识(如抽象概念)的理解和记忆方面发挥着积极的作用。

探究性实验也称探索性实验,是指探索研究化学事物的未知性质、组成或其属性,是在教学中通过问题情境,学生自己提出假设、设计实验、进行探究、获取信息,最后概括归纳得出结论的一类实验。这类实验对培养学生的科学素养,尤其是感受科学过程和学习科学方法发挥着重要的作用,是课程改革中大力提倡的一种教学方法。

教师在教学中应高度重视和加强实验教学,充分发挥实验的教育功能。应认真组织学生完成好本标准中要求的必做实验,重视基本的化学实验技能的学习。应根据学校实际情况合理地选择实验形式,有条件的学校尽可能多地为学生提供动手做实验的机会;条件有限的学校,可采取教师演示实验或利用替代品进行实验,鼓励开展微型实验、家庭小实验、数字化实验、定量实验和创新实践活动等等。在实验教学中,应重视培养学生的实验安全和环境保护意识,形成良好的实验习惯。

9.3.4　化学数字化实验

数字化实验系统是以数字电路为基础,以计算机或计算机的变形装置为数据处理核心,以各类传感器为测量端的新型实验手段。数字化实验具有效率高、数据量大、数形结合便利、对学生的认知促进效果显著等特点。因此,数字化实验在 20 世纪 80 年代的美国一经出现,就受到了广大中学理科教师的欢迎。数字化实验于 20 世纪 90 年代中期引入我国,后逐步进入我国课程标准和教材,促进了教法研究、考试命题、教学评估、师资培训和配备标准等方面的一系列变革。① 我国相关研究也在逐步发展,图 9-2 展示了我国数字化实验研究的几个发展阶段②。

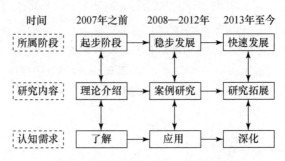

图 9-2　国内数字化实验研究发展阶段

《普通高中化学课程标准(2017 年版 2020 年修订)》要求"应适当增加数字化实验、定量实验,让学生在实验探究活动中学习科学方法,认识科学探究过程,体会、认识技术手段的创新对化学科学的重要价值,形成严谨求实、勇于实践的科学态度,发展实践能力"。③ 作为一种新型数字化实验(DIS),由于数据采集器、传感器、计算机及相关数据处理软件等先进设备的加入,实现了集数据采集、处理的一体化,能够将有关的理科抽象知识,以曲线表征的方式直观表现出来,从而逐渐被引入到课堂教学中。数字化实验是信息技术在中学化学实验教学中的有效使用,也是中学化学实验面向现代化,提升实验层次,加速实现中学教学向国际接轨的一条途径。

案例研讨

验证次氯酸光照分解产物的数字化实验

数字化实验将传感器、数据采集器和计算机依次相连,采集实验过程中各种物理量(如 pH、温度、压强、电导率等)变化的数据并记录和呈现,通过软件对数据进行分析,获得实验结论。也就是说,数字化实验是利用传感器和信息处理终端进行实验数据的采集与分析。

验证次氯酸光照分解的产物可以设计成数字化实验。实验步骤如下:① 将 pH 传感器、氯离子传感器、氧气传感器分别与数据采集器、计算机连接;② 将三种传感器分别插入盛有氯水的广口瓶中;③ 用强光照射氯水,同时开始采集数据。此实验可以测定光照过程中氯水的 pH、氯水中氯离子的浓度、广口瓶中氧气的体积分数的变化,并通过计算机的数据处理功能将这些变化显示在计算机屏幕上(如图9-3)。通过对数据进行分析,最终可验证次氯酸光照分解的产物。

---

① 李鼎,艾伦.高中数字化实验实施影响因素研究[J].课程·教材·教法,2020,40(11):116-122.
② 马善恒,王后雄.国内数字化实验的研究现状及发展趋势——基于 CiteSpace 的可视化分析[J].化学教学,2021(3):19-23.
③ 中华人民共和国教育部.普通高中化学课程标准(2017 版 2020 年修订)[S].北京:人民教育出版社,2020:82-83.

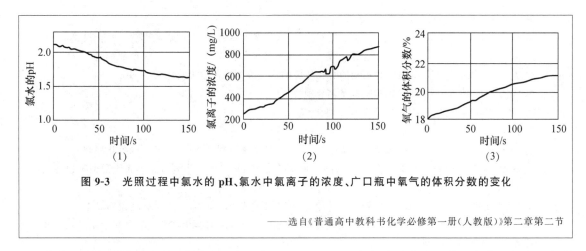

图 9-3　光照过程中氯水的 pH、氯水中氯离子的浓度、广口瓶中氧气的体积分数的变化

——选自《普通高中教科书化学必修第一册(人教版)》第二章第二节

传统的次氯酸分解实验,在课堂上难以实现,学生也无法直观感受产物。数字化实验通过 pH 传感器、氯离子传感器、氧气传感器,学生可以感受到反应物和产物的变化。基于证据推理验证次氯酸光照分解的产物。数字化实验并不排斥传统实验,而是与传统实验结合,装上"千里眼",来改善传统实验"不能看、不能触、不能测"的局限性。因此,曲线表征和定量是其重要特点。但考虑到我国不同地区实验条件不均衡、硬件设施等问题,人教版高中化学教科书中的数字化实验是以"科学·技术·社会""思考与讨论"等栏目呈现,而没有设计学生实验。

本章小结

1. 化学实验教学内容的确定,不同学者提出自己不同的观点。本章认为化学实验内容的选择要遵循三个方面的原则:基础性原则、先进性原则、发展性原则。

2. 中学化学实验一般以分散的形式分布在各个主题中,《义务教育化学课程标准(2022 年版)》和《普通高中化学课程标准(2017 年版 2020 年修订)》规定了学生必做的实验,并在学习活动建议中提出实验建议。

3. 我国化学课程标准中的化学实验内容凸显四大特点:探究性实验内容比重增大、实验内容形式多元化、实验教学功能多样化、实验仪器与设施凸显现代化。

4. 化学实验教学是指教师将化学实验置于一定的教学情景中,为实现一定的化学教学目的而开展的一系列教学活动,其设计要服从和服务于化学教学的总体安排。化学实验具有认识论功能、方法论功能和教学论功能。

5. 化学实验可以被看作由化学实验者、化学实验手段(包括仪器、装置、方法)和化学实验对象等要素组成的系统。化学实验过程一般包括三个阶段:准备阶段、实施阶段和总结阶段。

6. 化学实验从实验主体来分,可分为演示实验和学生实验。

演示实验的教学要求是:① 目的明确,准备充分;② 现象明显,科学真实;③ 操作规范,观摩示范;④ 讲做结合,启发思维;⑤ 把握时间,确保安全。

学生实验教学要求是:① 明确要求,指导预习;② 细致观察,巡回指导;③ 重视难点,提示辅导;④ 科学求实,完成报告;⑤ 适时反馈,及时总结。

本章思考题

1. 从系统论的观点看,化学实验的构成要素不包括(　　)。

　　A. 实验者　　　　B. 实验手段　　　　C. 实验对象　　　　D. 实验环境

2. 根据实验在教学中的作用分类,可分为( )。
   ① 演示实验　② 并进实验　③ 学生实验　④ 描述实验　⑤ 实验习题　⑥ 投景实验
   A. ①②③④　　　B. ①②③⑤　　　C. ③④⑤⑥　　　D. 全部都是

3. 通过一些有效措施使化学实验对实验场所和环境的污染降到最低限度是指( )。
   A. 化学实验科学化　　B. 化学实验清洁化
   C. 化学实验微型化　　D. 化学实验简便化

4. 化学实验设计的首要原则是( )。
   A. 简约性原则　　B. 安全性原则　　C. 科学性原则　　D. 绿色化原则

5. 微型化学实验是国内外近30年发展较快的一种新的化学实验形式。下列叙述不属于微型实验特点的是( )。
   A. 携带方便　　B. 污染较小　　C. 安全节约　　D. 现象明显

6. 《义务教育化学课程标准(2022年版)》明确规定了完成8个基础的学生实验,27个演示实验,30多个探究实验。试回答下列问题:
   (1) 什么是学生实验?什么是演示实验?
   (2) 试举例说明探究实验有哪些特点?
   (3) 目前有些中学实验条件较差不具备开展实验的条件,试谈谈通过哪些途径开展好实验教学?

7. 一位化学教师在演示苯酚与Fe^{3+}显色的实验时,不小心多加了一些$FeCl_3$溶液,结果原本已经变成的蓝色又褪去了。问题:
   (1) 请你猜想产生这一现象的原因,并说明你做出假设的思路。
   (2) 化学教学鼓励学生利用课程学习的知识去解释、解决生活中的问题。请你举一个生活中的例子,应用苯酚与Fe^{3+}显色这一性质。

8. 结合基础教育化学课程标准,试说明化学实验教学内容的确定应以什么为依据?

9. 请查阅研究化学实验的教育教学功能的有关资料,在分析资料的基础上,就化学教学中如何更好地发挥化学实验的功能问题,谈谈你的看法。

10. 分小组分别调查附近几所学校的中学化学实验及其教学情况,写出调查报告,并就如何开展化学实验及其教学改革交流各自的看法。

11. 课堂演示实验的具体要求是什么?在演示氧气的制取时,除了讲清有关化学反应原理的知识点外,在实验操作上要注意交代哪些问题?

12. 阅读下列某版本化学教科书"化学反应原理"的片段。

【实验】已知在$K_2Cr_2O_7$的溶液中存在着如下平衡:

$$Cr_2O_7^{2-} + H_2O \rightleftharpoons 2CrO_4^{2-} + 2H^+$$

　　　(橙色)　　　　　　　(黄色)

取两支试管各加入5mL 0.1mol/L $K_2Cr_2O_7$溶液,观察并记录溶液的颜色变化。

实　　验	加入试剂	现　　象
(i)	滴加3～10滴浓H_2SO_4溶液	
(ii)	滴加10～20滴6mol/L NaOH溶液	

【思考与交流】
(1) 上述两个实验中,化学平衡状态是否发生了改变?你是如何判断的?
(2) 从中你能否推知影响化学平衡状态的因素?

结合对以上教科书内容的理解,试回答下列有关问题:

① "化学反应原理"属于普通高中____(填"必"或"选")修____(填1~6)模块内容。
② 简要说明教科书的上述呈现方式体现了哪些新的教学策略?
③ 实验(ⅰ)、(ⅱ)中观察到的实验现象是:(ⅰ)_____;(ⅱ)_____。
④ 本实验能得出的结论是_____。
⑤ 以实验为基础是化学学科的重要特征之一。试简述化学教学可以从哪几个方面发挥实验的教学功能?

参 考 文 献

[1] 中华人民共和国教育部.普通高中化学课程标准(2017年版2020年修订)[S].北京:人民教育出版社,2020.
[2] 中华人民共和国教育部.义务教育化学课程标准(2022年版)[S].北京:北京师范大学出版社,2022.
[3] 刘知新.化学教学论(第五版)[M].北京:高等教育出版社,2018.
[4] 王克勤.化学教学论[M].北京:科学出版社,2006.
[5] 王后雄.高中化学新课程案例教学研究[M].北京:高等教育出版社,2008.
[6] 郑长龙.化学实验教学新视野[M].北京:高等教育出版社,2003.
[7] 郑长龙.化学实验教学论[M].北京:高等教育出版社,2002.
[8] 蔡亚萍.中学化学实验设计与教学论[M].杭州:浙江教育出版社,2005.
[9] 王后雄.中学化学新课程教科书新增实验内容选材述评[J].课程·教材·教法,2006(5):69-73.
[10] 王后雄,唐丽玲.人教版高中化学新教科书态度教育目标的制订与实施[J].化学教育,2007(8):21-24.
[11] 王后雄,汤艳.高中化学课程标准实验教学目标的分类研究[J].中学化学教学参考,2007(8):9-13.
[12] 吴焕云,董诗云,王青.新课程理念下挖掘实验教学多重功能的探索[J].化学教育,2004(4):5-8.
[13] 徐永初.例谈中学化学实验教学功能的开发[J].化学教学,2005(6):31-33.
[14] 杨佳祎,孙可平.浅谈信息技术在化学物质结构建模教学中的应用[J].化学教学,2023(02):26-31+64.
[15] 伍婷,许苏宜,张亚鹏,等.虚拟实验技术在化学实验教学中应用与实践[J].化学教育,2017,38(05):58-61.
[16] 钱扬义,陈浚铭.中学化学实验与信息技术融合的内涵与实践路径[J].课程·教材·教法,2024,44(02):132-139.
[17] 马善恒,夏建华,王后雄.中学生化学实验学习能力评价指标体系构建[J].化学教学,2022(4):14-21.

第10章 化学教育测量与评价

> 化学教育测量和评价就是通过一定的方法和途径对教育目标、教育过程、教育结果以及影响教育的各种因素进行的一种价值判断活动。它是收集各种教育反馈信息,分析判断化学教与学的状况,制订改进化学教与学的反馈性决策,有效实现化学教育目标和促进师生共同发展的不可或缺的手段。对于学校教育而言,化学教育测量与评价的根本目的不是为了进行甄别和选拔,而是为了诊断与促进。
>
> ——王后雄

本章学习目标

通过本章学习,你应该:
1. 了解化学学习测量的含义、方式及类型,了解纸笔测验和标准化考试评价考试分数的统计方法及试题质量分析的主要量化指标;
2. 了解编制化学考试双向细目表的方法,知道化学测验试题的主要类型,初步学会设计化学纸笔测验试卷;
3. 了解化学学习评价的含义及其主要方法,初步学会设计和实施学习档案袋评价、纸笔测验和活动表现评价;
4. 了解化学教学评价的知识和方法,知道化学教学评价的主要内容,能够对学生的学习活动进行正确评价。

10.1 化学学习测量

核心术语

◆ 测量　　◆ 化学学习测量　　◆ 目标参照考试　　◆ 常模参照考试　　◆ 标准化考试
◆ 效度　　◆ 信度　　◆ 难度　　◆ 区分度　　◆ 标准差

10.1.1 化学学习测量的含义

测量与评价密不可分。测量是指为了达到某种目的,采用适当的工具收集有关信息,从而反映和描述被测对象某种客观属性的过程;评价是指根据测量所得到的结果,通过比较对被测对象的客观属性进行解释和说明,从而对该属性作出价值判断的过程。①

化学学习的测量也是为了达到某种目的,采用纸笔测验、讨论交流、调查问卷和学习档案等多种工具收集有关信息,从而反映和描述学生化学学习状况的过程;化学学习的评价是指根据测量所得到的结果,通过比较对学生化学学习状况进行解释和说明,从而对学生的化学学习作出价值判断的过程。

10.1.2 化学学习测量的方式

化学学习测量的主要方式包括口头方式、书面方式和活动方式。

(1) 口头方式。主要是指课堂教学中的提问、讨论、谈话和口试。口试一般是结合一定的活动来进行。口头方式可以及时反馈学生的学习状况,有利于教师及时调整教学和促进学生及时改进学习,但需要教师提前精心准备。

(2) 书面方式。书面作业、纸笔测验、实验和调查报告等是目前最主要、最常见的书面测量方式。其中,书面作业和纸笔测验能有效地检查学生对学习目标的掌握情况;实验和调查报告能全面地检查学生对科学方法和科学探究的基本技能的掌握情况。书面方式属于延时反馈,难以及时反馈学生学习状况。

(3) 活动方式。主要是指学生个人或小组进行的实验设计、参观、调查等研究性的学习活动。这种方式能体现科学探究的要素,有利于检查学生解决实际问题的能力,是国际上普遍倡导的一种价值发展性评价方式。但这种方式往往耗时,需要评价者精心组织和妥善管理。

在教学工作中,依照测量的功能和针对性不同,往往综合运用以上几种方式,可以更全面、客观地了解学生的化学学习状况。

10.1.3 化学学习测量的程序

化学学习测量的目的不同、方式不同,其程序也不尽相同。纸笔测验作为最主要、最常见的测量方式,其基本程序如下。

(1) 明确考试的目标和要求。根据考试的目标和要求,选择合适的考试的内容。

(2) 确定命题计划。在正式命题之前,在考试目标的指导下制订合理的命题计划;遵循试题的目标性、科学性、有效性、严密性和艺术性等命题原则;严格按照命题计划中的"双向细目表"来进行。在题型安排上,按由易到难的顺序,使整份试卷难度适中,区分度高。

(3) 考试。考试时要严格管理,统一要求,以便使考试结果真实有效。

(4) 成绩评定。依据评分标准,严格、科学地评分,保证评分的质量。

(5) 考试总结与分析。认真地进行考试总结与分析,达到调整教学、促进学生学习,实现对受教育者的全面评价或选拔功能。

10.1.4 化学学习测量的类型

根据不同的标准,可以把考试划分成不同的类型。

(一) 从考试目标划分

(1) 诊断性考试。诊断性考试是指在学习新知识前,为了了解、掌握学生预备知识和认知能力状况而进行的考试。通过诊断性考试,教师可以了解学生的知识基础和能力水平,为分班、分组或制订

---

① 王克勤.化学教学论[M].北京:科学出版社,2006:250.

教学计划提供依据，为教学设计奠定基础。

（2）形成性考试。形成性考试是指在教学的过程当中，为了检查阶段性的教学效果和调整教学而进行的考试。通过形成性考试，教师既可以反馈学生对学习目标的掌握情况，也可以发现教学中的不足，还可以对学生进行发展性评价。

（3）终结性考试。终结性考试是指在某一阶段教学过程结束时进行的考试，其目的是总结这一阶段的教学情况，反映学生的学习成绩及教师的教学水平。期末考试、毕业考试都属于这种考试。

（4）学能倾向性考试。学能倾向性考试是指为了考查学生学习能力的发展潜力而进行的考试。各种竞赛和升学考试都属于学能倾向性考试，主要是为了选拔人才，甄别教学。

（二）从考试的参照标准划分

（1）目标参照考试。目标参照考试是指以达到教学目标为参照点的考试。这类考试的目的在于检查学生的学习状况与教学目标之间的差异，而不比较学生个体之间学习状况的差异。诊断性考试、形成性考试和终结性考试都属于目标参照考试。这种考试的评价不比较学生个体之间的差异，考试分数的高低不能直接说明被评价个体在该群体中的相对位次。初、高中学业水平考试属于典型的目标参照考试。

（2）常模参照考试。常模参照考试是指以常模参照为标准，为了甄别和选拔不同水平的学生而进行的考试。常模是指对大规模的同类学生群体使用标准化试卷，在严格控制的条件下进行测试，得到平均分和标准差数值，并按照成绩的高低将学生分成若干等级，而且分数分布接近正态分布。这样得到的考试常模可以作为以后同值考试的参照标准，我国高考属于典型的常模参照考试。

 资料卡片

10-1 论文式测验和实验操作测验

论文式测验是以少数试题让受试者或申述说明，或分析比较，或鉴赏评价等，用来衡量受试者较高级思维过程的一种测验。其试题容易编写，能够测量学生分析和解决问题的能力；其缺点是目标覆盖面小，评分难以客观。

实验操作测验是化学课程中独具特色的一类测验。一般侧重于测试学生的实验态度、动手操作技能和实验探究等实验能力。这种测验能多方面考查学生的能力；但其耗费人力、物力和时间，且评定存在的误差较大。

10.1.5 标准化考试

目标参照考试（常规考试）常被使用，这是因为这种考试简便易行。但常规考试存在的一些问题，如命题质量不稳定、评分误差大等，标准化考试可克服这些缺陷。

（一）标准化考试的含义

由专门的考试机构主持，以常模为参考标准，按照科学的系统程序严格控制考试误差，以保证考试的准确性、可靠性和可比性，这样的客观成绩测验就叫作标准化考试。所谓"标准化"，是指试题编制的标准化、施测过程的标准化、评分记分的标准化和分数解释的标准化。[①]

---

① 刘知新.化学教学论（第二版）[M].北京：高等教育出版社，1997：195.

(二) 标准化考试质量指标

化学试卷从本质上说是一种用来测量学生化学学习状况的工具。要想测出学生的真实水平,首先要求测量工具必须可靠有效。为了保证标准化考试的可靠性和有效程度,我们用效度、信度、难度、区分度和标准差等量化指标对考试的质量进行衡量。

1. 评价考试分数的统计方法

（1）编制考试成绩统计表。把学生的考试分数以简明的表格形式统计出来,既便于比较各种评价项目之间的关系,又便于计算总分、平均分、标准差及其他统计特征量数,并为进一步的分析作准备。

（2）计算平均分数。平均分数的计算公式为

$$\overline{X} = \frac{\sum_{i=1}^{N} X_i}{N} \tag{10-1}$$

式中：$\overline{X}$ 是平均分数,X_i 为学生 i 的考试分数,N 为参加考试的学生总数。

平均分数是教育测评中使用最为广泛的一种表示一组分数的集中趋势的统计量数。根据平均分数值的大小,可以直接推断试题的平均难度,看其是否与预期的试题难度一致。平均分数过高或过低,即说明试题过易或过难,不适应被测学生的实际水平。只有当平均分数值与预期的吻合或相近时,才能说明试题的难度适宜,试题质量才能符合测试目的的要求。

（3）计算标准差。要说明一组分数的基本情况,只有反映分数集中趋势的集中数量还不行,还需要反映离散程度的差异数量。标准差是一种描述一组分数离散程度的最常用、最可靠的统计量数,其计算公式为

$$S(\text{或 } \sigma) = \sqrt{\frac{\sum_{i=1}^{N}(X_i - \overline{X})^2}{N}} \tag{10-2}$$

式中：S(或 σ)为标准差,X_i、$\overline{X}$、N 的意义同式(10-1)。

只有当标准差表明的评价分数离散程度与被测学生集体的实际学习状况一致时,试题的质量才有可能是合格的。因而可以用标准差对试题的质量作出初步评价。

随堂讨论

标准差表示学生得分的离散程度。标准差数值越大,表示学生的分数越参差不齐,高低分相差较大,学生的分数离散程度大,这样的班级不容易组织教学;标准差数值越小,表示学生分数比较集中的平均分附近,学生成绩比较接近,分数的离散程度小,这样的班级容易组织教学。试说明当你任教班级学生分数标准差较大时,应该如何组织教学?

2. 试题质量分析量化指标

（1）试题的效度

效度是指试题的有效性和准确性指标,它反映评价所用的试题能够测出其所要测量的特性的程度,即反映实测与预测的矛盾。所以,效度总是和一定评价目标紧密相关,离开评价目标谈效度是没有意义的。常用的有三种效度,即内容效度、构想效度和效标效度。

在施测后,将测验分数与已举行过的受试者接受的其他测验(如标准化测验)结果作比较,从而计

算出相关系数。求出的相关系数(γ)值越高,表明所编制的测验准确性越大。一般标准化测验的效度系数在 0.4～0.7 之间。效度系数最大等于1,表明测试完全反映了所要测验的内容;最小等于-1,表示测验结果与受试者的实际水平完全相反。实际上,这种完全相关(或正、或负)的极端情况是很少发生的。当效度系数等于零的时候,表示测验结果与所要测量的内容无关。

一般采取以下办法来提高试题的效度:测验的内容和范围,要包含教与学的主要内容;测验试题中要尽量把跟测验目的无关的成分去掉;测验试题的难度要适当;评定和记分的标准要客观、统一。

(2) 试题的信度

简单地说就是测量结果的可信程度。信度指的是测量结果的稳定性程度。也就是说,如果用同一测量工具反复测量同一种特质对象,则多次测量结果间的一致性程度就叫信度。试题的信度是指试题质量的稳定性、可靠性程度。信度指标表示同样试题几次测验后所得结果的一致性或可以再现的程度。因为影响考试结果的因素,除了学生的实际水平以外,还包括学生的情绪、身体状况、考试环境以及评分标准等多种因素。外因的干扰影响越小,评价的信度越高,即可靠性越大,评价结果越具有价值。信度值一般在 0～+1 之间。信度值越大,则表明评价的可靠性愈大。一般知识性评价要求信度在 0.90 以上。一般来说,测验的效度是最重要的,而测验的信度对于效度来说是必不可少的,效度的高低受信度的制约。所编制的测验信度越小,则其效度也就越低。常用的估量信度的方法有三种,可相应地求得三种信度:再测信度、复本信度和分半信度。

提高试题的信度的主要办法是:测验试题的覆盖面要宽;测验的方法和时间必须严格统一,测验的评定和记分的标准必须客观、统一;测验试题的难度要适当,指导语要明确、清晰;消除受试者的紧张心理,增强他们对测试环境的适应性,使他们发挥应有水平。

(3) 试题的难度

难度是指项目的难易程度。反映项目的难易程度的数量化指标叫作难度系数,简称难度。项目越难,说明能够正确回答该项目的学生越少,或对该项目学生能够正确回答的成分越低。对项目难度的计算,通常有以下两种方法:

① 用通过率计算难度。当项目以二分法计分(答对得分,答错不得分)时,难度一般用正确回答项目的人数与参加测验总人数的比值为指标,即

$$P = \frac{R}{N} \tag{10-3}$$

式中:P 为项目难度,R 为答对该项目的人数,N 为参加测验的总人数。

② 用项目得分的平均值计算难度。当项目是用连续分数计分时,难度一般用参加测验的全体学生在该项目的平均得分与该项目的满分的比值为指标,即

$$P = \frac{\overline{X}}{W} \tag{10-4}$$

式中:P 为项目难度,$\overline{X}$ 为该项目的平均得分,W 为该项目的满分。

在测验里,难度的指标是答对或通过每个项目的人数百分率(P 值),即 P 代表项目的难度,P 值越大,测验项目的难度越低;P 值越小,难度越高。测验试题的难度必须适当,一般以难度为 0.3～0.8 为宜。只有难度适当,方能保证测验试题具有较高的区分度。若难度过大,全体受试者都不能作答;难度过小,又形成全体受试者都能作答,两者都会降低测验的区分度,从而影响测验的效度和信度。[①]

测验一般由多个题目所组成,题目的难度分布状态是否合理,这主要取决于测验的目的与性质。

[①] 姜凤华.现代教育评价:理论、技术、实施[M].广州:广东人民出版社,2001:329-338.

测验题目的恰当难度,就应该使 P 值尽量接近 0.50。经验与研究均表明,倘若整个测验所有题目的难度系数分布在 0.30~0.70 之间,并且整个测验的难度系数在 0.50 左右时,可以使测验分数接近正态分布,可使测验对被试有较大的鉴别力。

(4) 试题的区分度

区分度是指测验试题或项目对学生的实际水平的区分程度,测验的区分度又叫鉴别力。区分度常从三种测验中体现出来:① 难度测验,这是最常用的一种测验;② 速度测验;③ 广度测验。通常学业成绩测验多含有这三种测验的性质。测验项目的区分度高,对受试者有较好的鉴别力,使程度高的学生得高分,程度低的学生得低分;区分度低的测验则不能有效地将程度不等的受试者区别开来。

区分度可以用相关系数计算,或采用简单的计算方法。区分度值最高为 1,表示测验项目对受试者的能力水平有完全的鉴别力;最低值为 0,表示测验项目与受试者的能力水平无关。测试后,应淘汰区分度低的测验试题。标准化考试优秀试题的区分度常在 0.40 以上,区分度在 0.29 以下的试题则予淘汰。

从区分度本身的意义就可以看出,当测验是以选拔为主要目的时,只有试题和项目具有良好的区分度,测验才会有一定的效度。区分度和测验的信度也存在着密切的关系。有人通过研究发现,测验的信度随项目的平均区分度的提高而增长,且信度增长的速度较区分度增长为快。因而,提高试题和项目的区分度是达到理想的测验信度的一个有效途径。

(三) 标准化考试的主要环节

1. 制订考试大纲或考试指南

考试大纲或考试指南是课程标准具体化、系统化和简明化的结果:① 具体化是指使知识的纲目更详细;② 系统化是指按知识结构将教材的知识点归类;③ 简明化是指对考试的深度、广度和要求给予简要的说明。通过考试大纲广大教师可以进一步了解考试的目标、范围、内容以及评分和记分的方法。

2. 编制命题多维评价表

多维评价表是考试目标和考试内容的双向关联表,它是教学目标和教学内容在标准化考试中的集中体现,也是试题设计和试卷编制最直接的参照标准。多维评价表以一种简明的方式表达了教学内容、期望学生达到的素养、能力等以及能体现这种素养的测验题的类型和数目,是一种测验目标(化学教学目标)和考查内容之间的关联表(表 10-1 所示)。一般来说,表的纵向列出的各项是要考查的内容,横向则是测验的目标层次要求,在内容与目标水平共同确定的方格内是考题分数所占的比例(权重)。[①]

表 10-1 高中化学考试多维评价表

主题	内容要求	目标维度											合计
		必备知识				学科素养				关键能力			
		物质转化与应用	物质结构与性质	反应变化与规律	化学语言与概念	实验原理与方法	宏观辨识与微观探析	变化观念与平衡思想	证据推理与模型认知	科学探究与创新意识	科学态度与社会责任	理解与辨析	分析与推测	归纳与论证	探究与创新	
分值															
合计															100%

---

① 侯光文. 教育评价[M]. 石家庄:河北教育出版社,1999:118-142.

3. 命题和测试

命题标准化是考试标准化的核心,标准化考试的试题要严格按照命题双向细目表进行设计和筛选,同时要保证试卷编制的质量。每年测试的要求与方式要保持统一,保证测试条件、进程和规格基本不变,这样才能通过测验检测试题的质量、试题的稳定性以及学生的适应性。

4. 建立题卡和题库

将按照标准化程序命题并经过测试的试题,以及与考试有同质性效果的化学试题收集起来,并加以整理分类储存,这就是建立标准化考试题卡和题库的过程。

5. 施测以及结果分析

在严格控制的条件下(使考试过程标准化),采用测试合格的标准化试卷对大规模的同类(同年龄、同年级、同程度)学生群体进行施测,并对考试的结果进行总结与分析。

6. 建立常模与等级赋分

根据考试的平均分和标准差数值,按照成绩的高低将学生分成若干等级。例如,我国在化学高考实行等级赋分,将考生的原始成绩按从高到低的顺序排列,划定为 A、B、C、D、E 五个等级,各等级人数所占比例分别为 15%、35%、35%、13% 和 2%,依照等比例转换法则,分别转换为 100~86 分、85~71 分、70~56 分、55~41 分、40~30 分五个等级区间,根据等级赋分转换公式计算,得到考生的等级成绩。这样建立等级赋分可以实现不同科目考试成绩的相对可比性以及为考试质量指标的统计分析提供了科学的依据。

化学标准化考试的主要环节可用图 10-1 来表示。

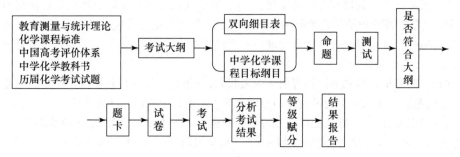

图 10-1 化学标准化考试工作程序

(四) 标准化考试的命题

1. 命题框架

根据学业水平考试的目的,化学学业水平考试命题必须坚持以化学学科核心素养为导向,准确把握"素养""情境""问题"和"知识"4 个要素在命题中的定位与相互联系,构建以化学学科核心素养为导向的命题框架。①

以化学学科核心素养为导向的命题框架如图 10-2 所示。

图 10-2 以化学学科核心素养为导向命题框架

---

① 中华人民共和国教育部.普通高中化学课程标准(2017 年版 2020 年修订)[S].北京:人民教育出版社,2020:78-79.

上述框架表明,"情境"和"知识"同时服务于"问题"的提出与解决;"问题""情境""知识"三者之间存在着密切的联系;情境的设计、知识的运用、问题的提出与解决均应有利于实现对学生核心素养的测试。

2. 命题原则

新一轮课程改革特别强调素养立意,紧扣"无价值,不入题;无思维,不命题;无情境,不成题;无任务,不立题"命题原则。具体讲,主要遵循以下四个命题原则:

(1) 以核心素养为测试宗旨

命题应坚持以化学学科核心素养为测试宗旨,熟悉、理解化学学科核心素养的内涵和水平描述,并以化学学业质量标准为依据,从相应的学业质量水平中提炼、确定各试题的测试目标。

(2) 以真实情境为测试载体

试题情境的创设应紧密联系学生学习和生活实际,体现科学、技术、社会和环境(STSE)发展的成果,注重真实情境的针对性、启发性、过程性和科学性,形成与测试任务融为一体,具有不同陌生度、丰富而生动的测试载体。

(3) 以实际问题为测试任务

试题的测试任务应融入真实、有意义的测试情境;试题内容与提出的问题应针对本课程标准中的内容要求,突出化学核心概念与观念。符合学生心理发展阶段和认识发展水平,与所要测试的核心素养和测试目标保持高度一致,形成具有不同复杂程度和结构合理的测试任务。

(4) 以化学知识为解决问题的工具

化学知识是解决实际问题、完成测试任务不可或缺的工具;应结合命题宗旨和目标,根据测试任务、情境的需要,系统梳理解决问题所要运用的化学知识与方法,注重考查学生灵活运用结构化知识解决实际问题的能力。

3. 命题程序

以化学学科核心素养为导向的一般命题程序如图 10-3 所示,其中各环节的先后顺序不是固定的,命题时可根据具体情况灵活运用。

图 10-3　以化学学科核心素养为导向的命题程序

由图 10-3 可知,在同一个测试目标下,可以创设不同的真实情境,提出不同复杂程度和结构合理的实际问题,形成不同难度的测试任务,因而解决问题所运用的化学知识与方法也会有所区别。

命题者应高度重视试题难度的控制研究。应依据学业水平合格性考试和等级性考试的特点,结合化学学科核心素养和学业质量标准各水平的要求,以及本地区化学课程实施的实际,科学、合理地确定试题的平均难度。

10.2　化学学习评价

核心术语

◆ 化学学习的评价　　　◆ 化学学习评价的依据　　　◆ 纸笔测验评价
◆ 化学学习档案袋评价　◆ 化学学习活动评价　　　　◆ 绝对评价

10.2.1 化学学习评价的含义

化学学习评价是指在一定的化学学习评价观指导下,根据一定的化学教学目标,运用与之相适应的学习评价手段,在化学学习测量的基础上,对所测得的数量化指标予以解释和价值判断。

化学学习评价的根本目的是促进学生科学素养的主动、全面发展,不但要重视学生在知识与技能、过程与方法、情感态度与价值观三个方面的发展结果,还要关注学生在这三个方面的发展过程及其在过程中的表现,使结果性评价和过程性评价得到有机结合。从而有效地提高学习质量,促进学生的全面发展。

10.2.2 化学学习评价的依据

课程实施评价的重点是学业评价,其功能主要是促进学生的有效学习,改善教师的教学,进一步完善课程实施方案。中学化学学业评价,包括形成性评价和终结性评价,都应严格根据各学段的化学课程标准来确定评价的目标、测评的范围和方式,以确保学习目标、教学要求和学业评价之间的一致性。

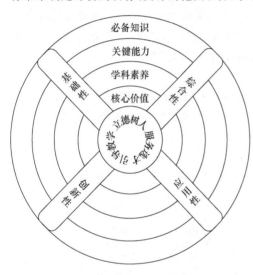

图 10-4 中国高考评价体系

为了落实教育考试评价的立德树人任务,我国制订了《中国高考评价体系》(图 10-4)及《中国高考评价体系说明》,这是化学学习评价的重要参考依据。高考评价体系主要由"一核""四层""四翼"三部分内容组成。其中,"一核"为核心功能,即"立德树人,服务选才,引导教学",是对素质教育中高考核心功能的概括,回答"为什么考"的问题;"四层"为考查内容,即"核心价值,学科素养,关键能力,必备知识",是素质教育目标在高考中的提炼,回答"考什么"的问题;"四翼"为考查要求,即"基础性,综合性,应用性,创新性",是素质教育的评价维度在高考中的体现,回答"怎么考"的问题。同时,高考评价体系还规定了高考的考查载体——情境,以此承载考查内容,实现考查要求。

高考评价体系是"一体两面"的综合体系。第一,它是评价考生素质的理论体系。以"四层"为考查内容,评价考生素质内涵;以"四翼"为考查要求,评价学生素质达成度。其构建始于对教育根本问题的思考和回答,是素质教育要求在高考中的理论呈现。第二,它是指导和评价高考命题的实践体系。通过"四层"规定命题内容、"四翼"保障命题水平,高考评价体系将有力促进高考内容改革和命题质量的提升。

10.2.3 化学学习评价的基本观点

良好的评价活动应具备下列特征:① 关注学生化学学科核心素养的发展水平,强化评价的诊断与发展功能,过程评价与结果评价并重;② 评价标准应清晰、完备,以保证评价的信度与公平性;③ 评价的设计与实施应科学、简捷易行;④ 定性评价与定量评价相结合能有效评价学生的学习结果;⑤ 任务真实和公平,能提供给学生充分展示的机会,并符合学生不同阶段心理发展的特征;⑥ 评价的方式多样化,评价的主体多元体;⑦ 评价结果能为学生的学习提供大量的反馈信息,增强学习的自信心和主动性,能让教师据此做出正确决策以改进教学。

资料卡片

10-2　传统标准化考试缺陷

传统标准化考试通常把评价的目标和内容狭隘地定位于学科领域的知识与技能,在追求评价的区分性、客观性和操作便利性的同时,往往把赋予分数和排列等级混同于学业成就评价,却忽视了真正的教育价值判断。传统应试教育就是把以甄别和选拔为目的的传统标准化考试作为决定学校教育工作的"指挥棒",而取代了真正的课程改革目标。教学实践强调人为测验情景中的解题技巧训练而不去关注应用知识技能解决真实生活情景中实际问题的能力,实验则强调因循验证实验的步骤而不准越雷池半步(甚至不做实验照样获得体面的高分)。教师眼中的确"见分不见人",教师和学生还有教育一同沦为分数的奴隶。结果,学生的发展被异化为代表知识技能学习结果的分数,学生丰富多彩的个性与发展过程被忽视、被扭曲了,科学探究主体必须具备的本质侧面——科学怀疑精神、创新精神和实践能力被压抑排斥掉了! ……其结果是,理科教育中缺少对科学技术性质、科学方法以及科学精神的真正理解,只有对应付考试的解题能力和解题技巧的关注和强调。

(朱慕菊.走进新课程——与课程实施者的对话[M].北京:北京师范大学出版社,2002:186.)

　　传统的化学学习评价观严重影响了我国新的一轮课程改革的实施。影响课程改革深入发展的因素很多,其中重要因素之一就是课程评价体系。新课程实施前的传统的课程评价取向,重甄别轻发展,重结果轻过程,重知识技能,轻情感、态度与价值观的发展,评价形式、评价内容、评价主体单一,教师、学生分别处于被动地位。在新课程理念下,强化评价的内在激励作用,弱化评价的外在诱因和压力作用,突出评价的整体性、综合性和发展性。

随堂讨论

　　传统的化学学习评价存在的主要问题有哪些?你认为产生这些问题的根本原因是什么?解决这些问题的途径有哪些?

10.2.4　化学学习评价的标准

　　根据比较的不同标准,可以把化学学习评价分为相对评价、绝对评价和个人内差异评价。

　　1. 相对评价

　　相对评价是以一个学生的化学成绩与同一群体的平均成绩或标准样组的成绩(即常模)相比较,从而确定该生的化学成绩的程度或水平的评价方法。因此,相对评价又称为常模参照评价或相互参照评价。这种评价的好处是可以确定考生在群体中的相对位置,以便为分班、分组、升级和录取提供依据;不足之处是仅凭卷面成绩进行比较,未必客观准确,而且对学习困难的学生缺乏激励。

资料卡片

10-3 标准分数法

标准分数又称 Z 分数,其计算公式为

$$Z_i = \frac{X_i - \overline{X}}{S}$$

式中:Z_i 为学生 i 的标准分数,X_i 为学生 i 的原始分数,$\overline{X}$ 为团体原始分数的平均值,S 是团体原始分数的标准差。因此,标准分数是以标准差为单位量度原始分数离开其团体平均分数的量数,可以表示某个原始分数在团体中所处的位置。

2. 绝对评价

绝对评价是对照化学教学目标,用分数的绝对值来表示学习程度、学习质量的标准。绝对评价也称为目标参照评价,它所表示的是一个学生经过教学的历程后,在指定的学习范围内达标的程度,而不能表明学生在团体中所处的位置如何。

3. 个人内差异评价

个人内差异评价是依学生个人的标准进行评价。例如,在一个学生的各种学习能力之间进行比较,以便了解他的优势和弱点;或者以他个人原来的成绩与后来的成绩相比,以便了解他的进步情况。前者称为横断评价,后者称为纵断评价。个人内差异评价有助于教师了解学生的个性,便于因材施教。

10.2.5 化学学习评价目标的制订

化学学习评价目标必须与"课程目标"和"课程内容"相吻合。要全面、客观地评价学生的化学观念、科学思维、科学探究与实践、科学态度与社会责任等核心素养培养目标的达成情况,注意"教-学-评"一体化评价目标的制订应坚持正确的政治方向,以核心素养为导向,落实立德树人根本任务。评价目标及要求应与学业质量和学业要求相一致,依据学习主题的内容要求、学业要求,以及学业质量描述,确定具体的评价内容和水平要求。

案例研讨

"探究金属的物理性质和化学性质"的评价目标

在"探究金属的物理性质和化学性质"教学目标的基础上,建立与之相应的评价目标。可采用描述性语言呈现评价目标。

目标 1 在几种常见的物质中,指出哪些是金属,哪些是非金属,并阐明区分的依据。

目标 2 列举几种常见的金属如铁、铜、铝等,结合生活经验或设计实验探究它们的导热性、延展性和导电性。

目标 3 设计实验探究常见金属分别与氧气、稀酸、其他金属的盐溶液的化学反应,能总结出金属的主要化学性质。

目标 4 在实验探究中进行小组合作学习。

在化学学习评价实践中,可以根据学习目标描述学生的行为表现,并在此基础上确定测验题目和评价任务的类型,确定每一项具体内容所需要的题目和任务数量。

10.2.6 化学学习评价中的情境

2020年10月中共中央、国务院印发《深化新时代教育评价改革总体方案》指出,稳步推进中高考改革,改变相对固化的试题形式,增强试题开放性,减少死记硬背和"机械刷题"现象。其后连续两年,教育部关于普通高校招生工作的通知中,要求优化试题的情境设计,优化试题呈现方式,加强对关键能力和学科素养的考查。《普通高中化学课程标准(2017年版2020年修订)》学业水平考试命题建议中指出,"素养为本"的命题要把握"素养""情境""问题""知识"间的关系,真实情境是测试的重要载体。这些政策文件有力地说明了,在"立德树人"的大背景下强调问题情境是深化考试内容改革的重要举措。在真实情境中考核学生的化学核心素养,应该成为学业水平考试命题的重要方向,而命题素材的选择是命题的核心技术所在。[①] 因此,以测试核心素养为宗旨的命题,真实问题情境不可或缺。

(一)情境与情境活动的定义

高考评价体系最重要的创新之一,即通过"四层"考查内容将学科能力考查与思想道德渗透有机结合,利用"学科素养"这一关键连接层实现了融合知识、能力、价值的综合测评,从而使"立德树人"真正在高考评价实践中落地。情境正是实现这种"价值引领,素养导向,能力为重,知识为基"的综合考查的载体。

高考评价体系中所谓的"情境"即"问题情境",指的是真实的问题背景,是以问题或任务为中心构成的活动场域。"情境活动"是指人们在情境中所进行的解决问题或完成任务的活动。根据目前高考的考查方式,高考内容的问题情境是通过文字与符号描述的方式即纸笔形式进行建构的,而情境活动也同样是通过文字与符号的形式进行的。

高考评价体系中的"四层"考查内容和"四翼"考查要求,是通过情境与情境活动两类载体来实现的,即通过选取适宜的素材,再现学科理论产生的场景或是呈现现实中的问题情境,让学生在真实的背景下发挥核心价值的引领作用,运用必备知识和关键能力去解决实际问题,全面综合展现学科素养水平。

(二)情境和"四层""四翼"的关系

基于已有的实证调研和文献分析研究结果,高考通过设置不同层级的情境活动来考查学生在"四层"内容上的表现水平。不同学科的情境活动不同,同一类型的情境也存在层级差异。命制试题时要根据学科的特点,选择不同的情境,发挥不同水平必备知识、关键能力和学科素养的功能,共同实现核心价值的引领作用。同时,由于情境活动不同,情境与"四翼"也存在一定的对应关系:①简单的情境活动即考查基本知识和能力水平的情境活动,主要对应"四翼"中的基础性要求,也包括一定程度的应用性和综合性要求;②复杂的情境活动主要考查学生应对生活实践问题情境与学习探索问题情境的综合素质,即在核心价值引领下综合运用知识和能力的水平,体现了考查的"综合性""应用性"与"创新性"。

10.2.7 化学学习评价方式的选择

实施学业评价所涉及的学习任务不同,评价的方式也有差异,常见的有纸笔测验、学习活动表现

[①] 王后雄. 基于"素养为本"的高中化学学业水平考试命题研究[J]. 中国考试,2018(01):27-38.

和建立学习档案等。教师可以依据认知性学习目标、技能性学习目标和体验性学习目标的学习内容与学习水平,设计合适的学习任务和相应的评价方式,以确保评价具有较高的信度(各次评价结果的一致性)和效度(评价结果反映了实际的内容和水平)。

(一)纸笔测验

纸笔测验作为一种重要的书面评价方式,主要是通过考查学生对认知任务的书面完成情况,来评价学生的知识掌握情况和认知能力,因此它主要用来评价学生认知学习结果。纸笔测验能考查学生掌握知识的情况,操作方便,是最常用的学业评价方法。根据具体的评价目的和评价任务要求设计纸笔测验形式,努力创设有助于学生理解和应用知识的、综合性与开放性的实际问题情境,在解决实际问题的过程中,从知识整体联系上去考查学生知识、技能、方法的掌握程度和能力素养水平,彻底改变传统化学纸笔测验评价中长期存在的过分注重知识重现、过分强调解题技能训练和脱离实际的倾向,是我国化学教学评价中纸笔评价方式的未来发展方向。

资料卡片

> **10-4 课程标准对纸笔测验的建议**
>
> 在高中教学中运用纸笔测验,重点应放在考查学生对化学基本概念、基本原理以及化学、技术与社会的相互关系的认识和理解上,而不宜放在对知识的记忆和重现上;应重视考查学生综合运用所学知识、技能和方法分析和解决问题的能力,而不单是强化解答习题的技能;应注意选择具有真实情境的综合性、开放性的问题,而不宜孤立地对基础知识和基本技能进行测试。
>
> 〔中华人民共和国教育部.普通高中化学课程标准(实验)[M].
> 北京:人民教育出版社,2003:35.〕

进行纸笔测验设计时,应依据学业水平考试的特点,结合化学学科核心素养和学业质量标准各水平要求,从题目的考查内容、题目的认知水平要求、题目的基本结构和题目的常见类型四个基本角度进行思考。

1. 题目的考查内容

基于纸笔评价要体现"核心价值、学科素养、关键能力、必备知识"四层内容,从而发现考试评价体系中"价值引领、素养导向、能力为重、知识为基"的作用。通过选取适宜的素材和问题情境,让学生在真实的背景下发挥核心价值的引领作用,运用必备知识和关键能力去解决实际问题,着重考查学生学科素养水平。

在核心价值的考查方面,要兼顾学科社会价值、学科本质价值和学科育人价值。

在学科素养的考查方面,要立足于高中学生的化学学习过程,对应化学学习的"学什么""怎么学"和"为什么学"三个方面,构成一个统一的整体。

在关键能力的考查方面,要兼顾知识获取、实践操作与能力认知。

在必备知识的考查方面,要对课程标准的内容进行精细的分类和系统的整合,更全面地反映基础教育层面的化学知识体系。①

---

① 单旭峰.基于高考评价体系的化学科考试内容改革实施路径[J].中国考试,2019(12):45-52.

表 10-2　纸笔测验考查内容的四个维度内涵

目标维度	考查主题	内　　涵
核心价值	学科社会价值	展示中华优秀科技成果对人类发展和社会进步的贡献,激发为中华民族伟大复兴而奋斗的责任感和使命感,弘扬爱国主义情怀等
	学科本质价值	认识化学科学对人类和社会发展、科技进步的重大贡献,让学生秉承可持续发展意识和绿色化学观念,能对与化学有关的社会热点问题作出正确的价值判断,传递化学学科的价值等
	学科育人价值	(1) 领悟科学家的思维方法以及严谨求实、不畏艰难、勇于探索和追求真理的科学精神 (2) 体会化学是一门有魅力的科学,激发学习化学、进行理论创新和应用实践的兴趣,激发学习动力等
学科素养	宏观辨识与微观探析	反映了化学学科研究的本质和特性
	变化观念与平衡思想	体现了部分化学学科本质和主要的思维方法
	证据推理与模型认知	显现了重要的思维方法
	科学探究与创新意识	从实践和操作方面激励实践与创新
	科学态度与社会责任	从态度责任方面进一步揭示了化学学习更高层面的价值追求
关键能力	理解与辨析能力	理解与辨析能力既包括对已学知识的掌握和应用,又包括获取陌生的知识和信息
	分析与推测能力	分析与推测能力是知识的抽象理论到具体应用,包括判断物质结构、分析物质性质、预测反应现象和推断反应结果
	归纳与论证能力	归纳与论证能力是个别现象到一般规律的要求,包括识别有效证据、科学推理论证、处理转化数据和归纳总结规律
	探究与创新能力	探究与创新能力包括设计探究方案、描述实验现象、分析实验数据以及评价探究方案
必备知识	化学语言与概念	化学语言与概念包括的元素符号和方程式等内容是学习化学的关键要素,涵盖了初中化学的内容,是使用化学专业术语的基础
	实验原理与方法	实验原理与方法包括化学品安全使用标识,实验室一般事故的预防和处理方法,常用仪器的主要用途和使用方法,化学实验的基本操作,物质的检验、分离和提纯,实验数据的处理与分析等
	反应变化与规律	反应变化与规律包括电解质溶液、电化学、热力学、动力学等方面的知识
	物质结构与性质	物质结构与性质主要包括原子结构、分子结构和晶体结构,重点是物质结构和性质之间的关系
	物质转化与应用	物质转化与应用将无机物和有机物进行整合,内容包括典型无机物的性质、系列有机物的性质及转化关系

具体而言,在编制和设计纸笔测验试题时,要注意以下三个方面。

(1) 设计纸笔测验的试题,要依据"课程内容"把握学习要求。考核要发挥"立德树人、服务选才、引导教学"的核心功能,不要放在知识点的简单记忆和重现上;不应孤立地对基础知识和基本技能进行测试,注意联系生产、生活实际,取用鲜活的情境,体现实践性和探究性。

案例研讨

纸笔测验试题的设计与选择

【例1】铷在元素周期表中位于第_____周期_____族元素;太阳能电池将_____能直接转化为_____能。

【例2】"逐梦苍穹之上,拥抱星辰大海",航天科技的发展与化学密切相关。下列选项正确的是

A. "北斗三号"导航卫星搭载计时铷原子钟,铷是第五周期ⅠA族元素
B. "嫦娥五号"探测器配置砷化镓太阳能电池,直接将化学能转化为电能
C. "祝融号"火星车利用液态正十一烷储能,正十一烷属于不饱和烃
D. "神舟十三号"航天员使用塑料航天面窗,塑料属于无机非金属材料

【分析】例1孤立地对基础知识进行测试,考核的重点放在对知识简单的记忆上,属于不佳的题型。例2选用了我国航天科技发展的4幅新情境图片,既考查了相关知识的辨识,也强调价值入题,激发学生学习兴趣和爱国情操,属于新课程改革倡导的题型。

---

(2) 重视选编具有实际情境、应用性和实践性较强的试题。这既能了解学生掌握有关知识、技能和方法的程度,又能突出对学生解决实际问题能力的考查;试题可以有适当的探究性和开放性,但不应脱离学生的学习基础和认识水平,防止以"探究""开放"之名出现新的繁、难试题。

(3) 编制联系实际考查学生能力的试题时,情境要真实,避免出现科学性错误;编制联系实际的化学计算试题时,要根据"课程内容"控制试题难度,不要超越学生的知识基础。

2. 题目的认知水平要求

布鲁姆将认知水平分为:识记、理解、应用、评价、创造;考试大纲(说明)中提出了了解、理解、综合应用的认知水平分类。为了便于分析,可将认知要求分为记忆、理解、直接应用和间接应用四种水平,而间接应用又分为分析、评价和创造三种水平。其中:① 直接应用是指在问题解决活动中能够运用所学知识对比较熟悉和比较简单的具体情景进行分析和判断,建立起知识和实际问题之间的直接对应性联系。② 间接应用指的是在问题解决活动中能够运用相应的化学知识对新的、陌生的复杂问题进行分析和说明;对解决新型陌生问题的方案进行评价;以及能够设计新的方案解决新型陌生问题即设计与创造性应用水平。③ 记忆、理解和直接应用水平多指向学生对特定知识本身(内涵、外延)的学习水平的直接考查,而间接应用水平则更强调考查学生对知识的关联、迁移、转换、重组等能力,以及学生将所考查的知识作为认识方式去分析和解决新问题的能力。具体情况如表10-3所示。

表10-3 认知水平要求内涵及示例

认知水平	内涵	题目示例
记忆	对知识要点进行回忆或再认。	【例3】(选择题)有机高分子合成材料的出现是材料发展史上的一次重大突破。下列生活物品中,用有机合成材料制作的是( )。 A. 铝合金门窗　　B. 玻璃钢桌椅 C. 塑料洗衣盆　　D. 建筑陶瓷

续 表

认知水平		内 涵	题目示例
理解		知识本体及相关知识之间关系进行判断、分析和说明。	【例4】(填空题)(1) 分别写出由氧在一定条件下生成下列物质的化学方程式(必须注明反应条件)。 ① O_3：_____ ② Na_2O_2：_____ ③ Na_2O：_____ (2) 指出氧在下列各物质中的化合价： O_3 _____；Na_2O_2 _____；Na_2O _____。
直接应用		能够运用所学知识对熟悉的具体情景进行判断，建立起知识和实际问题的直接对应性联系。	【例5】(填空题)化学知识与生活联系密切。请用下列物质的数字序号填空。 ① 醋酸(CH_3COOH)，② 纯碱，③ 尿素[$CO(NH_2)_2$]，④ 活性炭，⑤ 食盐，⑥ 维生素C。 (1) 家庭制作馒头添加的"碱"是_____。 (2) 除去铝壶中的水垢用_____。 (3) 腌制鱼肉等常用的调味品是_____。 (4) 除去冰箱异味用_____。 (5) 常吃蔬菜水果可补充的物质是_____。 (6) 含氮量最高的常用氮肥是_____。
间接应用	分析	能够运用相应的化学知识对新的陌生的复杂问题进行分析和说明。	【例6】(填空题)某化学探究小组为了验证铁、铜、锌、银的金属活动性顺序，设计了如下实验方案： ① 将铁片加入到稀盐酸中； ② 将铜片加入到硝酸银溶液中； ③ 将锌片加入到稀盐酸中； ④ 将金属片X(表示铁、铜、锌、银中的某一种)加入到Y中。 (该方案中所有金属均已打磨，且形状、大小以及稀盐酸的溶质质量分数均相同。) 请回答：要得出这四种金属的活动性顺序，如果④中Y表示硫酸铜溶液，则X表示的一种金属是_____；如果X表示铜，则Y表示的一种溶液是_____。
	评价	对解决新型陌生问题的方案进行评价。	【例7】(信息迁移题)1995年3月东京地铁发生了震惊世界的沙林毒气事件。毒气是通过呼吸道等途径进入人体引起死亡的，因此，在毒气现场必须穿戴防护衣和防毒面具。有一种生氧防毒面具，它由面罩、生氧罐、呼气管和吸气管等组成。使用时，人体呼出的气体经呼气管进入生氧罐，干燥后，二氧化碳与罐中的过氧化钠(Na_2O_2)反应，产生氧气和碳酸钠，氧气沿吸气管进入面罩。 (1) 请在下框内画上述防毒面具的工作原理图并写出产生氧气的化学方程式：_____。 (2) 若罐中装入超氧化钾(KO_2)代替Na_2O_2也能达到同样的目的。 ① 写出KO_2与CO_2在罐头中反应的化学方程式_____。 ② 若从该罐携带是否轻便考虑，两种物质应选用哪种更好? 答：_____，其原因是_____。
	创造	能够设计新的方案解决新型陌生问题。	【例8】(简答题)当前社会上有一些不法分子，用铜锌合金假冒黄金，进行诈骗活动(铜锌合金为金黄色，俗称黄铜，铜、锌各自保持单质的化学性质)。请你设计一个实验，验证某黄色金属块是真金还是黄铜。要求：写出实验方法、现象和结论。

3. 题目的基本结构

除了考查内容和认知水平要求符合对纸笔评价的要求外,作为一道高质量的试题,题目的结构还要符合命题规范,要保证科学性。题目的结构主要包括:题目直接问点、间接问点、条件信息、背景信息,特别是不同问点之间及其与试题主题之间的关系,以及试题的呈现方式(如语言、图表)等。

此外,编制不同类型的题目有不同的要求和技巧。例如,编制选择题时应注意题干中应包含尽可能多的内容,备选答案要尽可能简短,同时注意备选答案要有较大的迷惑性,作为正确答案的选项又要明确而不易引起争议;编制填空题时,应注意一道题中空格不宜过多也不宜出现在句首,以便于学生了解题意,空格处应该是关键性的词,同时注意要避免一空多答;编制简答题时应注意选择"简单应用"以上的学习水平作为命题依据,对题目的答案范围有明确、具体的限制等。不论编制何种类型的题目,都要注意文字简明、题意清楚。

4. 题目的常见类型

经过多年的化学学业水平考试、中考和高考的命题实践,我国已逐渐形成了一些具有特色的化学纸笔测验试题形式。

(1) 选择题。由题干、备选项和作答位置组成的试题。备选项一般为 4 个。包括单项选择题和不定项选择题等形式。前面[例 3]属于常见的单项选择题。

(2) 填空题。一般是一个不完整的陈述,其中夹有一处或几处空缺,用横线或括号标出,要求填入合适的字、词、句或者数据、化学式等形式的试题。前面[例 4]—[例 6]都属于填空题。

(3) 简答题。是一种由问答题衍变而来、但答案明确而又简短的试题。它的最大特点是考查学生"知其所以然"。前面[例 8]属于简答题。

(4) 信息迁移题。由信息部分和问题部分构成,要求学生根据临场阅读的新信息与已有知识与技能联系并迁移到新的问题情境中的一类试题。前面[例 7]就属于信息迁移题(又称信息给予题)。

(5) 实验题。考核学生实验技能和探究能力的一类题型。主要以实验基本技能题、实验设计题、实验探究题、实验评价题和综合实验题形式呈现。前面[例 7]就属于实验设计题。

(6) 推断题。考核学生应用化学知识技能合理进行推理(有时还要进行计算)、从而作出正确推断的一类题型。主要以物质结构推断题、元素化合物推断题、有机推断题、计算题等形式呈现。

案例研讨

有机框图推断题示例(2022 年全国高考乙卷理综试题)

【例 9】左旋米那普伦是治疗成人重度抑郁症的药物之一,以下是其盐酸盐(化合物 K)的一种合成路线(部分反应条件已简化,忽略立体化学):

已知:化合物 F 不能与饱和碳酸氢钠溶液反应产生二氧化碳。
回答下列问题:
(1) A 的化学名称是_____。
(2) C 的结构简式为_____。
(3) 写出由 E 生成 F 反应的化学方程式_____。
(4) E 中含氧官能团的名称为_____。
(5) 中 G 生成 H 的反应类型为_____。
(6) I 是一种有机物形成的盐。结构简式为_____。
(7) 在 E 的同分异构体中,同时满足下列条件的总数为_____种。
① 含有一个苯环和三个甲基;
② 与饱和碳酸氢钠溶液反应产生二氧化碳;
③ 能发生银镜反应,不能发生水解反应;
上述同分异构体经银镜反应后酸化,所得产物中,核磁共振氢谱显示有四组氢(氢原子数量比为 6:3:2:1)的结构简式为_____。

(7) 化工流程题。以某个具体的工业生产为背景,以流程图形式展示化工生产原理或过程,侧重考核学生解决化工生产实际问题能力的一类试题。

案例研讨

化工流程图示例(2022 年广东高考题)

【例 10】稀土(RE)包括镧、钇等元素,是高科技发展的关键支撑。我国南方特有的稀土矿可用离子交换法处理,一种从该类矿(含铁、铝等元素)中提取稀土的工艺如下:

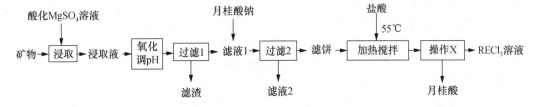

已知:月桂酸($C_{11}H_{23}COOH$)熔点为 44 ℃;月桂酸和$(C_{11}H_{23}COO)_3RE$均难溶于水。该工艺条件下,稀土离子保持+3 价不变;$(C_{11}H_{23}COO)_2Mg$ 的 $K_{sp}=1.8\times10^{-8}$;$Al(OH)_3$ 开始溶解时的 pH 为 8.8;有关金属离子沉淀的相关 pH 见下表。

离子	Mg^{2+}	Fe^{3+}	Al^{3+}	RE^{3+}
开始沉淀时的 pH	8.8	1.5	3.6	6.2~7.4
沉淀完全时的 pH	/	3.2	4.7	/

(1)"氧化调 pH"中,化合价有变化的金属离子是_____。

(2)"过滤 1"前,用 NaOH 溶液调 pH 至_____的范围内,该过程中 Al^{3+} 发生反应的离子方程式为_____。

(3)"过滤 2"后,滤饼中检测不到 Mg 元素,滤液 2 中 Mg^{2+} 浓度为 2.7g/L。为尽可能多地提取 RE^{3+},可提高月桂酸钠的加入量,但应确保"过滤 2"前的溶液中 $c(C_{11}H_{23}COO^-)$ 低于_____mol/L(保留两位有效数字)。

(4)①"加热搅拌"有利于加快 RE^{3+} 溶出、提高产率,其原因是_____。

②"操作 X"的过程为:先_____,再固液分离。

(5)该工艺中,可再生循环利用的物质有_____(写化学式)。

(6)稀土元素钇(Y)可用于制备高活性的合金类催化剂 Pt_3Y。

① 还原 YCl_3 和 $PtCl_4$ 熔融盐制备 Pt_3Y 时,生成 1 mol Pt_3Y 转移_____mol 电子。

② Pt_3Y/C 用作氢氧燃料电池电极材料时,能在碱性溶液中高效催化 O_2 的还原,发生的电极反应为_____。

(8)计算题。考核学生运用化学知识技能进行有关计算的一类题型。计算题可以选择题、填空题、综合题等形式呈现。

案例研讨

化学计算题示例(2021 年 6 月浙江省高考化学选考试题)

【例 11】含硫化合物是实验室和工业上的常用化学品。请回答:

(1)实验室可用铜与浓硫酸反应制备少量 SO_2:

$$Cu(s)+2H_2SO_4(l) = CuSO_4(s)+SO_2(g)+2H_2O(l)$$

$$\Delta H = -11.9 \text{ kJ/mol},$$

判断该反应的自发性并说明理由_____。

(2)已知 $2SO_2(g)+O_2(g) \rightleftharpoons 2SO_3(g)$ $\Delta H = -198$ kJ/mol,850 K 时,在一恒容密闭反应器中充入一定量的 SO_2 和 O_2,当反应达到平衡后测得 SO_2、O_2 和 SO_3 的浓度分别为 $6.0×10^{-3}$ mol/L、$8.0×10^3$ mol/L 和 $4.4×10^{-2}$ mol/L。

① 该温度下反应的平衡常数为_____。② 平衡时 SO_2 的转化率为_____。

(9)开放题。这是一类问题角度开放、思路开放、答案开放的试题。开放题可以激发学生的发散思维,为学生提供了创造空间,侧重考核学生的创新能力和综合能力。

案例研讨

开放题示例(2016年北京市化学高考题)

功能高分子P的合成路线如下:

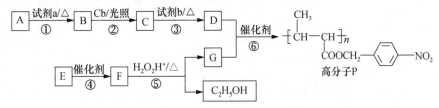

(1)~(6)略

(7)已知:$2CH_3CHO \xrightarrow{OH^-} CH_3\underset{\underset{OH}{|}}{CH}CH_2CHO$

以乙烯为起始原料,选用必要的无机试剂合成E,写出合成路线(用结构简式表示有机物),用箭头表示转化关系,箭头上注明试剂和反应条件。_____

纸笔测验的评分标准一般包括:评分的参考答案、评分办法和具体规定,以及必要的说明。在纸笔测验之后,教师应要求学生自己分析试题,以提高他们自我诊断、自主分析、自我反思与评价的能力。试题分析的要点包括错解析因、正确解答、相关知识和体会等。

(二)活动表现评价

活动表现评价要求学生在真实或模拟的情境中运用所学知识分析、解决某个实际问题,以评价学生在活动过程中的表现与活动成果。学生可以行动、作品、表演、展示、操作、写作和制作档案资料等方式展示学习的过程与结果。在教学中,活动表现评价可以考查学生的参与意识、合作精神、获取和加工化学信息的能力以及科学探究的能力等。观察学生在化学实验活动中的表现,可以了解学生参与实验的积极性、实验技能的掌握情况,评价学生观察、描述和分析实验现象的能力以及实验习惯和科学态度等。

总之,活动表现评价可以考查学生理解和运用知识的水平、分析问题的思路、实验操作的技能、口头或文字表达能力,了解学生观察能力、想象能力、实践能力和创新能力的发展。活动表现评价还能考查学生主动参与学习的意识、思维的品质、情感态度的变化和合作交流的能力等。

教师要注意从不同类型的学习活动中对学生的表现做多次的观察、记录和分析,结合面谈交流等多种形式提高评价的客观性,还可以在学习活动后组织学生对自己和同伴在学习活动中的表现进行自评和互评,提高总结、反思能力。

1. 活动表现评价标准的制订

活动表现评价涉及的内容较为广泛、复杂,容易受活动观察者的主观影响而降低评价的效度和信度,因此活动表现评价的标准应该做到:评价内容维度全面、界定清楚;表现水平的规定应客观、具体,每一项应附有适宜的评定等级或具体说明,提供不同表现水平的样例,为评价者提供具有可操作性的参照。

活动表现评价的对象可以是个人或团体,评价的内容既包括学生的活动过程又包括学生的活动结果。活动表现评价要有明确的评价目标,应体现综合性、实践性和开放性,力求在真实的活动情境和过程中对学生的化学学科核心素养发展情况进行全面评价(表10-4)。

表 10-4　化学实验活动表现评价表

姓名_____　班级_____　模块名称_____　评价时间_____

活动阶段	评价项目	自主评价	小组评价	教师评价
实验准备	(1) 实验探究目标明确 (2) 实验探究方案(a. 自己独立提出的;b. 与同学讨论确定的;c. 教师提供的) (3) 对实验进行了充分的准备,对实验中可能出现的问题进行了分析			
实验过程	(1) 设计的实验方案(a. 合理、简洁;b. 合理、复杂;c. 不合理) (2) 实验操作(a. 实验操作规范;b. 能比较顺利地完成实验;c. 盲目尝试;d. 基本不做,主要观看别人做) (3) 实验记录(a. 能够把观察结果及时准确地记录下来;b. 没有做记录) (4) 遇到疑惑的问题时(a. 自己思考并设法解决;b. 向老师请教;c. 不了了之) (5) 对待他人的建议的态度(a. 思考后有选择地改进;b. 全部采纳;c. 不愿听取)			
实验态度	(1) 实验表现(a. 积极参与;b. 一般;c. 应付) (2) 节约(a. 注意节约;b. 一般;c. 浪费严重) (3) 实验清洁(a. 保持清洁;b. 一般;c. 实验不清洁) (4) 书写实验报告(a. 认真;b. 一般;c. 不认真)			
实验结果	(1) 对于未能解决的问题进行质疑 (2) 思考本次探究的改进及收获,并做了记录 (3) 采用恰当方式表达自己的观点 (4) 积极参与班级小组的讨论、交流			
教师评语		综合等级		

注:评价等级采用 A、B、C、D、E 五级制,其中 A 为优秀,B 为良好,C 为中等,D 为合格,E 为不合格。

需要说明的是,上述评价体系只是罗列了化学实验活动表现的主要方面,而不是全部。另外,根据实际需要,还可以对各具体项目细分等级,这种等级通常以表现性行为的方式加以描述。对于每一目标在各等级上的表现,都应该收集一些实际的样例,以便于判断学生在各类目标上所达到的水平。

资料卡片

10-5　国外活动表现评价发展

活动表现评价近年来在许多国家得到格外的青睐。英国 1988 年后的全国课程改革极为强调仔细的学习目标及表现性测验,重视对研究技能、观察能力、口头技能、交际技能、共事能力、仪器操作能力、调查与设计能力的训练与测评。这些能力的测试主要通过实践作业、书面作业、口头与听力作业、表演这四种类型的课程作业加以实现。实践作业指有指导的实验独立观察、独立完成美术作品及各种动手能力的测试。书面作业既有客观测验,也有抢答题、随笔、课程论文、调查报告、读书笔记、评论、科研项目等。口头与听力作业以及表演作业则主要用于语言、音乐等科目。美国本是十分重视选择题及常模参照测验的国家,但从 20 世纪 80 年代以来,也开始重视制订学习目标并大量设计和应用表现性测验。美国教育测验服务中心(ETS)还设特别部门发展表现性测验。

(黄光扬. 教育测量与评价[M]. 上海:华东师范大学出版社,2002:56.)

活动表现评价的过程大致可以分为四个阶段:评价的准备、评价的实施、评价结果的评定和评价结果的反馈。在准备阶段,教师首先要选择并设计学生的活动,其次要制订评价的目标和标准,最后要确定评价的方式和方法;在实施阶段,教师首先要设置问题情境并且划分学习小组,其次要指导学生设计活动方案和动手操作,最后要对学生在活动中的表现进行观察和记录;在结果评定阶段,教师要根据评价标准组织学生自评、小组互评和教师评价;在评价结果的反馈阶段,教师要根据实际情况确定反馈的具体方式,并将评价结果及时地反馈给学生。

随堂讨论

如果要设计科学探究学习的活动表现评价表,在上述评价表基础上,还应该增加哪些评价项目?

2. 活动表现评价的实施

在学生的实验活动中,应根据评价标准中的每项内容,分别由学生本人、同组同学和教师进行评价,给出相应的分数等级,并进行综合评定。教师给出恰当的评语,指出学生实验中存在的问题。

(三) 学习档案袋评价

学习档案袋评价是指评价者(教师、家长、学生自己或同伴)依据档案袋中的材料,对学生的学习过程和结果所进行的一种客观、综合的评价。建立学习档案是要求学生把参与学习活动的典型资料收集起来,以此反映自己学习和发展历程。建立学习档案可以促进学生对自己学习和发展状况的了解,学会反思和自我评价;加强学生与教师、同学、家长间的沟通和交流;利用学习档案,教师可以更全面地了解、评价每个学生,反思自己的教学,研究怎样改进教学。建立学习档案是学生自我评价的一种重要方式。教师在教学过程中要注意鼓励并指导学生建立自己的学习档案。

1. 学习档案袋评价标准的制订

学生在学习档案中可收录自己参加学习活动的重要资料,如实验设计方案、探究活动的过程记录、单元知识总结、疑难问题及其解答、有关的学习信息和资料、学习方法和策略的总结、自我评价和他人评价的结果等。教师应鼓励学生根据学习档案进行反省和自我评价,将学习档案评价与教学活动整合起来。表 10-5 适用于化学模块学习档案袋评价,即伴随着一个模块的学习,学生便拥有一个化学档案袋;当此模块学习结束时,对档案袋的评价过程也宣告完成。此评价的综合等级将成为模块学分认定的重要依据之一。

表 10-5　化学档案袋评价表

姓名_____　班级_____　模块名称_____　评价时间_____

档案内容		化学作业	模块测验	实验评测	探究报告	作品展示	试卷订正	总结反思	进步或特色
量化等级	自主评								
	同学评								
	家长评								
	教师评								
质性评语	自主评								
	同学评								
	家长评								
教师评语								综合等级	

【注】评价等级采用 A、B、C、D、E 五级制，其中 A 为优秀，B 为良好，C 为中等，D 为合格，E 为不合格。

教师要经常查阅学生的学习档案，从中了解学生的学习态度、对知识的掌握情况；对学生获得的进步和发展，应及时给予肯定和鼓励。还要注意从学习档案中了解学生学习上存在的困难和问题，进行针对性的指导和帮助。要鼓励学生定期整理自己的学习档案，回顾和反思自己的学习情况。可以运用恰当方式组织学生展示、交流学习档案资料，帮助学生了解同伴的进步和发展，取长补短。

2. 学习档案袋评价的实施

教师是学业评价的主要承担者，但也需要学生、同伴和家长等予以协同，以保证评价更加全面，评价结果更为可靠。根据评价任务的不同，有的评价活动在学习过程中同步进行，有的则在学习完成之后进行。

教师可通过对学习全过程的考查，确定学生的学业成就、思维发展情况和情感态度等。建议家长对自己子女在校外的学习状况进行评价，比如学习兴趣、态度和习惯等；要求同伴评价同学在学习活动中表现出来的优缺点；学生个人可对自己的学习现状进行总体分析和总结，反思自己的不足和差距。

10.2.8　化学学习评价结果的解释与反馈

教师在解释评价结果时应根据评价目的选择不同的参照点。对日常教学而言，测验不是为了确定每个学生在群体中的位置，而是为了诊断教育教学中存在的问题，促进每个学生的发展，因此教师要参照教学目标解释评价结果，努力实施有利于学生发展的参照性评价。评价结果要用恰当的方式进行及时反馈。

在化学学习评价结果的解释与反馈中要注意如下几点。[1]

(1) 评价结果应能真实、有效、全面地反映学生的学习情况

做好评价结果的分析和解释，充分发挥评价的诊断功能；做好评价结果的反馈和指导，发挥好评价的激励和发展功能。

(2) 评价的反馈对象为学生、教师、教学管理人员和地方教育行政部门

给学生的反馈，包括评语和数据，基于评价结果对学生的学业表现进行有针对性的分析，并给出进一步提升的建议；给教师的反馈，宜结合日常教学的调研分析，提出具体的教学改进指导建议；给教学管理人员的反馈，需特别关注增值评价和学校的典型经验；给地方教育行政部门的反馈，可以从课程建设、课堂教学改革、教学资源研发和教师专业素养发展等方面，为教育质量提升提供政策性建议。

---

[1] 中华人民共和国教育部. 义务教育化学课程标准(2022 年版)[S]. 北京：北京师范大学出版社，2022：47-48.

10.3 化学教学评价

核心术语

- ◆ 化学教学评价
- ◆ 化学教学评价的功能
- ◆ 学校化学教学工作的综合评价
- ◆ 化学教师的综合评价
- ◆ 化学课堂教学评价

10.3.1 化学教学评价的含义

化学教学评价就是通过一定的方法、途径对教学方案、教学活动及教学效果等问题作出价值判断的过程。它是收集各种教学反馈信息,分析判断化学教与学的状况,制订改进化学教学方案和教学实践的反馈性决策,有效实现化学教育目标和促进师生共同发展的不可或缺的手段。

2020年中共中央、国务院印发的《深化新时代教育评价改革总体方案》指出:坚持立德树人,牢记为党育人、为国育才使命,充分发挥教育评价的指挥棒作用,引导确立科学的育人目标,确保教育正确发展方向。坚持问题导向,从党中央关心、群众关切、社会关注的问题入手,破立并举,推进教育评价关键领域改革取得实质性突破。坚持科学有效,改进结果评价,强化过程评价,探索增值评价,健全综合评价,充分利用信息技术,提高教育评价的科学性、专业性、客观性。坚持统筹兼顾,针对不同主体和不同学段、不同类型教育特点,分类设计,稳步推进,增强改革的系统性、整体性、协同性。坚持中国特色,扎根中国、融通中外,立足时代、面向未来,坚定不移走中国特色社会主义教育发展道路。

资料卡片

10-6 增值评价

增值评价(value-added evaluation)作为一种前沿的教育评价方式,是通过追踪学生在一段时间内学业上的变化,考察学校或教师对学生学业成绩影响的净效应,进而实现对学校或教师效能较为科学、客观的评价。与横向比较的评价方式不同,增值评价是基于学生成绩变化能够精确反映学生学业进步或退步这一假设,旨在判断评价对象的"过去""现在"与"将来"的变化状况,而非对某个时间点的成绩进行评价。

增值评价的最大优势在于克服了横向比较的数据带来的缺陷,但是也有学者指出增值评价两方面的不足:首先,增值分数仅仅是学生学习成绩变化的测量指标,是否能够如实反映学生的能力,如何排除考试环境、学生状态等偶然因素导致的偏误;其次,增值评价是否能够评价所有的变量,例如能否将学生随机分班、学生与教师之间的契合度、父母教师偏好等作为影响增值评价的变量,这些遗漏变量如何解释。诚然,任何一种评价方式都有自身的优势与不足,在探索增值评价的过程中,需要我们着重考虑如何有效地规避其劣势,最大限度地发挥其纵向评价的优势,从而为人的终身发展奠定基础。

增值评价采用进步幅度作为基准,这对于起点高、基础好的学生而言,进步空间会相对变小,进步幅度也更加不明显;因此,应采用相对评价、绝对评价、个体内差异评价等多种评价方式,提升增值评价的合理性。对学生学习结果的原始静态数据与成绩动态变化幅度进行权重赋值,将逐年连续的成绩变化作为评价点,多维度、多视角地考查学生的连续性进步。此外,还需构建各学段学生各学科成绩进步幅度常模,以常模为基础,开发数据追踪查询系统,并将测试成绩进行等值处理,提升增值评价的科学性。

〔朱立明,宋乃庆,罗琳,邹晓东.新时代教育评价改革的思考[J].中国考试,2020(9):15-19.〕

中国化学课程秉承评价改革理念,倡导发展性教学评价,其评价的基本功能是选拔与甄别、诊断与发展、调整与管理,但核心是依据并服务于课程标准和目标,评价目标与课程目标具有很强的对应性。因此,课程目标的多元化决定了评价目标的多元化。突出评价的发展性功能是化学新课程评价改革的核心;突出评价的过程性是开展发展性评价的基本策略。所以化学教学评价的核心内涵乃是要注重学生发展状况的过程性评价,注重评价与教学的一体化,实现评价目标多元化、评价手段多样化,强调形成性评价与终结性评价相结合、定性评价与定量评价相结合、反思性评价与激励性评价相结合,突出评价的整体性、综合性和多样性。

随堂讨论

按照发展性教学评价理念的基本内涵,你认为当前的化学教学评价应该如何改革?

10.3.2 化学教学评价的主要内容

化学课程评价包括以下主要内容:学校化学教学工作的综合评价、化学教师的综合评价和化学课堂教学评价。

(一)学校化学教学工作的综合评价

对一所学校化学教学工作的综合评价要关注化学教学的整体效果,从学生的学反映教师的教。应从多个方面定性与定量相结合,宏观地反映教学全过程的成效。具体评价内容和方法参见表10-6。[①]

表10-6 学校化学教学工作综合评价表

被评学校_____　　　　评价时间_____

评价项目	评价信息采集	评定等级(A、B、C)	
		各项等级	综合等级
(一)学校开课情况	1. ____节/周____计划(填"大于"或"等于") 2. 大于计划____节		
(二)实验开设情况	3. 演示实验应开____个,开出率____% 4. 学生实验应开____个,实开____个,开出率____%		
(三)学生对化学课的满意率	5. 课堂教学满意率____% 6. 实验教学满意率____%		
(四)学生对作业、笔记、考卷等的反思、纠错、整改和习惯	7. ≥80%□ 8. 60%~79%□ 9. ≤59%□		
(五)各种测评平均得分率	10. 形成性测试____ 11. 阶段性测试____ 12. 总结性测试____		
(六)科技活动成果占有率	13. ≥60%□ 14. 20%~59%□ 15. ≤19%□		
考核组评语		考核组组长_____	

---

① 夏正盛.初中化学新课程化学评价方案的研究[J].课程·教材·教法,2004(6):57-62.

考核评价说明：中学化学教学工作综合评价采用定性模糊评价方法。评委对六个主项中的共计15个子项，根据六个主项目的权重，标定本主项目的等级系数，课前评委对给抽样学生每人发一张评价表，说明对主项目的总体评价要求（感觉良好评 A，感觉较好评 B，感觉有些不足评 C），下课时将评价表交给评委标定权重并统计。评委综合评价时，将所有 A、B、C 的系数分别相加，取最大系数的等级为该课的综合等级。

（二）化学教师的综合评价

对教师个体作出客观、公正的评价，有利于调动教师教学的积极性，引导教师按教育规律施教，既有利于提高化学教师的素质，又有利于提高化学教学的质量。具体评价内容和方法见表10-7。[①]

表 10-7 中学化学教师综合评价表

教师姓名_____　　所在学校_____　　评价时间_____

评价主项	评价子项	评定等级（A、B、C）				
		自评(0.2)	教研组评(0.2)	考核组评(0.2)	学生评(0.4)	综合评
基本素质	（1）爱国、爱岗、爱生、敬业程度					
	（2）学识水平、语言表达能力、学习意识、反思进取意识					
	（3）对教育功能、学生发展重要性的认识					
教学能力	（4）贴切把握教材内容、课标要求的能力					
	（5）教学组织能力					
	（6）教学方法、教学手段的运用					
	（7）驾驭课堂、处理突发事件的能力					
教学绩效	（8）学生养成爱学、好学、善思、善用、反省、调整学习习惯的程度					
	（9）学生在能力素养目标的达成程度					
	（10）学生能以化学视角认识物质世界，个性特长得到发展，在发明、小制作、化学竞赛中的表现					
	（11）教师在县级以上报刊、学术会议上发表、交流教学论文					

考核评价说明：为了客观、公平、公正评价化学教师个体，必须多视角采集信息。表 10-7 中 11 个评价子项，四个方面的评价主体分别评出等级，综合栏由考核组处理，权重分配如下：自评、教研组评、考核组评各占 0.2，学生评价占 0.4，然后求和。例如，学生评这一纵行的 11 个子项实评结果为 6A、3B、2C，则综合时计 2.4A、1.2B、0.8C。综合结果以加和后系数最大的等级为准。如 11 个子项四方面评价的和为 3A、6B、2C，则综合评价为 B。

（三）化学课堂教学评价

化学课堂教学评价是对化学教师的课堂教学所进行的评价，主要是对教师课堂教学的行为及其

[①] 周青. 化学教育测量与评价[M]. 北京：科学出版社，2006：207.

效果所进行的价值判断。广义的课堂教学评价通常有过程和结果、教师和学生两个方面的维度。由于前面的内容主要涉及的是学生和教学结果的评价,因此,我们这里的课堂教学评价主要是针对教师的课堂教学过程进行的评价。

为了更好地提高教师的教学设计实施的质量,必须构建合理的课堂教学效果评价方案。评价方案的构建要坚持以下原则:① 评价功能的发展性原则,即评价必须有利于促进学生的科学素养发展和化学教师的专业发展;② 评价方式的多样化原则,即要采用质性与量化相结合的方式,要通过自评、他评和学生评价等多种形式进行评价;③ 评价内容的全面性原则,即不仅要评价教学的结果,还要评价教师对教学目标的确定和落实,注重评价课程资源的开发、课堂上师生的活动等各方面;④ 以学论教的原则,即以学生在课堂上呈现的状态和学习结果来进行评价。思路如图10-5所示。①

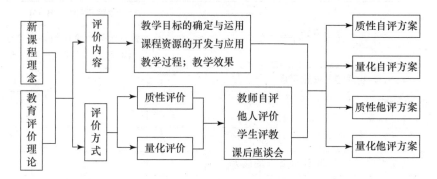

图10-5　化学课堂教学评价方案的构建思路

1. 质性自评方案

质性自评主要是为了让化学教师倾诉、展示自己对已完成的这节课的第一感受,促使教师对已实施的课堂教学进行有条理、有针对性的反思,找出需要研究的问题,为校本教研和行动研究奠定基础。自评就是对教学设计和实施过程进行反思,肯定成绩,找出问题,以便于改进和继续研究。

 资料卡片

10-7　质性自评提纲

(1) 这节课下来,你认为最成功的是什么?有遗憾吗?遗憾在什么地方?
(2) 在这节课的准备、实施过程中,你遇到了哪些困难?是如何解决的?
(3) 在课的进行中,你对原教学设计进行过调整吗?为什么进行调整?效果如何?
(4) 你设计的学生活动都成功实施了吗?效果如何?
(5) 通过课堂观察,你觉得还有几个学生需要课后特殊的帮助?你打算如何帮助他们?
(6) 是否有些学生(如高能生、一般学生、害羞者、女生、缺课者、问题学生)没能或很少从这节课获益?如果有,是否可以避免?

---

① 娄延果,郑长龙. 新课程理念下教师化学课堂教学效果评价方案的构建[J]. 化学教育,2004(6):27-32.

(7) 下次再上这节课时,在教学设计和教学活动的组织等方面你打算做的调整是什么?为什么?

(8) 这节课还存在什么目前无法解决的问题?

2. 量化自评方案

量化评价方案由"评价项目""一级指标""二级指标"这三层由高到低的指标体系构成。用系统分析的方法将化学课堂教学活动分解为多个评价要素,考虑到一线教师接受和使用的方便,采用大家熟悉的术语作为评价项目的名称。一级指标是推断指标,是通过对课堂中外显现象的观察推断出的教师的课堂教学状态;二级指标是观察指标,它们是为推断指标的确定服务的,是课堂中可观察到的教师或学生的外显现象。为充分发挥量化评价对教师的导引作用,二级指标的呈现均采用最理想状态的期待式描述。具体如表10-8所示。

表10-8 教师量化自评方案[①]

评价项目	评价指标		得分
	一级指标	二级指标	
教学目标 (12分)	1. 全面性(4分) 2. 可行性(4分) 3. 导引性(4分)	目标包含核心素养三个维度 目标准确、具体,适合学生的发展水平 教师适时展示目标,学生在学习过程中受目标导引	
教学内容 (24分)	4. 课程资源开发充分(6分) 5. 内容选择恰当(6分) 6. 内容组织有序(6分) 7. 内容呈现形式有效(6分)	教师利用了教科书、社会、生活、校园周围、师生经验等各种素材 教学内容都为目标落实服务,容量合理 教师按一定主线组织所选素材,层次逻辑关系清楚 采用文本、实物、实验、讨论、信息技术等多种形式呈现教学内容	
教学方式 (25分)	8. 创设学习情境(5分) 9. 组织学生全方位参与(5分) 10. 教师问题意识强烈(5分) 11. 培养学生科学方法(5分) 12. 激发学生情感参与(5分)	师生共同创设真实、生动的学习情景,激活已有经验和情感 学生在实验、合作中进行自主探究 学生的学习受高质量问题的驱动,能提出有价值的新问题或问题解决的方案 学生运用比较、分类、归纳、概括等方法得出结论,能得到老师的恰当指导 学生对自然现象、化学实验、科学知识有强烈的兴趣和探究愿望,体验学习过程的快乐和成功的喜悦	
教师行为 (15分)	13. 教师教学基本素质(5分) 14. 积极的激励与期待(5分) 15. 恰当的课堂管理(5分)	教师有较好的语言表达、板书、演示、实验技能、体态语等素质 学生的表现能及时得到强化,意见被尊重,得到积极的教师期待 课堂时间利用率高,学生的问题行为得到恰当处理	

---

① 娄延果,郑长龙.新课程理念下教师化学课堂教学效果评价方案的构建[J].化学教育,2004(6):27-32.

续表

评价项目	评价指标		得分
	一级指标	二级指标	
学习评价 （10分）	16. 评价形式多样（5分） 17. 评价内容全面（5分）	学生学习活动评价采用自我评价、活动表现评价、命题评价等多种形式 既评价知识的获得，又评价参与状态	
教学效果 （14分）	18. 目标达成良好（5分） 19. 目标调整价值高（4分） 20. 促进学生全面发展（5分）	教学目标中的学习目标都能完成和实现 目标调整的时机恰当，对课程总目标的落实价值高 与前、后课配合，使全体学生的科学素养在原有的基础上有所发展	
凸显特点	21. 新课程理念凸现		

说明："教学效果"评价中，若教师在课堂上没有临时调整教学目标，请将第19条的4分分解到该项目中的另两个方面，即将第18条"目标达成良好"变成7分，第20条"促进学生全面发展"变成7分。凸显特点一项，不在总分之内，由评价者判断教学活动在哪些方面（可以是前20条内，也可以是之外的）特别突出了新课程理念，参照前20条给分，有几条给几条，但必须注明特点内容。

3. 量化他评方案

基于评价功能的充分发挥和使用方便的考虑，教师化学课堂教学效果他评方案可以和教师自评的量化评价方案合二为一，设计为同一量表。可以采用上述两个量表中的同一个。这样的设计主要是为了在评价后，双方可以方便地就表征课堂教学情况的各项进行对比、分析，便于交流、阐述各自的观点，达到肯定共识、交换不同意见的目的。诚然，对课堂现象观察的角度，授课者本人与听课者是不会完全相同的，这差别正构成了各自作为评价主体的优势，这优劣正是他评与自评契合的结合点，是评价功能实现的最主要途径。

许多学校为了统一管理教学，帮助各个学科教师能自觉地依照教育、教学规律进行课堂教学，不断提高教学质量，制订了适合于各学科教学而又不削弱学科特点发挥的课堂教学评价量表。下面是其中的一份（表10-9所示）。它比较适合于教师自评、同行评价和教育教学管理人员对课堂教学进行评价，可供参考。评价量表突出新课程实施的几个方面的要求：整合三维学习目标、创设学习情境、倡导自主合作的学习方式、体现新型的师生关系。

为了帮助教师实现教育理念的更新，提高教学质量，在总评中要从以上诸方面分析考察教师在课堂教学设计中关注什么、表现出什么样的教育理念和教学思想；对课堂教学效果和学生学习效率作出初步判断。

为了强化评价对发展教师专业水平的促进功能，鼓励教师教学的创造性，评价结果的表述要淡化量化评分，总评采用等级加评语的方法，主要作定性描述，倡导教学反思，提出教学改进建议。

表10-9 化学课堂教学评价表[①]

评价指标		评分栏				说　明
母　　项	子　　项	A	B	C	D	
教学目标/(12%)	(1) 符合课标要求　体现教材特点	4	3	2	1	(1) 评估人根据评估要素及要求在评分栏打分(在相应的分值上打√),然后将各分值相加,得出总分,再转换成评估等级 (2) 分数转换评估等级:100~85分为优,84~74分为良,73~60分为合格,60分以下为不合格 (3) 评估人由专家、教师、学生、家长等多元参与
教学目标/(12%)	(2) 面向全体学生　切合学生实际	4	3	2	1	
教学目标/(12%)	(3) 明确三基要求　渗透情感教育	5	4	3	2	
教学内容/(20%)	(4) 教学容量适当　重点关键突出	5	4	3	2	
教学内容/(20%)	(5) 难易把握适度　联系学生实际	5	4	3	2	
教学内容/(20%)	(6) 拓展延伸适宜　依据及时调整	5	4	3	2	
教学内容/(20%)	(7) 是否科学健康　培养健全人格	5	4	3	2	
教学方法/(20%)	(8) 创设课堂情景　调动学习动因	5	4	3	2	
教学方法/(20%)	(9) 教学步骤合理　课堂结构科学	5	4	3	2	
教学方法/(20%)	(10) 方法灵活多样　媒体运用恰当	5	4	3	2	
教学方法/(20%)	(11) 讲练有机结合　导给学习方法	5	4	3	2	
学习状况/(20%)	(12) 学习目标明确　学习兴趣浓厚	5	4	3	2	
学习状况/(20%)	(13) 实验操作规范　参与探究积极	5	4	3	2	
学习状况/(20%)	(14) 善于观察思考　常能提出问题	5	4	3	2	
学习状况/(20%)	(15) 愿意交流合作　与人配合默契	5	4	3	2	
教师行为/(16%)	(16) 授课精神饱满　教态亲切民主	5	4	3	2	
教师行为/(16%)	(17) 教学思路清晰　引导点拨得法	6	5	4	3	
教师行为/(16%)	(18) 语言生动准确　演示板书规范	5	4	3	2	
教学效果/(12%)	(19) 学生情绪饱满　思维活动活跃	5	4	3	2	
教学效果/(12%)	(20) 学生反馈正确　智能活动有效	5	4	3	2	
教学效果/(12%)	(21) 设计风格独特　达到教学目标	5	4	3	2	
评估总分			评估等级			

说明:本评价表一改过去只重教师"教"和偏重教学结果的倾向,在化学课堂教学的评价及权重上更符合新课标的要求,突出了全面性、发展性和主体性。计含"母项指标"6项和"子项指标"21项,量分等级"A、B、C、D"四级,评估人也不只是专家、教师,而是学生、家长、专家、教师等多元参与,以真正促进课堂教学质量的提升。在评估表的"母项指标"中,共列了"教学目标、教学内容、教学方法、学习状况、教师行为、教学效果"这6项评估指标,同时又列出相应的更细的可操作性的子项指标。例如"教学目标"大项下,给出了具有明确度、适切度、科学性和教育性几项要素。所谓"明确度"是指教学目的明确,符合"三维一体"的新课标教学要求。所谓"适切度"是指课堂教学目标既能符合课标要求、体现新教材特点,又能切合教师、学生的实际,做到适度、适量。

4. 质性他评方案

对质性他评方案的要求:① 要与量化评价相互补充、互相印证;② 不求全面,但强调新课程特别关注的理念的落实;③ 采用建议性评价提纲的方式。

听课人员在课后或课中,可以根据自己的感受,对这节课作出质性评价,目的是除了肯定课程的成功之处,还要找出可以改进的地方,以实现共同提高。

[①] 周雪春.新课程下高中化学教学评价的探索与实践[J].化学教育,2006(5):25-27+31.

资料卡片

10-8 质性他评提纲

（1）教师制订的本节课的教学目标恰当吗？还有可改进的余地吗？从学生的学习成效看，这节课实现的教学目标有哪些？

（2）该教师的教学技能如何？优势是什么？劣势是什么？

（3）除教科书外，教师开发利用了哪些课程资源？（如社会生活、生产实践、新闻事件、学生经验、教师经验、课堂中的偶发事件等）对这些资源的筛选、组织如何？

（4）课堂中，教师提出了哪些驱动性的问题，用以引发学生的思考和讨论？

（5）课堂中，学生提出了哪些有探究价值的问题、解决问题的方案？或者根据事实、资料是否对其进行了比较、分类、归纳或概括等？

（6）在课程进行中，该教师运用了哪些方式对学生的学习方式进行评价？这些评价起到了什么作用？还可以有什么改进？

（7）在学生充分讨论和思考的基础上，教师是如何抓住了有利的时机、事实、证据对学生进行有效的认知干预，促使其认识和观点获得发展的？

（8）这节课最大的特点是什么？最成功的是什么？最遗憾的是什么？

（9）从这节课中发现的，在课程改革中需要继续研究的问题是什么？

（10）就该教师的教学风格发展和专业水平，你提出的建议是什么？

本章小结

1. 化学学习的测量，按考试目标划分有诊断性考试、形成性考试、终结性考试和学能倾向性考试；按考试参照标准划分有目标参照考试和常模参照考试。新课改倡导表现性测验，其形式多种多样，如采用口头测验、论文式测验、演示以及实验技能教学考试等。

2. 化学教学评价包括针对学生学的评价和针对教师教的评价。针对学生学的评价也叫化学学习评价。随着新课程改革的推进，化学学习评价观发生了较大的变化。化学学习评价的目的是促进学生科学素养的主动、全面发展；评价的主体不仅仅是教师，还包括学生；评价的内容紧紧围绕化学学科核心素养和化学学业质量标准，强调评价内容的真实性和情境性，强调过程性评价与结果性评价的统一；评价的方法除了纸笔测验以外，还有档案袋评价和活动表现评价。根据比较的不同标准，可以把化学学习的评价分为相对评价、绝对评价和个人内差异评价。常模参照评价是一种相对评价。

3. 纸笔测验应关注学生核心价值、学科素养、关键能力、必备知识的发展。纸笔测验作为一种测量工具，应保证其科学化。它的科学化主要是指测试的误差小，并能对测试误差进行估计和控制，使考试有理想的信度和效度。标准化考试一般用效度、信度、难度、区分度和标准差等量化指标对考试的质量进行评价。

4. 活动表现评价是化学新课程实施中，最有利于促进学生学习方式改变、提高学生科学素养的一种评价方法。这种评价是在学生完成一系列化学学习任务的过程中进行的。它通过观察、记录和分析学生在各项学习活动中的表现，对学生的参与意识、合作精神、实验操作技能、探究能力、分析问题的思路、知识的理解和应用水平以及表达交流技能等进行评价。活动表现评价要有明确的评价目标，应体现综合性、实践性和开放性，力求在真实的活动情境和过程中对学生在知识与技能、过程与方法、情感态度与价值观等方面的进步与发展进行全面评价。

5. 学习档案袋评价是指通过建立学习档案，以体现和评价学生个性发展和成长过程的一种评价方法。档案袋在教师的指导下,主要由学生本人来完成,以逐步养成自我反思、对自己负责的习惯。它在评价学生发展过程方面具有纸笔测验无法比拟的优点,但也存在局限性,在使用时应慎重,避免一哄而上、盲目推广的倾向。

本章思考题

1. 化学新课程实施中,最有利于促进学生学习方式改变、提高学生科学素养的一种评价方法是(   )。
   A. 纸笔诊断性测验　　　B. 纸笔总结性测验　　　C. 档案袋评价　　　D. 活动表现评价

2. 高水平学生在测验中能得高分,而低水平学生只能得低分,说明该测验下列哪种质量指标高?(   )
   A. 效度　　　　　　　B. 信度　　　　　　　C. 区分度　　　　　D. 难度

3. 不同类型的习题对巩固知识、发展学生创造力有不同的作用。在化学习题选择时应注意(   )。
   ① 寻找真实情景作为素材　　　　　　② 贴近学生的实际生活
   ③ 增加习题训练数量　　　　　　　　④ 增加开放题和实践题比例
   A. ①②③　　　　　　B. ①②④　　　　　　C. ②③④　　　　　D. ①③④

4. 某化学教师在教授"化学反应与能量"一章内容结束后,为了调控教学,进行了一次单元测试,这种测试是(   )。
   A. 安置性测验　　　　B. 形成性测试　　　　C. 诊断性测试　　　D. 总结性测试

5. 纸笔测验是一种重要而有效的评价方式,在化学教学中运用纸笔测验,重点不宜放在(   )。
   A. 对化学知识的识记和重现　　　　　B. 对元素化合物知识的认识
   C. 对化学概念原理的理解　　　　　　D. 对STSE相互关系的理解

6. 在化学教学中,某教师要求学生把参与学习活动的典型资料收集起来,以此反映自己学习和发展历程。这种评价方式属于(   )。
   A. 纸笔测验　　　　　B. 活动表现评价　　　C. 学习档案袋评价　D. 终结性评价

7. 以下是一道初三练习题。
   "能源和环境"是世界各国共同面临的问题,我国各地正在进行"资源节约型""环境友好型"两型社会建设,保护环境、节约能源要从我做起。下列做法错误的是(   )。
   (1) 尽可能用太阳能热水器代替电热水器
   (2) 养成及时关掉水龙头和人走关灯的习惯
   (3) 用洗脸水冲厕所,将废报纸、空酒瓶等送到废品收购站
   (4) 将生活垃圾、建筑垃圾装在一起丢入垃圾箱
   该题的答案为(4),这道试题所考查的素养是(   )。
   A. 宏观辨识与微观探析　　　　　　　B. 变化观念与平衡思想
   C. 科学探究与创新意识　　　　　　　D. 科学态度与社会责任

8. 简述诊断性考试、形成性考试、终结性考试、目标参照考试、常模参照考试、标准化考试的含义及功能。

9. 什么是化学教学评价?良好的化学教学评价活动应具备哪些特征?国外化学考试与评价发展趋势如何?

10. 中学化学学业评价方式主要有哪些?在实施及其对评价结果的解释与反馈时应注意哪些问题?

11. 请你查找有关化学教育期刊或"中国学术期刊全文数据库"中的有关文献,运用案例来说明新课程化学教育测量与评价改革的新理念。

12. 简述化学考试的基本环节。编制一份高中化学必修课程第一册(人教版)模块"命题多维细目表",并在此基础上设计一套该模块的化学纸笔测验试卷。

13. 参与或通过调研,了解目前中学化学课堂教学评价是怎样进行的?从中你受到什么启发?如果你是一位中学化学教师,你将从哪些方面来评价一堂化学公开课?

14. 简述化学档案袋评价、化学学习活动评价的含义及其评价方法。

15. 中学化学测验试题的主要类型有哪些？如何编制化学纸笔测验试卷？
16. 简述化学教学评价的基本环节，说明化学课堂教学评价方案有哪些？
17. 综合分析题。

    (1) 氢氧化钠是化学实验室中常用的试剂。氢氧化钠固体暴露在空气中，容易_____，还能_____，所以必须密封保存。

    (2) 该题目还有另一种拟命方法，即陈述为：

    氢氧化钠在空气中容易变质，必须密封保存，其可能的原因有_____。

    请比较这两种命题方式的异同，并分析其不同的考查价值。

18. 将 pH＝8 和 pH＝10 的两种氢氧化钠溶液等体积混合，混合后溶液中的 $c(H^+)$ 最接近于( )mol/L。
    A. $(10^{-8}+10^{-10})/2$ B. $(10^{-8}+10^{-10})$ C. $(10^{-14}-5\times10^{-5})$ D. 2×10^{-10}

    上面是某学校化学测试中的一道题，回答下列问题：

    (1) 分析学生可能出现的解题错误及原因。

    (2) 本题正确答案为_____，解题思路为_____。

19. 某化学教师在一次化学测验中设计了下列试题，并对部分同学的解题结果进行了统计和分析。

    【试题】某同学设计了一个实验方案，用以检验淀粉的水解情况：

    方案：淀粉液 $\xrightarrow{\text{硫酸}}$ 水解液 $\xrightarrow[\triangle]{Cu(OH)_2}$ 无红色沉淀 [$Cu(OH)_2$ 为悬浊液]

    结论：淀粉完全没有水解。

    讨论上述方案的设计及结论是否正确？请简述理由。

    【考试结果】有 32.6％ 的学生提交的错误答案是：设计的方案和结论均正确。因为没有红色沉淀生成，证明溶液中没有水解产物葡萄糖，所以淀粉完全没有水解。

    根据以上信息，回答下列问题：

    (1) 你认为正确的答案是_____。

    (2) 试对学生解题错误形成的原因进行分析和诊断。

    (3) 请设计一个实验方案，证明淀粉是否完全水解。

参 考 文 献

[1] 教育部考试中心．中国高考评价体系[M]．北京：人民教育出版社，2019．

[2] 王克勤．化学教学论[M]．北京：科学出版社，2006．

[3] 郑长龙．化学课程与教学论[M]．长春：东北师范大学出版社，2018．

[4] 阎立泽．化学教学论[M]．北京：科学出版社，2004．

[5] 王后雄．高中化学新课程教学案例研究[M]．北京：高等教育出版社，2008．

[6] 周青．化学教育测量与评价[M]．北京：科学出版社，2006．

[7] 王后雄等．初中升学考试标准及实施大纲(化学)[M]．北京：教育科学出版社，2003．

[8] 莫景祺，朱德全．美国基础教育教师教学评价述评[J]．课程·教材·教法，2001(3)：68-71．

[9] 单旭峰．基于高考评价体系的化学科考试内容改革实施路径[J]．中国考试，2019(12)：48-55．

[10] 单旭峰．高考化学学科关键能力的建构思路、基本内涵与考察实施路径[J]．课程·教材·教法，2022(6)：139-146．

[11] 郑长龙，周仕东．化学实验教学中的活动表现评价方法[J]．中学化学教学参考，2004(1-2)：82-84．

[12] 娄延果，郑长龙．新课程理念下教师化学课堂教学效果评价方案的构建[J]．化学教育，2004(6)：27-32．

[13] 周雪春．新课程下高中化学教学评价的探索与实践[J]．化学教育，2006(6)：25-27＋31．

［14］唐力等.化学探究式教学评价指标及其试测的研究[J].化学教育,2003(10)：16-20＋23.
［15］孙研,王后雄.化学情境化试题的内涵、类型及命题思路[J].课程·教材·教法,2023,43(3)：132-139.
［16］王后雄.基于化学核心素养的高中学业水平考试命题策略[J].课程·教材·教法,2018,38(4)：87-95.
［17］王后雄.高中化学新课程学业评价的设计与实施[J].教育测量与评价理论版,2009(10)：26-33.
［18］王后雄.新课程下高考化学试题内容选材及能力结构要素分析[J].教育科学研究,2007(8)：22-28.
［19］王后雄.中考化学考试标准及试卷技术指标构想[J].课程·教材·教法,2007(4)：58-63.
［20］闫蒙钢,马旭明.SOLO分类法在化学开放性试题评价中的应用初探[J].化学教育,2007(12)：33-34.
［21］王后雄.新课程高考化学质量评价标准及试卷结构技术指标构想[J].中学化学教学参考,2008(6)：45-50.
［22］王后雄.新课程高考化学命题设计的初步研究[J].中国考试(研究版),2008(6)：13-21.
［23］王后雄.基于"素养为本"的高中化学学业水平考试命题研究[J].中国考试,2018(1)：27-38.

第 11 章 信息技术在化学教学中的应用

> 信息技术与课程整合包括教学理念的更新与重整,计算机辅助教学与教学理论的有机结合、教学模式的开发、制作课件与利用课件教学、教学方法的跟进等。信息技术与课程整合要在一定的学习理论指导下,教学才是有效的和有意义的。
>
> ——钱扬义

本章学习目标

通过本章学习,你应该:

1. 了解信息技术与化学教学整合的历程和现状,知道整合的含义和整合的内容,了解信息技术与化学教学整合的途径;
2. 知道常见的化学课程与教学资源,初步学会开发和利用化学课程与教学资源;
3. 辩证地认识多媒体技术在化学教学中的应用,了解多媒体辅助教学的各种功能和可能产生的负面效应;
4. 能恰当选用教学媒体辅助化学教学,整合多种教学资源,提高化学教学效率;
5. 了解网络技术在化学教学中的应用,知道 Webquest 这种新型学习方式的构成要素、特点以及它应用在化学教学中时需要注意的问题。

11.1 信息技术与化学教学的整合

核心术语

- ◆ 信息技术
- ◆ 教育信息化
- ◆ 计算机辅助教学
- ◆ 整合目标
- ◆ 整合内涵
- ◆ 资源开发与利用

飞速发展的科学技术推动着人类全面进入了信息化时代,跨世纪的教育信息化浪潮伴随着世界性新一轮的基础教育改革席卷全球。信息时代的知识爆炸,要求信息素养必须成为每一位公民必备的基本素质,信息的获取、分析、加工和利用能力与传统的读、写、算能力一样重要。这必然对我们的教育提出前所未有的挑战,但同时信息技术(Information Technology,简称 IT)也提供了应对这些挑战的途径和方法。化学教育信息化是实现化学基础教育跨越式发展的必经之路,而实现这一目标的基本策略是实现信息技术与化学教学的整合。

随堂讨论

● 我国著名科学家钱学森也曾对未来教育做了如下论述:"未来教育=人脑+计算机+网络",你如何理解这个论述?

11.1.1 信息技术与化学教学整合的含义

信息技术与学科教学整合是教育信息化的核心内容,以计算机为核心的信息技术的应用是促进教学改革的重要内容。与传统教学相比,基于信息技术环境下的教学具有跨时空、大信息量、交互性和个性化的特点,具有方便的学习资源和方便的获取方式。在这样的环境中,传统教学中教师、学生的角色定位有所不同;教与学的方式有较大的改变,最终将涉及教学结构的变革。

整合就是指一个系统内各要素的整体协调、相互渗透,使系统各要素发挥最大效益。相应地我们可以把教育、教学中的整合理解为"教育、教学系统中各要素的整体协调、相互渗透,以发挥教育系统的最大效益"。早期提出"整合"思想的是美国的"2061 计划",特别强调公民应具有将自然科学、社会科学与信息技术相结合的科学文化素质。在国外的教学研究中,整合是指信息技术辅助教学要达到较高水平,要使现代信息技术与学科教育融合为一个整体,达到提高教育质量使之适应现代化社会对教育的需求。

资料卡片

11-1 信息技术与课程整合中的不同作用

我国台湾地区学者把信息技术在教学中的角色分为五个等级,从等级 0 到等级 4,见表 11-1。

表 11-1　信息技术在教学中的角色

项　目	描　述
无(等级 0)	教学中没有使用任何的信息技术,信息技术在教学中未扮演任何角色
分离(等级 1)	信息技术被用来教学生如何使用信息技术;信息技术与其他课程内容没有连接,或连接性很低
补充(等级 2)	师生偶尔使用信息技术来教学与学习;信息技术在既有的教学活动中被视为补充的角色
支持(等级 3)	在大部分学习活动中需要用到信息技术;信息技术在教学中扮演着支持的角色
整合(等级 4)	在日常的教学活动中,师生很自然地使用信息技术来教学与学习;信息技术被延伸地视为一项工具、一个方法或一种程序

自 2000 年起,我国开始出现并使用"信息技术与学科课程整合"这一提法。2001 年,教育部发布《基础教育课程改革纲要》,提出"大力推进信息技术在教学过程中的普遍应用,促进信息技术与学科课程的整合,逐步实现教学内容的呈现方式、学生的学习方式、教师的教学方式和师生互动方式的变革,充分发挥信息技术的优势,为学生的学习和发展提供丰富多彩的教育环境和有力的学习工具。"在

信息技术与课程资源整合的层面上,李伟明等认为存在四个层次:①

(1) 素材类教学资源建设。可将其理解为我们经常所说的课件制作以及一些教学资料的获得。

(2) 课程资源建设。也就是网络型的教材、教学资源的建设,是已经系统化了的教学资源。

(3) 教育资源管理系统的开发。

(4) 教学应用平台的开发。

可以说,"整合"是以计算机为核心的信息技术在学科教学应用中的最高阶段。

随堂讨论

- 根据你的了解,试说明信息技术与化学教学应该如何整合?

11.1.2 信息技术与化学教学整合的内容

信息技术与化学教学整合是指在化学教学过程中把信息技术、信息资源、信息方法、人力资源和化学教学内容有机结合,共同完成化学教学任务的一种新型的教学方式。信息技术与化学教学整合的本质与内涵是要求在先进的教育思想、理论的指导下,把计算机及网络为核心的信息技术作为促进学生自主学习的认知工具与情感激励工具、教学情境的创设工具,并将这些工具全面地应用到化学教学过程中,使各种教学资源、各个教学要素和教学环节、教学内容及教学结构,经过整理、组合、相互融合,在整体优化的基础上产生聚集效应,从而促进传统教学方式的根本变革,达到培养学生创新精神与实践能力的目标。

信息技术与化学教学整合主要包含以下内容。

(1) 把信息技术有机地融入化学教学中,就像教师使用黑板和粉笔、学生使用纸和笔一样自然、流畅。信息技术要既要用于教师的教,又要用于学生的学,并且需不断开发多种有效的运用形式。

(2) 以系统论的观点综合运用传统媒体和信息技术手段,做到优势互补、相得益彰。

(3) 以认知心理学和建构主义学习理论为指导,利用信息技术手段改变课堂教学模式和学生的学习方式,逐步建立起"主导-主体"相结合的教学结构。

(4) 利用信息技术手段设计、开发和管理各种教学资源,创建信息化教学环境。

(5) 在化学教学中学习和使用信息技术,培养学生的信息素养,使信息技术的目的和手段相统一。②

11.1.3 信息技术与化学教学整合的途径

可以从多种途径实现信息技术与化学教学的整合,其核心是要在认知理论、建构主义学习理论、人本主义学习理论和传播理论指导下,以系统科学的观点,对化学教学中信息技术的应用进行整体、系统的设计与实施。

信息技术与化学教学整合是提高学生信息素养和课程素养的一个重要策略。通过这种整合的方式,创造信息化的学习环境,把信息资源和学习方式纳入化学课程学习过程中,使学生有效地使用信

---

① 李伟明. 信息技术与课程整合的探索[M]. 广州:广东教育出版社,2003:6.
② 王克勤. 化学教学论[M]. 北京:科学出版社,2006:278.

息技术,通过合作、探究等方式进行学习,达到创新精神和创造能力的培养目标。

资料卡片

11-2　信息技术与化学教学整合的途径

● 建构新型教学环境的整合

(1) 硬环境(设施、资源、平台)和软环境的构建;

(2) 开发利用数字化资源:开发校本部资源、利用网络资源。

● 基于数字化学习方式的整合

(1) 情境创设——自主探究(发现式学习);

(2) 资源利用——主题探索(研究性学习);

(3) 网上学习——协作探究(合作式学习)。

〈王克勤. 化学教学论[M]. 北京:科学出版社,2006:281-283.〉

11.1.4　化学课程教学资源开发与利用

充分开发和利用化学课程教学资源,对于丰富化学课程内容,促进学生积极主动地学习,提高化学教学效率,具有重要意义。

化学课程教学资源开发与利用主要包括以下几个方面:[①]

(1) 加强化学实验室建设;

(2) 配备和组织开发文本资源;

(3) 重视信息技术资源建设;

(4) 建设和利用社会教育资源。

案例研讨

> 如果你地处石灰石等矿产资源丰富的山区或地处硫酸厂附近的城郊,试说明如何进行化学课程教学资源开发(从现场调研、校本部研究等方面)和课程资源利用(从情境创设、课堂探究、课外研究性学习、社会实践活动等方面)?

化学课程与教学资源的丰富性和适切性程度决定着化学教学目标的实现范围和实现水平。设计贴近生活、贴近社会的化学学习任务,开展丰富多彩、生动活泼的化学学与教活动,都离不开化学课程教学资源的开发与利用。所谓"开发",就是探寻有利于化学学与教活动开展的一切有利因素;所谓"利用",就是要充分挖掘已开发出来的化学课程教学资源的教学价值。所以化学课程教学资源的开发与利用是密切联系在一起的,开发是利用的前提,利用是开发的目的,而开发的过程包含着一定的利用,在利用过程中也会促进资源的进一步开发。除了教科书以外,各种其他化学教材、实验器材与药品、教师与学生的实践经验、信息化资源、生产生活中素材以及学校与社区资源等,都是化学课程教学中常见的资源。

---

① 中华人民共和国教育部. 义务教育化学课程标准(2022 年版)[M]. 北京:北京师范大学出版社,2022:53-55,57-61.

11.2 信息技术在化学教学中的应用

核心术语

- ◆ 多媒体技术　　　　◆ 情景虚拟与仿真　　　　◆ 实验模拟
- ◆ 基于网络学习教学　◆ 网络技术　　　　　　　◆ Webquest

化学教学论作为高等师范院校化学教育专业的一门必修课,其设置要符合高等师范院校人才培养的总目标——随着信息技术的发展及其在化学教学中的广泛应用,传统的化学教学将从内容、形式、方法和教学组织等方面产生巨大的变革。

11.2.1 信息技术在化学教学中的应用

化学教学是由化学教师、学生和化学教学媒体等诸要素组成的一种复杂的系统。化学教学媒体是化学教学系统中的物质要素,既包括化学教材(文字教材和音像教材)、化学教具(模型、图表等)、化学实验设施,也包括以计算机多媒体与网络技术为主的现代信息技术。

在化学学科教学中,信息技术的作用主要包括以下几点。

(1) 作为获取化学教学资源的工具。如采用各种搜索引擎、直接输入网站以及通过邮件列表获取所需资源。

资料卡片

11-3　化学教学资源常用网站网址

表 11-2　化学教学资源常用网站网址

网站名	网　址
K12 化学栏目	http://www.k12.com.cn
NB 化学实验室	https://hx.nobook.com/console/templates/resource/
在线元素周期表	http://tools.jb51.net/static/code/periodictable/index.html
中学化学资料网	http://www.e-huaxue.com/
基础教育精品课	https://jpk.eduyun.cn/portal/html/jpk/1.html
国家中小学智慧教育云课堂	https://basic.smartedu.cn/syncClassroom
中国化学会	https://www.chemsoc.org.cn/
美国化学会化学教师资源中心	http://www.lapeer.lib.mi.us/chemcom/index.html
英国化学资源指南	http://www.chemdex.org

(2) 作为创设情境的工具。根据一定的课程学习内容,利用多媒体及网络技术创设有趣的、真实的、存在着问题的社会、自然情境,让学生具有真实的情境体验,在特定的情境中理解化学。通过在所呈现的情境中观察、分析、思考,激发学习兴趣,提高观察和思考能力;通过对问题情境的思考、探索,

学会从中发现问题、解决问题;通过虚拟实验环境中操作、观察现象、读取数据、科学分析,培养学生的科学研究态度和能力,掌握科学探索的方法与途径。

(3) 作为协商、交流、讨论的工具。学生可以借助腾讯会议、NetMeeting、InternetPhone、ICQ、E-mail、ChatRoom、BBS等网络通信工具,实现相互之间的交流,参加各种类型的对话、协商、讨论活动。

(4) 作为知识建构、创作实践和表达交流的工具。如利用文字处理、作图、排版、演示文稿等工具,通过信息集成工具、网页开发工具,组织、甄别、整合信息,建构意义。

(5) 作为自我测评和学习反馈的工具。学生通过使用数字化的试题库及其测评、分析、管理系统进行学习水平的自我评价。

11.2.2 多媒体技术在化学教学中的应用

多媒体技术是多媒体计算机技术的简称,其含义是综合处理文本、图形、图像、音频、视频等多种媒体信息,使各种信息之间建立逻辑连接,并集成为一个具有交互系统的计算机技术,信息载体的多样性、集成性和交互性是多媒体技术的核心特征。

(一) 多媒体辅助化学教学的功能

1. 帮助教师提高化学教学效率

(1) 计算机视频技术或动画技术可以实现情境虚拟与仿真,从而使教学内容形象化、直观化,通过各种感观刺激形成全方位的化学图像,给大脑以丰富的思维加工的素材,从而起到优化教学过程,降低学习知识难度,极大地提高了学习效率。

资料卡片

11-4 多媒体可以实现下列内容的直观性与形象化

(1) 对于现象不明显的实验。通过模拟将"现象"放大。

(2) 严重污染、较危险的,在一般实验室条件下不能完成的实验,需要反复观察现象的实验和现象不明显的实验,利用多媒体模拟实验演示能有效地解决问题。

(3) 微观概念、微观结构及反应机理。利用计算机模拟能够将微观世界生动地展示在学生面前,化抽象为具体、复杂为简单。

(4) 错误的实验操作而导致严重后果的实验。模拟实验起到反面教材的作用。

(5) 化工生产中的生产流程。例如浓硫酸的生产过程,书本的静态图表只给人提供零碎的片段,而模拟之后动态演示容易使学生感觉一目了然。

(6) 反应速率较快或较慢的实验。采取录像定格、慢放、重放等手段,可方便学生观察过程。

{刘知新. 化学教学论[M]. 北京:高等教育出版社,2004:252(略有改动).}

(2) 使用多媒体教学文案设计,可以减少教师备课、上课、辅导各环节的重复劳动,以超文本格式保存的教案在课后可根据教学情况适当调整,可用于辅导学生,提高了整个教学过程的效率。

2. 实现因材施教与转变学习方式

(1) 在计算机软件的帮助下,学生可以分析自己的学习状况,判断是否需要教师指导;教师也可以根据计算机的记录对学生学习情况加以分析。这种交互式学习环境,实现了个别化教学与辅导,真正做到因材施教。

(2) 随着多媒体及网络的发展,信息技术已经成为学习的有效工具,基于网络的自主学习和协作学习是信息技术环境下有效的学习方式,在时间和空间上扩大了化学教学的视阈。随着因特网的普及,网络信息的海量化提供了使学生可以自由翱翔的知识天空,"可以使一个年轻人在大约几个月的时间内达到用传统教学方式需几年才可以达到的水平。"资源共享,提高了教与学的效率。

3. 构建适应信息时代的新型教学模式

(1) 现行的教科书,不过是可供采用的教学材料之一。利用广泛的网络资源有助于培养具有高度创新能力和使用信息化手段获取知识和更新知识能力的高素质人才。

(2) 运用多媒体可以建立形象化、可动态切换的知识概念图、网络图,帮助学生形成对化学学科各部分及整个学科的系统的理解。

(3) 运用多媒体可创设生动和丰富的情境素材,创设感知情境,既增强了课堂教学的表现力,同时也提高了学习兴趣,加大了课堂的信息流量,使教学更贴近生活和生产实际,让学生在轻松愉快中获得知识。

在化学教学中应用信息技术,不只是一种教学手段的改善,它将对化学教师的教育观念、教学方法及教学的组织形式等带来深远的影响。运用信息技术优化课堂教学,完善新型教学系统的构建,具备数字化环境下的课程资源开发、应用能力等,都是一名未来的化学教师应具备的素质。

(二) 多媒体与网络教学可能产生的负面效应

在化学教学中应用信息技术,也要注意可能产生的负面效应:

(1) 可能会影响学生科学思维方式的形成与潜能的开发。以现代媒体非自然形式展现的信息,虽然形象、直观、生动,教学效率提高,但有可能影响学生的抽象思维能力的形成和发展。

(2) 网络教学会给师生之间的情感交流带来限制,教师人格魅力的直接感染和模范行为的潜移默化作用将受到影响。

(3) 多媒体网络教学可能会导致少数学生沉湎于网络,干扰部分学生的正常学习。

(4) 利用情境虚拟与仿真技术,可以克服时空的限制,但是,化学是一门以实验为基础的学科,不能完全利用计算机模拟实验过程和现象来代替实验。另外,微观结构的动态显示虽然生动,但也容易犯科学性错误。所以,要根据需要适度选择和运用多媒体技术。

随堂讨论

结合实例说明,如何处理好多媒体与常规教学媒体的关系?在化学教学中应用多媒体技术应注意哪些问题?

11.2.3 网络技术在化学教学中的应用

网络技术是计算机网络技术的简称,网络的最大优势是信息资源的共享和在线通信与交流。随着网络技术的飞速发展,网络信息可以说浩如烟海,网络资源已经成为人类智慧的海洋,知识的宝库。其中的很多资源能为化学教学所用,包括网络课程、网络课件、专题学习网站、网络题库、案例库等。

资料卡片

11-5　各类网络学习资源的应用范围与教学功能

(1) 网络课件——知识点的辅助教学；
(2) 网络课程——全部课程的教学；
(3) 专题学习网站——专题的学习和探讨；
(4) 案例库——典型个案分析；
(5) 题库——单元或课程的练习测试。

(刘知新.化学教学论[M].北京：高等教育出版社,2004：276.)

在 20 世纪 90 年代中后期的西方(尤其是在美国),随着因特网的普及,一种新型的学习方式——Webquest 风行一时,按字面理解,这是一种基于网络的探究性学习方式。Webquest 是 1995 年由美国圣地亚哥州立大学教育技术系教授伯尼·道格(Bernie Dodge)和汤姆·马奇(Tom March)共同开发的一种课程计划,由以下六部分构成。

(1) 引言。介绍问题的由来,提供背景信息和动机因素,让学生了解学习目标。

(2) 任务。一个切实可行的、能够完成的且具有吸引力的任务。

(3) 过程。教师起"导航"作用,对学生探究学习的步骤有清晰的指导说明。

(4) 资源。完成任务所需要的信息资源。

(5) 评价。采用测评表来考查学生作品的不同方面(包括过程、结果、态度、情感等)。评价人员可以是教师,也可以是家长和同学。另外,根据任务的差异,评价的对象可以是书面作业、学生的作品、创作的网页或其他内容。

(6) 结论。学生进行反思、教师进行总结的阶段。提示学生已经学到了什么,并鼓励他们把这种探究的经验扩展到其他领域。

本章小结

1. 信息技术与化学教学整合是化学教育信息化的核心内容,是促进化学教学改革的重要内容。信息技术与课程资源整合包括素材类教学资源建设、课程资源建设、教育资源管理系统的开发和教学应用平台的开发四个层次。

2. 从多种途径实现信息技术与化学教学整合的核心是要在先进的学习理论和传播理论的指导下,以系统科学的观点,对化学教学中信息技术的应用进行整体、系统的设计与实施。整合的途径主要包括建构新型教学环境的整合和基于数字化学习方式的整合两个方面。

3. 多媒体技术在化学教学中的应用主要具备以下功能：帮助教师提高化学教学效率,实现因材施教与转变学习方式,构建适应信息时代的新型教学模式。但也可能产生一些负面效应,比如可能会影响学生科学思维方式的形成与潜能的开发,给师生之间的情感交流带来限制,导致少数学生沉湎于网络。另外,不能利用模拟实验代替化学实验,利用信息技术实现微观结构的动态显示时也容易犯科学性错误,必须根据需要适度选择和运用多媒体技术。

4. 网络技术为化学教学提供了海量资源,包括网络课程、网络课件、专题学习网站、网络题库、案例库等。一种新型的基于网络的探究性学习方式——Webquest 得以迅速发展,这种课程计划一般由引言、任务、过程、资源、评价和结论这六部分构成。

5. 实验室资源、化学教材、教师和学生的实践经验、信息化资源、生活和生产中的素材、学校和社区环境等都是常见的化学课程与教学资源。

本章思考题

1. 下列不属于多媒体技术的核心特征是（　　）。
   A. 多样性　　　　　B. 集成性　　　　　C. 交互性　　　　　D. 真实性
2. 下列教学行为中，教师使用教学媒体不正确的是（　　）。
   A. 展示有机物苯酚分子结构的球棍模型
   B. 播放"2007年无锡蓝藻事件"视频
   C. 用 flash 动画演示"镁条在空气中燃烧"实验
   D. 用 flash 动画展示乙酸与乙醇酯化反应机理
3. 你怎样理解信息技术与化学课程整合的内涵及意义？
4. 简述多媒体辅助化学教学的功能，说明多媒体在使用中可能产生的负面效应。
5. 搜索网络上的 Webquest 案例，了解目前我国 Webquest 教学模式发展状况。
6. 判断下列对信息技术在教学中应用认识上的对错，并说明理由。
   （1）网络技术为化学教学提供了一种网络探究教学模式　　　　　　　　　　　（　　）
   （2）多媒体辅助教学要倡导用模拟实验代替化学实验　　　　　　　　　　　　（　　）
   （3）多媒体技术促进新型教学模式的构建，但同时存在一定的局限　　　　　　（　　）
   （4）多媒体教学可能会影响学生抽象思维能力的形成和发展　　　　　　　　　（　　）
   （5）用计算机模拟微观粒子的变化过程时可能产生科学性错误　　　　　　　　（　　）
7. 下面是"水污染及其治理"一节课的教学设计方案（图 11-1），请结合此方案回答问题：
   （1）此方案中都整合了哪些化学课程与教学资源？
   （2）这些资源在学生的探究中发挥着怎样的作用？

【教学设计方案】

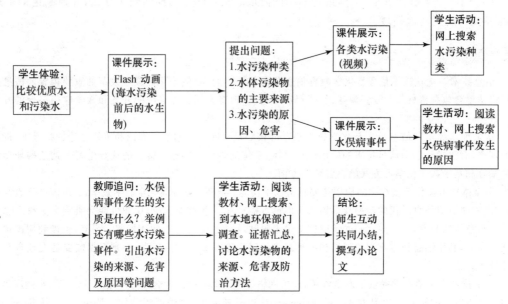

图 11-1　《水污染及其治理》教学设计

8. 如何理解化学教学资源的多样性,试以"原电池"教学为例,说明如何开发、选择和利用化学教学资源。

9. 随着现代教育信息技术的发展,我们的教育方式正在从观念到思想,从方法到行动上都向一种全新的教育方式发展,而这种全新的教育方式也是实现从应试教育向新课程环境转轨的必然趋势和发展。要实现这种全新的教育方式,要真正实现从应试教育向新课程环境转轨,将现代化的信息技术应用于教学中显得非常必要。

问题:
(1) 请举一个化学教学中运用现代教育信息技术的教学案例。
(2) 请简要概括中学化学教学运用现代教育信息技术的功能。

参 考 文 献

[1] 刘知新. 化学教学论(第五版)[M]. 北京:高等教育出版社,2018.
[2] 余胜泉,吴娟. 信息技术与课程整合[M]. 上海:上海教育出版社,2004.
[3] 王克勤. 化学教学论[M]. 北京:科学出版社,2006.
[4] 郑长龙. 化学课程与教学论[M]. 长春:东北师范大学出版社,2018.
[5] 李克东. 信息技术与课程整合的目标和方法[J]. 中小学信息技术教育,2002(4):22-23.
[6] 何克抗. 对美国信息技术与课程整合理论的分析思考和新整合理论的建构[J]. 中国电化教育,2008(7):1-10.
[7] 徐继存等. 论课程资源及其开发与利用[J]. 学科教育,2002(2):1-5.
[8] 胡霞. 化学多媒体 CAI 的应用评价及前景展望[J]. 化学教学,2002(12):24-25.
[9] 李森. 如何从网络上获取化学教学资源[J]. 中学化学教学参考,2002(1-2):90-92.
[10] 杨光辉. 网络技术环境下的化学模式的探讨[J]. 化学教育,2002(1):34-36.
[11] 钱扬义,陈浚铭. 中学化学实验与信息技术融合的内涵与实践路径[J]. 课程·教材·教法,2021,41(06):116-122.
[12] 车耀. 基于学科核心素养的高中化学实验教学策略[J]. 中国教育学刊,2023(12):98.
[13] 毕华林,孙凡. 国际中学化学实验教学研究综述[J]. 化学教学,2021(12):19-23+36.

教 师 篇

第 12 章　化学教师的专业化发展

> 素质教育的全面实施和新一轮课程改革的推行对化学教师的素质提出了新的更高要求。化学教师作为学校教师集体中的一个特殊群体,其素质构成既有符合一般教师素质构成的共性的一面,同时又具有其特殊性。而教师素质构成的不同方面必然会对教学效果产生不同的作用和影响。
>
> ——毕华林

本章学习目标

通过本章学习,你应该:
1. 了解现代化学教师素质的内涵、特征及结构;
2. 了解现代化学教师所需要的专业知识、专业技能和专业情意等专业素质;
3. 了解化学教师专业化发展的内涵及具体内容;
4. 理解化学教师专业化发展的阶段、方向及途径;
5. 知道在化学教学中开展行动研究的含义及主要途径。

12.1　现代化学教师的基本素质

核心术语

◆ 教师素质　　◆ 教师素质特征　　◆ 教师素质结构　　◆ 教师专业素质
◆ 教师专业知识　　◆ 教师专业技能　　◆ 教师专业情意

教师的素质和专业水平是影响教学质量极为重要的因素。从我国当前教育发展的现状和教师的职能来看,提高教师的素质是树立教师专业形象、提升教师专业地位、开发教师自身潜能和实现教师人生价值的需要。

12.1.1　现代化学教师的素质结构

教师素质,就是教师在教育教学活动中表现出来的、决定其教育教学效果的、对学生身心发展有直接显著影响的心理品质的总和。现代化学教师应具备的素质具有如下特征。① 全面性:教育要面向全体学生的发展,要求教师不仅具备学科教学的能力,还要有全面育人的能力,为学生学会做人、学会求知、学会劳动、学会生活、学会健体、学会审美打下扎实的基础,使学生全面协调可持续发展。② 示范性:教师的思想品德、个性修养乃至一言一行都必然会对学生产生潜移默化的影响,这就要求教师时时处处严格要求自己,不断提高自身的修养,德才兼备,树立良好的职业形象,以确立自己在教育中的崇高地位。这也是区别于其他职位的显著特点。③ 稳定性:教师直接参与的经常性的教育教学工作,具有稳定性、重复性、可操作性,所以教师的基本职业品质要内化成稳定的心理结构去操纵教师的职业行为,也就要求教师具有熟练、规范的职业品质。④ 创造性:新的教学理念要求教师不仅要勤奋,还要研究教育科学,不断提高师生双方在教育活动中的自由度。创新思想是教师要具备的基本素质之一。

随堂讨论

在新课程改革时期,化学教师素质的内涵及特征较改革前有什么样的变化?

化学教师的素质结构是一个动态的概念,它必须符合时代发展的要求。化学教师素质结构的构建不仅可以为现在的化学教师自身素质的提高确定努力方向,而且还可以对高师化学专业的课程结构的改革起到导向作用。这种素质结构包括教育教学观念、教师能力素养、教师职业品质、科学素养等要素。化学教师素质是从化学学科的角度对教师素质的一个细化,即在化学教学活动中表现出来的、决定其化学教育教学效果的、对学生身心发展有直接显著影响的心理品质的总和。

新课程在课程功能、结构、内容和评价等方面的新变化决定了化学教师在教学中的角色要发生根本性的变化。教师要从过去知识传授者这一核心角色中解放出来,成为学生学习的促进者、课程的开发者和教育教学的研究者。这对教师的综合素养提出了更高的要求,教师不仅要具有正确的教育观念和良好的职业品质,还要具备多元的知识结构和完善的能力结构,同时把握多向的教育交往(图12-1)。[①]

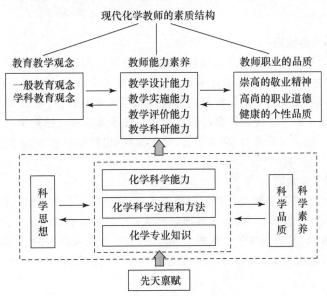

图 12-1 现代化学教师的素质结构

---

① 郑长龙.化学课程与教学论[M].长春:东北师范大学出版社,2005:325.

12.1.2 现代化学教师的专业素质

教师先进的教学理念和先进的教学行为必须通过教师的专业素质来体现。教师的专业素质是以一种结构形态而存在的,即专业知识、专业技能和专业情意。这为化学教师必备的专业素质指出了努力的方向。

(一)化学教师的专业知识

化学教师的专业知识包括以下四方面内容:

(1) 本体性知识。即化学学科知识以及技能技术,它是成为一个好教师的必要条件(基本保证),"良师必学者",但并非本体性知识越多教学水平就越高,因为"学者未必良师"。

(2) 条件性知识。指教师应具备的教育学与心理学知识,这是目前师范教育和广大教师普遍缺乏的。条件性知识可具体化为学生身心发展规律的知识、教与学的知识和学生成绩评价的知识三个方面。

(3) 实践性知识。包括教师的教学经验,适应特定情境的教学行为,教学随机性过程中的教育机智,解决各种冲突(课堂冲突、教学冲突、人际冲突等)的策略。实践性知识即为解决教学过程中处理问题的方式方法。

(4) 文化知识。是指教师同时还要有广博的文化知识,如哲学、艺术、科学技术、社会学、科学史、修辞、STS 教育等诸方面。

只有拥有以上文化知识,才能促进化学教学的广泛性和深刻性。[①]

随堂讨论

请你对照教师必备的专业知识,谈谈自己专业知识方面存在哪些不足?如何弥补?

(二)化学教师的专业技能

化学教师的专业技能一般包括化学教学技巧和化学教学能力两个方面。素质教育和课程改革倡导的学习方式变革(自主学习、探究学习、合作学习),为教师专业技能的发展提出了新的要求:① 设计教学问题情境的技能:第一类是围绕教材内容设计问题情境的技能,第二类是围绕生活经验设计问题情境的技能;② 组织学生进行合作学习的技能;③ 指导学生进行探究学习的技能;④ 教会学生学会学习化学的技能。这是素质教育、创新教育、课程改革中"教师角色"的重要内容,是新课程的"课堂文化"必须的教师专业技能。[②]

(三)化学教师的专业情意

化学教师的专业情意已越来越受到教师们的重视,大致包括以下几方面:① 专业理想,是推动教师专业化发展的内在动力;② 专业情操,是教师对教学工作理智性的价值评价的情感体验,即理智和道德的情操;③ 专业性向,是适合教学工作的个性倾向,表现为乐观向上的、认真耐心的、团结合作又善解人意的品质;④ 专业自我,是教师对工作的理解、对处境的满意度及对未来发展的期望等心理倾向品质。[③]

---

① 辛涛等.从教师的知识结构看师范教育的改革[J].高等师范教育研究,1999(6):12-16.
② 田杰.素质教育对教师教学技能的新要求[J].高等师范教育研究,2000(4):19-23.
③ 阎立泽等.化学教学论[M].北京:高等教育出版社,2004:3.

随堂讨论

发展现代化化学教师的各种知识体系需要不断地积累,高师学生如何有步骤、有计划地去完成这些专业素质的储备?

12.2 化学教师专业发展的路径

核心术语

◆ 教师专业化　　◆ 教师专业化过程　　◆ 专家型教师　　◆ 学者型教师
◆ 研究型教师　　◆ 教学实践与反思　　◆ 行动研究　　　◆ 叙事研究

教师作为一种专业化的职业,其专业化特征表现为独立的知识系统、特定的能力要求、特殊的伦理标准和人格要求等问题。教师专业化是指教师在整个专业生活中,通过专业理论学习、习得教育专业知识技能、实施专业自主、表现专业道德,并逐步提高自身从教素质,成为一名良好的学科专业工作者的成长过程,①即从一名"普通人"变成"教育者"的专业发展的过程。教师专业发展过程不仅是一种认知过程,而且在认知变化的同时还包括情感、价值、需要等多方面变化的过程。1994年开始实施的《中华人民共和国教师法》规定"教师是履行教育教学职责的专业人员",2001年起国家开始全面实施教师资格认定工作。因此,教师专业化是我国教育改革的需要和历史发展的必然。

12.2.1 化学教师专业化发展的主要阶段

教师的教育与教学是一个终身学习与发展的过程。从20世纪60年代开始,有很多学者提出了教师专业化的过程和范式,主要观点有:三阶段论(求生存阶段、调整阶段和成熟阶段)、四阶段论(求生、巩固、更新、成熟)、五阶段论(新手、已入门者、胜任者、熟练者、专家)。一般认为可分成:准备阶段(师范教育阶段)、求生阶段(任职第一至第二年)、巩固阶段(任职第三至第四年)、更新阶段(任职第四至第五年)和成熟阶段(任职四五年后)。根据教师的素质和环境差异,其各阶段的年限会有所不同,即各具有不同的发展内容和侧重点,一般过程如图12-2所示。②

教师专业化发展有诸多范式:

(1) "能干型实践者"范式。这是一种以教育实践能力的发展和提高为核心的教师专业化范式。其善于适应现实而又能干,但往往对接受新的理论方法欠敏感。

(2) "研究型实践者"范式。即教师成为研究者(检验已有的理论),或成为行动研究者(改变自己原有的教学方法),或成为开放性行动研究者(通过外来专家帮助,形成自己的研究共同体以改革教学实践)。

(3) "反思型实践者"范式。即通过反思,其自我反省水平和教学能力不断发展。因此,教育实践能力、教育研究能力和教育反思能力是教师专业化发展的三个目标。

---

① 教育部师范教育司.教师专业的理论与实践[M].北京:人民教育出版社,2001.
② 阎立泽等.化学教学论[M].北京:科学出版社,2004:2.

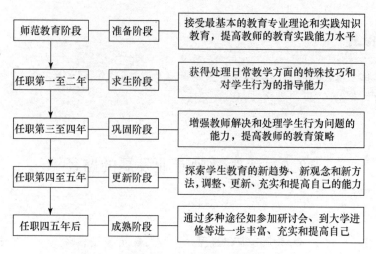

图 12-2　教师专业化发展过程

12.2.2　化学教师专业化发展的主要方向

新课程改革的深入,给教师的专业化发展提出了新的挑战,同时也提供了新的机遇。《普通高中化学课程标准(2017年版2020年修订)》为广大的中学教师的专业化发展指出了努力的方向和研究的领域。

1. 在教学理念与教学目标上由以知识为中心转向以学生发展为本

从化学学科的角度说,就是从传统的化学三维目标(知识与技能、过程与方法、情感态度价值观)向以提高化学学科核心素养为目标的方向发展。具体而言,化学学科核心素养包括五个方面的内容:宏观辨识与微观探析、变化观念与平衡思想、证据推理与模型认知、科学探究与创新意识、科学态度与社会责任。《化学课程标准》指出:"'宏观辨识与微观探析''变化观念与平衡思想'和'证据推理与模型认知'分别是从学科观念和思维方式视角对化学科学思维的描述,'科学探究与创新意识'是对化学科学实践的表征,'科学态度与社会责任'是对化学科学价值取向的刻画,是化学学科整体育人功能和价值的具体表现。"

2. 在教学内容与教学时空上由封闭式走向开放式

传统的化学教学往往封闭于教室,局限于书本。《化学课程标准》为中学化学教学的开放提供了广阔的内容和时空。

(1) 在化学课程内容上。源于生活(生活环境、健康、家庭……);走向社会(生存环境、能源、材料……);展望化学高新科技;回溯化学发展历程;衔接相关学科知识;渗透人文精神。

(2) 在化学教学时空上。现场参观(扩展课堂);社区访问(走出校门);实地调查(校内外结合);网络学习(进入异地时空或虚拟时空);跨学科课题研究(打破学科和课时壁垒)。内容和时空的开放给中学化学教育打开广阔的天地,符合我国基础教育改革和创新人才培养的要求。

3. 在知识结构和储备上由局部知识向网络知识发展

中学化学教师的网络知识结构主要包括:坚实的化学专业知识;前后贯通的科学教育内容(小学"科学"—初中"化学"—高中"化学");必备的化学应用知识与实际知识;了解相关学科知识;一般教学法知识;课程知识;学科教学法知识;有关教育管理的知识;有关教育的目的、价值、哲学与历史渊源的知识等。知识网络是一个不断建构、不断发展的过程。因此,教师必须坚持终身学习、终身发展。

4. 教学方式由教师单向传授式向师生合作互动式发展

过去我们主要考虑的是教师如何教,现在教师应重点研究学生如何学,即落实学生学习方式的彻底转变。根据《基础教育课程改革纲要(试行)》以下简称《纲要》和《化学课程标准》的精神,结合对化学教学现状的分析,化学教学方式与学习方式的转变、发展具体体现在如下方面:由接受式向探究式转变;由讲解式向讨论式转变;由个体学习向合作学习转变;由被动学习向自主学习发展;由"齐步走""一刀切"向个性化方向发展。这是教师课堂行为方式的重大改变。这种转变是教师的教学观、学生观及学习观的转变和发展,是教师教学思想的发展。

5. 教师角色由课程任务执行者向课程实践研究者发展

囿于我国过去的教育体例,长期以来教师的主要任务是按照统一的教材"教书",即传递教材知识,而且必须"忠于教材"。由此形成学科教学统得过死、教得过死,教师成了"教书匠"的局面。《纲要》明确规定"实行国家基本要求指导下的教材多样化政策",并指出"教材改革……应有利于教师创造性地进行教学"。《化学课程标准》则更为具体化:"教材在内容体系、活动方式、组织形式和考试评价等方面应留给教师较大的创造空间。"我们认为,教师角色的发展方向应当遵循:教书型教师→研究型教师→学者型教师→专家型教师。

目前,学术界经常提到的学者型教师、研究型教师、反思型教师都不完全是专家型教师,作为专家型教师应该有学者型教师的睿智与开放(灵活)、研究型教师的严谨与创新、反思型教师的批判与深刻。专家型教师是一种境界,是教师成长的动力;专家型教师是一种目标,是教师不断进取的方向。

资料卡片

12-1 专家型、学者型和研究型教师

专家型教师主要指在教育教学的某一方面主要是学科教学或学术研究领域有专长的教师。学者型教师指在教育教学的学术领域里有一定造诣的教师。研究型教师指用科学方法探求教育教学本质和规律的教师。三者之间并没有绝对的界限,只是对教师素质要求的侧重点不同。

(刘知新.化学教学论[M].北京:高等教育出版社,2004:296.)

教师角色由传统教师角色向现代角色转变,即由知识的传授者、学生学习的控制者、学生发展的仲裁者转向学生学习的促进者、课程的开发者、教育教学的研究者,这对化学教师的素质提出了新的更高要求。

6. 实验教学技术由传统型向现代信息型发展

化学实验是化学科学的基础,也是化学教学的基础。同时,化学实验又是传统教学最重要的技术和手段。化学实验既是化学教学的优势,又是实际教学中的薄弱环节。必须进一步加强化学实验在化学教学中的地位,充分发挥化学实验教学的功能(获知、练技、激趣、求真、循理、育德)。这样才可能使化学教育真正具有特色、具有魅力。实验技能和实验教学技术的研究与熟练,是化学教师专业发展的重要基础。①

教学技术手段多种多样,传统技术简单、直接、有效,在教学中不会过时,但是,新课程涉及的信息面更广,需要探究的问题更多,动态性要求更高,传统的教学技术有其缺陷。传统的教学技术应与多媒体

---

① 王祖浩.化学课程标准解读[M].武汉:湖北教育出版社,2002:148-154.

和网络技术配合使用。教学技术手段重在实用效果,重在功能发挥,重在协同配合,重在综合效益。

12.2.3　化学教师专业化发展的主要途径

教师专业化发展的途径或方式多种多样,归纳起来,有以下几种主要途径:

1. 专题自学与应用

主要是结合教学实践的需要,进行针对性很强的专题自学。例如,当前可在以下专题中进行选择:科学素养的理论与实践;探究性学习的理论与实践;教学方式与学习方式的变革;实验探究的方法与技术;等等。专题自学的主要方式是阅读有关报刊、书籍,或进行实际操作与训练。上述专题较大,还可以分得更小一些。教学中值得研究的问题也可以作为专题进行讨论,如某一学科知识的深化,某一实验问题的分析,将问题纵向深入,并适当横向拓宽。

2. 课题研究与总结

《普通高中化学课程标准(2017年版2020年修订)》在"实施建议"中指出"加强化学教研(备课)组建设"。进行教学课题研究,是研究型、专家型教师的特点之一,是教师成长与发展的有效途径和实践经验总结的最佳方式。课题研究的主要目的和主要意义在于促进教育教学的发展和教师的自我发展。课题研究的首要环节是选题,它决定研究的价值和意义,选题主要来自课程改革与教学实践。教师课题研究最重要的形式是:实践、研究、参与讨论、撰写研究文章等。

课题研究分立题与不立题两种形式。视题目大小,可以独立研究,也可组成课题组进行合作研究。课题可向学校、县(区、市)、省(自治区、直辖市)乃至国家申报立项,进行研究。不少课程改革实验区每年规划专项研究的课题。

3. 教学实践与反思

这是我们教师专业化发展最基本、最主要的途径。要在化学教学实践中求得发展,最重要的是研究和反思。教学反思是教师根据先进的教学理论和实践经验,对自己的教学活动有意识地进行分析和再认识的过程。反思主要在教学之后进行,分个人反思和集体(教研组或备课组)反思两种情形。主要目的是指出自己或他人或所在教学集体教学的优点及不足。其形式有:

(1) 课后记。根据反馈,分析某节课的得失,追溯备课设计的成功与不足。

(2) 阶段小结和学期(年)小结。反思这一阶段或这一学期(年)教学的思路、过程、措施、方法等取得哪些成绩及存在的问题,原因何在。

(3) 专题反思。比如对备课、探究式教学、实验教学等进行专题反思。

(4) 教研组或备课组集体研讨,交流得失,分析原因,取长补短。

认真地反思是教师发展的催化剂,使不足或失败向成功转化,使成功的经验逐步向理论转化。一名高水平的教师必然是善于经常对自己教学实践进行反思的教师。同时,反思会促进教师的理性认识,向更高层次发展。

随堂讨论

面对一次失败的化学实验,你如何从教学反思中受益?

4. 开展行动研究

行动研究是由社会情境(包括教育情境)的参与者为提高对所从事的社会或教育实践的理性认

识,为加深对教学活动及其依赖的背景的理解所进行的反思研究。行动研究就是让一线化学教师成为研究者,防止"研究"与"行动"分离,培养教师在实际教学工作中及时地发现问题,并运用相关理论与研究技能自我解决问题的能力。在教育领域,行动研究已经成为一项声势浩大的国际性运动。

化学教学中行动研究的核心是自我反思的螺旋式的前进过程,包括反思、计划、行动及观察。① 教师做行动研究并非在教学之外另抽出时间来作研究,教学过程本身就是研究过程。所以,教学实践中的"问题解决"是行动研究的基本途径之一。② 在提出问题和解决问题时,教师个人的经验有限,往往需要与其他教师和校外研究者"合作"。所以,"合作研究"是行动研究的基本途径之二。③ 在解决问题之后,教师需要将问题的提出和解决的整个过程叙述出来。这种叙述方式不同于一般意义上的理论写作。所以,"叙事研究"是行动研究的基本途径之三。①

资料卡片

12-2 叙事研究

叙事研究是指以叙事的方式开展的教育研究。它是研究者(主要是教师)通过对有意义的校园生活、教育教学事件、教育教学实践经验的描述与分析,从而发掘或揭示内隐于这些生活、事件、经验和行为背后的教育思想、教育理论和教育信念,从而发现教育的本质、规律和价值意义的一种研究方法。

{李名汉.教师校本研究与教育叙事研究[J].中国教育学刊,2003(12).}

行动研究是一种从经验中学习过程,反思性实践过程,可以使教师教学效率更高、目标更强,它对教师专业化发展、思维转变和教学质量的提高是一种强有力的促进力量,是教师职业发展的必由之路。

本章小结

1. 教师的专业化发展是当前国际教师教育改革与发展的一种主流趋势。教师要成为终身发展的专业工作者,必须具备教师的基本素质。现代教师素质具有全面性、示范性、稳定性和创造性特征。

2. 教师的专业素质是以一种结构形态而存在的,它包括专业知识、专业技能和专业情意。素质教育的真正落实,新课程改革的成功进行,关键因素是教师,是教师的参与和发展。

3. 化学教师专业化的过程一般可分为准备阶段、求生阶段、巩固阶段、更新阶段、成熟阶段。教师角色发展方向应为教书型教师→研究型教师→学者型教师→专家型教师。专家型教师是一种目标,是教师不断进取的方向。

4. 化学教师专业化发展的主要途径包括:专题自学与应用、课题研究与总结、教学实践与反思、开展行动研究。行动研究的核心是反思、计划、行动及观察的螺旋式的前进过程。行动研究旨在把"研究"与"行动"有机结合起来,提高实践者的研究意识及研究者的参与意识。

本章思考题

1. 化学教师应该具备哪些素质?这些素质与教学效果有什么关系?专家型教师与一般教师有哪些区别?怎样才能促进化学教师的专业发展,使其尽快顺利的成长为专家型教师?

2. 在课程改革中,涌现出这样一批教师:不管是新教师还是老教师,高学历还是低学历,他们的学生都学得

---

① 刘良华.校本行动研究[M].成都:四川教育出版社,2003:179.

轻松愉快,教学质量非常突出,究竟是什么原因使他们取得了这样好的成绩?

(1) 请你走进一位老师的课堂进行观察。看看在他(她)的课堂教学中究竟发生了什么,把你在课堂上听到的、看到的、想到的记录下来,总结出教师专业化发展的主要途径。

(2) 名师们的课堂教学质量突出。学生是教师教育的对象,教师教得好坏,学生感受最深。我们有必要走近名师的学生,倾听学生的声音。请你通过访谈的形式对个别名师的学生进行调查。

3. 采访中学化学教师,了解他们目前最需要解决的问题。帮助他们设计一个行动研究计划,并了解行动研究的实施情况。

4. 在将来的教育实习中,将你或你们小组在组织学生进行科学探究中遇到的"问题"总结出来,设计行动方案,尝试在教学"行动"中解决问题,并不断地回头"反思"解决问题的效果,重新审视"问题",再次"设计"解决问题方案,然后再次付诸"行动",行动之后再次"反思"……最后将问题的提出和解决的整个过程"叙述"出来,撰写成可供公开发表的意见报告。

5. 以自己从事有关化学教学实践为例,对学生学习中存在的问题或自己教学中的经验教训等进行剖析和总结,撰写"化学平衡教学设计实施"的教学反思(300字左右)。

6. 现有如下问题的答案引起了学生的争议:

等量的硫分别置于盛有纯氧和空气的两个集气瓶中点燃,主要产物是 SO_2,但也有少量的 SO_3 生成。若生成 SO_3 的体积分数分别为 a、b。

(参见王后雄.化学教学诊断学[M].武汉:华中师范大学出版社,2002:231.)

一些同学认为 $a>b$,而另一些同学则认为 $a<b$。

请你对这两种意见作出简要的分析和诊断,并开展有关反思性实践研究。

参 考 文 献

[1] 刘知新.化学教学论(第五版)[M].北京:高等教育出版社,2018.

[2] 郑长龙.化学课程与教学论[M].长春:东北师范大学出版社,2005.

[3] 阎立泽等.化学教学论[M].北京:科学出版社,2005.

[4] 刘捷.专业化:挑战21世纪的教师[M].北京:教育科学出版社,2000.

[5] Joanne M. Arhar, Mary Louise Holly, Wendy C. Kasten.教师行动研究:教师发现之旅[M].黄宇,等,译.北京:中国轻工业出版社,2002.

[6] 王祖浩.化学课程标准解读[M].武汉:湖北教育出版社,2002.

[7] 佐藤学.课程与教师[M].钟启泉,译.北京:教育科学出版社,2003.

[8] 张菁.在反思中促进教师专业成长[J].教育研究,2004(8):58-63.

[9] 曾天山.诊断我国教师专业化发展[J].校长阅刊,2007(22):97-101.

[10] 王爱民,刘文.行动研究及其在教育研究和实践中的意义[J].辽宁师范大学学报(社会科学版),2008(1):44-47.

[11] 王后雄.课堂中师生冲突心理因素分析与应对策略[J].教育科学,2008(1):45-50.

[12] 高剑南.中学化学教师专业化发展的内涵[J].化学教学,2006(12):1-4.

[13] 郑长龙,李艳梅.论化学学科经验的传递机制[J].化学教育,2007(9):11-14+30.

[14] 钱胜.再谈化学教师专业化发展[J].化学教学,2016(09):7-10.

[15] 吴庆生.化学教师利用专业档案袋自主发展专业素养[J].化学教育(中英文),2024,215(01):96-100.

[16] 张晓花,王伟群.基于教学反思日记的教师专业发展——高中化学教师的反思日记个案研究[J].化学教学,2019(09):11-15.

[17] 王后雄,李猛.卓越教师核心素养的内涵、构成要素及发展路径[J].教育科学,2020,36(6):40-46.

第13章 中学化学教学研究

> 教学研究是教师职业发展的必由之路。教师只有不断开展教学研究,才能逐步地认识教学规律,掌握教学规律,改进教学行为,指导教学改革,提高教学质量。教师通过对自己教学行为的反思和研究,丰富教学理论,实现教师的自我发展和自我提高,提高教师的研究能力。教学研究是促进教学实践水平和教学理论水平提高的助推剂。
>
> ——王克勤

本章学习目标

通过本章学习,你应该:
1. 明确化学教学研究的意义,了解化学教学研究的基本过程;
2. 学习并掌握化学教学研究的常用方法,并能在教学研究中加以运用;
3. 了解化学教学研究论文的基本结构、写作步骤和写作要求;
4. 能够自己选定中学化学教学研究课题,学会拟定课题研究计划;
5. 能够按照教学研究的基本环节,撰写一篇不少于三千字的化学教学研究论文。

13.1 中学化学教学研究的过程

核心术语

◆ 教学研究　　◆ 研究课题　　◆ 研究方案　　◆ 研究资料　　◆ 研究成果
◆ 现实性　　　◆ 可行性　　　◆ 文献检索　　◆ 定性研究　　◆ 定量研究

教育科学研究是人们有目的、有计划、有系统地采用严格科学的方法研究教育科学的知识体系,认识教育现象,探索与发现教育与人的全面发展,教育与社会进步的客观规律,深化教育改革,提高教育质量的创造性活动。[①] 教学研究向来是教育理论的生长点,是促进教学实践不断走向有效的"助推剂"。

化学教学研究,就是从客观存在的化学教学事实出发,采取科学的方法,对有关化学教学问题进行分析和解决,从而发现相关规律,促进化学教学发展的科学研究活动。

---

① 杨丽珠.教育科学研究方法[M].大连:辽宁师范大学出版社,1995:10.

教学研究的一个具体研究课题的完成,是一个包含一系列步骤的有序过程。该过程包括研究课题的确立,研究计划的制订和实施,研究材料的分析整理与结论的获得,最后对研究成果进行表述,撰写研究报告或论文,如图13-1所示。

图13-1 化学教学研究过程

13.1.1 课题的选择和确立

化学教学研究从选题开始,这一步骤十分关键,决定着化学教学研究的发展方向,也反映着一名化学教育工作者研究水平的高低。一个好的研究课题,应该具备以下特点,即:问题必须有价值;问题必须有科学的现实性;问题必须具体明确;问题要新颖,有独创性;问题要有可行性。[①] 要使选题具备既有理论价值又有实践意义等特点,就必须遵循一定的选题原则。

资料卡片

13-1 一个好的教学研究课题应具有的特点

(1) 问题必须有价值

问题应具有一定的理论价值或实践价值。教育理论体系中提出的问题和教育实践中急需解决的研究课题是教学研究的两大来源。

(2) 问题必须有科学的现实性

选题的现实性,集中表现为选定的问题要有科学性,指导思想及目的明确,立论根据充实、合理。选题的科学性,首先表现为要有一定的事实根据,这就是选题的实践基础;选题的科学性还表现在以教育科学基本原理为依据,这就是选题的理论基础。

(3) 问题必须具体明确

选定的问题一定要具体化,界限要清,范围宜小,不能太笼统。

(4) 问题要新颖,有独创性

选定的问题应是前人未曾解决或尚未完全解决的问题,通过研究应有所创新,具有时代感。

(5) 问题要有可行性

所谓可行性,指的是问题是能被研究的,存在现实可行性。具体分析,既要考虑资料、时间、经费、人力和理论准备等客观条件,又要考虑研究者本人原有知识、能力、基础、经验、专长,所掌握的有关这个课题的材料以及对此课题的兴趣等。

(裴娣娜.教育研究方法导论[M].合肥:安徽教育出版社,2004:74-78.)

化学教学研究,无论是理论上的还是实践层面,都源于教学实践。在新课程改革实践中,化学教学实践问题千变万化,根据其所涉及的内容大致可以分为十类,具体如表13-1所示。

---
① 裴娣娜.教育研究方法导论[M].合肥:安徽教育出版社,2004:74-77.

表 13-1　化学教学研究的类型及其涉及内容

研究类型	涉及的研究内容举例
（1）化学课程标准和教材的研究	国内外化学课程标准比较研究；国内新旧化学课程标准对比研究；国内外化学教科书比较研究；不同版本化学教科书编写特点研究；化学教科书知识结构及体系研究；化学教科书图表功能研究；化学教科书内容的广度、深度和难度研究等
（2）化学教学模式和方法研究	化学高效课堂教学模式研究；中学化学"以问题为核心"教学方法研究、中学化学探究式教学方式研究；中学化学教学策略研究；基于化学学科本质的有效教学策略研究；中学师生化学难点认同度调整及分析；培养学生科学素养的化学实验教学研究等
（3）化学学习策略和方法研究	中学生化学学习需求调查研究；初中学生化学起点能力现状分析；初中学生化学学习兴趣调查研究；中学生化学学习心理的调查研究；中学化学学习策略的实践研究；中学化学知识的类型及学习方法研究；化学学习方式与学习效果的实验研究；初中化学错题资源的利用策略；高中生化学学习自我诊断能力的调查研究；高中生化学三重表征转换能力调查研究；中学生化学解题错因分析；学困生与学优生元认知策略的比较研究等
（4）化学实验教学研究	中学化学实验教育功能研究；国内外化学教科书实验编排体系研究；中学化学实验教学中学生心理活动研究；中学化学教科书中实验改进与创新研究；中学化学教师实验操作技能现状调查与分析；基于手持技术的化学实验研究等
（5）化学教学设计与案例研究	面向学习者的化学教学设计研究；高中必修阶段"化学键"教学问题的确立与分析；高中化学课堂导入的价值认知与案例研究；基于化学观念建构的教学设计案例分析；中学化学导学案的设计研究；中学化学作业系统设计研究；化学陈述性知识的认知方式与表征研究；化学实验装置设计的课堂呈现方式研究等
（6）化学教学实施及教学技能研究	中学化学教师教学语言规范研究；中学化学教师课堂提问的现状与分析；化学课堂教学的时间变量及控制策略研究；化学实验教学情境及其创设策略研究；专家型化学教师课堂教学机智研究；新课程化学教学中常见的板书错误研究；专家型、新手型教师课堂教学中教师理答行为差异研究等
（7）化学教育测量与评价研究	中学化学试题选材策略研究；中学化学质量评价标准体系研究；高考化学试题的质量标准研究；高考化学试题特点分析；化工流程题的特征及解题策略分析；国外高考化学试题特点及启示；国外高中化学竞赛大纲及题型特点分析；国内外中学化学学业成绩评定方法比较研究；高中学业水平考试与化学课程标准一致性研究；物质的量概念构建形成性评价研究等
（8）信息技术与化学课程整合研究	多媒体技术在化学教学中的应用研究；提升高中生化学信息素养途径和实践研究；高中化学开设化学信息学教学实践研究；中学化学课程资源开发与利用研究；从网络上获取中学化学教学资源研究；基于Webquest的建构探究学习模式研究等
（9）化学学科与其他学科关系研究	初中化学与小学科学教材衔接研究；初、高中化学教学衔接问题研究；高中化学不同模块内容教学衔接研究；化学与其他学科之间的协同与综合研究；化学与物理、生物、地理学科知识的同步性研究等
（10）化学教学中其他问题研究	中学化学教师专业化发展的途径与方法研究；初中化学教师教学效能感调查研究；中学生化学科学态度的现状调整与分析；中学化学学科能力培养研究；中学化学校本课程研究；化学反应方程式的教学功能及价值研究；中学化学实验与化学计算相互融合教学研究；中学化学计算难点诊断及策略研究等

13.1.2 研究方案的制订和实施

研究方案是对下一步研究工作的统筹性规划。提出并实施对研究活动的可操作性计划,是进行化学教学研究的重要步骤。

(一) 文献检索与分析

文献资料是宝贵的精神财富,研究者在研究之前查阅、了解有关该课题的研究情况和指导理论是非常必要的。当今社会处于信息高度发达的时代,从大量信息中准确迅速查找出符合特定需要的文献是关系着课题研究后续步骤的关键环节。文献检索与分析一般包括以下几个阶段:

(1) 在选定研究课题后,需要对研究课题进行初步的分析。包括列出已掌握和还未掌握的相关课题的研究内容,将众多的文献按一定的规律排列、储存起来,进而和自己的研究目的比较,明确需要检索的对象和范围,查找符合研究课题的文献。

(2) 根据事先拟订的需要选择检索途径和条件进行检索。检索途径大致分为因特网上的公共资源和各种研究机构数据库的付费资源。需要注意的是,一般进行检索时范围应由大到小,逐渐缩小检索范围,检索范围可适当大于所需查阅内容的范围。检索到的大量文献保存方式应恰当,以便分析时有章可循,使用时能够迅速找到。

(3) 对文献进行初步加工。是指对检索的文献进行筛选、鉴别和阅读的过程。此步骤要求对文献所体现的事实、数据进行定量和定性的分析,使研究课题具体化,并使它建立在先进的教育科学发展的基础上。

寻找一个值得研究的课题,查阅化学教育类期刊,你将如何查到相关的参考文献?将查到的文献列出来。

(二) 研究方案的制订

研究方案的制订是很重要的一个环节,是在选定课题和检索文献的基础上制订的科学的研究计划和安排。此过程直接关乎课题研究的质量高低和成功与否。周密的研究方案能保证达到研究目的,揭示教育现象的特点和规律,并使预计的研究成果在教育改革实践中具有推广应用价值。

(1) 应该对研究课题有清晰的研究构想,即假设。假设是根据一定的科学知识和新的科学事实对所研究问题的规律或原因作出的一种推测性论断和假定性解释,是在进行研究之前预先设想的、暂定的理论。对各教育问题和现象所作的且尚待证明的初步解释都属于假设性质。①

(2) 设计拟订合理的研究方案。对于化学教学研究而言,主要是为了澄清和发展某些概念和理论,扩展化学教育实践的经验。

研究方案一般包括以下内容:课题名称;研究目的和意义;研究范围,包括研究对象、研究内容、采用资料等;研究方法;资料和数据的主要来源;研究步骤和时间分配,如开始、完成阶段的时间分配、课题完成时间等;参加人员、协作单位;分工负责情况和信息沟通时间;经费和仪器设备等。

---

① 裴娣娜.教育研究方法导论[M].合肥:安徽教育出版社,2004:104.

(三) 研究方案的实施

这是研究方案的落实阶段,也是研究工作的主体阶段。研究者要依照所制订的研究方案,采用调查、实验、观察或其他不同的方法和手段在化学教学实践活动中实施研究活动。

(1) 收集整理对课题有用的资料。包括对所选题目中得出的结论和资料进行分类,以自己的选题为中心,到各种教育期刊、化学教育期刊和化学教学有关的材料中收集信息,进行必要的调查研究。

(2) 做好有用数据的处理,加工,提炼观点。这是一个长短不一的过程,也是一个对资料进行深入理性分析、科学综合、反复思考提炼的过程。

在收集资料时,要坚持实事求是的原则,客观地记录研究资料,避免由于主观态度带来研究上的误差;同时要及时将所获得的资料,按其性质和特点,分门别类地、系统地进行整理,便于下一阶段的分析和处理。在分析的过程中,一定要根据实际情况,有效控制变量,以获得真实的结果。

13.1.3 研究资料的分析和整理

收集到的研究资料往往只是一些具体的研究事实或数据,难以说明问题的实质。教育科研不能单纯地停留在对资料的广泛收集或直观描述上,而必须对所收集到的资料与事实运用统计原理和逻辑分析方法进行统计分析,更好地揭示教育现象的本质和规律。值得指出的是,对化学教育研究结果的分析,不是化学教育研究过程的一个孤立环节。研究实践表明,一旦开始了资料或数据的收集、整理,分析也就开始了。[①]

对于教育研究结果的分析,一般从定性和定量两个方面去考察。

(1) 定性分析。是指采用逻辑方法(如比较、归纳、演绎、分析、综合、抽象概括)对研究结果分析的数据、资料的整理进行质性分析,从中发现规律性知识。定性研究的主要特点是:以描述性资料作为分析的基础;以逻辑归纳作为分析方法;关注研究背景与影响因素的影响;适用于过程与发展研究。定性研究将现代认知心理学以信息加工观点与化学教育研究相结合,考查学生化学学习的感知、注意、记忆、思维和言语。

(2) 定量教育研究。包括对特征数值的计算和分析,根据研究数据进行推断、检验和预测,它在化学教育研究中应用较为广泛。在实际的化学教学改革实验中,多用研究样本均数差异的显著性来评价"对照实验"的结果,样本情况不同时,具体检验计算的方法各异。一般情况下样本容量足够大时使用 Z 检验。检验多个样本的均数差异,可以使用方差分析基础上的 F 检验。定量研究主要以数学和教育统计学知识为基础,涉及研究的变量和参数较多,使用的方法繁杂,人工计算费时费力,且易出错。信息技术的开发和应用大大提高了工作效率,现今广泛使用的统计分析软件有 SAS(Statistical Analysis System)和 SPSS(Statistical Package of Social Science),详细使用可参考相关教育统计类著作。

在对教学研究过程中把定量分析和定性分析结合起来,进行去粗取精,去伪存真,由此及彼、由表及里的思维加工,进行科学抽象,揭示出事物的规律,概括出结论。此结论还需要到教学实践中加以检验,反复校正,才能得出符合实际的正确结论。

13.1.4 研究成果的归纳和表达

作为教学研究的最后一个阶段,对研究成果进行归纳和表达是为了将研究成果以一定的形式表达出来,供大家研究讨论与借鉴。因此,研究成果是否能为大家接受和认同很大程度上取决于本阶段

[①] 毕华林.化学教育科研方法[M].济南:山东教育出版社,2001:139.

工作的质量。

研究成果通常以研究报告或论文的形式进行表述。表述的内容包括：课题名称，研究目的，研究过程和方法，收集到的数据资料及其分析，研究结论，还要包括对整个科研过程和科研结果做出的总结和评定。

撰写论文，尤其是理论文章，应该首先编写好提纲，搭好文章框架。提纲应该包括标题、基本观点、各级大小标题等。在提纲的基础上，开始充实文章内容。详细陈述文章中心，并对其进行合理缜密的论证，最后提出自己的观点，形成初稿，对初稿要精雕细刻，反复修改。论文或研究报告撰写完毕以后，需要对研究成果进行评价，考察它的学术价值。

表述研究结果实际上就是研究者对自己所经历的研究实践进行全面反思和总结的过程，同时促进研究者对研究过程进行反思和总结，以便将来能把化学教学研究工作做得更好的过程，这对于提高研究者的科研能力是十分有益的。

13.2　中学化学教学研究的方法

核心术语

- ◆ 文献法　　◆ 观察法　　◆ 调查法　　◆ 问卷法
- ◆ 访谈法　　◆ 实验法　　◆ 行动研究法　　◆ 化学教育文献

化学教学的研究方法很多，有文献法、历史法、比较法、观察法、调查法、经验总结法、案例法、实验法、行动研究法、出声思维法等。由于教学研究的错综复杂，一个研究课题通常是综合运用几种方法，但是某一项课题又有它特定的任务和研究对象，据此在实际研究工作中通常采用起主导作用的某一种方法，配合运用其他方法。

随堂讨论

请你根据课程目标的具体要求，谈谈你知道的化学教学研究方法有哪些？

下面根据教学研究中较为常见及实用的特点，选取文献法、观察法、调查法、实验法、行动研究法、出声思维法六种研究方法进行初步探讨。

13.2.1　文献法

在化学教育科学研究的过程中，文献法是一种最常用也是最基本的科研方法。文献法指的是对文献进行查阅、分析、整理，并力图找寻事物本质属性的一种研究方法。① 对于化学学科来说，它适用于研究化学教育理论、实践和发展以及化学教育史等课题的研究。文献法的意义在于通过对一系列化学教育发展史中的文献的查证、考据、整理、归纳、概括、总结化学教育发展的经验和规律，指导化学教学实践。

---

① 袁振国. 教育研究方法[M]. 北京：高等教育出版社，2000：149.

1. 文献法的分类

针对手工检索方式而言,文献检索方法主要有以下三种:

(1) 直接检索法。这是直接依靠手工式的检索工具查找资料的方法,在选择一种检索工具书后,按年代开始顺查或倒查。

(2) 追溯检索法。这是利用一篇文献后所附的参考文献,逐步查找有关此专题文献的检索方法,曾被形象地称为"滚雪球法"。在工具书没有或者不全的情况下,经常采用这种方法。

(3) 分段检索法。也称循环法或综合法,是直接法和追溯法的结合。

具体做法为:先利用检索工具检索出一批文献,在认真阅读此批文献原文的基础上,根据文章提供的参考文献去查找另一批文献。分段法比顺查法和倒查法效率高,不易遗漏,且费时少。

2. 文献法的步骤

关于文献法的步骤表述有很多,但基本都是以威廉·维尔斯曼提出的模块为标准,他对文献法过程的描述比较全面、系统。其活动流程如图13-2所示。①

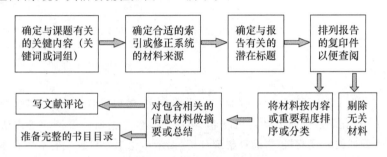

图 13-2 查阅文献活动流程

概括而言,运用文献法进行研究,通常要经过收集文献、鉴别文献、文献的分析与综合三个阶段。

13.2.2 观察法

在化学教学研究中,观察法是一种较为基本和常用的科学研究方法。它是研究者有目的、有计划地对处于自然状态下的研究对象进行考查,从而获得经验事实的一种方法。

做好观察过程的记录,是有效观察的一个十分重要的条件。在教学的观察研究中,主要的记录方法有叙述性描述法、频数表记录法、等级量表记录法、音像记录法等。②

案例研讨

课堂观察:教师课堂角色类型的研究

(一) 研究目的

(二) 研究方法

1. 研究途径

本研究将"教师指向学生个体的语言行为"作为考查教师课堂角色的窗口。本研究采用定量分析中的频数表记录法。

---

① [美] 威廉·维尔斯曼.袁振国主译.教育研究方法导论[M].北京:教育科学出版社,1997:67.
② 施良方,崔允漷.教学理论:课堂教学的原理、策略与研究[M].上海:华东师范大学出版社,2002:416-418.

2. 研究框架

表 13-2　教师课堂语言行为(指向学生个体行为)登记表

次数 序号	提问			要求			评价			答复			其他
	方法	结论	事实	建议	模糊	指令	肯定	两可	否定	开放	中间	封闭	
1													
2													
……													

3. 研究对象：选取 8 所中学的 32 名化学教师作为课堂观察对象

4. 观察时间：2005 年 3 月至 2005 年 12 月

(三) 结果及其分析

(四) 说明与思考

(郑金洲等.学校教育研究方法[M].北京：教育科学出版社,2003.130-142.)

13.2.3　调查法

调查法是研究者为了深入了解教育实际情况,弄清事实,借以发现存在的问题,探索教育规律而采取的步骤和方法。[①] 化学教学研究者运用问卷、访谈、观察、个案研究及测验等方法,有目的、有计划地收集化学教育领域的客观资料,再通过整理分析,揭示出化学教育现象的本质和规律。调查法是获取资料的常用方法。调查研究中常用的调查方法有访谈法、问卷法等。

(1) 访谈法。是一种口头调查方法,即研究者通过访问调查对象,与调查对象进行交谈,收集研究者所需要的资料。访谈法就是研究性交谈方法,是以口头形式根据被访问者的答复收集客观的、不带偏见的事实材料,以准确地说明样本所要代表的总体的一种方式。访谈法包括个别访谈和团体访谈(如开座谈会)。

(2) 问卷法。是一种书面调查方法,调查者就调查内容项目编制成题目或表格,以邮寄方式、当面作答或追踪访问方式填答,从而了解被试对某一现象或问题的看法和意见。

调查法的一般包括以下四个阶段。

1. 制订调查计划

首先要弄清调查的目的,并把它分解成各个目标,然后再确定调查的对象和范围,最后经过初步研究,对调查活动拟订一个提纲,并根据提纲制订调查计划。计划一般包括调查的步骤和程序安排、调查的组织和人员分工、完成日期等,以确保调查计划切实可行。

2. 实施调查计划

这是教育调查过程中最重要的一个环节。调查可以对单一对象以时间发展为序进行调查(纵向调查),也可以在同一时间对一个样本或总体样本进行调查(横向调查),再根据研究的问题选择合适的调查方法。调查方法分为实地考察、开调查会、访问、发问卷等,可单独运用,也可根据实际需要综合运用。调查完毕后将调查得到的数据材料进行汇总。需要注意的是,在收集资料时,要力求全面、系统、典型、客观、真实。

[①] 李秉德.教育科学研究方法[M].北京：人民教育出版社,2001：44.

随堂讨论

任选一个下列研究课题,说明问卷调查项目的设计内容。
(1) 新课程地区示范中学高中生学习化学兴趣的调查报告;
(2) 农村初中化学教学资源开发与利用现状的调查报告;
(3) 化学教育专业学生科学素质现状的调查报告。

3. 整理调查材料

收集得来的资料需加以整理分析使之系统化,使其有助于调查研究的目的。整理材料通常按材料的性质分为两大类:① 叙述性材料,如中学化学教师对教学中存在的问题的反馈等,要用明白流畅的文字加以整理;② 数量化的材料,如某地区中学学生化学活动课程开设的次数等,要用统计法、列表法、图示法等加以整理。

4. 撰写调查报告

在调查材料经过系统整理的基础上,探索其优缺点,认真分析原因,并加以解释,得出结论,并且提出改进的意见或措施;最后以书面的形式提交调查报告。

案例研讨

初三学生"溶液"迷思概念的问卷调查结果

本次调查共发放问卷95份,回收有效问卷90份,问卷回收率94.75%。问卷题目及调查结果见表13-3。

表13-3 初三学生"溶液"迷思概念的问卷调查结果

课题	问题	题号	题目	正确判断	错答人数/人	错答率/(%)
溶液的形成	溶液的组成	1	纯水是溶液	×	13	14.44
		2	盐水是溶液	√	13	14.44
	溶液的基本特征	3	溶液一定是无色的	×	0	0.00
		4	溶液一定是透明的	×	4	4.44
		5	糖水的下部比上部甜一些	×	53	58.89
		6	溶液应该是没有沉淀的	√	57	63.33
		7	溶液应该是颜色均一的	√	37	41.11
溶解度	溶解时的吸热或放热现象	8	物质在溶解的时候,热量不会增加也不会减少	×	30	33.33
	溶质溶解度	9	一杯水能无止境的溶解食盐或者砂糖	×	3	3.33
	不同物质的溶解度比较	10	一定量的水中,最多能溶解相同质量的食盐和糖	×	14	15.56
	一种物质的饱和溶液是否还能溶解其他溶质	11	如果一杯食盐水出现食盐沉淀,它也不能溶解蔗糖	×	10	11.11
	搅拌对溶解的影响	12	搅拌可以加快物质溶解的速率	√	0	0.00
		13	搅拌可以增大物质溶解量	×	9	10.00
	温度对溶解的影响	14	升高温度能加速物质的溶解	√	0	0.00
		15	升高温度能使蔗糖的溶解量增多	√	6	6.67

从以上数据可以看出,初三学生在学习"溶液"的科学概念前已经对其有一定的认知,关于溶解度的题目大部分错答率均低于20%。因生活上经常遇到需要增大特质的溶解量、溶解速率的情况,学生已经对相关概念有一定的了解。对于溶解时放热或者吸热的现象,学生比较少接触到,错答率约为33.33%。题目中错答率较高的有三道,分别是第5~7题,均是涉及溶液的基本特征。可见,虽然初三学生在日常生活中遇到不少的"溶液",但是对其了解只是片面的。

〔叶静怡.初三学生"溶液"迷思概念的调查与研究[J].化学教学,2013(8):17-19.〕

13.2.4 实验法

实验法就是为了解决某一教育问题,根据一定的教育理论或设想,组织有计划的教育实践,到一定时间后,就实践效果进行比较分析,从而得出有关实验因子与实验结果之间因果关系的科学结论。[①] 此法的主要特点是能适当控制事物的情况,排除无关因素的干扰,突出所要研究的实验因子,从而较为准确地探索出事物间的因果关系。

化学教学中采取的一般多为自然实验法(即现场实验法),也存在实验室实验法,前者主要是指在自然教育状态下施加一定的教育因子,用于探索和检验不同化学课程、教材的教学方法、教法手段的结果的教育或教学实验。如对自学辅导法、程序启发教学、单元结构教学法以及探究学习模式、合作学习模式的研究,还包括对能力和情感的培养等进行研究。

实验法一般分为三个阶段进行,即准备阶段、实验阶段和总评阶段。这是一个相对稳定、有序的结构程序。具体说来,实验法可细分为"三阶段十五步骤",见图13-3所示。[②]

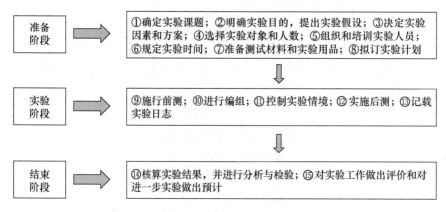

图13-3 实验法的步骤

13.2.5 行动研究法

行动研究是指教师对具体教学情景所做的一种反思性研究,它旨在解决日常教育、教学中出现的问题,改进教师的教育实践,改进实践得以进行的情境,促进对教育教学活动的理解以及提高教育实践活动的质量。[③] 其实质是教师在教育、教学实践中通过行动和研究的结合,创造性地运用教育、教

---

① 李秉德.教育科学研究方法[M].北京:人民教育出版社,2001:59.
② 毕华林.化学教育科研方法[M].济南:山东教育出版社,2001:108.
③ 毕华林,亓英丽.高中化学新课程教学论[M].北京:高等教育出版社,2005:324.

学理论,去研究和解决不断变化的教育、教学实践中的具体问题,促进教育、教学工作的合理、科学和有效性,不断提高教育、教学实践的水平和质量。

(一)行动研究法的特点

行动研究既重视实践性,同时又很重视理论的作用,是解决传统教育研究中理论脱离实际倾向的良好途径,它有如下的特点:

(1) 为教学而研究。行动研究的目的是解决教学实际问题,提高教育教学质量。

(2) 对教学的研究。行动研究以教学过程中的实际问题为研究对象,它可以是特定情境中的学习问题,可以是教师的教学态度转变,也可以是教学方法的改进等。

(3) 在教学中研究。行动研究是教师在教育教学工作中发现问题、思考问题、解决问题的过程。这样,"从事研究的人就是应用研究结果的人,研究结果的应用者也就是研究结果的产生者。"

在行动研究法中,教师的学习、思考、研究以及对教育教学的改善处于同一过程中,避免理论与实践的分离。行动研究法将教学行为"研究"与解决教学问题的"行动"结合起来,教师的教学已不只是单纯的教学活动,而是一种深入教学实践之中的研究。

(二)行动研究法的步骤

行动研究的目的是为了改进实践,而实践的"改进"又是难有终点的,因此,行动研究渗透教学的全过程,是一个不间断地螺旋上升、循环往复的过程。其基本模式如图13-4所示。①

图 13-4 行动研究的基本模式

行动研究的核心是自我反思的螺旋式行进过程,包括反思、计划、行动及观察,其步骤如下。

(1) 反思实践,确定问题。反思是行动研究的灵魂,它贯穿于行动研究的始终。通过反思才能发现问题,提出改进计划和解决方案。在教育教学场景中存在大量亟须解决的问题,教师在自己的教学实践和与学生交往的过程中,应当密切观察,透过表面现象思考具体问题,及时发现和捕捉问题。

(2) 分析解剖,制订计划。在确定具体的问题后,教师需要对其进行界定和分析,并确定研究范围。要求对问题有缜密的说明,并能对问题的本质有较为清晰的认识。教师在收集相关资料的基础上,制订一个总体计划。此步骤的表现形式可以是写出开题报告。

(3) 实施行动,观察研究。研究者在这一过程中把计划设计的解决问题的途径和方法付诸实施,它既是问题解决的实际操作,也是后续反思的实践基础。这是行动研究的核心步骤,主要包括两个方法:行动及对行动的观察。在行动研究的实施过程中,研究者要对行动研究情况进行观察和记录,收集有关资料,以便及时地对计划实施情况有一定的了解,并最终对本研究的过程和结果进行比较全面、深透的分析。②

(4) 总结成果,反思改进。行动研究结束后,研究者对研究的过程进行记录、描写、阐释和反思。

---

① 江家发.化学教学论[M].合肥:安徽人民出版社,2007:267.
② 袁振国.教育研究方法[M].北京:高等教育出版社,2000:216.

表现形式可以是研究论文、研究日志、教育案例、教学反思等。对整个行动研究进行反思,是对计划—行动—观察进行再认识的过程,目的在于弄清计划的实施和解决问题的程度,增进教师对研究结果的理解,明确其含义、特点及应用条件等。

13.2.6 出声思维法

出声思维法(Talk-aloud Protocol,简称 TAP)是一种在科学研究中收集数据研究思维的一种方法。出声思维法是由英国克莱顿·刘易斯(Clayton Lewis)研发的一种可用性测试法,它要求被试在完成指定任务时把自己的思想、行动和感觉用语言表述出来,具体要求测试中的诊断者要客观记录被试所说的每一句话,不要试图解释行动和言辞以免干扰被试的思路。被试的声音测试常常用音频和视频产品录制,以便回放研究。

出声思维法是让被试在问题解决或推理过程中,将其思路用言语报告出来的言语报告方式。出声思维法常用于判断学生认知过程、诊断学生思维障碍、评价学生问题解决策略等,目的是揭示学生思维过程,诊断学生学习能力和水平。出声思维法主要使用录音笔、学生纸面书写等形式进行记录。它常常与诊断性测验配合使用。

案例研讨

"氧化还原反应"出声思维法应用

【试题】在化学反应 $2Al+2NaOH+2H_2O \rlap{=}{=} 2NaAlO_2+3H_2\uparrow$ 中,2mol Al 参加反应,氧化剂是( )。

A. 2 mol NaOH　　B. 2 mol H_2O　　C. 6 mol H_2O　　D. 2 mol NaOH 和 2 mol H_2O

学生解决此问题的口语报告摘录:

学生甲:单从化学方程式看,Al 元素化合价升高,Al 是还原剂,2 mol Al 参加反应,失去 6 mol 电子,2 mol NaOH 和 2 mol H_2O 中 6 mol H→3 mol H_2,得到 6 mol 电子,故氧化剂是 2 mol NaOH 和 2 mol H_2O。答案为 D。

学生乙:其实这个反应的实质是分两步进行的:

第一步:$2Al+6H_2O \rlap{=}{=} 2Al(OH)_3+3H_2\uparrow$($H_2O$ 作氧化剂)

第二步:$2Al(OH)_3+2NaOH \rlap{=}{=} 2NaAlO_2+4H_2O$(NaOH 作碱性介质)

这两步反应进行叠加,才能得到题中的总反应式。反应的实质是 Al 被 H_2O 氧化,NaOH 只是充当介质的作用。因此氧化剂是 H_2O,2 mol Al 参加反应,氧化剂为 6 mol H_2O。答案为 C。

学生丙:……

【诊断】学生根据化学反应方程式判断氧化剂、还原剂,如果只是单纯根据有关概念去判断,而不抓住反应的本质(隐含的知识),可能产生负迁移。出声思维法能帮助教师准确探明负迁移产生机理,有利于消除产生负迁移障碍。

随堂讨论

目前中学化学教师存在着"比较了解教学中存在的问题,但是却缺乏研究的意识",试就为什么要进行行动研究发表你的看法。

13.3 中学化学教学研究论文的撰写

> **核心术语**
>
> ◆ 论文基本结构　　◆ 论文写作步骤　　◆ 论文写作要求　　◆ 标题　　◆ 摘要
> ◆ 关键词　　　　　◆ 引言　　　　　　◆ 正文　　　　　　◆ 结论　　◆ 参考文献

在某个化学教学研究课题研究结束以后,研究者将研究思路、研究内容和研究成果用文字表达出来,形成了书面材料,即化学教学研究论文。论文类型有教师对自身经历或教学实践经验性描述的经验总结、进行教学实验后写出的实验报告、针对某个问题或现象实施调查后写出的调查研究报告,以及就某个专题采用多种研究方法进行探索写出的学术论文等。

13.3.1　论文的基本结构

(1) 标题。论文的标题是文章中心思想的集中反映,是对全文内容最鲜明最精炼的概括。一个好的标题能准确概括论文内容,反映研究方向、范围和深度,文字简练,提法新颖,便于分类,使人从标题就能判断研究的学科范畴,抓住该项研究所处的位置及特点,从而显示出该项研究的重要性。

(2) 署名。论文的署名是指参加论文的写作或主要研究工作或对论文作出主要贡献并对论文负责的人。一般包括作者姓名及工作单位等,同时表明著作权人,便于明确文责。有些报刊要求附上作者简介,包括职务、学历、年龄、单位和主要研究领域等。

(3) 摘要。论文的摘要是一篇论文的重要部分,它提供了论文的主要研究途径、主要观点和结论,是论文的概括和凝练。摘要应以能概括论文内容为目的,简明扼要、恰当地记述论文的主要内容及观点,不对论文本身作评价,应具有独立性和自含性,是一篇完整的短文。

(4) 关键词。关键词是为了方便文献检索、信息存储而设立,出现在论文的题目、摘要或正文中,反映论文主要概念的词或词组。关键词应当是名词或名词性的词组,国家标准 GB7713-87《科学技术报告、学位论文和学术论文的编写格式》中规定:"每篇报告、论文选取 3~8 个词作为关键词"。

(5) 引言。论文的引言是为了使读者对研究的全过程有所了解,为阅读正文作准备。引言应阐述论文的缘起、目的、范围、研究现状等,并引出本论文要研究的内容和方法,列举主要发现并总结重要结论。引言要简明扼要,条理清楚,容易引起读者的阅读兴趣。

(6) 正文。正文是论文的主体,在整篇论文中占有极为重要的核心地位。在正文中研究者提出自己的观点,运用真实、准确的材料,展开充分的论述,证明自己的观点。正文的主要内容包括:课题的理论依据、研究方法、研究对象的选择、观察到的事实、收集到材料数据、对材料数据的分析处理结果等。

(7) 结论或讨论。结论是对研究中所观察到的事实、收集到的材料、数据进行处理,并在此基础上分析、判断、推理,得出对事物本质规律性的认识。结论不宜长,文字应力求精练和概括,措辞要严谨,逻辑应严密,对正文中分析的问题加以综合,概括出基本观点,能与论文开头形成呼应,或回答论文开头提出的问题。讨论是指对结果的理论解释并实事求是地评价,也可指出研究的局限性或存在问题,提出今后研究的方向等。

(8) 参考文献。参考文献指的是研究者为撰写论文而引用已有的相关文献信息资源,是对论文引用的观点、数据及资源来源或出处进行著录的文字。注明参考文献,不仅是对他人工作的肯定和尊重,也是为研究者深入探讨某些问题,提供寻找有关文献的线索。一般论文习惯于把参考文献列在最后,有时把引用的文句在脚注中标明出处。

资料卡片

13-2 参考文献著录的国家标准

（1）引用著作教材——作者姓名.书名[书名标识].出版地：出版者,出版年：起止页码.

如：[1] 王祖浩,吴星.化学新课程中的科学探究[M].北京：教育科学出版社,2003：55.

（2）引用期刊杂志——作者姓名.文章名[期刊文章名标识].刊名,年(期)：起止页码.

如：[2] 郑长龙.关于科学探究教学若干问题的思考[J].化学教育,2006(8)：6-12.

（3）引用报纸文章——作者姓名.文章名[报纸文章名标识].报纸名,出版日期(版次).

如：[3] 于建坤,万玉凤.2007,新课程标准高考揭开面纱[N].中国教育报,2006-09-13(5).

（4）引用学位论文——作者姓名.学位论文名[学位论文标识].学位论文毕业院校,答辩发布日期(年)：起止页码.

如：[4] 刘芬.概念表征形式对中学生化学概念学习效果影响的实验研究[D].湖南师范大学硕士论文,2009：32-35.

（5）引用电子文献——作者姓名.电子文献题名[电子文献及载体类型标识].电子文献的出处或可获得地址,发表或更新日期/引用日期(任选).

如：[5] 王洪录.现代教学技能[EB/OL].http://www.broadcase.chsnenu.cn/edu/chapter/ch06_4_3.asp,2008-12-04

不同的期刊对参考文献的著录要求可能会稍有差别,但总体与上述要求相一致。

案例研讨

化学问题解决的策略研究	标题
王后雄	署名
（华中师范大学化学教育研究所,湖北武汉 430079）	
摘要： 化学问题包含起始状态、目标状态、阻碍3个基本成分。问题不同,解决问题的策略也不尽相同。文章结合实例提出了化学问题解决的类比策略、分解策略、逆推策略、探究策略、整体策略、模型策略、信息策略、反思策略。	摘要
关键词： 问题解决；策略；缄默知识	关键词
提高化学问题解决能力是化学新课程的要求,更是我国基础教育改革和发展的重要内容。化学知识的广泛应用和化学教育的功能要求学生学会解决化学问题。	引言
（1）化学问题解决的机制 （2）化学问题解决的策略 （3）结论与思考	正文 结论
参考文献： [1] 刘知新.化学教学论(第三版)[M].北京：高等教育出版社,2004：241-242. 〈王后雄.化学问题解决的策略研究[J].化学教学,2008(1).〉	参考文献

13.3.2 论文的写作步骤

教学研究论文的写作大致经历五个基本步骤,即构思定题、撰写准备、完成初稿、修改定稿、投稿。但是论文的写作过程本身就是一项创造性活动,不必过分拘泥于固定顺序,只要达到写作的目的即可。

资料卡片

> **13-3 三种化学教育类杂志(期刊)主要栏目设置情况**
>
> ● 《化学教育》 生活中的化学、知识介绍、专论、新课程天地、课程与教材研究、教学研究、复习指导、教师教育、调查报告、信息技术与化学、实验教学与教具研制、问题讨论与思考、化学奥林匹克、化学史与化学教育、国内外信息、化学与社会、高考改革、书评等栏目。
>
> ● 《化学教学》 研究性学习探索、知识介绍、专论、课程改革、化学原创题选登、教学设计、习题与解题思路、教师论坛、教研员札记、计算机在化学中的应用、实验与创新思维、考试研究、化学竞赛、问题解答与讨论、国内外化学教育动态、双语教学、读者信箱等栏目。
>
> ● 《中学化学教学参考》 研究性学习、动态研究、本刊专稿、课程改革与教学实践、课程资源与教材研究、教学论坛、复习应考、问题讨论、试题选登、实验研究、考试研究、奥赛辅导、解题研究、问题讨论等栏目。
>
> (江家发.化学教学论[M].合肥:安徽人民出版社,2007:245.)

13.3.3 论文的写作要求

作为一种科学研究活动,化学教学研究具有学术性、创造性和应用性等特征。在进行化学教研论文的写作时,应注意满足一定的写作要求。

1. 选题新颖,概念清晰

选题是一篇论文的灵魂,新颖的观点可以启发读者从新的视角进行创造性思考,从而发现问题的另一面,或者重新诠释问题的不同含义。论文的选题有特色,也要源于教学实践,是研究者在教学实践和思考过程中"有感而发"并经过审慎思考的产物,保证其科学性。此外,论文涉及的概念一定要清晰准确,特别是相近或相似而内涵不同的概念在使用的时候,要做到准确、正确、明确、精确,切忌含混不清。

2. 框架合理,内容充实

论文的框架应该逻辑清晰,小标题要简明地体现文章内容特色,要尽量做到简练对称,层次清楚,让人一目了然。论文的内容要做到"新""奇""实":"新"即观点新、材料新、形式新、时效新;"奇"即视角独特、不随大流、不说套话、变换思维方式;"实"即具有实践性、要联系化学教学实践,实事求是。

3. 设计精巧,语言朴实

在论文中巧妙地插入表格和插图,既能精简文字,又能更直观地说明问题,使读者一目了然。但是研究者必须严格按要求制表和绘图,使表格和插图规范化、标准化。此外,在使用语言、数字、符号时必须规范。语言准确、简明而规范,表达不含糊其词,术语、符号和计量单位等符合国际标准、国家规范,以便更好地进行学术交流。

除此之外，化学教研论文还应注重学科的严谨性和科学性，要有正确的历史观，不要妄自菲薄，也不要否定一切。

 资料卡片

13-4　化学教研期刊选稿的一般标准

化学教研期刊的选稿标准根据各杂志的办刊原则和方向，都有各自的侧重，但一个总的原则是：稿件要体现科学性、知识性、时代性、资料性、实用性，这几点并非要面面俱到，可有所侧重。一般从以下几个方面进行考察：

（1）看选题。编辑在接到稿件后要先进行初审，如果选题不恰当，不新颖，不切合实际，学术价值不大则很有可能在初审被淘汰。

（2）看框架。框架是一篇论文的支架，通过框架可以看出论文的主要内容，了解作者的写作思路、论述的逻辑关系、论述是否周全科学、作者的文字功底等。框架也是编辑们关注的重点，可能直接影响到你的论文的录用与否。

（3）看内容。内容是论文的血肉，编辑的主要注意力是放在论文的具体内容上的。会考虑你的基本思想是否正确、清楚？论点是否正确？是否提供了充足的资料？是否采用了合适的研究方法？提供的实验设计和数据是否科学完整？重点是否突出？是否得出了正确的结论？摘要是否简要地概括了全文的主要内容？关键词是否恰当？文章语言是否通顺、精炼？参考文献是否新，是否具有代表性等。

（闫蒙钢.化学教育科学研究方法[M].合肥：安徽人民出版社，2008：273.）

本章小结

1. 化学教学研究是一个包含一系列步骤的有序过程，包括研究课题的确立，研究计划的制订和实施，研究材料的分析整理与结论的获得，最后对研究成果进行表述，撰写研究报告或论文。

2. 掌握在教学研究中较为常见及实用的文献法、观察法、调查法、实验法、行动研究法是进行教学研究的基础。文献法的基本步骤是收集文献、鉴别文献、文献的分析与综合；调查法的基本步骤是确定调查课题，制订调查计划，实施调查计划，收集调查资料，整理调查材料，撰写调查报告；实验法则分为准备阶段、实验阶段和总评阶段共三阶段，详细可分为 15 个步骤；行动研究法的基本步骤是反思实践，确定问题；分析解剖，制订计划；实施行动，观察研究；总结成果，反思改进。

3. 化学教学研究论文的基本结构包括标题、署名、摘要、关键词、引言、正文、结论、参考文献等，应根据构思定题、写作准备、完成初稿、修改定稿、投稿的步骤进行撰写。写作时要注意选题新颖，概念清晰，框架合理，内容充实，设计精巧，语言朴实。

本章思考题

1. 化学教学研究的起点环节是（　　）。
　　A. 选定课题　　　　B. 查阅文献　　　　C. 研究设计　　　　D. 收集资料
2. 化学教学研究的一般方法，主要包括（　　）。
　　① 文献法　　　　② 观察法　　　　③ 调查法　　　　④ 实验法
　　A. ①②③　　　　B. ②③④　　　　C. ①②③④　　　　D. ①③④

3. 教师应具备全面的能力结构,化学教师在教学中,不仅具备讲授课本知识的能力,还要具备理论联系实际和实验研究的能力,而教师的最基本能力是(　　)。
   A. 教学能力　　　　B. 科学研究能力　　　　C. 组织管能力　　　　D. 人际交往能力
4. 化学教学研究的基本过程有哪些？中学化学教师进行化学教学研究有何意义？你认为课程改革中的教学研究应从哪几个方面做起？
5. 化学教学研究的方法有哪些？熟悉并掌握一些教学研究方法对教学研究有何意义？
6. 查阅化学教育类期刊,寻找一个或两个有价值的研究课题,并列出你所查到的相关参考文献。
7. 从化学教育期刊中选择一篇教学研究论文,分析它的结构和写作方法,写一篇千字左右的评语。
8. 就你所了解的中学化学教学现状,选定一个中学化学教学研究课题,试拟订一个课题研究计划。
9. 什么是行动研究？行动研究有哪些特点？结合实例说明行动研究的一般过程。
10. 为适应21世纪科学技术和社会发展的需要,要求教师必须转变角色,由知识的传授者向教育实践的研究者转变。普通高中化学课程标准提出,为化学教师创造性的教学和研究提供更多的机会,在课程改革的实践中引导教师不断反思,促进教师的专业化发展。

    问题：
    (1) 中学化学教学研究中较为常见的方法有哪些？
    (2) 谈谈在化学教学实践中开展教学研究的意义。

参 考 文 献

[1] 裴娣娜.教育研究方法导论[M].合肥：安徽教育出版社,2004.
[2] 李秉德.教育科学研究方法[M].北京：人民教育出版社,2001.
[3] 毕华林.化学教育科研方法[M].济南：山东教育出版社,2001.
[4] 阎立泽等.化学教学论[M].北京：科学出版社,2004.
[5] 王克勤.化学教学论[M].北京：科学出版社,2006.
[6] 江家发.化学教学论[M].合肥：安徽人民出版社,2007.
[7] 闫蒙钢.化学教育科学研究方法[M].合肥：安徽人民出版社,2008.
[8] 刘良华.校本教学研究的几个问题[J].教育发展研究,2003(10)：22-25.
[9] 杨名全.行动研究与课程创新[J].教师教育研究,2004(4)：31-35.
[10] 卢真金.反思性实践是教师专业发展的重要举措[J].比较教育研究,2001(5)：53-59.
[11] 缪徐.教学反思的内容与教研文章的撰写[J].中学化学教学参考,2006(21)：10-12.
[12] 朱玉军等.化学教育论文写作中存在的问题及注意事项[J].化学教育,2008(1)：79-80.
[13] 陈世华.多读书、勤思考、善捕捉——谈化学教育科研论文选题策略[J].中小学教师培训,2003(7)：33-35.
[14] 田宗学.浅谈撰写化学教学论文[J].中学化学教学参考,2005(3)：1.
[15] 郑金洲.课堂教学研究：特性、挑战与应对[J].教育发展研究,2023,43(04)：40-47.
[16] 张笑言,郑长龙.基于学科理解的化学教学策略研究[J].课程·教材·教法,2023,43(12)：124-130.
[17] 谢鸿雁,范赟杰,童洁,等.大概念统领下高中化类单元整体教学实践研究[J].教育理论与实践,2023,43(26)：12-16.
[18] 程俊,申燕,王后雄,等.教研员专业发展：现状、需求与建议——广东省中学化学教研员专业发展调研[J].化学教育(中英文),2022,43(9)：58-64.

第14章 中学化学教师资格考试(笔试)

> 国家教师资格考试制度是国家选拔合格教师,掌控教师质量的重要工具。要提高教师质量,教师资格的设置必须专业化,不仅要设置不同学段的教师资格,而且也要设置不同等级、不同类型的教师资格。
>
> ——顾明远

本章学习目标

通过本章学习,你应该:
1. 了解国家教师资格考试制度出台的背景、基本理念和思路;
2. 了解《化学学科知识与教学能力》(笔试部分)的考试目标及其内容;
3. 了解化学学科知识与教学能力测试主要题型及其解题思路;
4. 通过笔试考题的训练,提高中学化学教师资格考试的水平。

14.1 中学化学教师资格考试简介

核心术语

◆ 国家教师资格考试　　◆ 笔试　　◆ 面试　　◆ 教师素质

自2011年秋季开始,教育部在湖北、浙江两省份试点推行国家教师资格考试制度,2012年增加到六省市试点,2013年实行全国统考,这标志着国家教师资格考试制度正式实施。这种制度的推行必将会使教师资格制度在促进优化教师队伍结构,严把教师队伍的入口关,拓宽教师来源渠道,提高教师社会地位和整体素质等方面发挥更大作用,在中国教师教育发展中具有里程碑意义。

14.1.1 国家教师资格考试的含义

国家教师资格考试是国家对专门从事教育教学工作人员的基本要求的考试,是公民获得教师职位、从事教师工作的前提条件。国家教师资格制度是国家实行的教师职业的准入制度。健全完善教师制度,全面提高教师素质,建立教师质量保障体系,建立新型教师资格制度,成为保证教育质量的必由之路。2011年2月时任教育部部长袁贵仁在中宣部等六部门举办的热点问题形势报告会上指出:要切实加强教师队伍建设,努力提高整体素质,激励优秀人才长期从教、终身从教、到艰苦贫困地区从教。要健全教师管理制度，实施中小学教师资格考试改革和定期注册试点，建立"国标、省考、县聘、校用"的中小学教师职业准入和管理制度。

2010年，《国家中长期教育改革和发展规划纲要（2010—2020年）》明确指出：完善并严格实施教师准入制度，严把教师入口关。国家制订教师资格标准，提高教师任职学历标准和品行要求。当前，教育部师范司、教育部考试中心已经组织大批专家研制国家教师资格考试标准和大纲。历经几年试点实践，目前已在全国逐步推广。

国家教师资格考试共包含两个必不可少的过程：笔试和面试。两个方面各有侧重，相互补充，共同完成对教师资格的把握：① 国家教师资格考试笔试，其重点是从标准化的、客观的角度评价考生对教师必备知识的理解、掌握和运用，评价考生提出问题、分析问题和解决问题的能力以及对新课程理念的理解和把握；② 面试主要从主管的角度感知考生作为教师的专业情意、基本身体素质、口头表达能力和临场应变能力。二者是有机的统一整体，互为补充，共同实现对优秀人才的入门和选拔工作。考试设计中，面试不能重复考查笔试中已经考查的内容，通过笔试很难考查到的内容就放在面试中进行。要真正测出考生的综合能力。要实现面试和笔试真正有机结合，使两类考试成为一个整体，统筹考虑，互为协调，最终达到入门和选拔的目的。

14.1.2　中学化学教师的素质构成

中学化学教师素质（又称教师专业素质），是指能顺利从事化学教育活动的基本品质或基础条件。一般包括专业理念、专业知识和专业能力。其具体要素如表14-1所示。

表14-1　中学化学教师的素质构成表

素质的维度	内　涵
专业理念	① 职业理解与认识；② 对学生的态度与行为；③ 教育教学的态度与行为；④ 个人的修养与行为
专业知识	① 教育知识；② 学科知识；③ 学科教学知识；④ 通识性知识
专业能力	① 基础能力：思维能力、表达能力、审美能力、书写能力 ② 专业能力：教育能力、教学能力、班级管理能力、信息技术应用能力 ③ 发展能力：教学反思能力、教育科研能力、自我规划能力、终身学习能力

中学化学教师资格考试命题要兼顾专业导向、能力导向和实践导向。既要考查考生教育教导工作的必备基本知识，又要在能力培养方面给予引导，这项工作要通过笔试和面试的有机统一共同来完成。中学化学教师资格考试按照学段分为初中和高中两个学段分别实施笔试和面试考试；两个阶段的考试都合格者方可获取国家教育机构所颁发的初中和高中化学教师资格证书。

14.2　中学化学教师资格考试笔试

> **核心术语**
>
> ◆ 笔试大纲　　◆ 考试目标　　◆ 试卷结构　　◆ 题型示例

教师资格考试主要是为了考核和检验考生经过理论学习和教育实践后所具备的教育理论、专业理论水平以及教育教学的实践能力。教师资格考试的形式分为两部分：笔试、面试。笔试主要是通过卷面答题，对上述知识和能力进行测试，面试则主要考核应试者教育教学的实际操作能力以及相关的职业素养，是考官和考生面对面的互动过程。2011年10月，教育部师范教育司和教育部考试中心联合公布了《中小学和幼儿园教师资格考试大纲（试行）》（笔试部分），作为教师资格考试笔试命题和考生备考的依据。

14.2.1 化学学科知识与教学能力考试大纲

学科专业知识和学科教学知识是专家型教师知识的核心组成部分，也是教师教学的知识基础，是教师提高教学效率的前提和保障。国家教师资格考试将"化学学科知识与教学能力"作为一门考试科目，从能力导向、实践导向、专业导向上有效地考查应试者从事化学教学工作必备的基本知识、基本能力和基本素养。

化学学科知识与教学能力考试目标主要包括如下四个方面。

1. 化学学科知识运用能力

掌握化学专业基础知识及基本技能，具备化学学科的实验技能和方法，了解化学所提供的独特的认识世界的视角、领域、层次及思维方法；掌握化学教学的基本理论，并能在教学中灵活运用；了解化学学科发展的历史和现状，把握化学学科最新发展动态；准确理解《义务教育化学课程标准（2022年版）》或《普通高中化学课程标准（2017年版2020年修订）》规定的课程目标、教学内容和实施建议，用以指导自己的教学。具有运用化学学科知识分析和解决实际问题的能力。

2. 化学教学设计能力

能根据《义务教育化学课程标准（2022年版）》或《普通高中化学课程标准（2017年版2020年修订）》规定的课程目标，针对初中或高中学生的认知特征、知识水平及学习需要选择合适的教学内容；能根据教学内容的特点、学生个体差异确定教学重点和教学难点；学会依据课程标准和教材制订具体的教学目标；根据不同主题内容的特点，合理选择教学策略和教学方法；合理利用化学教学资源，设计多样的学习活动，引导学生积极参与学习过程；能在规定时间内完成所选教学内容的方案设计。具有基于课程标准、教材和教学设计知识进行教学设计的能力。

3. 化学教学实施能力

掌握初中或高中化学教学实施的基本步骤，能根据学生的学习反馈优化教学环节；掌握化学教学的组织形式和策略；创设生动活泼的教学情境，注意贴近学生的生活，联系社会实际，帮助学生理解和掌握知识和技能；理解初中或高中学生的认知特点、学习方式及其影响因素，认识初中或高中学生建构化学知识和获得技能的过程；注重科学方法教育，培养学生的科学探究能力，引导学生在学习体验中获得化学学习的方法；具有运用现代信息技术的能力，合理发挥多种媒体在化学教学上的功能。具有较强的教学实施能力。

4. 化学教学评价能力

了解化学教学评价的基本类型及特点，掌握基本的评价方式；积极倡导评价目标的多元化和评价方式的多样化，发挥教学评价促进学生发展的功能；能够运用教学反思的基本方法改进教学。具有初步的教学评价能力。

化学学科知识与教学能力考试内容模块与要求见第1章第2节。

14.2.2 化学学科知识与教学能力试卷结构

化学学科知识与教学能力笔试科目考试时间120分钟，考试总分150分，其中单项选择题约占

40%,非选择题约占 60%。试卷结构如表 14-2 所示。

表 14-2 化学学科知识与教学能力考试试卷结构

模 块	比 例	题 型
学科知识运用	30%	单项选择题、简答题
教学设计	30%	单项选择题、简答题、教学设计题
教学实施	30%	单项选择题、案例分析题
教学评价	10%	单项选择题、诊断题
合 计	100%	单项选择题：约 40%；非选择题：约 60%

14.2.3 化学学科知识与教学能力考试题型示例

化学学科知识与教学能力考试题型主要包括单项选择题、简答题、案例分析题、诊断题和教学设计题五种题型。

（一）选择题

1. 题型特点及答题要求

选择题是客观性试题。试题侧重考查考生对基础知识的了解及理解能力；也可设置与化学教学有关的情境材料，考查考生的分析、判断能力。每题设 4 个选项，每小题只有一个选项最符合题意。

2. 题型示例

【例 1】下列是某实习生的教学板书，没有错别字的选项是（　　）。
A. 法码、坩锅　　　B. 油脂、氨基酸　　　C. 苯胺、木碳　　　D. 羧基、稀烃

［解析］主要考查化学教学语言、板书的正确与规范。答案为 B。

【例 2】中学化学教科书的编排体系既要体现知识的逻辑顺序和学生认知发展顺序，又要符合（　　）
A. 学生的原有认知结构　　　　　　B. 学生起点原有知识与能力
C. 学生的学习环境　　　　　　　　D. 学生心理发展顺序

［解析］主要考查化学教科书的编写理论。答案为 D。

（二）简答题

1. 题型特点及答题要求

简答题要求对问题进行简明扼要地回答。它可以考查设问的结果，也可以考查考生答题思维的条理性和过程，能使考查的层次深入一步，它在评分上比较客观，可以考查逻辑思维能力和文字表达能力。回答时一定要按题目要求来做，说理时条理清晰，有的放矢，简明扼要。

2. 题型示例

【例 3】（适用于初中）教育部制订的《义务教育化学课程标准（2022 年版）》指出：

义务教育化学课程作为一门自然科学课程，具有基础性和实践性，对落实立德树人根本任务、促进学生德智体美劳全面发展具有重要价值。义务教育化学课程有利于激发学生对物质世界的好奇心，形成物质及其变化等基本化学观念，发展科学思维、创新精神与实践能力，养成科学态度和社会责任，为学生的终身发展奠定基础。

义务教育化学课程以促进学生核心素养发展为导向，设置五个学习主题，即"科学探究与化学实验""物质的性质与应用""物质的组成与结构""物质的化学变化""化学与社会·跨学科实践"。

五个学习主题之间既相对独立又具有实质性联系。其中，"物质的性质与应用""物质的组成与结

构""物质的化学变化"三个学习主题,是化学科学的重要研究领域;"科学探究与化学实验""化学与社会·跨学科实践"两个学习主题,侧重科学的方法论和价值观,反映学科内的融合及学科间的联系,凸显育人价值。

根据以上材料,简要回答下列问题。

(1) 请列举初中化学两个最基础的化学技能和两种常用的科学方法。

(2) 义务教育阶段化学课程通过哪些主题发展学生的核心素养?

[解析] (1) 化学技能:化学实验操作技能、化学用语技能、化学计算技能等;科学方法:类比、模型、实验等。

(2) 五大主题:科学探究、身边的化学物质、物质构成的奥秘、物质的化学变化和化学与社会发展。这些内容是学生终身学习和适应现代社会生活所必需的化学基础知识,也是对学生进行科学方法和情感、态度、价值观教育的载体。

【例4】(适用于高中)化学概念是高中课程内容的重要组成部分,是化学知识的"骨架",但是抽象的化学概念学习往往使学生望而生畏,易挫伤学习的积极性。

(1) 请以"物质的量"为例,说明如何开展概念教学。

(2) 分析化学概念学习对学生思维能力发展的功能。

[解析] (1) 概念的学习通常包括概念的形成、理解与应用阶段。在"物质的量"教学时,教师可从学生生活中的熟悉事例引入,比如"一双""一打"等生活概念入手,帮助学生建立"集体"的概念,建立宏观与微观的联系,从而引出微观世界计量的物理量与单位,引出人们用摩尔作为计量原子、离子或分子等微观粒子的"物质的量"的单位,帮助学生建立"物质的量"的概念;再通过分析化学概念中的"关键词",如"物质的量"与"物质的质量"的区别来帮助学生理解其内涵与外延;最后通过让学生判断"物质的量"在不同场合下的运用是否正确来发展和深化概念。

(2) 概念教学可以启迪学生进一步思维,由表及里,由浅入深,由具体到抽象,拓宽知识视野,建立相关知识之间的联系,运用已学概念去理解新的事物,对化学现象作出合理的解释。

(三) 案例分析题

1. 题型特点及答题要求

案例分析题侧重考查考生的综合性能力。主要通过呈现有关教学实录或教学设计(引入设计、问题设计、探究设计、过程设计、教法选择、教学实施等)、教学反思记录、教研论文、教科书解读观点等材料,要求考生针对案例,或阐述自己的看法,或提出建设性的改进意见。

2. 题型示例

【例5】(适用于初中)新课程义务教育化学教材具有一些新的特点和功能。

多种物质组成的空气

活动与探究(略有改动):

1. 实验

(1) 将集气瓶容积划分为5等份,并加以标记(图14-1)。

(2) 在带橡皮塞和导管的燃烧匙内装满红磷,将气体导管上的止水夹夹紧,把燃烧匙内的红磷放在酒精灯火焰上点燃,并迅速伸入集气瓶内,塞紧橡皮塞,观察到什么现象?

(3) 待集气瓶冷却到室温后,把导管插入盛水的烧杯中,打开止水夹,又观察到什么现象?

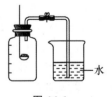

图14-1

2. 思考并和同学们讨论下列问题：
(1) 红磷在空气中燃烧，消耗了什么气体？
(2) 红磷在集气瓶中未能全部燃烧，这说明了什么？
(3) 集气瓶中剩余的气体是氧气吗？
(4) 打开止水夹后，为什么集气瓶中能吸入约占集气瓶容积1/5的水？
(5) 你还能设计什么实验来测定空气中氧气的体积含量？
〔摘自义务教育课程标准实验教科书《化学》（九年级上册）[M].上海：上海教育出版社，2001.〕

阅读上述教材，回答下列问题：
(1) 新课程教材呈现方式与传统教材呈现方式有何根本区别？其意义何在？
(2) 上述片段是一种典型的科学探究的内容。试简述科学探究的要素（或步骤）。
(3) 试回答实验及探究中的有关问题：
① 在1(2)中观察到的现象是_____；
  在1(3)中观察到的现象是_____。
② 你如何解释"打开出水夹后，为什么集气瓶中能吸入约占集气瓶容积1/5的水"？
(4) 在实验中若发现集气瓶吸入水的体积明显小于1/5，试分析其可能的原因（不少于两条）。
(5) 能否用木炭、镁条代替红磷进行实验来测定空气中氧气的体积含量？为什么？

[解析] (1) 与传统教材直接呈现知识相比，新教材通过创设实验的学习情境，引导学生从真实的情境中发现问题，通过科学探究，运用科学方法获取知识与技能。在新教材中，改变以陈述方式为主建构教材的传统做法，注重科学方法教育，激发学生学习兴趣，形成和发展探究能力。

(2) 提出问题、猜想与假设、制订计划、进行实验、收集证据、解释与结论、反思与评价、表达与交流等要素。

(3) ① 红磷燃烧，有大量白烟生成；集气瓶内水面上升。
② 红磷与空气中氮气及其他气体不反应，而红磷与氧气反应生成固体物质，使密闭容器中气体体积减小，减小的体积即为氧气的体积，气体压强减小，使烧杯中的水沿导管流入集气瓶中，因为空气中氧气的体积占1/5，故集气瓶中能吸入约占集气瓶容积的1/5的水。

(4) 可能的原因：① 红磷量不足，使瓶内氧气未耗尽；② 胶塞未塞紧，使外界空气进入瓶内；③ 未冷却至室温就打开瓶塞，使进入瓶内水的体积减小；④ 本实验条件下，氧气浓度过低时，红磷不能继续燃烧，瓶内仍残余少量氧气。

(5) 不能用木炭、镁条代替红磷进行实验。① 木炭与氧气燃烧产生的是二氧化碳气体，集气瓶内气体压强基本没有变化（CO_2在水中仅少量溶解），无法测出氧气的体积。② 镁条能与空气中的O_2、N_2、CO_2反应生成固体物质，集气瓶内气味压强急剧减少，故不能测出氧气的体积。

【例6】（适用于高中）案例：
问题串是指在一定的学习范围或主题内，围绕一定目标或某一中心问题，按照一定逻辑结构精心设计的一组（一般在3个以上）问题，其主要特征为：① 让学生成为问题情境中的角色；② 教师围绕一个完整的问题串设计安排课程，鼓励学生解决问题；③ 教师创造一种学习环境，激发学生思考，不断引导学生深入地理解和掌握问题。

一般来说，根据问题逻辑关系，问题串可分为递进式、并列式和发散式三种类型。

(1) 递进式问题串
递进式问题串是指教师设计的系列问题在知识结构上依次加深、环环紧扣，关系如图14-2所示。

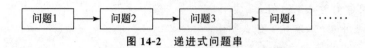

图 14-2 递进式问题串

(2) 并列式问题串

并列式问题串是指教师设计的系列问题在逻辑关系上属于并列关系,无前后主次之分,关系如图 14-3 所示。

(3) 发散式问题串

发散式问题串是指教师设计的系列问题从某个中心问题出发,向不同的角度发散,关系如图 14-4 所示。

图 14-3 并列式问题串　　　　　图 14-4 发散式问题串

李老师在"盐类的水解"教学中设计了下列问题:

问题1:在 CH_3COONa 溶液中存在几种离子,它们之间相互作用的情况如何?存在几组电离平衡?

问题2:在 CH_3COONa 溶液中,CH_3COO^-、H^+ 和 CH_3COONa 之间的电离平衡对水的电离平衡有何影响?

问题3:在 CH_3COONa 溶液中,新的平衡建立后,溶液中[OH^-]与[H^+]之间有何关系?溶液显什么性?

问题4:CH_3COONa 溶液显碱性是由于 CH_3COONa 溶于水,跟水发生了相互作用,我们把这种作用叫作盐的水解反应。请分析盐跟水相互作用的实质和结果,试得出盐类的水解的概念。

(摘自程波.设计问题串构建高效课堂[J].中学化学教学参考,2010(11):15-17.)

"有效问题"是指在化学课堂中能唤起学生的高级思维活动、能引导学生积极思考和互相探讨,从而自觉进入探究学习的问题。

(摘自张松才.化学课堂中的有效问题设计的原则与策略[J].中学化学教学参考,2010(8):23-25.)

问题:

(1) 上述材料中李老师设计的"盐类的水解"问题串属于上述何种类型问题串?

(2) 请你根据"有效问题"的要求,分析李老师设计的"盐类的水解"问题串。

(3) 以高中化学知识为例,分别设计上述类型中的两种不同类型的问题串各一组(每组至少含有三个问题)。

[解析] (1) 递进式问题串

(2) 问题1:激发学生已有知识经验;

问题2：进一步启发，知识迁移，建立新旧知识间的联系；

问题3：通过问题迁移过渡到新知识；

问题4：通过问题解决帮助学生建立"盐类的水解"概念。

上述问题串层层递进，激发学生积极思考，且符合学生认知规律和心理特征。

(3)【示例】

● 递进式问题串：

如，在探究原电池工作原理时，可以设计如下问题串。① 实验Ⅰ：将一锌片、铜片平行插入稀硫酸中，有什么现象和结论？② 实验Ⅱ：将锌片、铜片上端连接插入稀硫酸中，有什么现象和结论？③ 对比实验Ⅰ和实验Ⅱ，你有什么发现？④ 为什么实验Ⅱ中铜片上有气泡？⑤ 铜片上电子从何而来？⑥ 锌片上的电子为什么会跑到铜片上？⑦ 实验Ⅲ：用导线把铜片和锌片连接起来，且导线间接一电流计，有何现象？⑧ 从能量转化的角度如何解释现象？⑨ 实验Ⅳ：用一节干电池验证电子流向，确定锌片、铜片哪个是正极，哪个是负极？在上述教学片段中，教师通过创设递进式问题串，引导学生从电子转移的角度理解原电池工作原理。

● 并列式问题串：

如，在探究原电池构成条件的教学中，对实验装置的变化设计下列问题串。① 把铜片换成铁片，电流计指针能否偏转？② 把铜片换成碳棒，电流计指针能否偏转？③ 把铜片换成锌片，电流计指针能否偏转？④ 把电解质换成硫酸铜溶液，电流计指针能否偏转？⑤ 把电解质换成酒精，电流计指针能否偏转……在上述教学片段中，教师通过并列式问题串，促进学生用实验方法探究原电池的形成条件。

● 发散式问题串：

中心问题：如何利用各种水果制作电池。

子问题：① 用微安电流计测试能否产生电流，并比较大小。② 分析自制电池正负极。③ 用小刀切开水果，使两个电极分离，观察电流是否消失。④ 将水果重新合拢是否又产生电流……在上述教学片段中，教师通过创设发散式问题串，极大激发了学生的兴趣，除复习巩固外，还能让学生体验到学以致用的思想。

（能正确写出上述三个中的任意两个，均给满分。）

(四) 诊断题

1. 题型特点及答题要求

诊断题主要考查考生运用化学专业知识和化学问题解决策略解答一类化学试题，并对学生的试题解答过程与结果作出诊断与评价。侧重考查考生的反思能力和评价能力。

2. 题型示例

【例7】(适用于初中)一次实验结束时，小明忘记将酒精灯灯帽盖上，第二天再去点燃时，怎么也点不着，这是怎么回事呢？小明想探个究竟，于是便设计并进行下列实验：

① 检查灯内是否还有足量的酒精，发现酒精量充足；

② 将酒精灯内的酒精倒出少量点燃，能很好地燃烧；

③ 挤压灯头处的灯芯，很难挤出液体，点燃挤出的一滴液体，该液体不能燃烧；

④ 将酒精灯盖好放置几个小时后，或直接在灯头上滴上几滴酒精，再去点燃时，酒精灯能正常燃烧。

小明还去学校图书馆查阅了有关资料，记录了如下信息：

酒精(学名乙醇)是无色透明、具有特殊酒香的液体。它易挥发,能与水以任意比混溶,并能溶解多种有机化合物。酒精容易燃烧,金属钠与酒精能发生置换反应,酒精能与醋酸发生酯化反应……

实验室酒精灯所用酒精一般是95%的工业酒精……

酒精的沸点为78.5℃,水的沸点为100℃……

请回答下列问题:

(1) 酒精的化学性质有_____；_____(写两点即可)。

(2) 小明设计实验①②的目的是_____。

(3) 实验③挤出的一滴液体不能燃烧的可能原因是_____。

(4) 通过以上探究活动,小明最终可以得出的结论是_____。

(5) 上述试题在某初三年级学生中考试结果显示,(3)(4)两问得分率偏低,试分析可能的原因。

[解析] (1) 易燃,金属钠与酒精发生置换反应,与醋酸发生酯化反应。

(2) 探究未盖灯帽的酒精灯不能点着的原因。

(3) 灯芯处的液体是水,水不能燃烧。

(4) 如果不将酒精灯灯帽盖上,酒精比水更易挥发,会使灯芯上留下的主要液体是水,造成酒精灯无法点着。

(5) 平时教师没有重视实验在培养学生科学思维方面的独特作用,不重视引导学生从真实的情境中发现问题,缺乏科学探究活动的训练。

【例8】(适用于高中)某化学教师在一次化学测验中设计了下列试题,并对学生的解题结果进行了统计和分析。

[试题] 已知 $H_2(g)+Br_2(l) \longrightarrow 2HBr(g)$, $\Delta H=-72$ kJ/mol,蒸发 1 mol $Br_2(l)$ 需要吸收 30 kJ 能量,其他相关数据见表 14-3。

表 14-3 相关数据

	$H_2(g)$	$Br_2(g)$	$HBr(g)$
1mol 分子中的化学键断裂时需要吸收的能量/(kJ)	436	a	369

则表中 a 为( )

A. 404   B. 260   C. 230   D. 200

[考试结果] 有78.3%的同学按下述思路解题而错选 A。

$H_2(g)+Br_2(l) \Longleftrightarrow 2HBr(g)$ $\Delta H=-72$ kJ/mol   ①

$Br_2(l) \Longleftrightarrow Br_2(g)$ $\Delta H=30$ kJ/mol   ②

热化学方程式①-热化学方程式②,得

$H_2(g)+Br_2(g) \longrightarrow 2HBr(g)$ $\Delta H=-102$ kJ/mol

所以: $369×2-(a+436)=-102$,得 $a=404$。

问题:

(1) 本题正确答案是_____,正确解题思路是什么?

(2) 试对学生解题错误形成的原因进行分析。

[解析] (1) 答案:D

正解：$H_2(g) + Br_2(l) \rightleftharpoons 2HBr(g)$　　　　　$\Delta H = -72 \text{kJ/mol}$　　　　①

$Br_2(l) \rightleftharpoons Br_2(g)$　　　　　　　　　　$\Delta H = 30 \text{kJ/mol}$　　　　　②

热化学方程式①－热化学方程②，得

$H_2(g) + Br_2(g) \rightleftharpoons 2HBr(g)$　　　　　$\Delta H = -102 \text{ kJ/mol}$

根据化学反应中反应物和生成物的键能与焓变（ΔH）的关系：

$\Delta H = \sum 反应物的键能 - \sum 生成物的键能$，$(a + 436) - 2 \times 369 = -102$，得 $a = 200$

(2) 错解原因：没有正确理解化学反应的焓变与化学反应中键能变化的关系。

化学反应的实质是旧化学键的断裂和新化学键的形成，旧化学键断裂需要吸收能量，形成新的化学键会放出能量，因此，化学反应的焓变为

$$\Delta H = \sum 反应物的键能 - \sum 生成物的键能$$

而化学反应中反应物和生成物能量的变化关系为

$$\Delta H = \sum 生成物的能量 - \sum 反应物的能量$$

不能将二者相混淆。

（五）教学设计题

1. 题型特点及答题要求

教学方案设计题侧重考查考生的教学设计能力。试题会提供教学设计需要的相关信息，如背景材料、教学内容、学生概况等。要求考生在对学生起点知识和教材内容分析的基础上设计合理的教学方案。教学设计可能是完整的，也可能是片段。具体而言，考生首先根据题目对自己的教学设计进行分析和说明，然后再进行教学方案的设计，方案应具有可操作性和一定的创新性。

2. 题型示例

【例9】（适用于初中）阅读下列四段材料。

材料一　《义务教育化学课程标准（2022年版）》（节选）

义务教育化学课程对核心素养的要求，既重视与小学科学课程和高中化学课程的衔接，又关注与义务教育阶段其他有关课程的关联。

化学课程既强调化学学科及科学领域的核心素养，又反映未来社会公民必备的共通性素养，倡导学会学习、合作沟通、创新实践，从化学观念、科学思维、科学探究与实践、科学态度与责任等方面，全方位构建课程目标和学业质量体系。

材料二　教科书的知识结构体系

绪言　化学使世界变得更加绚丽多彩	第四单元　自然界的水
第一单元　走进化学世界	第五单元　化学方程式
第二单元　我们周围的空气	第六单元　碳和碳的氧化物
第三单元　物质构成的奥秘	第七单元　燃料及其利用

材料三　教科书"绪言"所呈现的内容

> **绪言　化学使世界变得更加绚丽多彩**
>
> 你或许常常思索,怎样才能使天空变得更蓝?河水变得更清澈?物品变得更丰富?生活变得更美好?你或许想了解人体的奥秘,发明新的药物,来解除病人的痛苦,使人类生活得更健康;你或许想变废为宝,让那些废旧塑料变成燃料,使汽车奔驰,飞机翱翔;你或许想要一件用特殊材质制成的衣服,可以调节温度,穿上它,冬暖夏凉,甚至还可以随光的强度改变颜色……你的这些美好的愿望正在通过化学家的智慧和勤劳逐渐实现。
>
> 那么你一定会问:什么是化学?
>
> 在我们生活的物质世界里,不仅存在着形形色色的物质,而且物质还在不断地变化着。化学就是要研究物质及其变化,它不仅要研究自然界已经存在的物质及其变化,还要根据需要研究和创造自然界不存在的新物质。例如,研制新型的半导体,电阻几乎为零的超导体,有记忆能力的新材料,等等。化学在保证人类生存并不断提高人类的生活质量方面起着重要的作用。例如,利用化学生产化肥和农药,以增加粮食的产量;利用化学合成药物,以抑制细菌和病毒,保障人体健康;利用化学开发新能源和新材料,以改善人类的生存条件;利用化学综合应用自然资源和保护环境,以使人类生活得更美好。
>
> 化学是如此的奇妙,在没有学习化学之前,你可能只知道食盐不过是一种调味品,可当你学习化学以后,就会发现食盐的用途可多了!食盐除可用作调味品外,还是一种重要的化工原料。利用食盐可以制造氢氧化钠、氯气和氢气,并进而制造盐酸、漂白粉、塑料、肥皂和农药等,其他,如造纸、纺织、印染、有机合成和金属冶炼等,也都离不开由食盐制得的化工产品。诸如此类,学习化学后,你不仅会知道物质的性质和用途,还会进而知道它们的内部组成、结构以及变化规律,知道如何利用它们来制造新的产品,以及人类认识化学、利用化学和发展化学的历史和方法。由此可见,化学是研究物质的组成、结构、性质以及变化规律的科学。
>
> 〈摘自某版本义务教育课程标准实验教科书《化学》(九年级上)〉

材料四

学校条件和学生发展现状符合国家一般要求。

根据上述材料,完成"绪言"教学片段的有关任务:

(1) 确定教学目标;(2) 确定教学重点和难点;(3) 设计教学过程(包括新课导入、展示、总结);(4) 设计教学板书。

[解析] (1) 知道化学是一门研究物质的组成、结构、性质以及变化规律的自然科学。了解化学与人类进步和社会发展的密切关系,认识化学的价值。

通过合作学习、讨论交流,培养良好的学习习惯和学习方法。

形成浓厚的化学学习兴趣和求知欲。建立为了自身、祖国、人类的生存与发展而学习化学的责任心。

(2) 教学重点:知道化学学科的性质,认识化学的价值,形成对化学学习的兴趣;教学难点:培养学生对化学学习的兴趣,引导学生从本质上认识化学。

(3) 教学过程设计

教学流程	教师活动	学生活动	设计意图
导入	魔棒点灯、烧不坏的手帕等趣味实验		创设趣味化学情境,激发学生的好奇心
	观看教材中插图	看图片思考	让学生在欣赏精美的图片中感知化学的魅力,激发强烈的求知欲
	【讲解】这些精美的图片都与化学密切相关,我将与大家一起走进化学世界,领略化学的魅力		结合图片中有关化学材料的介绍,使学生在强烈求知欲作用下,深切感受到学习化学的重要性
引导发现	组织学生阅读教材,并思考下列问题: (1) 什么是化学 (2) 化学与人类的关系	阅读教材后,分小组讨论,交流对化学的认识	培养学生的小组合作意识
	【讲解】普通铜制品和纳米铜的性质与用途,提高学生对"组成、结构、性质、变化规律"的认识		拓宽学生的学习视野,提高对化学科学的认识
	从人类衣、食、住、行的角度,列举大量的事实,说明化学与人类发展密不可分的关系	独立思考或小组讨论	引导学生对化学的亲近感,感知学好化学的重要性
	让学生举例生产、生活中与化学有关的现象或实例	独立思考或小组讨论	引导学生确立"从生活走进化学,从化学走向社会"的学习意识
深入探究	【假设】如果没有化学,彩图中的事物等将怎样变化	小组提交结论	让学生在猜想、解疑中体验化学知识的重要性
归纳总结	生活中处处有化学,学好化学,用好化学,能造福人类,使世界变得更加美好		让学生真正理解"从生活走进化学,从化学走向社会"的内涵,树立学好化学、造福人类的远大理想

(4) 板书设计

(一)什么是化学?
化学是一门研究物质的组成、结构、性质以及变化规律的自然科学。
(二)化学与生活、生产实践的关系?
从生活走进化学,从化学走向社会。

【例10】（适用于高中）阅读下列四个有关材料。

材料一　教科书"苯"的呈现内容

苯(benzene)的分子式是C_6H_6，它是一种液态烃。

[观察与思考] 观察下列实验，探究苯的性质。

苯具有较强的挥发性，有毒，使用苯时应注意防护，并保持良好的通风条件。

[实验1] 向试管中滴入3～5滴苯，观察苯的颜色与状态。再向试管中加入少量水，振荡后静置，观察发生的现象。

[实验2] 在两支试管中各加入2mL苯，向其中一支试管中滴入几滴酸性高锰酸钾溶液，向另一支试管中加入1mL溴水，振荡后静置，观察发生的现象。

[实验3] 用玻璃棒蘸一些苯，在酒精灯上点燃，观察燃烧的现象。

表14-4　苯的性质实验

	实现现象
实验1	
实验2	
实验3	

通过实验，你对苯的结构和性质有什么认识？

苯分子的结构（略）……

苯可燃，完全燃烧时生成水和二氧化碳。苯在空气中不易燃烧完全，燃烧时冒浓烟。

在一定条件下，苯能发生多种取代反应，苯分子中的氢原子可被其他原子或原子团所取代，形成一系列重要的有机化合物。例如：

$$\bigcirc + HO-NO_2 \xrightarrow[50\sim60℃]{浓硫酸} \bigcirc-NO_2 + H_2O$$

（硝基苯）

苯发生取代反应得到一系列生成物，如氯苯($\bigcirc-Cl$)、溴苯($\bigcirc-Br$)、苯磺酸($\bigcirc-SO_3H$)，它们都是重要的有机化工原料，是多种染料、医药、农药、炸药、合成材料的原料。

（摘自《高中化学必修课程第二册（苏教版）》专题3.第一单元"煤的综合利用　苯"）

材料二　教科书的知识结构体系

专题3　有机化合物的获得与应用
　第一单元　化石燃料与有机化合物
　　1. 天然气的利用　甲烷
　　2. 石油的炼制　乙烯
　　3. 苯的综合利用　苯

　第二单元　食品中的有机化合物
　第三单元　人工合成有机化合物

材料三　化学课程标准的内容标准

认识化石燃料综合利用的意义，了解甲烷、乙烯、苯等的主要性质，认识乙烯、氯乙烯、苯的衍生物等在化工生产中的重要作用。

材料四

学校条件和学生发展现状符合国家一般要求。

试根据以上材料，回答下列有关问题：

(1)确定本课的教学目标。
(2)确定本课的教学重点和难点。
(3)本课适宜选用何种教学方法。
(4)说明如何由实验得出苯分子结构。
(5)教科书中列出苯的化学性质主要包括燃烧反应、取代反应,苯还能发生什么反应?举例写出该反应化学方程式。
(6)教学过程中,如果学生提出"苯燃烧为什么会产生较多的黑烟?"请你解释产生黑烟的原因。
(7)试对本课教学内容进行板书设计。

[解析](1)了解苯的主要性质和重要用途,掌握苯的分子结构。
运用科学探究方法研究苯分子的结构和性质,发展科学探究能力。
在科学探究过程中以实验事实为依据,激发学习化学兴趣,培养学生的科学态度和价值观。

(2)教学重点:苯分子结构和化学性质。
教学难点:苯分子结构及其探究过程。

(3)按照实验探究—分子结构—物理性质—化学性质—用途这一程序组织起来,所遵循的是化学知识的内在逻辑结构。

(或:按照科学探究的构成要素和结构 $\frac{决定}{反映}$ 性质 ⟶ 用途的程序组织教学内容。)

(4)苯不能使溴水褪色,也不能被酸性高锰酸钾溶液氧化,这说明苯分子中不存在碳碳双键,也不存在碳碳单键和碳碳双键交替出现的结构。苯分子中碳原子间的化学键是一种介于 C—C 和 C=C 之间的特殊共价键。科学测定表明 6 个碳—碳键的键长完全相等,根据碳原子和氢原子的价态,可推知苯的分子结构为 ⬡ 或 ⌬ 。

(或按照提出问题、猜想与假设、进行实验、得出结论的科学探究的步骤来回答。)

(5)加成反应 ⬡ $+3H_2 \xrightarrow{Ni}$ ⬡ (或与卤素的加成反应)

(6)苯分子中碳的质量分数较大。

(7)板书 (一)分子结构 ⬡ 或 ⌬	(二)物理性质 无色,易挥发,不溶于水,密度比水小。 (三)化学性质 1. 燃烧反应:$2C_6H_6 + 15O_2 \xrightarrow{点燃} 12CO_2 + 6H_2O$ 2. 取代反应:(见教科书) 3. 加成反应:(可不作要求) (四)用途 重要的有机化工厂原料。

14.3 化学学科知识与教学能力试题例析

核心术语

◆ 学科知识运用　　◆ 教学设计　　◆ 教学实施　　◆ 教学评价　　◆ 题型

在教师资格考试笔试环节，化学学科知识与教学能力测评内容主要包括学科知识运用、教学设计、教学实施和教学评价四个模块。下面通过具体试题进行说明。

14.3.1 学科知识运用模块试题例析

学科知识运用主要包括化学专业知识、化学课程知识、化学教学知识等内容，这些内容多以选择题、简答题、案例分析题的形式呈现。

（一）化学专业知识试题

【例1】A 元素的核外电子排布是 $4s^24p^2$，则下列说法不正确的是（　　）。
A. 常温下可与氧气化合生成 AO_2
B. A 与浓 HNO_3 反应生成白色沉淀
C. A 单质与强碱反应放出氢气
D. A 的氯化物 ACl_4 可以发生水解反应
［解析］无机化学知识。答案为 B。

【例2】下列化合物的碱性由强到弱的次序为（　　）。

(1) 苯胺 NH_2　　(2) CH_3NH_2　　(3) 对硝基苯胺 NH_2/NO_2　　(4) 邻苯二甲酰亚胺

A. (1)＞(2)＞(3)＞(4)
B. (1)＞(2)＞(4)＞(3)
C. (2)＞(1)＞(3)＞(4)
D. (2)＞(3)＞(1)＞(4)
［解析］有机化学知识。答案为 C。

【例3】有一碱灰溶液，今用 HCl 溶液滴定，以酚酞为指示剂，消耗 HCl 溶液 V_1 mL；又加入甲基橙指示剂，继续用 HCl 溶液滴定，又消耗 HCl 溶液 V_2 mL。下列判断错误的是（　　）。
A. $V_1=V_2>0$，只有 Na_2CO_3
B. $V_1>V_2>0$，NaOH 和 Na_2CO_3 混合物
C. $V_2>V_1>0$，Na_2CO_3 和 Na_2CO_3
D. $V_1>0$，$V_2=0$，只有 $NaHCO_3$
［解析］分析化学知识。答案为 D。

【例4】已知在 298.15 K 及标准压力下，$\varphi^{\ominus}[Cd^{2+}/Cd]=-0.4029$ V，$\varphi^{\ominus}[I_2/I^-]=0.5355$ V。下面的化学反应：$Cd(s)+I_2(s)\Longrightarrow Cd^{2+}[a(Cd^{2+})=1.0]+2I^-[a(I^-)=1.0]$
电池在 298.15 K 时的标准电动势 $E^{\ominus}$、电动势 E 为（　　）。
A. $E>E^{\ominus}=0.9384$ V
B. $E<E^{\ominus}=0.1326$ V
C. $E=E^{\ominus}=0.9384$ V
D. $E=E^{\ominus}=0.1326$ V
［解析］物理化学知识。答案为 C。

【例5】只含有 π 键而无 σ 键生成的分子是（　　）。
A. B_2　　B. Be_2^+　　C. O_2^{2-}　　D. F_2
［解析］结构化学知识。答案为 A。

【例6】在环保部门可用氯化钯（$PdCl_2$）检测 CO 对空气的污染情况。已知 CO 与 $PdCl_2$ 溶液反应产生黑色的金属钯粉末，有水参加反应。反应中 CO 具有（　　）。

A. 氧化性　　　　B. 还原性　　　　C. 催化性　　　　D. 不稳定性

[解析]中学化学知识。答案为B。

(二) 化学课程知识试题

【例7】 普通高中化学课程的基本理念是：立足于学生适应现代生活和未来发展的需要，充分发挥化学课程的整体育人功能，构建全面发展学生（　　）的高中化学课程目标体系。

A. 化学学科核心素养　　B. 实践能力　　C. 科学素养　　D. 人文素养

[解析]化学课程标准知识。答案为C。

【例8】《普通高中化学课程标准(2017年版2020年修订)》"实施建议"中有这样一段话：

真实、具体的问题情境是学生化学学科核心素养形成和发展的重要平台，为学生化学学科核心素养提供了真实的表现机会。因此，教师在教学中应重视创设真实且富有价值的问题情境，促进学生化学学科核心素养的形成和发展。

结合以上材料，简要回答下列问题：

(1) 中学化学教学中，创设问题情境的作用和意义。

(2) 中学化学教学中，创设问题情境的方法有哪些？

[解析]用简答题方式考查化学课程标准和化学教学知识。

[答案] (1) 创设学习情境可以增强学习的针对性，有利于发挥情感在教学中的作用，激发学生的兴趣，使学习更为有效。真实、生动、直观的情境能唤取学生有意义学习，启迪学生思维，使学生的认识逐步得到发展。

(2) 演示实验、化学问题、小故事、科学史实、新闻报道、实物、图片、模型和影像资料等，都是创设问题情境的方法。

(三) 化学教学知识试题

【例9】 微型化学实验是当今国际化学实验改革的一个亮点。下列叙述中不属于微型实验特点的是（　　）。

A. 节省药品、降低成本　　　　B. 安全性高、减小污染

C. 节省时间、提高效率　　　　D. 成功率高、现象明显

[解析]化学实验教学知识。答案为D。

【例10】 一位化学教师讲了一堂"盐类的水解"公开课，多数听课教师认为他讲出了盐类水解的本质及规律，但课堂教学有效性不足，突出表现在课堂提问方面。

回答下列问题：

(1) 请以"盐类的水解"内容为例，设计两个有效的课堂教学问题。

(2) 请结合这两个课堂教学问题，谈谈如何提高课堂提问的有效性？

[解析] (1) 在纯水中存在什么平衡？加入 CH_3COONa 晶体或 NH_4Cl 晶体平衡是否发生改变？溶液的酸碱性是否发生改变？为什么？

或者：在演示实验后，提出为什么 NH_4Cl 溶液呈酸性，$NaCl$ 溶液呈中性，CH_3COONa 溶液呈碱性？

或者：为什么滴入2～3滴酚酞的 CH_3COONa 溶液加热后，溶液的颜色加深？

(2) 学生在学习"盐类水解"之前，已经掌握了电解质的电离、水的电离、溶液酸碱性、化学平衡移动等知识，教师确定上述问题，学生完全有能力自主完成"盐类的水解"内容的探究学习。问题是学习活动的中心，学习活动若能从问题出发，有利于加深对问题的理解，促进学生的知识建构，从而提高教学的效率。

14.3.2 教学设计模块试题例析

教学设计模块内容主要包括化学教材分析能力、确定化学教学目标、选择教学策略和方法、设计化学教学程序等。在化学学科知识与教学能力测试中主要以教学设计题的形式出现在考卷里（见例11）。

【例11】 阅读下列三个有关材料：

材料一 人教版教科书第五单元、课题1"质量守恒定律"

（见人教版教材，略）

材料二 人教版教科书的知识结构体系

第一单元 走进化学世界	第二单元 我们周围的空气
第三单元 物质构成的奥秘	第四单元 自然界的水
第五单元 化学方程式	第六单元 碳和碳的氧化物

材料三 化学课程标准的内容标准

[标准]认识质量守恒定律，能够说明化学反应中的质量关系。

[活动与探究建议]① 实验探究化学反应前后的质量关系；② 用微粒的观点对质量守恒定律做出解释。

材料四

学校条件和学生发展现状符合国家一般要求。

根据以上材料，回答下列有关问题：

(1) 试对本课的教学内容进行分析。

(2) 确定本课的教学目标。

(3) 确定本课的教学重点和难点。

(4) 说明教学中选择的教学策略及其理由。

(5) 某教师演示白磷的燃烧实验，试回答下列问题：① 演示实验的教学要求是什么？② 为什么在锥形瓶内放上沙子？③ 玻璃管上为什么要加一个气球？

(6) 试对本课教学内容进行板书设计。

[解析](1) "质量守恒定律"是学生开始从过去对化学变化的定性研究向定量研究的准备阶段。在学习本节内容之前学生已经有了一定的实验操作技能、实验探究能力以及化学学科思想方法的积累，比如对比、归纳、联系等。此外，综观教材的编排在第三单元"物质构成的奥秘"中就已经较为系统地介绍了有关"物质构成"方面的知识，所以这也为学生学习"微观解释"提供了必要的物质基础。

(2) ① 通过实验探究活动认识质量守恒定律，能从微粒角度解释质量守恒定律，能运用质量守恒定律，解决一些化学现象和问题。

② 基于实验事实进行证据推理的思维能力，通过设计、改进实验方案培养创新意识。

③ 通过小组实验、小组模拟水分子分解的过程，培养与他人分工协作、沟通交流、合作解决问题的能力。

(3) 教学重点：通过实验探究认识质量守恒定律；教学难点：从微观的角度解释质量守恒定律。

(4) 教学策略采用实验探究法，其思路如图14-5所示。

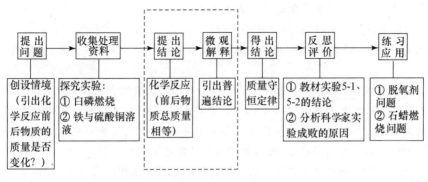

图 14-5

这个教学思路与教材所呈现的教学思路最大的不同是改变了"微观解释"的功能,它起到了一个由特殊到一般的作用,两个化学实验只是引出上述化学反应前后物质"总质量相等"这个结论,而这个结论是否具有普遍性则是通过"微观解释"来论证。

(5) ① 目的明确,准备充分;现象明显,科学真实,操作规范,观摩示范;讲做结合,启发思维;把握时间,确保安全。

② 防止高温熔融溅落物击穿瓶底。

③ 该实验往往会因瓶塞不严密漏气或被冲开而失败,为防止由于气体膨胀而冲开瓶塞,实验中采用在玻璃管外端套一个瘪气球。

(6) 课题 1

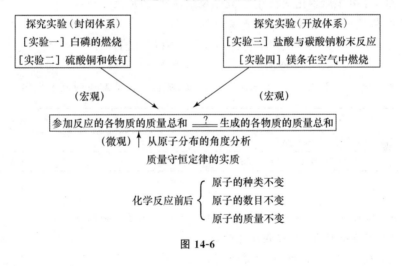

图 14-6

14.3.3 教学实施模块试题例析

教学实验模块主要内容包括课堂学习指导能力、课堂组织调控能力、实施有效教学能力等。在化学学科知识与教学能力测试中主要以选择题、简答题、案例分析题等题型呈现。

【例 12】 张老师在讲授"苯酚"教学过程中,先向学生展示纯净的苯酚晶体,然后又展示了苯酚的比例模型,引导学生通过观察获得苯酚物理性质和结构的感性认识。主要运用的教学方法是( )。

A. 实验法   B. 演示法   C. 参观法   D. 练习法

[解析] 主要考查实施有效教学的能力。答案为 B。

【例13】 阅读下列教学片段,试回答有关问题:

(某教师在讲授"氯气的化学性质"时,先通过实验引导学生学习氯气与金属、非金属、水和盐溶液的有关反应)。

接着,学习氯气与碱溶液的反应。教师把氯气和石灰乳的反应写在黑板上:$2Cl_2 + 2Ca(OH)_2 =\!=\!= Ca(ClO)_2 + CaCl_2 + 2H_2O$,然后叫学生反复记忆。甲学生举手提问:"这个化学方程式有什么作用?"教师说:"这是工业上制造漂白粉的反应原理。"乙学生接着问:"氯气和石灰乳反应为什么会生成这些产物呢?"教师说:"不要寻根问底了,把它背下来熟记就行了。"

(1) 以上教学片段中,该教师的教学违背了哪些教学原则?试作简要分析。

(2) 如果要你回答乙学生提出的问题,请你结合有关知识给出必要的回答。

[解析] (1) 教师违反了启发性原则、学生主体性原则等,教学中让学生机械记忆一些化学方程式,不能达到启迪学生思维、发展学生智能的目的,而且会造成学生丧失学习兴趣和记忆效率低下的后果。(合理即可给分)

(2) 可以由 Cl_2 和 H_2O 的反应(方程式)和酸($HClO$、HCl)与碱[$Ca(OH)_2$]发生中和反应(方程式)推导出来。

或 $\quad 2Cl_2 + 2H_2O =\!=\!= 2HClO + 2HCl$

$\quad\quad Ca(OH)_2 + 2HClO =\!=\!= Ca(ClO)_2 + 2H_2O$

$+)\ Ca(OH)_2 + 2HCl =\!=\!= Ca(ClO)_2 + CaCl_2 + 2H_2O$

总 $\quad 2Cl_2 + 2Ca(OH)_2 =\!=\!= Ca(ClO)_2 + CaCl_2 + 2H_2O$

【例14】 阅读下列某版本化学教科书"化学反应原理"的片段。

[实验] 已知在 $K_2Cr_2O_7$ 的溶液中存在着如下平衡:

$$Cr_2O_7^{2-} + H_2O \rightleftharpoons 2CrO_4^{2-} + 2H^+$$

　　(橙色)　　　　　　(黄色)

取两支试管各加入 5mL 0.1mol/L $K_2Cr_2O_7$ 溶液,观察并记录溶液的颜色变化。

实验	加入试剂	现　象
（ⅰ）	滴加 3～10 滴浓 H_2SO_4 溶液	
（ⅱ）	滴加 10～20 滴 6mol/L NaOH 溶液	

[思考与交流]

(1) 上述两个实验中,化学平衡状态是否发生了改变?你是如何判断的?

(2) 从中你能否推知影响化学平衡状态的因素?

结合对以上教科书内容的理解,试回答下列有关问题:

① "化学反应原理"属于普通高中_____("必修""选择性必修""选修")模块_____(填1～3)的内容。

② 简要说明教科书的上述呈现方式渗透了哪些新的教学策略?

③ 实验(ⅰ)(ⅱ)中观察到的实验现象是:

(ⅰ) _____;

(ⅱ) _____。

④ 本实验能得出的结论是_____。

⑤ 以实验为基础是化学学科的重要特征之一。试简述化学教学可以从哪几个方面发挥实验的教学功能？

[解析] ① 选择性必修 1

② "探究—发现"教学策略、合作性教学策略等。教师的呈现方式体现了教学的基本过程，揭示了获取知识的思维过程，注意了规律的提出过程、知识的形成过程，注意体现学科探究活动的规律，体现学生学习的主体性。

（或答：呈现方式体现了科学探究的教学策略。通过以化学实验为主的探究活动，激发学习化学的兴趣，亲身体验知识的获取过程，促进学习方式的转变，培养学生的科学探究能力。）

③ 溶液由橙黄色变为橙色（或溶液橙色加深） 溶液由橙色变为黄色。

④ 增加生成物的浓度，平衡向逆反应（向左）移动；减小生成物的浓度，平衡向正反应（向右）移动。

（或：如果改变平衡体系中物质的浓度，平衡将向着能够减弱这种改变的方向移动。）

⑤ 一是引导学生通过实验探究活动来学习化学；二是重视通过典型的化学实验事实帮助学生认识物质及其变化的本质和规律；三是利用化学实验史实帮助学生了解化学概念、化学原理的形成和发展，认识实验在化学发展中的重要作用；四是引导学生综合运用所学的化学知识和技能，进行实验设计和实验操作，分析和解决与化学有关的问题。

14.3.4 教学评价模块试题例析

教学评价模块内容主要包括化学学习评价和化学教学评价，在化学学科知识与教学能力测试中主要以选择题、诊断题等题型出现。

【例 15】现代化学教学评价的发展趋向是（　　）。

A. 重视量性评价和客观评价　　　　B. 强化评价的诊断和发展功能

C. 强调标准化考试的重要性　　　　D. 提高考试中纸笔测试的比例

[解析] 主要考查化学教学评价知识。答案为 B。

【例 16】某化学教师在一次化学测验中设计了下列试题，并对部分学生的解题结果进行了统计。

[试题] $Mg(OH)_2$ 沉淀能溶于 NH_4Cl 溶液的原因是_____。

[考试结果] 有 39.4% 的学生提交的错误答案是：

NH_4Cl 水解呈酸性，$NH_4^+ + H_2O \rightleftharpoons NH_3 \cdot H_2O + H^+$，

H^+ 与 $Mg(OH)_2$ 发生中和反应反而使沉淀溶解：$2H^+ + Mg(OH)_2 \rightleftharpoons Mg^{2+} + 2H_2O$。

试根据以上信息，回答下列问题：

(1) 你认为正确的答案是：_____。

(2) 试对学生解题错误形成的原因进行分析和诊断。

(3) 如果这部分学生总认为自己的答案没有错，请你设计一个实验来证明学生的答案是错误的。

[解析] (1) $Mg(OH)_2$ 在水中存在溶解平衡：$Mg(OH)_2(s) \rightleftharpoons Mg^{2+} + 2OH^-$，加入 NH_4Cl 后生成弱电解质 $NH_3 \cdot H_2O$：$NH_4^+ + OH^- \rightleftharpoons NH_3 \cdot H_2O$，使溶解平衡体系中 OH^- 的浓度减小，平衡向沉淀溶解的方向移动，故沉淀溶解。

(2) 没有抓住 $Mg(OH)_2$ 沉淀在盐溶液中溶解的本质（或主要矛盾方面）。

(3) 向盛有 $Mg(OH)_2$ 沉淀的试管中加入 CH_3COONH_4 溶液，观察到该中性盐溶液能使沉淀逐渐溶解。

本章小结

1. 国家教师资格考试是国家对专门从事教育教学工作人员的基本要求的考试，是公民获得教师职位、从事教师工作的前提条件。国家教师资格制度是国家实行的教师职业的准入制度。国家教师资格考试包括笔试和面试。

2. 化学学科知识与教学能力考试目标主要包括化学学科知识运用能力、化学教学设计能力、化学教学实施能力、化学教学评价能力。

3. 化学学科知识与教学能力笔试题型主要包括单项选择题、简答题、案例分析题、诊断题、教学设计题，其中单项选择题约占40%，非选择题约占60%。

本章思考题

1. 中学化学教师的素质构成有哪些？国家教师资格考试是如何考查这些素质的？
2. 中学化学学科知识与教学能力笔试的测试目标及内容是什么？
3. 中学化学学科知识与教学能力测试有哪些题型？
4. 选取一套化学学科知识与教学能力测试卷进行模拟训练，对照评分标准进行评定，评估备考质量。

参 考 文 献

[1] 余仁胜等.完善我国教师资格考试制度的构想[J].中国考试,2005(7):22-24.

[2] 王世存,王后雄.国家教师资格考试：必要性、导向及问题思考[J].教师教育研究,2012(4):36-42.

[3] 王后雄,王世存.国家教师资格考试——教师教育发展的里程碑[J].中国考试,2013(9):22-25.

[4] 刘翠航,朱旭东.教师资格"国考"研究热点、问题与建议[J].课程·教材·教学,2015,35(9):97-102.

[5] 王少卿.基于化学知识与教学能力考试的化学教师教育课程改革探讨[J].化学教育(中英文),2018,39(06):45-48.

[6] 冯加根.我国中小学教师资格考试理念探析[J].课程·教材·教法,2019,39(08):131-137.

附录 2019年上半年中小学教师资格考试

化学学科知识与教学能力试题(高级中学)

注意事项:
1. 考试时间为120分钟,满分为150分。
2. 请按规定在答题卡上填涂、作答。在试卷上作答无效,不予评分。

一、单项选择题:本大题共20小题,每小题3分,共60分

1. 下列各组物质,化学键类型相同、晶体类型也相同的是( )。
   A. HCl 和 KCl   B. Na_2O_2 和 H_2O_2 C. CO_2 和 H_2S D. SO_2 和 SiO_2

2. 中国科学家屠呦呦因发现并提纯抗疟药物青蒿素而获得2015年诺贝尔生理学或医学奖。已知青蒿素的结构如下图所示。下列有关青蒿素说法正确的是( )。

   A. 每个分子中含有4个六元环
   B. 不能与NaOH溶液发生反应
   C. 1个青蒿素分子中含有1个手性碳原子
   D. 青蒿素的化学式为 $C_{15}H_{22}O_5$

3. 在由水电离产生的 H^+ 浓度为 1.0×10^{-1} mol/L 的溶液中,一定能大量共存的离子组是( )。
   A. Na^+、Br^-、NO_3^-、S^{2-}
   B. K^+、Cl^-、NO_3^-、SO_3^{2-}
   C. K^+、Fe^{2+}、Cl^-、SO_4^{2-}
   D. Na^+、Ca^{2+}、Cl^-、HCO_3^-

4. 短周期元素X、Y、Z、W在元素周期表中的相对位置如下图所示,其中W的原子序数是X与Y原子序数之和,下列说法不正确的是( )。

X	Y
Z	W

   A. 原子半径:W>Z>Y>X
   B. 最高价氧化物对应水化物的酸性:X>W>Z
   C. 最简单气态氢化物的热稳定性:Y>X>W>Z
   D. 元素X、Y、Z、W中,Y元素的电负性最大

5. 在恒容密闭容器中发生反应 $2NO(g)+2CO(g) \xrightleftharpoons[]{\text{催化剂}} 2CO_2(g)+N_2(g)$，该反应的热效应为 ΔH，在温度 T_1 和 T_2 时，N_2 的物质的量随时间变化的关系如下图所示，下列判断正确的是（　　）。

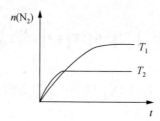

A. $T_1 < T_2$，$\Delta H < 0$　　B. $T_1 < T_2$，$\Delta H > 0$　　C. $T_1 > T_2$，$\Delta H < 0$　　D. $T_1 > T_2$，$\Delta H > 0$

6. 下列叙述正确的是（　　）。
   A. 将稀盐酸滴入部分变质的氢氧化钠溶液，立刻产生气泡
   B. 将氯化铝溶液滴入浓氢氧化钠溶液，立刻产生大量白色沉淀
   C. 将草酸溶液逐滴滴入酸性高锰酸钾溶液，高锰酸钾溶液逐渐褪色
   D. 将打磨过的铁钉放入冷浓硫酸，产生大量刺激性气味气体

7. 设 N_A 为阿伏伽德罗常数的值，下列说法正确的是（　　）。
   （相对原子质量：H—1，C—12，Cl—35.5，Fe—56）
   A. 1 L 0.1 mol/L 碳酸钠溶液中 CO_3^{2-} 的个数为 $0.1 N_A$
   B. 52 g 苯和苯乙烯混合物含有的原子数为 $8 N_A$
   C. 标准状况下，11.2 L 三氧化硫的分子数为 $0.1 N_A$
   D. 71 g 氯气与足量铁粉反应，转移的电子总数为 $3 N_A$

8. 下列分子的中心原子，杂化轨道类型为 sp^3 的是（　　）。
   A. BCl_3　　　　B. O_3　　　　C. SO_2　　　　D. PCl_3

9. 某学习小组研究电化学腐蚀及防护的装置如下图所示，下列说法错误的是（　　）。

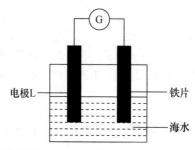

   A. 若电极 L 为铜片，铁片被腐蚀
   B. 若电极 L 为锌片，锌片被腐蚀
   C. 若电极 L 为铜片，铜片上电极反应为：$O_2 + 2H_2O + 4e^- = 4OH^-$
   D. 若电极 L 为锌片，铁片上电极反应为：$2H^+ + 2e^- = H_2$

10. 下列电对中标准电极电势 E 值最大的是（　　）。
    A. $E^\ominus(Ag^+/Ag)$　　B. $E^\ominus(AgCl/Ag)$　　C. $E^\ominus(AgBr/Ag)$　　D. $E^\ominus(AgI/Ag)$

11. 化学课程目标中，"情感态度与价值观"是（　　）。
    A. 认知性目标　　B. 策略性目标　　C. 技能性目标　　D. 体验性目标

12. 现代化学课程的理念是(　　)。
    ① 重视提高学生的科学素养
    ② 采用自主、合作、探究的学习方式
    ③ 强调科学精神与人文精神结合
    ④ 应用多媒体展示实验过程
    A. ①②③　　　　B. ①②④　　　　C. ①③④　　　　D. ②③④

13. 人们对原子结构的认识是不断深化的,下列先后顺序符合化学史实的是(　　)。
    ① 玻尔提出的量子力学模型
    ② 汤姆森提出的葡萄干布丁模型
    ③ 道尔顿提出的实心球模型
    ④ 卢瑟福提出的行星模型
    A. ③②①④　　　B. ③②④①　　　C. ③①②④　　　D. ③④①②

14. 在化学教学内容中,教学重点(　　)。
    A. 是教学难点　　　　　　　　　　B. 可能是教学难点
    C. 不是教学难点　　　　　　　　　D. 是固定不变的某些知识点

15. 化学课程目标确立的依据是(　　)。
    ① 国家对人才培养的基本要求
    ② 考试的要求和需要
    ③ 化学学科的特征
    ④ 学生发展的需要
    A. ①②③　　　　B. ①②④　　　　C. ①③④　　　　D. ②③④

16. "化学平衡"概念所属的化学知识类型是(　　)。
    A. 化学事实性知识　　B. 化学技能性知识　　C. 化学理论性知识　　D. 化学情意类知识

17. 关于教学目标的表述错误的是(　　)。
    A. 教学目标是课程目标的具体化　　　　B. 教学目标是课堂教学的主要依据
    C. 教学目标是对学习结果的预期　　　　D. 教学目标是教材编写的主要依据

18. 化学课堂上,有些同学只喜欢观看教师所做的演示实验,这种兴趣属于(　　)。
    A. 感知兴趣　　　B. 操作兴趣　　　C. 探究兴趣　　　D. 创造兴趣

19. 下列教学行为不恰当的是(　　)。
    A. 在钠的性质教学中,做钠与水反应的演示实验
    B. 在讲授"离子键"与"共价键"概念时,采用列表比较的方法
    C. 在"萃取"技能教学中,教师只是讲解实验要点,不安排学生动手做
    D. 在"原电池"教学中,组织学生开展有关原电池工作原理的讨论

20. 某教师在开学时,对高一新生开展了一次小测验,以了解学生的化学知识基础与能力发展水平。这种测试属于(　　)。
    A. 活动表现评价　　B. 终结性评价　　　C. 档案袋评价　　　D. 诊断性评价

二、简答题：本大题共 2 小题，共 25 分（第 21 题 12 分，第 22 题 13 分）

（一）

阅读下面素材，回答有关问题：

某教师在进行"原电池"教学时，并没有完全遵从教材上的内容，让学生按照教材规定的实验方案做实验，而是在认真分析教材相应内容基础上，为学生提供了几个相关的活动主题。制作各种水果电池，利用实验探究原电池原理，利用网络查找燃料电池的相关资料等。让学生选择主题，开展活动，并在此基础上实施教学。

21. （分析题）问题：
(1) 上述过程体现了教师"用教材教"的教材观念，请简述"教教材"和"用教材教"的区别。（6 分）
(2) 上述过程体现了哪些教学理念？（6 分）

（二）

阅读下面素材，回答有关问题：

次氯酸具有漂白性是某本教材"富集在海水中的元素——氯"一节的教学内容，某教师在课堂教学中，通过将潮湿的和干燥的有色布条分别放在氯气中的演示实验，引导学生观察和分析，并板书：
$$Cl_2 + H_2O \rightleftharpoons HCl + HClO$$，得出次氯酸具有漂白性的结论。

这时有学生质疑，HCl 与 HClO 同时生成，为什么不是 HCl 使有色布条褪色。教师又引导学生设计实验探究 HCl 有没有漂白性，并开展交流讨论得出了结论。

22. （分析题）(1) 简述实验探究法的主要环节。（6 分）
(2) 说明实验探究法的教学功能。（7 分）

三、诊断题：本大题共 1 小题，每小题 15 分，共 15 分

某化学兴趣小组设计了一个课外实验，目的是测定一定质量的某铜铝混合物中的铜的质量分数。且希望实验尽量不产生有毒气体，实验方案如下所示：

方案Ⅰ：铜铝混合物 $\xrightarrow[\text{充分反应}]{\text{足量溶液 A}}$ 测定生成气体的体积

方案Ⅱ：铜铝混合物 $\xrightarrow[\text{充分反应}]{\text{足量溶液 A}}$ 测定剩余固体的质量

23. （分析题）(1) 方案Ⅰ的溶液 A 可以是什么物质？（2 分）
(2) 给出利用方案Ⅰ测定混合物中铜的质量分数的思路。（5 分）
(3) 有同学提出方案Ⅰ的溶液 A 可以选择浓 HNO_3 或稀 HNO_3。请你给出评价。（4 分）
(4) 指出方案Ⅰ和方案Ⅱ哪种更好？请说明理由。（4 分）

四、案例分析题：本大题共 1 小题，每小题 20 分，共 20 分

某教师在必修教材《化学 2》"生活中两种常见的有机物"第一课时教学中，用"乙醇"设计了以下教学过程，并展开教学：通过中国的酒文化引入课题→观察乙醇，总结物理性质→复习回忆乙醇的分子式→根据碳原子可形成四个共价键的原则，提出乙醇的两种可能结构（即 CH_3CH_2OH 和

CH_3OCH_3)→实验验证:乙醇和钠的反应→得出乙醇的分子结构,介绍羟基官能团→实验验证:铜丝在酒精灯的内焰和外焰移动→介绍乙醇的催化氧化,启发联想断键方式→介绍有机化学中的氧化反应→得出醇类物质的通性→介绍乙醇的性质和用途→布置作业,制作一份关于酗酒危害的海报。

24.(分析题)问题:

(1)简要评述上述教学设计的优缺点。(10分)

(2)结合本案例,说一说教学设计时应从哪些方面开展学情分析。(10分)

五、教学设计题:本大题共1小题,每小题30分,共30分

阅读下列三段材料,根据要求完成任务。

材料一 《普通高中化学课程标准(2017年版2020年修订)》关于"离子反应"的内容要求:认识酸、碱、盐等电解质在水溶液中或熔融状态下能发生电离。

材料二 某版高中必修教材《化学1》第二章第2节"离子反应"的部分内容:

许多化学反应是在水溶液中进行的,参加反应的物质主要是酸、碱、盐。在科学研究和日常生活中,我们经常接触和应用这些反应。因此,非常有必要对酸、碱、盐在水溶液中反应的特点和规律进行研究。

酸、碱、盐在水溶液中的电离

我们在初中曾观察过酸、碱、盐在水溶液中导电的实验现象。不仅如此,如果将氯化钠、硝酸钾、氢氧化钠等固体分别加热至熔化,它们也能导电。这种在水溶液里或熔融状态下能够导电的化合物叫作电解质。

酸、碱、盐在水溶液中能够导电,是因为它们在溶液中发生了电离,产生了能够自由移动的离子。

例如,将氯化钠加入水中,在水分子的作用下,钠离子(Na^+)和氯离子(Cl^-)脱离 NaCl 晶体表面,进入水中,形成能够自由移动的水合钠离子和水合氯离子(如下图),NaCl 发生了电离。这一过程可以用电离方程式表示如下(为简便起见,仍用离子符号表示水合离子):

$$NaCl = Na^+ + Cl^-$$

NaCl加入水中	水分子与NaCl晶体作用	NaCl溶解并电离
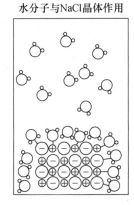		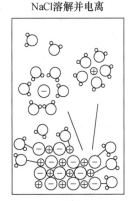

NaCl 在水中的溶解和电离示意图

HCl、H_2SO_4 和 HNO_3 的电离也可以用电离方程式表示如下:

$$HCl = H^+ + Cl^-$$

$$H_2SO_4 = 2H^+ + SO_4^{2-}$$

$$HNO_3 = H^+ + NO_3^-$$

HCl、H_2SO_4 和 HNO_3 都能电离出 H^+，因此，我们可以从电离的角度对酸的本质有一个新的认识。电离时生成的阳离子全部是氢离子（H^+）的化合物叫作酸。

思考与交流

请参考酸的定义，尝试从电离的角度概括出碱和盐的本质。

材料三　教学对象为高一年级学生。学生在初三化学中已经学习了离子、盐酸、硫酸、氢氧化钠、氢氧化钙、氯化钠等知识。

25.（分析题）要求：

(1) 关于电解质,学生易产生哪些错误认识？（4 分）

(2) 根据以上材料完成"酸、碱、盐在水溶液中的电离"的教学设计，内容包括教学目标、教学重点、教学难点、教学方法、教学过程。（不少于300字）（26分）

2019年上半年中小学教师资格考试
化学学科知识与教学能力试题(高级中学)参考答案及解析

一、单项选择题

1.【答案】C。解析：固态HCl是分子晶体，只含有共价键；KCl是离子晶体，只含有离子键，A项错误。Na_2O_2是离子晶体，含有共价键和离子键；固态H_2O_2是分子晶体，只含有共价键，B项错误。固态CO_2和H_2S都是分子晶体，都只含有共价键，C项正确。固态SO_2是分子晶体，SiO_2是原子晶体，晶体类型不同，D项错误。

2.【答案】D。解析：由青蒿素的结构简式可知，1个青蒿素分子中含有3个六元环，A项错误。青蒿素分子中含有酯基，能在碱性溶液中发生水解反应，所以可以与NaOH溶液发生反应，B项错误。碳原子周围连有4个不同的原子或原子团即为手性碳原子，根据青蒿素的结构简式可知，1个青蒿素分子中含有7个手性碳原子，C项错误。由青蒿素的结构简式可知，青蒿素的化学式为$C_{15}H_{22}O_5$，D项正确。

3.【答案】B。解析：由水电离产生的H^+的浓度为$1.0×10^{-13}$ mol/L的溶液可能呈酸性，也可能呈碱性，溶液中存在大量H^+或OH^-。酸性溶液中，S^{2-}可与H^+反应生成H_2S，Br^-、S^{2-}和NO_3^-在酸性条件下也可以发生氧化还原反应，在溶液中不能大量共存，A项错误。B项几种离子间不发生反应，在酸性或碱性条件下均能大量共存，B项正确。碱性溶液中，Fe^{2+}可与OH^-反应生成$Fe(OH)_2$，在溶液中不能大量共存，C项错误。HCO_3^-与H^+和OH^-都能反应，在溶液中不能大量共存，D项错误。

4.【答案】A。解析：根据W的原子序数是X与Y的原子序数之和以及四种元素在元素周期表中的位置可知，X为N元素、Y为O元素、Z为Si元素、W为P元素。原子的电子层数越多，原子半径越大，同周期元素从左向右，原子半径依次减小，则原子半径：Z>W>X>Y，A项错误。元素的非金属性越强，其最高价氧化物对应水化物的酸性越强，同周期主族元素从左到右非金属性逐渐增强，同主族元素从上到下非金属性逐渐减弱，则非金属性：X>W>Z，最高价氧化物对应水化物的酸性：X>W>Z，B项正确。最简单气态氢化物的热稳定性随着元素非金属性的增强而增强，则热稳定性：Y>X>W>Z，C项正确。电负性是周期表中各元素的原子吸引电子能力的一种相对标度。元素的电负性愈大，吸引电子的倾向愈大，非金属性也愈强，因此所给四种元素中O元素的电负性最大，D项正确。

5.【答案】A。解析：根据"先拐先平温度高"可知，$T_1<T_2$，又因为T_2状态下N_2的物质的量小，说明温度升高平衡向逆反应方向移动，逆反应为吸热反应，正反应为放热反应，则$\Delta H<0$。故本题选A。

6.【答案】C。解析：氢氧化钠溶液在空气中放置一段时间就会和空气中的二氧化碳反应，生成碳酸钠，因为是部分溶液变质，所以溶液里包含了氢氧化钠和碳酸钠两种溶质；加入稀盐酸后，氢氧化钠和稀盐酸先反应，待氢氧化钠和稀盐酸反应完了，再加入稀盐酸，碳酸钠才和稀盐酸反应，生成二氧化碳，放出气体，所以不会立刻产生气泡，A项错误。将氯化铝溶液滴入浓氢氧化钠溶液中，开始氢氧化钠溶液过量，与氯化铝反应生成偏铝酸钠，则开始无沉淀生成，B项错误。将草酸溶液逐滴滴入酸性高锰酸钾溶液中，高锰酸钾被还原，溶液逐渐褪色，C项正确。打磨过的铁钉在冷浓硫酸中发生钝化,不会发生剧烈反应生成刺激性气味的气体,D 项错误。

7.【答案】B。解析:CO_3^{2-} 是弱酸根,在溶液中会发生水解,故溶液中 CO_3^{2-} 的数目小于 $0.1N_A$,A 项错误。苯和苯乙烯混合物的最简式相同,都是 CH,52 g 苯和苯乙烯含有 4 mol CH,4 mol CH 中含有 8 mol 原子,故含有的原子总数为 $8N_A$,B 项正确。标准状况下,三氧化硫为固体,不能根据气体摩尔体积来计算其物质的量,C 项错误。71 g 氯气的物质的量为 1 mol,而氯元素反应后,由 0 价变为 -1 价,故 1 mol 氯气反应后转移电子总数为 $2N_A$,D 项错误。

8.【答案】D。解析:BCl_3 分子中 B 原子孤电子对数 $=\dfrac{3-3\times1}{2}=0$,成键电子对数为 3,价层电子对数为 $0+3=3$,所以 B 原子杂化轨道类型为 sp^2,A 项错误。O_3 分子中 O 原子孤电子对数 $=\dfrac{6-2\times2}{2}=1$,成键电子对数为 2,价层电子对数为 $1+2=3$,所以 O 原子杂化轨道类型为 sp^2,B 项错误。SO_2 分子中 S 原子孤电子对数 $=\dfrac{6-2\times2}{2}=1$,成键电子对数为 2,价层电子对数为 $1+2=3$,所以 S 原子杂化轨道类型为 sp^2,C 项错误。PCl_3 分子中 P 原子孤电子对数 $=\dfrac{5-3\times1}{2}=1$,成键电子对数为 3,价层电子对数为 $1+3=4$,所以 P 原子杂化轨道类型为 sp^3,D 项正确。

9.【答案】D。解析:若电极 L 为铜片,则铜片作正极,发生还原反应,电极反应为 $O_2+2H_2O+4e^-$=$=$$4OH^-$;铁片作负极,发生氧化反应,铁片被腐蚀,A、C 两项正确。若电极 L 为锌片,则铁片作正极,发生还原反应,电极反应为 $O_2+2H_2O+4e^-$=$=$$4OH^-$;锌片作负极,发生氧化反应,锌片被腐蚀,B 项正确,D 项错误。

10.【答案】A。解析:由能斯特方程:$E(Ag^+/Ag)=E^{\ominus}(Ag^+/Ag)+0.0591 lg[Ag^+]$,$[Ag^+]$ 越大,电极电势越大,B、C、D 三项由于 $+1$ 价银以沉淀的形式存在,降低了 $[Ag^+]$,电极电势都有不同程度的减小。故本题选 A。

11.【答案】D。解析:"情感态度与价值观"目标属于化学课程目标中的体验性目标。

12.【答案】A。解析:新一轮化学课程改革的重点包括以下几点:①以提高学生的科学素养为主旨;②重视科学、技术与社会的相互联系;③倡导以科学探究为主的多样化的学习方式;④强化评价的诊断、激励与发展功能。由此可以看出,①②③符合现在化学课程倡导的理念。

13.【答案】B。解析:①1926 年,玻尔提出了量子力学模型;②1904 年,汤姆森提出了葡萄干布丁模型;③1803 年,英国科学家道尔顿提出了实心球模型;④1911 年,卢瑟福提出行星模型,则符合史实的顺序是③②④①。

14.【答案】B。解析:教学重点是指教材中最重要的、最基本的教学内容;教学难点是指学生理解或接受比较困难的知识内容、问题不容易解决的某些关键点。教学重点可能是教学难点,教学难点也可能是教学重点。

15.【答案】C。解析:化学课程目标确立的依据主要包括三个方面:①国家对人才培养的基本要求;②学生发展的需要;③化学学科的特征。

16.【答案】C。解析:化学理论性知识是指反映物质及其变化的本质属性和内在规律的化学基本概念和基础理论。化学平衡概念属于化学反应原理内容,是化学理论性知识。化学事实性知识是指与物质的性质密切相关的反映物质的存在、制法、保存、用途、检验等多方面知识,也即通常所说的元素化合物知识。化学技能性知识是指与化学事实性知识、化学理论性知识相关的化学用语、化学实验、化学计算等技能形成和发展的知识内容。化学情意性知识是指能对学生情感、意志、态度、价值观产生影响的有关内容。

17.【答案】D。解析：课程标准是课程计划的分学科展开，它体现了国家对每门学科教学的统一要求，是编写教材和教师进行教学的直接依据，也是衡量各科教学质量的重要标准。故本题选D。

18.【答案】A。解析：按照水平高低，化学实验兴趣可分成感知兴趣、操作兴趣、探究兴趣和创造兴趣。感知兴趣是指学生通过感知教师演示实验的现象和观察各种实验仪器、装置而产生的一种兴趣。操作兴趣是指学生通过亲自动手操作化学实验所产生的一种兴趣。探究兴趣是指学生通过探究物质及其变化规律而形成的一种兴趣。创造兴趣是指学生在运用所学的知识、技能和方法进行创造性的科学活动中所形成的一种兴趣。题干中的学生只喜欢观看教师所做的演示实验，属于感知兴趣。

19.【答案】C。解析：化学是一门以实验为基础的学科，对于教学过程中可以在课堂上演示或者学生能动手操作的知识内容，教师应演示实验或组织学生动手操作。C项中的"萃取"的相关知识的实验可以在课堂上演示或让学生操作，而不能只是教师讲解，因此C项的教学行为不恰当。

20.【答案】D。解析：诊断性评价也称"教学前评价"，一般是指在某项教学活动前对学生知识、技能以及情感状况进行的预测。教师通过这种预测可以了解学生的知识基础和准备情况，以判断他们是否具备实现当前教学目标所要求的条件，为实现因材施教提供依据。题干中教师为判断学生化学知识基础与能力发展水平所做的评价属于诊断性评价。

二、简答题

21.【参考答案】

(1)"教教材"和"用教材教"的区别主要体现在以下两方面。

第一，从方式上看。"教教材"主要体现的是教师教学仅仅是为了完成教科书上的内容，照本宣科，忽视学生自身的情况，没有对教材进行整合加工，教材等于所有的教学内容。而"用教材教"要求教师要创造性地使用教材，在使用教材的过程中融入自己的科学精神和智慧，要对教材知识进行重组和整合，选取更好的内容对教材深加工，设计出生动、丰富多彩的课程来，充分有效地将教材的知识激活，形成有教师教学个性的教材知识。教师既要有能力把问题简明地阐述清楚，同时也要有能力引导学生去探索、自主学习。

第二，从目标达成上看。"教教材"只重视结果目标、能力目标，而忽视核心价值、必备品格。而"用教材教"立足于学生适应现代生活和未来发展的需要，充分发挥化学课程的育人功能，构建全面发展学生化学学科核心素养的高中化学课程目标体系。

(2)① 以发展化学学科核心素养为主旨。材料中的教师并不是简单地教教材，而是精心设计多种教学活动，既注重了化学学科知识的掌握，又让学生经历和体验了科学探究活动，激发了化学学习兴趣，增进了对科学的情感，发展了化学学科核心素养。

② 符合学生的认知发展规律，根据学生特点确定教学内容，因材施教。材料中教师为学生提供了几个相关活动主题，并让学生选择感兴趣的主题开展活动，满足了不同学生的需要。

③ 充分利用化学实验等多种手段，形象直观。材料中教师设计的主题活动给学生提供了生动的直观感知，增强了学生学习化学的兴趣，提高了教学质量。

22.【参考答案】

(1)实验探究法是化学教学中的重要探究方法，运用好实验探究法可以增进学生对科学探究的理解，发展科学探究能力，学习基本的实验技能，完成基础的学生实验。实验探究主要包括以下几个环节。

① 提出问题：从化学教科书以及生活中发现问题，并提出相关问题。

② 猜想与假设：根据问题结合以前的知识经验以及生活经验，在教师的引导下，做出科学合理的假设。

③ 制订计划：为了解决提出的问题以及合理验证假设的正确性，提前设计好实验方案。

④ 进行实验：根据设计的实验方案，学生自主进行实验，在实验过程中教师适时给予指导。

⑤ 收集证据：认真观察实验发生的现象并总结。

⑥ 解释与结论：根据实验现象对假设进行合理的解释。

⑦ 反思与评价：在教师的引导下，通过讨论对探究结果的可靠性进行评价，对探究学习活动进行反思，发现自己的问题，并吸取他人的优点，提出改进措施。

⑧ 表达与交流：通过口头以及书面形式表达探究过程和结果，并与他人进行讨论与交流。

(2) ① 化学实验探究的认识论功能。化学实验是提出化学教学认识问题的重要途径之一；化学实验能为学生认识化学科学知识提供化学实验事实；化学实验能为学生检验化学理论、验证化学假说提供化学实验事实。

② 化学实验探究的方法论功能。通过化学实验，学生可以受到观察、测定、实验条件的控制、实验记录、数据处理等科学方法的训练。

③ 化学实验探究的教学论功能。实验探究能够激发学生的化学实验兴趣；是创设生动活泼的化学教学情境的重要形式；是转变学生学习方式和发展实验探究能力的重要途径；是落实"情感态度与价值观"目标的重要手段。

④ 发挥实验探究的教学实践功能。通过实验学习化学知识，帮助学生认识物质以及变化的本质和规律，帮助学生建立化学概念，最终将化学知识综合运用于生活中。

三、诊断题

23.【参考答案】

(1) NaOH 溶液或者稀盐酸。

(2) 根据气体体积计算出铝的质量，铜铝混合物的总质量减去铝的质量得出铜的质量，铜的质量除以铜铝混合物的总质量即可得到铜的质量分数。

(3) 不可以。浓硝酸能够使铝钝化，但与铜反应产生 NO_2，NO_2 是有毒气体，不符合题意；稀硝酸与铜和铝均可反应，但反应产生 NO，NO 也是有毒气体，不符合题意。

(4) 方案Ⅱ更好。方案Ⅱ中测定固体质量便于实施，误差较小；而方案Ⅰ中产生气体不易收集，误差较大。

四、案例分析题

24.【参考答案】

(1) 优点

① 紧密联系生活实际。通过酒文化导入课题，既可以激发学生学习的兴趣，又可以使学生了解中国的传统文化，体会化学学习的重要性。

② 充分发挥了学生的主体性。通过对乙醇的观察，总结其物理性质，并通过对乙醇分子式的回忆，来学习新知——乙醇的结构，可以使学生充分回顾旧知，建立新知与旧知之间的联系。

③ 采用实验探究，提高了学生的观察、分析能力。对乙醇的结构式的探究，通过乙醇和钠的反应得出乙醇中含有羟基官能团。

(2) 缺点

① 重点和难点不够突出。乙醇的催化氧化是本节课的重点同时也是难点，乙醇的催化氧化实验教学需要教师引导学生观察实验现象，分析实验原理，得出断键方式。

② 缺乏前后知识之间的联系。在教学设计时，教师可以利用学生之前所学的甲烷的性质，甲烷不可以与金属钠反应而乙醇可以与金属钠反应，来说明乙醇的结构中有不同于烷烃的结构，这样有助

于学生对新知识的理解。

（3）教学设计时应从如下几个方面开展学情分析

① 学生已有知识经验分析。学生已有知识经验分析是指教师针对本节课或本单元的教学内容，确定学生需要掌握哪些知识、具备哪些生活经验，然后分析学生是否具备这些知识，对学生已有知识经验进行分析。例如，本案例中教师可以在课程开始之前采用问卷调查的方式调查学生对乙醇的了解情况。

② 学生学习能力分析。学生的知识经验（感性知识和体验）的丰富和结构化程度、理解和应用知识的能力、学习策略水平等，都反映了他的学习能力。了解学生的学习能力，便于教师据此设计教学任务的深度、难度和广度，并采取适宜的教学策略。

③ 学生学习风格分析。不同的学生有着不同的知识基础和智力水平，也有着不同的成就动机，因而会表现出不同的化学学习风格。对学生学习风格的分析是因材施教的前提和根本。对于教师而言，了解学生的学习风格的主要目的在于找出不同的学习风格与教学内容的组织、教学方法的运用、教学媒体的选择之间的关系，以便为学习者提供适合其学习风格特点的教学。本案例中教师应根据不同学生的学习风格，设计不同层次的探究实验，让学生进行探究。

五、教学设计题

25.【参考答案】

（1）在水溶液里或熔融状态下能够导电的化合物叫作电解质。学生容易出现错误的认识有以下几种情况：

① 对"电解质"定义中的"熔融"状态不明确，他们容易根据定义中的"导电"来判断电解质，因此机械地认为能导电的物质就是电解质。

② 忽视电解质是化合物，误将单质和混合物判断为电解质。

③ 忽视水溶液或熔融状态指的是两种情况，两种情况符合一个即可，而不用全部满足。

（2）教学设计

① 教学目标

● 能够区分电解质，会书写酸、碱、盐的电离方程式，能从电离的角度重新认识酸、碱、盐。

● 通过书写酸、碱、盐的电离方程式重新认识酸、碱、盐，提高分析、归纳、总结能力。

● 在学习中感受探究物质奥秘的乐趣，感受化学世界的奇妙。

② 教学重点和难点

重点：电解质的概念，电离方程式的书写。

难点：从电离的角度认识酸、碱、盐。

③ 教学方法

讲授法、实验探究法、练习法等。

④ 教学过程

环节一：导入新课

【问题引入】身体出汗的人为何接触使用着的电器更容易发生触电事故？人体在剧烈运动后为何要及时补充水分和盐分？你能解释这些现象吗？

【学生讨论】……

【教师小结】出汗后体表有更多的盐分，这些盐分在汗中起到了导电的作用；人体剧烈运动流汗后，体内的 Na^+、K^+、Cl^- 伴随水分一起流失很多，出现电解质浓度失衡、紊乱，产生恶心、肌肉痉挛等症状，故需要及时补充电解质和水分。

环节二：新课讲授

1. 电解质概念

【学生探究实验】使用电源、导线、小灯泡及金属片进行氯化钠溶液、氢氧化钠溶液、盐酸溶液、酒精溶液、蔗糖溶液的导电性实验。（教师提前准备，学生当堂探究）

【教师提问】请同学们说一下哪些溶液导电，哪些不导电？

【学生回答】导电：氯化钠溶液、氢氧化钠溶液、盐酸溶液；不导电：酒精溶液、蔗糖溶液。

【教师总结】氢氧化钠和氯化钠不仅在水溶液中可以导电，加热至熔融状态也可以导电。在化学中将在水溶液里或熔融状态下能够导电的化合物叫作电解质。

【教师提问】PPT展示四个问题：

① 金属、石墨可以导电，说明C是电解质，是否正确？

② 盐酸可以导电，说明盐酸为电解质，是否正确？

③ 硫酸钡不溶于水，因此硫酸钡不是电解质，是否正确？

④ 二氧化碳、二氧化硫以及氨气溶于水导电，所以它们均是电解质，是否正确？

【学生回答，教师总结】请四位同学分别回答，总结出C是单质，不是电解质；盐酸是氯化氢溶于水所得溶液，所以氯化氢是电解质，盐酸属于混合物，不在化合物范畴；硫酸钡在熔融状态下可以导电，并且硫酸钡溶解的部分可以导电，所以这一类难溶电解质也属于电解质；二氧化碳、二氧化硫以及氨气与水反应所产生的物质溶于水导电，并非它们本身能够导电，所以二氧化碳、二氧化硫以及氨气不是电解质。

2. NaCl晶体在溶液中的电离

【教师提问】以NaCl溶液为例，思考溶液为什么会导电。

（教师结合教材上的示意图，学生回答进行讲解，示意图可以通过大屏幕呈现或者让学生看教材也可以）

【学生思考并回答】将氯化钠加入水中，在水分子的作用下，Na^+和Cl^-脱离NaCl晶体表面进入水中，形成能够自由移动的水合钠离子及水合氯离子。

【教师提问】你能用方程式写出NaCl晶体溶于水的过程吗？

【学生回答】$NaCl = Na^+ + Cl^-$。

【教师讲解】这一过程我们就称之为电离，写出的方程式为电离方程式。NaCl在溶液中发生了电离，产生了能够自由移动的离子，这些离子能够导电。

【教师提问】类比NaCl在溶液中的导电原理，说一说酸、碱、盐在水溶液中都能导电的原因。

【共同总结】酸、碱、盐在水溶液中都能导电，是因为它们在溶液中发生了电离，产生了能够自由移动的离子。

3. 酸、碱、盐的电离

【教师提问】根据NaCl的电离方程式，写出HCl、HNO_3、H_2SO_4在水溶液中发生电离的方程式。

【学生书写，教师总结】HCl、HNO_3、H_2SO_4在水溶液中发生电离的方程式：

$$HCl = H^+ + Cl^- \quad HNO_3 = H^+ + NO_3^- \quad H_2SO_4 = 2H^+ + SO_4^{2-}$$

【教师引导】观察这几个电离方程式，有什么共同特点？

【共同总结】HCl、HNO_3、H_2SO_4都能电离出H^+，因此，从电离的角度认识酸：电离时生成的阳离子全部是H^+的化合物叫作酸。

环节三：巩固提升

【教师提问】试着写出NaOH、$Ca(OH)_2$、$Ba(OH)_2$、KOH的电离方程式，思考：如何从电离的角度概括碱的本质？

【自主思考，共同总结】NaOH、Ca(OH)$_2$、Ba(OH)$_2$、KOH 的电离方程式：

$$NaOH = Na^+ + OH^- \qquad Ca(OH)_2 = Ca^{2+} + 2OH^-$$
$$Ba(OH)_2 = Ba^{2+} + 2OH^- \qquad KOH = K^+ + OH^-$$

NaOH、Ca(OH)$_2$、Ba(OH)$_2$、KOH 都能电离出 OH$^-$。因此，从电离的角度认识碱：电离时生成的阴离子全部是 OH$^-$ 的化合物叫作碱。

【小组活动】列举常见的盐，思考如何从电离的角度定义盐？

【学生讨论，回答】小组回答①：根据 CuSO$_4$、NaNO$_3$、MgCl$_2$ 等的电离方程式，能够电离出金属阳离子和酸根阴离子的化合物叫作盐。

小组回答②：(NH$_4$)$_2$SO$_4$、NH$_4$Cl 也是盐，但是电离出的阳离子不是金属阳离子。

小组回答③：盐电离出的阳离子有金属阳离子，也有铵根离子，电离出的阴离子都是酸根离子……

【教师总结】由此可知，从电离的角度认识盐：盐是能够电离出金属阳离子或铵根离子和酸根阴离子的化合物。

环节四：小结作业

【小结】请学生回答本堂课的收获有哪些，可以回答学到了哪些知识，也可以回答学习的感受。

【作业】NaHSO$_4$ 的电离方程式该如何书写？酸式盐的电离方程式的书写有什么规律？